致　敬

董安生教授

（1951年12月—2023年1月）

上市公司收购解决之道

刘成伟 著

法律出版社 LAW PRESS · CHINA
北京

图书在版编目(CIP)数据

上市公司收购解决之道 / 刘成伟著. -- 北京 : 法律出版社, 2023
ISBN 978-7-5197-6202-5

Ⅰ. ①上… Ⅱ. ①刘… Ⅲ. ①上市公司—收购—法律—研究—中国 Ⅳ. ①D922.291.914

中国版本图书馆 CIP 数据核字(2021)第 227999 号

上市公司收购解决之道
SHANGSHI GONGSI SHOUGOU JIEJUE ZHIDAO

刘成伟 著

策划编辑 赵明霞
责任编辑 赵明霞
装帧设计 马 帅 臧晓飞

出版发行 法律出版社
编辑统筹 法商出版分社
责任校对 晁明慧
责任印制 胡晓雅
经　　销 新华书店

开本 710 毫米×1000 毫米 1/16
印张 32.5 **字数** 580 千
版本 2023 年 3 月第 1 版
印次 2023 年 3 月第 1 次印刷
印刷 北京中科印刷有限公司

地址:北京市丰台区莲花池西里 7 号(100073)
网址:www.lawpress.com.cn
投稿邮箱:info@lawpress.com.cn
举报盗版邮箱:jbwq@lawpress.com.cn
销售电话:010-83938349
客服电话:010-83938350
咨询电话:010-63939796

书号:ISBN 978-7-5197-6202-5
定价:138.00 元
凡购买本社图书,如有印装错误,我社负责退换。电话:010-83938349

序言

PREFACE

本书算是对笔者微信公众号 ListCo 所发表原创图文内容的文字详解，聚焦于上市公司收购的相关主题。

2013 年，笔者创建了个人微信公众号 ListCo，关注上市公司并购重组以及资本市场证券融资的监管动态及实务操作。如今，持续更新已近十年，积累了 300 余篇原创图文。工作之余，笔者又进行了一些文字整理。由此，《上市公司收购解决之道》一书终得以成，以图文并茂的形式全面梳理上市公司收购的各种监管要求与实务案例。

本书的面市前后历时近五年。出版社邀约于 2018 年，笔者初稿成于 2020 年疫情居家期间。期间，适逢 2018 年 10 月《公司法》的第四次修正、2019 年 3 月新版《外商投资法》的通过、2019 年 12 月《证券法》的第二次修订、2020 年 5 月《民法典》等重磅法律的出台，以及《公司法》的第二次修订发布意见稿(2021 年 12 月一审、2022 年 12 月二审)等。而资本市场监管方面，证券发行注册制改革也是稳步推进，自 2019 年 6 月上交所科创板先行试点注册制以来，深交所创业板注册制政策也于 2020 年 6 月正式落地，中国第三家全国性证券交易所—北交所亦于 2021 年 11 月开板并实施注册制，而沪深主板注册制规则也于 2023 年 2 月正式颁布。自此，A 股市场开启全面注册制新时代。同时，自 2020 年 3 月新《证券法》生效施行及 2023 年 2 月开启全面注册制以来，证监会及交易所等证券监管机构也陆续修订或出台了上市公司并购重组的一系列监管规则和规范指引。

新《证券法》及注册制框架下，上市公司并购重组交易的市场环境及交易模式等也发生了重大变化。为此，于 2022 年春节前后，笔者完成了书稿的更新与校稿，后续再次校审完善后，并于2023年2月全面注册制规则发布后相应更新，《上市公司收购解决之道》一书终得以付梓印刷。借助此书，笔者希望能结合自身多年的从业经验，将ListCo公众号的有关图文分析与资本市场及上市公司并购重组的最新动态及监管规则进行系统梳理，以对诸位读者有所助益。

在此，感恩多年的工作及客户为笔者提供了舞台，积累了经验；也衷心感谢书稿写作过程中各位前辈、同仁及团队的支持与帮助。

2023年3月

目录

CONTENTS

上篇

收购的主要方式

中篇

信息披露与转让限制

图表索引

续表

续表

续表

续表

续表

续表

续表

续表

续表

续表

续表

续表

续表

续表

续表

续表

续表

续表

续表

续表

上篇

收购的
主要方式

第 1 章

协议转让——上市公司流通股的场外直接转让

1.1 上市公司收购中的协议转让方式

根据《证券法》第 62 条的规定,“*投资者可以采取要约收购、协议收购及其他合法方式收购上市公司*”。①

实务中,收购上市公司(受让存量老股或认购增发新股)的方式通常包含如下几种:(见图 1.1)

图 1.1 上市公司收购的常见方式

其中,协议转让(Negotiated Transfer),从收购人的角度又称“协议收购”,属于上市公司收购的主要方式,针对的是上市公司已发行的存量老股。

所谓协议转让或协议收购,其要义在于交易的“协议”方式。根据《证券法》第

---

① 本书所引用法律法规条文中的加粗、下画线、斜体或省略号等,均为笔者为突出强调或从行文编辑视角进行的相应处理,并非条文本身如此。

71 条第 1 款的规定,“*采取协议收购方式的,收购人可以依照法律、行政法规的规定同被收购公司的股东以协议方式进行股份转让*”。

换言之,所谓协议转让/协议收购,就是交易双方在交易所证券交易系统以外,通过签署转让协议的方式,直接转让上市公司股份的场外交易方式。当然了,能以协议方式进行转让的标的股份通常应是限售期已届满的流通股。

现行监管框架下,涉及上市公司流通股协议转让的主要规则包括如下:(见图 1.2)

基础规则

- 证券法,《中华人民共和国证券法》,国家主席令[2019]第37号,2019年12月修订,2020年3月1日生效
- 收购办法,**《上市公司收购管理办法》**,证监会令[2020]第166号,2020年3月修订,第四章
- 协议转让规则,**《上市公司流通股协议转让业务办理暂行规则》**,证监市场字[2006]7号,2006年8月生效
- 格式准则,第15号——权益变动报告书(2020年3月修订);第16号——上市公司收购报告书(2020年3月修订)

上交所规则

— 业务指引,**《上市公司股份协议转让业务办理指引》**(2021年修订),上证发[2021]67号,2021年8月20日生效
— 办理指南,**《上市公司股份协议转让业务办理指南》**(2021年修订),上证函[2021]1436号,2021年8月20日生效
— 质押式回购,上证发[2020]28号,2020年4月17日生效;上证函[2020]974号,2020年5月8日生效
— 中登上海,《营业大厅业务指南》,2021年6月25日生效,《上市公司收购及现金选择权登记结算业务指南》,2021年6月25日生效

深交所规则

— 业务指引,**《上市公司股份协议转让业务办理指引》**(2021年修订),深证上[2021]1004号,2021年10月22日生效
— 办理指南,**《上市公司股份协议转让业务办理指南》**(2021年修订),深证上[2021]1014号,2021年10月22日生效
— 质押式回购,关于通过协议转让方式进行股票质押式回购交易违约处置相关事项的通知,深证上[2020]303号,2020年4月17日生效
— 中登深圳,证券非交易过户业务指南一协议转让(含行政划拨)所涉证券过户,2020年5月22日修订

北交所规则

— 业务指引,**《北京证券交易所上市公司股份协议转让细则》**,北证公告[2021]18号,2021年11月2日生效
— 办理指引,**《北京证券交易所上市公司股份协议转让业务办理指引》**,北证公告[2021]19号,2021年11月2日生效

图 1.2 上市公司流通股协议转让的监管框架

与二级市场交易(竞价或大宗)相比,协议转让的优势在于转让方不受制于减持规范项下转让额度上限(每 90 天减持不得超过 3%——竞价 1% + 大宗 2%)的束缚;但其劣势则是缺乏二级市场交易的灵活性和效率。从交易流程来看,协议转让的一个关键环节是,需要事先取得交易所的合规确认,其后方可办理股票过户手续。就此,下文第 1.5 节将做详细分析。

1.2 交易所不受理协议转让的负面清单情形

协议转让过户的前置条件是取得交易所的合规确认,而交易所可受理的协议转让申请又有一定的范围限制。

根据交易所协议转让业务指引的明确规定,如果出现某些负面清单情形,交易所将不会受理协议转让申请。这些情形主要涉及标的股份权利受到限制以及交易

本身涉嫌违规两大方面,具体包括如下情形:(见图1.3)

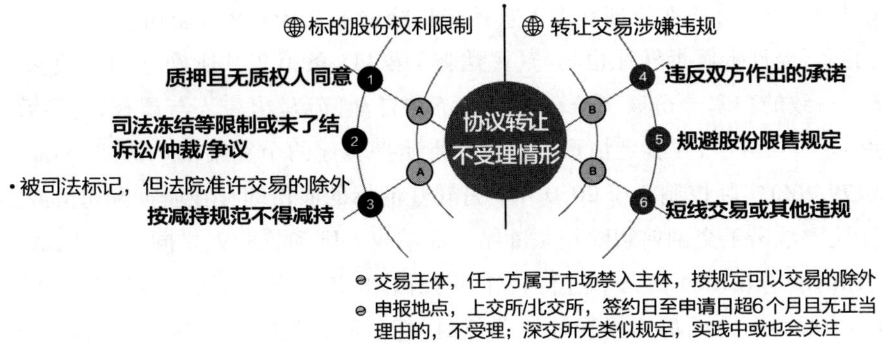

图1.3 交易所不受理协议转让的负面清单情形

1.2.1 质押股票

对于存在质押的拟转让股票,处理方式通常包括:

◎先解除质押,然后再向交易所申报协议转让。实务中,通常会需要收购人或其关联方通过先行支付一部分转让价款或提供过桥资金等方式,以使转让方可以解除标的股份上的质押。

◎取得质权人的书面同意函,带质押过户。实务中,带质押过户情形比较少,原因多方面:(1)收购人通常要求所收购的标的股份必须权属清晰完整,很少能接受带质押的股票转让;(2)出于对被担保主债权安全性的考虑以及内部合规等因素,质权人通常也不愿意同意将质押物转让给一个陌生第三方;(3)从监管角度看,一个基本要求是拟转让的标的股份应权属清晰,不涉及限制性权利负担或潜在的权利纠纷。

尽管有上述规定,但仍需明确的是,监管要求并非必须先解除质押才能申报。根据沪深交易所协议转让业务办理指南附件(办理材料清单)的规定,"拟转让股份已经设定质押的,需提供质权人出具的书面同意转让文件和身份证明文件(质权人为自然人的提供身份证明文件复印件、质权人为法人的提供营业执照复印件)"。该申请文件要求显示标的股份可以带质押转让,只要质权人同意。

就带质押转让的具体要求而言,根据交易所的协议转让业务指南(以深交所为例)的规定,通常需要质权人就下列事项予以明确意思表示:"经质押双方协商一致,×××作为质权人同意×××将质押股份中的×××股以×元/股的价格转让给×××,并在解除质押后,办理登记过户手续。"而对于股票过户阶段,《中国结算业务指南》则要求质权人明确同意:"我单位同意本次股份转让,同意过出方×××将质押在我单位名下的××××公司(证券简称:××××,证券代码:××××××)【××××】股在质押状态下直接转让给过入方××××公司。”

其实,允许带质押转让也是与《民法典》第443条第2款所确立的一项基本规则是相一致的:“*基金份额、股权出质后,不得转让,但是出质人与质权人协商同意的除外。*”实务中,在特定情形下也存在带质押转让的个别案例。例如,和晶科技(300279.SZ)实际控制人于2020年1月转让的标的股份即存在质押和司法冻结情形;转让方承诺于交割前解除司法冻结。而质权人则和收购人是同一主体,收购人同意标的股份在质押状态下进行转让。[①]类似地,2019年3月,莱茵体育(000558.SZ)的控股股东向成都体投转让控股权时,标的股份质押于多家金融机构。根据交易协议安排,收购人支付首期收购款项用于偿还质押贷款;其后,股份再质押给收购人。由此,质权人和收购人属同一主体。该笔转让于2019年6月完成过户。[②]

由上述案例可以看出,带质押转让的案例多系质权人与收购人是同一主体的情形。当然,实务中的确也有经第三方质权人书面同意后带质押过户的情形。(详见第10章)不过,对于带质押转让,建议谨慎处理。对此,除了需与质权人等利益相关方之间做好协商以外,还有必要提前与交易所及登记公司做好沟通。交易所可能会关注此类安排会否影响交易后股权结构的稳定性,尤其是在控制权交易中。

1.2.2 司法冻结股票

实务中,交易所涉及的标的股票也可能存在司法冻结。对于此类股票,由于存在权利限制,是无法通过直接协议转让进行过户的。此等情况下,尤其在控制权交易中,作为一项过渡安排,可以通过表决权委托的方式先行将该类股票的控制权让渡给收购人;待相关纠纷妥善处理并解除冻结后,再进行转让过户。(详见第10章)

---

① 参见和晶科技(300279.SZ):《详式权益变动报告书》,载深圳证券交易所官网2020年1月13日,http://www.szse.cn/disclosure/listed/bulletinDetail/index.html?b563a564-efde-4624-89a0-d079c8711f96。

② 参见莱茵体育(000558.SZ):《详式权益变动报告书》,载深圳证券交易所官网2019年3月14日,http://www.szse.cn/disclosure/listed/bulletinDetail/index.html?8ec46cbf-70ca-440c-bf0b-5f36181fd770;莱茵体育(000558.SZ):《关于公司股东部分股份解除质押及再质押暨公司控制权变更的进展公告》,载深圳证券交易所官网2019年4月4日,http://www.szse.cn/disclosure/listed/bulletinDetail/index.html?1f1ac888-bcb6-4c85-8df3-e3c9bf2ffc4f;莱茵体育(000558.SZ):《关于控股股东协议转让股份过户完成暨公司控制权变更完成的公告》,载深圳证券交易所官网2019年6月10日,http://www.szse.cn/disclosure/listed/bulletinDetail/index.html?45da7c74-447e-4744-8bdd-5159761465a9。

1.2.3 尚在限售期的股票

限售期内的股票通常是不可以转让的，交易所受理协议转让申请的标的股份必须是无限售条件的流通股。尽管如此，也存在例外，即同一控制下的集团内部转让(转让双方存在控制关系，或均受同一控制人控制)。该等情形下的限售股转让是被沪深交易所上市规则以及证监会《证券期货法律适用意见第 4 号》所明确允许的。(详见第 10 章)

1.3 协议转让的受理范围及门槛

对于负面清单以外情形，也并非所有交易均可采用协议转让的方式进行。根据证监会《协议转让规则》(第 3 条)以及沪深交易所协议转让业务指引及办理指南等相关监管规范，目前交易所可受理的协议转让申请限于如下几种情形：(见图 1.4)

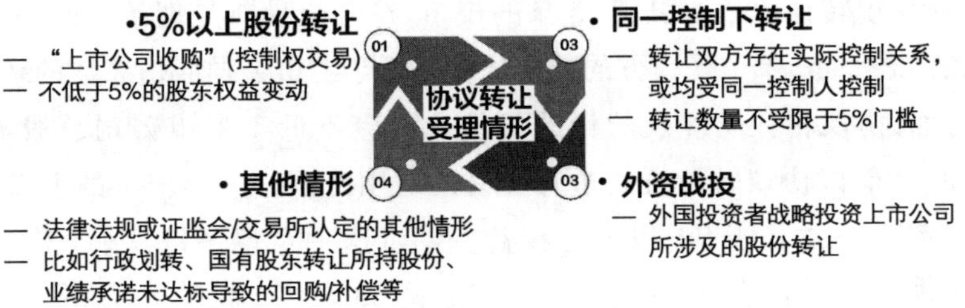

图 1.4 交易所受理申报的协议转让类型

1.3.1 协议转让的典型场景——取得/巩固控制权的“上市公司收购”

实务中，最典型的协议转让场景是控制权收购交易，即狭义范畴的“上市公司收购”。实际上，协议转让本身也是上市公司控制权交易的主要手段。(详见第 10 章)

证监会《协议转让规则》(第 3 条)明确允许交易所可以办理流通股协议转让的情形之一便是与“*上市公司收购*”相关的股份转让。需要注意的是，此处用的是“上市公司收购”，而不是“上市公司的收购”。后者是泛指通过各种方式收购上市公司股份的交易，而前者则是狭义的范畴——涉及取得或巩固上市公司控制权的交易。

根据证监会上市部 2009 年 12 月发布的《关于上市公司收购有关界定情况的函》(上市部函〔2009〕171 号)的规定，“上市公司收购”是指“为了获得或巩固上市公司控制权的行为”。而《证券法》第四章的标题用的则是“*上市公司的收购*”。在该章节下，既涵盖5%甚或1%幅度权益变动的相关行为，也包含超过30%以上的收购行为。其中，根据《证券法》第75条的规定，在“*上市公司收购*”中，收购人所持有的股票在收购完成后18个月内不得转让。从监管实务来看，并非所有的交易都要适用前述18个月锁定期要求，前述锁定期的适用范围仅限于狭义的“上市公司收购”——取得或巩固控制权的交易。

1.3.2 协议转让的受理门槛——达到5%幅度的“权益变动”

根据证监会《协议转让规则》第3条的规定，股东的“*权益变动*”也可以通过协议转让进行。但流通股协议转让语境下的“权益变动”有其特指，并非泛指任何股份转让交易。

尤其是，在新《证券法》将±1%的权益变动也纳入应进行披露的监管范围以后，更有必要进行相应澄清。在此方面，交易所协议转让业务指引提供了进一步指引。根据《上交所协议转让业务指引》第5条、《深交所协议转让业务指引》第6条及《北交所协议转让业务指引》第5条的规定，符合交易所受理条件的协议转让应满足的条件之一是，单个受让方的受让比例不低于上市公司股份总数的5%。

一方面，协议转让所涉及的标的股份比例应不低于上市公司总股本的5%。也就是说，就能以协议转让方式进行交易的适用范围这一语境下的上市公司“权益变动”而言，通常是指5%以上的权益变动。这一点也可以从《证券法》《收购办法》的相关规定中看出。根据《证券法》第63条及《收购办法》第13条的规定，收购人初始取得5%或后续权益变动幅度达到±5%时，应编制简式或详式《权益变动报告书》。

另一方面，上述5%的门槛是从单一受让方的角度计算的。也就是说，单个转让方的转让比例可以低于5%，但前提是同一笔协议转让交易中，有多个转让方同时向同一收购人转让，以确保该单一收购人（包括其一致行动人）合计受让的比例达到或超过了5%。例如，在万力投资及其下设基金恒翼投资收购山河智能（002097.SZ）时，几家退出机构的转让比例均低于5%，但收购人的受让比例合计超过了5%。该等转让于2019年1月签约，并于2019年4月完成过户。相关转让明细如下：[①]（见表1.1）

---

① 参见山河智能（002097.SZ）：《详式权益变动报告书》，载深圳证券交易所官网2019年1月30日，http://www.szse.cn/disclosure/listed/bulletinDetail/index.html?9d9fcd61-9654-4f26-9ea6-260bb44628fc。

表 1.1 ［案例］万力投资协议收购山河智能(002097.SZ)——协议转让 5%门槛的计算

项目	本次交易前		本次交易后	
	持股数量（股）	比例（%）	持股数量（股）	比例（%）
何清华	261,761,833	24.79	196,321,375	18.59
金元资管计划	45,592,705	4.32	0	0
金鹰资管计划	45,592,705	4.32	0	0
苏州鲁鑫	43,465,045	4.12	41,065,045	3.89
海厚泰	30,000,000	2.84	0	0
创金资管计划	26,747,720	2.53	0	0
万力投资	0	0	151,593,848	14.35
恒翼投资	0	0	64,179,740	6.08

1.3.3 协议转让的特定情形——外资战投

证监会《协议转让规则》第 3 条明确允许的另一个协议转让的交易场景是“*外国投资者战略投资上市公司所涉及的股份转让*”。

对于此类外资战投,第 9 章将有详细分析。在此特别值得一提的是,针对外资战投 A 股上市公司,原规则曾要求最低持股不低于 10%。而根据最新修订的《外国投资者对上市公司战略投资管理办法》(2020 年 6 月征求意见稿),前述 10% 的门槛已有所调整:通过协议转让进行的外资战投,持股比例不低于 5% 即可。由此,对于内外资收购方而言,协议转让的受理门槛统一了标准。就此而言,对外国投资者适用了“国民待遇”。

1.3.4 协议转让可低于 5% 门槛的例外情形

并非所有的交易都必须达到 5% 的比例门槛才可以通过协议转让的方式进行。在现有规则框架下,也存在一些例外情形:(见图 1.5)

图 1.5 协议转让的受理门槛——单一受让 5% 及其例外

1.3.4.1 同一控制下转让

根据证监会《协议转让规则》以及《交易所协议转让业务指引》的规定，对于同一控制下的转让——“*转让双方存在实际控制关系，或均受同一控制人所控制的*”，并未设置转让方或单一受让方的最低受让比例门槛。也就是说，对于同一控制下的集团内部转让，无论转让方还是受让方，交易比例低于5%时仍可以向交易所进行协议转让申报。

不过，对于这种基于同一控制而豁免适用5%门槛的协议转让，在向交易所申报时，交易当事方需要额外提供工商登记资料以及专项法律意见书，以证明其双方之间同一控制关系的存在。

1.3.4.2 取得或巩固控制权的“上市公司收购”

深交所2020年7月更新的《协议转让业务指引》第7条曾明确规定，“*与上市公司收购相关*”的协议转让也不受最低受让5%的门槛限制。而根据上文提及的上市部函[2009]171号的规定，此处的“*上市公司收购*”特指控制权收购交易。比如，某上市公司第一大股东，通过协议受让2%的股份而获得或巩固控制权的交易，其可向交易所进行协议转让申报，而不必受限于单一受让比例不得低于5%的一般门槛限制。

对于上述例外（与“上市公司收购”相关的交易），2021年10日最新修订的深交所《协议转让业务指引》已删除；而现行有效的上交所《协议转让业务指引》（2021年8月修订）及北交所《协议转让业务指引》（2021年10月发布）也均无类似规定。尽管如此，考虑到证监会《协议转让规则》（第3条）将“上市公司收购”及“股东权益变动”作为并列的可以受理协议转让的两大类情形，笔者理解，即便未达到5%的权益变动，如果构成了“上市公司收购”行为，应该也是可以办理协议转让申报的。不过，对于低于5%以下的协议转让（除非属于明确规定的同一控制下转让例外情形），建议择机与交易所提前沟通其可操作性及具体监管要求。

1.3.4.3 质押式回购违约处置

根据沪深交易所2020年4月发布的股票质押式回购交易违约处置相关事项通知，对于质押式回购交易项下的协议转让（股票质押式回购交易的出质人违约后，质权人依据业务协议的约定行使质权，由出质人将标的股票转让给质权人或者第三方的协议转让），单个受让方的最低受让比例门槛降至2%。

1.4 协议转让的定价与支付

1.4.1 协议转让的下限价格

价格属于交易的核心商业条款。本质上,转让价格应由交易双方通过谈判磋商并结合交易情况协商确定。

一个合理的商业定价需要综合考虑交易的具体情况,比如控制权溢价、上市公司资产负债状况、二级市场股价、不同交易主体的议价能力或谈判筹码等。然而,对于境内上市公司而言,其股份协议转让的定价又不是一个完全的商业谈判范畴。除了商业博弈因素以外,由于协议转让还需要办理交易所的合规确认,因此其定价还需要遵守监管机构的相关规范指引。

1.4.1.1 实务场景中的协议转让价格下限要求

按照现行规范指引的规定,协议转让需遵守的价格下限要求,主要包括如下场景:(见图1.6)

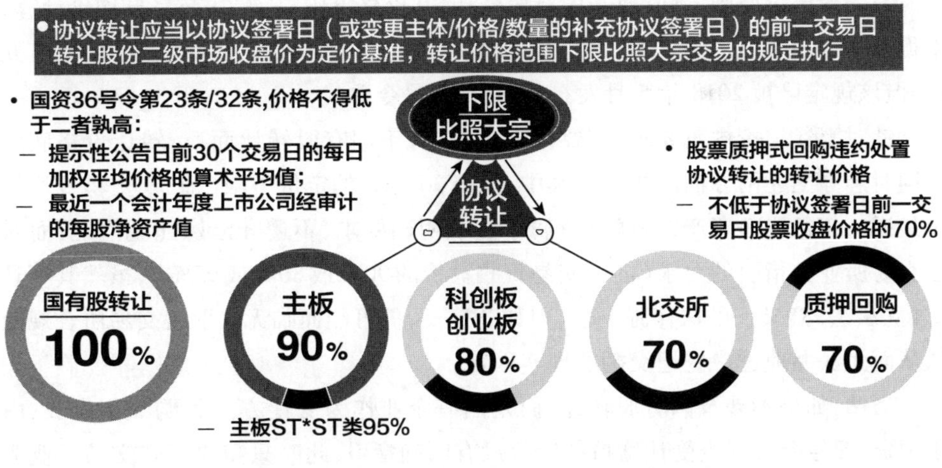

图1.6 协议转让的定价指引——价格下限

1.4.1.2 协议转让的一般定价原则

协议转让的定价基准应比照大宗交易价格下限。根据《交易所协议转让业务指引》的规定,协议转让的转让价格不应低于协议签署日大宗交易价格范围的下限,即以签署日前一交易日二级市场收盘价为基准,转让价格下限比照大宗交易的规定执行。

而根据交易所现行股票交易规则，大宗交易的成交申报价格应在当日涨跌幅限制内。由此，结合现行交易规则项下的股票涨跌幅限制规则，协议转让的转让价格下限主要有如下四种情形：

◎主板，前1交易日收盘价的90%；

◎北交所，前1交易日收盘价的70%；科创板/创业板，前1交易日收盘价的80%；

◎主板ST、*ST特别处理措施的，前收盘价的95%；

◎无涨跌幅限制的（IPO、重组上市、恢复上市等），前收盘价的70%。

1.4.1.3 国有股转让的特殊要求

如果涉及上市公司国有股转让，则要遵循国资监管的相关要求。具体而言，根据国务院国资委、财政部及证监会2018年5月发布的国资36号令——《上市公司国有股权监督管理办法》的规定，国有股转让的价格不应低于如下二者孰高：(1)国有股转让提示性公告（通常早于签约日）前30个交易日的每日加权平均价格算术平均值；(2)最近一个会计年度经审计每股净资产。

与一般定价原则不同，对于国有股转让，其价格下限按前30交易日均价计算，不得有90%或其他折扣。原2007年国资19号令曾允许在算术平均值基础上打九折，但该规定已被2018年5月发布的国资36号令取代。

针对上述定价规范要求，需要注意的是，对于国有股转让而言，转让价格底限需同时遵守上述两方面的要求。其中，国资36号令的定价下限（前30交易日均值及最近一年每股净资产二者孰高）属于法规明确要求，不遵守涉嫌违规问题；而对于交易所业务指引的要求（前一交易日收盘价的90%或80%或95%），虽然其不具有《立法法》意义上的法律强制性，但如若违反，仍可能面临无法取得交易所合规确认从而无法办理过户登记交割的现实困境。

当然，如果不涉及国有股转让，而是国有企业作为受让方去收购非国有股，由于国资36号令对国企受让增持的定价没有明确指引，此时只需要遵守交易所业务指引的一般性要求即可。（详见第8章）

1.4.1.4 质押式回购违约处置的额外折扣

如果涉及的标的股份是券商质押式回购交易项下因违约处置所进行的股份协议转让，则对其价格下限允许按照“*转让协议签署日前一交易日股票收盘价格的70%*”确定。（详见第1.6节）

1.4.2 协议转让的定价基准日

1.4.2.1 实务场景中的定价基准日

如上所述,协议转让的转让价格下限应比照大宗交易的定价范围确定。就此而言,交易所协议转让业务指引所确定的定价基准日是"*协议签署日*",即按转让协议签署日当天(当日非交易日的顺延至次一交易日)的大宗交易申报价格范围,确定本次交易的转让价格底限,也就是签约日前1交易日收盘价的90%(或80%或70%)。①

然而,"签约日"本身的界定还需要考虑实务中的具体情形,可能并不简单。实务中,结合保密要求、项目复杂性、交易谈判进展,以及基于在限售期内为提前锁定交易等因素或考虑,一笔转让交易可能会在达成正式交易协议之前先签署一个框架协议;或在签署协议后,由于市场环境变化或外部监管要求考虑等原因再签署一个补充协议;再或者,就整体交易目标进行分批转让或达成远期转让安排。此类实务需求客观存在。对此,需区分情形具体分析。

从合规角度,笔者理解,交易所关注的焦点在于提交交易所审核且具备了转让价格等核心条款的交易协议的"签署日",无论其名称是框架协议还是补充协议。

结合下文的进一步分析,实务中,流通股协议转让的定价基准日主要有如下几种场景:(见图1.7)

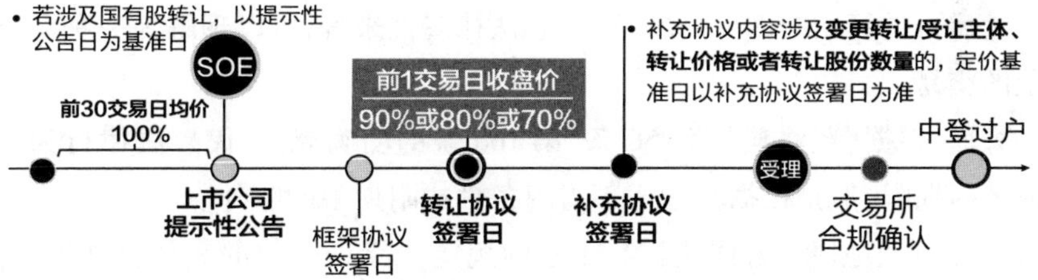

图1.7 协议转让实务场景中的定价基准日

1.4.2.2 国有股转让的定价基准日

与通常交易中以协议签署日为定价基准日不同,根据国资36号令的规定,国有股的转让以"*提示性公告日*"为定价基准日,转让价格不得低于该等基准日前30交易日股票均价的算术平均值。

① 参见《上交所协议转让业务指引》第6条(五);《深交所协议转让业务指引》第10条;《北交所协议转让细则》第4条。

实务中,国有股东通知上市公司发布拟转让上市公司股份的提示性公告的日期通常早于协议签署日。这是因为,按照国资36号令的要求,国有股转让通常需要公开征集潜在的受让方,经公开征集确定受让方之后方可签署正式交易文件。由此,提示性公告日一般会早于协议签署日,除非属于根据36号令可以豁免公开征集程序直接进行协议转让的情形。

就定价而言,与先前2007年国资19号令(已被2018年5月发布的国资36号令取代)相比,国资36号令针对国有股转让的现行定价规则主要有两个变化:一是无论公开征集转让还是非公开协议转让,定价基准日均为提示性公告日(以前区分公开征集的转让信息公告日及非公开协议转让的签约日,现行规则的定价基准日均提前至交易提示性公告发布日)。二是原19号令曾允许在算术平均值基础上打九折,在现行36号令项下则无此例外。(详见第8章)

1.4.2.3 限售期内签署的远期转让协议

针对远期转让——在限售期内签署转让协议并约定未来限售期满再进行转让并向交易所提交申请,此类交易的合规性及可操作性需要结合具体情况进一步分析。

针对远期转让协议的合同效力分析

就远期转让而言,在限售期内签署收购期权或分批转让协议并同时约定将来限售期满后再进行相应部分的转让,就其法律属性来看,可以理解为一种附条件或附期限的交易。

一方面,根据《民法典》第158条、第160条的明确规定,民事法律行为可以附条件或者附期限,但是根据其性质不得附条件或附期限的除外。

另一方面,根据原《合同法》第51条的规定,"无处分权的人处分他人财产,经权利人追认或者无处分权的人订立合同后取得处分权的,该合同有效"。前述条款在《民法典》框架下被删除,改为《民法典》(合同分编第九章买卖合同)第597条的规定,"*因出卖人未取得处分权致使标的物所有权不能转移的,买受人可以解除合同并请求出卖人承担违约责任。法律、行政法规禁止或者限制转让的标的物,依照其规定*"。由上述针对无处分权人订立合同的相关条款及《民法典》对原《合同法》第51条的规范逻辑的调整可以看出,即便是无处分权人所签署的合同,除非受让方行使解约权,该等合同并非当然无效的合同,除非其系以虚假的意思表示实施的或者属于违反法律、行政法规的强制性规定或违背公序良俗(《民法典》第146条、第153条)。

基于《民法典》的相关规定,笔者理解,对于无处分权人签订的合同:一是在所有权转移时点之前签约人取得了处分权,那么合同本身是有效的可以继续履行;二是如果导致标的物所有权无法转移,则赋予了买受人解除权和违约赔偿救济。由此可见,《民法典》区分了"签约"和"处分"两种不同的行为。签约时无处分权,并不导致合同当然无效;而是依赖于是否致使标的物所有权无法转移的后果,并基于受让方的解约权的行使,进一步确定合同是否可以解除。

司法裁决关于"签约"与"处分"行为的区分

一方面,最高人民法院2018年1月作出的(2014)民二终字第106号《中国科学院软件研究所、中科软件集团有限公司合同、无因管理、不当得利纠纷二审民事判决书》,其基于原《物权法》的分析很有借鉴意义。①该案涉及的一个事项是:"因中科软股份公司改制设立的时间为2001年11月20日,为规避2005年修订前的《中华人民共和国公司法》第一百四十七条关于'发起人持有的本公司股份,自公司成立之日起三年内不得转让'的规定,双方约定在中科软股份公司成立三年期满后的2003年11月20日办理股权转让手续,在此之前则将股份委托给中科软件集团管理。"对此,最高人民法院裁决认为:

"根据《中华人民共和国物权法》第十五条和第二十三条规定之精神,负担行为和处分行为应予区分。负担行为是指使一方当事人向另一方当事人承担为或不为一定行为义务的法律行为,其为一方所设定的是某种给付义务即产生某种债务关系,对方当事人相应享有给付请求权。处分行为是指直接作用于某项现存权利的法律行为,如变更、转让某项权利、在某项权利上设定负担和取消某项权利等。负担行为和处分行为的区分,有助于更好地区分合同的订立行为和履行行为,并在此基础上正确界分合同效力与违约责任。本院认为,适用2005年修订前的《中华人民共和国公司法》第一百四十七条第一款的规定,亦应当区分负担行为与处分行为。股份有限公司发起人与他人订立合同转让其股份,属负担行为,其后果为产生交付股份这一给付义务。发起人履行合同将股票交付给买受人,或者在股份登记机关将股份过户登记于买受人名下的行为,属处分行为,亦系合同的履行行为,其后果为发生权利变动。《中华人民共和国公司法》第一百四十七条第一款所规定的'不得转让',限制的是处分行为,而不及于转让股份的负担行为。也就是说,违反该条规定的法律后果是股份的所有权不能转移,而不是股份转让合同无效。"

---

① 参见中国裁判文书网,http://wenshu.court.gov.cn/website/wenshu/181107ANFZ0BXSK4/index.html?docId=8ca1edc49f7047d4aac6a99900a9a37f。

最高人民法院上述援引的《物权法》第 15 条在《民法典》中得以延续，对应条款为《民法典》第 215 条：“*当事人之间订立有关设立、变更、转让和消灭不动产物权的合同，除法律另有规定或者当事人另有约定外，自合同成立时生效；未办理物权登记的，不影响合同效力。*”

笔者理解，在《民法典》框架下，依然应对签约（负担行为）和交付履行（处分行为）予以区分。《公司法》第 141 条关于发起人股份 1 年内（原《公司法》第 147 条规定为 3 年内）“不得转让”的规定，限制的是处分行为（交付过户），而不及于转让股份的负担行为（签约）。也就是说，《公司法》的限售条款不应理解为对限售期内“签约”的禁止，其所限制的是限售期内的“交付”履约这一处分行为。类似的分析逻辑应同样适用于《证券法》以及证监会及交易所规范项下的股份限售规定。

另外，《最高人民法院公报》2007 年第 5 期刊载的江苏省高级人民法院作出的（2005）苏民二初字第 0009 号张桂平诉王华股权转让合同纠纷案裁判摘要也明确，原《公司法》第 147 条第 1 款关于“发起人持有的本公司股份，自公司成立之日起三年内不得转让”的规定，旨在防范发起人利用公司设立谋取不当利益，并通过转让股份逃避发起人可能承担的法律责任。股份有限公司的发起人在公司成立后 3 年内，与他人签订股权转让协议，约定待公司成立 3 年后为受让方办理股权过户手续，并在协议中约定将股权委托受让方行使的，该股权转让合同不违反原《公司法》第 147 条第 1 款的规定。协议双方在公司法所规定的发起人股份禁售期内，将股权委托给未来的股权受让方行使，也并不违反法律的强制性规定，且在双方正式办理股权登记过户前，上述行为并不能免除转让股份的发起人的法律责任，也不能免除其股东责任。因此，上述股权转让合同应认定为合法有效。

交易所关于远期转让协议的监管指引

一方面，交易所协议转让业务指引均明确，拟转让的标的股份应是无限售条件流通股（同一控制下的转让等例外情形除外）。否则，本次转让可能导致规避股份限售相关规定的，交易所将不受理申报。①

另一方面，2016 年 3 月发布的《深交所协议转让业务指引》（深证上〔2016〕105 号）第 8 条第 2 款曾明确规定：“*转让双方应当以协议签署日的前一交易日转让股份二级市场收盘价为定价基准。但转让双方就有限售条件股份签订在限售期届满后办理转让的协议的，应当以协议签署日的前一交易日和向本所提交申请日的前*

① 参见《上交所协议转让业务指引》第 6 条、第 7 条；《深交所协议转让业务指引》第 8 条、第 9 条；《北交所协议转让业务指引》第 6 条、第 7 条。

一交易日转让股份二级市场收盘价二者中较高者为定价基准，法律、行政法规、部门规章、规范性文件及本所业务规则等另有规定的，从其规定。"估计可能是由于远期转让安排的敏感性，为避免给市场误导信号，深交所于2016年11月对当初2016年3月刚发布不久的协议转让业务指引进行了修订，而其中的主要修订之处便是删除了前述第8条第2款。现行有效的交易所协议转让业务指引及办理指南亦均未再有类似规定。

远期转让的实务案例

从上述深交所业务指引的修订过程可以看出，交易所对于远期转让协议的监管态度还是相对审慎的，以免给市场误导信号，防止出现各种规避限售规定的市场乱象。

尽管如此，实务中仍有个别远期转让或类似安排（如购股权、收购期权安排等）的案例。例如，2019年8月，申通快递（002468. SZ）发布公告，投资人阿里巴巴与上市公司实际控制人及控股股东德殷投资签署《购股权协议》，《购股权协议》赋予投资人或其指定第三方（上市公司竞争对手除外）自2019年12月28日起三年内（行权期）向德殷投资发出通知要求购买：（1）上海德殷德润实业发展有限公司（以下简称德殷德润）51%的股权；（2）上海恭之润实业发展有限公司（以下简称恭之润）100%的股权或恭之润届时持有的16.1%的上市公司股份（在符合适用中国法律的前提下，视情况而定）的权利（"购股权"）。在该等交易中，采用的是直接协议转让与间接收购相结合的方式。协议约定了前述直接加间接收购的总价款，但并没有明确涉及上市公司股份的对应价款或定价基准。不过，《购股权协议》同时约定，在直接购买上市公司股份的情况下，相关各方应确保行权遵守监管部门对于上市公司股份协议转让的有关规定。①

再者，2019年5月，围海股份（002586. SZ）的控股股东与投资人宁波交投签署了《股份转让框架协议》，约定控股股东将标的股份29.8%转让给投资人，其中，20%于框架协议项下转让，另外9.8%于2020年5月22日后15个工作日内转让。②不过，2019年8月，上市公司发布公告，交易双方因市场环境变化等原因协商

---

① 参见申通快递（002468. SZ）：《关于公司控股股东及实际控制人签署购股权协议的公告》，载深圳证券交易所官网2019年8月1日，http://www.szse.cn/disclosure/listed/bulletinDetail/index.html?59499676-6dd2-4981-8367-05411ec64286。

② 参见围海股份（002586. SZ）：《关于控股股东签署〈股份转让框架协议〉暨公司控制权拟变更的提示性公告》，载巨潮资讯网，http://static.cninfo.com.cn/finalpage/2019-05-24/1206302745.PDF。

终止了交易。[1]

类似地,2019 年 2 月,慈文传媒(002343. SZ)发布公告,上市公司控股股东及相关股东将合计 15.05% 的股份转让予华章投资,其中,第一次转让 9.95%,价格为 13 元/股;第二次转让 5.1%,于相应股份解除限售后进行,价格为 13 元/股。该项交易项下的第一次转让于 2019 年 3 月完成过户。[2]需要注意的是,尽管前述 2019 年 2 月签署的交易协议已对第二次 5.1% 的转让及其价格进行了约定,于该等股份解除限售后,相关当事方还是于 2019 年 12 月 9 日就前述 5.1% 的转让再次签署了《股份转让协议》,但转让价格仍维持先前 2019 年 2 月协议项下所约定的 13 元/股。该次转让于 2019 年 12 月 20 日完成了过户。[3]

笔者估计,上述慈文传媒(002343. SZ)的交易中就第二次转让重新签署转让协议(且价格与之前协议一致)的原因或许是由于就第二次转让向交易所申报时,其时点与初始协议签署时点相距已超过 6 个月;或者,当初签署第一份协议时,所涉及的第二次转让的标的股份属于处于限售期的股份。因此,就第二次转让而言,在相关股份限售期届满后向交易所申报时需要重新签署一份以已届满锁定期的流通股为标的股份的转让协议。尽管如此,重新签署的转让协议仍维持了初始协议所约定的第二次转让的价格,即 13 元/股。当然,该等价格也需要符合交易所合规要求,不能低于第二次协议签署日(2019 年 12 月 9 日)前一交易日收盘价的 90%(而该上市公司 2019 年 12 月 6 日的收盘价为 8.64 元)。(详见第 10 章)

<u>小结</u>

结合上述相关法律及规范指引以及司法判例及市场案例,笔者理解,针对远期转让安排(购股权/收购期权或者限售期内签署协议约定限售期满后转让或约定分批转让),其本身的法律效力不存在瑕疵。如上述分析,无论是原《合同法》《物权法》的规定还是最新《民法典》的相关条款,都区分了"签约"的负担行为和履约"交

---

① 参见围海股份(002586. SZ):《关于控股股东收到〈关于终止本次股份收购的函〉暨终止向宁波交投转让控制权的公告》,载深圳证券交易所官网 2019 年 8 月 27 日,http://www.szse.cn/disclosure/listed/bulletinDetail/index.html? 95e19129 - f7f9 - 4eb6 - 9eb7 - cb38a1555b00。

② 参见慈文传媒(002343. SZ):《关于公司控股权转让进展暨控股股东、实际控制人发生变更的提示性公告》,载巨潮资讯网,http://static.cninfo.com.cn/finalpage/2019 - 03 - 29/1205957683.PDF。

③ 参见慈文传媒(002343. SZ):《关于公司股东股份转让暨控股权转让完成的公告》,载深圳证券交易所官网 2019 年 12 月 24 日,http://www.szse.cn/disclosure/listed/bulletinDetail/index.html? 89a46618 - 4dc3 - 45cb - 87c3 - 0dc5c2484015。

付”的处分行为。最高法的司法判例也明确,《公司法》的限售期条款并不禁止在限售期内签署转让协议,其所限制的是在限售期内履行交付的处分行为。类似的分析逻辑应同样适用于《证券法》及证监会/交易所规定的限售期规范。也就是说,限售期内签署远期转让协议或框架协议,并不违反法律的强制性规定,相关交易文件的合同效力应该受到保障。

1.4.2.4 远期转让安排下的定价基准

对于远期转让协议项下的价格约定需要谨慎处理。关于定价基准日,针对限售期内签约的,深交所2016年3月版的协议转让业务指引曾规定,“*以应当以协议签署日的前一交易日和向本所提交申请日的前一交易日转让股份二级市场收盘价二者中较高者为定价基准*”。如上提及,在2016年11月的修订中,前述规定已被删除,2020年7月最新修订的业务指引中也未再出现类似规定。在沪深交易所现行有效的业务指引框架下,仅保留了“协议签署日”这一个定价基准日。

由此,若签约时离限售期届满尚需时日,将来办理协议转让的交易所合规确认会否存在障碍?对此,一方面,交易所受理协议转让申请的前提条件之一是标的股份的限售期已届满,因此,虽然限售期内可以签署交易文件,但限售期内是无法提前办理协议转让合规确认的。另一方面,待标的股份转让期届满向交易所提交协议转让申请时,距离作为定价基准的先前交易签约日可能已时过境迁,二级市场股价发生了比较大的变化。交易所对此是否会有所关注?在此方面,笔者注意到,《上交所协议转让业务指引》第7条第(七)项明确规定,对于“*协议签署日与提交申请日间隔超过6个月且无正当理由*”的转让申请,上交所不予受理。深交所的业务指引中虽然暂无类似规定,但从上述慈文传媒(002343. SZ)的转让交易中(2019年2月签署的交易协议已对第二次5.1%的转让及其价格进行了约定,于该等股份解除限售后,相关当事方于2019年12月9日就前述5.1%的转让再次签署了《股份转让协议》)可以看出,深交所在实践中似乎也有类似的监管要求。

因此,假如远期转让协议距将来限售期届满相隔较远(如超过6个月),那么将来限售期届满向交易所提交转让申请时,可能需要重新签署新的交易文件。尽管如此,是否需要按照新的协议签署日作为定价基准日重新确定价格?笔者理解,如果将来向交易所申报时二级市场股价变化较大,尤其是股价上涨时,导致可能按照将来申报时点的股价来看先前约定的价格会低于申报时点90%的价格底限要求,此时交易双方可能需要对价格进行调整,以在申报时点能满足交易所业务指引中的定价规范要求。此等情形下，双方需要就该等价差成本应由谁来承担有明确约定或妥善安排。

在此方面，慈文传媒(002343.SZ)转让交易的做法值得借鉴，其在2019年2月的转让协议中约定："如本协议签署日至相应股份过户期间上市公司股票二级市场收盘价相较于本次定价时有重大变化，根据深圳证券交易所股份协议转让的相关规定，必须对股份协议转让价格做调高处理的，甲方承诺向乙方承担价格调高导致乙方受让成本增加(每股超过13元)的部分，即甲方确保乙方受让前述股份的实际成本不增加。"①当然，特定交易中的此类成本具体应由哪方承担则主要是商务谈判范畴。

简言之，上述分析可如图1.8所示：

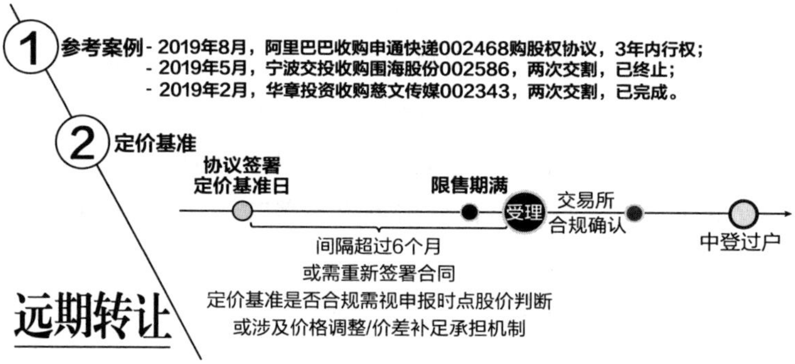

图1.8 限售期内远期转让的定价基准

1.4.2.5 框架协议及补充协议场景下的定价基准日

实务中，交易当事方在签署正式交易文件之前通常会先行签署框架协议(或者具有法律约束力的意向协议)。比如，于2020年3月28日签署框架协议，完成尽职调查及谈判等各项工作后，于2020年6月30日签署正式协议。

就定价基准日的确定而言，对于框架协议，若其中不涉及价格条款，则其签署日不能作为定价基准日。可以作为协议转让定价基准日之"协议签署日"，是指包含有价格条款之协议的签署日。

如果框架协议包含有价格条款，则要区分情形具体分析。若后续不再签署正

---

① 慈文传媒(002343.SZ)：《关于公司控股股东签署股份转让协议、表决权委托协议暨控股股东、实际控制人拟发生变更的提示性公告》，载巨潮资讯网，http://static.cninfo.com.cn/finalpage/2019-02-27/1205852547.PDF。

式协议,即以之前的框架协议作为申报文件,则框架协议签署日可以作为定价基准日,转让价格不低于该签署日前一日收盘价的90%(或科创板/创业板80%,或ST类95%,下同),则属合规。

若后续签署正式协议,且正式协议维持了框架协议的同等价格,则还需进一步区分:(1)若签署框架协议至正式协议签署期间二级市场股价上涨,致使转让价格低于正式协议签署日前一交易日收盘价的90%,则需要以正式协议签署日为基准日调整价格,否则与沪深交易所协议转让业务指引的定价规范相抵触;(2)若期间二级市场股价下跌,则以框架协议签署日为基准确定的转让价格应该会高于正式协议签署日前一日收盘价的90%,在正式协议维持了与框架协议同样的价格的情形下(从而按之前更高收盘价基准确定的交易价格肯定不会低于股价下跌后的收盘价基准),属于合规。此时价格是否调整取决于双方的协商,不是必须调整。

若后续签署的正式协议对之前框架协议中的价格条款进行了调整,则应以正式协议的签署日为定价基准日。调整后的转让价格不应低于正式协议签署日(而不再以框架协议签署日为基准)前一日收盘价的90%(或80%或95%)。

另外,若正式协议签署后交易各方后续又签署了补充协议,根据交易所2020年最新发布的协议转让业务指南附件的申请资料要求,补充协议内容涉及变更转让主体、转让价格或者转让股份数量的,计算转让价格时应以补充协议的签署日为准。也就是说,应以后续补充协议签署日前一交易日收盘价为基准,判断转让价格下限是否合规。

最后,笔者理解,上述定价基准日的选取,主要是从交易所业务指引合规的角度,去判断双方所协商确定的价格是否低于了定价基准日前一交易日收盘价(涉及国资的,则是提示性公告日前30交易日均价)的定价基准,并非强制要求交易双方必须以定价基准作为最终的交易价格。价格本质上是商业谈判范畴,应由交易双方协商确定。但从合规角度,若协商确定的交易价格低于交易所定价基准,则为了合规申报目的,需要调整,否则可能构成申请交易所合规确认的障碍。不过,双方可就由此调整所产生的补偿或多退少补机制进行协商。

另外,若转让价格超过定价基准有溢价的,则无须调整。尽管如此,若溢价幅度过高,也可能引起交易所的反馈关注,需要进行定价合理性解释。另外,若属于国企作为收购方的,若溢价幅度偏高,则国资监管部门可能会关注是否涉嫌定价不公允侵害国有资产利益,更需慎重处理。

1.4.3 协议转让定价之溢价幅度合理性的监管关注

与针对价格下限的设置有明确规范指引不同，沪深交易所现行业务指引对于协议转让的价格上限或者溢价幅度的设置均无明确限制性规定。

就国资交易而言，国资36号令对此也无特别规定。但是，国资36号令要求在上报国资委或集团母公司审核的收购方案中应包含“价格上限及确定依据”[36号令第55条第（二）项]。也就是说，从国资利益保护的角度，如果国企受让的溢价幅度越高，解释定价合理性的难度以及通过国资审核的不确定性风险也就越大。

对于一般性交易，尽管交易所并无明确的定价上限要求，实务中，如果价格超过合理幅度（如超过20%），则可能面临交易所的反馈问询。比如，在2019年1月6日签约的鲁民投旗下的金湖投资及鲁民投基金管理公司收购日科化学（300214. SZ）合计13.24%股份（增持后持有21.88%）的交易中，交易价格每股7.69元较1月4日股票收盘价溢价超过35%。深交所要求补充说明本次交易转让价格大幅溢价的原因及合理性，本次交易各方是否存在其他协议或安排。[①]再如，在2019年1月26日签约的万力投资及其下设基金恒翼投资收购山河智能（002097. SZ）合计20.43%股份（另有8%的表决权委托安排）交易中，股权转让价格分别为每股8元和7.33元，较协议签署前一交易日公司股票收盘价格溢价36.75%和25.3%。深交所也要求交易双方说明溢价较高的原因。[②]

对于上述反馈问询，从交易双方的角度，核心工作在于向交易所说明其定价依据以及溢价幅度的商业合理性。比如，在日科化学的交易中，收购人解释其定价是参考了上市公司2015年非公开发行的价格7.69元，以及收购人通过协议转让、大宗交易、集中交易等取得上市公司股份的综合收购成本是6.57元每股（相当于综合溢价幅度仅为15.67%）。而在山河智能的交易中，收购人在答复时提到了上市公司业绩良好，并解释为主要是考虑到了控制权溢价因素，同时提供了五例近期的控制权转让交易的定价作为参考。笔者理解，在交易双方提供定价依据及合理性解释相关的说明后，溢价幅度通常不会成为交易的障碍。前述两个交易分别在

---

① 参见日科化学（300214. SZ）：《关于深圳证券交易所出具的关于对公司问询函的回复》，载深圳证券交易所官网2019年2月13日，http://www.szse.cn/disclosure/listed/bulletinDetail/index.html?30cfca91-59a0-4000-a325-a17ddafdcf59。

② 参见山河智能（002097. SZ）：《关于深圳证券交易所〈问询函〉的回复公告》，载深圳证券交易所官网2019年2月19日，http://www.szse.cn/disclosure/listed/bulletinDetail/index.html?20c05e96-59a1-4e83-a9eb-eac352422a17。

2019年2月及4月完成了过户。

综上,关于协议转让的价格上限或溢价幅度的相关要求可以简要图示如下:(见图1.9)

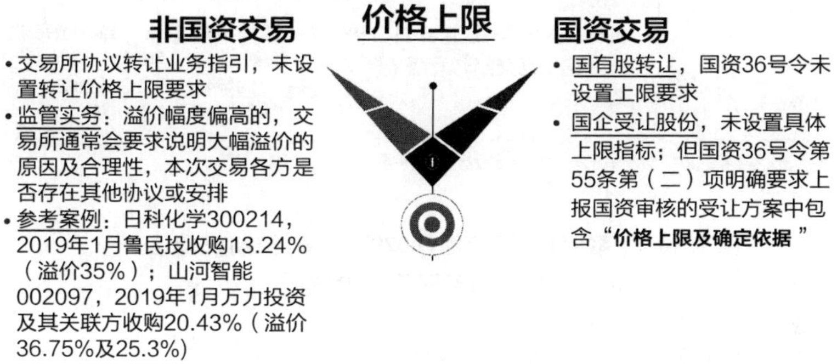

图1.9 协议转让的定价指引——价格上限/溢价幅度

从相关实务经验来看,除价格底线需遵守交易所及国资监管的相关要求以外,具体价格的设置包括溢价幅度等属于商业谈判范畴,应由交易双方结合交易具体情况协商确定。尽管溢价幅度偏高时可能会引起国资审核或交易所的关注问询,但在能提供定价依据及商业合理性解释的情况下,通常会被放行。

1.4.4 实务中同一笔交易中的不同定价机制设置

实务中,同一笔收购交易中可能也会有不同的价格设置(前提是都不低于交易所业务指引所要求的价格底限)。

一方面,针对不同的交易对象及交易规模,其价格会有区分。比如,在2019年1月26日签约的万力投资及其下设基金恒翼投资收购山河智能(002097.SZ)合计20.43%股份的交易中,自原控制人受让的价格是8.00元/股,而自机构投资人处受让的价格为7.33元/股。另一方面,同样是在前述交易中,即便是对同机构投资人之间的交易,价格设置又结合过户的时间预期而有区分:"经双方协商一致,如在2019年3月31日(含当日)前完成交割,则转让单价为7.33元/股;如在2019年4月1日及之后完成交割,则转让单价为7.40元/股。本报告书按7.33元测算)……"①(见图1.10)

① 山河智能(002097.SZ):《详式权益变动报告书》,载深圳证券交易所官网2019年1月30日,http://www.szse.cn/disclosure/listed/bulletinDetail/index.html?9d9fcd61-9654-4f26-9ea6-260bb44628fc。

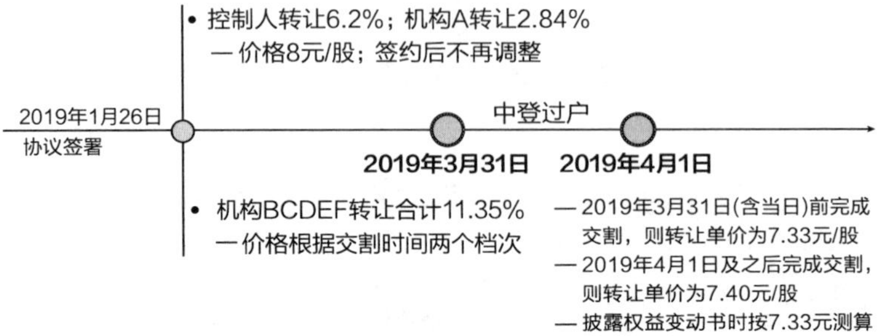

* 山河智能002097，2019年1月30日《详式权益变动报告书》。

图 1.10　[案例]山河智能(002097.SZ)控制权转让——同一交易中的不同价格设置

类似上述山河智能案例中的定价设置表明,过户越晚价格越高,从而有利于促使收购人尽快完成过户。假若进行另外一种方向的设置,过户越晚价格越低,从动因驱动上讲则可能会更有利于促使转让方尽快完成过户。总而言之,特定情形下,价格的设置还可以综合考虑定价背后不同的利益诉求、功能驱动逻辑等因素。定价的核心是商业博弈,最终需由交易双方在遵守规则底线要求的前提下,结合项目的具体情况协商确定。

1.4.5　以 0 元或象征性低价转让的实务关注

尽管有上述协议转让的一般性定价指引——不低于协议签署日前一日收盘价的 90%(或 80% 或 95%),实务中也存在一定的例外情形。

比如,在沃施股份(300483.SZ)的交易中,上市公司控股股东及其一致行动人将其直接持有的合计 24.59% 的股份转让给其新设的持股平台海德投资。本次交易的转让价格总价为 0 元,并已于 2019 年 2 月完成过户。①

不过,对于以 0 元或象征性低价转让,有两个实务问题需要特别关注。一方面,0 元或低价转让与交易所业务指引关于协议转让价格不能低于前一交易日收盘价 90% 的明确指引不一致。因此,需要结合个案因素进行沟通,该等定价安排能否被交易所认可具有较大的不确定性。另一方面,对于受让方而言,由于其所受让

---

① 参见沃施股份(300483.SZ):《详式权益变动报告书》,载深圳证券交易所官网 2019 年 1 月 15 日,http://www.szse.cn/disclosure/listed/bulletinDetail/index.html?38ac44b8-3a6f-477b-b58f-9dbc29a4389d;沃施股份(300483.SZ):《关于控股股东协议转让部分股份过户完成的公告》,载深圳证券交易所官网 2019 年 2 月 19 日,http://www.szse.cn/disclosure/listed/bulletinDetail/index.html?79c99a3f-c442-48b2-b664-fc09c86cd861。

的股份的税基很低,将来再转让时可能会产生非常高的所得税成本。

与直接的协议转让相对比,如果交易以间接收购或者股份出资的形式进行,则以 0 元或象征性低价转让更有可操作性。(详见第 2 章)

1.4.6 协议转让之转让价款的支付

除了价格本身以外,价款的具体支付安排也是一项重要的商业条款,不同的支付安排会产生不同的驱动效果。本质上,价款支付安排是由交易双方协商确定的商业谈判范畴,但前提是不能与监管规则的明确要求有抵触。

就价款支付而言,对期限有明确要求的主要涉及国资相关交易。除此之外,交易所在这方面没有额外要求。具体而言,关于价款支付,涉及如下几方面规范指引:(见图 1.11)

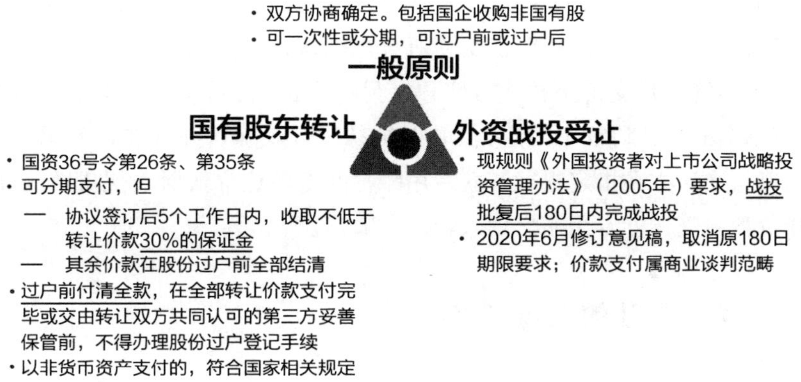

图 1.11 协议转让价款支付的规范要求

一方面,针对国有股转让,首期需要在签约后(即便此时尚未取得国资批复而协议尚未生效)即支付至少 30% 的保证金;其后,在交易取得国资委或集团母公司的国资批复而生效之后再支付余款,并且至迟应在向交易所提交协议转让申请之前结清全款。根据国资 36 号令第 26 条、第 35 条以及沪深交易所协议转让业务指引及办理指南的规定,就国有股转让而言,收购方已支付全部转让价款的支付凭证(包括非货币对价资产的交割凭证,如适用)是向交易所办理合规确认及向登记公司办理过户手续的必备文件。

需要提示的是,上述要求是针对国有股转让的特别保障要求。如果是国有企业收购上市公司非国有股,对于支付期限则无特别要求。例如,在深圳国资委旗下的远致投资自控制人饶陆华处收购科陆电子(002121.SZ)10.78% 股份的交易中,协议约定的是在过户后 3 个交易日内一次性付款。[①]该笔收购已于 2018 年 8 月完成过户。

另一方面,对于其他交易(不涉及国有股转让),转让价款支付的具体安排则完全是商业谈判范畴,具体由交易双方协商确定。比如,在鲁民投旗下的金湖投资及鲁民投基金管理公司收购日科化学(300214. SZ)合计 13.24% 股份的交易中,按三期进行付款:签约后支付 10% 定金;交易所合规确认后支付 40%;过户完成后支付剩余 50%。[②]

另外,实务中,从交易双方风险分配的角度看,在全款交割之前的交易进展过程中,双方也可以根据情况达成账户共管或开立专户等双方均可接受的相关商业安排。比如,在万力投资收购山河智能(002097. SZ)时,一方面,在与其中一家机构海厚泰的转让协议中约定,协议生效后,将转让价款划入以收购方名义并在转让方指定银行开立的共管账户,取得交易所合规确认并且登记公司受理过户手续后,转让价款由共管账户支付至转让方账户。另一方面,在同一次收购中与另外一家机构金鹰基金的转让协议中约定,在取得交易所合规确认并且登记公司办理股份临时保管后,受让方在指定银行开立专用账户并将转让价款划入;在股份过户交割后,转让价款由受让方专用账户划入转让方账户。[③]

1.5 协议转让的交易流程

1.5.1 协议转让的交易流程概览及示例

根据《收购办法》、交易所协议转让业务指引及办理指南以及其他相关规范的规定,协议转让的交易流程可简要图示如下:(见图 1.12)

---

① 参见科陆电子(002121. SZ):《简式权益变动报告书》,载巨潮资讯网,http://static. cninfo. com. cn/finalpage/2018 - 08 - 06/1205258607. PDF。

② 参见日科化学(300214. SZ):《详式权益变动报告书》,载深圳证券交易所官网 2019 年 1 月 8 日,http://www. szse. cn/disclosure/listed/bulletinDetail/index. html? aebe1cfc - 460a - 4d09 - 858e - bfc8b81054cd。

③ 参见山河智能(002097. SZ):《详式权益变动报告书》,载深圳证券交易所官网 2019 年 1 月 30 日,http://www. szse. cn/disclosure/listed/bulletinDetail/index. html? 9d9fcd61 - 9654 - 4f26 - 9ea6 - 260bb44628fc。

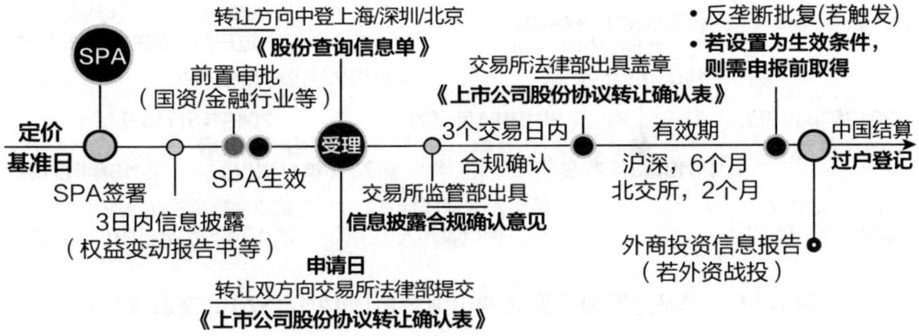

图 1.12 协议转让的交易流程概览

以 2019 年 1 月签约的万力投资收购山河智能(002097.SZ)为例(该案涉及协议转让以及表决权委托),该案的交易结构如下所示:①(见图 1.13)

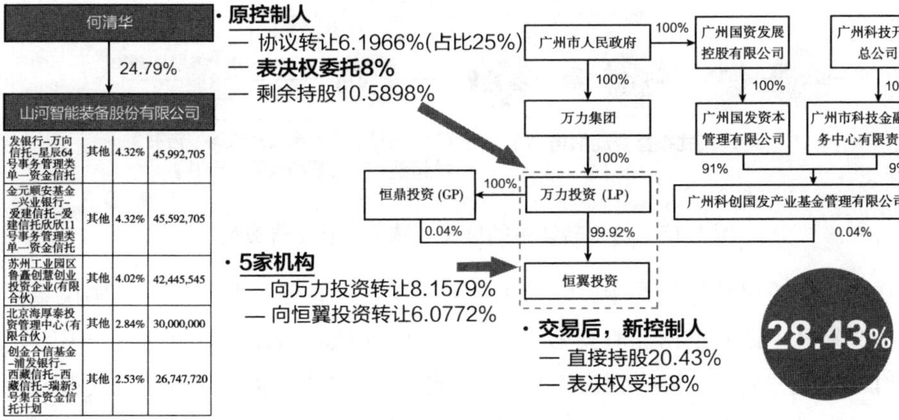

· 山河智能002097, 2019年1月30日《详式权益变动报告书》。

图 1.13 [案例]万力投资收购山河智能(002097.SZ)的交易结构

根据上市公司山河智能的相关公告,该笔交易经历了如下交易流程:(见图 1.14)

① 参见山河智能(002097.SZ):《详式权益变动报告书》,载深圳证券交易所官网 2019 年 1 月 30 日,http://www.szse.cn/disclosure/listed/bulletinDetail/index.html?9d9fcd61-9654-4f26-9ea6-260bb44628fc。

图 1.14 [案例]万力投资收购山河智能(002097.SZ)的交易流程

1.5.2 协议转让中的信息披露

有关上市公司收购中信息披露的详细分析详见第 5 章。就本章所讨论的协议转让而言,其交易过程中可能涉及的信息披露要求可以简要图示如下:(见图 1.15)

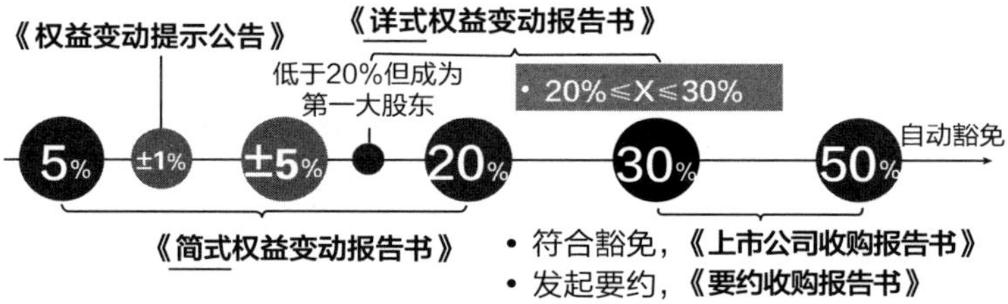

图 1.15 协议转让中的信息披露节点及报告类型

在流通股协议转让交易中,主要的信息披露义务是交易当事方应在协议签署后 3 个交易日内披露根据证监会第 15 号格式准则所编制的《权益变动报告书》。

对于转让方而言,若减持额度达到 5% 或以上,减持方需要编制《简式权益变动报告书》;若减持额度低于 5% 但达到 1% ,减持方本身无须编制《权益变动报告书》,其仅需通知上市公司发布《权益变动提示公告》。

对于收购人,根据其所合计持有权益的比例,分别适用不同的披露标准。其中,20% 刻度线是一个关键的分界线,低于 20% 的披露《简式权益变动报告书》;持股达到或超过 20% 但未超过 30% (包含本数)的,或者虽低于 20% 但成为第一大股东或实际控制人的,披露《详式权益变动报告书》。《详式权益变动报告书》的编制内容则是主要比照证监会第 16 号格式准则——《上市公司收购报告书》。而若收购比例或收购后累计持股超过 30% ,则需要按照证监会第 17 号格式准则编制《要约收购报告书》并发出全面要约;或者,属于可豁免要约情形的,则按照证监会第 16 号格式准则编制《上市公司收购报告书》。

另外,就 1% 节点的披露,该项规定属于《证券法》2019 年 12 月修订时所新增加的条款。与其他节点的披露要求相比,±1%幅度的权益变动仅要求披露权益变动情况等基础信息(《证券法》第64条)。一般而言,由于交易所受理门槛(5%)的限制,收购人通常不会涉及±1%节点的披露,除非属于同一控制下的转让等可以低于5%门槛的协议转让;而从减持方角度,由于其协议转让额度可以低于5%门槛,则可能出现尽管因其减持低于5%而无须编制《简式权益变动报告书》的情形,但若达到1%仍需按照《证券法》的要求通知上市公司披露权益变动提示公告。

1.5.3 协议转让申报的适格条件

除不属于负面清单情形(见上述第1.2节)且符合交易所的受理范围及受理门槛(见上述第1.3节)的要求以外,一笔协议转让交易若要成功取得交易所的合规确认,还需要满足一定的适格条件。

按照交易所协议转让业务指引的规定,[①]转让双方申请办理协议转让时,应满足如下要求:(见图1.16)

图1.16 向交易所申报协议转让需满足的适格条件

针对上述条件中的几项重要要求,下文将具体分析。

1.5.4 协议转让申报之核心条件——转让协议的生效

如上所述,交易所受理协议转让申报的首要条件便是转让协议依法生效。从这个角度考虑,转让协议生效条件的设置就比较关键了。实务中,转让协议的生效通常涉及三个维度的因素:

(1)内部决策已经完成;

(2)前置许可已经取得;

(3)协议约定的其他生效先决条件满足。

---

① 参见《上交所协议转让业务指引》第6条;《深交所协议转让业务指引》。

1.5.4.1 内部决策——上市公司的董事会或股东大会程序

关于内部决策，就交易双方而言，自然人最简单，除了签字同意以外一般不会涉及内部决策问题，除非依据已有合约或其他安排需要取得第三方同意。而对于机构，则需要根据主体的性质确定合适的内部决策形式，包括总经理办公会（通常适用于国企）、董事会决议、投委会决议（一般是用于投资基金）、股东决定（一人公司）、股东（大）会决议等。具体到某一特定交易，交易双方究竟需要履行哪些内部决策程序，则需结合其各自公司章程、合伙协议等内部规定的权限设置确定。

另外，除了转让双方以外，还存在上市公司股份的协议转让是否需要作为目标公司的上市公司本身履行相应的内部决策程序（董事会或股东大会）的问题。一般而言，对于存量老股的转让，因不涉及上市公司增发新股，通常不需要上市公司自身的决策程序。上市公司作为资合属性的股份公司，不同于偏人合的有限责任公司（《公司法》第71条要求有限责任公司股东的股权对外转让需要股东过半数同意），根据《公司法》第137条的规定，股份公司的股份转让并不以股东大会同意为前提。实务中，上市公司的《公司章程》往往也不会对股东的股份转让作出更严格的程序性限制。

尽管上述，几种特殊情形下的股份转让仍可能会涉及上市公司自身的董事会或股东大会程序。

1.5.4.2 涉及上市公司董监高转让的上市公司董事会说明

根据交易所业务指引的规定，当转让方为上市公司董监高（包括在任或离职），需要上市公司提供加盖上市公司公章或董事会印章的《上市公司董事会关于本次股份转让的情况说明》，列明本次转让的基本情况，并确认：(1)本次转让涉及的股份不存在相关法律法规及规范性文件或交易所业务规则等规定以及转让方自行承诺（如有）的不得转让的情形；(2)本次转让不违反公司章程；(3)本次转让不违反《公司法》《证券法》以及减持规范等关于股份持有期限、卖出时间、卖出数量、卖出方式、信息披露等规定。

上述特别要求的原因在于董监高转让本身通常要遵守一系列限制，主要包括：《公司法》第141条要求其在任期间内每年转让不得超过25%以及离职后半年内不得转让，《证券法》第44条规定，6个月内不得有反向操作的短线交易规则，以及董监高的持股可能属于受减持规范或承诺约束或受限于股权激励计划业绩考核及锁定期等安排。

1.5.4.3 外资收购人所触发的上市公司股东大会程序

当收购人属于外国战略投资者时,可能会触发目标上市公司的股东大会程序。根据2005年12月发布的《外国投资者对上市公司战略投资管理办法》第8条的明确规定,通过协议转让进行外资战投的,应经上市公司董事会及股东大会通过。例如,2019年2月签约的香港绿伟有限公司收购澳洋顺昌(002245. SZ)10%的股份交易,①以及2019年3月签约的凯雷投资旗下的CA Fabric Investments收购罗莱生活(002293. SZ)10%的股份交易,②均约定以上市公司股东大会批准为协议转让的生效条件之一,并已分别召开了股东大会进行了审议批准。

不过,从《外国投资者对上市公司战略投资管理办法》(2020年6月发布的征求意见稿)来看,最新的战投办法针对协议转让方式的外资战投已经明确取消了前述上市公司董事会及股东大会程序要求,除非上市公司自身的公司章程另有规定。

1.5.4.4 限售期内转让之转让方承诺豁免的股东大会批准

通常而言,可以转让的股份应该是流通股,限售股通常是不可以转让的。尽管如此,如第6章将分析,A股市场的锁定期又区分法律明确规定的强制要求与股东在此基础上所作出的更严标准的自愿承诺。对于自愿承诺的锁定,经上市公司股东大会批准,可以变更或豁免。实务中,也有一些限售期内股票经股东大会批准后进行转让的情形。该等案例详见第10章分析。

1.5.4.5 管理层收购MBO的股东大会批准

根据《收购办法》第51条的明确规定,上市公司董监高及员工(包括其控制的机构)收购公司控制权的(管理层收购,俗称MBO),"*应当经董事会非关联董事作出决议,且取得2/3 以上的独立董事同意后,提交公司股东大会审议,经出席股东大会的非关联股东所持表决权过半数通过*"。关于管理层收购MBO的更多分析详见第10章。

1.5.5 协议转让中的外部行政审核程序

关于外部行政审核,主要涉及如下类别:

(1)国资交易;

---

① 参见澳洋顺昌(002245. SZ):《简式权益变动报告书》,载巨潮资讯网,http://static. cninfo. com. cn/finalpage/2019-02-02/1205821468. PDF。

② 参见罗莱生活(002293. SZ):《简式权益变动报告书》,载深圳证券交易所官网2019年3月19日,http://www. szse. cn/disclosure/listed/bulletinDetail/index. html?2901a498-8594-4def-a3fc-07fb64a8229a。

(2)外资战投;

(3)反垄断申报;

(4)特殊行业,如金融类。

1.5.5.1 关于国资交易

实务中,比较常见的协议生效条件是国资审批程序(如涉及国资交易)。尽管如此,需要提及的是,根据2018年5月发布的国资36号令《上市公司国有股权监督管理办法》以及2019年6月发布的《国务院国资委授权放权清单(2019年版)》的规定,除涉及上市公司控制权变更或需要进行非公开协议转让的交易以外,其他大部分国资交易(包括未导致控制权变更的国有股东公开征集转让以及国有企业协议受让增持等),审批权限已下放至国企集团母公司,而无须再报国资委审批。另外,对于地方国有企业转让上市公司股份,即便需要报送国资委审批的,审批层级也已下放至省级国资委,而无须再上报至国务院国资委审批。有关国资交易的更多要求详见第8章。

1.5.5.2 外资战投

对于收购人为外国投资者的情况,除了涉及负面清单以外,自2017年7月起,主管外资准入的商务部门程序已由审批制改为备案制。并且,2018年6月修订的《外商投资企业设立及变更备案管理暂行办法》第7条进一步明确,外资战投备案可以在股份过户登记后进行。换言之,对于外资战投而言,商务部门程序不再是强制性的生效前置许可,除非涉及负面清单领域。比如,2019年2月签约的GLP Capital Investment 4 (HK) Limited收购万通地产(600246.SH)10%的股份交易,已于2019年5月29日完成过户登记;而根据其公告,上市公司将在过户完成后再办理后续备案手续。①

自2020年1月1日《外商投资法》生效后,外资备案制进一步调整外商投资信息报告制度。涉及外商投资企业设立、变更(包括因并购等事项)的,在进行市场监督管理局的工商信息登记的同时在线报送《外商投资信息报告》。2020年最新修订的外资战投办法(意见稿)也明确,通过协议转让方式进行的外资战投,在完成中国结算的过户登记手续后,由外国投资者或上市公司向商务主管部门报送投资信息。有关外资战投的更多要求详见第9章。

---

① 参见万通地产(600246.SH):《简式权益变动报告书》,载巨潮资讯网,http://static.cninfo.com.cn/finalpage/2019-02-19/1205841085.PDF;万通地产(600246.SH):《关于股东股份转让过户完成的公告》,载巨潮资讯网,http://static.cninfo.com.cn/finalpage/2019-06-03/1206323459.PDF。

1.5.5.3 金融等特定行业

若转让标的涉及银行、证券、保险等持牌金融机构的上市股份，根据有关行业的股东资格或持股比例限制的规定，还需取得行业主管部门或相关机构的批复。该等批复也是交易所申报的必备文件（若适用）之一。

1.5.5.4 反垄断审查

由于涉及上市公司收购的交易规模通常不小，因此交易也可能触发反垄断申报程序，尤其是在控制权交易中。若交易相关因素达到反垄断申报门槛，则需要取得市场监督管理总局的反垄断批复。

就反垄断批复而言，需要注意的是，交易所协议转让业务指引及办理指南并未明确将反垄断批复作为申报文件之一。根据《反垄断法》第25条的规定，需进行反垄断申报的，在批复之前不得实施集中。也就是说，在取得反垄断批复之前，不得进行过户交割。

不过，需要注意的是，与上述国资批复或备案程序不同，反垄断批复并非转让协议生效的前置条件，而是过户交割的前置条件。但是，如果交易双方在转让协议中明确将反垄断批复作为协议生效条件之一，则必须首先取得反垄断批复才能提交申报。这是因为，根据交易所协议转让业务指引的规定，提交交易所办理转让申请的前提条件之一是“转让协议依法生效”。所以，若协议中将反垄断批复明确作为协议生效条件，则必须取得反垄断批复从而协议生效后方可提交协议转让的交易所申请。

另外一个实务问题是，由于取得交易所合规确认后应在一定期限内（沪深6个月，北交所2个月）向中国结算提交过户申请，否则需要重新申请交易所合规确认。因此，若涉及反垄断批复，可能还是需要在取得反垄断批复后再提交交易所申请更有确定性。否则，若已取得交易所合规确认，但由于迟迟未能拿到反垄断批复而导致取得批复时已超过交易所合规确认的有效期，则需要重新向交易所申报。

1.5.6 交易所合规确认不得作为协议生效先决条件

实务中，除内部决策这类基础性条件以及政府前置审批这类强制性条件以外，转让双方还可以根据交易具体情况在协议中约定其他生效先决条件。

然而，需要特别强调的是，正如深交所曾在其2019年发布的协议转让业务办理指南中特别提示的，“*协议不得将经交易所审核无异议或类似内容约定为生效条件*”。文首便已提及，协议转让的一个关键环节是取得沪深交易所的合规确认。但是实务中应特别注意的是，不应将交易所的合规确认本身作为协议*生效条件*。这里的逻辑在于，交易所业务指引皆明确要求，协议转让申报的前提条件之一是协议已经依法生效，提交给交易所的申请文件也应是已经生效的协议文本。因此，如果协议将交易所合规确认本身作为生效条件，则意味着提交给交易的协议文本在申报时点（交易所尚未审核决定）是尚未生效的。这与交易所的业务指引直接冲突。实务中，交易双方通常是将交易所合规确认作为*过户交割或价款支付*的先决条件，而不是作为*协议生效*条件。

实际上，从交易的确定性来讲，协议的生效条件应尽量压缩，即除了法律明确要求的前置审批等强制性条件以外，尽量不再约定其他生效条件。协议尽早生效，然后按照已经生效的协议去履行各自的权利义务，通常对交易双方都有利。至于交易双方更关注的其他一些事项，包括反垄断批复等，可作为过户交割或价款支付的先决条件，而不是作为转让协议的生效条件。尽管如此，如果交易实际情况需要，双方约定了其他生效条件，那么在向交易所申报合规确认时，对于除了决议、政府批复这些有明确文件支持以外的其他生效先决条件，则需要由交易双方出具书面说明，明确确认“所附条件已成就，协议已生效”。

1.5.7 交易所申报中的其他注意事项

就交易流程而言，上交所与深交所在细节上略有差异，但大致相同，核心环节都在于取得交易所的合规确认函。根据交易所业务指引的规定，为顺利取得合规确认，交易双方应向交易所提交如下申请文件：（见表 1.2）

表 1.2 协议转让交易所合规确认的申请文件

序号	申请文件
1	《上市公司股份协议转让确认申请表》
2	中国结算，转让方股份持有信息单和冻结信息单
3	转让协议正本
4	转让双方身份证明及经办人（如有）身份证明
5	转让双方证券账户卡或证券账户信息查询单（若为电子账户）
6	转让双方关于是否存在业务指引不予受理情形的说明
7	信息披露：简式或详式权益变动报告书，或收购报告书 + 免于发出要约的公告，或要约收购结果公告（若触发全面要约且不符合豁免情形）
8	其他特定情形相关的文件（董监高转让/同一控制下转让/涉及国资、外资、金融等前置审批）

1.5.7.1 转让协议

对于作为交易核心要素的转让协议本身，在提交交易所申报时需要注意：

(1)文本：必须是协议正本原件。

(2)签署：转让协议多页的，需加盖骑缝章或自然人签署骑缝字；非本人/法定代表人/执行事务合伙人签署的，需提交授权委托书原件(经公证)及委托双方身份证明复印件。

(3)产品主体：转让方或受让方属于资管计划/契约型基金等金融产品的，转让协议中应明确签署主体(如为产品管理人)与产品的关系、产品的全称(证券账户卡的"证券账户名称")；协议转让申请表中的出让人/受让人名称应填写产品名称(与证券账户卡股东名称一致)，而非管理人名称。

另外，在同一笔交易中存在一对多时——涉及多个转让方或多个受让方，①考虑到交易经手费成本，②条件允许的情况下，可以考虑签署在同一份转让协议中，避免因分别签署不同的协议(单一转让方分别对不同受让方，或单一受让方分别对不同转让方)而额外增加交易手续费成本，除非不同的交易主体在权利义务(比如业绩对赌或声明保证条款)或审批程序(比如有的涉及国资或外资)等方面差异太大而不便在同一份协议中签署。

1.5.7.2 交易双方的主体身份证明

一方面，交易主体应是自然人或者依法设立并有效存续的法人、其他组织。③另一方面，具体申报时，交易双方应结合各自的主体特点，准备好相应的身份证明文件，主要包括如下类别：(见图1.17)

① 多个转让方时单一转让方的转让比例可以低于5%，但多个受让方时每一个受让方合计受让比例均应达到5%。

② 按成交金额的0.00487%向转让方及受让方分别收取，单一主体上限10万元人民币。

③ 参见《上交所协议转让业务指引》第6条第(二)项；《深交所协议转让业务指引》第8条第(二)项；《北交所协议转让业务指引》第6条第(二)项。

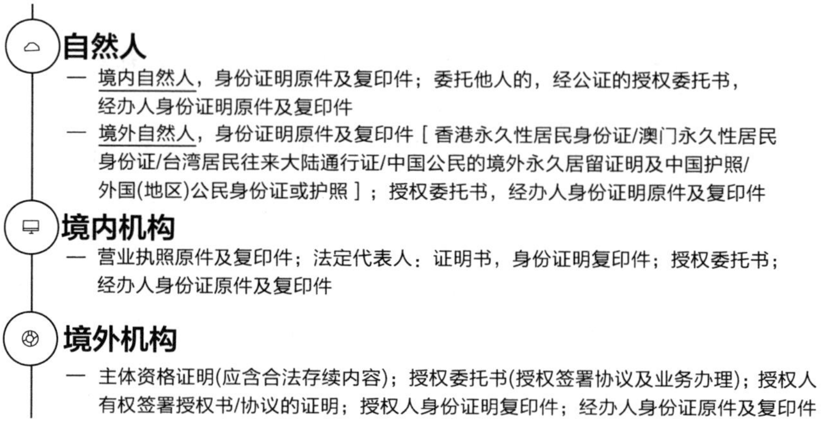

图 1.17　协议转让交易双方的主体身份证明

对于转让方或受让方涉及境外主体（自然人或机构）的，其申请文件（身份证明、授权委托书以及授权人有权授权的证明文件）应区分不同法域经过相应公证及认证程序：（见图 1.18）

图 1.18　境外交易主体申请文件的公证认证

其中，我国香港特别行政区、澳门特别行政区的公证及转递程序相对迅捷，两周左右可以完成；而涉及中国台湾地区的主体时，程序比较繁琐耗时，公证寄送加查证等一套程序下来大概需要一个月甚至更长时间。另外，如果境外主体注册地在其他法域，则需要按当地的法律进行公证（notarization）后，再报送中国驻当地使领馆进行认证（verification）。其中，对于实务中比较常见在英属维尔京群岛（BVI）

或开曼群岛(Cayman)注册的主体,在当地进行公证后,还需要报送位于伦敦的中国驻英大使馆进行认证,通常也需要耗时月余。

且不考虑境内审批或备案程序,前述因境外主体的公证认证所将涉及的程序及时间安排,在交易中需要统筹安排好,避免因该等额外程序而影响整体交易进展。另外,对于非中文的相关申请文件,还需要提供加盖境内翻译公司公章并经境内公证的翻译件。

1.5.7.3 持股情况查询

作为申报文件之一,需要向交易所提交由中国结算出具的转让方持股情况证明。一方面,其内容需包含转让方股份持有信息单和冻结信息单;另一方面,出具时点必须是向交易所*提交转让申请当日*。也就是说,在确定申请当日应先由转让方在中国结算上海或深圳分公司查询并打印持股信息及冻结信息表单,然后,当天再去交易所法律部提交转让申请。

1.5.7.4 申报时点

《上交所业务指引》第7条第(七)项明确将“协议签署日与提交申请日间隔超过6个月且无正当理由”列为交易所不予受理的情形之一。《深交所业务指引》并无这方面的明确要求。关于签约至申报不得超过6个月间隔的上交所要求,其背后的潜在考虑可能是协议转让往往是以签约日作为定价基准日,若间隔太久,则在二级市场股价变化较大的情况下交易双方发生潜在纠纷的风险也会增加,而且间隔太久也会产生信息的滞后等不确定性。

实务中,交易双方在签约后往往都会尽快完成相关过户交割手续。签约后未能及时申报的原因通常是由于要申请国资审批等前置程序,而该等前置程序一般又可以被视作未能及时提交申请的“合理理由”。因此,前述关于申报不得超过6个月间隔期的限制可能实务中并无太大影响。尽管如此,从尽量减少交易的不确定性风险的角度,实务中往往会在转让协议中明确约定,在取得前置批复而交易生效后多少个工作日内必须提交申报,并且往往会把付款安排与协议生效或提交合规确认申报节点相结合考虑。

1.5.7.5 交易所审核时限

交易所业务指引规定的是应在受理申请后3个交易日内作出决定。实务中,尤其涉及控制权交易时往往都需要当事人补充提供材料或答复交易所反馈。因此,从提交申请到取得交易所出具合规确认——《股份转让确认书》的时间可能需要一周左右或更长时间。

另外,需要特别提示的是,交易所出具的合规确认是有有效期的。其中,沪深交所的合规确认有效期是6个月,北交所的有效期是2个月。超过前述期限未去办理过户登记手续的,应当向交易所重新提交合规确认申请。因此,交易双方在取得交易所合规确认后,应尽快前往中国结算办理过户登记手续。

1.5.8 交易流程的终点站——中国结算的过户登记

从交易流程的角度来看,协议转让的最后一个交易环节是股份的过户登记。在取得交易所合规确认后,交易双方即可前往中国结算上海或深圳分公司办理股份过户登记。

根据中国结算相关业务指南的规定,办理过户登记时需要提供如下主要申请文件:(见表1.3)

表1.3 协议转让中国结算过户登记的申请文件

序号	申请文件
1	《证券非交易过户登记申请表》
2	交易所股份转让确认书
3	转让双方身份证明
4	转让协议正本
5	特定情形额外文件: ◎国资,国资批复或统一编号的备案表,全部转让价款支付凭证(涉国有股转让的); ◎其他前置批复(如涉及)
6	信息披露文件
7	涉及个人限售股转让的,提供完税凭证、《限售股转让所得个人所得税清算申报表》
8	涉及产品账户的: (1)由产品管理人签署的,托管人在合同上加盖公章/托管业务印章,信托/私募/员工持股计划等无托管人的除外; (2)资管产品,由委托人签署的,管理人应在合同上加盖公章,托管人加盖公章/托管业务印章; (3)如管理人/托管人在转让合同加盖印章有困难的,也可在《证券非交易过户登记申请表》上加盖印章,或出具对转让事宜无异议的函

需提示的是,如转出账户为产品账户的,签约主体为业务申请主体,一般为产品管理人;如资管产品由产品委托人直接签约的,则不要求管理人到场。

中国结算通常在3个工作日内完成审核。审核通过后,收讫印花税和过户费后，领取《过户登记确认书》，完成过户登记手续。

当然，中国结算的过户登记作为最后一个交易环节仅仅是从交易流程的角度来看的。从交易实务角度看，过户后可能还涉及其他重要事项，比如，余款的支付、外资的信息报告、管理层调整或尽调发现问题的完善等交割后事项等，这些重要事项都需要交易双方根据商谈在相关交易文件中予以明确，以避免不必要的纠纷或不确定性风险。

1.6 质押式回购违约处置项下的流通股协议转让

上市公司股东因融资或其他交易需要，可能已将股票进行了质押。由于存在外部市场环境变化跌破平仓线或者出质人未能及时清偿债务导致被质押股票可能面临执行处置的情形在目前 A 股市场上，股票质押主要有两种情形：(1) 通过交易所证券交易系统向券商融资所进行的场内质押；(2) 向其他金融机构或债权人进行融资的场外质押。（见图 1.19）

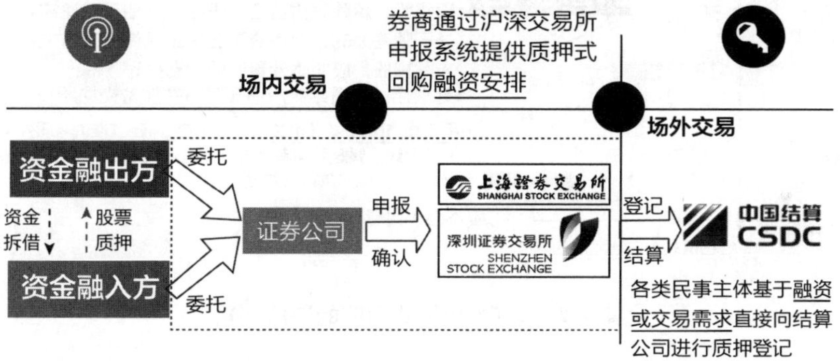

图 1.19 股票质押——场内 vs. 场外

就场内进行的质押式回购而言，其交易结构可以简要图示如下：（见图 1.20）

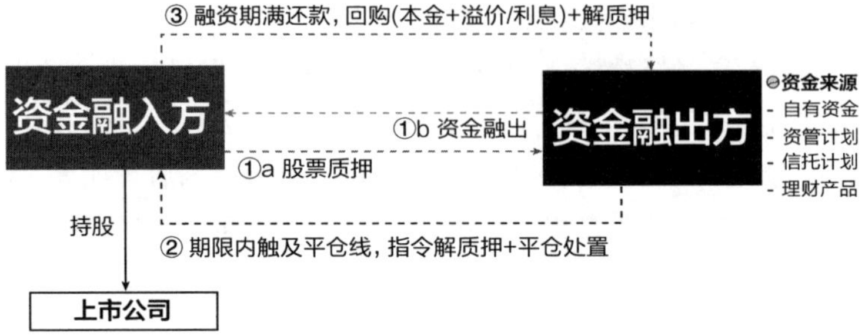

图 1.20　场内股票质押式回购的交易结构

典型的质押式回购交易中，通常会根据质押股票的流通性以及相关时点的股价情况等因素，设置相应的预警线及平仓线。融资质押之后，一旦二级市场股价跌破平仓线，将会触发违约处置机制。（见图 1.21）

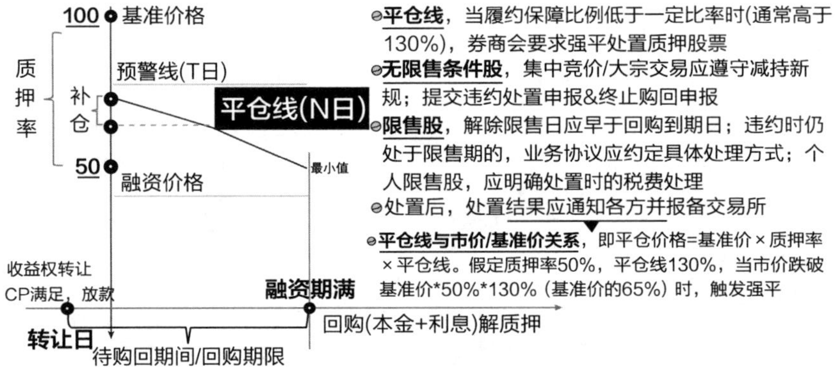

图 1.21　场内质押式回购的违约处置

股票质押式回购违约处置的方式包括协议转让，即股票质押式回购交易的出质人违约后，质权人依据业务协议的约定行使质权，由出质人将标的股票转让给质权人或者第三方的协议转让业务。根据沪深交易所 2020 年 4 月发布的《关于通过协议转让方式进行股票质押式回购交易违约处置相关事项的通知》，因质押回购违约处置所进行的协议转让，在符合下列条件的情形下可以向交易所申报：（见图 1.22）

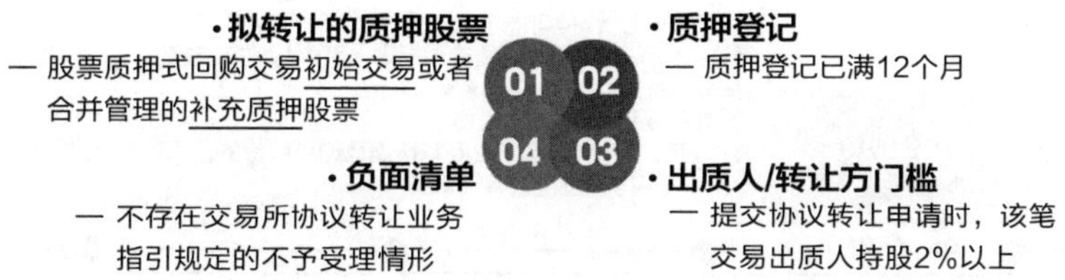

图 1.22 质押回购违约处置协议转让的受理前提

而对于质押式回购交易项下因违约处置所进行的股份协议转让,根据沪深交易所通知,其受理门槛和价格底线均有特别政策:(见图 1.23)

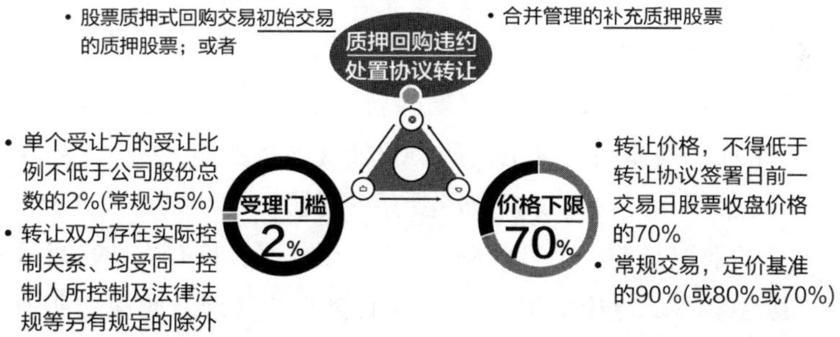

图 1.23 质押回购违约处置协议转让的特殊政策

需要明确的是,上述特殊政策(2% 受理门槛以及 70% 价格下限)针对的是通过证券交易所系统进行的券商质押式回购交易,即通常所说的“场内质押”。而对于场外质押(在交易所系统之外质押给非券商金融机构或其他债权人),若涉及质押执行或以物抵债等情形下的协议转让,则仍应遵守协议转让的一般规范(包括 5% 门槛以及 90% 定价基准等),除非将来新规另有规定。

1.7 协议转让中收购方的限售期要求

结合《证券法》及沪深交易所协议转让业务指引等相关规范要求,通过协议转让取得上市公司股份后,收购方应遵守的限售要求主要包括:(见图 1.24)

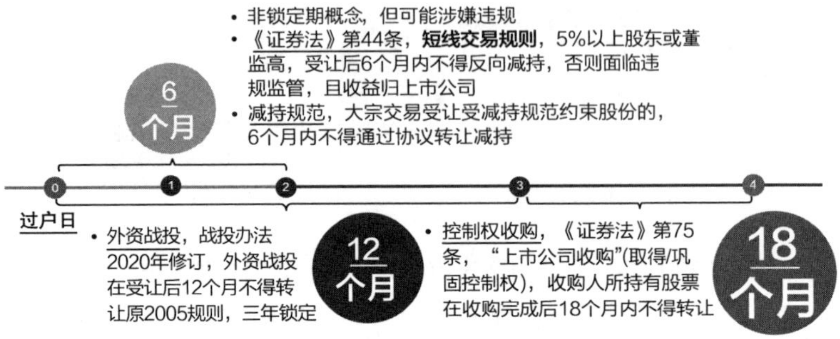

图1.24　协议转让中收购方的限售期要求

1.7.1　关于3个月间隔期

对于上述3个月期间，其并非锁定期的规范要求，而是一个可能影响后续转让申报的程序性事项。具体而言，《上交所协议转让业务指引》要求，“*协议转让过户完成后，同一受让方3个月内不得就其所受让的股份再次申请协议转让*”。[①]也就是说，如果拟转让的股票是前3个月内刚完成过户的，那么只有在前次转让过户完成3个月之后，其后续协议转让申请才会获得上交所的受理。而深交所业务指引则没有前述3个月间隔期的明确限制。

1.7.2　关于6个月短线交易规则

对于通过上市公司定增认购的股东，上市公司增发规则明确要求应锁定至少6个月。而对于通过协议转让收购上市公司股份的收购人而言，实际上并不存在6个月锁定期的要求。但是，考虑到协议转让的一般门槛是5%，大多数情形下协议转让的收购人（交易后作为持股5%以上股东）都受限于短线交易规则的规制。

具体而言，根据《证券法》第44条的规定，特定主体在6个月内不得进行反向操作。该规则适用于上市公司董监高及持股5%以上的股东。简单来讲，若交易当事方属于前述适用范围（上市公司董监高及持股5%以上的股东），对于转让方，在本次转让减持前6个月内不能有针对同一家上市公司的增持行为；对于受让方，在本次受让增持前6个月内在同一家上市公司不得有减持行为。若构成短线交易，则将面临相关违规后果。关于短线交易规则的分析详见第7章。另外，根据现行减持规范（详见第7章），对于通过大宗交易受让应当受到减持限制的股份且持有时间未满6个月的，大宗交易后受让方不得通过协议转让进行减持。

---

① 《上交所协议转让业务指引》第16条。

1.7.3 关于12个月锁定期

该项锁定期要求的适用对象是外国投资者。根据《外国投资者对上市公司战略投资管理办法》(2020年6月发布的征求意见稿)第7条的规定,“*外国投资者通过战略投资方式取得的上市公司A股股份12个月内不得转让*”。外国投资者对A股上市公司进行战投的主要方式之一便包括协议转让方式。在此,需要特别提及的是,《外资战投办法》(2005年发布)针对外资战投的锁定期要求是3年。新规则下,锁定期大大缩短。有关外资战投的更多要求详见第9章分析。

1.7.4 关于18个月锁定期

该项锁定期的具体适用对象是取得上市公司控制权(通过协议转让或其他方式)的收购人。根据《证券法》第75条的规定,在“上市公司收购”中,收购人所持有的股票在收购完成后18个月内不得转让(原《证券法》第98条规定的锁定期是12个月,2020年3月1日生效的新《证券法》对此有所延长)。通常理解,并非所有的交易中都要适用前述18个月锁定期要求,前述所指仅限于狭义的上市公司收购——取得控制权的交易。根据证监会上市部2009年12月发布的《关于上市公司收购有关界定情况的函》(上市部函〔2009〕171号)的规定,上市公司收购是指“为了获得或巩固上市公司控制权的行为”。

第2章

间接收购——上市公司股东层面的间接权益变动

2.1 上市公司间接收购的监管框架

间接收购(收购人的角度),或称间接转让(转让方的角度),本质上也是一种场外进行的协议转让交易。与直接协议转让(详见第1章)相比,间接收购的特征体现在交易方式的“间接”这一外在形式上。也就是说,在上市公司直接持股的现有股东通常不发生变更,而是在上市公司的机构股东(非自然人的法人或合伙企业等机构股东)层面,其上层股东或合伙人发生变更,进而导致相对于上市公司而言发生了间接的权益变动。

在现有框架下,有关间接收购/间接转让的专项规则主要包括:

(1)《上市公司收购管理办法》(以下简称《收购办法》),“第五章 间接收购”,第56~60条;

(2)《上市公司国有股权监督管理办法》(以下简称国资36号令),“第六章 国有股东所持上市公司股份间接转让”,第41~47条。

从其外延范畴来看,《收购办法》项下的“间接收购”与国资36号令项下的“间接转让”之间有个值得注意的细节差异,后者的范围与前者的范围相比较要窄一些:

◎间接收购。《收购办法》项下主要包含两种类型:(1)“*收购人虽不是上市公司的股东,但通过投资关系、协议、其他安排导致其拥有权益的股份达到或者超过一个上市公司已发行股份的5%*”(《收购办法》第56条);(2)“*投资者虽不是上市公司的股东,但通过投资关系取得对上市公司股东的控制权,*

而受其支配的上市公司股东所持股份达到前条规定比例、且对该股东的资产和利润构成重大影响的”(《收购办法》第57条)。

◎间接转让。国资36号令项下是指“*因国有产权转让或增资扩股等原因导致国有股东不再符合本办法第三条规定[国有股东的界定]*[①]*情形的行为*”(国资36号令第41条)。

笔者理解,上述差异并非实质性的。其逻辑主要在于,从国资监管角度,对于需要按照国资36号令框架进行规范的“间接转让”的范围应尽量不扩大化,即只有因国有股东的股权转让或增资扩股而导致国有股东(SS)的国资性质发生变更(SS股东因间接转让而由国企变成非国有),才构成国资36号令项下的“间接转让”,从而需要遵守国资36号令的相关要求——主要包括定价规范、国资审核程序、聘请财务顾问等(国资36号令第六章)。

另外,对于未构成国资36号令项下的其他间接转让(未导致SS股东的国资性质发生变更),如下几点需要特别阐明:

信息披露

无论是否属于国资36号令项下的“间接转让”(导致SS股东国资性质变更或未变更),该等发生在上市公司的SS股东层面的权益变动,因同时涉及上市公司权益的间接交易,故如果达到了相应的信息披露标准,均需遵守《收购办法》的相关规范要求。

国资监管

无论是否构成导致SS国资性质变更的国资36号令项下的“间接转让”,针对SS自身的交易,仍需遵守《企业国有资产交易监督管理办法》(国资32号令)的相关规范(包括国资审核、进场交易、评估定价等)。其差异在于,若不构成国资36号令项下的“间接转让”,会有一些程序上的便利,主要包括两方面:(1)审批权限不是必须省级以上(国资36号令第6条、第45条),而是根据SS的所属管辖,可能当地市级就有权限;(2)不强制要求聘请财务顾问(国资36号令第44条)。

定价规范

即便不属于国资36号令项下的“间接转让”(未导致SS国资性质变更),针对

---

① 参见国资36号令第3条规定:“*本办法所称国有股东是指符合以下情形之一的企业和单位,其证券账户标注‘SS’:(一)政府部门、机构、事业单位、境内国有独资或全资企业;(二)第一款中所述单位或企业独家持股比例超过50%,或合计持股比例超过50%,且其中之一为第一大股东的境内企业;(三)第二款中所述企业直接或间接持股的各级境内独资或全资企业。*”

涉及股权转让或增资扩股的上市公司的 SS 股东进行评估定价时，也要遵守国资 36 号令的相关规范。其第 47 条明确规定：“*国有股东产权转让或增资扩股未构成间接转让的，其资产评估涉及上市公司股份作价按照本办法第四十三条规定确定。*”（国资间接转让的定价见下述第 2.3 节）

2.2 间接收购的交易结构及实务案例

根据《收购办法》第 56 条、第 57 条的规定，上市公司的间接收购主要有两大类型：

◎通过“*投资关系*”进行的股权类收购；

◎通过“*协议、其他安排*”等协议安排实现的间接持有。

实务中，通过“*投资关系*”进行的上市公司间接收购主要有如下几种交易场景：（见图 2.1）

图 2.1 《收购办法》项下的“投资关系”类间接收购

其中，

◎老股转让，是指上市公司机构股东（公司或合伙企业）的股东或合伙人，转让其持有的该机构股东的股权或合伙份额；

◎增资扩股，是指上市公司的机构股东进行增资扩股，引入新的股东或合伙人；

◎股份出资，是指上市公司自然人或机构股东，以其所持有的上市公司股份作为出资，注入新设持股平台或与他人合资公司 JV，或以所持上市公司股份为对价认购另一存续企业的增资。

对于上述交易，前两种类型（机构股东内部股权转让或增资扩股），上市公司的登记股东不发生变更，不涉及交易所的合规确认程序；但对于受让股权或认购增资的投资人而言，可能因为间接持有上市公司权益而触发相应的信息披露义务，需要遵守《收购办法》的相关规定。而第三种类型（股份出资），在上市公司层面将会发生登记股东变更——由原股东变更为新设公司或被投企业，即原股东由直接持股变更为经由新设公司或被投企业而间接持股。该等类型交易也属于上市公司股份的协议转让，需同时遵守协议转让的相关规范要求。（详见第1章）

而对于另一大类型的间接收购——通过"*协议、其他安排*"达成的间接持有权益，实务中的常见情形包括表决权委托、股权或业务托管、一致行动协议等。有关该等协议安排的更多分析，详见第10章。

2.2.1 场景A：上市公司机构股东的股东转让股权

上市公司机构股东的股东，转让其所持该机构股东的存量股权，是比较常见的间接收购类型。

例如，2018年10月，金浦东裕通过公开摘牌受让沧州大化（600230.SH）的控股股东大化集团（持有上市公司46.25%股份）的控股权（50.98%），从而间接收购上市公司沧州大化。其交易结构如下所示：[①]（见图2.2）

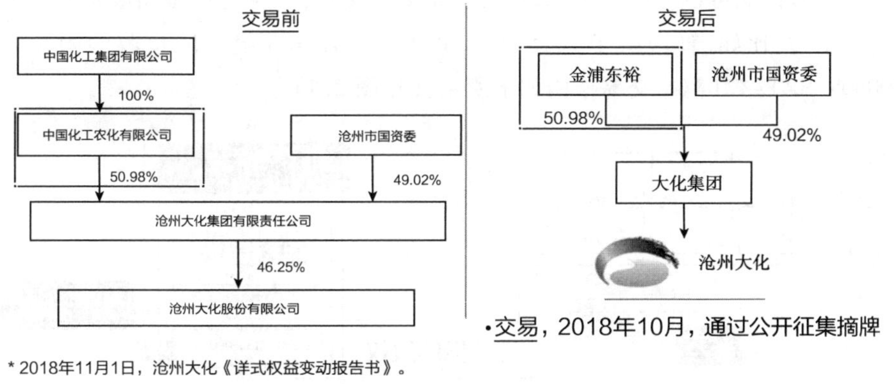

图2.2 ［案例］金浦东裕间接收购沧州大化（600230.SH）——通过公开征集摘牌间接收购国有控股上市公司

又如，2018年7月，海淀国资委旗下海科金集团收购金一文化（002721.SZ），也是采用了间接收购的方式，由收购人海科金集团自上市公司的实际控制人处收购上市公司的控股股东碧空龙翔的73.32%的控股权，而碧空龙翔持有上市公司金一文化的17.90%的股份。交易后，收购人海科金集团通过控制上市公司第一大股

① 参见沧州大化（600230.SH）：《详式权益变动报告书》，载巨潮资讯网，http://static.cninfo.com.cn/finalpage/2018-11-01/1205564897.PDF。

东碧空龙翔而间接收购上市公司金一文化。①其交易结构如下:(见图 2.3)

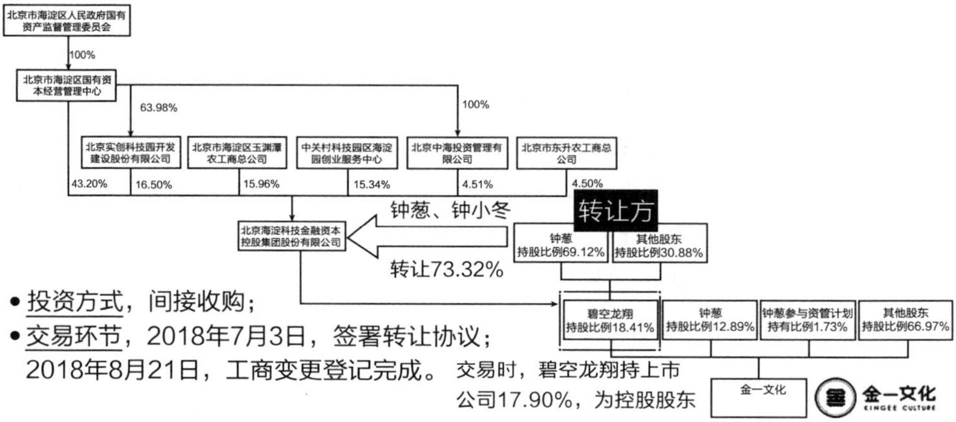

图 2.3 [案例]海科金集团间接收购金一文化(002721. SZ)——国企收购上市公司第一大股东控股权

间接转让既可以发生在境内,也可能是离岸交易(如果上市公司股东属于境外机构股东)。比如,管理层于 2015 年与海外基金合作在境外间接收购阳光股份(000608. SZ)。②其离岸交易架构如下所示:(见图 2.4)

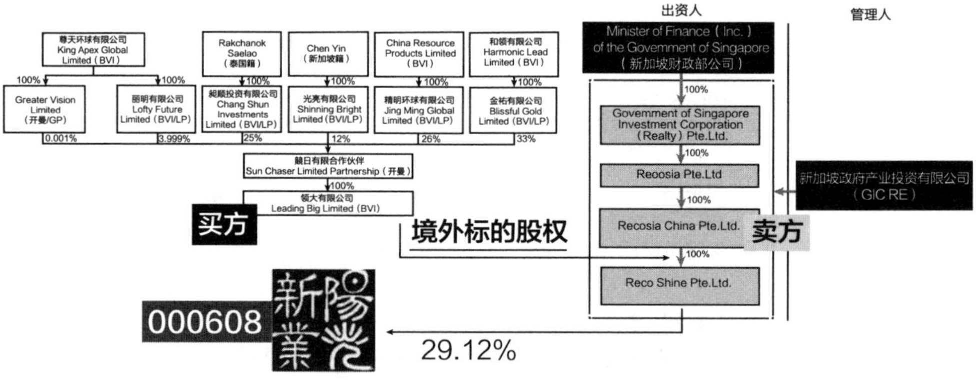

图 2.4 [案例]Leading Big 收购阳光股份(000608. SZ)——境外主体通过离岸交易而间接收购

---

① 参见金一文化(002721. SZ):《详式权益变动报告书》,载深圳证券交易所官网 2018 年 7 月 9 日,http://www.szse.cn/disclosure/listed/bulletinDetail/index.html? 8b3bc1d2 - 6b2a - 433e - a05c - 39ff63f613ac。

② 阳光股份(000608. SZ):《详式权益变动报告书》,载深圳证券交易所官网 2015 年 8 月 25 日,http://www.szse.cn/disclosure/listed/bulletinDetail/index.html? ba52a4be - 00ad - 43d0 - b1b2 - 7e7adda289cd。

再如,IDG 和谐系基金分别于 2016 年通过境内直接协议转让以及 2018 年通过境外间接收购,完成对四川双马(000935. SZ)的控制权收购交易。①其交易结构如下所示:(见图 2.5)

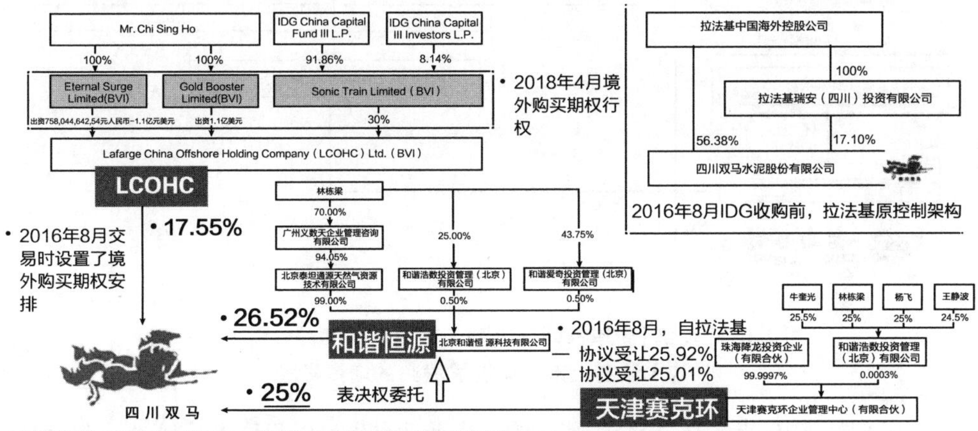

* 资料来源：2018年4月21日，四川双马《简式权益变动报告书》；
2016年9月8日，《要约收购报告书》

图 2.5 [案例]IDG 旗下基金收购四川双马(000935. SZ)——境内协议转让 + 境外间接收购

另外,若上市公司的机构股东属于私募 PE 类有限合伙企业,则间接收购可能体现为该机构股东的有限合伙人 LP 及/或普通合伙人 GP 转让其合伙份额。这方面的案例请见第 10 章。

2.2.2 场景 B:上市公司的机构股东增资扩股引进投资人

除股东转让股权以外,上市公司的机构股东自身进行增资扩股引进投资人往往也会涉及对该上市公司的间接收购。尤其是在涉及国企混合所有制改革的项目中,引进增量资金的增资扩股相较存量老股的转让,属于国资监管机构更为鼓励的一种交易类型。

例如,2017 年,新华都通过认购云南白药(000538. SZ)之控股股东白药控股的

---

① 四川双马(000935. SZ):《要约收购报告书》,载深圳证券交易所官网 2016 年 9 月 8 日,http://www. szse. cn/disclosure/listed/bulletinDetail/index. html? 0f5a7b05 - e187 - 46aa - ad01 - cfbb81069e59;四川双方(000935. SZ):《简式权益变动报告书》,载深圳证券交易所官网 2018 年 4 月 21 日,http://www. szse. cn/disclosure/listed/bulletinDetail/index. html? 0db7e268 - a63d - 4a75 - a095 - dbfb91242172。

增资,间接收购了云南白药。①其交易结构如下所示:(见图 2.6)

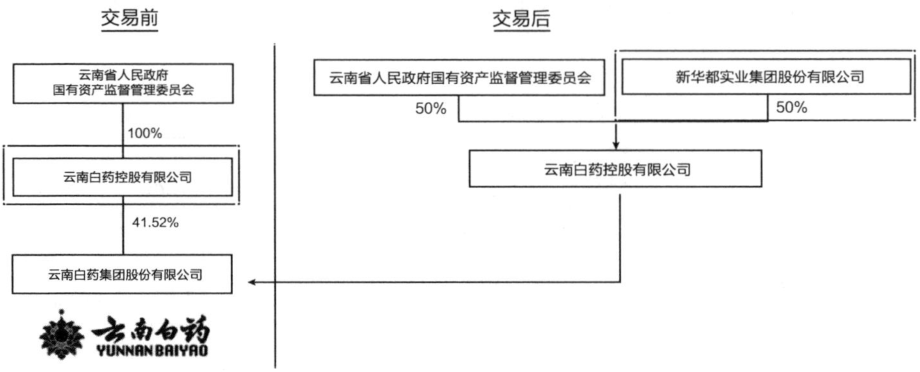

图 2.6 [案例]新华都间接收购云南白药(000538. SZ)——收购人认购上市公司控股股东的增资扩股

类似地,2019 年 2 月,华润医药收购江中药业(600750. SH)也是通过认购上市公司大股东的增资扩股所进行的间接收购交易。②

2.2.3 场景 C:股东以所持上市公司股份出资

实务中,涉及股东以所持上市公司的股份出资,具体可分为两种:

◎内部重组。上市公司股东以其所持上市公司股份出资新设持股平台 SPV(境内独资企业或外商独资企业 WFOE),该出资方股东对上市公司由直接持股变为经由新设 SPV 间接持股。

◎出资设立合资企业。上市公司股东以所持上市公司股份,出资认购现有企业增资或者与他人新设合资公司 JV。

其中,内部重组类型的,比如,作为北方股份(600262. SH)第二大股东持股 25. 16% 的 Terex Equipment,于 2018 年 1 月签署《股份转让和股份出资协议》,约定 Terex Equipment 将其持有的上市公司 25. 16% 的标的股份转让给转让方于 2017 年 8 月新设的外商独资企业 WFOE 特沃上海,作为 Terex Equipment 对特沃上海的实缴出资,占特沃上海注册资本的 100%。交易后,Terex Equipment 由直接持股

① 参见云南白药(000538. SZ):《要约收购报告书》,载深圳证券交易所官网 2017 年 3 月 23 日,http://www. szse. cn/disclosure/listed/bulletinDetail/index. html? d2c0eaa5 - 64cf - 4db7 - 8d9b - 6c728236efa2。

② 参见江中药业(600750. SH):《要约收购报告书》,载巨潮资讯网,http://static. cninfo. com. cn/finalpage/2019 - 02 - 28/1205854699. PDF。

25.16%,变更为通过其境内 WFOE 间接持股 25.16%。①其交易结构如下所示:(见图 2.7)

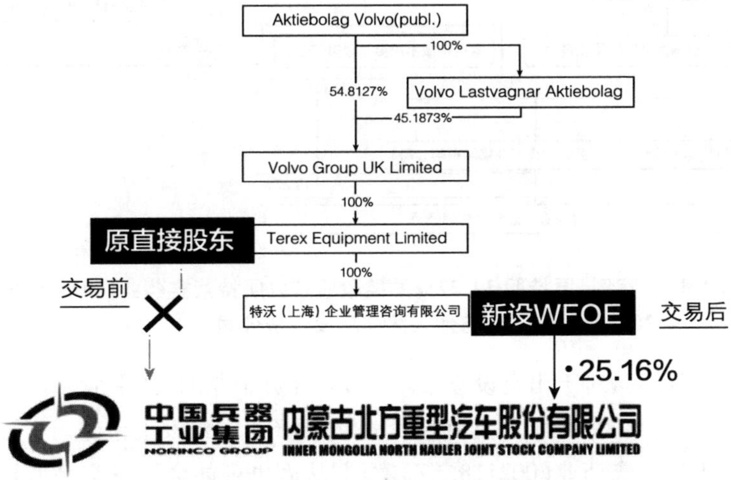

图 2.7 [案例]原直接股东以所持北方股份(600262.SH)25.16%的股份对新设 WFOE 实缴出资

股份出资的另外一种情形是上市公司股东以其所持上市公司股份作价出资,与他人共同设立合资公司 JV 或者认购他人已设立的现有企业的增资。比如,紫鑫药业(002118.SZ)的原控股股东康平公司(持股 39.27%),于 2018 年 11 月签署《项目投资合作协议》,约定以其持有的上市公司股份中的 20% 作为出资,与国企柳河县峰岭大健康产业园有限责任公司(以国有企业产权、股权及其他资产作价出资)共同注册成立新公司(柳河顺驰医药大健康产业集团有限公司)作为项目主体。交易后,康平公司持有新设项目主体 30% 的股权,新设项目主体持有上市公司 20% 的股份(来源于康平公司的股权出资)。②其交易结构如下所示:(见图 2.8)

---

① 参见北方股份(600262.SH):《详式权益变动报告书》,载巨潮资讯网,http://static.cninfo.com.cn/finalpage/2018-01-11/1204318782.PDF。

② 参见紫鑫药业(002118.SZ):《关于控股股东签署〈项目投资合作协议书〉暨控股股东变更的提示性公告》,载深圳证券交易所官网 2018 年 11 月 13 日,http://www.szse.cn/disclosure/listed/bulletinDetail/index.html?c64c4437-c4ba-4fe5-8f46-5688ce3e1a6e。

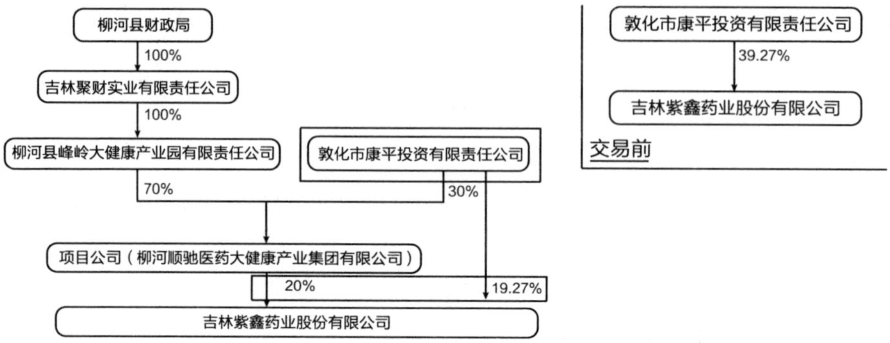

图 2.8　[案例]原持股 39.27%的控股股东以所持紫鑫药业(002118.SZ)20%的股份出资与他人共同新设合资公司

需要注意的是,对于出资设立或增资 JV 合资企业的,如果股东以所持上市公司股份出资后在该等 JV 中不具有控股地位,则还可能涉及上市公司实际控制人的变更,比如上述紫鑫药业(002118.SZ)案例,从而也可能会引发交易所针对上市公司控制权变更的相关关注。(详见第 10 章)

2.3　间接收购的定价规范

2.3.1　协议转让与间接收购的定价指引比较

与协议转让的定价要求(比照大宗交易,下限不低于签约前一交易日收盘价的 90%或 80%或 70%)不同,现有规则针对上市公司的间接收购不存在明确的定价指引(国资除外)。两种交易方式的相关定价指引对比简要图示如下:(见图 2.9)

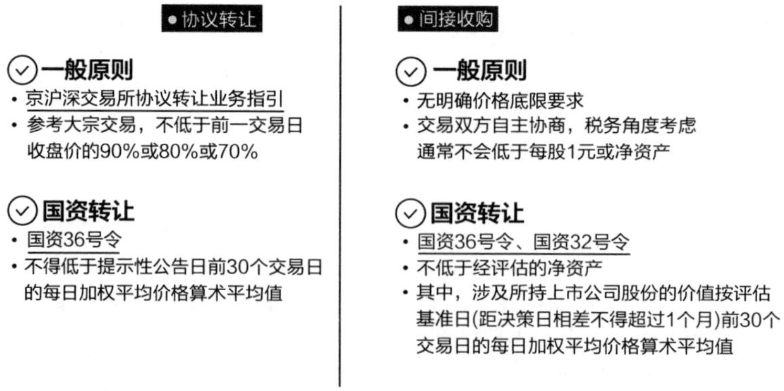

图 2.9　定价规范指引——协议转让 vs. 间接收购

在定价方面,间接收购交易相较而言有更多的灵活空间,交易双方可以结合交易的具体情况协商确定。比如,在上文提及的海科金集团通过控制目标公司碧空龙翔而间接收购金一文化(002721. SZ)的交易中(交易结构见上图2.3),收购目标公司73.32%股权(从而间接控制上市公司17.9%的股份)的总价款约定为1元。① 而签约日(20180703)前一交易日(20180528,期间停牌)收盘价是8.99元/股。若按深交所协议转让定价指引的规定,转让价格应不低于每股8.09元。显然,考虑到标的资产整体的资产负债情况,如果按协议转让定价指引执行,可能双方比较难达成一致。此等情况下,综合考虑标的资产的负债情况以及为避免与交易所协议转让业务指引的明确规定相抵触,间接转让的交易方式不失为一种可行的选项。

2.3.2 涉及国有股东(SS)的间接转让的定价指引

如果涉及的是国有企业股东(SS)的间接转让,则在定价方面要遵守相应的国资监管要求:

首先,上市公司的SS股东(通常是未上市国有企业)要遵守国资32号令的相关要求,其本身的价值(及相应的该SS股东的股东转让股权或该SS股东自身的增资扩股的定价)要以评估为基础。

其次,在对SS评估定价时,其所持有的上市公司的股份的价值的评估应遵守国资36号令第43条的规定:"*国有股东所持上市公司股份间接转让应当按照本办法第二十三条规定确定其所持上市公司股份价值,上市公司股份价值确定的基准日应与国有股东资产评估的基准日一致,且与国有股东产权直接持有单位对该产权变动决策的日期相差不得超过一个月。*"而国资36号令第23条明确要求,国有股转让价格"*不得低于下列两者之中的较高者:(一)提示性公告日前30个交易日的每日加权平均价格的算术平均值;(二)最近一个会计年度上市公司经审计的每股净资产值*"。

再次,国资36号令第47条进一步规定,即便"国有股东产权转让或增资扩股未构成间接转让的"(未导致SS股东国资性质变更的),"*其资产评估涉及上市公司股份作价按照本办法第四十三条规定确定*"。也就是说,无论是否构成国资36号令项下的"*间接转让*",对于国企SS股东所持上市公司股份的价值,其评估均应参考上市公司国有股转让的定价原则——不低于基准日前30交易日均价(及最近一年经审计每股净资产二者孰高),且前述定价基准日距SS股东关于本次产权交

① 参见金一文化(002721. SZ):《详式权益变动报告书》,载深圳证券交易所官网2018年7月9日,http://www.szse.cn/disclosure/listed/bulletinDetail/index.html? 8b3bc1d2 - 6b2a - 433e - a05c - 39ff63f613ac。

易决策日相差不得超过一个月。

最后,国资36号令第43条第2款还明确指出,“*国有产权转让或增资扩股到产权交易机构挂牌时,因上市公司股价发生大幅变化等原因,导致资产评估报告的结论已不能反映交易标的真实价值的,原决策机构应对间接转让行为重新审议*”。有关国资交易的更多要求详见第8章。

2.4 间接收购中的外资战投事项

如果涉及外国投资人对上市公司进行收购,则需要遵守“外资战投”的相关监管要求,包括投资人门槛、锁定期要求等(详见第9章)。

实务中,外资战投比较常见的情形是境外投资人通过协议转让、要约收购或认购增发等情形而成为上市公司的直接股东。而对于通过间接收购——境外离岸交易或境内收购现有股东的股权——是否也属于外资战投从而需要遵守相关监管要求,一直没有清晰统一的规则指引,实务中也存在不同的理解和案例差异。

鉴于相关规则的不明晰,实务中往往需要结合实际情况判断。比如,2015年8月以离岸交易方式进行的境外主体Leading Big对阳光股份(000608. SZ)的间接收购(交易结构见上图2.4)便进行了外资战投申报,并于2016年1月收到了商务部外资战投批复。[①]而自2017年7月起,非负面清单的外资并购及战投事项也开始执行备案制管理,不再要求商务部外资批复。比如,上文提及的2018年4月因境外购买期权行权而导致间接收购四川双马(000935. SZ)的剩余17.55%的交易(交易结构见上图2.5),于2018年6月完成了涉及“企业基本信息变更(董事、监事、总经理等组织机构构成,法定代表人,最终实际控制人信息);投资者基本信息变更(投资者最终实际控制人信息)”的外资备案程序(川绵外资备201800027)。[②]

另外,针对涉及外国投资人的境内间接收购,是否需要符合外资战投相关要求,现有规则也缺乏明确指引。比如,2018年1月Terex Equipment因将所持上市公司的25.16%股份注入其境内WFOE而构成对北方股份(600262. SH)间接收购的交易(交易结构见上文图2.7),其形式上并不属于现有规则项下的“境外间接转

① 参见阳光股份(000608. SZ):《关于公司第一大股东发生股权变动及公司实际控制人发生变化的进展公告》,载深圳证券交易所官网2016年1月6日,http://www. szse. cn/disclosure/listed/bulletinDetail/index. html? fb1cd6e6 - a276 - 4e74 - a1a3 - ce2e6ec18283。

② 参见根据商务部外资备案系统查询,http://wzzxbs. mofcom. gov. cn/WebProSP/app/infoPub/entpRecord。

让”。尽管如此，由于交易后外方 Terex Equipment 由直接持股变更为通过境内 WFOE 持股，并导致上市公司从中外合资股份有限公司变更为内资股份公司，因此也进行了相应的外资变更备案程序，于 2018 年 2 月完成了“投资者基本信息变更（名称/姓名，国籍或地址/注册地或注册地址，投资者类型）”的备案（备案号 15020001201800002），并于 2019 年 6 月完成了“企业类型变更为内资企业”的备案（备案号 15020001201900025）。①

另外，需要注意的是，原 2005 年发布的原《外资战投办法》并未将间接收购明确列为外资战投的方式，而是在第 23 条针对投资人后续退出时规定，“母公司通过其全资拥有的境外子公司进行战略投资并已按期完成的，母公司转让上述境外子公司”应向商务部提交申请，新的投资方应符合外资战投相关规定。对此，《外资战投办法修订征求意见稿（2020 年 6 月）》第 17 条也有类似规定：“*战略投资涉及第四条第二款规定的情形并已按期完成的，全资投资者转让该外国投资者应符合限售期相关规定，新的受让方仍应符合本办法所规定的条件，承担该全资投资者及该外国投资者在上市公司中的全部权利和义务，并依法履行信息披露等义务。*”

有关外资战投中所涉及的间接收购事项的更多分析详见第 9 章。

2.5 间接收购的信息披露——权益比例的计算

就信息披露而言，如后续第 5 章所将进一步分析的，《收购办法》区分不同的收购比例，执行不同的信息披露标准。相关披露要求可以简要图示如下：（见图 2.10）

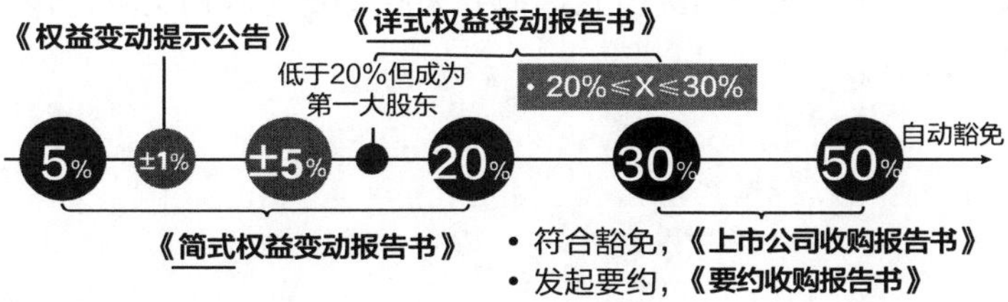

图 2.10 上市公司收购中的信息披露节点及报告类型

---

① 参见根据商务部外资备案系统查询，http://wzzxbs.mofcom.gov.cn/WebProSP/app/infoPub/entpRecord。

对于协议转让而言，可以一目了然确定收购了多少上市公司股份从而直接判断应适用哪种信息披露标准。而对于间接收购，由于是通过中间持股主体（上市公司现有股东）间接持股，又应如何判断相应的权益比例以及应适用的信息披露标准呢？

作为一般原则，《收购办法》第56条、第57条明确要求，间接收购导致收购人“*拥有权益的股份*”或者“*受其支配的上市公司股东所持股份*”达到了相应的比例，也应按规定履行相应的报告、公告义务。

而关于具体如何计算间接收购交易中收购人所持有的上市公司的权益比例，现行规则并没有明确的指引。实务中，一般区分参股型还是控股型收购，后者则一般计算全部，即将现有股东所持有的上市公司股比全部算作收购人（通过控制现有股东）所控制的上市公司权益比例；而对于前者——间接层面参股型投资的权益比例如何计算，则需进一步分析。

比如，在金浦东裕收购沧州大化（600230. SH）的交易中（交易结构见上图2.2），收购人取得了控股股东大化集团50.98%的股权，而大化集团又持有上市公司46.25%的股份。该笔交易为控股型投资，集团所持有的46.25%上市公司股份全部算作收购人所收购的权益。因该等权益超过30%，从而触发了要约收购义务，收购人需要采取相应的解决方案（见第2.6节）。否则，若按乘积计算（50.98% × 46.25% = 23.58%），就不会触发要约收购义务了。

相反，若是参股型投资，信息披露角度应如何计算权益比例——直接按股比乘积确定？比如，在2011年鼎晖投资间接收购鲁西化工（000830. SZ）的交易中，虽然直接股东鲁西化工集团持有上市公司30.37%的股份，但投资人通过增资扩股认购了集团39%的股权（并未控制集团），因而并未触发要约收购义务。该次交易结构如下：①（见图2.11）

① 参见鲁西化工（000830. SZ）：《关于控股股东完成增资扩股的公告》，载巨潮资讯网，http://static. cninfo. com. cn/finalpage/2011 - 11 - 24/60237351. PDF。

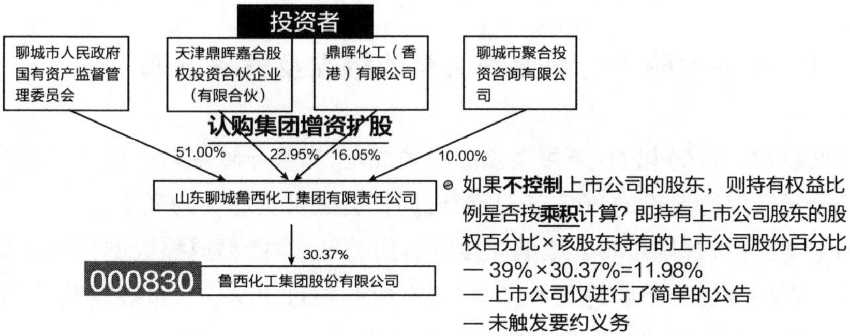

图 2.11 ［案例］参股型投资时权益比例的计算——鼎晖投资间接收购鲁西化工(000830.SZ)

在上述鲁西化工(000830.SZ)间接收购交易中,如果按乘积计算间接权益为 11.98%,投资者应相应编制《简式权益变动报告书》。但从实际案例在内,包括上述案例以及近几年的其他一些间接收购案例在内,在类似情形(对上市公司的机构股东进行参股型投资)下,参股方基本未被要求编制《权益变动报告书》,而通常是由上市公司对其股东层面发生的变动进行相应提示性公告。

笔者理解,上述实践操作的依据应该还是源于《收购办法》关于间接收购信息披露的相关规定。如文首提及,《收购办法》关于间接收购信息披露的要求主要包含两种类型:

◎第 56 条。“*收购人虽不是上市公司的股东,但通过投资关系、协议、其他安排导致其拥有权益的股份达到或者超过一个上市公司已发行股份的5%*”;

◎第 57 条。“*投资者虽不是上市公司的股东,但通过投资关系取得对上市公司股东的控制权,而受其支配的上市公司股东所持股份达到前条规定比例、且对该股东的资产和利润构成重大影响的*”。

上述第 57 条情形针对的是控股型投资。而针对参股型投资,根据《收购办法》第 56 条的规定,判断信息披露义务触发的基准是收购人所间接“*拥有权益的股份*”。而根据《收购办法》第 12 条的规定,投资人在上市公司所拥有的权益,“*包括登记在其名下的股份和虽未登记在其名下但该投资者可以实际支配表决权的股份*”。就此而言,在参股型投资交易中,对于投资人所参股的机构股东所持有的上市公司股份,该等参股投资人能否支配其表决权,便成了信息披露角度判断该投资人是否间接拥有该等权益的关键。通常理解,参股投资人是无法支配其所参股公司所持有的上市公司股份的表决权的。

2.6 间接收购中全面要约义务的触发及解决方案

根据《收购办法》第56条第2款的明确规定，如果导致收购人拥有权益的股份超过该公司已发行股份的30%，间接收购同样会触发全面要约义务。

如上文分析，首先需要要根据间接收购的类型（参股型或控股型），初步判断拟议交易是否将触发全面要约义务（间接持有权益超过30%）。如果触发了，实务中交易当事方通常可以有三个选项供进一步考虑：

(1)发出全面要约（要约收购详见第4章）。

(2)降比例，可以在交易前先行降低比例至30%或以下，如此，交易时即便控股型投资也不会再触发要约义务；或者，交易后视情况减持，“收购人预计无法在事实发生之日起30日内发出全面要约的，应当在前述30日内促使其控制的股东将所持有的上市公司股份减持至30%或者30%以下，并自减持之日起2个工作日内予以公告”（《收购办法》第56条第2款）。

(3)符合《收购办法》规定情形的，直接要约豁免。（详见第3章）

上述三个选项可以简要图示如下：（见图2.12）

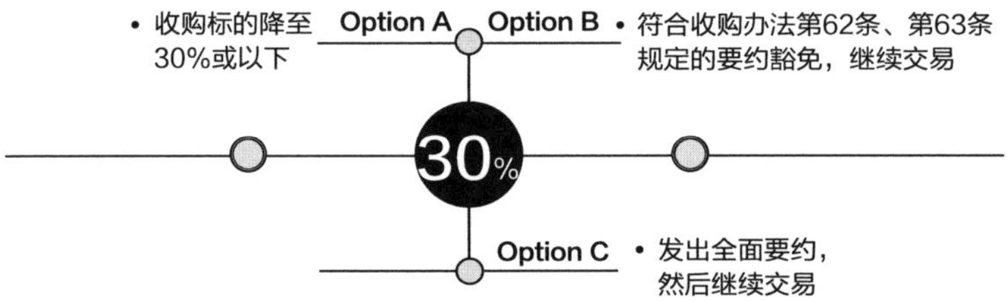

图2.12 全面要约义务触发后的可选方案

其中，关于降比例（至30%整数或更低），常见的方式包括二级市场减持或大宗交易（前提是符合减持规则的要求）或者协议转让等。比如，在嘉士伯2009年增持控制啤酒花（600090.SH）的间接收购交易中，在增持交易前上市公司大股东先行通过二级市场减持至30%以下。[①]其交易结构如下所示：（见图2.13）

---

① 参见啤酒花（600090.SH）：《关于股份减持情况说明公告》，载巨潮资讯网，http://static.cninfo.com.cn/finalpage/2009-04-22/51606947.PDF；啤酒花（600090.SH）：《详式权益变动报告书》，载巨潮资讯网，http://static.cninfo.com.cn/finalpage/2009-04-30/52017197.PDF。

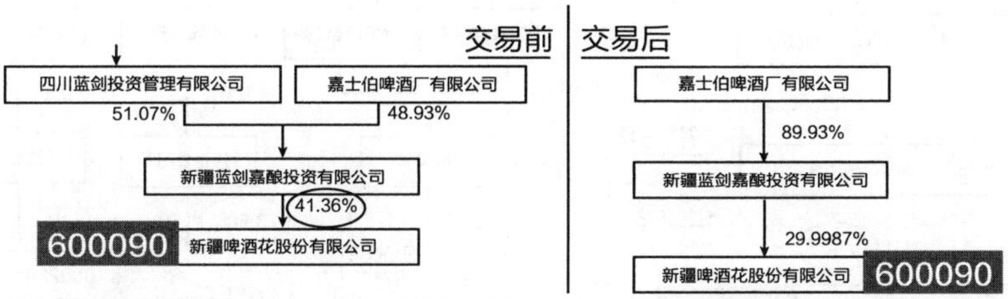

- 2009年，嘉士伯收购啤酒花600090：
  —大股东蓝剑嘉酿原持股41.3578%；2009年3~4月，通过二级市场/大宗及协议，减持至**29.9987%**。
  —2009年4月20日，蓝剑投资将蓝剑嘉酿41%的股权转让给嘉士伯，嘉士伯间接收购。

图2.13 [案例]嘉士伯收购啤酒花(600090.SH)——交易前转让方部分减持避免触发要约义务

另外，交易当事方也可以视情况选择在交易签约后再行减持，以解决要约义务的触发。比如，在2008年京博控股收购国通管业(600444.SH)的交易中(该交易因其他因素失败)，便采用了该等处理方式。[①]其交易结构如下所示：(见图2.14)

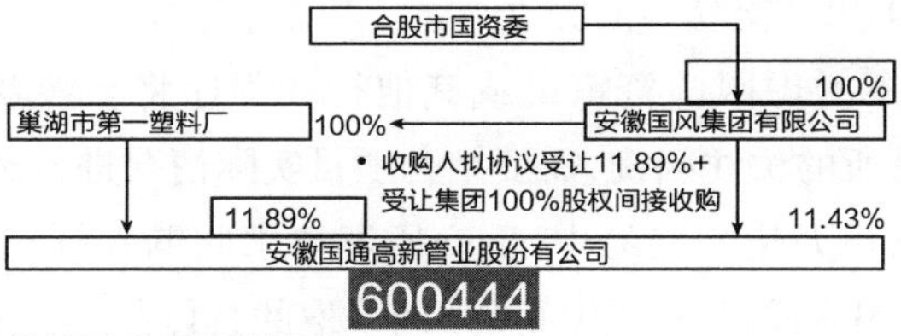

- 2008年，京博控股收购国通管业600444：
  — 2008年7~12月，通过二级市场+竞拍转让+一致行动，合计增持至33.539%——触发要约。
  — 2009年5月，收购人通过二级市场减持3.555%(减持部分属于200807增持的股票，不构成短线交易)；减持后，合计持股**29.984%**——不再触发要约。

图2.14 [案例]京博控股收购国通管业(600444.SH)——收购人交易后减持部分至低于30%

对于交易后再减持，特别值得一提的是，在金浦东裕间接收购沧州大化(600230.SH)的交易中(收购控股股东大化集团50.98%的股权，而大化集团又持有上市公司46.25%的股份)，采用了比较新颖的处理方式——分立。[②]其分立安排如下图所示：(见图2.15)

---

① 参见国通管业(600444.SH)：《收购报告书摘要》，载巨潮资讯网，http://static.cninfo.com.cn/finalpage/2009-01-16/48428519.PDF。

② 参见沧州大化(600230.SH)：《详式权益变动报告书》，载巨潮资讯网，http://static.cninfo.com.cn/finalpage/2018-11-01/1205564897.PDF。

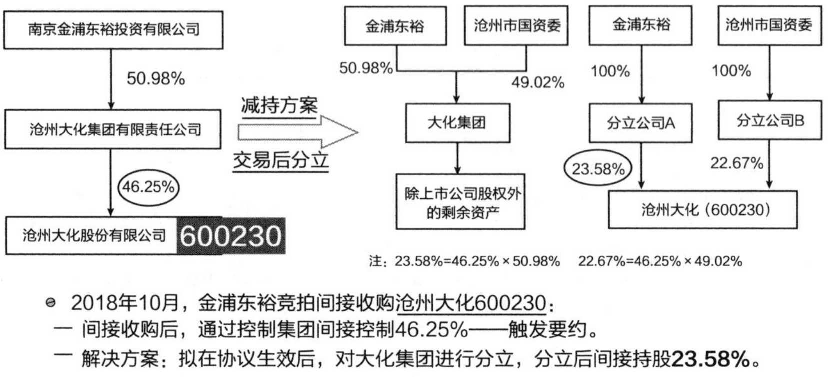

图2.15　[案例]金浦东裕间接收购沧州大化(600230.SH)——收购后对控股股东进行分立使得各家持股均低于30%

需要注意的是,对于交易后再减持,《收购办法》第56条有明确的时间限制,即"*在事实发生之日起30日内*"。而有些减持方案可能无法在30日内及时完成,比如上述沧州大化(600230.SH)交易中的分立方案。单就《公司法》关于分立的公告期限要求就是45日,且不考虑因国资审批或其他行政程序将会涉及更长时间。此时,可能就会面临交易所的关注问询,需要结合项目实际情况进行适当说明及合理解释。例如,在上述沧州大化的交易中,上交所即要求收购人补充说明未能在30日内将权益比例降至30%或以下的原因及期间采取的具体落实措施。①

2.7　间接收购的交易流程

与协议转让相比较,间接收购的一个明显差异在于其所转让或变更的标的不是上市公司的股份,而是上市公司股东的股权。因此,间接收购通常不涉及上市公司股票的过户变更手续(上述第2.2.3节所提到的以所持上市公司股份出资的情形除外),也不涉及交易所的合规确认程序(交易所的审核主要是从信息披露角度)。

从其交易流程来看,间接收购涉及的主要程序是上市公司股东(通常为非上市

---

① 参见沧州大化(600230.SH):《关于回复上海证券交易所监管函的公告》,载巨潮资讯网,http://static.cninfo.com.cn/finalpage/2019-03-13/1205895745.PDF。根据《沧州大化股份有限公司关于控股股东沧州大化集团有限公司50.98%股权转让终止的公告》(载巨潮资讯网,http://static.cninfo.com.cn/finalpage/2019-09-13/1206922555.PDF),收购人计划终止该笔交易。

企业)所在地的工商变更登记手续(关于上市公司机构股东的股东或合伙人以及该机构股东的注册资本的变更),以及交易所环节的相应信息披露要求。

间接收购的简易流程如下所示:(见图 2.16)

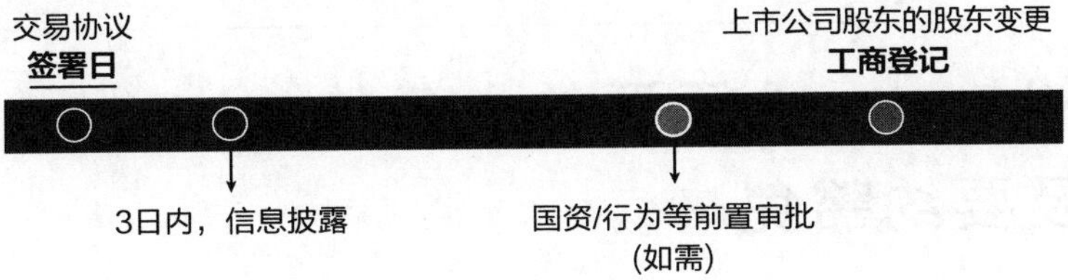

图 2.16 间接收购的交易流程

总之,间接收购不用适用交易所协议转让业务指引,也无须取得交易所的合规确认函。这可能也正是间接收购可以有更大灵活定价空间的原因之一。

第3章

要约豁免——全面要约义务的触发及要约豁免

3.1 上市公司收购中全面要约义务的触发

上市公司收购,无论其交易方式是协议转让、间接收购、认购定增、二级市场增持或者表决权委托或其他协议安排,只要该等交易导致收购人所拥有权益的"*有表决权股份*"超过上市公司已发行有表决权总股本的30%,则将触发全面要约义务。

3.1.1 全面要约义务的触发节点——超过30%权益比例

全面要约义务的触发分界线是收购人拥有的权益占比<u>超过</u>上市公司总股本的30%。

在《证券法》及《收购办法》框架下,持股在30%整数点时并未触发要约义务。这一点与香港有差异。在香港《公司收购守则》规则26.1项下,当收购30%或更多权益(30% or more)时,便触发全面要约义务;而证监会《收购办法》所规定的节点则是"*超过*"30%时,全面要约义务方才触发。也就是说,拥有权益比例为29.999%或者30%整数时,并没有触发全面要约义务;然而,如果权益比例超过30%(不含本数),比如30.0001%,就触发了全面要约义务。

3.1.2 触发节点30%权益比例的计算

3.1.2.1 关于30%权益比例计算的"分子"

对于30%权益比例的计算,其分子是指收购人"*拥有权益的股份*"(《收购办法》第47条、第48条、第56条)。根据《收购办法》第12条的规定,"*投资者在一个上市公司中拥有的权益,包括登记在其名下的股份和虽未登记在其名下但该投资者可以<u>实际支配表决权</u>的股份。投资者及其一致行动人在一个上市公司中拥有的*

权益应当合并计算”。也就是说，这不仅包括收购人直接或间接持有的股份，还包括收购人虽不持有但能支配其所对应表决权的股份，比如，通过控制直接持股的股东，或者通过表决权委托、一致行动安排、股份托管等方式。

3.1.2.2 关于30%权益比例计算的“分母”

对于30%权益比例的计算，其分母是指上市公司“*已发行的有表决权股份*”(《证券法》第73条)。这是指上市公司全部发行在外的股份，包括人民币普通股A股、境内上市外资股B股以及境外上市的H股、N股等全部已经发行在外的各类别有表决权的股份。

简言之，全面要约义务的触发节点可以如下所示：(见图3.1)

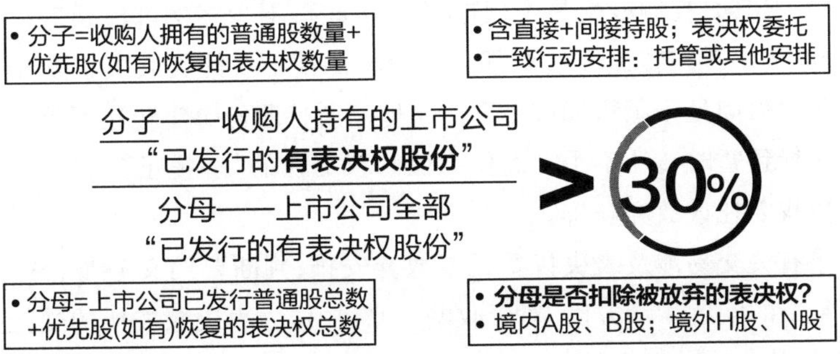

图3.1 全面要约义务之30%触发节点的计算公式

3.1.3 权益比例的计算限于有表决权的股份

3.1.3.1 计算公式的分子分母均限于有表决权的股份

一般理解，计算权益比例是否超过30%从而触发全面要约义务时，分子(收购人拥有权益的股份)和分母(上市公司已发行的总股本)均仅限于拥有表决权的股份。

上述理解可以从《证券法》的最新修订中得到确认。相比先前2014年版的《证券法》第88条、第96条所使用的“*已发行的股份*”的措辞，2020年3月生效的新《证券法》第65条、第73条等相关条款在计算30%比例时，均明确使用了“*已发行的<u>有表决权股份</u>*”的表述。而在《收购办法》框架下，在计算触发相关权益变动信息披露义务比例门槛时虽未直接使用“有表决权股份”的表述，但却使用了“*拥有权益的股份*”的措辞。而根据《收购办法》第12条的规定，“*投资者在一个上市公司中拥有的权益，包括登记在其名下的股份和虽未登记在其名下但该投资者可以<u>实际支配表决权</u>的股份。投资者及其一致行动人在一个上市公司中拥有的权益应当合并计算*”。

另外,自2013年年底开启优先股发行试点后,国内资本市场出现了没有表决权的"优先股"。因此,2013年11月发布的国务院《关于开展优先股试点的指导意见》(国发〔2013〕46号)特别指出:"*根据证券法第八十六条计算收购人持有上市公司已发行股份比例,以及根据证券法第八十八条和第九十六条计算触发要约收购义务时,表决权未恢复的优先股不计入持股数额和股本总额。*"

也就是说,在计算收购人拥有权益的股份(分子)以及上市公司已发行的总股本(分母)时,仅计算有表决权的普通股和表决权恢复的优先股,而无表决权的优先股则不纳入计算。

3.1.3.2　涉及表决权委托或放弃的交易中的权益比例计算

实务中,尤其是控制权交易中(详见第10章),不少案例都涉及表决权委托的安排,部分案例中存在转让方放弃部分表决权的情形。此类表决权安排的背景多是由于相关股份尚处于限售期或受限于董监高所持股份每年转让不得超过25%的限制等原因导致暂时转让不了。而作为控制权交易的"一揽子"安排,经双方协商进行了表决权委托或放弃安排。

而如果有关交易涉及表决权委托或放弃安排,判断要约义务是否被触发则是一个更为复杂的问题。一方面,对于收购人来讲,作为表决权委托的受托方所取得的表决权,也将作为其拥有的权益纳入"分子"的计算。另一方面,在委托方持有很多股份的情况下,如果其只是将其中一部分表决权进行了委托同时保留剩余股份及其表决权,从近期的监管实践来看,交易所通常会推定认为存在表决权委托关系的双方之间构成一致行动人。此等情形下,作为表决权委托之受托方的收购人,除计算其持有的股份+受托表决权以外,还要合并计算表决权委托方(被推定为一致行动人)所持有的剩余股份/表决权,从而更有可能触发要约收购义务。因此,此类交易中,哪些人可以适合表决权委托,以及委托方可以保留多少剩余股份/表决权,都需要综合考虑审慎安排。否则,触发了全面要约义务而不知,可能导致后续因监管关注而打乱整个交易安排或是需要进行再调整以避免违规风险。

当然,存在表决权委托关系的双方构成一致行动人,这是一种"推定"认定。实务中,的确也有个案当事方通过提供反证而促使交易所采信了不构成一致行动人的主张。比如,在2019年年初万力投资及其下设基金恒翼投资收购山河智能(002097.SZ)的交易中,收购人通过协议转让+表决权委托合计持有28.43%的权益，而转让方在交易后仍然持有剩余有表决权的 10.5898% 的股份。①该等交易中，当事方主张，转让方为自然人而收购人万力投资为广州市人民政府控制的企业，相互之间不存在任何关联关系，也并未签署一致行动协议。当事方还提供了其他分析支持。最终，交易所未将表决权委托双方推定为一致行动人，收购人也未因存在表决权委托而触发全面要约义务。有关安排的主要内容如下所示：（见图 3.2）

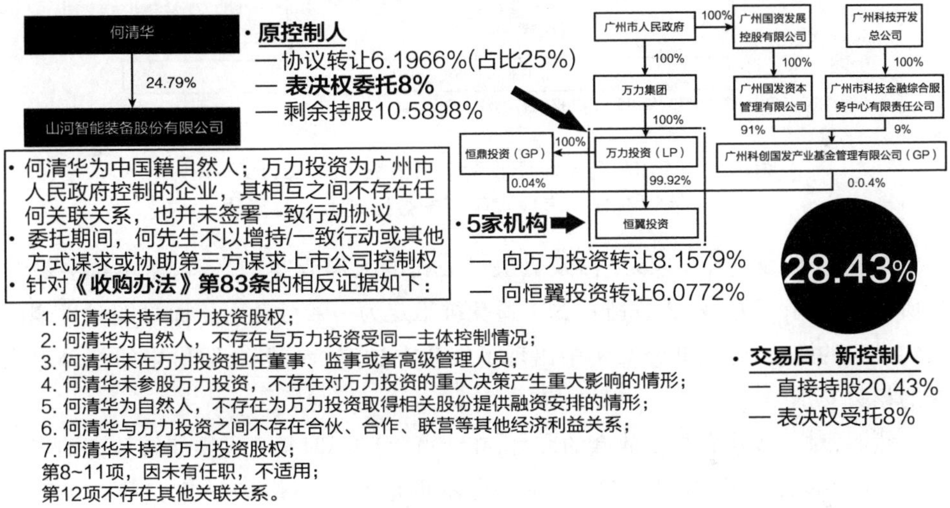

图 3.2 ［案例］万力投资收购山河智能（002097.SZ）——协议转让 + 表决权委托未被推定为一致行动

类似地，在广州市政府旗下万宝集团通过先协议转让 + 后表决权委托收购金明精机（300281.SZ）的案例中，表决权委托双方也未被推定为一致行动人。②该笔交易的相关安排如下所示：（见图 3.3）

① 参见山河智能（002097.SZ）：《详式权益变动报告书》，载深圳证券交易所官网 2019 年 1 月 30 日，http://www.szse.cn/disclosure/listed/bulletinDetail/index.html? 9d9fcd61 - 9654 - 4f26 - 9ea6 - 260bb44628fc。

② 参见金明精机（300281.SZ）：《详式权益变动报告书》，载深圳证券交易所官网 2019 年 3 月 29 日，http://www.szse.cn/disclosure/listed/bulletinDetail/index.html? 0a772ba8 - 81d2 - 4857 - 8a1f - c597d6d4b52a。

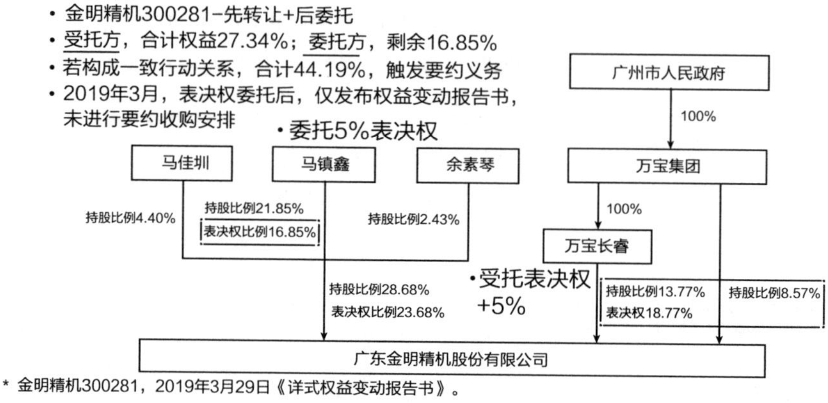

图3.3 [案例]万宝集团收购金明精机(300281.SZ)——协议转让+表决权委托未被推定为一致行动

尽管上述，从2019年以来涉及表决权委托的大部分案例来看，基本都会被交易所要求视同一致行动人安排。为了避免被推定为一致行动人从而可能触发全面要约义务的尴尬，近期部分案例中出现了转让方放弃所持剩余股份中的部分表决权的相关安排。

然而，对于涉及表决权放弃的交易，在计算“分母”时是否需要将被放弃的表决权剔除（比如放弃了3%的表决权，则分母不再是100，而是97），则又是一个新问题。就实践来看，有的交易中的处理相对谨慎。比如，2019年9月湖南衡帕动力收购达志科技（300530.SZ）时，收购人通过协议转让的方式受让16.68%的股份（17,615,700股）；同时，转让方在其剩余50.04%的股份中放弃41.2%股份的表决权。[①]本次交易的相关情况如下：（见表3.1）

① 参见达志科技300530:《详式权益变动报告书》，载深圳证券交易所官网2019年9月17日，http://www.szse.cn/disclosure/listed/bulletinDetail/index.html?24ac49e3-d29e-4205-905e-5daabf77550b。

表 3.1 [案例]湖南衡帕动力收购达志科技(300530.SZ)——协议转让+表决权放弃交易中要约触发节点的计算

主体	本次权益变动前		本次权益变动后	
	持有股份比例	拥有表决权比例	持有股份比例	拥有表决权比例
蔡志华	60.05%	60.05%	45.04%	8.84%
刘红霞	6.67%	6.67%	5.00%	0
合计	**66.72%**	**66.72%**	**50.04%**	**8.84%**
衡帕动力	—	—	**16.68%**	**16.68%**

在上述交易中,表决权放弃后,上市公司剩余有表决权的股份为上市公司总股本的58.8%(62,093,832 股)。经计算,收购人所持权益(17,615,700 股)占该等有表决权总股数的28.37%,未触发30%的全面要约义务节点。

不过需要注意的是,实务中,也有不少交易中在计算权益比例时并未从分母中剔除已放弃表决权的部分。另外,交易所在审核时也可能会关注此类表决权放弃是否涉嫌刻意规避要约义务。比如,在2019年4月中植系收购*ST中南(002445.SZ)的交易中,同时涉及表决权委托及表决权放弃安排,交易所便发函关注有关安排是否涉嫌刻意规避要约义务。①该笔交易的相关安排如下图所示:(见图3.4)

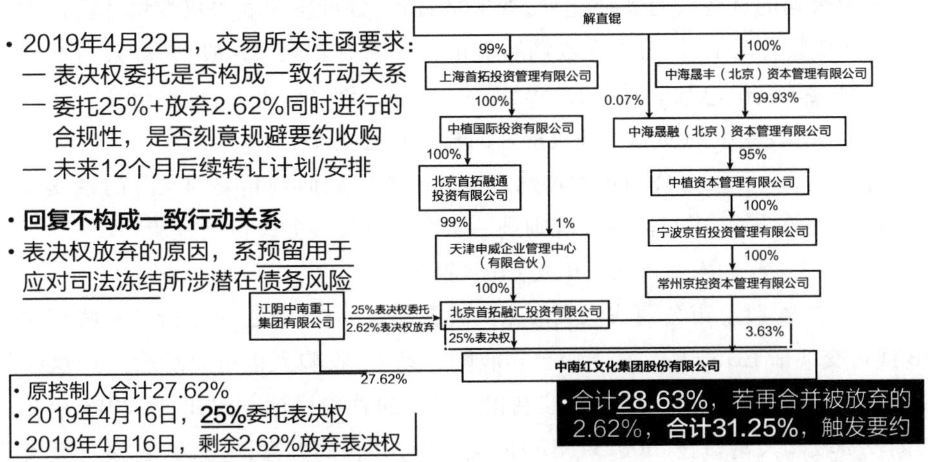

图 3.4 [案例]中植系收购*ST中南(002445.SZ)——表决权委托+表决权放弃安排

① 参见*ST中南(002445.SZ):《中南红文化集团股份有限公司关于对深圳证券交易所[2019]第226号关注函的回复公告》,载深圳证券交易所官网2019年5月10日,http://www.szse.cn/disclosure/listed/bulletinDetail/index.html?8caf2352-7a3a-4b6f-b851-24615d54648e。

3.1.3.3 针对双重表决权AB股公司的权益比例计算

全面注册制后，京沪深交易所各板块均明确允许上市公司发行“特别表决权股份”(俗称AB股)。随着首例AB股公司—优刻得(688158)于2020年1月20日在上交所科创板上市，后续发行“特别表决权股份”的上市公司应该也会逐步增加。

所谓“特别表决权股份”，俗称双重表决权或AB股，是指“*每一特别表决权股份拥有的表决权数量大于每一普通股份拥有的表决权数量*”。[①]当收购涉及此类发行了AB股的上市公司时，判断全面要约义务是否触发则是个更复杂的问题。

一方面，就分子(收购人拥有权益的股份)的计算而言，对于收购人来讲，其因收购所取得的股份只能是一股一票的普通股，因收购所将持有的标的股份不可能拥有多于每股一票的特别表决权。这是因为，按照现行规则，特别表决权股份一旦转让或者进行表决权委托，其便需要转换成一股一票的普通股，不允许在交易后继续保留特别表决权。

另一方面，就分母(上市公司已发行的有表决权股份)的计算而言，是按照上市公司已发行的有表决权的“*股份*”的数量，还是按照上市公司已发行在外的股份上所载的“*表决权*”的数量来计算？如果是前者(分母按照股份数量计算)，则和其他普通上市公司的计算没有实质差异；如果是后者(分母按照表决权数量计算)，考虑到对于AB股公司来讲，若本次收购后上市公司尚有剩余AB股，则该公司的表决权总数是大于股份总数的，因而此等计算公式中分母将会更大，这也就意味着针对AB股公司的收购中的要约义务被触发的概率将会更小。

针对在AB股上市公司这类特殊目标的收购中如何判断要约义务的触发及相关权益比例的计算，还有待后续规则进一步明确以及实务案例的检验。

3.1.3.4 收购人持有的CB或EB权益合并

近年来，A股上市公司或法人股东因融资需要，公开或定向发行了一些可转债CB或可交换债EB产品。在上市公司收购交易中，收购人也可以综合运用这些附带转股权的债券品种达到持有或控制相应权益的收购目标。比如，在2018年6月兴港投资收购大富科技(300134.SZ)的交易中，其收购方案便是以“承接可交换债

① 《科创板股票上市规则》第2.1.4条；《创业板股票上市规则》第13.1条。

并转股 + 协议转让”方式，取得上市公司约 29.99% 股权。[①]

而确定收购人拥有权益的股份是否超过 30% 并触发了全面要约义务时，根据《收购办法》第 85 条的规定，“*应当将其所持有的上市公司已发行的可转换为公司股票的证券中有权转换部分与其所持有的同一上市公司的股份合并计算，并将其持股比例与合并计算非股权类证券转为股份后的比例相比，以二者中的较高者为准*”。该等规定图示如下：（见图 3.5）

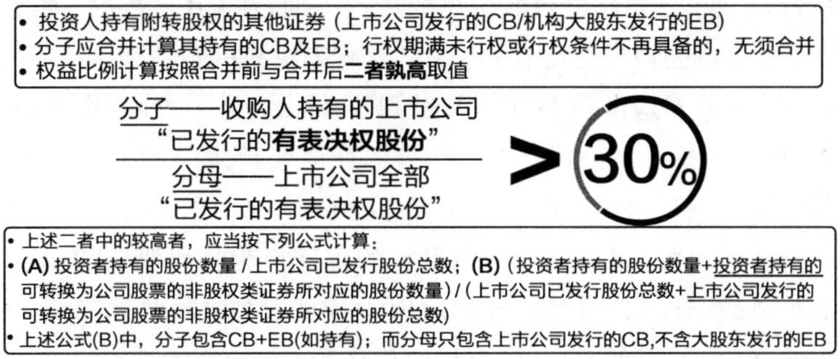

图 3.5 全面要约义务的触发——持有的 CB 或 EB 合并计算

需要注意的是，在计算收购人持有权益比例的分子——收购人持有的上市公司已发行的具有表决权股份时，其所持有的上市公司发行的 CB 以及上市公司法人股东发行的 EB 数量均应合并计算，除非有关 CB 或 EB 的行权期已届满且未行权或已不再具备行权条件。而在计算分母——上市公司总股本时，则只需要合并计算上市公司发行的 CB 产品所对应的可转换股份数量，而上市公司法人股东所发行的 EB 产品所对应的可转换股份数量无须再合并。这是因为，对于上市公司所发行的 CB 产品，持有人将来行权转换时，上市公司需要增发新股用于转换。因此，分母中需要合并计算该类将来用于转换所增发的新股；而对于上市公司法人股东所发行的 EB 产品，其持有人将来行权转换时，所对应的股份是该 EB 发行人（上市公司的法人股东）所持有的上市公司存量股份，该等存量股份已经体现在上市公司总股本中。因此，在计算收购人权益比例时，分母无须再重复计算其所持有 EB 产品所对应的股份数量。

---

① 参见大富科技（300134. SZ）：《关于控股股东与兴港投资集团签署意向协议暨债务重组进展的公告》，载巨潮资讯网，http://static. cninfo. com. cn/finalpage/2018 - 06 - 28/1205104690. PDF；大富科技（300134. SZ）：《关于控股股东债务重组及股权转让事项的进展公告》，载巨潮资讯网，http://static. cninfo. com. cn/finalpage/2018 - 12 - 17/1205675357. PDF。

另外,需要注意的是,根据《公司法》第 142 条的规定,除增发新股以外,上市公司也可以回购存量公众股用于 CB 转换目的。而根据《公司法》第 103 条的规定,公司持有的本公司的股份(库存股)没有表决权。那么,若 CB 产品转换的股份来源是上市公司回购的存量老股,应如何计算权益比例呢? 笔者理解,对于《收购办法》第 85 条所规定的二者孰高中的公式(B)应进行必要调整,应按如下公式计算:"(投资者持有的股份数量 + 投资者持有的可转换为公司股票的非股权类证券所对应的股份数量)/上市公司已发行股份总数。"一方面,在 CB 转换时,原先无表决权的"库存股"(由上市公司自己持有)将恢复为有表决权的普通股(由 CB 投资人持有)。因此,该等 CB 对应的股数无需从分母中剔除。另一方面,由于该等场景下 CB 转换的股份来源是上市公司已发行在外的存量老股,而不是增发新股,该等 CB 对应的股数实际上已包含在上市公司现有总股本中。因此,如按《收购办法》第 85 条规定的上市公司总股本" + 上市公司发行的可转换为公司股票的非股权类证券所对应的股份总数"计算,则相当于该等 CB 对应的股数被重复计算了。

笔者理解,允许公司回购自己的存量股份作为 CB 转换的来源,这一规定是《公司法》2018 年 10 月修订的内容。在先前《公司法》项下,CB 转换的股份来源只能是增发新股,用库存股转换缺乏法律依据。而在《公司法》第 142 条调整后,《收购办法》第 85 条的计算公式尚未能考虑到《公司法》第 142 条的新规定而进行及时调整。

3.2 全面要约义务的豁免

3.2.1 全面要约义务触发后的可选方案

无论因何原因,一旦潜在交易可能触发全面要约义务,交易双方就需要考虑相应的解决方案。简言之,全面要约义务触发时,通常有如下三个选项可以考虑:(见图 3.6)

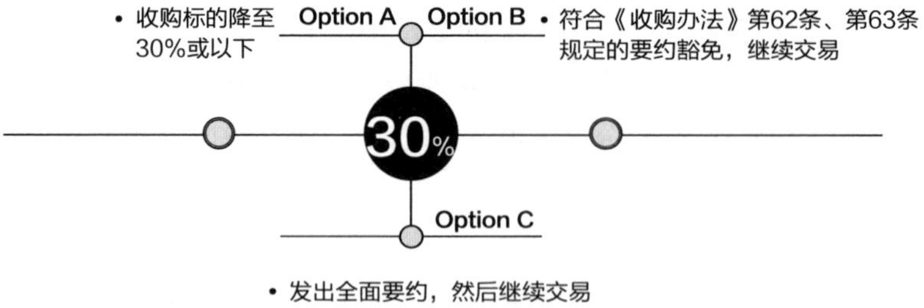

图 3.6 全面要约义务触发后的可选方案

对于上述选项 A——降比例,前文第 2 章已经进行了比较多的分析,此处不再赘述。对于选项 C——要约收购,后续第 4 章将进行专门分析。在此,本章下文将重点讨论选项 B——要约豁免的相关规则及案例。

3.2.2 要约豁免的基本制度框架

针对要约豁免,需要特别明确两点:

首先,关于可豁免要约的情形。并非所有的交易都有机会取得豁免,尤其涉及控制权变更的交易通常无法取得豁免。《收购办法》第 62 条、第 63 条列明了可豁免全面要约义务的具体情形。

其次,关于要约豁免的程序。在 2020 年 3 月修订之前,《收购办法》框架下的要约豁免程序曾有三类:(见图 3.7)

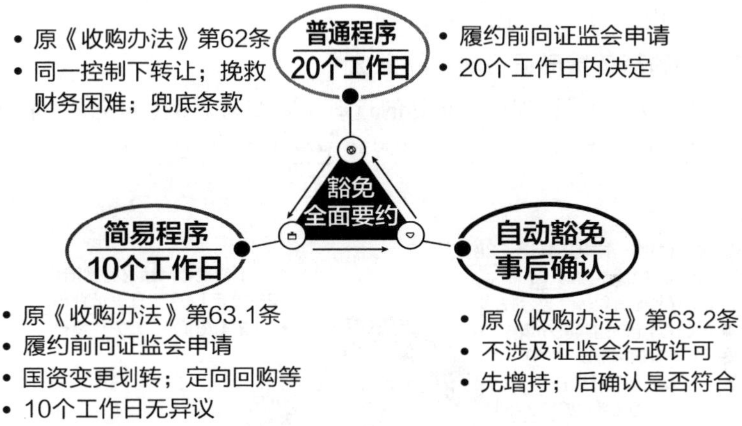

图 3.7 原《收购办法》框架下要约豁免程序的类型

而在新《证券法》于 2020 年 3 月 1 日生效后,《收购办法》也于 2020 年 3 月 20 日进行了相应修订。在新《收购办法》框架下,要约豁免不再设置证监会前置程序,全部调整为事后确认事项,由收购人及其律师确认是否符合《收购办法》第 62 条、第 63 条所规定的可豁免情形。

实务中,交易所在信息披露环节可能会就是否符合可豁免情形的有关事项进行反馈关注。(见图 3.8)

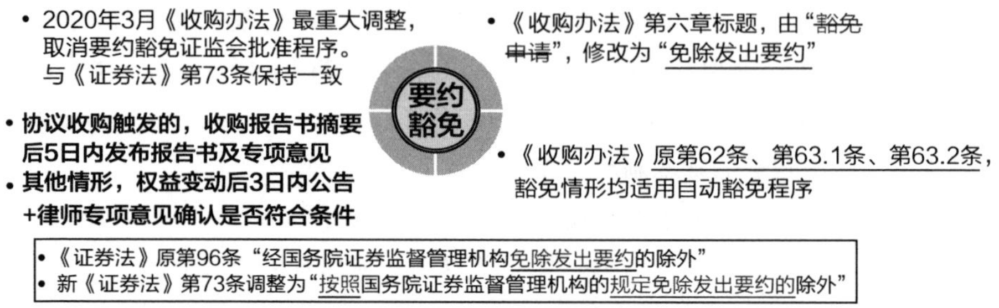

图 3.8 新《收购办法》框架下要约豁免程序的调整

需要注意的是，2020 年 3 月《收购办法》修订的主要调整在于豁免程序的简化，不再要求向证监会提交申请。而可豁免的情形的具体内容——《收购办法》第 62 条、第 63 条，则未做实质调整。

3.2.3 要约豁免情形适用的市场概况

实务中，从 2017 年至 2019 年 6 月的近 200 宗交易案例（非全部）来看，要约豁免适用的《收购办法》第 62 条、第 63 条所规定情形的基本分布情况大致如下：（见图 3.9）

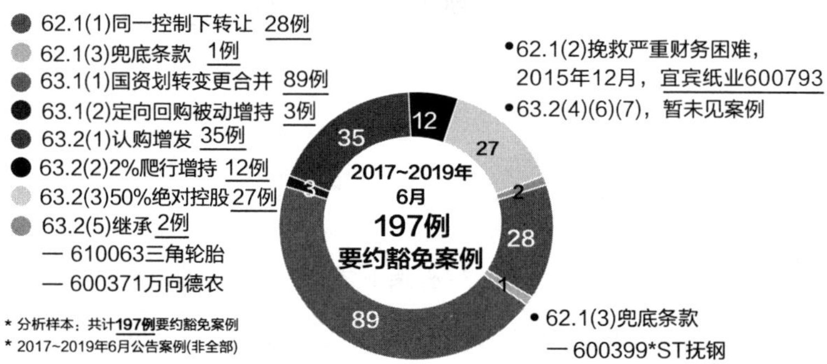

图 3.9 要约豁免适用情形的市场概况

从图 3.9 可以看出，第 62 条项下的豁免情形中，最主要的两种适用情形是国资划转以及同一控制下的转让；而适用第 63 条项下的豁免情形中，最常见的三种交易情形则是认购增发、持股 50% 以上控股股东的继续增持以及每年 2% 额度内的爬行增持。尤其是 2019 年以来，基于认购增发而（根据第 63 条）适用要约豁免的案例明显增多。（详见第 10 章）

3.3 《收购办法》第 62 条项下的要约豁免情形

《收购办法》第 62 条规定的要约豁免情形主要包含如下三种:(见图 3.10)

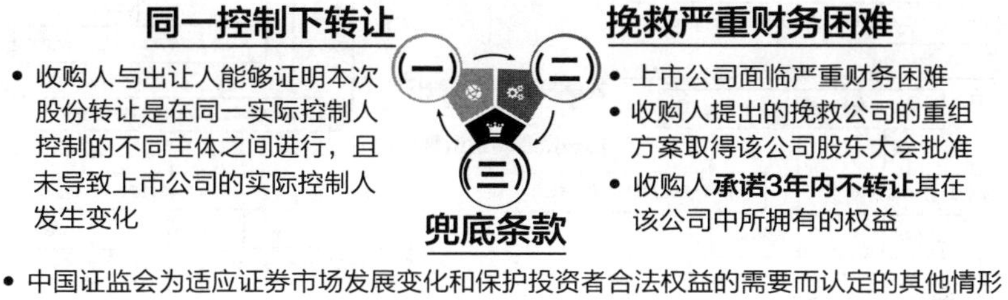

图 3.10 《收购办法》第 62 条的要约豁免情形

3.3.1 第 62(1)条豁免——同一控制下转让

《收购办法》第 62 条规定的可豁免要约义务的首个情形便是同一控制下的转让——“*收购人与出让人能够证明本次股份转让是在同一实际控制人控制的不同主体之间进行,未导致上市公司的实际控制人发生变化*”。该等情形曾是上市公司收购交易中(存量老股的协议转让或间接收购)要约豁免获得证监会批复的主要情形。在 2020 年 3 月最新修订的《收购办法》框架下,前述情形依然是要约豁免的主要情形之一,但已无须再向证监会提交豁免申请了,而是由收购人及其律师判断是否符合该等情形。对于该等判断,交易所可能会提出反馈或不同意见。

若要适用第 62(1)条豁免,基本前提是交易前后上市公司的实际控制权未发生变更。收购人要证明转让双方属于同一控制(一方控制另一方,或者双方被同一方控制),支持材料包括工商底档证明以及专项法律意见等。

3.3.1.1 同一控制下转让——国有资产内部整合

实务中,最为常见的同一控制下的转让情形是由于国有资产内部整合所进行的协议转让。比如,2018 年,因天津国资委将其控制的部分国有资产转让给其旗下投资平台津智资本,导致津智资本作为收购人因收购百利集团 100% 股权而间接控制了上市公司百利电气(600468. SH),以及因收购中环集团 51% 股权而间接控制了上市公司七一二(603712. SH)。前述交易均于 2019 年 3 月取得了证监会的要约豁免批复(百利电气要约豁免批复,证监许可〔2019〕299 号;七一二要约豁免批复,证监许可〔2019〕301 号)。以津智资本间接收购百利电气(600468. SH)为例,[①]其交易结构如下:(见图 3.11)

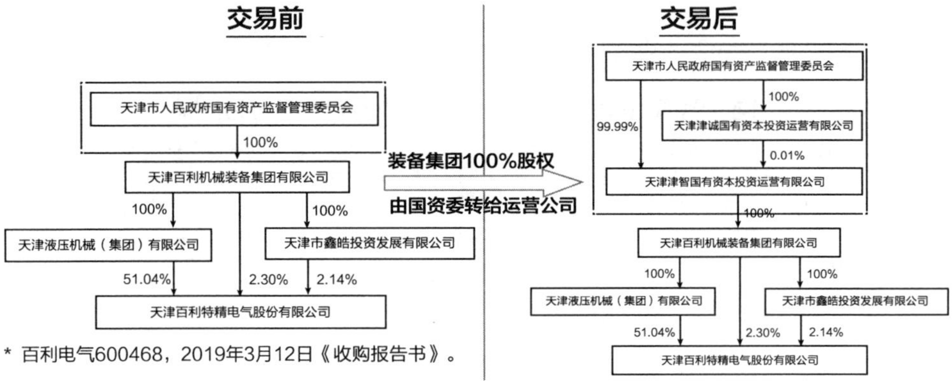

图 3.11 [案例]第 62(1)条豁免——津智资本间接收购同一控制下百利电气(600468. SH)

3.3.1.2 同一控制下转让——因集团内部安排进行股份托管

对于同一控制下的交易,其形式也可能是由于股权托管或表决权委托等不涉及股份过户变更的交易。比如,2018 年 9 月,中国信达与其子公司信达投资签署《股权托管协议》,约定中国信达将其所持有的信达地产(600657. SH)27.93% 的股份对应的除收益权、处分权、认股权之外的权利全部委托给信达投资管理。委托时,被委托方信达投资直接持有信达地产 27.16% 以及间接持有 0.36% 的股份;该项股权托管导致信达投资拥有权益达到 55.45%,触发要约义务。上述交易于 2018 年 11 月收到证监会的要约豁免批复(证监许可〔2018〕1744 号)。[②]本次交易的结构如下图所示:(见图 3.12)

① 参见百利电气(600468. SH):《收购报告书》,载巨潮资讯网,http://static. cninfo. com. cn/finalpage/2019 - 03 - 12/1205891990. PDF。

② 参见信达地产(600657. SH):《收购报告书》,载巨潮资讯网,http://static. cninfo. com. cn/finalpage/2018 - 11 - 02/1205574826. PDF;信达地产(600657. SH):《关于信达投资有限公司申请豁免要约收购义务获得中国证监会核准的公告》,载巨潮资讯网,http://static. cninfo. com. cn/finalpage/2018 - 11 - 02/1205574823. PDF。

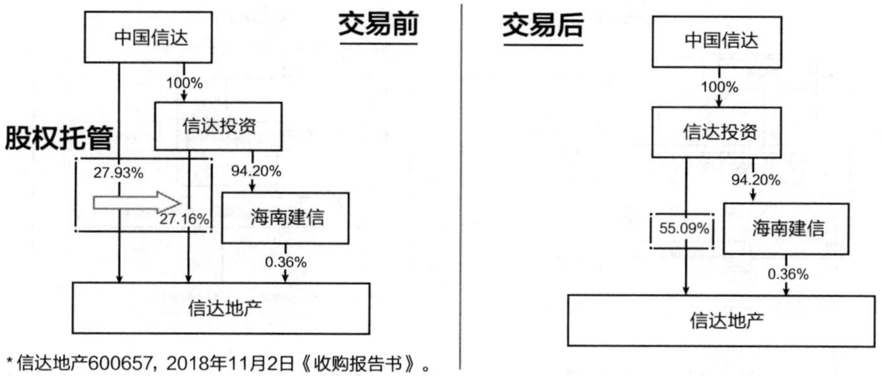

图 3.12 ［案例］第 62(1)条豁免——中国信达将所持信达地产(600657.SH)股权托管给其全资子公司信达投资

类似地,2019 年 4 月,ST 集成(002190.SZ)的控股股东、实际控制人航空工业集团与其控股子公司中航汽车签署《股份托管协议》,约定中航汽车通过《股权托管协议》拥有成飞集成 53.17% 的表决权。本次股权托管是在航空工业集团及其控制的中航汽车之间进行,因此成飞集成的实际控制人未发生变化,仍为航空工业集团。收购人(受托方中航汽车)于 2019 年 5 月取得证监会的要约豁免批复(证监许可〔2019〕927 号)。

3.3.1.3 同一控制下转让——以股份出资设立持股平台

同一控制下的交易也可能是由于其他内部重组交易。比如,2018 年 11 月,陕西黑猫(601015.SH)的实际控制人李保平以其所持有的黄河矿业(上市公司的控股股东)的 76.95% 的股权,以及李博以其所持有黄河矿业的 5% 的股权,作价出资设立四平旭升公司。交易后,李保平及李博不再直接持有黄河矿业的股权,其通过四平旭升公司持有黄河矿业 81.95% 的股份,从而间接控制陕西黑猫 43.52% 的股份。[①]该等交易因未改变控制权,于 2019 年 2 月取得证监会要约豁免批复(证监许可〔2019〕210 号)。上述交易结构如下:(见图 3.13)

① 参见陕西黑猫(601015.SH):《收购报告书》,载巨潮资讯网,http://static.cninfo.com.cn/finalpage/2019-02-20/1205841748.PDF。

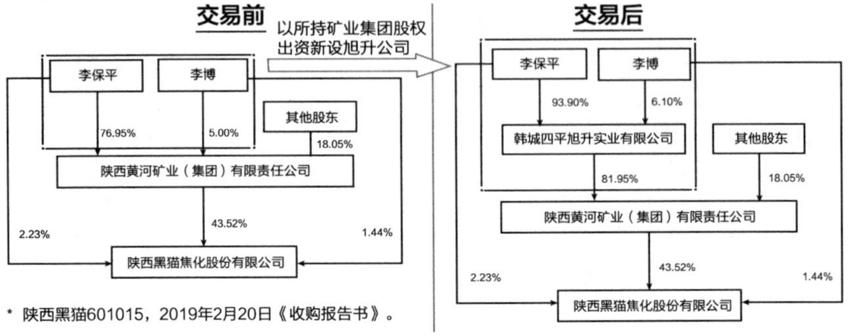

图 3.13 [案例]第 62(1)条豁免——控制人因股权出资设立持股平台间接收购同一控制下陕西黑猫(601015.SH)

3.3.1.4 同一控制下转让——因股东分立而转让给新设主体

实务中,还出现过因上市公司股东分立而将所持上市公司股份转让给分立后的新设主体的情形。比如,江铃汽车(000550.SZ)的控股股东江铃控股,进行存续分立,其持有的江铃汽车 41.03% 的股份将由分立新设公司江铃投资承继。根据江铃汽车的公告提示,江铃投资按照《收购办法》第 62(1)条——同一控制下的转让向证监会申请要约豁免。[①]该等交易的结构如下所示:(见图 3.14)

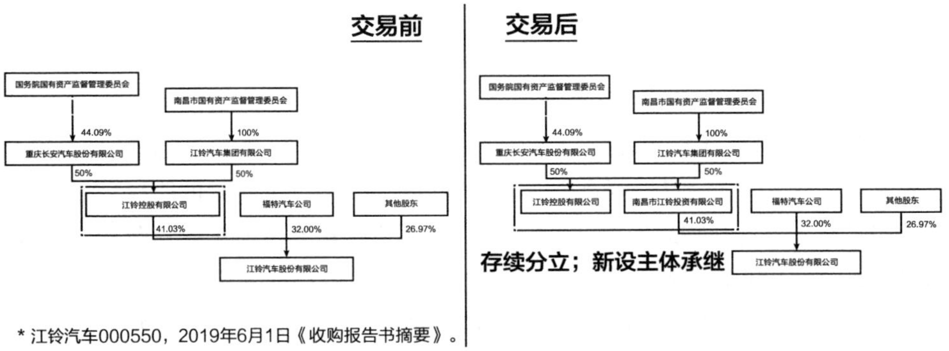

图 3.14 [案例]第 62(1)条豁免——江铃控股存续分立由新设主体江铃投资承继江铃汽车(000550.SZ)股份

---

① 参见江铃汽车(000550.SZ):《收购报告书摘要》,载深圳证券交易所官网 2019 年 6 月 1 日,http://www.szse.cn/disclosure/listed/bulletinDetail/index.html?8a94d326-50e4-4c83-8292-f1e98cc05e5d;江铃汽车(000550.SZ):《关于提出豁免要约收购申请的提示性公告》,载深圳证券交易所官网 2019 年 6 月 5 日,http://www.szse.cn/disclosure/listed/bulletinDetail/index.html?2e930854-da4b-441e-8be3-4e03d1236e3a。

3.3.1.5 同一控制下转让的政策优待

实际上,针对同一控制下的转让,除了属于可豁免要约义务的情形以外,现行监管政策还给予此种类型交易很多其他优待:

国资监管角度

国资32号令、36号令允许同一控制下且符合一定条件的转让,可豁免进场交易公开征集潜在受让方,从而可直接协议转让,而且允许其可以不进行资产评估而是按照最近一期审计净资产值作为定价依据等。

证券监管角度

一方面,允许低于5%门槛的协议转让(常规协议转让需达到5%门槛,详见第1章);另一方面,允许处于限售期的股份在同一控制下的主体之间进行转让。根据证监会《证券期货法律适用意见第4号》(2023年2月修订)的规定,"在控制关系清晰明确,易于判断的情况下,同一实际控制人控制之下不同主体之间转让上市公司股份",不受限于《收购办法》及《重组办法》等关于认购增发股票之1年或3年锁定期规定的限制。①

比如,关于中国信达所持有的信达地产(600657.SH)27.93%的股份,在该等股份仍处于限售期时,中国信达于2018年11月底决定将该等股份(原处于托管状态)转让给信达投资。该笔同一控制下的转让于2019年2月底收到证监会的要约豁免批复(证监许可〔2019〕257号),并已于2019年4月完成过户。②

3.3.2 第62(2)条豁免——挽救上市公司严重财务困难

《收购办法》第62条规定的可豁免要约的第二个情形是挽救上市公司严重财务困难——"*上市公司面临严重财务困难,收购人提出的挽救公司的重组方案取得该公司股东大会批准,且收购人承诺3年内不转让其在该公司中所拥有的权益*"。

实务中,适用上述第62(2)条豁免的案例相对较少。从《收购办法》的规定来看,适用第62(2)条豁免,需同时满足三个前提条件:

(1)上市公司面临严重财务困难;

---

① 参见《〈上市公司收购管理办法〉第六十二条及〈上市公司重大资产重组管理办法〉第四十三条有关限制股份转让的适用意见——证券期货法律适用意见第4号》。

② 参见信达地产(600657.SH):《关于国有股权协议转让的提示性公告》,载巨潮资讯网,http://static.cninfo.com.cn/finalpage/2018-11-28/1205634074.PDF;信达地产(600657.SH):《关于信达投资收到中国证监会豁免要约收购义务批复的公告》,载巨潮资讯网,http://static.cninfo.com.cn/finalpage/2019-03-02/1205870005.PDF;信达地产(600657.SH):《关于国有股权协议转让股份过户完成的公告》,载巨潮资讯网,http://static.cninfo.com.cn/finalpage/2019-04-24/1206076477.PDF。

(2)挽救公司的重组方案取得股东大会批准;

(3)收购人承诺3 年内不转让。

就上述三个前提条件来看,实质门槛在于“严重财务困难”的界定。根据证监会于 2022 年 1 月修订的《〈上市公司收购管理办法〉第 62 条有关上市公司严重财务困难的适用意见——证券期货法律适用意见第 7 号》的规定,所谓“严重财务困难”,是指上市公司存在以下情形之一:

“一、最近两年连续亏损;

二、最近一年期末股东权益为负值;

三、最近一年亏损且其主营业务已停顿半年以上;

四、中国证监会认定的其他情形。”

因此,若要按照《收购办法》第 62(2)条的规定适用要约豁免,收购人及其中介机构需要专项确认是否符合相应的门槛要求。比如,在 2015 年 12 月中环国投从宜宾纸业(600793. SH)第一大股东及第二大股东收购合计 53. 83% 的交易中,收购人曾准备按第 62(2)条以挽救上市公司严重财务困难为由向证监会申请要约豁免。该次交易中,上交所曾专门发函关注,“请你公司督促中环国投就此次协议收购是否触及要约收购、是否属于要约收购豁免情形等发表意见,并请律师就此出具法律意见;同时请中环国投据此做好后续相关信息披露义务安排。另请明确说明,此次协议收购如不符合要约收购豁免情形的,是否会对股权转让事项的继续履行造成影响”。对此,收购人的律师结合上市公司当时的财务状况,出具专项意见确认,上市公司符合上述“最近一年亏损且其主营业务已停顿半年以上”,且收购人已承诺 3 年内不转让其所持有的权益。因此,在经过股东大会批准后,可以按照第 62(2)条申请要约豁免。①

另外,除了上市公司财务状况构成证监会界定的“严重财务困难”以及收购人承诺 3 年内不转让以外,按照第 62(2)条豁免还有第三个条件——上市公司股东大会批准挽救上市公司财务困难的重组方案。比如,在上述中环国投收购宜宾纸业(600793. SH)的交易中,还涉及相应的重组方案。但又赶上当时 2016 年修订《重组办法》借壳上市政策收紧等一系列原因,最终交易双方在 2016 年 6 月终止了

① 参见宜宾纸业(600793. SH):《关于上海证券交易所对公司有关股份协议转让事项问询函回复的公告》,载巨潮资讯网,http://static. cninfo. com. cn/finalpage/2015 - 12 - 01/1201799965. PDF;宜宾纸业(600793. SH):《关于股东权益变动涉及要约收购相关事项的提示性公告》,载巨潮资讯网,http://static. cninfo. com. cn/finalpage/2015 - 12 - 04/1201805540. PDF。

相关交易。①

综上来看，适用《收购办法》第62(2)条——挽救上市公司严重财务困难——豁免的门槛相对还是比较高的。该条豁免情形的适用要素可以简要图示如下：(见图3.15)

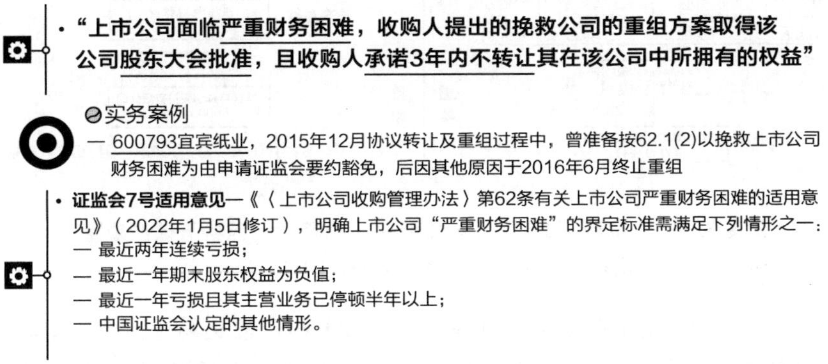

图3.15 第62(2)条豁免——挽救上市公司严重财务困难

3.3.3 第62(3)条/第63(10)条豁免——兜底条款

《收购办法》第62条规定了适用豁免的一个兜底条款——"*中国证监会为适应证券市场发展变化和保护投资者合法权益的需要而认定的其他情形*"。第63(10)条也有同样的兜底条款。

实务中，适用上述第62(3)条或第63(10)条兜底条款豁免的案例相对罕见。2017年7月，锦程沙洲因作为主要投资者参与东北特钢集团破产重整并持有东北特钢集团重整后43%的股权而成为其控股股东，从而间接取得抚顺特钢(600399.SH)38.22%的股份。②该笔因破产重整而间接收购触发要约义务的交易的结构如下：(见图3.16)

① 参见宜宾纸业(600793.SH)：《关于中环国投控股集团有限公司与公司第一大股东、第二大股东解除〈上市公司股份转让协议〉的公告》，载巨潮资讯网，http://static.cninfo.com.cn/finalpage/2016-06-29/1202434838.PDF。

② 参见抚顺特钢(600399.SH)：《收购报告书》，载巨潮资讯网，http://static.cninfo.com.cn/finalpage/2018-01-03/1204298995.PDF。

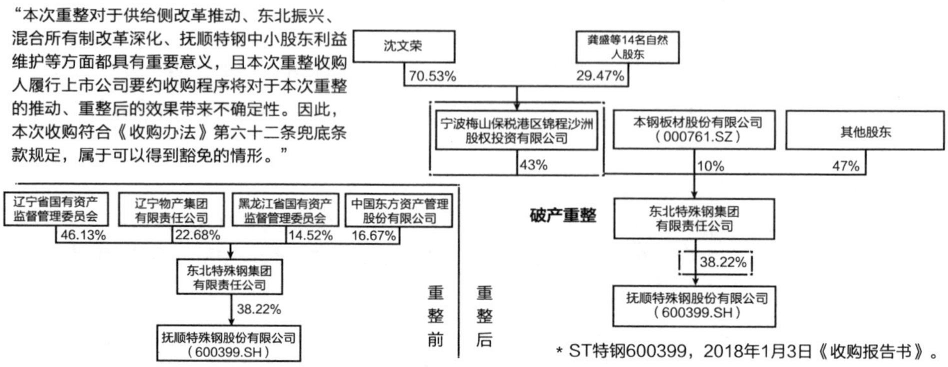

图3.16 ［案例］第62(3)条豁免——锦程沙洲因参与破产重整而间接收购抚顺特钢(600399.SH)

在上述锦程沙洲间接收购抚顺特钢(600399.SH)的交易中，收购人援引了第62(3)条的兜底条款。其财务顾问发表意见认为，"本次重整对于供给侧改革推动、东北振兴、混合所有制改革深化、抚顺特钢中小股东利益维护等方面都具有重要意义，且本次重整收购人履行上市公司要约收购程序将对于本次重整的推动、重整后的效果带来不确定性。因此，本次收购符合《收购办法》第62条兜底条款规定，属于可以得到豁免的情形"。2017年12月，本次交易取得证监会要约豁免批复(证监许可〔2017〕2395号)，核准豁免锦程沙洲的要约收购义务。①

一般而言，可以按照第62(3)条的兜底条款适用要约豁免的，通常都是极为特殊情形。比如上述抚顺特钢的交易涉及破产重整，该等情形往往是比较重大复杂的。另外，需要注意的是，虽然2020年3月修订的《收购办法》第62条、第63条取消了要约豁免的证监会前置程序；但若是适用第62(3)条或第63(10)条的兜底条款——"*中国证监会为适应证券市场发展变化和保护投资者合法权益的需要而认定的其他情形*"，笔者理解，依然要取得证监会的某种形式的确认作为适用本条情形的基础，除非证监会另行发布了规则明确了前述"其他情形"的具体所指。

① 参见抚顺特钢(600399.SH)：《收购报告书之财务顾问核查意见》，载巨潮资讯网，http://static.cninfo.com.cn/finalpage/2018-01-03/1204299092.PDF；抚顺特钢(600399.SH)：《抚顺特殊钢股份有限公司关于宁波梅山保税港区锦程沙洲股权投资有限公司获得豁免要约收购义务批复及控股股东重整进展的公告》，载巨潮资讯网，http://static.cninfo.com.cn/finalpage/2018-01-03/1204299091.PDF。

3.4 《收购办法》第63条项下的要约豁免情形

《收购办法》第63条规定了要约豁免的其他一些情况，主要包含如下：(见图3.17)

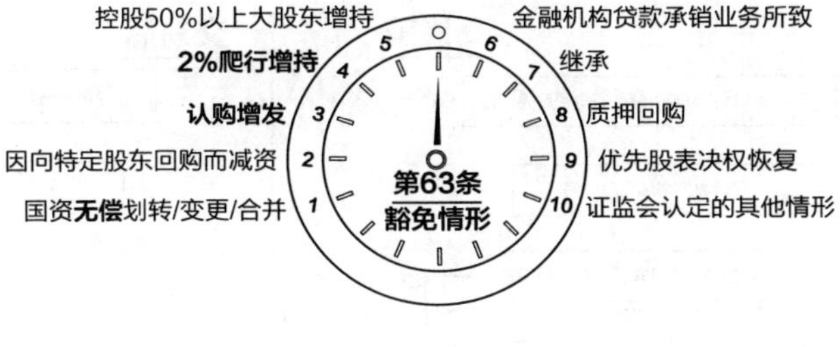

图3.17 《收购办法》第63条的要约豁免情形

对于上述第63条项下前5种情形，下文将逐一分析。而《收购办法》第63条规定的其余几种豁免情形还包括："……*(六)证券公司、银行等金融机构在其经营范围内依法从事承销、贷款等业务导致其持有一个上市公司已发行股份超过30%，没有实际控制该公司的行为或者意图，并且提出在合理期限内向非关联方转让相关股份的解决方案；(七)因继承导致在一个上市公司中拥有权益的股份超过该公司已发行股份的30%；(八)因履行约定购回式证券交易协议购回上市公司股份导致投资者在一个上市公司中拥有权益的股份超过该公司已发行股份的30%，并且能够证明标的股份的表决权在协议期间未发生转移；(九)因所持优先股表决权依法恢复导致投资者在一个上市公司中拥有权益的股份超过该公司已发行股份的30%；(十)中国证监会为适应证券市场发展变化和保护投资者合法权益的需要而认定的其他情形。*"鉴于实务中前述情形出现的频率，本文不再赘述。

3.4.1 第63(1)条豁免——国资无偿划转、变更、合并

根据《收购办法》第63(1)条的规定，可以豁免要约的情形包括国资无偿划转、变更及合并——"*经政府或者国有资产管理部门批准进行国有资产无偿划转、变更、合并*"。

3.4.1.1 第63(1)条豁免——国有股直接划转

按照现行国资监管规则，国资无偿划转必须在政府机构、事业单位、国有独资或国有全资企业之间进行。

一方面，可以直接划转国资主体所持有的上市公司股份。直接划转时，主要适用国资36号令的相关规定，视情况由集团母公司或相应国资委审批。比如，2019年3月，浩物机电及其全资子公司天物汽车、天物国际、新濠汽车合计持有浩物股

份(000757. SZ)共计 32. 71% 的股份,被划转至同一控制下的浩翎汽车。该笔交易于 2019 年 4 月分别取得天津物产集团关于无偿划转的批复(津物企〔2019〕113 号)以及证监会关于要约豁免的批复(证监许可〔2019〕836 号)。[①]本次交易的结构如下图所示:(见图 3. 18)

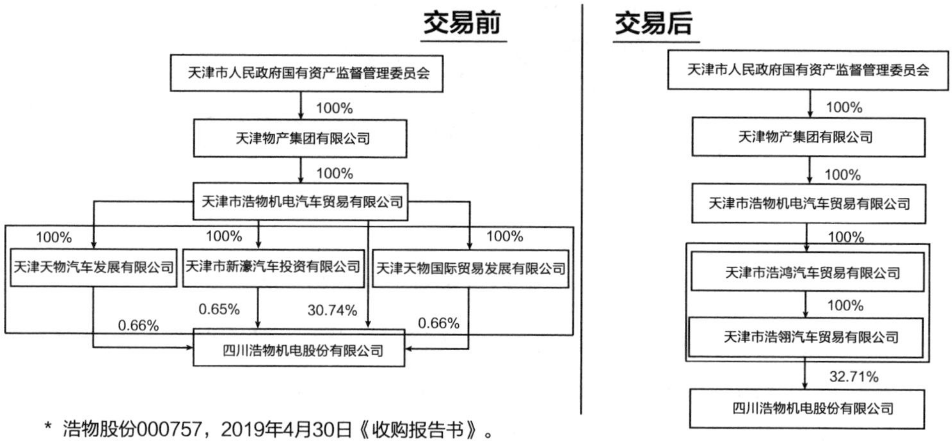

图 3. 18 [案例]第 63(1)条豁免——浩物股份(000757. SZ)的国有股在浩物机电的不同子公司之间无偿划转

3. 4. 1. 2 第 63(1)条豁免——国有股东间接划转

无偿划转也可以发生在间接层面,即国资股东所直接持有的上市公司股份未发生变更,但该国资股东的上层国资股东所持股权被无偿划转。该等间接划转适用的是针对非上市国有企业无偿划转的相关规定,主要包括国务院国资委于 2005 年发布的《企业国有产权无偿划转管理暂行办法》(国资发产权〔2005〕239 号)、《企业国有产权无偿划转工作指引》(国资产权〔2009〕5 号)以及于 2014 年发布的《关于促进企业国有产权流转有关事项的通知》(国资发产权〔2014〕95 号)。

比如,2018 年 10 月,亳州国资委将其持有的古井集团 60% 的股权无偿划转至其下属的国资运营公司。无偿划转后,国资运营公司直接持有古井集团 60% 的股权,并通过古井集团间接控制古井贡酒(000596. SZ)53. 89% 的股份。该笔交易于 2019 年 3 月取得亳州国资委关于无偿划转的批复,并于 2019 年 4 月取得证监会关

① 参见浩物股份(000757. SZ):《收购报告书》,载深圳证券交易所官网 2019 年 4 月 30 日,http://www. szse. cn/disclosure/listed/bulletinDetail/index. html? 71b09e7d - 72ba - 45c5 - 92bb - f21ebac2c4cc。

于要约豁免的批复(证监许可〔2019〕820 号)。①本次交易的结构如下图所示:(见图 3.19)

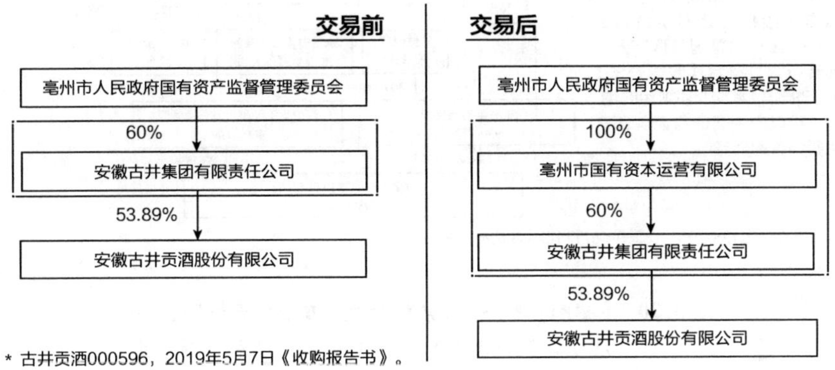

图 3.19 [案例]第 63(1)条豁免——古井贡酒(000596.SZ)控股股东的国有股权无偿划转

3.4.1.3 第 63(1)条豁免的适用前提——划转的"无偿"性

《收购办法》第 63(1)条所指的国资划转必须是"*无偿*"的。

比如,在早期 2009 年浙江省经建投将其持有的江山化工(002061.SZ)(已更名浙江交科)36.43%的股权划转给其母公司浙铁集团的交易中,经浙江省人民政府和国务院国资委批准后,在按照原第 63(1)条报送证监会申请要约豁免时,证监会曾反馈问询,《股权划转协议》显示划转股权价格为 9477 万元,按照第 63(1)条的规定申请要约豁免是否适当。对此,收购人及其律师出具补充核查意见,确认"该 9477 万元是划转股权截至 2006 年 10 月 31 日的账面净资产值,是浙铁集团和省经建投双方调账依据,并未实际作为股权转让对价进行支付……该行为是国有资产无偿划转行为,符合《收购办法》第 63 条第 1 款第 1 项规定的情形,可以向中国证监会申请豁免要约收购义务"。②本次交易于 2009 年 8 月取得证监会要约豁免批复(证监许可〔2009〕709 号)。上述交易结构如下图所示:(见图 3.20)

---

① 参见古井贡酒(000596.SZ):《收购报告书》,载深圳证券交易所官网 2019 年 5 月 7 日,http://www.szse.cn/disclosure/listed/bulletinDetail/index.html? bb946253-440a-4983-bf62-b409f1d84726。

② 江山化工(002061.SZ):《浙江泽大律师事务所关于浙江省铁路投资集团有限公司申请豁免以要约方式收购浙江江山化工股份有限公司股份之补充法律意见书》,载巨潮资讯网,http://static.cninfo.com.cn/finalpage/2009-08-11/55636202.PDF。

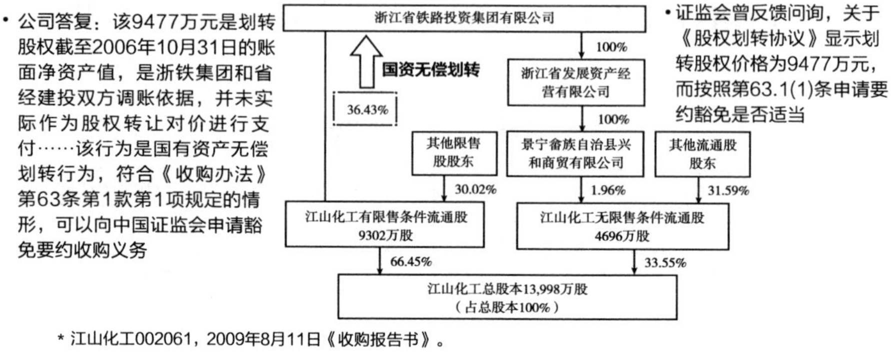

图 3.20　[案例]第 63(1)条豁免之划转的"无偿"性——江山化工(002061.SZ)国有股无偿划入浙铁集团

3.4.1.4　第 63(1)条豁免——国资"变更"

除上述国资无偿划转情形外,《收购办法》第 63(1)条所规定的可豁免情形还包括国资的"*变更*"。该等"变更"通常所指的也是"*无偿*"变更。

实务中,上述国资"变更"一般是由于行政机构管辖或监管权限的调整而导致的。比如,2019 年 1 月,九华旅游(603199.SH)因其大股东九华集团的管理权限由景区管委会划归池州市国资委以及股东之间的表决权委托,导致池州市国资委间接控制了上市公司而触发要约义务。该等交易于 2019 年 3 月取得证监会要约豁免核准(证监许可〔2019〕325 号)。本次交易结构如下图所示:①(见图 3.21)

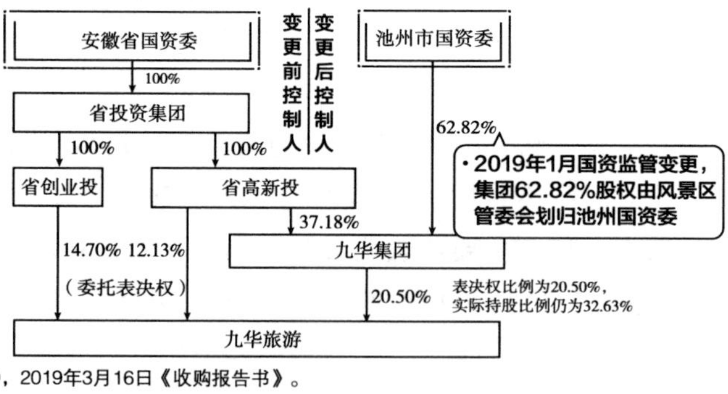

图 3.21　[案例]第 63(1)条豁免——池州国资委因国资监管变更间接控制九华旅游(603199.SH)

① 参见九华旅游(603199.SH):《收购报告书》,载巨潮资讯网,http://static.cninfo.com.cn/finalpage/2019-03-16/1205902125.PDF。

3.4.1.5 第63(1)条豁免——国资"合并"

除上述国资无偿划转及变更情形外,《收购办法》第63(1)条规定的另外一种可豁免情形是国资"*合并*"。

上市公司的现有股东,因其被合并而注销,对于合并后存续或新设的主体而言,也会构成对上市公司的直接或间接收购。该等因股东的合并而进行的交易中也会出现触发要约义务的情况。当然,合并显然不是无偿的,而是合并双方基于一定估值定价基础而按照约定的换股比例进行的有对价合并。尽管如此,对于经国资有权机关批准的合并,也是可以按照第63(1)条适用要约豁免的情形之一。

<u>吸收合并</u>

实务中,吸收合并,即"*一个公司吸收其他公司为吸收合并,被吸收的公司解散*"(《公司法》第172条),属于最常见的合并类型。适用要约豁免的合并案例也基本都是涉及因上市公司股东吸收合并或被吸收合并从而触发要约义务的情形。比如,2017年国家能源集团吸收合并国电集团的交易。本次合并系基于国务院国资委批复(国资发改革〔2017〕146号),由于国电集团被吸收后注销,触发了存续主体国家能源集团针对原国电集团旗下5家上市公司的全面要约义务。以本次合并所涉及的长源电力(000966.SZ)为例,该等合并于2018年3月取得证监会要约豁免核准(证监许可〔2018〕383号)。其交易结构如下图所示:[①](见图3.22)

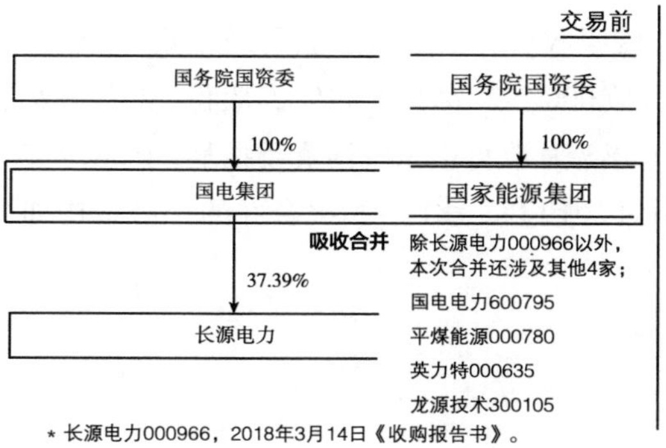

图3.22 [案例]第63(1)条豁免——国家能源集团因吸并国电集团而收购长源电力(000966.SZ)

---

① 参见长源电力(000966.SZ):《收购报告书》,载巨潮资讯网,http://static.cninfo.com.cn/finalpage/2018-03-14/1204472432.PDF。

另外,合并也可能发生在同一集团内部不同的主体之间。比如,2018 年 8 月,中交地产集团吸收合并其全资子公司中住地产(后者为上市公司的控股股东),从而由间接控制变成直接持有中交地产(000736. SZ)53.32% 的股份。吸并后存续主体中交地产集团触发了全面要约义务。该等吸并交易于 2018 年 7 月经中交集团批复(中交战发〔2018〕189 号),并于 2018 年 10 月取得证监会要约豁免核准(证监许可〔2018〕1707 号)。①本次交易的结构如下图所示:(见图 3.23)

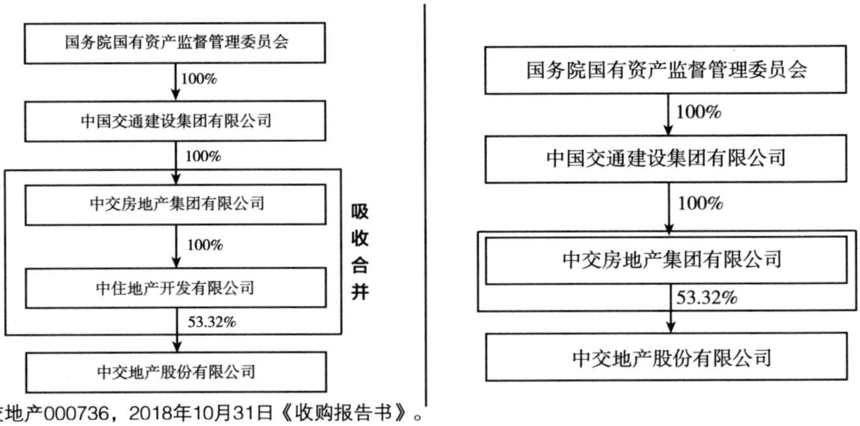

* 中交地产000736，2018年10月31日《收购报告书》。

图 3.23 [案例]第 63(1)条豁免——中交地产集团因吸并子公司中住地产而收购中交地产(000736. SZ)

类似地,2018 年 5 月,华鲁集团因吸收合并其全资子公司新华集团(后者为上市公司大股东)而直接持有新华制药(000756. SZ)32.94% 的股份,从而触发了全面要约义务。本次吸收合并于 2018 年 7 月取得山东省国资委批复,于 2019 年 1 月取得证监会要约豁免批复(证监许可〔2019〕42 号)。②本次合并的交易结构如下图所示:(见图 3.24)

① 参见中交地产(000736. SZ):《收购报告书》,载巨潮资讯网,http://static.cninfo.com.cn/finalpage/2018-10-31/1205561770.PDF。

② 参见新华制药(000756. SZ):《收购报告书》,载巨潮资讯网,http://static.cninfo.com.cn/finalpage/2019-01-15/1205768977.PDF。

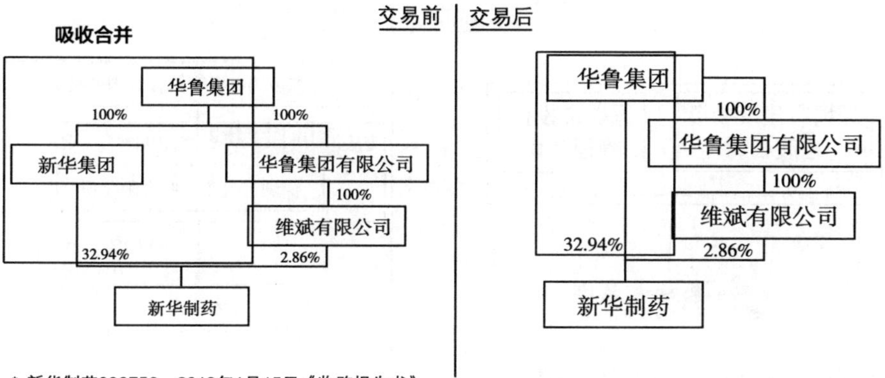

* 新华制药000756，2019年1月15日《收购报告书》。

图3.24 ［案例］第63(1)条豁免——华鲁集团因吸并子公司新华集团而收购新华制药(000756.SZ)

新设合并

另外,要约豁免案例中偶尔也会见到新设合并,即“*两个以上公司合并设立一个新的公司为新设合并,合并各方解散*”(《公司法》第172条)。

该类交易往往是政府或国资部门主导的国有企业之间进行战略整合或布局调整所致。比如,在2018年9月取得证监会要约豁免核准(证监许可〔2018〕1408号)的深投控收购深物业A(000011.SZ)的交易中,便是由于上市公司原股东(被合并方)建设控股以及投管公司新设合并设立深投控所致。根据深圳市政府关于国有资产管理体制调整工作的总体部署,深圳市国资委于2004年9月29日印发深国资委〔2004〕223号文,决定以新设合并的方式成立深投控,本次新设合并中被合并方分别为投管公司、建设控股及商贸投资。鉴于深圳市国资委的新设合并决定及深投控、投管公司、建设控股于2016年6月签署的《企业合并协议补充协议》,深投控依法承继了被合并方的资产及负债,承继资产中包括投管公司及建设控股合计持有的深物业380,378,897股股份,占深物业总股本的63.82%。[①] 该笔交易的结构如下图所示:(见图3.25)

① 参见深物业A(000011.SZ):《收购报告书》,载巨潮资讯网,http://static.cninfo.com.cn/finalpage/2018-09-06/1205385748.PDF。

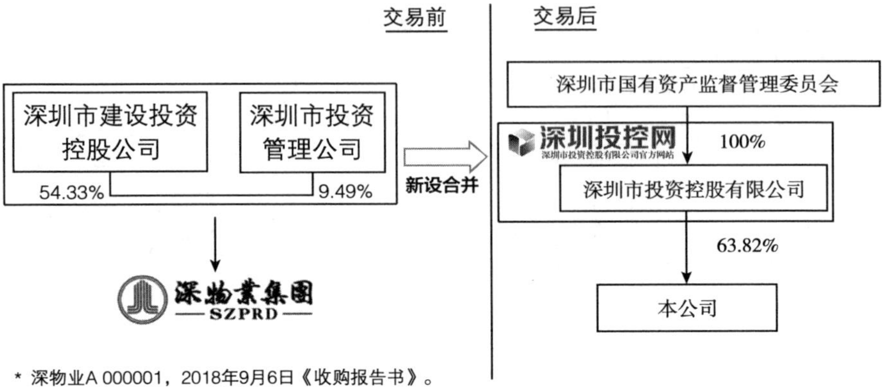

图 3.25 [案例]第 63(1)条豁免——深物业 A(000011.SZ)原两个机构股东新设合并设立深投控(新控股股东)

类似地,国务院 2008 年批复(国函〔2008〕95 号)在中国一航和中国二航全部所属企事业单位基础上组建中国航空工业集团公司时,新组建的中国航空工业集团公司承继了原中国一航合计控制的中航光电(002179.SZ)50.32% 的股份。证监会于 2009 年 7 月核准豁免中航工业因国有资产合并而触发的全面要约义务(证监许可〔2009〕591 号)。①

3.4.1.6 民营企业股东间"合并"适用要约豁免的路径选择

需要注意的是,《收购办法》第 63(1)条豁免情形的适用范围是"*经政府或者国有资产管理部门批准进行国有资产*"的无偿划转、变更、合并。

因此,对于上市公司的民营企业股东之间的合并,可能无法直接援引第 63(1)条豁免。尽管如此,如果属于同一控制下的合并,合并前后未导致上市公司的控制权变更,则可以考虑援引《收购办法》第 62(1)条的豁免情形。

3.4.2 第 63(2)条豁免——因上市公司定向回购被动增持

《收购办法》第 63(2)条规定了另外一种可以豁免要约的情形——"*因上市公司按照股东大会批准的确定价格向特定股东回购股份而减少股本*"。

实务中,上市公司向公众股东回购的案例不少,但向特定股东进行定向回购的案例比较少见。早期,在一些股权分置改革或个别破产重整案例中曾出现过定向回购的情况。近年来,定向回购则主要是由于 ESOP 激励计划项下的限制性股票

---

① 参见中航光电(002179.SZ):《收购报告书》,载巨潮资讯网,http://static.cninfo.com.cn/finalpage/2009-07-14/54464510.PDF。

因业绩考核未达标或员工离职或解锁条件未能满足的其他情形而被定向回购,从而可能导致大股东因被动增持而触发要约义务。

3.4.2.1 股权分置改革时期的定向回购安排

实务中,在一些股权分置改革案例中曾出现过定向回购的交易安排。比如,在2006年2月承德露露(000848.SZ)进行股权分置改革时,采用了定向回购的方案。即定向回购当时的原控股股东露露集团所持有的38.90%全部国家法人股。回购前,万向三农持有26%,为第二大股东;对原控股股东露露集团定向回购并注销所回购股份后,原第二大股东万向三农所持股比例上升至42.55%,触发全面要约义务。收购人万向三农于2006年5月取得证监会的要约豁免批复(证监公司字〔2006〕82号)。①本次定向回购的交易结构如下图所示:(见图3.26)

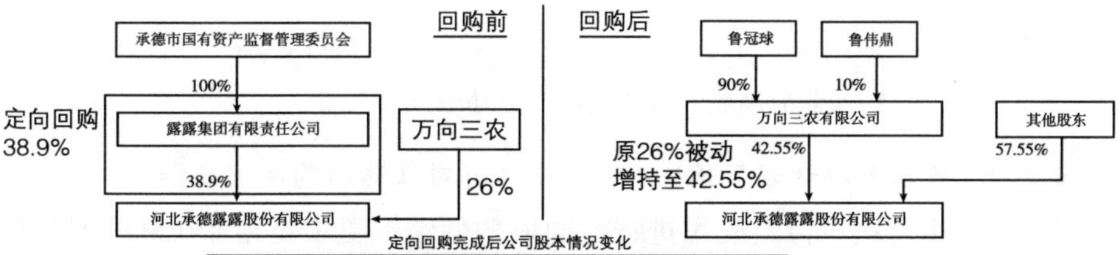

定向回购完成后公司股本情况变化

	走向回购前		定向回购后	
	持股数量(股)	持股比例(%)	持股数量(股)	持股比例(%)
露露集团	121,014,000	38.90	—	—
万向三农	80,886,000	26.00	80,886,000	42.55
公众流通股	109,200,000	35.10	109,200,000	57.45
合计	311,100,000	100.00	190,086,000	100.00

* 承德露露000848,2006年2月18日《定向回购国家股报告书》;2005年年报;2006年年报。

图3.26 [案例]第63(2)条豁免——原二股东万向三农因承德露露(000848.SZ)对原控股股东定向回购而被动增持

类似地,2006年8月,科学城(000975.SZ)进行股权分置改革时,其股改方案中的主要安排便是非流通股股东单向缩股。缩股前,中国银泰持股29.90%(自原控股股东凯德控股处协议受让);缩股后,中国银泰的持股比例被动上升至37.97%,触发全面要约义务。收购人中国银泰于2007年11月取得证监会的要约

① 参见承德露露(000848.SZ):《定向回购国家股报告书(草案)》,载巨潮资讯网,http://static.cninfo.com.cn/finalpage/2006-03-03/16524595.PDF。

豁免批复(证监公司字〔2007〕187 号)。①上述缩股安排的交易结构如下图所示:(见图 3.27)

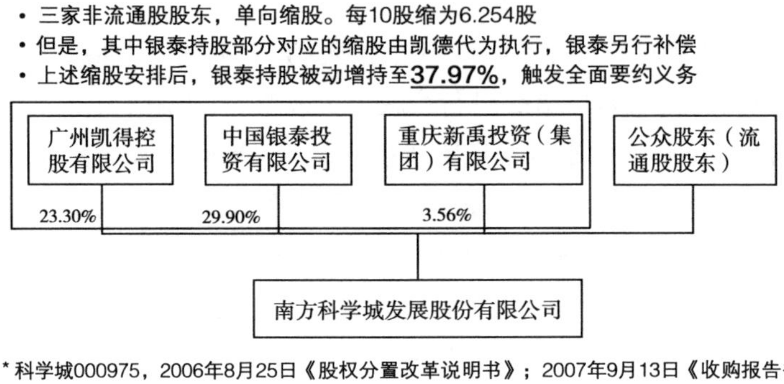

图 3.27 [案例]第 63(2)条豁免——中国银泰因科学城(000975.SZ)对原非流通股东单向缩股而被动增持

3.4.2.2 股权激励计划 ESOP 项下对未达标对象的回购注销安排

近年来,上市公司对特定股东进行定向回购的情形更多是由于 ESOP 股权激励计划项下因考核条件未达到而对已发行授予的限制性股票进行回购注销。

比如,2016 年 6 月,上海家化(600315.SH)的股东大会批准了《关于 2015 年股权激励计划部分限制性股票回购并注销的议案》,回购了尚未解锁的 615,644 股限制性股票,占总股本的 0.0913%。回购前,收购人及其一致行动人家化集团、上海惠盛、太富祥尔以及平安人寿合计持有上海家化 29.9974% 的股份;对激励对象回购限制性股票并注销后,上述股东合计持股比例被动增持至 30.0230%,触发全面要约义务。2016 年 9 月,收购人取得了证监会的要约豁免批复(证监许可〔2016〕2032 号)。②本次回购安排的交易结构如下图所示:(见图 3.28)

---

① 参见科学城(000975.SZ):《股权分置改革说明书》,载巨潮资讯网,http://static.cninfo.com.cn/finalpage/2006-08-25/18119378.PDF;科学城(000975.SZ):《收购报告书》,载巨潮资讯网,http://static.cninfo.com.cn/finalpage/2007-09-13/31586520.PDF;科学城(000975.SZ):《关于中国证监会豁免中国银泰投资有限公司要约收购义务的公告》,载巨潮资讯网,http://static.cninfo.com.cn/finalpage/2007-11-23/35503670.PDF。

② 参见上海家化(600315.SH):《收购报告书》,载巨潮资讯网,http://static.cninfo.com.cn/finalpage/2016-09-15/1202704158.PDF;上海家化(600315.SH):《关于股东获得中国证监会豁免要约收购义务批复暨股东披露收购报告书的公告》,载巨潮资讯网,http://static.cninfo.com.cn/finalpage/2016-09-15/1202704157.PDF。

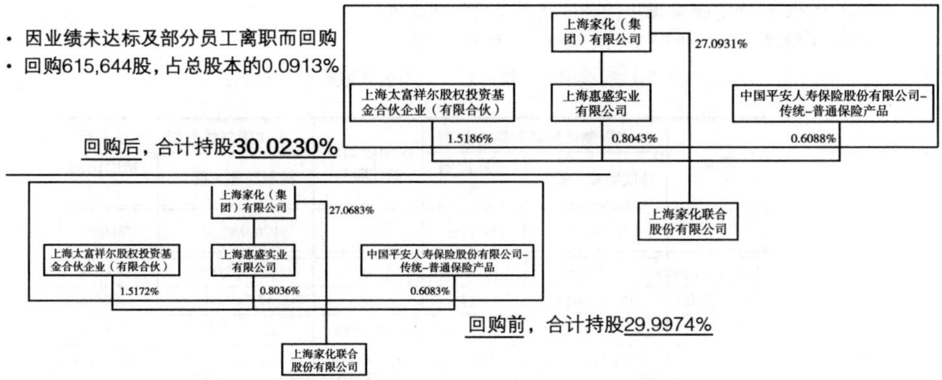

* 上海家化600315，2016年9月15日《收购报告书》。

图 3.28 [案例]第 63(2)条豁免——家化集团因上海家化(600315.SH)对激励对象回购未解锁限制性股票而被动增持

近年来,考虑到经济下行压力较大,上市公司股权激励计划所设定的业绩涨幅等考核指标可能更难满足,从而导致有关限制性股票的解锁条件无法满足。此类情形下,尤其当上市公司大股东持股比例介于 29% ~30% 时,可能会很容易因限制性股票的回购注销而被动触发要约义务。除上述上海家化案例以外,2019 年 4 月,因 2018 年业绩涨幅未能满足激励计划规定的解锁条件,派思股份(603318.SH)对其 2016 年激励计划项下的部分限制性股票(114 万股占总股本的 0.28%)进行回购。回购前,收购人(上市公司大股东水发众兴集团)在上市公司拥有的权益比例为 29.99%;本次限制性股票回购注销后,收购人在上市公司拥有的权益比例被动增持至 30.08%。收购人于 2019 年 6 月 28 日取得证监会要约豁免批复(证监许可〔2019〕1065 号)。[①] 本次回购前后的股权结构变化如下图所示:(见图 3.29)

---

① 参见派思股份(603318.SH):《收购报告书》,载巨潮资讯网,http://static.cninfo.com.cn/finalpage/2019-06-29/1206409115.PDF。

- 因2018年业绩增幅未满足激励计划规定的解锁条件
- 回购未解锁的限制性股票114万股，占总股本的0.28%

本次限制性股票回购注销前后，上市公司股权结构如下：

股东	本次限制性股票回购注销前		本次变动增减（股）	本次限制性股票回购注销后	
	持股数量（股）	持股比例（%）		持股数量（股）	持股比例（%）
水发众兴集团	120,950,353	29.99%	0	120,950,353	30.08%
Energas Ltd	76,500,000	18.97%	0	76,500,000	19.02%
派思投资	57,549,647	14.27%	0	57,549,647	14.31%
其他股东	148,302,277	36.77%	–1,140,000	147,162,277	36.59%
总计	403,302,277	100.00%	–1,140,000	402,162,277	100.00%

* 派思股份603318，2019年6月29日《收购报告书》。

图3.29 [案例]第63(2)条豁免——水发众兴集团因派思股份(603318.SH)对激励对象回购未解锁限制性股票而被动增持

3.4.2.3 股权激励计划ESOP项下因员工离职而回购限制性股票

除了因业绩考核未达标以外，也可能因员工离职导致需要回购注销ESOP激励计划项下的股票。该等定向回购也可能导致大股东被动增持从而触发要约义务需要豁免。比如，2019年6月，美吉姆(002621.SZ)发布公告，因2017年限制性股票激励计划激励对象中的2人办理了辞职手续，公司决定回购注销上述激励对象2017年股权激励计划已获授但尚未解除限售的限制性股票，回购数量合计30,000股。2018年年度股东大会于2019年5审议通过了《关于回购注销部分股权激励限制性股票的议案》。上述股份回购注销之前，控股股东珠海融诚持有29.9999%，限制性股票回购注销完成后，珠海融诚所持股份数量没有变化，但占公司总股本的比例被动增加至30.0026%。由于珠海融诚持股比例被动超过30%，触发要约收购义务。珠海融城计划适用《收购办法》第63(2)条豁免。①本次回购前后的股权结构变化如下图所示：②(见表3.2)

① 参见美吉姆(002621.SZ)：《关于股东拟向中国证监会申请豁免要约收购义务的提示性公告》，载巨潮资讯网，http://static.cninfo.com.cn/finalpage/2019-06-24/1206382412.PDF。

② 参见美吉姆(002621.SZ)：《收购报告书摘要》，载巨潮资讯网，http://static.cninfo.com.cn/finalpage/2019-06-24/1206382413.PDF。

表 3.2 [案例]第 63(2)条豁免——珠海融城因美吉姆(002621.SZ)对离职员工回购限制性股票而被动增持

· 因2名员工离职而回购3万股

股东	本次限制性股票回购注销前		本次变动增减(股)	本次限制性股票回购注销后	
	持股数量(股)	持股比例(%)		持股数量(股)	持股比例(%)
珠海融诚投资中心(有限合伙)	104,278,390	29.9999%	0	104,278,390	30.0026%
俞建模	47,757,891	13.7395%	0	47,757,891	13.7407%
俞洋	19,099,766	5.4948%	0	19,099,766	5.4953%
金秉铎	13,327,030	3.8341%	0	13,327,030	3.8344%
张源	12,400,000	3.5674%	0	12,400,000	3.5677%
其他股东	150,731,923	43.3642%	-30,000	150,701,923	43.3593%
总计	347,595,000	100%	-30,000	347,565,000	100%

* 美吉姆002621，2019年6月24日《收购报告书摘要》。

类似地,青岛中程(300208.SZ)于 2018 年 8 月回购未解锁的 16,050,000 股限制性股票。公司控股股东城投金控原拥有权益(直接持股 + 表决权委托)29.74%,因回购注销而被动增持至 30.37% 从而触发要约义务。根据公司提示公告,城投金控拟按照第 63(2)条的规定向证监会申请要约豁免。①

3.4.2.4 新形势下因“回购”(注销或库存股)被动增持而触发要约而豁免的思考

从上述案例可以看出,对于实行 ESOP 激励计划且大股东持股比例介于 29% ~ 30% 的上市公司而言,由于业绩考核未达标或者员工离职或激励计划所规定的其他原因需要定向回购激励股票时,尽管回购数量很小[如上述美吉姆(002621.SZ)案例中,因 2 位员工离职回购 3 万股],也很可能会导致大股东被动增持导致超过 30% 持股比例而触发要约收购义务。尽管《收购办法》第 63(2)条明确规定了此类交易可以适用要约豁免。但随着类似情况的增多,为避免不必要的交易成本,在设计 ESOP 激励计划相关条款时(尤其针对大股东持股介于 29% ~ 30% 很容易因定向回购限制股票而被动触发要约义务的情况)是否有合适的机制可以避免此种尴尬情形,值得进一步思考和探讨。

值得关注的另一个情形是,在经济下行压力环境下可能发生定向回购的情形还包括:先前因资产注入而取得上市公司所发行新股并提供了业绩对赌的交易对

① 参见青岛中程(300208.SZ):《关于股东拟向中国证监会申请豁免要约收购义务的提示性公告》,载巨潮资讯网,http://static.cninfo.com.cn/finalpage/2019-06-01/1206322568.PDF。

方，后续由于业绩对赌目标未能完成而被注销先前取得对价股票。该等因业绩补偿条款被定向回购股票的情形，也可能会导致上市公司大股东因被动增持而触发要约收购义务。此等情形下，通常可以援引《收购办法》第63(2)条适用要约豁免。

再者，值得一提的是，无论是上述因ESOP安排而回购限制性股票还是因业绩对赌失败而回购交易对方的股票，通常都是在回购后注销的。该等情形符合《收购办法》第63(2)条规定的要约豁免情形，该条明确规定的是因定向回购"*而减少股本*"。那么问题来了，2018年10月《公司法》修改的核心内容是第142条增加"库存股"的相关安排，按照最新修订的《公司法》第142条的规定，上市公司可以基于激励安排、可转债CB转换目的或维护公司价值和股东权益等目的收购自己的股票并持有3年。而按照《公司法》第103条的规定，公司持有的本公司股份不具有表决权。

上述回购新规情形下，一方面，由于公司所持有的库存股不具有表决权，那么在计算要约义务触发的"分母"时是否需要剔除该等库存股？如果剔除，类似上述回购情形，上市公司大股东（尤其持股介于29%～30%）很可能会因被动增持而触发要约义务。另一方面，如果被动触发了要约义务，此情形是否可以适用要约豁免？《收购办法》第63(2)条规定的豁免适用的情形是因定向回购"*而减少股本*"。对于公司持有库存股（不具有表决权）但又不注销时，可能不能直接援引第63(2)条豁免，而第62条、第63条其他条款也没有直接适用于该等情形的豁免情形。笔者认为，从鼓励回购的政策角度考虑，对于上市公司收购自身股份但又并非减资目的而是持有"库存股"（不具有表决权）进而导致大股东被动增持所触发的要约义务，在未来修订《收购办法》时可以考虑将该等情形明确列为可以豁免的情形之一。

最后，一个值得反思的问题是，对于上述因定向回购或回购公众股而导致大股东（尤其是对于介于29%～30%的大股东）被动跨越30%刻度线的，从本质上来看，就被动增持的大股东而言，其并未进行任何主动增持的"收购"行为。此等情形下，要求其编制收购报告书以及判断是否适用可豁免情形，本身似乎缺乏合适的逻辑基础。要约义务的触发本身应是基于"上市公司收购"行为的。因此，对于前述类似被动增持行为，规则角度似乎有必要明确其不属于触发要约义务的"收购"行为。

3.4.3 第63(3)条豁免——认购增发

实务中，《收购办法》第63(3)条[原《收购办法》第63.2(1)条]——因认购增发导致持股超过30%，属于较为常见的豁免情形。该等增发新股主要包括如下交易方式：

◎认购非公开发行；

◎发行股份购买资产；

◎参与配套融资；

◎参与配股；

◎认购公开发行。

无论上述哪种增发方式，在因增发而触发了要约义务的情况下，若要适用第63(3)条所规定的豁免情形，都需同时满足如下三个条件：(见图3.30)

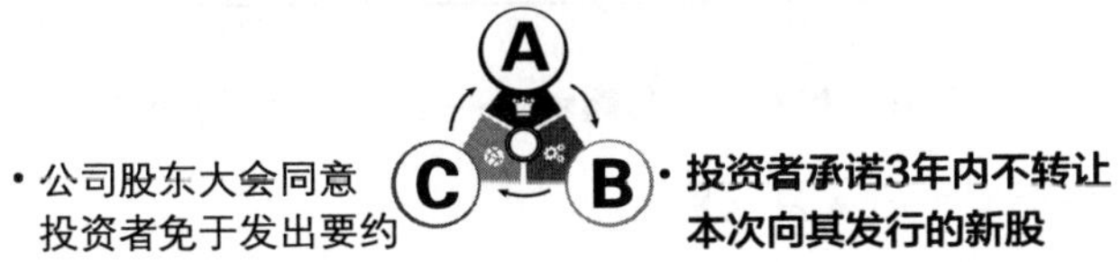

图3.30 第63(3)条豁免——认购增发

从近几年的控制权交易来看，通过认购增发而适用要约豁免的案例有显著增加。这是因为，按《收购办法》第62条的规定，若控制权发生了变更通常是不符合要约豁免情形的；然而，如果导致跨越30%要约线的交易是认购增发而非协议转让或间接收购等其他交易方式，按照《收购办法》第63条的规定则属于可豁免要约的情形。这也导致近来控制权交易架构设计中不少案例都包含了认购定增的环节。这方面的更多分析详见第10章。

另外，需要注意的是，在沪深交易所于2018年4月发布的《上市公司收购及股份权益变动信息披露业务指引(征求意见稿)》(上交所第18条、深交所第33条)中曾明确，自上市公司股东大会审议通过相关投资者免于发出要约的议案起，至投资者所认购的新股登记到账的期间内，如果投资者拥有上市公司权益的股份比例增加的，上市公司股东大会应再次审议通过相关投资者免于发出要约的议案。

3.4.4 第63(4)条豁免——年度2%爬行增持

所谓爬行增持(creeper)，即对于持股30%以上的大股东在规定额度范围内的增持，可以豁免要约而直接操作。该等机制有明显的政策导向——鼓励大股东增持以巩固控制权。具体而言，《收购办法》第63条第1款第4项规定的要约豁免情形之一便是“*在一个上市公司中拥有权益的股份达到或者超过该公司已发行股份的30%的，自上述事实发生之日起一年后，每12个月内增持不超过该公司已发行的2%的股份*”。

根据上述规则,爬行增持的条件要求可简要图示如下:(见图 3.31)

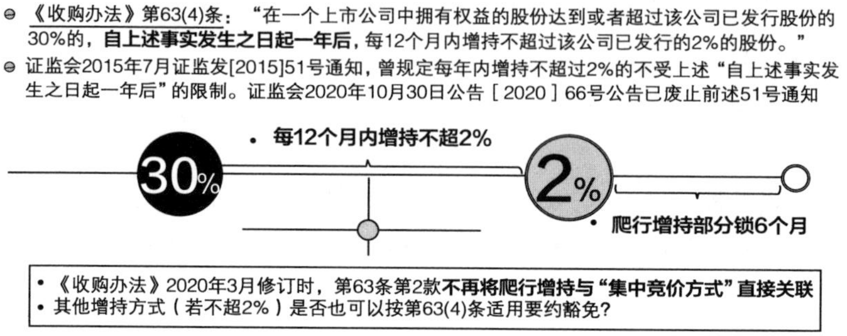

图 3.31　第 63(4)条豁免——年度 2%爬行增持

3.4.4.1　爬行增持的适用范围

根据《收购办法》第 63 条第 1 款第 4 项的规定,可以享受爬行增持待遇的是持股 30% 以上的现有大股东——“*在一个上市公司中拥有权益的股份达到或者超过该公司已发行股份的30% 的*”。也就是说,对于一个新的收购人或持股低于 30% 以下的股东,是不适用 2% 额度爬行增持可豁免要约的规则的。比如,一个收购人通过协议转让的方式收购了 35% 的股份,那么在本次协议转让交易中该收购人无法直接援引第 63 条第 1 款第 4 项的爬行增持豁免,而需要发出全面要约;其后,在本次协议转让交易交割完成后,该收购人作为已持有 35% 的现有股东则可以享受爬行增持的待遇了。

再如,一个持股 29% 的现有股东也无法直接一次性增持 2% ,而是需要先增持至 30% 整数点并披露权益变动报告书;然后,在等待公告后的 3 个交易日的敏感期届满(T + N + 3 规则)之后,再继续增持时便可以作为持股 30% 的现有股东享受爬行增持政策。另外,对于持股 28% 或更低比例的股东而言,其实也无所谓爬行增持政策,因为该等股东的增持行为无论是 1% 还是 2% 或 3% ,只要结果未导致累计持股超过 30% ,就均未触发强制要约义务,即无所谓要约的豁免了,爬行增持的政策优势(可豁免要约)也就无用武之地了。对于该等区间内的增持行为,只需要按照相应的信息披露规则每变动幅度达到 1% 或 5% 进行相应的信息披露即可。

3.4.4.2　爬行增持的时间间隔

根据《收购办法》第 63 条第 1 款第 4 项的规定,持股 30% 以上的现有大股东享受爬行增持时间节点是“*自上述事实发生*(持股达到或超过 30%)*之日起一年后*”。对于该等 1 年期的等待期要求,证监会于 2015 年 7 月发布的《关于上市公司大股东及董事、监事、高级管理人员增持本公司股票相关事项的通知》(证监发〔2015〕51号)曾予以取消:“*在一个上市公司中拥有权益的股份达到或超过该公司已发行股份的30%的,每12个月内增持不超过该公司已发行的2%的股份,不受《上市公司收购管理办法》第六十三条第二款第(二)项‘自上述事实发生之日起一年后’的限制。*”其政策背景是:作为当时的救市措施之一,鼓励上市公司大股东等主体通过积极增持方式稳定股价,以维护资本市场稳定。为此,取消了爬行增持的前述1年期间隔要求。

但是,证监会在2020年10月发布的〔2020〕66号公告中已明确废止了前述证监发〔2015〕51号文。因此,《收购办法》第63条第1款第4项的1年间隔期要求恢复执行。

3.4.4.3 爬行增持的额度限制

爬行增持的要约豁免政策是基于一定的额度限制——“*每12个月内增持不超过该公司已发行的2%的股份*”。也就是说,如果12个月期间内的增持已经达到了2%的额度上限,如某12个月期间内的第一个月就增持了2%,则该12个月周期内的剩余期限无法继续增持(若继续增持则触发强制要约义务需要发出全面要约),而需要等到下一个12个月周期开启才有新的增持额度。

以持续多年的新华百货(600875.SH)的控制权争夺战为例。上市公司原控股股东及收购方除了二级市场争夺筹码以及发起要约收购以外,均多次运用了年度2%的爬行增持制度,而每次爬行增持的运用均需要考虑前述每12个月不得超过2%的额度限制因素。该争夺战所涉及的爬行增持可简要图示如下:(见图3.32)

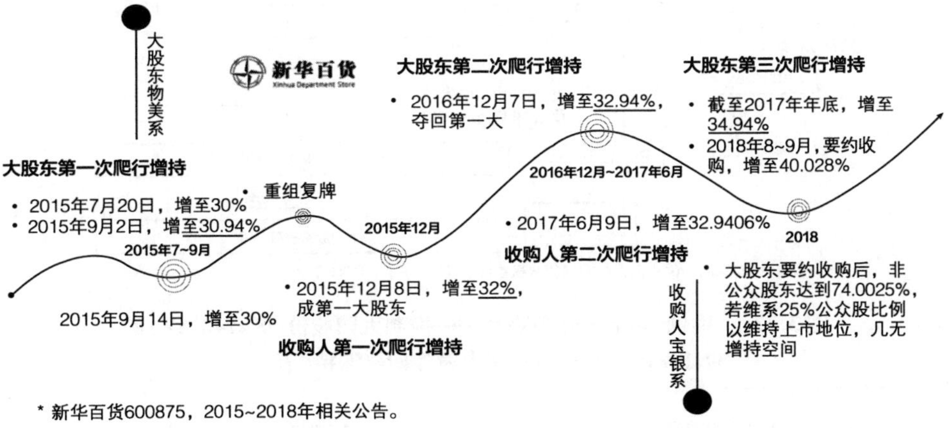

图3.32 [案例]年度2%爬行增持——新华百货(600875.SH)控制权争夺

3.4.4.4 爬行增持的交易方式

通常理解,所谓爬行增持是指通过二级市场(竞价或大宗)进行的增持行为。但是,《收购办法》第63条或其他条款并未明确将爬行增持限定于二级市场增持方式。尤其是,对比原规则,《收购办法》在2020年3月修改时,其第63条第2款已不再将爬行增持与“集中竞价方式”直接关联。比如,在同兴达(002845.SZ)于2020年进行的定增案例中(见下文3.5.3),便援引了爬行增持的豁免条款。综上所述,笔者理解,《收购办法》第63条的爬行增持规则不仅限于二级市场交易。

3.4.4.5 爬行增持所取得股份的锁定期

《收购办法》第63条第2款明确规定:“*前款第(四)项规定的增持不超过2%的股份锁定期为增持行为完成之日起6个月。*”

3.4.5 第63(5)条豁免——大股东巩固控制权

根据《收购办法》第63(5)条的规定,持股50%以上控股股东的后续增持,无论增持幅度多大,都可以获得豁免,但前提是不能影响上市地位,即不能导致公众股股东低于25%或10%(总股本4亿股以上)。

比如,九阳股份(002242.SZ)的实际控制人(原控制50.1%)因境外交易而间接增持16.93%。该等增持适用了第63(5)条[原《收购办法》第63.2(3)条]的豁免情形。①本次交易的结构如下图所示:(见图3.33)

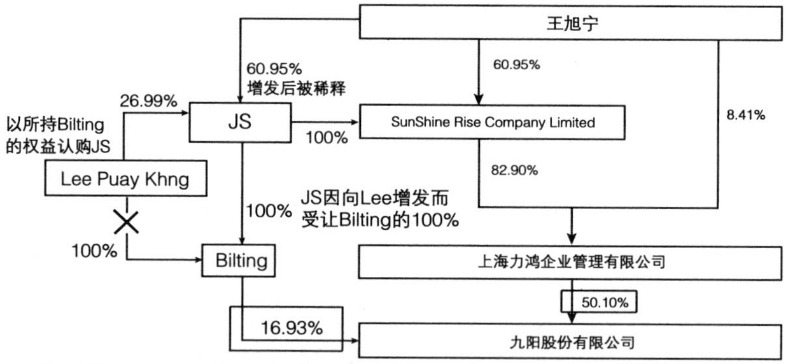

* 九阳股份002242,2019年4月16日《简式权益变动报告书》;2018年年报。

图3.33 [案例]第63(5)条豁免——控制九阳股份(002242.SZ)的50.1%权益的实际控制人境外间接增持

---

① 参见九阳股份(002242.SZ):《简式权益变动报告书》,载巨潮资讯网,http://static.cninfo.com.cn/finalpage/2019-04-16/1206021894.PDF;九阳股份(002242.SZ):《关于王旭宁及其一致行动人免于提交豁免要约收购申请之法律意见书》,载巨潮资讯网,http://static.cninfo.com.cn/finalpage/2019-04-16/1206021892.PDF。

需要注意的是，对于上述第63(5)条——控股50%以上大股东增持，若增持方式采用二级市场集中竞价的，根据第63条第2款的规定，该等大股东“*每累计增持股份比例达到上市公司已发行股份的2%的，在事实发生当日和上市公司发布相关股东增持公司股份进展公告的当日不得再行增持股份*”。

3.5 通过交易结构设计而取得要约豁免资格

3.5.1 协议转让+无偿划转

实务中，交易结构的设计对于能否符合取得要约豁免资格可能会至关重要。尤其是在一些控制权交易中，如果采用直接协议转让或间接收购，由于控制权变更，往往是不符合《收购办法》第62条的要约豁免情形的。此时，可以根据项目具体情况进一步探讨是否还有其他选项。

比如，国电集团2008年间接收购平庄能源(000780.SZ)时，2008年2月签署原转让协议，约定赤峰市经委向国电集团转让51%的平煤集团的股权，从而国电集团控股平煤集团并由此间接控制集团所持平庄能源61.42%的股份。后来，国电集团向证监会报送要约豁免申请材料，但因不符合要约豁免条件(控制权变更)而未获受理。其后，交易双方协商，于2008年4月重新签署转让协议，平煤集团股权转让的比例由51%调减为48%。同时，作为“一揽子”交易，赤峰市经委计划向国电集团无偿划转前者所持有的平煤集团的3%的股权。2008年5月，双方签署3%股权的无偿划转协议，并且于2008年6月取得国务院国资委关于无偿划转的批复(国资产权〔2008〕514号)。最终，2008年7月，证监会基于国有股权无偿划转的基础而批复了收购人的要约豁免申请(证监许可〔2008〕848号)。①

上述交易的结构如下图所示：(见图3.34)

---

① 参见平庄能源(000780.SZ)：《关于控股股东平煤集团股权转让进展情况的公告》(公告编号：2008-016)，载巨潮资讯网，http://static.cninfo.com.cn/finalpage/2008-05-17/39805635.PDF；平庄能源(000780.SZ)：《收购报告书》，载巨潮资讯网，http://static.cninfo.com.cn/finalpage/2008-07-03/40963309.PDF。

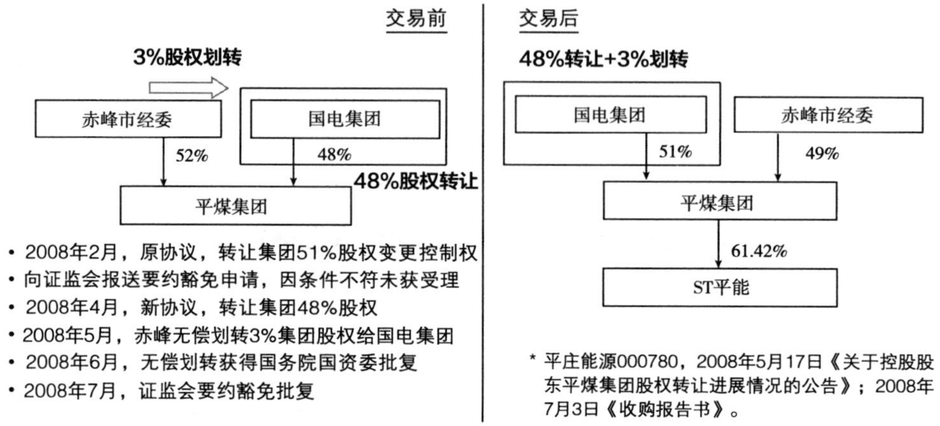

图 3.34 [案例]国电集团间接收购平庄能源(000780.SZ)——因交易架构调整而获得要约豁免

由上述交易过程架构调整可以清楚看出,原来直接转让 51% 股权由于导致控制权变更并不符合《收购办法》第 62 条的要约豁免条件。但经过调整,股权转让比例调整为 48% 。同时,通过其他交易方式——国资无偿划转,将另外 3% 划转给收购人。如此一来,在仍然执行原 51% 的股权转让(48% 协议转让 + 3% 无偿划转)的同样目标的情况下,通过架构调整,可以转而援引《收购办法》第 63 条项下关于国资无偿划转的豁免情形,避免向全体股东发出要约收购。这个交易架构的调整过程有一定的启发价值。

类似地,在 2018 年 7 月海淀国投间接收购三聚环保(300072.SZ)的交易中,也是采用了股权转让 + 国资划转同步进行的交易架构安排。海淀国投作为上市公司三聚环保的控股股东海淀科技发展的大股东,原持有海淀科技发展 40% 的股权;其后,通过从海淀科技发展二股东、三股东分别受让部分股权,海淀国投将所持海淀科技发展股权增持至 49% 。2018 年 7 月,海淀科技发展四股东金种子将其所持 2% 股权全部无偿划转给海淀国投。由此,海淀国投持有海淀科技发展 51% 的股权,成为其控股股东,从而间接控制了后者所持有的上市公司 28.72% 的股份。再加上其所直接持有的上市公司 5.24% 的股份,海淀国投取得了三聚环保的控制权(合计 33.96%)并触发了要约收购义务。2018 年 8 月,收购人基于国资无偿划转

取得了证监会的要约豁免批复(证监许可〔2018〕1302 号)。[①]本次交易的结构如下图所示:(见图 3.35)

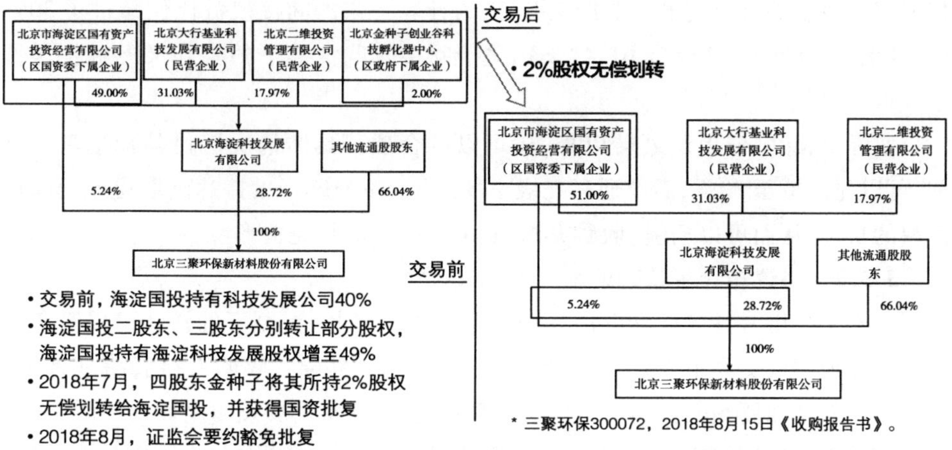

图 3.35 [案例]海淀国投间接收购三聚环保(300072. SZ)——因协议转让+无偿划转而获得要约豁免

笔者理解,类似于平庄能源交易中的架构调整安排,上述三聚环保的交易架构设计中应该也是考虑了后续要约豁免的可行性因素。当然,能否通过调整达到预期效果以及如何进行调整,或者在交易架构设计阶段如何通盘考虑,以便在合规的前提下达到多项交易目标和诉求,这些都需要结合项目具体情况综合思考。比如,在上述交易结构设计中,其之所以可以借助无偿划转这种交易方式,大前提首先是双方都是国有独资或国有全资从而能够符合无偿划转的条件要求,并且该等划转可以取得国资批复。

另外值得一提的是,究竟多少比例通过协议转让、多少比例通过无偿划转处置,除商业因素考虑义务,还需要特别注意合规因素,尤其是调整后的协议转让/间接收购比例应避免触发要约义务。比如,在上述平庄能源(000780. SZ)的交易结构调整过程中,调减后,国电集团不再因该等股权转让项下的间接收购而触发要约

---

① 参见三聚环保(300072. SZ):《关于控股股东、实际控制人拟变更的进展公告》(公告编号:2018-073),载巨潮资讯网,http://static.cninfo.com.cn/finalpage/2018-07-09/1205136353.PDF;三聚环保(300072. SZ):《关于北京市海淀区国有资产投资经营有限公司收到中国证券监督管理委员会核准豁免要约收购义务批复的公告》(公告编号:2018-080),载巨潮资讯网,http://static.cninfo.com.cn/finalpage/2018-08-15/1205289183.PDF;三聚环保(300072. SZ):《收购报告书》,载巨潮资讯网,http://static.cninfo.com.cn/finalpage/2018-08-15/1205289179.PDF。

收购义务,因为其间接持有的上市公司权益比例低于30%(权益为29.48% =48% ×61.42%);假如,当时的股权转让比例调减为49%而不是48%,则虽然没变更控制权但审慎角度仍有可能触发要约义务,因为计算下来的间接权益比例超过了30%(权益为30.096% =49% ×61.42%)。关于间接收购情形下的要约义务触发详见第2章。

实际上,除国资无偿划转以外,还可以结合项目具体情况探讨其他选项。比如,可以先增持至30%,后续通过二级市场每年2%的爬行增持达到取得或巩固控制权的目标,从而可以援引《收购办法》第63(4)条的豁免情形。

3.5.2 协议转让 + 认购增发

如上文分析,根据《收购办法》第62条的规定,同一控制下的转让可以豁免要约。而在控制权交易中,由于涉及控制权变更,若交易导致收购人持股超过30%,则由于触发全面要约义务而又不属于可豁免情形,通常需要发出全面要约。

而对于因控制权交易而发出全面要约,按照要约收购的定价原则(详见第4章),要约价格不能低于收购人前6个月内收购同一家上市公司的最高价格(包括触发该等要约义务的协议转让的价格)。因此,如果协议转让的价格相较于交易阶段的二级市场价格有一定的溢价,则要约收购价格因不能低于协议转让价格也将有相应的溢价,从而在要约过程中完全有可能有其他股东愿意预受要约,最终导致收购人需要支付不可控的额外收购成本。

那么,对于超过30%的控制权交易,收购人是否只能选择发出全面要约呢?近期的市场出现了一些新的变化,值得思考借鉴。即采用向控股股东收购老股(控制在30%以下) + 认购上市公司定向发行新股的组合方式。一方面,老股的协议转让控制在30%以下,没有触发要约;另一方面,通过认购增发超越30%刻度线。而根据《收购办法》第63(3)条的规定,认购增发属于可豁免要约的情形之一,只要股东大会批准而且认购人承诺锁定3年。如此一来,既能达到同样的控制权交易目的,又无须发出全面要约,还可以向上市公司注入增量资金。

比如,在ST罗普(002333.SZ)于2020年进行的控制权交易中,收购人苏州中恒于2020年4月同其控股股东前述转让协议,以8元/股价格受让29.84%。该等老股转让于2020年5月完成过户。同时,上市公司2020年4月发布非公开发行预案,本次定增的唯一对象就是前述协议转让的收购人苏州中恒。发行完成后,苏州中恒将合计持有45.97%。2020年5月29日,上市公司股东大会批准了前述定增项下认购对象的要约豁免。①本次交易的结构如图3.36所示：

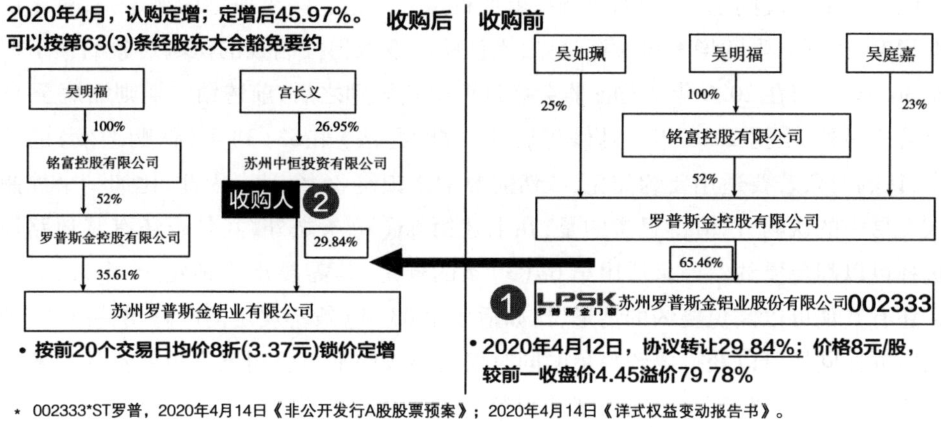

图3.36 [案例]苏州中恒收购ST罗普(002333.SZ)——协议转让+认购增发豁免要约

当然，上述组合拳结合的前提是定增部分符合上市公司增发再融资的相应条件，且需要取得证监会针对定增的批准或注册。而单纯的协议转让或协议转让+全面要约则不涉及证监会的审核程序，主要是交易所的合规审核。

3.5.3 认购增发是否适用爬行增持豁免

关于要约豁免，另一个值得思考的是：在有多种豁免情形可以适用的情况下，如何选择具体的豁免事由。根据证监会法律适用意见第8号的规定，如果出现情形竞合——某一交易同时符合第62条的情形以及第63条的情形，收购人可根据实际情况自行选择其中一条作为豁免的依据。②尽管前述规定已在2020年10月被证监会〔2020〕66号公告废止，实务中，如果同时有多个选项可用于豁免，不同的路径可能会有不同的影响，仍然值得综合考虑判断。

---

① 参见ST罗普(002333.SZ)：《2020年第二次临时股东大会决议公告》，载巨潮资讯网，http://static.cninfo.com.cn/finalpage/2020-06-01/1207878244.PDF；ST罗普(002333.SZ)：《关于控股股东协议转让股份过户完成的公告》，载巨潮资讯网，http://static.cninfo.com.cn/finalpage/2020-05-16/1207817290.PDF；ST罗普(002333.SZ)：《非公开发行A股股票预案》，载巨潮资讯网，http://static.cninfo.com.cn/finalpage/2020-04-14/1207490580.PDF；ST罗普(002333.SZ)：《关于控股股东协议转让部分股份暨权益变动的提示性公告》，载巨潮资讯网，http://static.cninfo.com.cn/finalpage/2020-04-14/1207490577.PDF。

② 参见《〈上市公司收购管理办法〉第六十二条、第六十三条有关要约豁免申请的条款发生竞合时的适用意见——证券期货法律适用意见第8号》。

如果不同选择的效果没有差异,则无须多论。但是,如果不同的选择可能会有不同的效果或规则适用,则如何选择就值得深入考虑。一个典型的例子是,对于认购增发,根据原先的增发再融资规则,因认购增发取得控制权的认购对象的锁定期是36个月;而在2020年2月证监会修订再融资规则之后,前述锁定期则缩短至18个月。另外,根据2020年3月修订后的《收购办法》第63(3)条(认购增发)的规定,认购对象若要适用要约豁免,依然需要承诺锁定36个月。因此,比如一个控制权交易中的认购方,值得思考的是,在上述第63(3)条之外,其是否还有其他路径选择可以豁免要约?如果适用第63(3)条的规定,其需要承诺锁定36个月;而如果还有其他可以豁免要约的情形,比如适用第63(4)条所规定的爬行增持条款,则认购方在同样可以获得要约豁免的同时仅需要按照上市公司增发再融资的一般规则锁定18个月即可,而无须为了获得豁免额外承诺锁定36个月。前述不同的锁定期规则适用可以简要图示如下:(见图3.37)

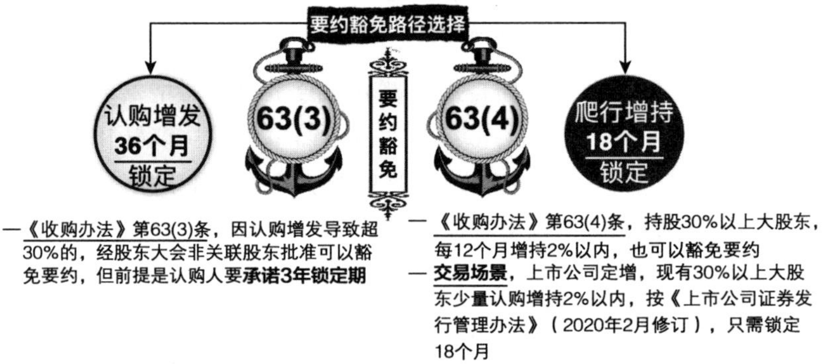

图3.37 不同要约豁免路径下的锁定期规则——认购增发 vs. 爬行增持

上述思考实际上也是受市场案例的启发。比如,在同兴达(002845.SZ)于2020年进行的定增案中,公司本次非公开发行前,万锋、李锋为夫妻关系,直接及间接合计拥有权益的公司股份总数比例为30.6764%。万锋承诺不参与竞价过程且接受最终确定的发行价格,将以现金方式按照与其他认购对象相同的认购价格认购且认购总金额不低于5000万元但不超过40,000万元(均含本数)。由于最终认购数量尚不确定,故在所认购股票应适用的锁定期上,划分了未超过2%锁18个月与超过2%锁36个月两种情形:

"(1)本次非公开发行结束之日,如万锋在认购完成后的股份比例较本次认购之前,增持幅度不超过2%,基于万锋、李锋夫妇合计拥有权益的股份数比例超

30%这一事实发生后，最近12个月内其未增持股份的事实。即万锋本次认购属于《上市公司收购管理办法》第六十三条第二款'在一个上市公司中拥有权益的股份达到或者超过该公司已发行股份的30%的，自上述事实发生之日起一年后，每12个月内增持不超过该公司已发行的2% 的股份'规定的情形的，则万锋根据中国证监会于2020年2月14日公布的修订后的《上市公司证券发行管理办法》《上市公司非公开发行股票实施细则》等相关规定，承诺其通过本次非公开发行认购的股份自发行结束之日起十八个月内不得转让或上市流通。

(2)反之，本次非公开发行结束之日，根据万锋的最终实际认购情况，如万锋在认购完成后的持有股份比例较本次认购之前，增持幅度超过2%，则万锋承诺，其通过本次非公开发行认购的股份自发行结束之日起三十六个月内不得转让或上市流通。"①

上述定增方案的交易结构可以图示如下：(见图3.38)

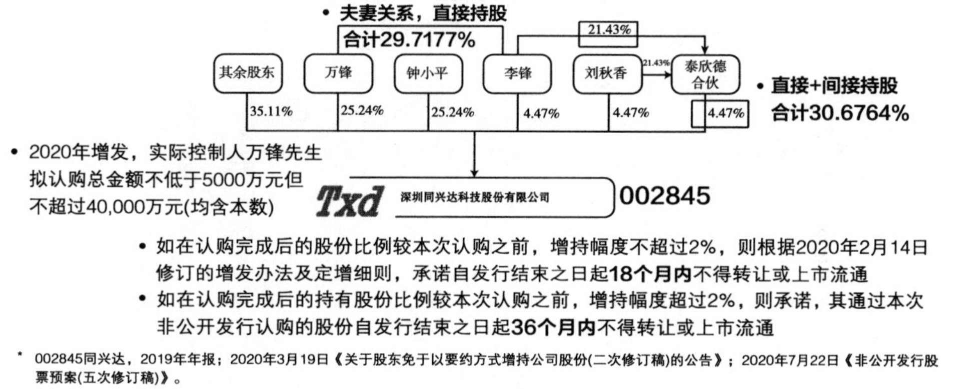

图3.38 [案例]同兴达(002845.SZ)——不同要约豁免路径下的锁定期规则适用

如上文提及，爬行增持规则并非仅仅限于二级市场增持，其他增持方式(如认购定增)也可以适用。由此，诚如上述同兴达(002845.SZ)定增方案中的启发，在

---

① 参见同兴达(002845.SZ)：《关于股东免于以要约方式增持公司股份(二次修订稿)的公告(更新后)》，载深圳证券交易所官网2020年3月18日，http://www.szse.cn/disclosure/listed/bulletinDetail/index.html? fdb3c17a-32ba-4343-b00b-24b625d2edbe；同兴达(002845.SZ)：《非公开发行预案(五次修订稿)》，载深圳证券交易所官网2020年7月22日，http://www.szse.cn/disclosure/listed/bulletinDetail/index.html? 54eea4b8-5e4c-4c4f-905f-6d3626cf20da。

收购人所认购定增不超过2%股比的情形下,究竟是援引第63(3)条定增规则(为取得豁免需要承诺锁定36个月)还是第63(4)条爬行增持规则(适用定增的一般规则锁定18个),是一个值得慎重判断的事项。(见图3.39)

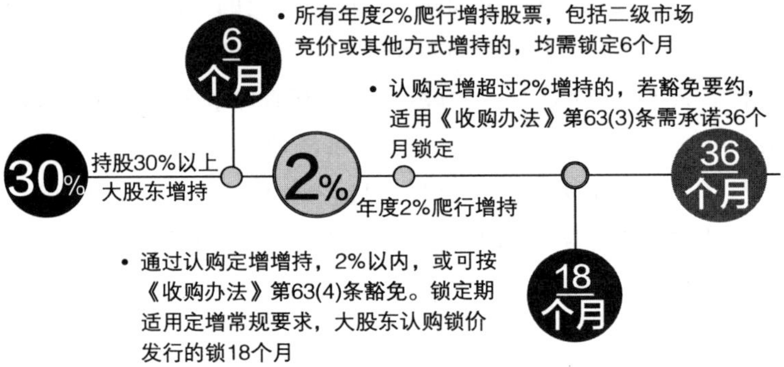

图3.39　不同要约豁免路径下的锁定期规则适用

第 4 章

要约收购——部分要约与全面要约

4.1 要约收购的监管框架

根据《证券法》第 62 条的规定，“*投资者可以采取要约收购、协议收购及其他合法方式收购上市公司*”。根据《证券法》第 65 条第 1 款的规定，所谓“要约收购”，是指“*向该上市公司所有股东发出收购上市公司全部或者部分股份的要约*”。

要约收购是收购上市公司的一种重要方式。收购人可以不通过协议转让、间接收购或其他收购方式，而是选择直接发出自愿要约进行收购。而对于拟控制上市公司超过 30% 权益的收购人来讲，在不符合要约豁免情形（详见第 3 章）的情况下，则应当向上市公司全体股东发出全面要约。

就 A 股上市公司的要约收购而言，自 2002 年年底确立要约收购制度并于 2003 年发生首例要约收购——南钢股份（600282. SH）以来，其监管主要经历了两个重要里程碑：一是 2005 年 10 月修订《证券法》以及 2006 年 9 月正式实施的新版《收购办法》，确立了“部分要约”制度；二是 2014 年 8 月修订《证券法》以及 2014 年 10 月修订《收购办法》（自 2014 年 11 月 23 日起实施），取消了证监会的前置审批，要约收购不再要求取得证监会的无异议函确认。

要约收购监管政策的演变历程可以简要图示如下：（见图 4.1）

图 4.1　要约收购的监管政策演变

就其现行监管框架来看，要约收购的相关监管要求及程序主要体现在《收购办法》"第三章 要约收购"（第 23 ~46 条）。在现行规则框架下，针对上市公司要约收购的监管规则主要涉及如下几项：（见图 4.2）

- **《证券法》第四章**，2019年12月最新修订，2020年3月1日生效
- **《上市公司收购管理办法》第三章**，2020年3月修订，证监会令第166号
- **证监会格式准则**
  - 一 第17号—要约收购报告书，2022年1月修订
  - 一 第18号—被收购公司董事会报告书，2020年3月修订
  - 一 第55号—北交所要约收购报告书、被收购公司董事会报告书等，2021年11月15日施行
- **深圳市场业务指引**
  - 一上市公司要约收购业务指引（2016年修订），2016年2月
  - 一主板业务办理指南第10号—要约收购，2020年6月
  - 一创业板业务办理指南第7号—要约收购，2020年6月
  - 一上市公司要约收购业务指南，中登深圳2020年7月
- **北京市场业务指引**
  - 一持续监管指引第5号—要约收购，2021年11月15日施行
  - 一要约收购登记结算业务指南，中登北京2021年11月修订

图 4.2　要约收购的监管框架

值得一提的是，自 2021 年 11 月北交所正式开市之后，北交所的上市公司（第一批由原新三板精选层整体平移，后续由新三板挂牌满一年的创新层公司申请转入北交所上市）也将强制执行《证券法》及《收购办法》项下的要约收购制度，包括全面要约制度。这将明显不同于之前新三板公司的要求—不强制执行要约收购制度而是由公司章程自行约定是否以及如何执行要约收购制度。自此，京沪深三地交易所的上市公司都将执行要约收购制度。（见图 4.3）

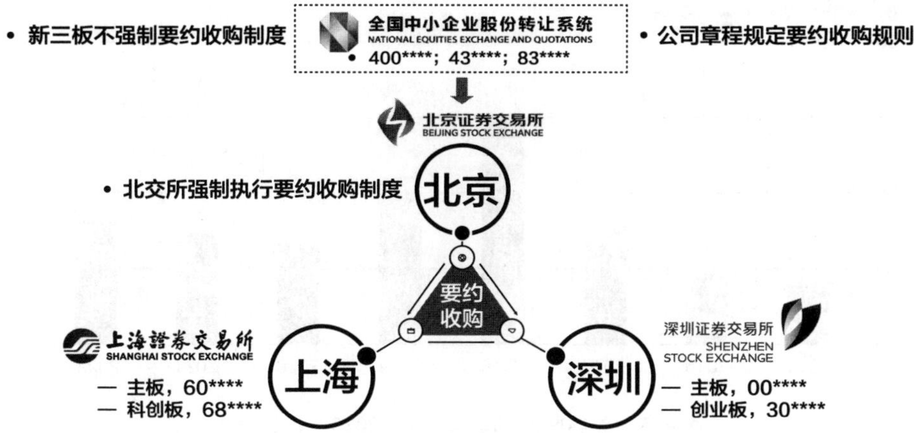

图 4.3　执行要约收购制度的市场板块

4.2　要约收购的市场概况

近年来,要约收购案例有逐年增加趋势。尤其是 2018 年,境内市场的要约收购数量为 23 起,比 2017 年翻了番。但是,2019 ~ 2022 年的要约收购案例数量则有所回落,每年均未超过 20 例。

就 2015 年以来要约的完成或终止/失败等进展概况来看,如图 4.4 所示:

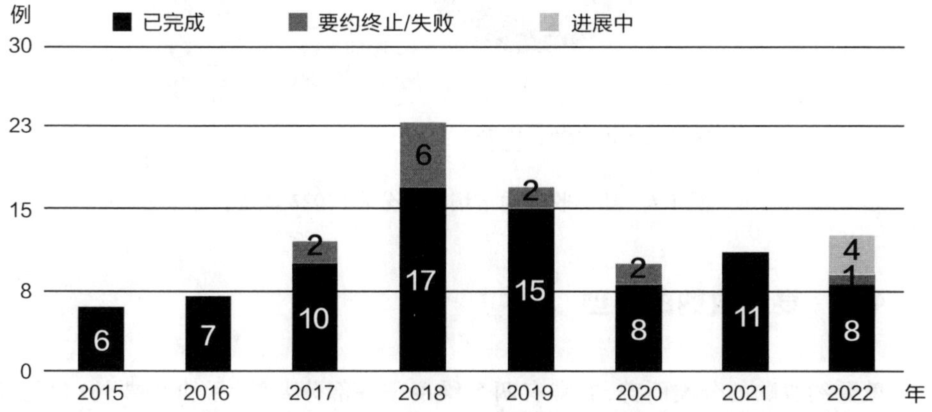

图 4.4　要约收购的市场概况(2015 ~ 2022 年)

而就要约的类型分布来看,可如图 4.5 所示:

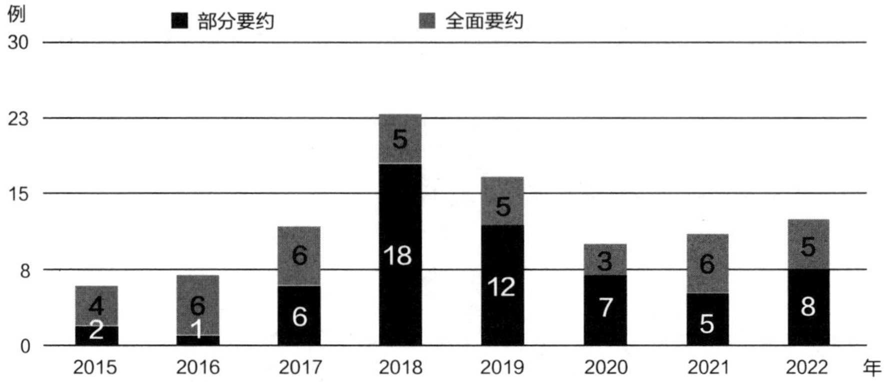

图 4.5　要约收购的类型分布(2015～2022 年)

另外,就被要约收购的标的公司的市场板块分布来看,上交所的主板上市公司被发起要约收购的占比较大。该等现象不见得说明市场化的要约收购在上交所市场更活跃,一个可能的原因是由于控制权交易或国企混改等原因所触发的全面要约义务。以 2022 年度 13 例要约收购为例,其市场板块分布如下:(见图 4.6)

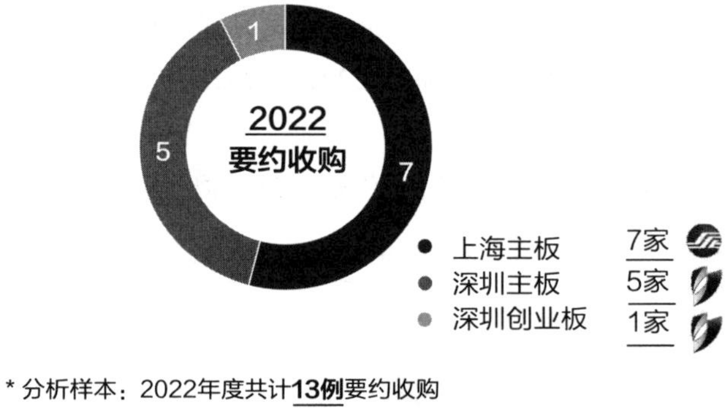

图 4.6　要约收购的市场板块分布(2022 年度)

4.3　要约收购的类型

就要约收购的分类而言,通常有两个维度——部分要约 vs. 全面要约;自愿要约 vs. 强制要约:(见图 4.7)

图 4.7 要约收购的类型——部分要约（自愿）vs. 全面要约（强制/自愿）

4.3.1 部分要约 vs. 全面要约

就要约的类型而言，要约收购分为“全面要约”和“部分要约”。《证券法》第 65 条第 1 款明确规定要约收购可以是“*收购上市公司全部或者部分股份的要约*”；《收购办法》第 23 条进一步规定，投资者以要约方式收购上市公司股份的，“*可以向被收购公司所有股东发出收购其所持有的全部股份的要约（以下简称全面要约），也可以向被收购公司所有股东发出收购其所持有的部分股份的要约（以下简称部分要约）*”。

4.3.1.1 近几年 A 股市场全面要约与部分要约的分布情况

就要约收购的类型分布来看，尤其是以 2018 年至 2020 年的 50 例要约收购来看，市场化的部分要约占据了要约市场的绝对主流，占比超过 70%。不过，对于 2021 年的 11 例要约收购来看，以由于其他交易所触发的全面要约为主，部分要约仅有 5 例。而在 2022 年的交易中，部分要约则又占据了主导，13 例要约中有 8 例为部分要约。

4.3.1.2 全面要约与部分要约的主要差异——预定收购比例

全面要约与部分要约的主要差异在于：

◎全面要约，预定的收购比例为上市公司的所有剩余股份（除了收购人及其一致行动人已持有的）；

◎部分要约，预定的收购比例为 5%（要约门槛）以上，比例上限由收购方自己确定（但通常不应导致要约后股权分布影响上市地位），比如 10%、23% 或 40% 等。

在部分要约中，如果要约期满最终预受要约的比例超过了收购人在要约收购报告书中明确约定的收购目标，则对于超过的部分收购人没有义务收购，只需按比例收购至其预定比例即可。《证券法》第65条第2款规定：“*收购上市公司部分股份的要约应当约定，被收购公司股东承诺出售的股份数额超过预定收购的股份数额的，收购人按比例进行收购。*”相反，在全面要约中，对于预受要约的全部股份，收购人都有义务接受，而不能按比例收购。

4.3.1.3 全面要约与部分要约均须面向“所有股东”

无论全面要约还是部分要约，其要约发出的对象都必须是面向上市公司的“*所有股东*”（《证券法》第65条、《收购办法》第23条）。换句话说，即便是部分要约，也必须面向上市公司的所有股东（收购人及其一致行动人除外），而不能是有选择性地只面向特定股东。也就是说，要约之“全面”或者“部分”的差异在于要约预定收购的股份<u>比例</u>的多寡，而不在于要约面向的<u>对象</u>是全部股东还是特定股东；即便是“部分要约”，其也应面向全部股东。

4.3.1.4 免于向“所有股东”发出要约的特定豁免

值得一提的是，《收购办法》第61条第2项明确预留了一个可以豁免要约的特定情形，“*存在主体资格、股份种类限制或者法律、行政法规、中国证监会规定的特殊情形的，免于向被收购公司的所有股东发出收购要约*”。通常理解，该项要约豁免情形针对的主要是存在A股、H股或B股等不同类别（class）股份的上市公司，符合《收购办法》规定的要约豁免情形的，可以仅向其中一种类别的股东（比如，仅向A股股东而不向H股股东，或者相反）发出要约，而不向另一类别的股东发出要约。但就同一类别的股份而言，要约收购应该面向该等同类别股份的所有股东。

不过需要观察的是，先前适用上述要约豁免情形时，需要向证监会申报豁免批复。而2020年3月《收购办法》修订后，取消了证监会针对要约豁免的前置许可程序（详见第3章）。从关于要约豁免的《收购办法》第62条、第63条来看，其针对的是“*免于以要约方式增持股份*”或“*免于发出要约*”，并没有针对《收购办法》第61条第2项规定的“*免于向被收购公司的所有股东发出收购要约*”的豁免情形的程度指引。此等情形下，《收购办法》第61条第2项所规定的情形（豁免向全体股东发出要约，而仅向特定股东发出要约）在实践中究竟应如何适用，还有待进一步观察。

4.3.1.5 要约收购的最低门槛——上市公司总股本的5%

要约收购有一个最低门槛——预定的最低收购比例不得低于5%。根据《收购办法》第25条的规定，无论是全面要约还是部分要约，“*其预定收购的股份比例*

均不得低于该上市公司已发行股份的5%”。如果收购人拟定的收购比例低于5%，则无法通过要约收购方式进行，而需要通过二级市场或其他方式进行。

不过需要澄清的是，这里5%的要约最低门槛，只是要求在要约发出时其“*预定收购的比例*”不低于5%。在实践中，由于受要约价格设置、二级市场股价走势等因素影响，最终实际出售的股比很可能会低于预定比例，如2%或3%，甚至全面要约中还出现过仅有几百股出售甚至一股都没有出售的要约案例。此等情形下，要约期满按照要约对象实际出售的比例收购即可，而并非必须直到收购人收到5%时方才为止。

另外，收购人在发布要约时也可预先设置一个最低门槛（如8%或其他比例）作为要约先决条件，若最终预受比例低于这个先决条件性质的门槛比例则要约自始不生效，此时则收购人可以一股都不收。关于要约先决条件的更多分析见下述第4.5节。

4.3.2 自愿要约 vs. 强制要约

关于要约分类的另一个维度是“自愿要约”和“强制要约”之分：

◎自愿要约，即投资者基于商业或其他考虑自己主动发出的要约。自愿要约也包括部分要约和全面要约两种，而并非仅限于部分要约。《收购办法》第23条明确规定：“*投资者自愿选择以要约方式收购上市公司股份的，可以向被收购公司所有股东发出收购其所持有的全部股份的要约（以下简称全面要约），也可以向被收购公司所有股东发出收购其所持有的部分股份的要约（以下简称部分要约）*。”

◎强制要约，是指基于法定义务而触发的要约收购。强制要约只有“全面要约”一种，不存在强制性质的部分要约。现行《收购办法》框架下，强制要约（全面要约）的触发包括三种情形：(1)协议收购超过30%时（第47条）；(2)间接收购超过30%时（第56条）；(3)不符合要约豁免情形但仍拟通过要约以外的方式增持至30%以上权益的（第61条）。

需要注意的是，尽管“自愿要约”可以是全面要约，但该类自愿性质的全面要约通常都是以上市公司私有化退市为目的的。实务中，2013年至今，A股市场仅发生了2例以私有化退市为目的的全面要约（自愿要约），即2013年的金马集团（000602. SZ）以及2015年的*ST二重（601268. SH）。再早期的则是2008年完成的东电集团以所持东方电气（600875. SH）股票，换股要约收购并私有化东方锅炉（600786. SH），后者退市，前者实现整体上市。

另外需要指出的是，触发强制性"全面要约"义务的情形是：由于其他交易（比如协议转让或间接收购等）导致收购人本次交易收购比例超过 30% 或者收购人之前存量持股加上本次收购导致累计持有权益超过 30%。因此，作为一个前置程序，在履行本次收购交易之前需要先行发出全面要约，除非属于可豁免情形。

而对于一个已经持有权益超过 30% 的现有股东而言，其若继续增持，则该等 30% 以上股东仍可以选择部分要约或爬行增持等其他方式，而不是必须强制发出全面要约。

4.3.3 要约收购的公平原则

与要约分类尤其是部分要约相关的一个问题是，需要特别强调一下要约收购的"公平"原则。作为一般原则，根据《收购办法》第 3 条的规定，"*上市公司的收购及相关股份权益变动活动，必须遵循公开、公平、公正的原则*"。

而具体到要约收购这一交易形式来看，公平原则尤其体现在《收购办法》在如下几方面的特别要求：（见图 4.8）

图 4.8 要约收购的公平原则

4.4 要约收购的定价与支付

4.4.1 要约收购的定价基准

考虑到其公开性以及对公众利益的保护，《收购办法》针对要约收购的定价设置了相应的监管要求，要点如下：（见图 4.9）

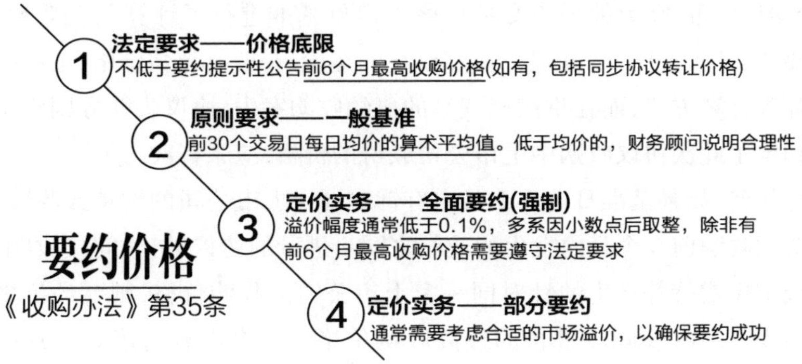

图4.9 要约收购定价指引的规范要点

具体而言，根据《收购办法》第35条的规定，要约收购的定价，以“*要约收购提示性公告日*”，即《要约收购报告书摘要》发布日，为基准日，不得低于如下两个基本要求：

◎法定底限，针对同一家上市公司“*前6个月内收购人取得该种股票所支付的最高价格*”；

◎一般基准，原则上一般不得低于“*前30个交易日该种股票的每日加权平均价格的算术平均值*”。

4.4.2 法定底限——前6个月最高收购价格(如有)

实务中，收购人在发起要约之前可能通过二级市场或其他方式先行对目标上市公司进行了增持，或者参与过同一家上市公司的定增。如果前6个月内有针对同一家目标上市公司的增持行为，则本次要约收购的价格不得低于前6个月内的收购最高价。

尤其是，收购人所发起的要约收购可能是“一揽子”交易的组成部分：(1)通过协议转让收购30%或以下，同时进行部分要约；(2)通过协议转让收购超过30%，从而触发强制要约义务需要发出全面要约。在前述情形下，同步进行的协议转让也构成“前6个月内”针对同一家上市公司的收购。因此，本次要约收购价格也不得低于该等协议转让的价格。

不过，值得注意的是，在因间接收购而触发全面要约义务的交易中，前6个月的最高收购价格应如何确定(间接收购的交易价格如何折算出来对应部分的上市公司股价)？对此，以2019年的全面要约收购为例，“5起系间接股东的变动导致公司控制权发生变化，进而触发了全面要约义务，1起系场外协议转让兼表决权委托因引起的全面要约义务。可上述案例中，仅重庆百货计算了近6个月的购买价格，其余均仅以近30天的平均交易价格为定价基准进行了计算”；而观察2020年的全面要约案则可进一步发现，“按照以往的经验，一般有评估价格、按照收购价格直接计算等计算方式，而在重庆燃气案的要约收购案中，协议收购方则直接在收购协议中约定了此次协议收购中上市公司股份的价格，应系首次”。①

无论如何，如果基准日前6个月内有针对同一上市公司的增持或收购交易，包括本次要约收购前6个月内发生的或与之同步进行的协议转让、间接收购、认购定增或二级市场增持等产生的针对同一家上市公司的收购价格，则要约价格不得低于该等前6个月内或同步进行的最高收购价格。如果没有前述6个月内增持行为，则不适用该要求。

4.4.3 一般基准——前30个交易日均价（原则与例外）

要约价格通常也不得低于基准日前30个交易日加权平均价格的算术平均值。与上述前6个月内最高收购价格（如有）基准的强制性要求不同，“前30个交易日”基准是一般性的原则要求，可以有例外。

也就是说，要约价格不是必须高于前30个交易日加权平均价格的算术平均值；但是，如果低于该等基准的，根据《收购办法》第35条第2款的规定，收购人需要聘请财务顾问提供合理性解释：（见图4.10）

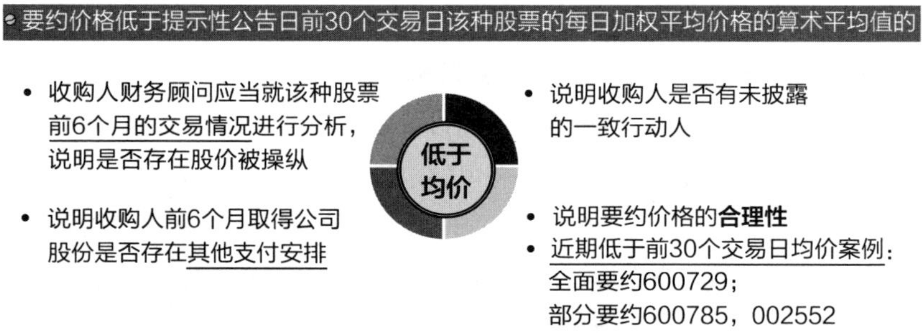

图4.10 要约定价低于前30个交易日均价的合理性关注

实务中，尽管绝大多数的要约收购均是遵守了前30个交易日的定价基准，仍有少数个案低于该基准。比如，在大股东重庆商社集团因混改而对重庆百货

---

① JG君：《法经监管丨要约收购的2019：风起于青萍之末》，载微信公众号“法经笔记”2019年12月3日，https://mp.weixin.qq.com/s/q9BYYrepCoimGeamFIGNFg；JG君：《法经监管丨要约收购2020：莫听穿林打叶声》，载微信公众号“法经笔记”2021年2月2日，https://mp.weixin.qq.com/s/FIhmaX-uorXS-Y0XIqXNoPw。

(600729.SH)发起的全面要约中(2020年5月完成交割),要约价格27.16元/股,低于约收购报告书摘要公告日前30个交易日重庆百货股票的每日加权平均价格的算术平均值29.77元/股[但高于本次混改首次信息披露日(2018年3月23日)前30个交易日均价24.27元/股]。①

再如,在2020年1月完成交割的招金集团部分要约收购宝鼎科技(002552.SZ)的交易中,要约价格为10.06元/股,系基于同期进行的收购29.9%的协议价格所确定。而本次要约提示性公告日前30个交易日均价为22.63元/股,折价超过55.55%。对此,收购人财务顾问提供了合理性分析,其核心论点如下:②

"通过对宝鼎科技股票前6个月的交易情况进行分析,本财务顾问认为由于以下原因导致本次要约收购的价格低于上述算数平均值:1.上市公司控制权变更事项公告后,二级市场对公司预期发生变化,导致股价大幅上涨;2.由于仅通过协议转让无法实现招金集团获得宝鼎科技的控制权,本次部分要约收购与协议转让共同构成招金集团为获得宝鼎科技控制权采取的一揽子措施,属于同一交易的不同实施阶段。考虑到本次交易的实质,招金集团认为协议转让价格10.06元/股较好地反映了宝鼎科技在《股份转让协议》签署时的股票价值,因此本次部分要约价格延续协议转让价格,即10.06元/股。"

又如,在已于2018年9月交割的物美控股6%部分要约收购新华百货(600785.SH)的交易中,要约价格18.60元/股,系参考停牌前1个交易日(20180719)的收盘价18.36元/股确定;而要约摘要前30个交易日均价平均值19.53元/股。要约价格低于前30个交易日均价,折价约4.6%。对此,收购人财务顾问提供了价格合理性分析,其要点如下:③

◎股价走势,前6个月内,股票下跌15.47%;上证综指下跌20.51%;WIND百货指数下跌18.57%;证监会零售指数下跌11.33%;股价走势与大盘及行业指数走势无明显偏离;

◎合理性分析,收购人前6个月无其他成交价格,符合《收购办法》第35条的规定;要约价格对应估值,不低于可比上市公司估值指标(市盈率/市净率/

① 参见重庆百货(600729.SH):《要约收购报告书》,载巨潮资讯网,http://static.cninfo.com.cn/finalpage/2020-03-28/1207418599.PDF。

② 参见宝鼎科技(002552.SZ):《要约收购报告书》,载巨潮资讯网,http://static.cninfo.com.cn/finalpage/2019-11-29/1207121872.PDF。

③ 参见新华百货(600785.SH):《要约收购报告书》,载巨潮资讯网,http://static.cninfo.com.cn/finalpage/2018-08-04/1205258279.PDF。

市销率);新华百货近年成交清淡。

另外,早在2015年四川双马(000935. SZ)原大股东拉法基(现已退出)因其境外母公司合并而发出全面要约时,要约价格即为5.64元/股,系基于前6个月最高收购价格(收购人认购定增的价格为5.64元/股,该次定增2013年12月发布预案,2014年11月证监会批复,但直到2015年4月才完成发行登记;因此,2015年7月发布要约摘要时收购人取得所认购定增的新股的登记时点尚处于前6个月内)。而在本次全面要约中,要约前30个交易日均价为10.541元/股,要约价格远低于前30个交易日均价。因此,收购人财务顾问按照《收购办法》第35条的要求进行了核查,并确认:"根据上市公司本次收购前6个月的交易情况和内幕信息交易查询情况,未发现该等股票交易存在股价被操纵的情形。根据豪瑞和拉法基中国出具的说明,收购义务人和收购人在本次要约收购中不存在其他未披露一致行动人。根据拉法基中国出具的说明,除补偿股份外,收购人前6个月取得的公司股份不存在其他支付安排。"①本次要约已于2015年12月交割。

4.4.4 要约收购溢价幅度的合理设置

在满足《收购办法》有关定价的监管要求(法定底限及一般基准)的基础上,具体的要约价格设置则是需要收购人根据交易情况综合判断决定的商业范畴。

从上市公司现有股东的角度来看,溢价幅度直接关系到其出售股份的动力,溢价越高通常也意味着要约收购的成功更有保障。当然,对于收购人而言,高溢价则意味着高成本。从成本控制角度来看,收购人的理想状态当然是希望在确保收购成功的同时又能合理控制收购成本。因此,要约价格的合理设置是很关键的问题。而具体如何设置,则又需要考虑全面要约和部分要约两种不同的要约场景。

4.4.4.1 全面要约中的溢价幅度

就全面要约而言,除自愿发出的私有化目的的全面要约外,对于因其他收购导致权益超过30%而触发的强制全面要约而言,收购人通常没有任何高溢价的动力。

全面要约中,收购人的主要诉求是按照规则要求履行合规义务(发出全面要约),其往往并不指望通过要约再额外增持,因为其通过协议或其他方式取得的股票已足以达到取得控制权的商业目的,而完全没有必要甚至不希望再额外增持或增加收购成本。从实际案例来看,99%以上的全面要约的价格基本都是满足前30个交易日均价这个一般基准的最低要求,而不再有任何溢价,或溢价幅度基本都在

---

① 四川双马(000935. SZ):《要约收购报告书》,载巨潮资讯网,http://static. cninfo. com. cn/finalpage/2015-10-30/1201740748. PDF。

0.1%以内(该等所谓溢价往往是由于小数点后四舍五入或数字取整的结果)。

当然,如果触发该等全面要约义务的其他交易(如协议转让)的价格本身相较当时的二级市场价格有较大的溢价幅度,则由于要约价格不能低于"*前6个月内收购人取得该种股票所支付的最高价格*"(《收购办法》第35条),该等情形下,全面要约的价格相较二级市场价格势必也会有相应的溢价幅度。

4.4.4.2 部分要约中的溢价幅度

部分要约是比较典型的市场化收购行为,收购人希望通过发出部分要约而收购其预期的权益比例。因此,部分要约的价格设置需要有充分的市场吸引力。同时,收购人又希望价格设置在合理区间以控制收购成本。

从实务角度来看,部分要约的溢价幅度(相比较前30个交易日均价)在10%~30%的占比较高。以2018~2022年以来的49例部分要约收购为例,其价格设置的溢价幅度区间分布如下:(见图4.11)

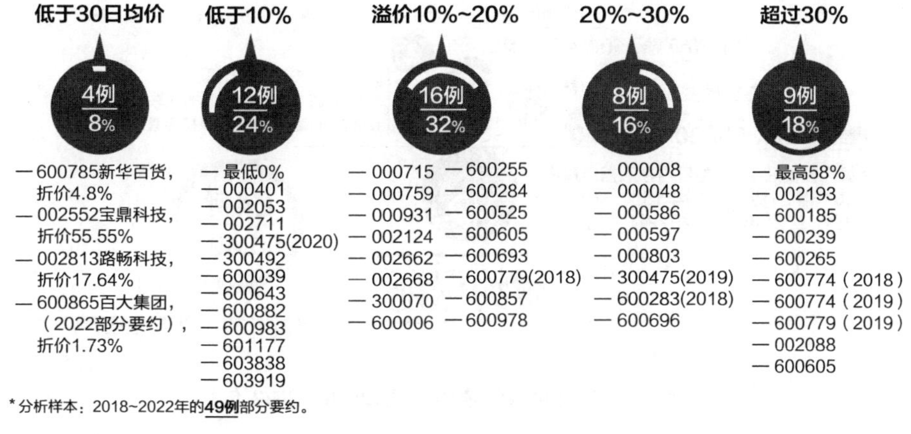

图4.11 部分要约的溢价幅度区间(2018~2022年)

另外,在现行监管政策环境下,要约收购期间上市公司股票通常是不停牌的。因此,要约收购期间的二市场股价波动也是一个重要的考虑因素。要约价格是以基准日(《要约收购报告书摘要》公告日)前30个交易日均价为基础设置的。尤其是,考虑到在要约期满前15日内,要约条件不可以再变更,除非出现竞争要约(《收购办法》第40条)。因此,设置合理的溢价幅度时还需要综合考虑在要约期满(通常为30个自然日)时先前所设置的要约价格是否仍将具有一定的市场吸引力,否则要约结果可能无法达到理想预期。

4.4.5 要约收购的履约保证

4.4.5.1 *履约保证要求及其方式*

要约收购面向公众投资者，一旦正式启动需要确保收购人有相应的履约能力。就此而言，《收购办法》一方面强化收购人不履约的法律责任，根据其第 78 条第 2 款的规定，“*发出收购要约的收购人在收购要约期限届满，不按照约定支付收购价款或者购买预受股份的，自该事实发生之日起3 年内不得收购上市公司，中国证监会不受理收购人及其关联方提交的申报文件*”。

另一方面，《收购办法》第 36 条第 2 款要求收购人提供履约保证，保证的方式可以包括现金、上市证券、银行保函或财务顾问连带责任保证。实务中，以现金保证为履约担保的主要方式，占比超过 80%。

以 2018～2022 年的 74 例要约收购为例，收购人的履约担保安排如图 4.12 所示：

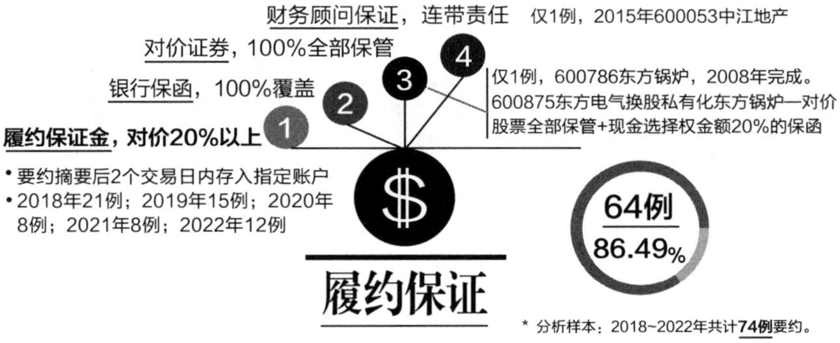

图 4.12　要约收购的履约保证（2018～2022 年）

4.4.5.2 *履约保证——收购价款 20% 的现金保证*

要约收购履约担保的主流方式是现金保证，其金额要求不低于收购价款的 20%。作为计算该等 20% 基准的分母，是指要约的“收购价款总额”，具体区分：

◎部分要约，保证金底限 = 20% × 预定收购的股份数 × 要约价格；

◎全面要约，保证金底限 = 20% × 除收购人及其一致行动人所持股份外的全部已上市流通股 × 要约价格。

现金保证金应于要约提示性公告后 2 个交易日内存入中国结算公司的指定银行账户。其后，要约期满时，收购人将含税费的收购资金扣除履约保证金后的金额足额存入其在中国结算的结算备付金账户即可。

4.4.5.3 *履约保证——收购价款全额覆盖的银行保函*

虽然《收购办法》明确允许收购人可以提供银行保函作为履约保证，但在先前的要约收购案例中，银行保函这种方式并不多见。在2017年云南白药（000538.SZ）的全面要约中，曾出现过银行保函作为履约保证的情况。

最近几年，以银行保函而非现金保证的形式提供担保的要约收购交易则有增多迹象。2018～2022年，已有11例要约收购案例均提供了银行保函。该等案例主要以强制全面要约为主。对于该等全面要约，由于要约价格基本都是按前30个交易日均价的一般基准所设置的，往往没任何溢价，因此要约期满时通常不会有股东愿意出售（除非市场弱市或因其他特别原因导致要约期间股价下跌反而让要约价格被动跌出了溢价幅度）。（见图4.13）

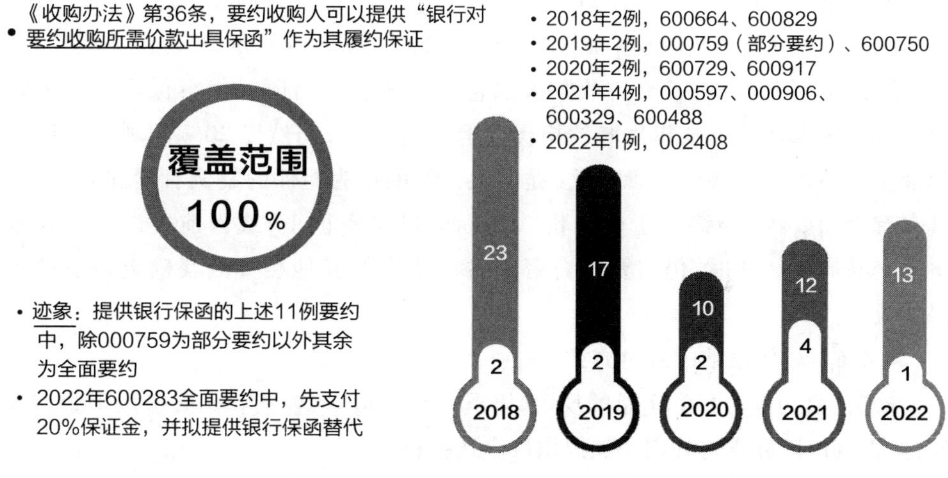

图4.13 要约收购的履约保证—银行保函（2018～2022年）

实际上，如果采用现金保证金的方式，其间（自摘要发布到要约结束最起码30个自然日，涉及前置性审批时周期可能数月甚或更长）的资金占用成本也需要考虑。相比较，银行保函虽然往往也需要向银行支付一定的手续费，但与20%现金保证金的资金占用成本相比，开立银行保函的资金成本可能还是更为划算的。

因此，尤其在将来期满实际收购压力很小的强制全面要约的情况下，银行保函的履约保证有其市场需求和可行空间。不过，需要注意的是，若是现金保证金，则仅需要支付“*收购价款总额*”的20%；而如果开立的是银行保函，该等保函的担保范围需要覆盖收购价款的全部，而不仅是部分。

4.4.5.4 其他履约担保——上市证券;财务顾问保证

关于其他履约保证方式,实务中更为少见。一方面,如果以上市证券支付要约对价而非现金要约,根据《收购办法》第36条第2款的规定,则收购人需要在发布要约摘要时"*将用于支付的全部证券交由证券登记结算机构保管,但上市公司发行新股的除外*"。实务中,早在2008年东方电气(600875.SH)换股要约收购并私有化东方锅炉(600786.SH)时,出现过以上市证券支付要约收购对价的形式。该等要约中,应事先将用于支付的对价股份全部托管(除非发行新股支付对价)。

另一方面,《收购办法》第36条还允许收购人提交其财务顾问的保证作为履约担保,但是该等保证必须是连带责任保证:"财务顾问出具承担连带保证责任的书面承诺,明确如要约期满收购人不支付收购价款,财务顾问进行支付。"实务中,2015年九鼎要约收购中江地产(600053.SH)时曾出现过由财务顾问提供连带责任保证的情形。其他要约收购中则基本未再出现财务顾问保证的方式。

简言之,《收购办法》允许收购人以包括现金、上市证券、银行保函或财务顾问连带责任保证等方式提供履约担保。但是实务中,仍然以20%的现金保证作为最主流的担保方式。尽管如此,提供银行保函作为担保的案例有增加迹象,尤其在有全面要约(最终发生收购价款实际支付概率很小)或因前置许可等导致整体交易周期较长时,仍需要综合资金占用成本及其他相关因素确定合适的担保方式。

4.4.6 要约收购的支付方式

根据《收购办法》第27条的规定,以下两种情形下,要约收购必须以现金方式支付,以有价证券支付的则必须提供现金选择权:

◎以终止上市为目的的私有化全面要约;

◎因不符合豁免情形而发出全面要约。

除上述特别情形以外,在其他的要约收购中,《收购办法》第36条则允许收购人可以选择现金、有价证券或者二者结合的方式作为支付对价。尽管如此,除上述提及的2008年东方电气(600875.SH)换股要约收购并私有化东方锅炉(600786.SH)时曾出现过以上市证券支付对价的情形以外,截至目前的要约收购基本全部是以现金支付。而2018~2022年的共计74例要约则全部是以现金方式支付。

关于要约收购支付方式的监管要求和实例概况可以简要图示如下:(见图4.14)

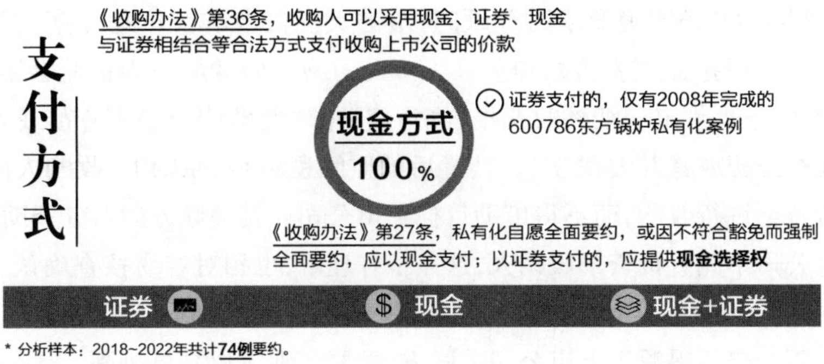

图 4.14　要约收购的支付方式(2018～2022 年)

4.4.7　要约收购的资金来源

4.4.7.1　收购资金来源的披露要求

作为《要约收购报告书》的重要章节，收购人需要披露其资金来源。关于资金来源的披露及核查方面，《收购办法》明确要求，收购人应在《要约收购报告书》中披露“收购所需资金额、资金来源及资金保证，或者其他支付安排”(第 29 条)；财务顾问应“对收购人支付收购价款的能力和资金来源进行充分的尽职调查，详细披露核查的过程和依据，说明收购人是否具备要约收购的能力”(第 36 条)。

4.4.7.2　收购资金来源分布的市场概况

以 2018～2022 年的共计 74 例要约收购案例来看，一半以上均是源于收购人的自有资金，也有不少案例涉及资金筹集安排：(见图 4.15)

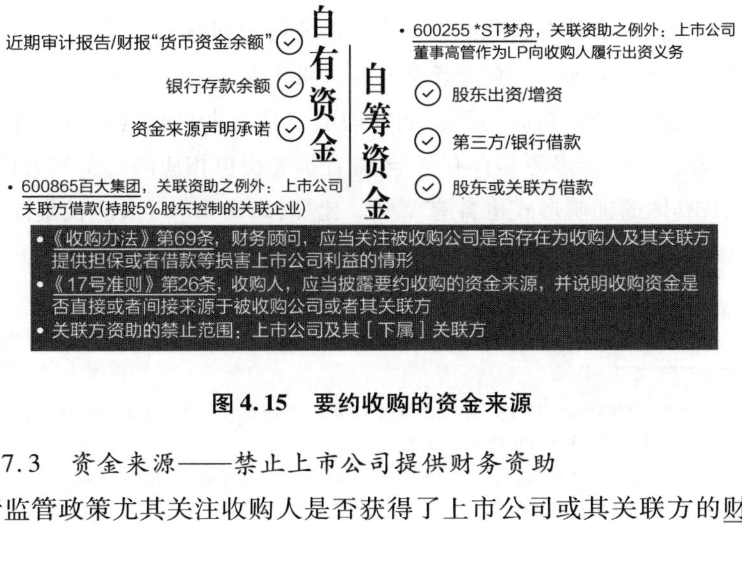

图 4.15　要约收购的资金来源

4.4.7.3　资金来源——禁止上市公司提供财务资助

现行监管政策尤其关注收购人是否获得了上市公司或其关联方的财务资助。

《收购办法》第69条明确要求财务顾问“*应当关注被收购公司是否存在为收购人及其关联方提供担保或者借款等损害上市公司利益的情形*”；而证监会第17号格式准则第26条也规定，《要约收购报告书》应披露“*收购资金是否直接或者间接来源于被收购公司或者其关联方*”。其背后的监管逻辑是，原则上，收购人应该用自有或自筹资金进行收购，而不得借助目标上市公司或其关联方的财务资助。

上市公司不能直接资助收购人，这点很好理解，也相对容易核查确认。而关于上市公司的“关联方”，则无论是依据上市规则还是会计准则，范围都比较广泛。收购资金是否一概不得源于上市公司关联方，需要区别情形具体判断。比如，上市公司5%以上的大股东作为要约收购人，收购人自身就是上市公司关联方之一，收购资金当然是来自上市公司关联方。

再者，以2018年10月完成交割的百大集团（600865. SH）的要约收购为例，收购人（因家族内部调整而在上市公司大股东层面进行间接转让成为上市公司实际控制人从而触发全面要约义务）的收购资金来自关联方借款（资金提供方西子电梯为间接持有上市公司5%以上股份股东所控制的企业，为上市公司关联方）。[①] 另外，在2020年6月启动的*ST梦舟（600255. SH）的部分要约中（该要约因预受比例未达先决条件门槛而失败），收购人芜湖市楚恒投资管理中心（有限合伙）的部分有限合伙人LP为上市公司的董事及高管，按上市规则也属于上市公司的关联方。[②]

简言之，收购人的收购资金并非一概禁止来自上市公司的关联方。由于上市公司关联方的范围相对较广泛，当收购资金部分来源于上市公司的关联方时，具体是否合规，关注点在于是否因此而损害了上市公司的利益。

4.4.7.4 资金来源——自有资金及其证明方式

关于资金来源中的“自有”资金，通常理解多是指来自收购人自身业务运营收入的资金。若披露资金来源是自有资金，往往需要提供相应的资金实力证明。

实务中，具体的证明形式也各有差异。比如，2018年1月，能投集团要约收购云南能投（002053. SZ）时，收购人能投集团提供了其合并财务报表中的归属于母

---

① 参见百大集团（600865. SH）：《要约收购报告书》，载巨潮资讯网，http://static.cninfo.com.cn/finalpage/2018-08-30/1205358311.PDF。

② 参见*ST梦舟（600255. SH）：《要约收购报告书》，载巨潮资讯网，http://static.cninfo.com.cn/finalpage/2020-06-03/1207889520.PDF。

公司的净利润以及货币资金余额等数据；[①]2018年8月，国美电器要约收购中关村(000931. SZ)时，收购人国美电器除了提供了其财务报表数据以外，还开具了银行存款余额证明；[②]而在2018年9月金隅集团要约收购冀东水泥(000401. SZ)时，由于收购人金隅集团本身也是上市公司(601992. SH)，其直接提供了收购前最近一期即2018年半年度报告中的货币资金余额数据作为财力证明。[③]

在另外一些案例中，收购人则只是提供了相应的资金来源声明，而没有被要求提供资金来源的进一步支持性文件。总之，资金来源的证明形式具体要视项目的具体情况以及交易所的关注重点而定。

4.4.7.5 资金来源——自筹资金的筹措渠道及其监管关注

关于自筹资金，比较常见的资金筹措方式是来自收购人的股东或合伙人的出资或增资款。

严格来讲，从其法律属性来看，收购人的股东或合伙人出资属于该收购人的自有资金。实践中有的披露为自有资金，有的则披露为自筹资金(本文为方便分析，将该等暂划归自筹类)。比如，在2019年6月发布要约摘要的聚隆科技(300475. SZ)的要约收购中，收购人领泰基石所披露的资金来源为"其合伙人出资而形成的自有资金"；[④]类似地，已于2019年5月交割的金宇车城(000803. SZ)要约收购中，收购人福州北控禹阳股权投资合伙企业(有限合伙)的资金来源为"福州北控禹阳自有资金，自有资金来源于有限合伙人北控光伏科技的增资款"。[⑤]

另外一种比较常见的资金筹措方式则是来自股东、集团母公司或其他关联方的内部借款。比如，在2018年8月收购人施章峰要约收购东百集团(600693. SH)时，"施章峰先生本次收购东百集团股份的主要资金(30,000.00万元)，最终拟通过其控制的福建奉阜投资有限公司及其子公司向股东分配利润的方式筹集；在利润分配方案实施以前，由福建中联房地产开发集团有限公司向福建奉阜投资有限

---

① 参见云南能投(002053. SZ)：《要约收购报告书》，载巨潮资讯网，http://static.cninfo.com.cn/finalpage/2018-01-04/1204302504.PDF。

② 参见中关村(000931. SZ)：《要约收购报告书》，载巨潮资讯网，http://static.cninfo.com.cn/finalpage/2018-08-30/1205355932.PDF。

③ 参见冀东水泥(000401. SZ)：《要约收购报告书》，载巨潮资讯网，http://static.cninfo.com.cn/finalpage/2018-09-21/1205458974.PDF。

④ 聚隆科技(300475. SZ)：《要约收购报告书摘要》，载巨潮资讯网，http://static.cninfo.com.cn/finalpage/2019-06-10/1206344195.PDF。

⑤ 金宇车城(000803. SZ)：《要约收购报告书》，载巨潮资讯网，http://static.cninfo.com.cn/finalpage/2019-04-03/1205988069.PDF。

公司提供融资30,000.00万元,福建奉阜投资有限公司将融资款借给施章峰先生。福建奉阜投资有限公司为福建中联房地产开发集团有限公司的控股股东”。①

当然,收购资金的筹措方式也可能是来自银行或其他金融机构的并购贷款。对此,需要特别强调的是,《收购办法》第66条要求收购人的财务顾问在核查收购人“*是否存在利用本次收购的股份向银行等金融机构质押取得融资的情形*”。实务中,在一些要约收购中,收购人都会在《要约收购报告书》或其资金来源声明中明确声明,其资金来源不存在利用本次要约收购的股份向银行等金融机构质押取得融资的情形。

另外,尤其当收购人是私募基金类投资机构时,交易所还会特别关注是否存在结构化杠杆安排。比如,在收购人领泰基石对聚隆科技(300475.SZ)的要约收购中,深交所特别要求财务顾问“对收购资金是否存在对外募集、代持、结构化安排或者直接间接使用上市公司及其关联方资金用于本次收购等情形进行核查并发表明确意见”。对此,收购人答复:“领驰基石、领汇基石及领泰基石收购上市公司股份(包括协议转让及要约收购)的资金来源为其合伙人出资而形成的自有资金,资金来源合法,不存在外部融资情况,也不存在对外募集、代持、结构化安排或者直接间接使用上市公司及其关联方资金情况。”②

4.4.7.6 关于收购资金来源的监管关注

综观大部分近期案例,监管机构特别关注收购人的收购资金是否存在如下情形:

◎是否来自上市公司或其关联方;

◎若来自外部融资,是否存在结构化安排或者涉及以目标上市公司股票为标的进行质押融资。

需要特别澄清的是,若存在上述特别关注情形,并非一概会构成收购障碍。除直接来自上市公司或其并表子公司的财务资助可能会构成收购合规的实质障碍以外,若资金来自上市公司关联方(如上市公司的5%以上股东或其控制的关联方)或者有结构化安排的外部融资时,监管机构可能会从该等融资安排本身的合规性,

---

① 东百集团(600693.SH):《要约收购报告书》,载巨潮资讯网,http://static.cninfo.com.cn/finalpage/2018-08-15/1205287865.PDF。

② 聚隆科技(300475.SZ):《深圳市领泰基石投资合伙企业(有限合伙)关于对深圳证券交易所〈关于对深圳市领泰基石投资合伙企业(有限合伙)的关注函〉的回复》,载巨潮资讯网2019年5月20日,http://static.cninfo.com.cn/finalpage/2019-06-10/1206344195.PDF;聚隆科技(300475.SZ):《要约收购报告书摘要》,载巨潮资讯网2019年6月10日,http://static.cninfo.com.cn/finalpage/2019-06-10/1206344195.PDF。

以及是否可能影响上市公司控制权的稳定性等角度予以关注。在收购人能提供充分合理性解释且也不涉及其他监管规则的违反之嫌时,还是有可能被放行的。

4.5 要约先决条件的设置

所谓要约先决条件,即条件未达成时要约不生效。《收购办法》第 29 条要求,《要约收购报告书》应披露"*收购要约约定的条件*",即要约生效条件。

4.5.1 要约先决条件设置的市场概况

实务中,大部分要约收购是无条件的,但的确也有一部分设置了要约生效先决条件。

从要约条件的设置来看,其主要分两大类:

◎前置性许可,如国资批复、外资批复(若涉及负面清单)、反垄断批复以及行业主管部门的批复等;

◎最低预受门槛,即约定一定的预受比例,若要约期满前最后 1 个交易日未达到约定的预受比例,则要约自始不生效。

以 2018 ~ 2022 年的共计 74 例要约来看,要约条件的门槛比例设置情况大致如图 4.16 所示:

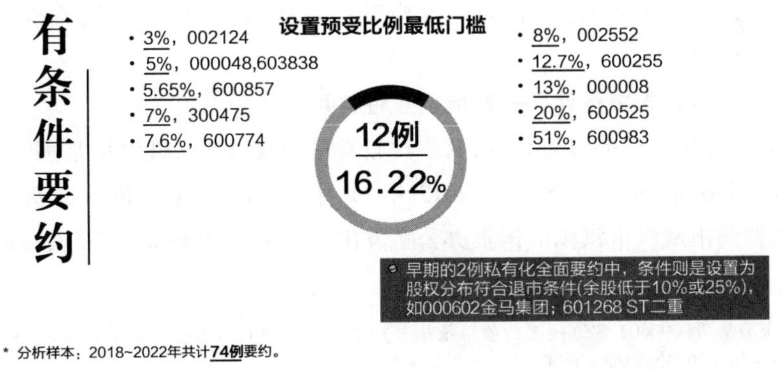

图 4.16 要约先决条件的设置(2018 ~ 2022 年)

4.5.2 要约先决条件——最低预受比例门槛

实务中,最为常见的要约先决条件是设置一定的最低比例预受门槛,若要约期满前最后 1 个交易日未达到约定的预受比例,则要约自始不生效。

而具体比例门槛的确定往往是结合收购人的现有持股比例、预期目标等因素综合决定，比如，约定收购后至少要达到持股 10% 或 20% 以上以成为财务投资人或财务报表可以列入长期权益科目，或者要超越原大股东成为上市公司第一大股东等目标。

另外，在相对罕见的几个私有化全面要约中，其比例门槛的设置则是以上市公司股权分布不再符合上市条件为目标，即预受之后剩余公众股东持股比例低于 25% 或 10%（如果上市公司总股本 4 亿股以上）。比如，2013 年 6 月正式启动的金马集团（000602. SZ）私有化要约中，要约条件设置为："如本次全面要约收购期满，接受要约的金马集团股票申报数量不足 110,507,699 股（不含全资子公司山东鲁能发展集团有限公司所持股份），即金马集团社会公众持股数量占总股本的比例仍高于 10%，则本次全面要约收购自始不生效，原预受申报不再有效，登记公司自动解除对相应股份的临时保管。"①最终，预受要约股份数量合计 153,947,371 股。根据《广东金马旅游集团股份有限公司要约收购报告书》约定的生效条件，本次要约收购生效。②

类似地，在 2015 年 2 月正式启动的 * ST 二重（601268. SH）的私有化全面要约中，要约条件设置为："如本次全面要约收购期满，二重重装社会公众持股数量超过 229,344,952 股（不含本数），即社会公众持股数量占总股本的比例仍高于 10%，则本次全面要约收购自始不生效，原预受申报不再有效，中国结算自动解除对相应股份的临时保管。"③最终，由于要约股份数量合计 112,596,748 股。根据《二重集团（德阳）重型装备股份有限公司要约收购报告书》约定的生效条件，本次要约收购自始不生效。④

4.5.3 要约先决条件——政府前置性许可

就要约先决条件的设置来看，其中比较常见的政府前置性许可是国资委批复。

以汉商集团（600774. SH）于 2017 年 11 月 ~ 2018 年 1 月进行的要约收购为例，此次要约由武汉市汉阳区国资办公室发出，其《要约收购报告书》所披露的要约

---

① 金马集团（000602. SZ）：《要约收购报告书》，载巨潮资讯网，http://static. cninfo. com. cn/finalpage/2013 - 06 - 19/62593680. PDF。

② 参见金马集团（000602. SZ）：《广东金马旅游集团股份有限公司关于神华国能集团公司要约收购本公司股份的要约收购结果公告》，载巨潮资讯网，http://static. cninfo. com. cn/finalpage/2013 - 07 - 24/62864015. PDF。

③ * ST 二重（601268. SH）：《要约收购报告书》，载巨潮资讯网，http://static. cninfo. com. cn/finalpage/2015 - 02 - 17/1200647107. PDF。

④ 参见 * ST 二重（601268. SH）：《中国机械工业集团有限公司全面要约收购二重集团（德阳）重型装备股份有限公司股份的要约收购结果公告》，载巨潮资讯网，http://static. cninfo. com. cn/finalpage/2015 - 04 - 04/1200789301. PDF。

条件为:"本次要约收购为向汉商集团除汉阳区国资办外的其他股东发出的附生效条件的部分要约收购。本次要约收购的生效条件为汉阳区人民政府批准汉阳区国资委本次要约收购和履行法律、法规所要求的其他国资监管部门的审批备案程序。截至本报告书签署日,本次要约收购事宜已经汉阳区人民政府批准、要约收购方案获得湖北省国资委的同意复函。"①

个别案例中,可能还涉及行业主管部门的批复。比如,在2018年2月广州基金对爱建集团(600643.SH)的要约收购中,因可能涉及目标上市公司旗下证券公司5%以上间接股东变更,所以其《要约收购报告书》中将证监会的行政许可作为生效先决条件:"本次要约收购期限届满后如未出现爱建证券间接持股5%以上股东变更,则广州基金将根据相关业务流程及时办理股份过户手续;如出现爱建证券间接持股5%以上股东变更,则本次要约收购以获得中国证监会及其派出机构关于爱建证券间接持股5%以上股东变更事项的审批为生效条件。若未能获得上述审批,则本次要约收购自始不生效,原预受申报不再有效。"②

不过,此类情形可能有些复杂。上述要约的期限是2018年2月8日~3月9日,并已于2018年3月13日完成清算交割。③而其约定的要约先决条件——取得证监会或证监局关于证券公司(为目标上市公司子公司)5%以上间接股东变更的批复,则是要在要约收购已经完成之后才进行,若未能取得批复满足条件则将导致已经交割完毕的要约自始不生效。实际上,直至2019年3月平安证券发布本次要约收购的持续督导总结报告时,前述批复仍未取得,只是披露"广州基金已书面通知爱建证券及时按上述规定向中国证监会及其派出机构提交关于爱建证券间接持股5%以上股东变更事项的行政许可申请"。④因此,本次都已经交割清算完毕的要约,其要约先决条件的满足却仍处于未确定状态,确实有些尴尬。

另一个比较常见的前置性许可是市场监督总局的反垄断批复。

---

① 汉商集团(600774.SH):《要约收购报告书》,载巨潮资讯网,http://static.cninfo.com.cn/finalpage/2017-11-15/1204139558.PDF。

② 爱建集团(600643.SH):《要约收购报告书》,载巨潮资讯网,http://static.cninfo.com.cn/finalpage/2018-02-06/1204393366.PDF。

③ 参见爱建集团(600643.SH):《上海爱建集团股份有限公司关于广州产业投资基金管理有限公司要约收购公司股份完成交割的公告》,载巨潮资讯网,http://static.cninfo.com.cn/finalpage/2018-03-15/1204476617.PDF。

④ 爱建集团(600643.SH):《平安证券股份有限公司关于广州产业投资基金管理有限公司要约收购上海爱建集团股份有限公司之持续督导总结报告》,载巨潮资讯网,http://static.cninfo.com.cn/finalpage/2019-03-28/1205947285.PDF。

除上述以外,还需要提及的是,对于由外国投资者发起的要约收购,除非目标上市公司业务涉及负面清单,否则在外资备案或信息报告制背景下,先前的外资战投批复已经不再作为前置性行政许可,而是属于交易后事项。

4.5.4 要约先决条件设置的澄清与限制

有必要澄清的是,上述政府前置性许可实际上属于法律法规所规定的法定义务,严格讲并非可以由收购人自主"约定的条件"。实务中,必须先行取得此类前置性许可后,《要约收购报告书》全文才能公布,要约期限才正式开始。也就是说,前置性许可作为法定条件是必须在要约开始前就已经满足的,否则要约其实不能正式启动。相反,对于可以由收购人自主"约定的条件",严格讲应是那些在要约期限正式启动之后(前置性许可已经取得从而可以公布《要约收购报告书》全文后)才会发生的未来事件,如果约定的先决条件未能满足则导致要约自始不生效。从这个角度来看,政府前置性许可实质上并非可由当事人自主约定的要约生效先决条件,而是法定前置条件。

另外,需要强调的是,尽管《收购办法》或其他监管规定关于要约条件如何设置并没有明确的规定,但从要约交易的性质以及公众股东利益保护等角度考虑,对于可设置的要约先决条件的范围不应过于宽泛。尤其是,对于属于可以由收购人主观决定(可根据其主观判断而在收购过程中自主宣布是否满足)的条件更应严格限制,要约先决条件的设置应以客观可衡量为基准。在此方面,可以参考香港《公司收购守则》第 30.1 条的规定,"要约通常不得附带主观条件,即那些需取决于要约人的判断或其履行与否是由要约人支配的条件"。作为香港收购守则立法参照的英国上市公司收购法典 The City Code on Takeovers and Mergers 第 13.1 条规则也有类似规定:"An offer must not normally be subject to conditions or pre – conditions which depend solely on subjective judgements by the offeror or the offeree company (as the case may be) or, in either case, its directors or the fulfilment of which is in their hands."

4.6 要约收购中的协议预受安排

所谓协议预受,是指要约收购开始前,收购人与上市公司的特定股东签署预受协议或意向协议,约定该特定股东同意按照届时发布的要约条件(包括价格等)进行要约预受并最终按照要约条件向收购人出售股份。如果最终超比例预受,则签署协议的特定股东也要按照同样的要约条件，并与其他预受股东按照同等比例按比例向收购人出售（而无法卖出全部）；相反，如果预受不足，则该特定股东要将其所签署预受协议项下的全部股份按照要约条件出售给收购人。

4.6.1 协议预受安排的实务案例分析

协议预受并非《收购办法》项下要约收购的一个法定或必备环节。实务中，虽然案例不多，但也出现了一些协议预受案例。从2015年以来的要约收购案例来看，存在协议预受安排的案例情况如下：（见图4.17）

图4.17 要约收购中的协议预受安排（2015～2022年）

对于收购人来讲，协议预受相当于提前锁定了一部分筹码以确保要约的成功。比如，已于2015年3月交割的贝因美（002570.SZ）要约收购中，收购人恒天然香港于2015年2月发布要约公告时，要约预定收购20%的股份，并设置了11%的预受门槛作为要约生效先决条件。同时，为确保要约收购的成功，收购人与上市公司大股东贝因美集团达成相关安排，约定要点如下：①

（1）贝因美集团拟在要约收购期限的前5个交易日内，以其持有的至少占贝因美已发行总股份8%的（至少81,801,600股）股份提供给收购人收购；

（2）要约收购期限届满后，若接受要约的股份数超过预定收购的股份数的，则贝因美集团和其他接受要约的股东按同等比例出售给收购人；

（3）若截至要约收购期限届满的倒数第二个交易日收盘，净预受要约股数少于112,477,200股（相当于贝因美已发行股份的11%），则贝因美集团将在要约收购期限的最后1个交易日，在原提供的8%股份之外，提供相当于112,477,200股股

① 参见贝因美（002570.SZ）：《要约收购报告书》，载巨潮资讯网，http://static.cninfo.com.cn/finalpage/2015-02-12/1200629581.PDF。

份与要约收购期限的倒数第二个交易日收盘后净预受要约的股份数的差额部分，供收购人收购，以力促本次要约收购的顺利实施。

实务中，部分协议预受要约安排可能还有特定的交易结构设计或商业背景考虑。比如，在 2017 年玉龙股份(601028. SH)的部分要约以及 2018 年建新矿业(000688. SZ)的全面要约中，由于要约价格是按照前 30 个交易日的最低基准设定的基本没有溢价，最终接受要约的股份 99.9% 以上都是来自协议预受的特定股东，而其他股东基本没有出售。

其中，2017 年 3 月交割的玉龙股份(601028. SH)的部分要约的交易要点如图 4.18 所示：①

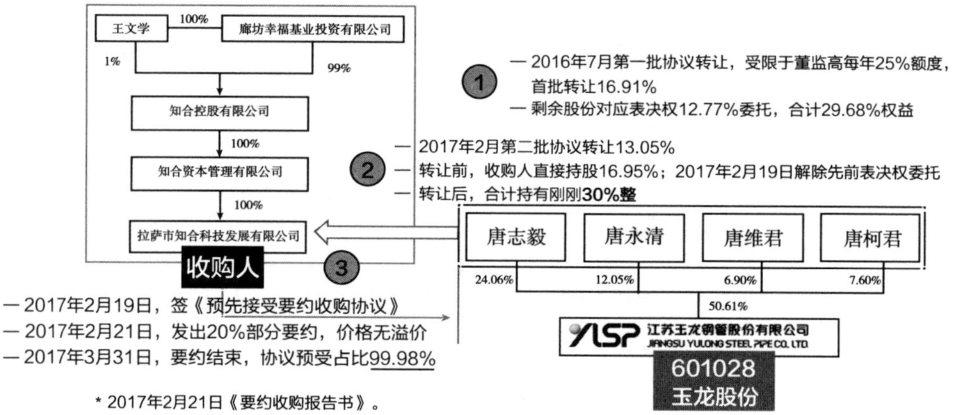

图 4.18 [案例]知合资本针对玉龙股份(601028. SH)部分要约中的协议预受安排

类似地，2018 年 4 月交割的建新矿业(000688. SZ)的全面要约收购中，也存在协议预受安排：②(见图 4.19)

---

① 参见玉龙股份(601028. SH)：《要约收购报告书》，载巨潮资讯网，http://static. cninfo. com. cn/finalpage/2017 - 02 - 21/1203095079. PDF。

② 参见建新矿业(000688. SZ)：《要约收购报告书》，载巨潮资讯网，http://static. cninfo. com. cn/finalpage/2018 - 02 - 13/1204418582. PDF。

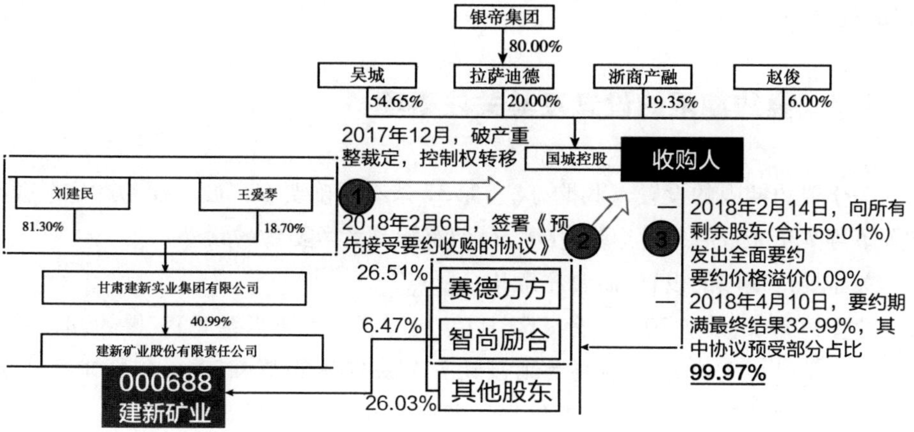

* 2018年2月13日《要约收购报告书》。

图4.19 [案例]国城控股针对建新矿业(000688.SZ)全面要约中的协议预受安排

4.6.2 协议预受安排的关注要点

如果要约收购中采取与特定股东签署协议预受安排,需要特别注意预受协议的签署时点以及要约价格等敏感信息的公平披露问题。

原则上,预受协议中不应设定具体的要约价格(尤其考虑到预受协议的签署通常要早于要约摘要的公布),但可以规定一个定价原则或机制,即协议对方同意按照即将发布的要约收购的同等条件(包括价格条件)向收购人预受要约。否则,如果协议中预先规定了要约价格且早于要约摘要的发布时点提前签署,收购人可能会因不公平对待上市公司股东而面临监管措施。比如,在汇源通信(000586.SZ)的要约收购中,收购人于2018年2月27日通过上市公司汇源通信披露了《要约收购报告书摘要》;而在此之前,收购人已同部分股东签署了预受要约协议书,其中86份签署日期为2018年2月9日和14日(早于要约摘要公告日),且预受要约协议书已包含“要约收购价格为21.5元/股”等重大信息。因此,因“未公平对待被收购公司的所有股东”及其他原因,深交所于2018年8月20日公告,对收购人作出“公开谴责”的处分;[①]四川证监局也于2018年10月20日作出了“采取责令改正措

① 参见深交所:《关于对上海乐铮网络科技有限公司、安徽鸿旭新能源汽车有限公司给予公开谴责处分的公告》,载巨潮资讯网,http://www.szse.cn/disclosure/notice/general/t20180820_554299.html。

施”的处罚。[①]

4.7 要约期限的设置及其关注事项

关于要约期限的设置,《收购办法》第37条有明确要求:“*收购要约约定的收购期限不得少于30日,并不得超过60日;但是出现竞争要约的除外。*”

关于要约期限的设置,需要注意几个要点:

◎要约期限,最多30日,最长60日(有竞争要约的可以延长)。要约期限是指自然日。也就是说,在要约期限设置为法定最低要求30个自然日的时候,期间内的实际交易日或工作日肯定短于30天。

◎起始日,起始日并非要约摘要发布的提示性公告日。要约必须在全部前置性许可(如涉及)取得并公布《要约收购报告书》全文之后才开始,通常为要约报告书全文公布后的次一交易日,具体起始日在《要约收购报告书》中明确。

◎结束日,结束日可以是周末或节假日等非交易日。但实践中,为交易方便,大部分案例还是将结束日放在了交易日,一般是法定最短期限30个自然日届满后的次一交易日。

实务中,尤其是在市场化的“部分要约”收购中,考虑到收购期间二级市场股价波动等因素,要约期限一般设置为法定的最短期限30个自然日。部分有32个自然日、33个自然日、35个自然日或39个自然日的,多系由于要约期限跨越周末或其他节假日,为便利交易相应顺延几日。比如,2018年中关村(000931. SZ)要约收购时,要约期限虽然为39个自然日,但实际上是由于其刚好跨越国庆节假日所以顺延至节后第一个工作日10月8日结束(要约期限为2018年8月31日~10月8日)。[②]

尽管上述,有的要约收购案例中也的确出现了超过了50个自然日,甚至达到了法定允许的上限60个自然日的情况,如2018年1月交割的国资要约收购汉商集团(600774. SH)以及2019年4月交割的云南城投(600239. SH)部分要约。

---

① 参见四川证监局:《关于对上海乐铮网络科技有限公司和安徽鸿旭新能源汽车有限公司采取责令改正措施的决定》(〔2018〕39号),载巨潮资讯网,http://www.csrc.gov.cn/pub/zjhpublicofsc/xzjgcs/201811/t20181109_346467.htm。

② 参见中关村(000931. SZ):《要约收购报告书》,载巨潮资讯网,http://static.cninfo.com.cn/finalpage/2018-08-30/1205355932.PDF。

简言之,要约期限设置的法定要求以及实务案例概况如图 4.20 所示:

图 4.20 要约收购期限的设置(2018 ~ 2022 年)

4.8 要约收购的交易流程

4.8.1 要约收购交易流程概览

要约收购的交易流程可以简要图示如下:(见图 4.21)

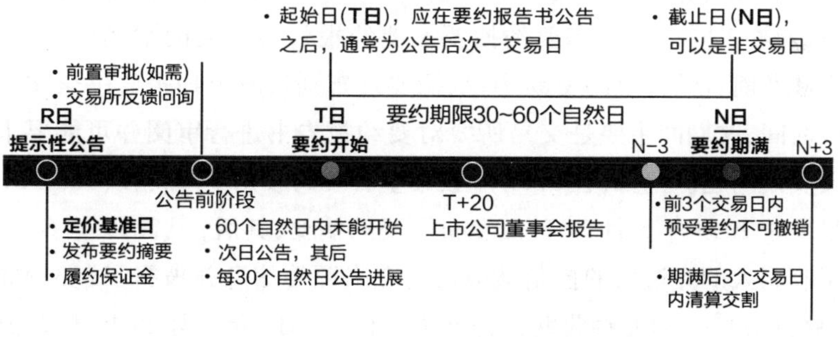

图 4.21 要约收购的交易流程

要约交易流程可以大致分为要约前准备、要约期间及清算交割三个阶段。下面将进一步分析。

4.8.2 要约前准备阶段及期间注意事项

要约启动前准备阶段的一个核心工作是选择好发布《要约收购报告书摘要》的时间窗口。要约开始的前提是公布《要约收购报告书》全文,在全文公布之前应先行披露《要约收购报告书摘要》。而披露要约摘要的时点,即要约提示性公告日,属于要约价格的定价基准日，要约价格不得低于基准日前 6 个月内最高收购价格及前 30 个交易日均价。

实务中，在要约摘要和报告全文发布之间往往会间隔一定时间。这期间的工作主要是取得前置性审批，包括国资批复、反垄断批复以及负面清单领域的外资战投批复等。以国资批复为例，有时国资批复甚至要在发布要约摘要之前便已取得，尤其当涉及控制权收购时。比如，在 2018 年国投高新要约收购神州高铁(000008. SZ)时，在 2018 年 9 月 4 日取得了国务院国资委关于收购方案的批复；2018 年 9 月 8 日发布了要约摘要；其后，于 2018 年 9 月 26 日取得了市场监督总局的反垄断批复；然后，于 9 月 28 日发布要约收购报告书全文，并于要约报告书全文公布后的次一交易日(2018 年 10 月 8 日)正式启动要约。① 国资批复也有在要约摘要发布后取得的。比如，2017 年武汉市汉阳区国资办(上市公司原大股东)要约收购汉商集团(600774. SH)时，2017 年 9 月 25 日汉阳区政府批准后，9 月 30 日公布要约摘要，其后 11 月 10 日取得湖北省国资委批复。②但无论如何，有权级别的国资批复作为前置许可(若适用)必须在要约报告书全文公布之前取得。

当然，要约摘要与要约报告书同一日发布的案例的确也存在。比如，2015 年 11 月上海太富祥尔要约收购上海家化(600315. SH)时，便是在 11 月 2 日同一天公告了提示性公告、《要约收购报告书摘要》以及《要约收购报告书》全文。③但从实际案例来看，能够于同一天发布要约摘要及要约报告书全文的案例相对比较少见。即便是不涉及前置性批复的交易中，从摘要发布到披露要约报告书全文往往也会间隔一段时间，这期间主要是交易所要对要约报告书进行审阅并可能要求收购人回答相关反馈问题。比如，在 2019 年领泰基石要约收购聚隆科技(300475. SZ)时，收购人最早于 2019 年 5 月 20 日便发布了要约摘要；其后，于 2019 年 6 月 10 日补充披露了收购人的穿透后的控制结构及资金来源等信息并披露了《要约收购报告书摘要(修订稿)》。而要约收购报告书全文直至 2019 年 7 月 29 日才发布。

---

① 参见神州高铁(000008. SZ)：《要约收购报告书》，载巨潮资讯网，http://static. cninfo. com. cn/finalpage/2018 – 09 – 28/1205472174. PDF。

② 参见汉商集团(600774. SH)：《要约收购报告书》，载巨潮资讯网，http://static. cninfo. com. cn/finalpage/2017 – 11 – 15/1204139558. PDF。

③ 参见上海家化(600315. SH)：《上海家化联合股份有限公司关于股东披露要约收购报告书暨公司股票复牌交易的提示性公告》，载巨潮资讯网，http://static. cninfo. com. cn/finalpage/2015 – 11 – 02/1201746712. PDF；上海家化(600315. SH)：《要约收购报告书摘要》，载巨潮资讯网，http://static. cninfo. com. cn/finalpage/2015 – 11 – 02/1201746719. PDF；上海家化(600315. SH)：《要约收购报告书》，载巨潮资讯网，http://static. cninfo. com. cn/finalpage/2015 – 11 – 02/1201746723. PDF。

总之，无论由于任何原因（包括但不限于申请前置批复、回答交易所反馈问询或者由于收购人自身原因等），如果自要约摘要提示性公告至发布要约报告书全文之间历时较长，60日内未能公告要约报告书全文的，根据《收购办法》第31条的规定，则收购人应“*在期满后次一个工作日通知被收购公司，并予公告；此后每30日应当公告一次，直至公告要约收购报告书*”。若收购人不能及时发布要约报告书全文，在其也不及时公告是否终止要约［报告书全文公布前取消收购计划的，未来12个月内不得收购同一家上市公司（《收购办法》第31条）］的情况下，如果收购人也不及时公告进展，可能会因此受到监管机构的监管措施。比如，在汇源通信（000586.SZ）的要约收购中，收购人最早于2018年2月27日便发布了要约摘要，因收购人内部纠纷导致迟迟未能公布要约报告书全文，而且收购人也未能及时公告是否取消收购计划。因此，因“未按时披露要约收购进展”及其他原因，深交所于2018年8月20日公告，对收购人作出“公开谴责”的处分；①四川证监局也于2018年10月20日作出了“采取责令改正措施”的处罚。②

4.8.3 要约期间的行为规范

在整个要约收购过程中，相关主体都需要遵守《收购办法》及交易所的相关行为规范。

4.8.3.1 要约期间要约对象（现有股东）的行为规范

自《要约收购报告书》全文公布且要约正式开始（通常为报告书全文公布后次一交易日）起，上市公司现有股东（收购人及其一致行动人除外）可以对要约进行“预受”，但需要遵守如下规范（如下为一般规范，具体以要约报告书的披露为准）：

（1）可申报股份，必须为已上市流通股。拟申报股份不存在质押、司法冻结或其他权利限制情形，被质押、司法冻结或存在其他权利限制情形的部分不得申报预受要约。

（2）申报上限，股东账户中持有的全部流通股，超过部分无效。可以只申报其所持股份的一部分。

（3）申请预受，要约期间（包括股票停牌期间），可办理有关预受要约的申报手续。申报应在收购要约有效期内每个交易日的交易时间内，通过其开户券商办理。

---

① 参见深交所：《关于对上海乐铮网络科技有限公司、安徽鸿旭新能源汽车有限公司给予公开谴责处分的公告》，载巨潮资讯网，http://www.szse.cn/disclosure/notice/general/t20180820_554299.html。

② 参见四川证监局：《关于对上海乐铮网络科技有限公司和安徽鸿旭新能源汽车有限公司采取责令改正措施的决定》（〔2018〕39号），载巨潮资讯网，http://www.csrc.gov.cn/pub/zjhpublicofsc/xzjgcs/201811/t20181109_346467.htm。

(4)预受要约的确认,预受要约申报经中国结算确认后次一交易日生效。中国结算对确认的预受要约股份进行临时保管。经确认的预受要约股票不得进行转托管或质押。

(5)预受要约的撤销/撤回:

◎当日可撤销,预受要约申报当日可以撤销。

◎要约收购期限届满前3个交易日(N-3)以前,可撤回预受要约,包括已被中国结算确认并临时保管的股份。撤回预受要约的,应当在收购要约有效期的每个交易日的交易时间内,通过其开户券商办理。

◎期满前最后3个交易日(N-3)内,在要约收购期限届满前3个交易日内,可撤回当日申报的预受要约,但不得撤回已被中国结算临时保管的预受要约。

(6)对已申报预受股份的处置:

◎当日可卖出,卖出申报未成交部分仍计入预受要约申报;

◎当日可质押,申报预受要约同一日对同一笔股份所进行的非交易委托申报,其处理的先后顺序为:质押、预受要约、转托管;

◎要约期间被质押、司法冻结或设定其他权利限制情形的,证券公司应当在协助执行股份被设定其他权利前撤回相应股份的预受申报。

需要特别强调的是,除私有化全面要约或证监会或交易所允许的情况外,股东不得将有限售条件的股份用于申报预受要约。

另外,在已申报预受并被中国结算临时保管后,除非申报后又撤回(但期满前3个交易日内不得撤回除当日申报以外的部分),否则,除司法强制扣划以外,股东不得再将已申报预受股份进行任何形式的转让。

4.8.3.2 要约期间收购人的行为规范

要约期间内,收购人应遵守如下行为规范:

(1)提示性公告,要约期限内,收购人应当至少发布3次预受要约的提示性公告,包括:要约收购的股份种类、预定收购股份数量及比例、收购方式、收购价格、收购期限等情况。

(2)及时披露变化,要约收购报告书所披露的基本事实发生重大变化的,收购人应当及时发布公告,并通知被收购公司。

(3)要约变更,应遵守相关要求并及时公告(见下述第4.8.5节)。

4.8.3.3 目标上市公司董事会针对收购要约的核查及建议

要约收购的主导方是收购人,被收购的目标上市公司的主要责任是协助收购人履行相应的信息披露义务。尽管如此,在要约期间内,目标上市公司也有一项实质工作要做,即编制《被收购公司董事会报告》,实务中又常称为《董事会关于×××要约收购事宜致全体股东的报告书》。

根据《收购办法》第32条的规定,被收购公司董事会应当重点核查确认如下事项,并聘请独立财务顾问提出专业意见:

◎收购人的主体资格、资信情况;

◎收购意图;

◎对要约条件进行分析;

◎对股东是否接受要约提出建议。

证监会第18号格式准则列明了上述董事会报告书的格式规范及要求。在要约报告书全文公布后20日内,被收购公司董事会应当披露董事会报告书以及上市公司独立财务顾问的专业意见。

一般情况下,目标上市公司董事会在其独立财务顾问的协助下,根据《收购办法》的要求完成相关调查分析后,按照证监会第18号格式准则的规范编制董事会报告并披露即可。实务中,大部分要约属于友好要约(由拟增持以巩固控制权的上市公司大股东或拟引进的财务或战略投资者发出)。此类要约中,目标公司董事会对要约收购持相对友好态度,通常会建议接受要约并提示风险。比如,在2019年2月云南省城投集团要约收购云南城投(600239.SH)的交易中,上市公司董事会在其致全体股东报告书中提出如下建议:①

◎考虑到公司股票在二级市场的价格低于要约收购价格,建议公司股东接受要约;

◎同时建议公司股东持续关注公司股价的波动情况。

当然,考虑到要约期间二级市价股价波动情况,有时直接建议接受要约可能又缺乏充分依据。此时,董事会可能会客观披露相关情形后,建议由股东自主决定是否接受要约,而不是正面建议接受或直接建议拒绝。比如,在2019年5月交割的金宇车城(000803.SZ)要约收购中(本次部分要约预定收购17.74%,溢价

---

① 参见云南城投(600239.SH):《云南城投董事会关于云南省城市建设投资集团有限公司要约收购事宜致全体股东的报告书(修订稿)》,载巨潮资讯网,http://static.cninfo.com.cn/finalpage/2019-03-07/1205881468.PDF。

20.64%，但由于要约期间二级市场股价上涨等因素，最终只收到4.1%），[1]金宇车城的董事会在其致全体股东报告书中作出如下分析及建议：[2]

“根据独立财务顾问意见及本公司实际情况，本公司董事会就本次要约收购提出以下建议：

截至本报告书签署日，鉴于：

1. 金宇车城股票具有一定流动性；

2. 本次要约收购的收购人具备收购金宇车城的股份的主体资格，不存在《收购办法》第六条规定的情形及法律法规禁止收购上市公司的情形，能够提供《收购办法》第五十条规定的文件；

3. 收购人本次要约收购所需全部资金来源于收购人的自有资金，结合收购义务人的相关财务、资金状况等分析，收购人具备履行本次收购义务的能力；收购人不存在收购资金直接或间接来源于金宇车城及其关联方的情形；

4. 本次要约收购不会对金宇车城的独立性构成影响，收购人福州北控禹阳、北控光伏科技、北控清洁能源集团亦出具了《关于保证四川金宇汽车城（集团）股份有限公司独立性的承诺函》，以及北京控股出具的《关于下属企业要约收购相关事项的承诺函》；

5. 本次要约收购价格较收购人刊登《收购报告书摘要》前30个交易日金宇车城股票二级市场的成交均价、最高成交价格均有一定幅度的溢价；较刊登《收购报告书摘要》前一交易日金宇车城股票二级市场的收盘价和成交均价均有一定幅度的溢价；较收购人刊登《收购报告书摘要》至刊登《要约收购报告书》之间金宇车城股票二级市场的最高成交价有一定的折价。

因此，董事会建议，考虑到公司股票在二级市场的表现，对于《要约收购报告书》列明的要约收购条件，建议公司股东视本次要约收购期间股票二级市场的波动情况决定是否接受要约收购条件。”

另外，尤其在涉及控制权争夺时，如何向股东提出针对要约收购的建议，对于

---

① 参见金宇车城（000803.SZ）：《要约收购报告书》，载巨潮资讯网，http://static.cninfo.com.cn/finalpage/2019-04-03/1205988069.PDF；金宇车城（000803.SZ）：《关于福州北控禹阳股权投资合伙企业（有限合伙）要约收购公司股份结果暨股票复牌公告》，载巨潮资讯网，http://static.cninfo.com.cn/finalpage/2019-05-11/1206258971.PDF。

② 参见金宇车城（000803.SZ）：《董事会关于福州北控禹阳股权投资合伙企业（有限合伙）要约收购事宜致全体股东报告书》，载巨潮资讯网，http://static.cninfo.com.cn/finalpage/2019-04-23/1206070890.PDF。

目标上市公司的董事会而言可能是一个更有挑战的工作:(1)面对外部敌意收购人,让董事会直接正面肯定并建议股东接受要约,估计会有难度;(2)董事会的忠慎信义责任又不允许其罔顾客观情况直接一概反对或建议股东拒绝要约。这种情形下,在如实披露要约相关情形的前提下,对于如何措辞并向股东提出是否接受要约的建议可能需要更多顾虑。

比如,在针对汉商集团(600774. SH)的先后两次要约收购中,第一次董事会正面建议接受,而第二次董事会则是建议股东自主决定。第一次,上市公司原大股东汉阳区国资办于2017年11月正式启动,溢价31.81%要约收购5.01%。此次要约收购中,上市公司董事会建议:"截至本报告签署日,考虑到汉商集团股票在二级市场的表现,对于《要约收购报告书》列明的要约收购条件,建议汉商集团股东予以接受,同时建议汉商集团股东在接受要约收购条件时密切关注本次要约收购期间公司股票二级市场的波动情况。"①第二次,2018年11月,上市公司原第二大股东溢价35%要约收购9.5%争夺第一大股东地位。此次要约收购中,上市公司董事会建议:"鉴于汉商集团股票二级市场价格较要约收购价格存在一定波动,董事会建议,汉商集团股东根据本次要约收购期间股票二级市场波动情况决定是否接受要约收购条件。"②

类似地,在曾引起市场诸多关注的通过要约收购控制权的振兴生化(000403. SZ)的案例中,上市公司董事会建议:③

"截至本报告签署日,鉴于:1. ST生化挂牌交易股票具有一定流通性;2. 本次要约收购价格较收购人刊登《要约收购报告书》及摘要前30个交易日ST生化股票二级市场的交易均价及最高成交价均存在溢价;

因此,本公司董事会建议,公司股东根据本次要约收购期间股票二级市场波动情况决定是否接受要约收购条件。同时建议公司股东在接受要约条件时充分关注本次要约收购期间公司股票二级市场的波动情况。"

---

① 汉商集团(600774. SH):《汉商集团董事会关于武汉市汉阳区国有资产监督管理办公室要约收购事宜致全体股东的报告书》,载巨潮资讯网,http://static.cninfo.com.cn/finalpage/2017-11-28/1204171828.PDF。

② 汉商集团(600774. SH):《武汉市汉商集团股份有限公司董事会关于阎志要约收购事宜致全体股东的报告书》,载巨潮资讯网,http://static.cninfo.com.cn/finalpage/2018-12-18/1205675160.PDF。

③ 参见振兴生化(000403. SZ):《振兴生化股份有限公司董事会关于杭州浙民投天弘投资合伙企业(有限合伙)、浙江民营企业联合投资股份有限公司、杭州浙民投实业有限公司要约收购事宜致全体股东的报告书》,载巨潮资讯网,http://static.cninfo.com.cn/finalpage/2017-11-21/1204153950.PDF。

从上述案例可以看出，对于被收购的上市公司而言，其董事会在针对要约收购进行建议时，大概有两种类型：

◎建议接受要约（尤其当大股东增持或拟引进的投资者为要约发起人时），但同时提示关注股价变动风险；

◎不明确建议接受，而是建议股东结合二级市场股价波动等因素自主决定是否接受（针对外部敌意收购，或者虽是友好收购但要约期间二级市场股价上涨导致要约价格相比较反而出现折价）。

就目前实务案例来看，基本未见到上市公司董事会直接建议拒绝接受要约的。笔者理解，考虑到上市公司股票具有一定流动性，而要约价格也具有相当溢价幅度，在要约收购同时不会危及上市公司上市地位或有其他明显损害上市公利益的情形时，作为需要对上市公司整体及公众股东利益负责（而并非仅对原大股东或收购人负责）并负有审慎信义责任的董事会，在没有充分理由基础上直接建议拒绝接受要约，不仅可能会面临监管机构的关注问询，还可能会因涉嫌违反信义责任而面临民事责任诉讼纠纷。

4.8.4 要约期间的各方行为限制

除其主动行为需要遵守相应的行为规范外，相关各方还要遵守一定的行为边界，不能采取规则明确禁止或不当妨碍要约进行的行为。该等行为限制可简要图示如下：（见图 4.22）

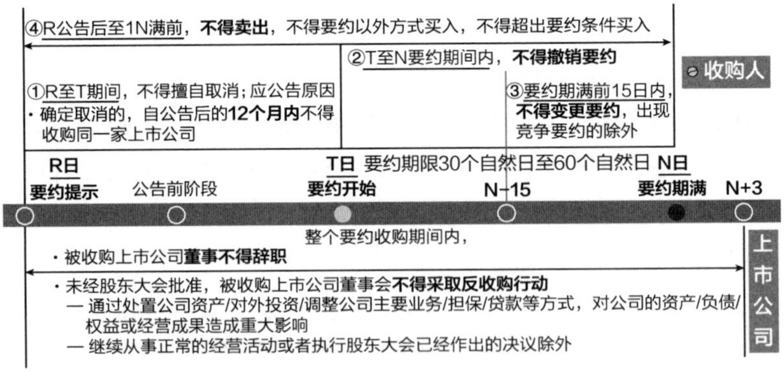

图 4.22 要约收购期间的各方行为限制

4.8.4.1 要约期间针对收购人的行为限制

考虑到公众股东利益及要约收购的严肃性，《收购办法》对要约期间的收购人行为有明确的限制性规定，主要包括：

要约开始前的行为限制

在要约报告书全文公告之前，鉴于要约尚未生效，理论上收购人可以取消要约且不构成违约。但是，不应随意取消要约。考虑到要约摘要业已发布，投资者合理预期已经初步形成，因此，《收购办法》第31条第2款明确规定，“*收购人作出要约收购提示性公告后，在公告要约收购报告书之前*”，收购人拟自行取消收购计划的，应公告原因；而且，“*自公告之日起12个月内，该收购人不得再次对同一上市公司进行收购*”。例如，在永辉超市部分要约收购中百集团（000759.SZ）案中，2019年4月即公布了要约收购报告书摘要，但由于国家市场监督管理总局相关程序包括国家安全审查等因素，收购人迟迟未能发布要约收购报告书全文。最终，经与中百集团原实际控制人友好协商，收购人于2019年12月宣布取消本次要计划，并承诺未来12个月内不再次对上市公司进行收购。[①]

要约有效期内的行为限制

自要约报告书全文发布后要约即已生效，收购人应当受其约束。因此，“*在收购要约约定的承诺期限内*”，即要约正式开始至要约期满的要约期限内，《收购办法》第37条第2款要求，“*收购人不得撤销其收购要约*”。

要约期满前15日（N－15）内的行为限制

原则上，允许收购人在要约开始后变更要约。但是，为使得上市公司股东能有充分的时间审慎决策并考虑是否接受要约条件，以及为防止收购人不公平利用信息优势或不正当损害上市公司股东利益，根据《收购办法》第40条第1款的规定，“*在收购要约期限届满前15日内*”，收购人不得变更收购要约；除非出现竞争要约。

整个要约收购期间内的行为限制

为防止收购人利用要约收购不当套利，《收购办法》第38条进一步阐明，要约收购人自“*收购人作出公告后至收购期限届满前*”，“*不得卖出被收购公司的股票，也不得采取要约规定以外的形式和超出要约的条件买入被收购公司的股票*”。

上述要约收购期间内针对收购人的行为限制，尤其针对其在要约期间内不得卖出以及不得以其他方式买入的要求，监管机构也会予以特别关注。比如，在汇源通信（000586.SZ）的要约收购中，收购人于2018年2月27日通过上市公司汇源通

---

① 参见中百集团（000759.SZ）：《关于永辉超市取消部分要约收购中百集团股份计划的公告》，载巨潮资讯网，http://static.cninfo.com.cn/finalpage/2019-12-17/1207171220.PDF。

信披露了《要约收购报告书摘要》。四川证监局于2018年9月19日出具《关于要约收购四川汇源光通信股份有限公司股份相关事项的监管关注函》(川证监公司〔2018〕83号),要求收购人及其一致行动人披露2月27日披露要约收购事项以来历次减持情况,并说明上述减持行为是否符合《收购办法》第38条。对此,收购人法律顾问发表意见说明,前述减持行为属于被动减持(质押股份遭券商强制平仓被动减持),考虑到主观上并未主动减持,以及对于《收购办法》第38条所规定的收购人作出"公告"后是否包含提示性公告,以及该条所规定的不得"卖出"理解的争议性,因此对于上述行为的合规性存疑。①

4.8.4.2 要约期间针对上市公司的行为限制

对于要约期间的上市公司行为,主要限制体现在如下两方面:

◎被收购公司董事,"*在要约收购期间*"不得辞职(《收购办法》第34条)。

◎被收购公司董事会,自"*收购人作出提示性公告后至要约收购完成前*",不得采取对公司的资产、负债、权益或者经营成果造成重大影响的行为,如"*通过处置公司资产、对外投资、调整公司主要业务、担保、贷款等方式*"。但是该项限制有三项例外情形:(1)经股东大会批准;(2)继续从事正常的经营活动;(3)执行股东大会已经作出的决议。(《收购办法》第33条)

针对《收购办法》第33条限制被收购公司董事会采取反收购行动,实务中站在不同当事方的利益角度可能会有不同理解。尤其在控制权争夺要约中,此类分歧并不少见。比如,在广州基金2017年6月对爱建集团(600643.SH)的要约收购中(初始方案收购30%,后来修订目标降至6.47%),收购人发布要约时上市公司已进入停牌。收购人在其要约摘要中提示风险,"尽管《上市公司收购管理办法》第三十三条规定……但爱建集团仍于6月9日发布《重大资产重组停牌公告》,涉嫌违反相关规定。该重大事项可能会对本次要约收购造成不确定的影响,甚至导致要约收购未能启动、终止或失败"。②其后,上交所向上市公司发出《关于爱建集团相关事项的监管工作函》(上证公函〔2017〕0747号)称,"请你公司依据有关法规,说明在要约收购期间,筹划重大资产重组的合规性和应当履行的决策程序。如需履行决策程序,应当做出明确安排"。

---

① 参见汇源通信(000586.SZ):《关于要约收购等事项关注函回复的提示性公告》及其所附法律意见书,载巨潮资讯网,http://static.cninfo.com.cn/finalpage/2018-10-25/1205531690.PDF。

② 爱建集团(600643.SH):《要约收购报告书摘要(修订稿)》,载巨潮资讯网,http://static.cninfo.com.cn/finalpage/2017-06-15/1203616215.PDF。

对此,上市公司答复如下要点:①

◎"公司对《上市公司收购管理办法》第三十三条规定的理解是,在要约收购期发生的重大资产重组,经股东大会批准后,可以予以推进和实施。……"

◎"判断上市公司董事会决定开展的事项是否违反《上市公司收购管理办法》第三十三条的规定,应当考察上述事项是否是纯粹资产转移的行为,是否会对上市公司的利益造成侵害。公司本次重大资产重组,是基于公司发展的考虑,与广州基金及其一致行动人的要约收购行为无关。从目前初步筹划的方案看,公司本次重大资产重组为资产收购行为,交易对方为独立第三方,不涉及本公司资产转移行为,不会对上市公司的利益造成侵害。……"

◎"另外,公司本次重大资产重组……于2017年5月25日起进入程序。(广州基金)的收购报告书摘要的提示性公告于公司启动重大资产重组程序后的2017年6月3日作出。对于延续到要约收购期间的重大资产重组行为,《上市公司收购管理办法》并未有明确的禁止性条款。从公平监管的理念去理解,既不能因重大资产重组而侵害要约收购的利益,也不能因要约收购而侵害重大资产重组的利益。"

类似情况同样发生在2017年的ST生化(000403.SZ)的要约收购中。在ST生化(000403.SZ)的要约收购案中,上市公司在2017年6月21日收到收购人签署的要约摘要时当日下午便宣布紧急停牌。上市公司同样收到了深交所下发的《关于对振兴生化股份有限公司的关注函》(公司部关注函〔2017〕第87号)。深交所要求上市公司说明筹划重组事项是否符合《收购办法》第33条的规定,并要求独立董事发表明确意见,要求法律顾问进行核查并出具专项意见。对此,上市公司答复要点如下:②

◎"公司根据筹划中的资产重组事项进程于2017年6月21日主动向深圳证券交易所提出申请并于当日下午开市起停牌;2017年6月28日,公司披露《重大资产重组停牌公告》,并自当日开市起继续停牌,公司停牌事项符合《上市公司重大资产重组管理办法》及深圳证券交易所关于重大资产重组事

---

① 参见爱建集团(600643.SH):《上海爱建集团股份有限公司关于对监管工作函的回复公告》,载巨潮资讯网,http://static.cninfo.com.cn/finalpage/2017-06-21/1203634769.PDF。

② 参见振兴生化(000403.SZ):《振兴生化股份有限公司关于深圳证券交易所〈关注函〉的回复公告》,载巨潮资讯网,http://static.cninfo.com.cn/finalpage/2017-07-07/1203686076.PDF。

项停复牌的相关规定。”

◎“公司收到收购人出具的要约收购报告书摘要，拟对公司进行要约收购。2017 年 6 月 28 日公司公告要约收购报告书摘要的提示性公告。”

◎“由于公司在筹划重大资产重组期间收到收购人对公司的要约收购事项，不属于《上市公司收购管理办法》第三十三条规定的在收购人作出提示性公告后至要约收购完成前进行重大资产重组行为，因此不存在违反《上市公司收购管理办法》第三十三条规定的情况。”

针对上述不同角度的答复解释，不同的利益主体可能会有不同的理解和争议，监管机构在这方面目前也无明确的倾向性指引或定论。随着 2018 年 11 月停牌新政以来，目前上市公司包括筹划重大重组期间基本也很难长期停牌，所以要约收购与上市公司停牌之间的矛盾可能暂时得以缓解。尽管如此，在敌意收购发生时，上市公司仍有动因采取相应的应对措施，而这些措施的边界在哪，或者说针对《收购办法》第 33 条的合理理解应如何把握，可能还需要收购案例中监管机构的政策导向甚至法院或仲裁庭的司法裁判去观察和验证。

4.8.5 要约变更与竞争性要约

针对要约变更及竞争性要约，实务中不是很常见。尽管如此，《收购办法》对要约变更以及竞争性要约也规定了一些基本要求，简要图示如下：（见图 4.23）

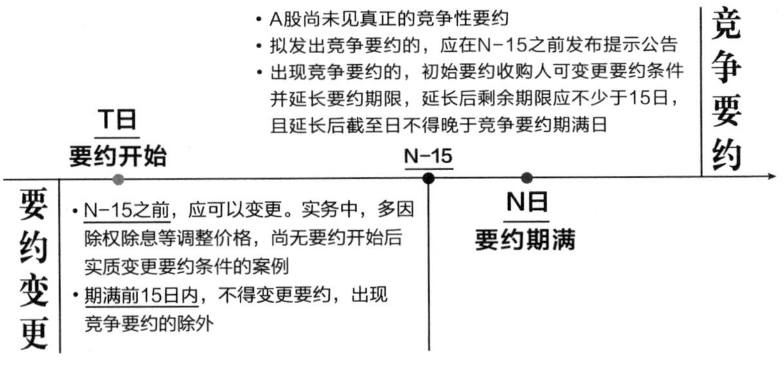

图 4.23 要约变更与竞争要约

针对要约变更，尤其值得一提的是，2020 年 3 月生效的新《证券法》第 68 条以及 2020 年 3 月修订的《收购办法》第 39 条第 2 款都明确要求要约变更不得存在如下情形：（见图 4.24）

图 4.24 新《证券法》对要约变更规则的调整

4.8.6 要约期满后的清算交割

要约结束后，受到要约价格的溢价幅度、期间二级市场股价变化、收购人背景、上市公司及其大股东态度以及其他诸多因素影响，最终的要约结果可能会各有差异：

◎要约失败/未生效，若要约设置了先决条件尤其是最低预受比例门槛，最终预受不理想未达到最低门槛，则要约自始不生效。收购人无义务收购任何股份。这里可能发生的尴尬局面是，如果收购人先前设置了门槛，但后来想法改变即便未达到门槛也仍然想收购已预受的部分，此时可能无法通过本次要约进行了，因为本次要约自始未生效。

◎部分要约中收购全部预受股份，在部分要约收购中，假设要约未设置最低门槛比例，或者设置了门槛而预受股份也达到了门槛但未达到设定的最终收购目标，则要约已生效，收购人需要收购全部已预受的股份。

◎部分要约中按比例收购预受股份，在部分要约收购中，预受要约股份的数量超过预定收购数量时，收购人应当按照同等比例收购预受要约的股份。也就是说，超比例预受的情况下，每一个股东都不能将其手中的全部股票沽空，大家只能按同等比例出售一部分；对于超过预定收购比例的股票则解除其临时保管。

◎全面要约中收购全部预受股份，在全面要约收购中，包括因触发要约收购义务或者不符合豁免而发出全面要约或者自愿发出私有化全面要约，收购人应当收购股东预受的全部股份。

对于收购人来讲，清算交割的核心工作是足额缴付收购价款。收购人应在要约期满后 3 个交易日内，将含税费的收购资金（扣除先前已缴付的履约保证金）足额存入中国结算分公司结算备付金账户。对于先前缴付的履约保证金在临时保管账户期间的利息，归属于收购人，由中国结算在季度结息日后划付至收购人委托的证券公司备付金账户。①

相反,如果收购人不能足额支付收购资金甚至拒绝履约,则将面临严重的法律后果(《收购办法》第78条):

◎收购人,自该事实发生之日起3年内不得收购上市公司,中国证监会不受理收购人及其关联方提交的申报文件;

◎收购人,涉嫌虚假披露、操纵证券市场的,中国证监会对收购人进行立案稽查,依法追究其法律责任;

◎收购人财务顾问,没有充分证据表明其勤勉尽责的,自收购人违规事实发生之日起1年内,中国证监会不受理该财务顾问提交的上市公司并购重组申报文件,情节严重的,依法追究法律责任。

总之,在要约业已生效的前提下,要约期限届满后3个交易日内,收购人应通过证券公司"*向证券登记结算机构申请办理股份转让结算、过户登记手续*"(《收购办法》第43条第2款)。

4.9 要约收购的目的及应用场景

收购人在《要约收购报告书》中需要披露其收购的目的。以2020~2022年度要约收购为例,要约收购的目的主要包含如下几种情形:(见图4.25)

图4.25 要约收购的目的——以2020~2022年度要约为例

---

① 参见深交所《上市公司要约收购业务指引(2016年修订)》。

实务中,有直接通过发起自愿要约而收购上市公司控制权的。比如,格兰仕于 2020 年 8 月发布《要约收购报告书摘要》,发起自愿要约收购惠而浦(600983. SH)的 61% 股份的部分要约,并将预受达到 51% 的控股门槛作为要约生效的先决条件。①截于 2021 年 5 月,该项交易已完成交割,其交易结构如图 4. 26 所示:

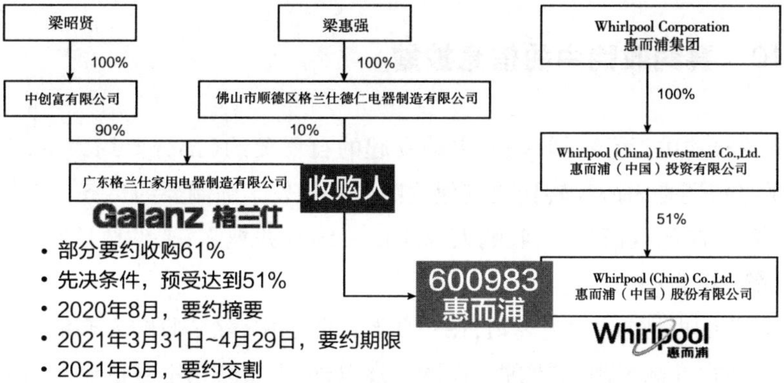

图 4. 26 [案例]格兰仕部分要约收购惠而浦(600983. SH)——通过自愿要约收购控制权

再者,上文提及的 ST 生化(000403. SZ)也是典型的直接通过要约收购控制权的案例。其交易结构如图 4. 27 所示:

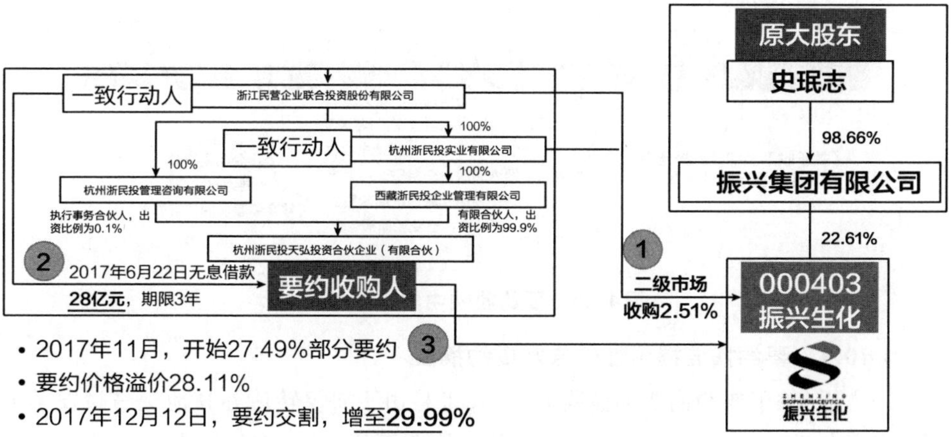

图 4. 27 [案例]浙民投部分要约收购 ST 生化(000403. SZ)——通过自愿要约收购控制权

① 参见惠而浦(600983. SH):《要约收购报告书摘要》,载巨潮资讯网,http://static.cninfo.com.cn/finalpage/2020-08-26/1208249558.PDF。

另外，市场上也出现过不同的收购人针对同一家上市公司先后两次发出了不同的要约，争夺控制权。总之，要约收购有多种实务应用场景。除了一般的财务性投资以外，其既可以作为现有大股东巩固控制权的增持手段，也可以成为外部收购人收购甚至争夺控制权的有力武器。（详见第10章）

4.10 要约收购中的信息披露

在要约收购中，无论是收购人主动发起的自愿要约（部分要约为主，个别私有化全面要约），还是因协议转让或其他收购方式触发了强制要约义务且不符合豁免要约条件而发起的全面要约，收购人都应依法编制并披露《要约收购报告书摘要》及《要约收购报告书》。

根据《收购办法》等相关规则，在一项要约收购中，除了收购人要依法依据证监会第17号格式准则编制《要约收购报告书》以外，上市公司本身也要对该项要约收购进行尽职调查，上市公司董事会应按照证监会第18号格式准则编制关于要约收购事宜的《致全体股东的报告书》。

要约收购过程中的信息披露安排可以简要图示如下：（见图4.28）

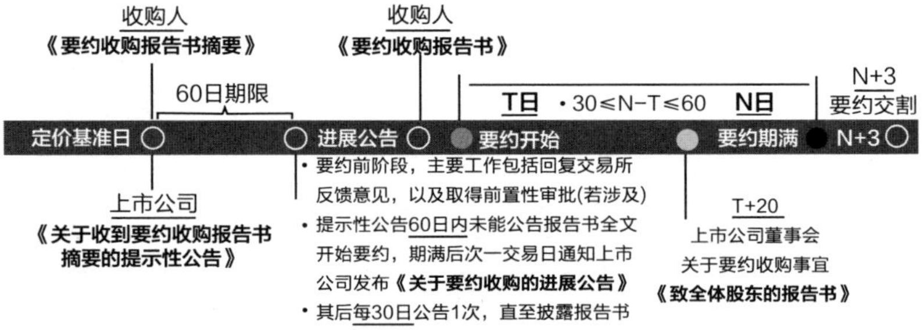

图4.28 要约收购中的信息披露

4.10.1 要约摘要提示性公告及要约摘要

一方面，关于要约摘要的披露时点，如果是由于协议转让等其他交易触发了强制要约义务且不符合豁免要约条件而发起的全面要约，应在触发全面要约义务的其他交易的交易文件签署后3个交易日内披露；而如果是自愿发起的部分要约，其披露时点则由收购人自行决定。如上文分析，由于要约提示性公告是要约价格的定价基准日，其发布时机的选择直接关系到要约收购的成本控制并事关要约收购最终能否成功。因此，在做好保密工作的前提下，收购人需在综合研判后根据市场窗口择机选择要约摘要提示性公告的发布时机。

另一方面,就内容来看,证监会第17号格式准则提供了明确的规范指引。与后续正式启动要约所需要披露的《要约收购报告书》全文相比,《要约收购报告书摘要》除需要披露报告书扉页应予以提示的重要事项及收购人声明以外,仅需要先行披露报告书全文的如下章节,其余内容则留待报告书全文公布时再予以披露:

◎收购人介绍;

◎要约收购的决定及目的;

◎财股顾问、律师等专业机构的意见。

4.10.2 《要约收购报告书》全文

公布《要约收购报告书》全文是正式启动要约收购的前提。报告书全文公布前阶段的主要工作是取得一些前置性政府审批,比如国资委的相关审批以及市场监督总局的反垄断审批等。即便对于不需要取得前置性审批的交易,实务中往往也需要区分两个阶段先行发布摘要后续再披露报告书全文(有极少数案例是同日公布了摘要及报告书全文)。其主要原因在于交易所会对提交的《要约收购报告书》有审核反馈,收购人在答复完相关反馈并令交易所满意后方可公布报告书全文。另外,如果要约摘要提示性公告后60日内不能完成前置审批(如适用)或无法满意答复交易所关于要约收购的反馈问题,从而无法公告《要约收购报告书》全文而正式启动要约收购,则需要及时公告要约收购进展,并且其后每30日公告一次进展。

对于《要约收购报告书》需要披露的内容,根据《收购办法》第29条、第49条相关规定,除涉及收购方案中的要约生效先决条件(如上述第4.5节分析,A股要约多为无条件要约)以及要约期限(30个自然日至60个自然日)以外,有关收购方案的其他事项(收购数量、收购价格、收购目的、资金安排)、收购人与上市公司之间的同业竞争及关联交易事项、前期特定时间内的二级市场交易以及与上市公司重大交易以及后期对上市公司的后续安排等,均与《上市公司收购报告书》的内容实质相同。

4.10.3 上市公司董事会报告

根据《收购办法》第32条的规定,“*被收购公司董事会应当对收购人的主体资格、资信情况及收购意图进行调查,对要约条件进行分析,对股东是否接受要约提出建议,并聘请独立财务顾问提出专业意见。在收购人公告要约收购报告书后20日内,被收购公司董事会应当公告被收购公司董事会报告书与独立财务顾问的专业意见*”。

一方面,上市公司董事会报告—实务中通常命名为×××公司董事会关于×

××收购人要约收购事宜《致全体股东的报告书》,其发布期限是在要约收购报告书全文公布后20日内。另一方面,上市公司董事会报告书的内容应根据证监会第18号格式准则予以编写。其主要内容是有关收购人基本情况及收购目的的调查情况,核心落脚点是根据前述调查以及对要约收购条件(包含价格等条款)的分析,向上市公司全体股东提出关于是否接受要约的建议。如上文第4.8.3.3节分析,A股要约中,通常很少有董事会明确建议股东拒绝接受要约的情况。

4.10.4 接受要约一方(减持方)的披露

根据《收购办法》的规定,上市公司现有股东如果减持幅度达到5%需要披露《简式权益变动报告书》,达到1%则需要披露《权益变动提示公告》。此类披露的适用情形主要包括因协议转让或二级市场交易等主动减持的情形。而对于要约收购中接受要约的一方是否也需要披露以及应如何披露的问题,现有规则似乎并不十分明确。

实务中,比如在上述提及的建新矿业(000688.SZ)要约收购案例中(见图4.19),签署了《预先接受要约收购的协议》的相关股东在预受协议签署后,均相应披露了《简式权益变动报告书》;而在同样存在特定股东预受安排的玉龙股份(601028.SH)要约收购案例中(见图4.17),除了要约收购相关公告以外,并未见相关预受股东单独披露权益变动报告书。另外,从其他绝大部分要约收购案例来看,作为减持方的现有股东通常也未单独披露权益变动报告书。对此,笔者理解其中一个原因可能是,对于超过要约目标预受的收购最终需要按比例收购,因此大部分要约中单一股东的最终出售比例可能多低于5%,因此减持方往往无须单独披露。但是,在新《证券法》于2020年3月1日生效后,权益变动幅度达到1%的相关股东也需要披露相应信息。该等情况下,在今后的要约收购案例中,如果有股东因接受要约最终减持的比例达到了1%,笔者认为,该等股东也需要通过上市公司履行相应的披露义务。

4.10.5 豁免《上市公司收购报告书》的编制

需要明确的是,对于因协议转让或其他收购方式触发了强制要约义务(收购后比例累计超30%)且不符合豁免要约条件而发起全面要约的,根据《收购办法》第30条的规定,收购人免于编制证监会第16号格式准则所要求的《上市公司收购报告书》,只需要根据证监会第17号格式准则编制《要约收购报告书》即可。

中篇

信息披露与转让限制

第5章

上市公司收购中的信息披露与交易敏感期

5.1 上市公司收购中的二级市场交易

实务中,上市公司的收购方式通常包含如下几种:(见图5.1)

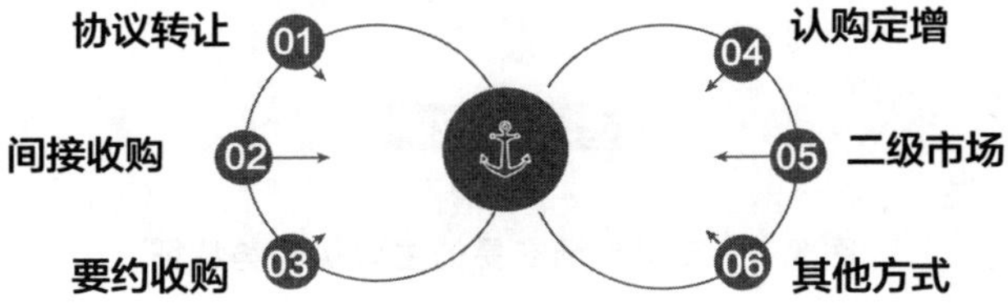

图5.1 上市公司收购的主要方式

就上述收购方式而言,协议转让、间接收购、要约收购等几种收购方式在前文第1章至第4章已有详细介绍,定增及其他方式将另文分析。本章在详细分析信息披露相关事项之前,对二级市场交易的主要特点先进行下简要介绍。

二级市场交易属于典型的"场内交易",其实务应用要比另一种场内交易——要约收购更为频繁。所谓二级市场交易,即《证券法》及《收购办法》中所提及的"*通过证券交易所的证券交易*"。根据沪深交易所执行《收购办法》相关通知的规定,[①]二级市场交易具体又包括两种主要交易方式:

---

① 参见上海证券交易所《关于执行〈上市公司收购管理办法〉等有关规定具体事项的通知》(上证公字〔2009〕3号)(根据2020年9月11日发布的《上海证券交易所上市公司自律监管规则适用指引第1号——重大资产重组》,前述执行通知已废止);深圳证券交易所《关于严格执行〈上市公司收购管理办法〉等有关规定的通知》(2008年12月2日发布)第1条[根据2022年1月发布的《深圳证券交易所上市公司自律监管指引第10号——股份变动管理》(深证上〔2022〕22号),此文件已被废止]。

◎通过竞价交易系统买卖上市公司股份；

◎通过大宗交易系统买卖上市公司股份。

而对于上交所科创板上市公司，则还有第三种二级市场交易方式，即“盘后固定价格交易”。与沪深交易所其他板块大宗交易系统中的“固定价格申报”有所不同，科创板的该等交易方式是一种全新的二级市场交易方式，“*指在收盘集合竞价结束后，本所交易系统按照时间优先顺序对收盘定价申报进行撮合，并以当日收盘价成交的交易方式*”。①

与其他几种收购方式相比，二级市场交易有着鲜明的特点，其主要优劣势特征如下：（见图5.2）

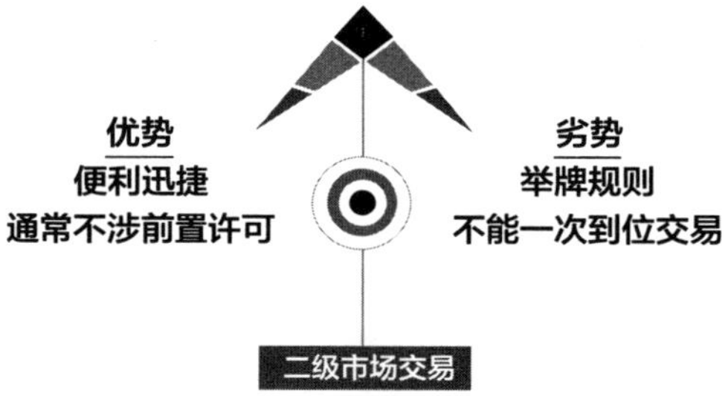

图5.2 二级市场交易的主要优劣势特征

一方面，二级市场交易的一个明显优势就是其交易的便利迅捷。二级市场交易通常无须前置许可或审核程序（达到一定规模的国有股二级市场交易除外），交易双方经由其证券账户及资金账户通过证券交易所的系统在线完成股票过户及资金清算交割，其后进行事后的信息披露（若触发披露门槛）。相比较而言，协议转让需要办理交易所合规确认及中国结算的过户登记等手续，间接收购需要工商变更登记等场外手续，要约收购需要事先披露要约收购报告书以及交易所审核等。这些收购方式往往需要相对较长的完成周期。

另一方面，二级市场交易相比较其他收购方式也有着明显的劣势。这主要体现在二级市场交易的“举牌”规则限制。根据《证券法》《收购办法》的规定，当权益比例达到5%以及其后增减变动幅度每达到5%时，都要在3日内进行相应的权益变动信息披露，而且在首次举牌的公告披露前或者后续变动的权益报告披露前以及披露后3日内，不得继续买卖。前述信息披露及交易停顿要求的两个直接影响：

① 《上海证券交易所科创板股票交易特别规定》（上证发〔2019〕23号）第10条。

(1)由于信息披露可能导致市场预期产生进而影响股价波动,可能会增加后续收购的成本;(2)由于每达到5%变动幅度都要披露并停顿一次,导致完成最终收购目标的整体时间周期拉长并可能增加交易的不确定性。

因此,尤其对于预期收购目标权益比例较高或涉及控制权的交易而言,二级市场交易往往只是配合其他主要交易方式(协议转让或间接收购等)而作为收购组合拳中的辅助安排,或者作为前期铺垫或后续巩固措施的安排。

从信息披露角度,二级市场交易更具有隐蔽性,可以"先斩后奏"——先交易后披露。相比较而言,协议转让、要约收购或认购增发等其他几种方式,则往往要事先经过证监会或交易所的审核把关,经审核无异议或批准、注册后才能完成过户交割或新股登记。因此,从信息披露的角度,二级市场交易的信披违规发生频率可能更高,而其他几种收购方式中的信披合规往往更为谨慎。基于不同的交易特点,《证券法》《收购办法》在针对相关信息披露及交易敏感期规则的设计方面也各有侧重。下文将详细分析。

而在详细展开分析之前,有必要厘清一下《收购办法》等监管规则中涉及的几个基本法律术语。不同语境下,所涉及的监管要求、披露规则、法律程序等都会有所差异。(见图5.3)

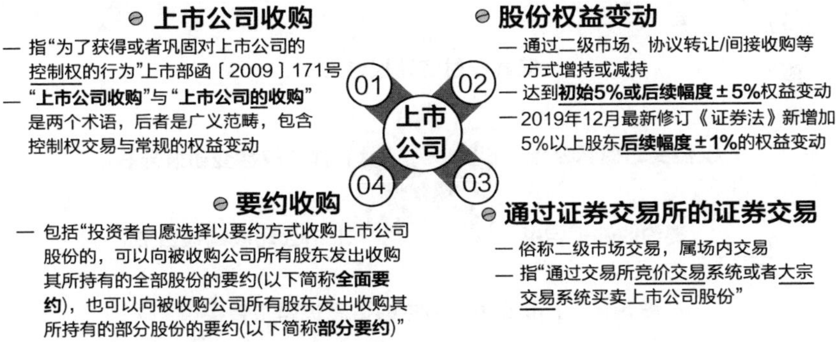

图 5.3 上市公司收购中的几个基本法律术语

5.2 上市公司收购中的信息披露与交易敏感期

如文首提及,上市公司收购的主要方式包括协议转让、间接收购、认购定增、要约收购以及二级市场交易等。无论具体的收购方式为何,当权益持有比例或变动幅度达到一定门槛或节点,权益相关方(增持方或减持方,以及特定情形下的上市公司本身)都有义务进行相应的信息披露。

就现行监管框架来看,涉及上市公司收购信息披露的相关规则主要包括如下方面:(见图 5.4)

基础规则

- 证券法,**《中华人民共和国证券法》**第四章,主席令第三十七号,2019年12月28日修订,2020年3月1日生效
- 收购办法,**《上市公司收购管理办法》**,2006年5月发布,2020年3月最新修订,证监会令2020年第166号
- 持股变动规则,**《上市公司董事、监事和高级管理人员所持本公司股份及其变动管理规则(2022年修订)》**,2022年1月5日修订,证监会公告[2022]19号

证监会格式准则

- 15号准则,《权益变动报告书》(2020年3月修订)
- 16号准则,《上市公司收购报告书》(2020年3月修订)
- 17号准则,《要约收购报告书》(2022年1月修订)
- 18号准则,《被收购公司董事会报告书》(2020年3月修订)
- 55号准则,北交所上市公司权益变动报告书、上市公司收购报告书、要约收购报告书、被收购公司董事会报告书;2021年11月15日实施

交易所监管指引

- 证监会,监管规则适用指引—上市类第1号,2020年7月31日
- 上交所,自律监管指引第8号—股份变动管理,上证发[2022]9号;权益变动信息披露业务指引,2018年4月意见稿
- 深交所,自律监管指引第10号—股份变动管理,深证上[2022]22号;权益变动信息披露业务指引,2018年4月意见稿
- 北交所,协议转让等实施细则

图 5.4　上市公司收购信息披露的监管框架

根据上述相关规则,在收购上市公司的过程中,基于所涉及的权益持有或变动幅度的不同比例或者收购方式的差异,通常会触发如下几种不同类型的信息披露:(见图 5.5)

图 5.5　上市公司收购中的信息披露报告类型

一方面,并非所有的增持行为或减持交易都将触发信息披露义务。只有当相关权益持有比例达到一定门槛或变动幅度达到一定比例,增持方/减持方才有义务进行相应的信息披露。根据《证券法》《收购办法》等相关规则,上市公司收购中的信息披露门槛及主要节点如图 5.6 所示:

图 5.6　上市公司收购信息披露的门槛及主要节点

在此需要特别提及的是，2020 年 3 月 1 日生效的新《证券法》对权益变动的信息披露规则进行了适当的调整，尤其是增加了变动幅度 ±1% 的披露要求以及强化了敏感期买卖的违规后果。该等规则调整的要点可简要归纳如下：（见图 5.7）

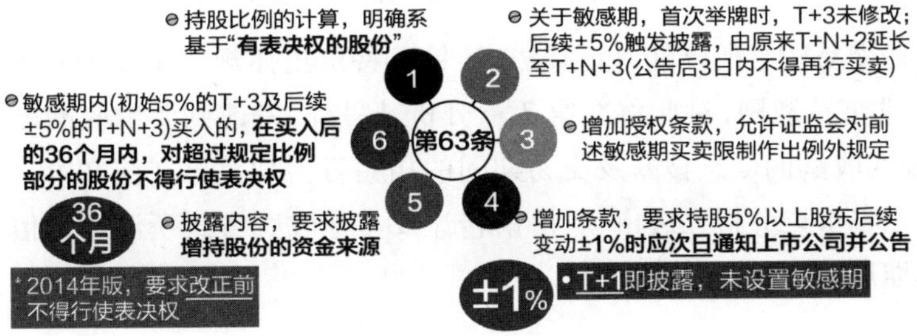

图 5.7　新《证券法》对权益变动披露规则的调整

上述相关规则将在下文详述。

另一方面，按照相关信息披露规则要求，在依法进行信息披露期间，相关主体（增持方或减持方）还需要遵守一定的交易敏感期限制，在特定期限内不得继续进行交易。就现有监管框架来看，有些限制主要是考虑到相关交易方式（如二级市场交易）的特征，当上市公司权益分布发生重要变化时，给予市场一定的时间缓冲去了解消化相关权益变动的基本情况以及判断该等变动所可能产生的影响，进而有一定的时间作出投资判断或决策。以此在收购人/减持方以及其他投资者之间维系相对的信息平衡。另外一些规则限制则主要是考虑到内幕信息的防控，在特定期间内针对因其任职或特定角色而客观上事先知悉股价敏感信息的特定人员进行一定的行为规范，比如针对上市公司控股股东或实际控制人以及上市公司董监高等特定主体，在财务报告发布前或重大事项决策期间的交易限制等。

简言之,在现行证券交易监管规范框架下,主要涉及如下几种类型的交易敏感期窗口限制:(见图 5.8)

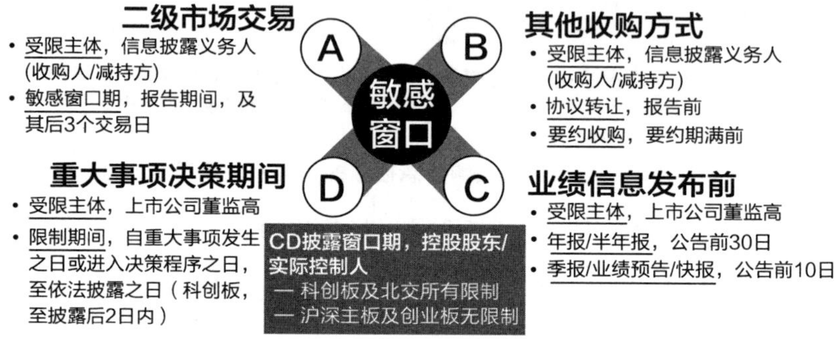

图 5.8　特定期间内禁止股票买卖的交易敏感期类型

除上述交易敏感期以外,《证券法》还针对特定主体规定了 6 个月内禁止反向操作的短线交易规则,对此将在第 7 章分析。另外,考虑到要约收购方式的独特性,有关要约收购的信息披露及交易期间的相关行为规范已在前文第 4 章有专门分析。本章将重点分析二级市场、协议转让及其他收购方式所涉及的信息披露及交易敏感期规则。

5.3　信息披露的初始门槛及常规节点

根据《证券法》及《收购办法》等相关披露规则,在上市公司收购中将会触发信息披露义务的初始门槛及常规节点如图 5.9 所示:

图 5.9　上市公司收购信息披露的初始门槛及常规节点

5.3.1　初始门槛 5%(首次举牌线)

5.3.1.1　*初始 5% 首次举牌线的披露规范*

《证券法》第 63 条第 1 款规定:

“通过证券交易所的证券交易,投资者持有或者通过协议、其他安排与他人共

同持有一个上市公司已发行的有表决权股份达到百分之五时，应当在该事实发生之日起三日内，向国务院证券监督管理机构、证券交易所作出书面报告，通知该上市公司，并予公告，在上述期限内不得再行买卖该上市公司的股票，但国务院证券监督管理机构规定的情形除外。”

《收购办法》第13条第1款有类似规定：“*通过证券交易所的证券交易，投资者及其一致行动人拥有权益的股份达到一个上市公司已发行股份的5%时，应当在该事实发生之日起3日内编制权益变动报告书，向中国证监会、证券交易所提交书面报告，通知该上市公司，并予公告；在上述期限内，不得再行买卖该上市公司的股票，但中国证监会规定的情形除外。*”

上述规定的“*达到百分之五*”，即所谓的二级市场“首次举牌线”。于该初始举牌线节点—持股首次达到5%时（T日），需要在T+3日内公告；并且在T+3公告期间内不得继续买卖。该规则可以简要图示如下：（见图5.10）

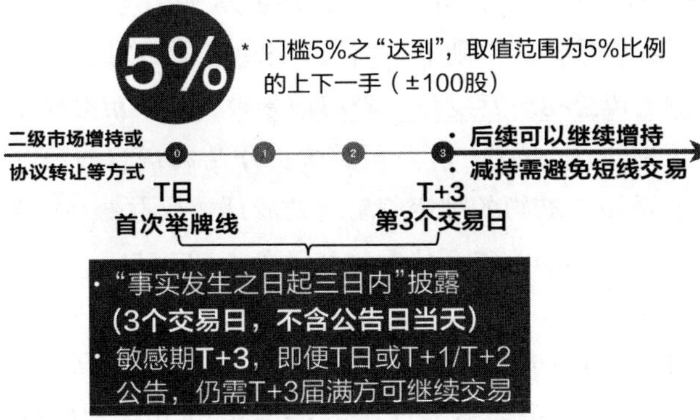

图5.10 初始门槛5%（首次举牌线）的披露规范

5.3.1.2 *初始5%首次举牌线门槛的计算*

一方面，此处的5%不仅仅限于收购人直接持有的股票，还包括其“*通过协议、其他安排与他人共同持有*”的股票，比如通过控制上市公司股东所间接持有的或者通过一致行动协议或表决权委托或股份托管协议等安排所持有的。另一方面，与之前规则相比，2020年3月生效的新《证券法》将5%持有权益的标的对象明确为“*有表决权股份*”。因此，在考虑是否触发信息披露门槛时，其所持有的无表决权的优先股将不会被纳入计算。

另外，在确定是否“达到”前述比例时，实践中取值范围为该持股比例的前后一手（100股）之内。

5.3.1.3 触及5%首次举牌线的增持方式

需要明确的是,虽然《证券法》第63条规定的是“*通过证券交易所的证券交易*”,但触及首次举牌线5%时需要进行信息披露的增持方式并非仅仅限于二级市场增持。

通过协议转让、间接收购、认购增发等方式增持或减持达到5%门槛的,也需要进行相应的信息披露。

对此,《收购办法》第14条第1款明确规定:“*通过协议转让方式,投资者及其一致行动人在一个上市公司中拥有权益的股份拟达到或者超过一个上市公司已发行股份的5%时,应当在该事实发生之日起3日内编制权益变动报告书,向中国证监会、证券交易所提交书面报告,通知该上市公司,并予公告。*”

《收购办法》第15条进一步规定:“*投资者及其一致行动人通过行政划转或者变更、执行法院裁定、继承、赠与等方式拥有权益的股份变动达到前条规定比例的,应当按照前条规定履行报告、公告义务,并参照前条规定办理股份过户登记手续。*”

另外,证监会第15号格式准则——《权益变动报告书》第28条也规定:“*信息披露义务人拟取得上市公司向其发行的新股而导致其在上市公司中拥有权益的股份变动达到法定比例的,应当在上市公司董事会作出向信息披露义务人发行新股决议之日起3日内,按照本准则的规定编制简式或详式权益变动报告书……*”

5.3.1.4 首次举牌线5%信息披露的期限要求(T+3)

在投资人持股触及首次举牌线5%时,“*应当在该事实发生之日起三日内*”进行信息披露。针对《收购办法》第13条中的期限,证监会在2020年7月所发布的《监管规则适用指引——上市类第1号》之“1-15 上市公司收购相关事项”第4条曾指出,该条中的期限“*是指交易日,不含公告日当天*”。

而关于上述期限的起算点——“*事实发生之日*”,则需要结合不同的权益变动方式相应确定。对于二级市场交易而言,起算时点相对清晰明确,即是证券账户权益变动达到规定比例的时间点。而通过二级市场交易以外的其他方式增持,对于如何确定“*事实发生之日*”,根据证监会上述规则适用指引,则需要结合交易的具体方式确定:(见图5.11)

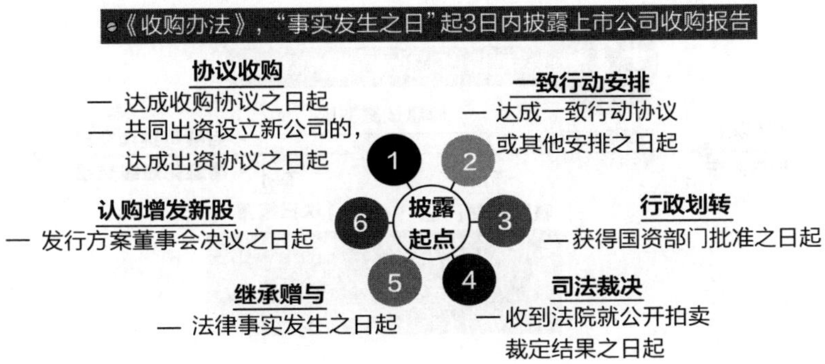

图5.11　信息披露期限要求的起算点——"事实发生之日"

5.3.1.5　*初始5%门槛披露后的交易敏感期*

根据《证券法》第63条第1款以及《收购办法》第13条第1款的规定，在收购人通过二级市场交易，拥有权益的股份达到一个上市公司已发行有表决权股份的5%时，应当"*在该事实发生之日起三日内*"进行披露，而且，"*在上述期限内*"不得再行买卖该上市公司的股票。

与后续权益变动的敏感期限制规则（详见下述第5.3.3节）相比较，达到初始5%门槛的敏感期限制并非"*公告前*"，而是使用的"*在上述期限内*"的措辞。这似乎意味着，并非一旦公告收购人就可以立即继续增持，而是必须等到前述"*事实发生之日起三日内*"的期限届满后，收购人方可继续交易。举例来讲，比如收购人在增持达到5%当天T日或者第二天（T+1）就公告了，那么在T+2或T+3时，收购人依然不可以继续增持，只能等到T+4或之后方可继续增持。

5.3.2　持股5%以上股东后续±1%幅度的权益变动

5.3.2.1　*后续±1%幅度权益变动的披露规范*

2020年3月生效的新《证券法》在信息披露规则方面的一个重要调整是其第63条增加第3款，规定如下：

"投资者持有或者通过协议、其他安排与他人共同持有一个上市公司已发行的有表决权股份达到百分之五后，其所持该上市公司已发行的有表决权股份比例每增加或者减少百分之一，应当在该事实发生的次日通知该上市公司，并予公告。"

关于±1%权益变动的披露规则可以简要图示如下：（见图5.12）

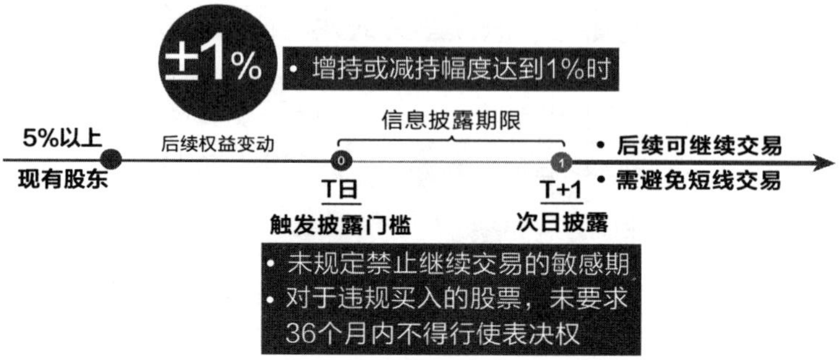

图 5.12　新《证券法》新增披露要求——权益变动 ±1%时

新《证券法》之前,关于 ±1% 权益变动需要披露的规则要求比较分散,主要体现在如下特殊情形:

◎控股股东、实际控制人,通过二级市场买卖,增加或者减少比例达到 1%,应当在该事实发生之日起二个交易日内就该事项作出公告;①

◎持股 30% 之后的增持(持股 30% 以上股东的后续年度 2% 爬行增持,或者持股 50% 以上股东的后续增持),通过集中竞价增持累计增持比例达到 1% 的,应在该事实发生之日通知上市公司,上市公司及时发展增持进展公告;②

◎减持规范,控股股东、实际控制人及其一致行动人减持达到公司股份总数 1% 的,还应当在该事实发生之日起 2 个交易日内就该事项作出公告;③

◎增持规范,沪深交易所 2018 年 4 月发布的《上市公司收购及股份权益变动信息披露业务指引(征求意见稿)》规定,拥有权益的股份达到或超过已发行股份的 5% 后,其拥有权益的股份每增加或减少达到 1% 的应当及时通知上市公司,并披露权益变动提示公告。④

相比较而言,新《证券法》第 63 条第 3 款实际上是将 2018 年 4 月沪深交易

---

① 参见深交所上市公司规范运作指引(2015 年版)4.2.25 条(中小板)。

② 参见上交所 20120418,《上市公司股东及其一致行动人增持股份行为指引》第 6 条。深交所上市公司规范运作指引(2015 年版)第 4.4.2 条(主板)、第 4.4.2 条(中小板)、第 4.4.2 条(创业板)。深交所规范指引已于 2020 年更新。

③ 参见上交所 20170527,《上海证券交易所上市公司股东及董事、监事、高级管理人员减持股份实施细则》第 14 条;深交所 20170527,《深圳证券交易所上市公司股东及董事、监事、高级管理人员减持股份实施细则》第 13 条。

④ 参见上交所 201804,《上市公司收购及股份权益变动信息披露业务指引(征求意见稿)》第 6 条;深交所 201804,《深圳证券交易所上市公司收购及股份权益变动信息披露业务指引(征求意见稿)》第 8 条。

所《上市公司收购及股份权益变动信息披露业务指引(征求意见稿)》的有关内容予以正式立法确认。而且,与先前分散在各部门规章或交易所规范指引中的相关要求相比较,《证券法》对后续 ±1% 权益变动信息披露的统一要求有如下特点:

◎披露义务主体,持股“*达到百分之五*”的股东。与原规则相比,不再限于控股股东、实际控制人。适用主体范围扩大。

◎适用情形,持股 5% 以上股东后续“*每增加或者减少百分之一*”时。与原规则相比,不再限于 30% 以上股东的年度 2% 爬行增持或 50% 以上股东的后续增持,也不再仅限于二级市场的增持。适用情形增加。

◎披露时点,应在“*该事实发生的次日*”通知上市公司并公告。相较于原规则所允许的 2 个交易日,披露节点要求更加及时。

5.3.2.2 后续 ±1% 幅度权益变动的披露内容

就信息披露的内容要求来看,后续 ±1% 权益变动信息披露内容仅作基础要求,而无须如同初始 5% 或后续 ±5% 权益变动时需要按证监会格式准则编制《权益变动报告书》。根据沪深交易所2020 年2 月发布的执行新《证券法》相关工作通知,[①]持股 5% 以上股东的后续 ±1% 权益变动应当按照新《证券法》第 63 条的规定,通知该上市公司发布包含如下基础信息的提示性公告:(见图 5.13)

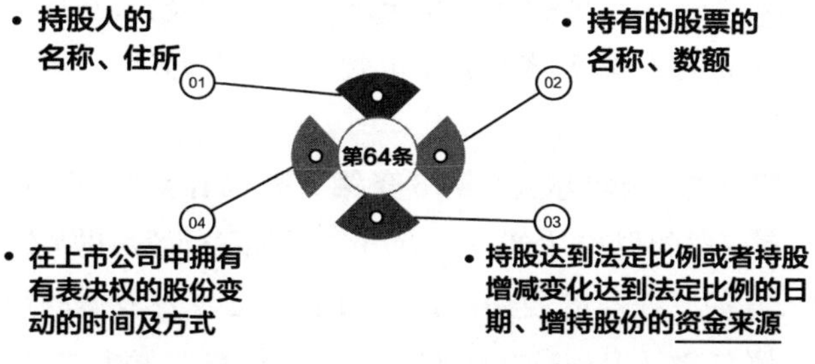

图 5.13 新《证券法》对权益变动信息披露的基础要求

相比较而言,达到初始 5% 及后续 ±5% 权益变动时,相关披露义务主体则需要按照证监会格式准则编制有更为详细内容的《权益变动报告书》(详见下述第 5.5 节)。

---

① 参见上交所 20200228,《关于认真贯彻执行新〈证券法〉做好上市公司信息披露相关工作的通知》(上证发〔2020〕9 号);深交所 20200228,《关于认真贯彻执行新证券法做好上市公司信息披露相关工作的通知》(深证上〔2020〕128 号)。

5.3.2.3 后续±1%权益变动的交易敏感期和违规后果

就披露后限制交易的敏感期及违规后果而言，±1%权益变动的监管要求与初始5%或后续±5%权益变动时的规则相比存在如下差异：

◎交易敏感期，权益变动触及±1%门槛时，要求次日披露，但并未设置一定期限内不得继续买卖的交易敏感期。而初始5%首次举牌线时则有T+3的敏感期设置（详见上述第5.3.1节），后续±5%权益变动时也有T+N+3的敏感期要求（详见下述第5.3.3节）。

◎违规后果，与初始5%或后续±5%权益变动时的违规后果相比，对于违反±1%权益变动披露规则所增持的股份，新《证券法》并未剥夺其表决权。新《证券法》第63条第4款关于“*在买入后的三十六个月内，对该超过规定比例部分的股份不得行使表决权*”的要求，其适用范围是第63条第1款（初始5%）及第2款（后续±5%），但并未包含第3款（后续±1%）。

5.3.3 后续±5%幅度权益变动（二级市场）

5.3.3.1 后续±5%权益变动（二级市场）的披露规范

《证券法》第63条第2款规定：

“*投资者持有或者通过协议、其他安排与他人共同持有一个上市公司已发行的有表决权股份达到百分之五后，其所持该上市公司已发行的有表决权股份比例<u>每增加或者减少百分之五</u>，应当依照前款规定进行报告和公告，在该事实发生之日起至公告后三日内，不得再行买卖该上市公司的股票，但国务院证券监督管理机构规定的情形除外。*”

2020年3月修订的《收购办法》第13条第2款也有类似规定：“*前述投资者及其一致行动人拥有权益的股份达到一个上市公司已发行股份的5%后，通过证券交易所的证券交易，其拥有权益的股份占该上市公司已发行股份的比例每增加或者减少5%，应当依照前款规定进行报告和公告。在该事实发生之日起至公告后3日内，不得再行买卖该上市公司的股票，但中国证监会规定的情形除外。*”需要注意的是，对于后续±5%权益变动后的敏感期限制，在2020年3月修订之前的《收购办法》第13条曾规定的是“公告后2日内”。目前该等交易敏感期已按照新《证券法》的修订调整为“*公告后3日内*”。

对于上述持股5%以后的后续权益变动——“*每增加或者减少百分之五*”规则，可以简要图示如下：（见图5.14）

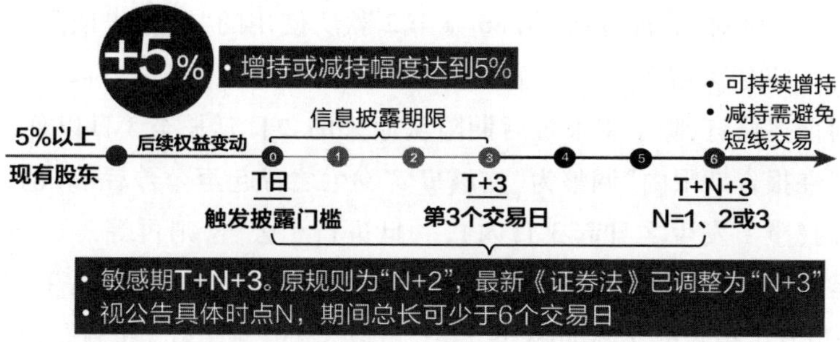

图5.14　后续±5%权益变动(二级市场)的披露规范

5.3.3.2　*后续±5%权益变动的计算*

根据《证券法》第63条第2款以及《收购办法》第13条第2款的规定，持有5%以上权益的现有股东(包括pre－IPO持股或者通过二级市场交易或协议转让等其他方式取得)，通过二级市场交易，其权益变动比例"*每增加或者减少5%*"时，应在事实发生之日起3日内进行相应披露。对此，需要注意的是，根据证监会2020年7月所发布的《监管规则适用指引——上市类第1号》之"1－15上市公司收购相关事项"，前述触发披露义务的二级市场权益变动比例"*每增加或者减少5%*"，是指"通过证券交易所的证券交易，投资者及其一致行动人拥有权益的股份'变动数量'达到上市公司已发行股份的5%时(如从11%降至9%，虽然跨越10%刻度，也不触发相关义务)"。也就是说，对于后续权益变动，只有当变动的幅度达到5%时才触发披露义务。

不过，在这方面有个例外，就是权益变动幅度虽然低于5%但跨越5%、20%、30%等几个特殊刻度线时(详见下述第5.4节)。在跨越这些特殊刻度线时，涉及披露的规则标准或内容要求将会发生变化。因此，监管实践中，即便变动的"幅度"未达到5%，在跨越这些关键节点"刻度"时，信息披露义务仍有可能触发。

5.3.3.3　*后续±5%权益变动披露后的交易敏感期*

对于后续±5%权益变动，与初始5%门槛相比，针对收购人的交易敏感期限制有所延长，覆盖如下两个区间：

(1)在"*在该事实发生之日起*"至公告日的期间内，不得买卖；以及

(2)在"*至公告后三日内*"，仍然不得买卖。

对于后续权益变动的上述敏感期的理解，有一个有待澄清的操作细节是，从2020年3月生效的新《证券法》第63条来看，该条第1款针对初始5%首次举牌时的敏感期规定仍沿用了原《证券法》第86条第1款所使用的"*在上述期限内*"的表

述;但其第 2 款则对原《证券法》第 86 条第 2 款所使用的“在报告期限内和作出报告、公告后 2 日内”的措辞进行了修订,调整为“*在该事实发生之日起至公告后三日内*”。针对前述修订,除了将报告后期限从原来的 2 日延长至 3 日以外,另一个修订在于将“在报告期限内”调整为“*在该事实发生之日起至公告后*”。也就是说,在报告期限内(事实发生之日起 3 日内),一旦进行了公告,则再等 3 日即可继续交易,而不是必须等报告期限届满然后再加 3 日。不是 T+3+3,而是 T+N+3。其中的 N 是指发出报告的实际期限,N ≤ 3,可以是 1、2 或者 3。也就是说,如果提前公告了,则禁止交易期间也就相应缩短。具体而言,可以是 T+1+3 或者 T+2+3 或者 T+3+3。

另外,针对上述 +3 的敏感期,按照证监会《监管规则适用指引——上市类第 1 号》之“1-15 上市公司收购相关事项”第四条,“*是指交易日,不含公告日当天*”。也就是说,公告日当日也不能继续买卖,而应在公告日当日 + 后续 3 个交易日内均不得继续买卖。

综上分析,后续 ±5% 权益变动期间的敏感期与初始 5% 首次举牌时的交易敏感期规则有所差异:

◎初始 5% 首次举牌时,敏感期是<u>T+3</u>。即便在 3 日内提前公告比如 T+1 日即公告,仍然需要等到 T+3 届满。

◎后续 ±5% 权益变动期间,敏感期是<u>T+N+3</u>,具体敏感期间的长短视实际公告的时间而有差异。

5.3.4 后续 ±5%权益变动(协议转让及其他方式)

5.3.4.1 后续 ±5% 权益变动(协议转让)的披露规范

如上述第 5.3.1 节所述,针对初始 5% 门槛的信息披露要求时,涉及的权益变动方式包括二级市场,也包括协议转让等其他方式。针对后续 ±5% 权益变动也是同样的情形。对此,《证券法》第 71 条第 2 款、第 3 款明确规定:

“以协议方式收购上市公司时,达成协议后,收购人必须在三日内将该收购协议向国务院证券监督管理机构及证券交易所作出书面报告,并予公告。

在公告前不得履行收购协议。”

《收购办法》第 14 条第 2 款针对协议转让的披露规则也明确规定:“***前述投资者及其一致行动人拥有权益的股份达到一个上市公司已发行股份的5% 后,其拥有权益的股份占该上市公司已发行股份的比例每增加或者减少达到或者超过5% 的,应当依照前款规定履行报告、公告义务。***”《收购办法》第 14 条第 3 款进一步要求,

“前两款规定的投资者及其一致行动人在作出报告、公告前，不得再行买卖该上市公司的股票”。

对于上述协议转让交易中所涉及的后续±5%权益变动披露及交易敏感期规则，可以简要图示如下：（见图5.15）

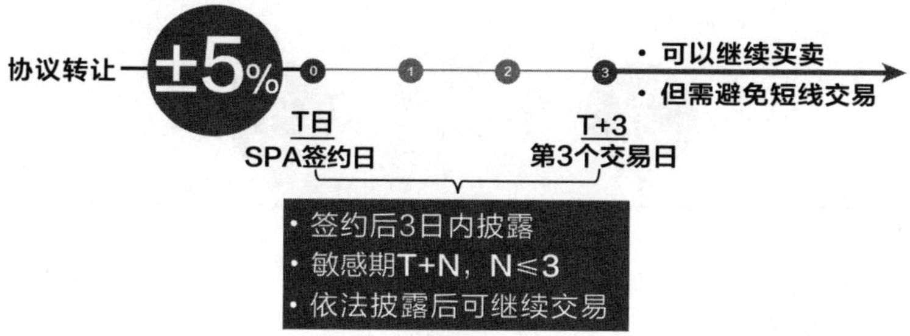

图5.15 后续±5%权益变动(协议转让)的披露规范

5.3.4.2 后续±5%权益变动(协议转让)的交易敏感期

与上述二级市场交易中的限制规则（详见上述第5.3.3节）相比，以协议转让方式所导致的后续±5%权益变动交易中所适用的敏感窗口期限制规则有所不同。

根据《收购办法》第14条的规定，针对“权益变动”类型的协议转让（转让比例在5%至30%），收购人或者减持比例达到5%或以上的减持方，应在3日内编制权益变动报告书进行信息披露。在“*在作出报告、公告前*”，收购人/减持方不得再行买卖该上市公司的股份。也就是说，对于协议转让交易中的敏感窗口期，是指信息披露前，即T+N(N≤3)。与上述二级市场交易中的限制规则相比，在协议转让交易中，对于信息披露后的期间(T+N)，不再进行交易限制。

但需要注意的是，在T+N之后的交易要受限于短线交易规则及减持规范的约束（详见另文分析）。

5.3.4.3 参照协议转让披露规范执行的其他方式

一方面，根据《收购办法》第15条的规定，“*投资者及其一致行动人通过行政划转或者变更、执行法院裁定、继承、赠与等方式拥有权益的股份变动达到前条规定比例的，应当按照前条[第14条]规定履行报告、公告义务……*”

另一方面，如第2章所分析，对于间接收购，按照《收购办法》第五章的要求，应履行权益变动或协议转让的类似信息披露规则，其敏感期同样需遵守上述T+N规则。

5.4 权益变动过程中的特殊披露节点

在上市公司收购中，如下几个特殊节点的信息披露规则需要进一步注意：（见图5.16）

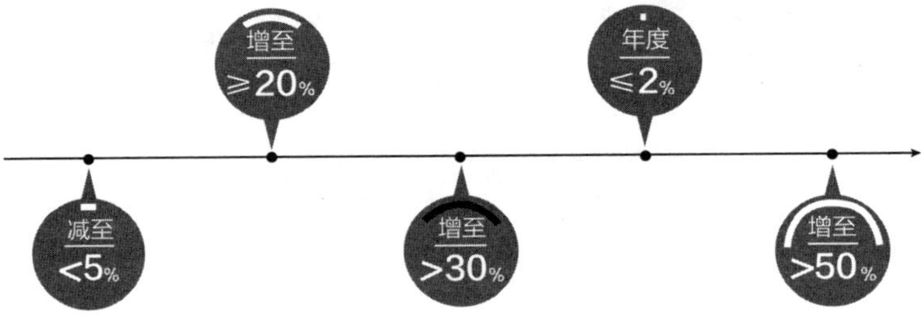

图5.16 上市公司收购信息披露的特殊节点

5.4.1 减持幅度小于5%但减持至低于特定刻度线时

5.4.1.1 减持幅度小于5%但减持至低于5%刻度线时（二级市场）

如上分析，对于5%以上股东的后续权益变动，通常是只有当变动幅度达到5%以上时才触发信息披露义务，比如从8%增持至13%，或者从11%减持至6%。那么，从6%继续减持至4%（变动幅度未达到5%）时，是否需要披露从而会触发敏感期限制呢？

对于上述问题，最新修订的《证券法》第63条第3款的±1%权益变动披露规则部分给出了答案。即当减持幅度达到1%时，按最新规则应当进行披露。那么，仍然有待明确的一个问题是，减持幅度低于1%是否需要披露，尤其是在跨越特定刻度线时，比如从5.5%减持至4.9%？对此，证监会2020年7月所发布的《监管规则适用指引——上市类第1号》之"1－15 上市公司收购相关事项"提供了相应指引："*根据《证券法》第六十三条规定，如通过证券交易所的证券交易，投资者及其一致行动人拥有权益的股份降至5%以下时，即使'变动数量'未达到上市公司已发行股份的5%（如从5.5%降至4%），也应当披露权益变动报告书、履行相关限售义务。*"

由上可以看出，证监会对《证券法》第63条所指的"*达到*"相应的权益变动披露节点的解读既包含向上增持达到相应披露节点，也包含向下减持降至相应节点。不过，需要注意的是，上述触发披露义务的权益变动方式是指通过二级市场主动减持的。对于上市公司定向增发中因没有参与认购而稀释被动减持的，上述规则适用指引的要求是："*对于因增发股份等原因导致持股比例被动降至5% 以下后又主动减持股份的，应当披露权益变动报告书、履行相关限售义务。*"

关于上述情形下的信息披露的内容，除相关主体需要编制权益变动报告书的一般要求以外，证监会的上述规则适用指引也提供了一种豁免情形，"*上市公司披露的上市公告书中已包含权益变动信息的，可不再单独披露权益变动报告书*"。而关于上述情形下的交易敏感期限制规则，笔者理解，对于减持幅度虽然小于5%但减持至低于5%刻度线时的交易敏感期，应适用上述后续权益变动的T+N+3规则。

举例来讲，假定从6%减持至4%，尽管减持幅度不到5%，但由于跨越5%这条举牌线将涉及信息披露标准的变化——达到5%举牌线时需要披露《简式权益变动报告书》。因此，当减持跨越5%这条刻度线时——涉及不同的信息披露标准划分的节点，即便减持幅度低于5%，仍然需要进行信息披露。相应地，在现有股东持股比例减持至5%刻度线时，无论自上一次公告之后减持数量是否达到了5%的变动幅度，也应先停下来履行法定的披露义务，并且在披露之前以及披露当日及其后3个交易日内不得继续交易。否则，若未及时披露或者在低于5%但且尚未披露前仍继续减持（比如从6%减持至4.9%，未披露则仍继续减持），将涉嫌相应的违规减持，可能面临监管措施。

简言之，减持方在减持幅度虽然小于5%但减持至低于5%刻度线时，其披露要求及交易敏感期如图5.17所示：

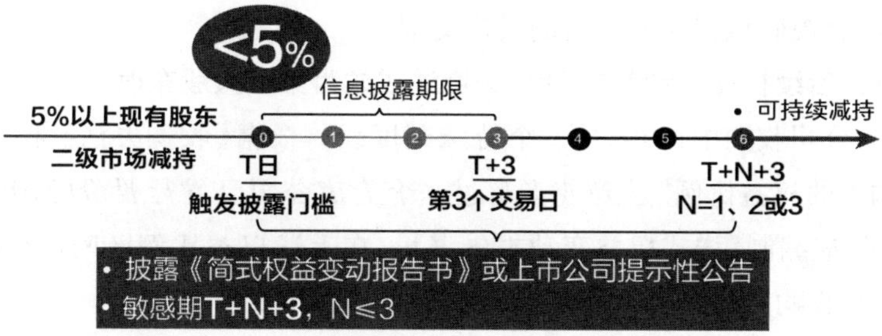

图5.17　二级市场减持至低于5%刻度线时的披露及交易敏感期

5.4.1.2　*减持幅度小于5%但减持至低于5%刻度线时（协议转让）*

笔者注意到，关于小于5%幅度权益变动的规则适用，证监会上述规则适用指引相关解释针对的是《收购办法》第 13 条所讲的通过二级市场进行的减持。那么，对于通过协议转让进行减持时，尤其对于减持幅度小于 5% 的减持方是否也适用同样的披露要求？

对于上述问题，尚没有明确的规则指引。实务中，上述情况的减持方通常没有主动发布简式权益变动报告书。考虑到同一笔交易中的收购方需要根据受让比例发布相应的简式或详式权益变动报告书，里面会披露相关减持交易方的信息及减持比例。因此，即便相关减持方不单独披露，也不影响市场对相关信息的获悉。据此，笔者理解，对于协议转让交易中的转让方，假定其转让比例小于 5%，则可以不单独披露权益变动报告书；而对于转让比例达到或超过 5% 的转让方，由于《收购办法》第 14 条第 2 款有明确规定，则需要履行信息披露义务。

另外，在上述情形中的交易敏感期如何适用？如上述第 5.3.3 节所分析，协议转让中的交易敏感期适用的是 T + N(N ≤ 3) 规则。这是基于《收购办法》第 14 条第 3 款的明确规定。而对于一个持股比例小于 5%（假定 3%）的小股东，假如其在某次协议转让中减持掉 2% 或全部 3% 后，按照上述分析，其在该笔交易转让协议签署当天或其后，理论上仍然可以通过二级市场继续买卖该上市公司的股票。该等交易并未违反敏感窗口期的规则限制（因未达到 5% 的信息披露门槛，证监会也未在其规则适用指引中另有解释，也就不存在披露前 T + N 的窗口期），而且也不涉及对短线交易规则的违反（因持股低于 5% 所以不适用）。

尽管如此，从实务来看，在前述 T + N 窗口期间内，建议该等转让方不要进行二级市场操作，否则，可能涉嫌内幕交易的不规范行为，并可能影响后续协议转让在交易所的合规确认程序及其后的过户交割。

5.4.2　后续权益变动跨越 20% 刻度线或成为第一大股东时

在上市公司收购中，20% 是一个特殊刻度线。根据《收购办法》第 17 条的规定，当收购人的权益比例“*达到或者超过一个上市公司已发行股份的20% 但未超过30% 的*”，应编制《详式权益变动报告书》。在上述权益比例区间内（20% ≤ X ≤ 30%），对收购人的信息披露要求更为详尽。

鉴于《收购办法》对于触及 20% 刻度线时明确要求披露《详式权益变动报告书》，因此，即便权益变动幅度未达到 5% 或 1%，比如由 19.5% 增持至 20.1%，也需要按照《收购办法》的明确要求披露《详式权益变动报告书》。

另外，需要注意的是，根据《收购办法》第 16 条第 2 款的规定，即便权益比例未达到 20%，但如果权益比例已超过 5% 且成为上市公司第一大股东或实际控制人的,也应编制《详式权益变动报告书》。而对于权益比例虽未达到5%但仍然成了上市公司第一大股东或实际控制人的,沪深交易所2018年4月发布的《上市公司收购及股份权益变动信息披露业务指引(征求意见稿)》要求收购人应当及时通知上市公司,并披露权益变动提示公告。

关于上述20%刻度线的信息披露可简要图示如下:(见图5.18)

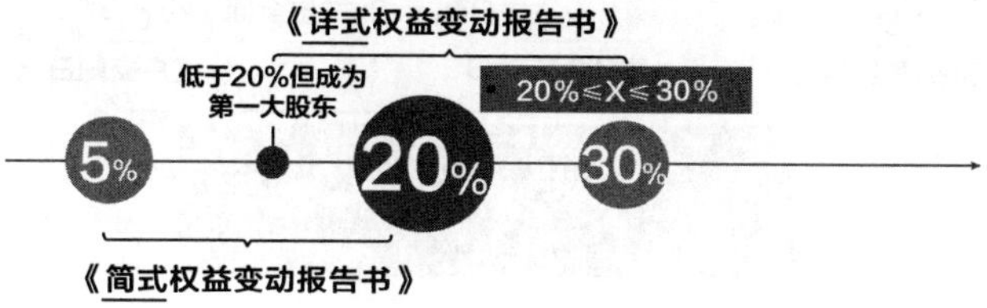

图5.18 增持至20%刻度线或成为第一大股东时

另外,由于20%刻度线是详式与简式权益变动报告书的划分线,对于反向减持,假若减持幅度未达到现有规则的5%或1%时,是否仍需要披露?对此,沪深交易所2018年4月发布的《上市公司收购及股份权益变动信息披露业务指引(征求意见稿)》(上交所第6条、深交所第8条)要求,对于持股20%以上股东,减持幅度虽未达到1%,但导致持股比例降至20%以下的,应当及时通知上市公司,并披露权益变动提示公告。

最后,关于上述20%刻度线的敏感期,二级市场交易的适用上述第5.3.3节所分析的T+N+3规则;协议转让等其他方式的,则适用第5.3.4节所分析的T+N(N≤3)规则。

5.4.3 后续权益变动跨越30%刻度线时

在上市公司收购中,30%刻度线是一个关键分界点。收购后持股超过30%将触发全面要约义务,需要向全体股东发出全面要约(详见第4章),除非属于可豁免情形(详见第3章)。

实务中,跨越30%刻度线的交易通常是控制权收购交易,具体形式包括协议转让或间接收购,或者协议转让/间接收购+表决权委托或一致行动安排等交易场景。而对于该等控制权交易中的交易敏感期限制,虽然《收购办法》第4章并没有针对此情形的具体限制规则,但该等情形下仍然存在其他规则规定的相关交易限制:

◎签约后直至交割前,不得继续增持,因为全面要约义务已触发需要先发全面要约或属可豁免情形;

◎收购后6个月内,不得反向减持,否则将违反《证券法》的短线交易规则。

针对比例超过 30% 的协议转让中的披露和交易敏感期限制可以简要图示如下：（见图 5.19）

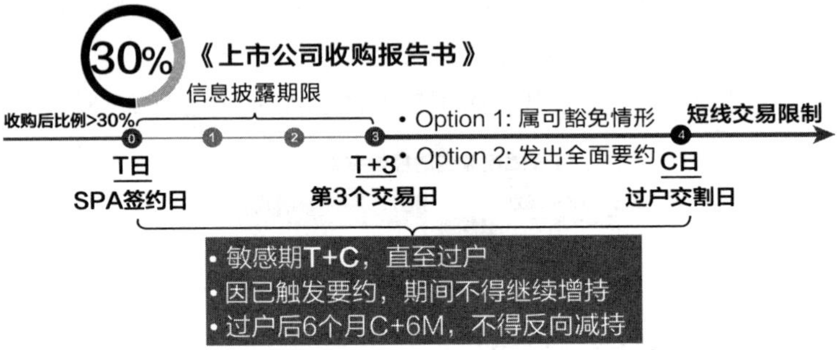

图 5.19　收购后超过 30% 刻度线时的披露及交易敏感期

另外，对于反向减持，类似于减持至低于 20% 刻度线的要求，沪深交易所 2018 年 4 月发布的《上市公司收购及股份权益变动信息披露业务指引（征求意见稿）》（上交所第 6 条、深交所第 8 条）要求，对于持股 30% 以上股东，减持幅度虽未达到 1%，但导致持股比例降至 30% 以下的，应当及时通知上市公司，并披露权益变动提示公告。

5.4.4　持股 30% 以上股东的年度 2% 爬行增持

关于年度 2% 爬行增持的具体分析，详见第 3 章。

5.4.5　持股 50% 以上控股股东的后续权益变动

在上市公司收购中，50% 刻度线是另外一个重要分界点。其特殊之处在于，根据《收购办法》第 63 条第 1 款第 5 项的规定，50% 以上控股股东的后续增持，无论增持幅度多大，都可以豁免全面要约，但前提是不能影响上市地位［不能导致公众股股东低于 25% 或 10%（假设总股本在 4 亿股以上）］。

对于 50% 刻度线以上的后续增持，其信息披露的要点可以简要图示如下：（见图 5.20）

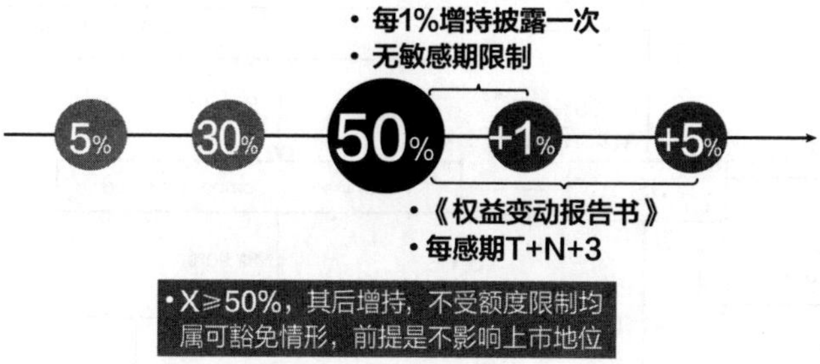

图5.20 持股50%以上控股股东后续增持的披露及交易敏感期

5.4.5.1 二级市场每增持1%需披露

根据《证券法》第63条第3款及《收购办法》第13条第3款的规定，若增持方式采用二级市场集中竞价的方式，则增持大股东在增持幅度达到1%时应通知上市公司发布权益变动提示公告。

5.4.5.2 按增持幅度适用相应的披露规则

对于50%以后的增持，具体应适用的披露格式暂无明确规则。实践中，披露《简式权益变动报告书》《详式权益变动报告书》及《上市公司收购报告书》的都有。

笔者理解，对于已经持股50%以上大股东的后续增持，考虑到控制权的稳定性已经有所保障，似应从简处理，可以按照增持幅度确定披露标准而不是一概要求披露《上市公司收购报告书》或《详式权益变动报告书》。也就是说，增持20%以下的适用《简式权益变动报告书》；增持20%或以上的（可能因股权集中度而危及上市地位，实务中基本很少出现）适用《详式权益变动报告书》。

比如，九阳股份002242的实际控制人（原控制50.1%）因境外交易而间接增持16.93%。该等增持属50%以上大股东增持可豁免要约。①本次交易的结构如图5.21所示：

---

① 参见九阳股份（002242.SZ）：《简式权益变动报告书》，载巨潮资讯网，http://static.cninfo.com.cn/finalpage/2019-04-16/1206021894.PDF；九阳股份（002242.SZ）：《关于王旭宁及其一致行动人免于提交豁免要约收购申请之法律意见书》，载巨潮资讯网，http://static.cninfo.com.cn/finalpage/2019-04-16/1206021892.PDF。

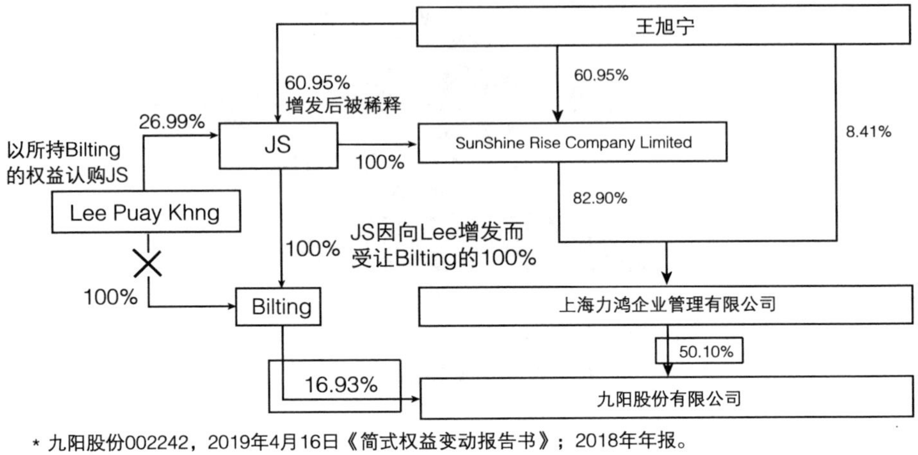

图 5.21　[案例]九阳股份(002242.SZ)——控制 50.1% 权益的实际控制人境外间接增持

5.4.5.3　幅度低于1%但降至50%刻度线以下的减持

对于减持幅度低于1%的权益变动是否需要披露，目前尚无明确的规则指引。尤其当降至50%刻度线以下时，比如从50.1%降至49.9%，是否需要披露？对此，沪深交易所2018年4月发布的《上市公司收购及股份权益变动信息披露业务指引(征求意见稿)》也无具体规定。相比较而言，针对降至20%刻度线或30%刻度线以下但幅度低于1%的减持，前述征求意见稿明确要求应通知上市公司进行公告。另外，笔者注意到，深交所在其2010年版本《上市公司规范运作指引》中(中小板第4.2.26条、创业板第4.13条)曾规定，出售后导致其持有、控制上市公司股份低于50%的，应提前刊登提示性公告。但现行有效的2022年版本《上市公司规范运作指引》已经取消了前述要求。

尽管如此，考虑到50%也是一个确定后续增持是否可以豁免要约的特殊刻度线，笔者建议，在减持至50%刻度线以下时(即便减持幅度小于1%)，仍应及时通知上市公司进行相应公告。

5.4.5.4　跨越50%刻度线的交易敏感期

二级市场交易的适用上述第5.3.3节所分析的T+N+3规则；协议转让等其他方式的，则适用第5.3.4节所分析的T+N(N≤3)规则。

5.5 权益变动披露的格式规范及内容要点

5.5.1 权益变动信息披露的基础内容及报告类型

根据相关规范，上市公司收购中所涉及的信息披露报告主要包括如下几种类型：（见图5.22）

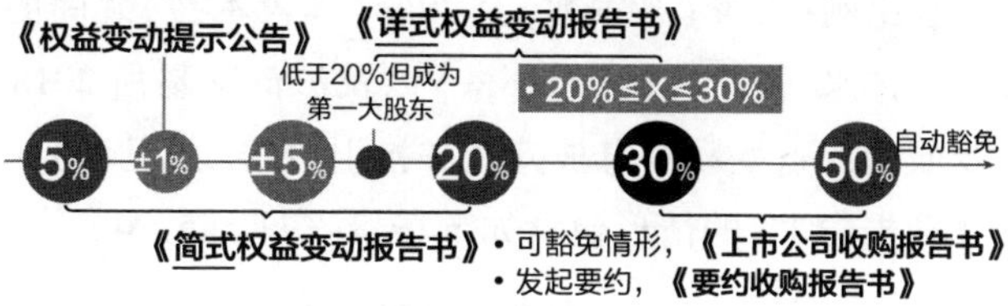

图5.22 权益变动信息披露报告的类型

针对不同的权益比例，分别适用不同的披露报告。其中，20%刻度线是一个关键的分界线，低于20%的披露《简式权益变动报告书》；达到或超过20%但未超过30%（包含本数）的，或者虽低于20%但超过5%且成为第一大股东或实际控制人的，披露《详式权益变动报告书》。

关于信息披露的内容，根据新《证券法》第64条的规定，相关信息披露义务人在上市公司权益变动（初始5%、±1%、±5%等）中的信息披露至少应包含如下内容：（见图5.23）

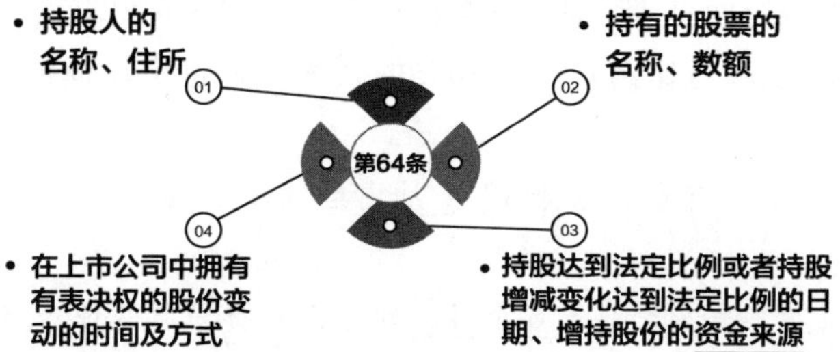

图5.23 新《证券法》对权益变动信息披露的基础要求

与原《证券法》第87条相比，新《证券法》第64条在披露内容方面增加了关于“*增持股份的资金来源*”的要求，以及关于“*在上市公司中拥有有表决权的股份变动的时间及方式*”的要求。

除上述基础要求以外,《收购办法》以及证监会第15~18号格式准则等相关规定则对信息披露的格式规范及具体要求提出了更进一步的指引。其中,《简式权益变动报告书》的编制应遵守证监会第15号格式准则——《权益变动报告书》的规范要求;而《详式权益变动报告书》的编制,根据证监会第15号格式准则第三章的规定,则是主要比照证监会第16号格式准则——《上市公司收购报告书》执行。

5.5.2 《简式权益变动报告书》——5%~20%且非第一大

简单而言,权益比例在5%(含本数)至20%(不含本数)之间的,适用《简式权益变动报告书》。具体来看,结合《收购办法》以及沪深交易所2018年4月发布的《上市公司收购及股份权益变动信息披露业务指引(征求意见稿)》等相关规则,应编制《简式权益变动报告书》的情形包含如下场景:(见图5.24)

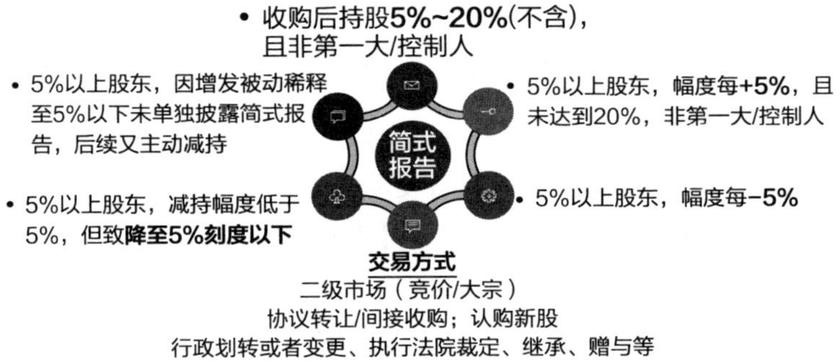

图5.24 《简式权益变动报告书》的适用场景

就报告书的内容而言,除《证券法》第64条的基础内容要求以外,根据《收购办法》第16条的规定,权益比例未达到20%的,《简式权益变动报告书》中还应披露如下事项:

◎持股目的,是否有意在未来12个月内继续增加其在上市公司中拥有的权益;

◎权益变动事实发生之日前6个月内通过证券交易所的证券交易买卖该公司股票的简要情况。

整体来看,《简式权益变动报告书》需要披露的信息相对并不是特别复杂,主要涉及信息披露义务人——增持方/减持方以及导致权益发生变动的交易本身的基本情况。而就交易本身而言,不同的交易方式会有不同的侧重点。具体来讲,根据证监会第15号格式准则,区分如下几种不同情形:

◎二级市场交易,增持方/减持方应披露:(1)股份增减变动达到法定比例的日期、增持股份的资金来源;(2)其拥有权益的股份的详细名称、种类、数量、比例,以及该类股份变动的时间及方式。

◎协议转让,应披露:(1)转让协议的主要内容;(2)标的股份是否存在被限制转让的情况、本次转让是否附加特殊条件、是否存在补充协议、协议双方是否就股份表决权的行使存在其他安排、是否就出让人在该上市公司中拥有权益的其余股份存在其他安排;(3)本次协议转让导致信息披露义务人在上市公司中拥有权益的股份变动的时间及方式;(4)所涉及的审批部门及审批进展(如适用)。

◎间接收购,义务人应披露其形成股权控制关系或者达成协议或其他安排的时间、其在上市公司中拥有权益的股份变动的时间及方式、与控制关系相关的协议(如取得对上市公司股东的控制权所达成的协议)的主要内容及其生效和终止条件、控制方式(包括相关股份表决权的行使权限)、控制关系结构图及各层控制关系下的各主体及其持股比例以及是否存在其他共同控制人及其身份介绍等。

◎信托/资产管理,应披露信托合同或资产管理安排的主要内容,包括信托或其他资产管理的具体方式、信托管理权限(包括上市公司股份表决权的行使等)、涉及的股份种类、数量及占上市公司已发行股份的比例、导致信息披露义务人在上市公司中拥有权益的股份变动的时间及方式、信托或资产管理费用、合同的期限及变更、终止的条件、信托资产处理安排、合同签订的时间及其他特别条款等。

5.5.3 《详式权益变动报告书》——20%~30%或第一大

权益比例在20%(含本数)至30%(含本数)之间的,适用《详式权益变动报告书》。结合《收购办法》以及沪深交易所2018年4月发布的《上市公司收购及股份权益变动信息披露业务指引(征求意见稿)》等相关规则,应编制《详式权益变动报告书》的情形包含如下场景:(见图5.25)

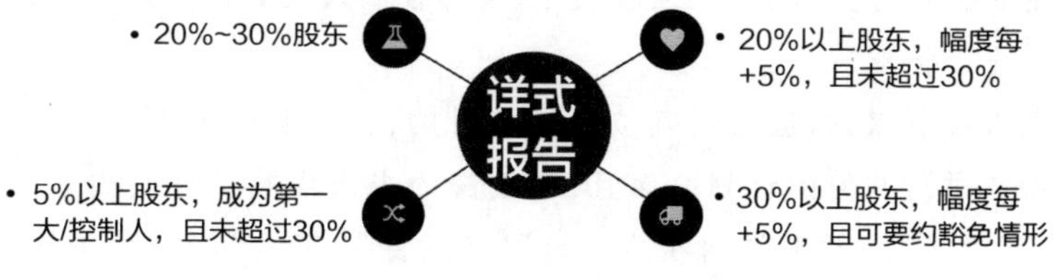

图5.25 《详式权益变动报告书》的适用场景

值得注意的是,对于30%以上股东的后续增持,应适用简式还是详式权益变动报告书,暂无明确的规则。图5.25中关于该等情形应编制《详式权益变动报告书》的要求是源自沪深交易所2018年4月发布的权益变动披露指引意见稿。实务中,也有披露《简式权益变动报告书》的。比如,在2019年4月九阳股份(002242.SZ)的实际控制人(原控制50.1%)因境外交易而间接增持16.93%时,披露的便是《简式权益变动报告书》。因此,该等特殊情形的披露规范,还有待正式颁布的相关规则明确。

关于《详式权益变动报告书》的披露内容,除了上述《简式权益变动报告书》所应涵盖的内容以外,《收购办法》第17条还进一步要求披露更多事项。结合《收购办法》第17条的规定,在《证券法》第64条的内容要求的基础上,《详式权益变动报告书》的披露应涵盖如下事项:(见图5.26)

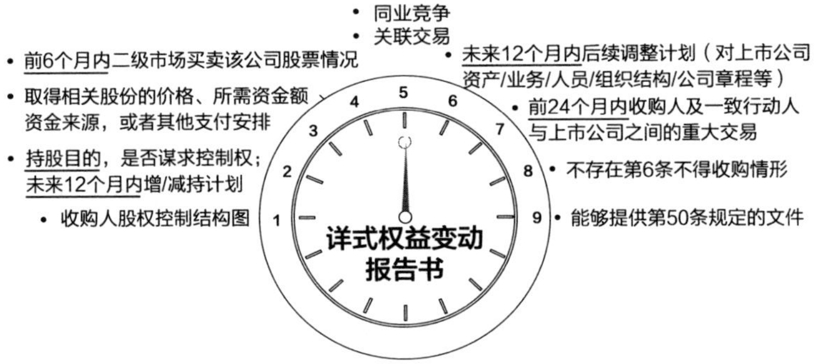

图5.26 《详式权益变动报告书》的额外披露事项

另外,实践中,交易所对相关披露事项也会有相应的规范要求。比如,上交所在其2019年12月13日发布的《上市公司信息披露监管问答》中(第12.1项)进一步要求,收购人在发布权益变动报告书(简式或详式)时,应当视持股比例及增持计划等实际情况,明确披露*是否谋求上市公司控制权*:

◎拟谋求控制权的,应当明确拟取得控制权的具体计划、方式、期限等,并对前期是否存在与上市公司、控股股东、实际控制人或其他股东沟通洽谈的情况予以充分披露。

◎不谋求控制权的,应当明确披露增持目的,并明确未来12个月内有无继续增持或进行减持的计划。而且,其披露的未来增减持计划内容应当明确具体,不得使用"暂无""时机成熟时""不排除""可能""适时"等模糊性用语。

简言之,根据上述问答以及结合沪深交易所2018年4月发布的《上市公司收购及股份权益变动信息披露业务指引(征求意见稿)》等相关规则,对于后续(未来

12个月内)增持/减持计划的披露应符合如下要求:(见图5.27)

图5.27 未来12个月内增持/减持计划的披露规范

图5.26提及的《收购办法》第6条所规定的不得收购上市公司的情形,是指收购人存在如下情形:(见图5.28)

图5.28 《收购办法》第6条收购人不得收购上市公司的情形

另外,《详式权益变动报告书》中还应披露收购人可以提供《收购办法》第50条所规定的特定申请文件:(见图5.29)

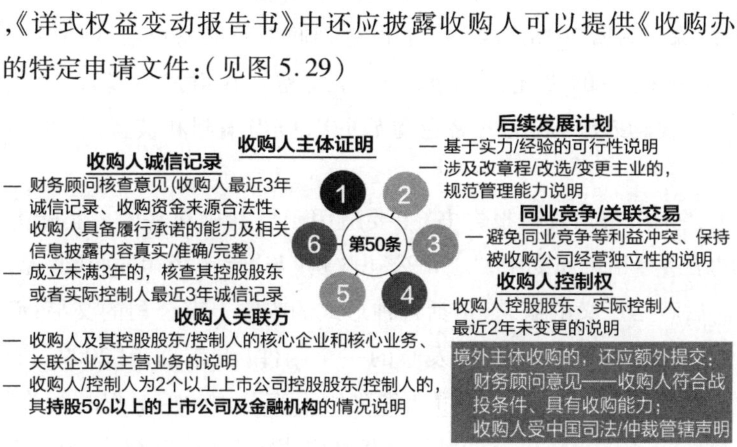

图5.29 《收购办法》第50条规定的特定申报文件

值得注意的是,针对上述第 4 项文件,《收购办法》第 50 条的原文规定是要求提供“*收购人为法人或者其他组织的,其控股股东、实际控制人最近2 年未变更的说明*”。这是否意味着,如果收购人控制权结构在过去 2 年曾经发生过变更,就不可以进行上市公司收购了呢(或者至少不能进行 20% 以上或取得控制权的收购)?从《收购办法》本身来看,第50 条针对的是“*收购人公告上市公司收购报告书时,应当提交以下备查文件*”。该等备查文件在适用《详式权益变动报告书》的场景中同样需要提交。但是,《收购办法》第 6 条关于不得收购上市公司的情形(见图 5.28)中,并不包含关于收购人控制权结构最近 2 年内变更的便不得收购的要求,且《收购办法》其他条款也未包含类似要求。

实务中,除了收购人成立不足 1 年的情况以外,也存在个别已交割的案例中收购人的控制权结构在收购前 2 年内曾发生过变更的情况。笔者认为,在《收购办法》第 6 条或其他条款并未作明确要求的情况下,第 50 条更宜理解为只要求提供过去两年控制权变更情况的说明,根据实际情况如实说明即可,而不应理解为要求收购人的控制权结构在过去 2 年内不能发生变更。

5.5.4 《上市公司收购报告书》——超 30%控制权收购

5.5.4.1 《上市公司收购报告书》的适用场景

根据《收购办法》第 48 条、第 56 条以及证监会第 16 号格式准则——《上市公司收购报告书(2020 年修订)》第 2 条的规定,“*通过协议收购、间接收购和其他合法方式,在上市公司中拥有权益的股份超过该上市公司已发行股份的30% 的投资者及其一致行动人(以下简称收购人)*”,应编制和披露《上市公司收购报告书》。另外,按照沪深交易所 2018 年 4 月《上市公司收购及股份权益变动信息披露业务指引(征求意见稿)》的描述,“*以非要约方式拥有权益的股份超过已发行股份30% ,且符合《收购办法》规定的豁免情形的*”,应当编制和披露《上市公司收购报告书》。

实务中,《上市公司收购报告书》主要适用于控制权交易中。实际上,在《证券法》《收购办法》等相关规则中,“上市公司收购”与“上市公司的收购”是两个术语,各有所指。后者是广义的概念,包括各种形式的收购上市公司的交易;而前者则是特指。根据证监会上市部 2009 年发布的一个函件(上市部函〔2009〕171 号)的规定,“上市公司收购”是指“*为了获得或者巩固上市公司的控制权的行为*”。而对于非控制权交易,一般称为“权益变动”。需要说明的是,控制权交易既包含 30% 以上权益比例的交易——适用《上市公司收购报告书》;也包含取得了 30% 以下权益但成为第一大股东的交易——适用《详式权益变动报告书》。当然，增持至超过30%也并非必然能取得控制权。在个别案例中，比如在新华百货(600875.SH)的控制权争夺案例中，便出现了两个30%以上股东轮番增持处于胶着状态的情形。有关控制权交易的更多分析请见第10章。在此值得一提的是，对于涉及控制权交易的“上市公司收购”，新《证券法》第75条将收购人所持权益的锁定期由原规则的12个月延长到了18个月(见图5.30)。

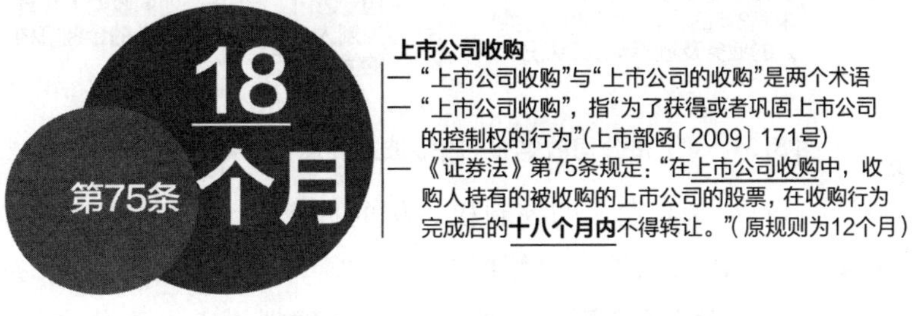

图5.30 《上市公司收购报告书》的适用场景——超30%的控制权交易

就《上市公司收购报告书》的编制而言，应根据证监会第16号格式准则进行。就内容来看，《详式权益变动报告书》(适用于权益比例在20%至30%)与《上市公司收购报告书》(适用于权益比例超过30%的交易)是实质相同的。上述第5.5.3节的相关分析同样适用于《上市公司收购报告书》的编制。除此之外，第16号格式准则还明确了其他一些需补充披露的重要信息。下面将分别予以介绍(下列事项同样适用于《详式权益变动报告书》的编制)。

5.5.4.2 《收购报告书》披露要点——收购人介绍

相比《简式权益变动报告书》只披露收购人/减持方的基本主体信息，《上市公司收购报告书》(及《详式权益变动报告书》)对收购人主体的披露要求更为详尽，需要包含如下相关信息：(见图5.31)

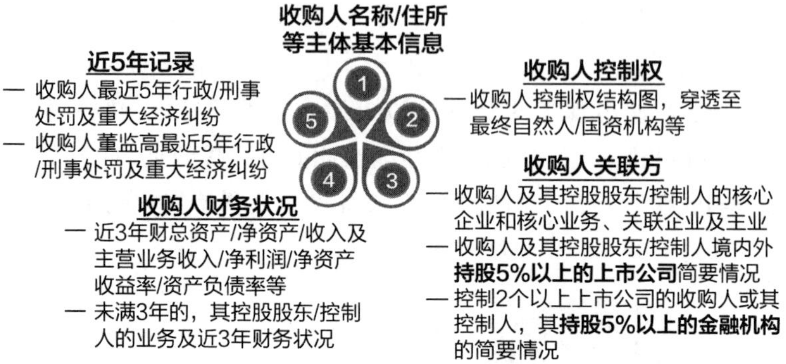

图 5.31 《上市公司收购报告书》披露要点——收购人介绍

值得一提的是，针对收购人的控制权结构的披露，上交所在其 2019 年 12 月 13 日发布的《上市公司信息披露监管问答》中（第 12.2 项）明确要求，投资者的持股比例已接近控股股东（含第一大股东），或明确拟谋求上市公司控制权的，应当明确最终增持主体：“*增持主体方面，应当穿透披露至最终决策主体和出资主体。对于合伙型、契约型等存在结构化安排的增持主体，需穿透披露至最终出资人和实际控制人；增持主体为公募投资产品的，应当明确披露实际投资决策主体。*”

5.5.4.3 《收购报告书》披露要点——收购人的资金来源

一方面，不仅仅控制权交易中需要披露收购资金来源。根据新《证券法》第 64 条的规定，作为基础内容要求，在触及披露门槛的权益变动中（初始 5%、±5% 或 ±1%），均需要披露“*增持股份的资金来源*”。在此方面，上交所在其 2019 年 12 月 13 日发布的《上市公司信息披露监管问答》中（第 12.2 项）明确要求，投资者的持股比例已接近控股股东（含第一大股东），或明确拟谋求上市公司控制权的，应当明确资金来源：“*资金来源方面，应当按自有资金和融资资金（含发行销售金融产品筹集资金）分类列示，披露具体金额及占比情况。存在融资安排的，应当披露不同渠道融资资金的金额、期限、成本、偿还安排等信息，并充分提示风险。*”

具体而言，根据证监会第 16 号格式准则（《上市公司收购报告书》）第 34 条的要求，结合实务中的一些反馈要求并参照沪深交易所 2018 年 4 月发布的《上市公司收购及股份权益变动信息披露业务指引（征求意见稿）》的相关规定，在涉及收购资金来源的披露时，需要关注如下事项：（见图 5.32）

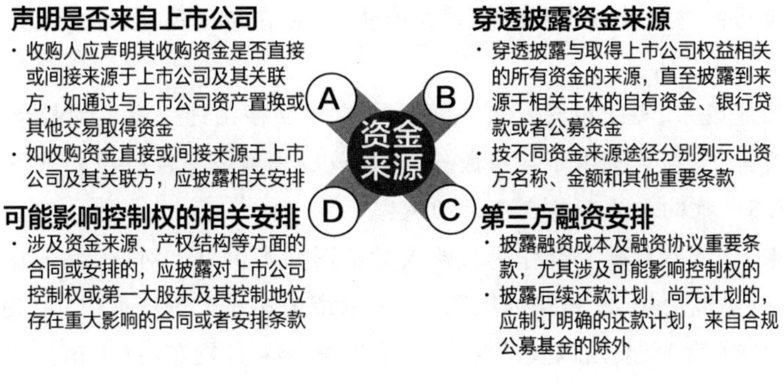

图 5.32 《上市公司收购报告书》披露要点——资金来源

5.5.4.4 涉及控制权变动时的额外披露要求

一方面，从减持方角度看，《收购办法》第 53 条第 1 款规定："*上市公司控股股东向收购人协议转让其所持有的上市公司股份的，应当对收购人的主体资格、诚信情况及收购意图进行调查，并在其权益变动报告书中披露有关调查情况。*"

证监会第 15 号格式准则(《权益变动报告书》)第 32 条也要求，协议转让股份的出让人或国有股权行政划转的划出方为上市公司控股股东或者实际控制人的，还应当披露以下内容：

◎本次股权转让或划转后是否失去对上市公司的控制权；在本次转让控制权前，是否对受让人的主体资格、资信情况、受让意图等已进行合理调查和了解，说明相关调查情况。

◎出让人或者划出方及其关联方是否存在未清偿其对上市公司的负债，未解除上市公司为其负债提供的担保，或者损害上市公司利益的其他情形；如有前述情形，应披露具体的解决方案。

另一方面，从目标上市公司的角度看，《收购办法》第 53 条第 2 款规定："*控股股东及其关联方未清偿其对公司的负债，未解除公司为其负债提供的担保，或者存在损害公司利益的其他情形的，被收购公司董事会应当对前述情形及时予以披露，并采取有效措施维护公司利益。*"

另外，上交所在其 2019 年 12 月 13 日发布的《上市公司信息披露监管问答》中(第 12.3 项)也明确要求，通过增持，投资者的持股比例已接近控股股东，或明确拟谋求上市公司控制权的，上市公司在披露股东权益变动报告提示性公告时，应当做到：

◎明确公司自身和控股股东、实际控制人对相关股东增持的意见，并披露前期是否已同该增持股东有过接触或洽谈，是否存在一致行动关系、关联关系或达成相关安排；

◎向控股股东、实际控制人核实并明确其是否存在进一步巩固控制权的措施或安排，包括但不限于增持股份、与其他股东结成一致行动关系等。

5.5.4.5 收购人为合伙企业时的披露

近年来，合伙制私募基金作为收购人的情形并不少见。对此，综合参考申报项目反馈情况、证监会第26号格式准则——《上市公司重大资产重组》中关于交易对方的披露要求（第15条），以及沪深交易所2018年4月发布的《上市公司收购及股份权益变动信息披露业务指引（征求意见稿）》（上交所第9条、深交所第27条），当披露义务人为合伙企业时，下列要点需要予以关注：（见图5.33）

图5.33 《上市公司收购报告书》披露要点——合伙制基金

（1）穿透披露控制权结构，应当以方框图或者其他有效形式全面穿透披露收购人的产权及控制关系，直至最终出资人。另外，还应说明合伙企业的控制权及认定依据，包括但不限于执行合伙事务的表决办法、异议解决机制等。

（2）基金所对应上市公司表决权归属，关于上市公司股份表决权归属的披露内容应当明确具体且符合相关规定，包括但不限于表决权归属的期限、归属约定或者认定是否可撤销、有关主体关于不以任何方式支配上市公司股份表决权的承诺（如适用）等。

（3）各合伙人基本情况，应披露各合伙人名称、各主体的出资额及占比等基本情况。合伙人较为分散的，则披露主要合伙人情况，并描述分散程度、其他合伙人的数量以及是否构成一致行动关系等。

（4）合伙人与其他主体的关联关系，同时还应披露合伙人、最终出资人与信息披露义务人之间，以及与参与本次交易的其他有关主体（如有）之间的关联关系。

（5）合伙人内部之间的权责分配，各合伙人在基金所参与的业务类型、享有的投资、管理及退出决策等主要权利，须承担的主要义务，管理费用。

(6)合伙协议 LPA 的重要条款，应披露合伙企业利润分配、亏损负担及合伙事务执行（含表决权行使）的有关协议安排、所持上市公司股份表决权实际支配安排，未来存续期间及关于合伙人入伙、退伙、转让财产份额、有限合伙人与普通合伙人身份转变等约定。

(7)前一年（或6个月）内部变动，本次交易前六个月内（26号准则要求）或前1年内（深交所意见稿要求）基金合伙人入伙、退伙、转让财产份额、有限合伙人与普通合伙人转变身份的情况及未来存续期间内的类似变动安排（如有）。

(8)穿透披露资金来源，还应当披露合伙人、最终出资人，最终出资人的资金来源。

另外，如收购人为契约型私募基金、资管/信托等金融产品、专为本次交易设立的项目主体等，应当比照对合伙企业的上述要求进行披露，合规公募产品除外。

5.5.5 减持方的信息披露要求

对于减持方，达到披露门槛的，均应相应披露：(1)减持至相应刻度线（30%、20%、5%）以下的；(2)减持幅度达到或者超过5%或1%的。具体披露格式可区分如下几种情形：（见图5.34）

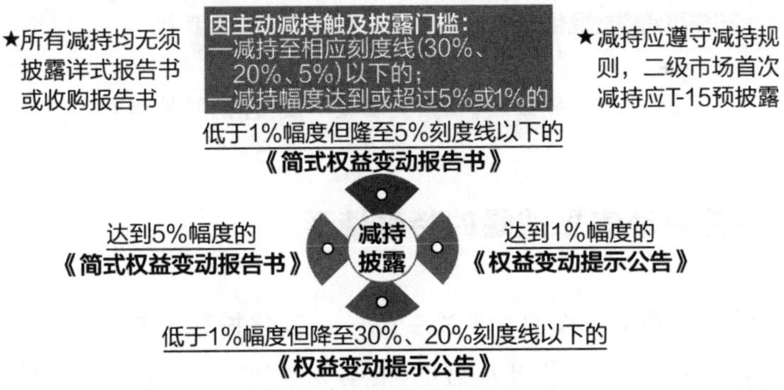

图5.34 减持方的披露要求

简要概括，对于触及披露门槛的减持，要么由减持方披露《简式权益变动报告书》，要么由上市公司披露提示性公告，均无须披露《详式权益变动报告书》或《上市公司收购报告书》。另外，除了上述披露要求以外，减持还需要遵守证监会及交易所的减持规范，包括二级市场首次减持时应提前15个交易日预披露等要求。有关减持规则的详细分析请见第7章。

5.5.6 应由上市公司披露提示公告的权益变动情形

对于达到披露门槛但小幅度的权益变动，无须由信息披露义务人编制简式或详式《权益变动报告书》或者《上市公司收购报告书》，而只需要通知上市公司披露包含了《证券法》第 64 条所要求的基础内容的权益变动提示性公告即可。

对于应披露《权益变动提示公告》的情形，除了上文分析中提及的相关情形以外，主要就是新《证券法》新增的第63 条第3 款关于5% 以上股东后续 ±1% 权益变动的规定。对于该等变动情形下的提示公告的编制，深交所于 2020 年 2 月发布了《上市公司 5% 以上股东持股增减变动 1% 的公告格式》(深证上〔2020〕126 号)。

另外，根据沪深交易所 2018 年 4 月发布的《上市公司收购及股份权益变动信息披露业务指引(征求意见稿)》(上交所第 6 条、深交所第 8 条)，还包含如下情形：(见图 5.35)

图 5.35　应披露《权益变动提示公告》的其他情形

5.6　权益变动信息披露的特殊情形

5.6.1　前次披露后 6 个月内再次变动——简化披露及其例外

根据《收购办法》第 18 条以及第 49 条第 2 款的规定，在前次交易中已经依法披露简式或详式《权益变动报告书》或《上市公司收购报告书》的，“*在披露之日起6 个月内*”，同一收购人/减持方针对同一上市公司的权益变动再次触发披露门槛的，“*可以仅就与前次报告书不同的部分作出报告、公告*”。但是，“*自前次披露之日起超过6 个月的*”，则本次交易应按格式准则编制相应的报告书或进行公告。

5.6.1.1　简化披露的适用前提

一是同一收购人针对同一上市公司的先后两次交易(增持或减持)；二是前一次交易已经进行了相应的信息披露；三是仅限于自前一次披露公告之日起6 个月内所发生的交易。超过了 6 个月之后的交易仍需要编制相应的披露报告书，不适用简化披露规则。

5.6.1.2 后一次交易披露的简化之处

对于符合上述前提的6个月内发生的第二次交易,“*可以仅就与前次报告书不同的部分作出报告、公告*”。根据证监会第15号格式准则第35条、第36条的规定,信息披露义务人应简要提示前次权益变动报告书披露的日期、前次持股种类和数量,并应披露以下基本情况:

◎信息披露义务人的姓名或者名称;

◎信息披露义务人在上市公司中拥有权益的股份的详细名称、股份性质、股份种类、股份数量、占上市公司已发行股份的比例;

◎本次拥有权益的股份变动达到法定比例的日期及方式。

5.6.1.3 不能适用简化披露的例外情形

如上提及,发生在6个月之后的第二次交易不能适用简化披露规则。另外,即便是发生在6个月之内的第二次交易,也有可能无法适用简化披露规则。对此,沪深交易所2018年4月发布的《上市公司收购及股份权益变动信息披露业务指引(征求意见稿)》中(上交所第14条、深交所第25条)明确规定了一个例外情形,即前一次披露的是《简式权益变动报告书》——适用于权益比例在5%(含本数)~20%(不含本数)区间;而6个月内的第二次交易触发了《详式权益变动报告书》的披露门槛——适用于权益比例在20%(含本数)~30%(含本数)区间或5%以上且成为第一大股东或实际控制人,则该等6个月内的第二次交易仍应编制《详式权益变动报告书》。

笔者理解,上述简化披露规则仅仅适用于6个月内的前后两次交易均适用同样的披露标准或者第一次披露所适用的标准更为详尽的情况下,否则第二次交易应按相关格式准则编制相应的报告书,而无法适用简化披露规则。也就是说,对于6个月内发生的第二次交易,只有在下列情形下才可以适用简化披露规则:(1)在第一次披露的是《简式权益变动报告书》的情形下,第二次交易后累计仍处于20%(不含本数)以下且不构成第一大股东或实际控制人;(2)在第一次披露的是《详式权益变动报告书》的情形下,第二次交易属于±5%幅度的权益变动且合计未超过30%(含本数)区间以下。

否则,假若第一次交易披露了《简式权益变动报告书》,而第二次交易后导致累计达到20%或以上比例或成为第一大股东,则第二次交易应编制《详式权益变动报告书》;或者即便第一次交易适用的是《详式权益变动报告书》,假若第二次交易后导致累计超过30%（不含本数），由于触发了全面要约义务，则第二次交易若符合要约豁免情形的，也应编制《上市公司收购报告书》。另外，无论第一次交易适用的是何种披露报告书，假若第二次交易方式是要约收购，则无论是自愿发出的要约还是强制要约，第二次交易均应编制《要约收购报告书》，同样不能适用上述简化规则。

简言之，上述6个月内第二次交易所适用的简化披露规则及其例外可以图示概括如下：（见图5.36）

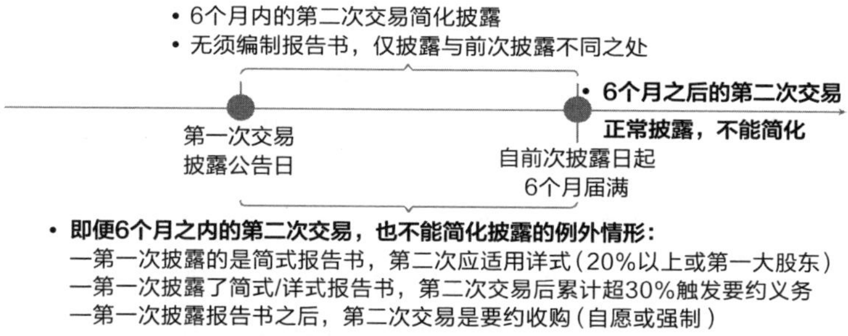

图5.36　披露的特殊情形——6个月内第二次交易的简化披露及其例外

5.6.2　因上市公司减资被动增持的披露豁免及其例外

《收购办法》第19条规定："*因上市公司减少股本导致投资者及其一致行动人拥有权益的股份变动出现本办法第十四条规定情形的*［达到5%或±5%幅度的权益变动——笔者注］，*投资者及其一致行动人免于履行报告和公告义务。*"换句话说，因上市公司的减资行为而导致股东被动增持的，虽然触及了披露门槛，该等股东豁免主动披露。

但是，对于上述豁免披露规则，仍需要注意如下事项：

5.6.2.1　导致特定股东被动增持的上市公司减资情形

首先需要说明的是，上市公司减资时如果对所有现有股东按比例回购注销股票，那么现有各股东的持股比例仍然维持不变，也就不存在个别股东被动增持从而可能触及信息披露门槛的情形。只有并非全部股东按比例回购，而只向特定股东或部分股东回购时，才能出现另外一些股东被动增持的情形。笔者理解，该等情形主要包括如下三种：

◎上市公司向特定股东定向回购，比如之前股权分置改革期间向控股股东或其他主要股东定向回购；

◎ESOP股权激励计划项下的限制性股票,因业绩考核未达标、员工离职或解锁条件未能满足等情形而向特定激励对象定向回购;

◎回购社会公众股并减资。

5.6.2.2 股东豁免披露时的上市公司披露机制

由于是因上市公司行为所导致的被动增持,所以原则上相关股东无须主动披露。但是,从上市公司角度看,根据《收购办法》第19条的规定,"*上市公司应当自完成减少股本的变更登记之日起2个工作日内,就因此导致的公司股东拥有权益的股份变动情况作出公告*"。

5.6.2.3 被动增持豁免披露的例外情形

《收购办法》第19条在允许上述豁免披露的同时,也明确了一种例外情形,即"*因公司减少股本可能导致投资者及其一致行动人成为公司第一大股东或者实际控制人的*"。也就是说,被动成为第一大股东或实际控制人的不能豁免披露。该等情形又可进一步细分为两种披露形式:

◎编制《详式权益变动报告书》,适用于因被动增持成为第一大股东或者实际控制人,且其拥有权益的股份达到该上市公司减资后已发行股份的5%且未超过30%的情形;

◎编制《上市公司收购报告书》,"*因上市公司按照股东大会批准的确定价格向特定股东回购股份而减少股本,导致投资者在该公司中拥有权益的股份超过该公司已发行股份的30%*",根据《收购办法》第63条第1款第2项的规定,前述情形属于可豁免要约的情形,但涉及的相关股东需要编制《上市公司收购报告书》。

无论上述哪种情形,根据《收购办法》第19条以及沪深交易所信息披露业务指引(2018年4月意见稿)等相关规范,所涉及的相关股东应在上市公司"*董事会公告有关减少公司股本决议之日起3个工作日内*"编制相应报告书进行披露。

简言之,上述股东因上市公司减资而被动增持时的披露豁免及其例外情形可以简要概括图示如下:(见图5.37)

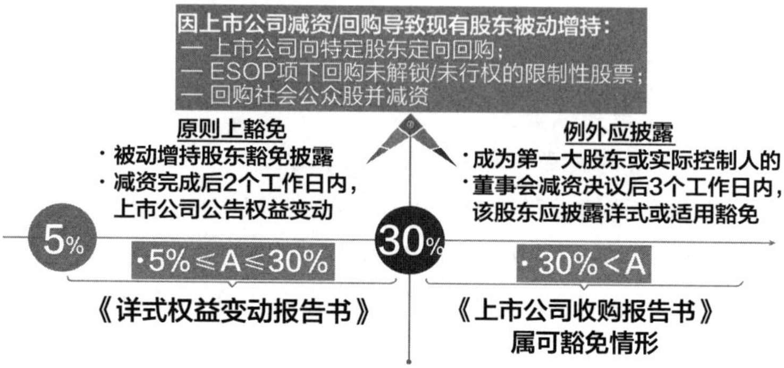

图 5.37　披露的特殊情形——因上市公司减资被动增持股东的披露豁免及例外情形

5.6.3　因其他股东行为导致被动成为第一大股东/控制人的披露要求

除因上市公司自身的减资等行为导致现有股东被动增持以外，股东 A 还可能因为另一股东 B 的行为而被动成为第一大股东或者实际控制人。比如，原第一大股东减持卖出或者放弃表决权等情形。

实务中，涉及控制权的交易复杂多样（详见第 10 章）但又是事关上市公司发展的重大事项，某些看似无关联的股东张三、李四可能存在默契或其他商业安排。因此，从监管合规的角度，对于前述情形下的信息披露需要慎重处理。对此，沪深交易所 2018 年 4 月发布的《上市公司收购及股份权益变动信息披露业务指引（征求意见稿）》中（深交所第 15 条、上交所第 11 条）也提供了相应的规范指引。

根据上述信披指引，原则上，与上述因上市公司自身的减资等行为导致的被动增持类似，如果某一股东 A 因为另一股东 B 的行为（减持、放弃表决权或其他权益变动安排）而导致前者被动成了第一大股东或实际控制人，则该股东 A 应相应披露：

◎《详式权益变动报告书》，如果权益比例介于 5%（含本数）至 30%（含本数）；或

◎《上市公司收购报告书》，如果权益比例超过 30% 且符合要约豁免情形。

不过，比较尴尬的是，与《收购办法》第 63 条第 1 款第 2 项所明确规定的“*因上市公司按照股东大会批准的确定价格向特定股东回购股份而减少股本*”不同，对于因其他股东的行为（而非上市公司的减资）导致被动成为第一大股东或实际控制人且权益比例超过 30% 的，《收购办法》第 62 条或第 63 条并未将其规定为可以豁免要约的情形之一。因此，上述情形能否适用要约豁免情形还存在不确定性。如果

不能豁免，在该等情形下则还要编制《要约收购报告书》并发出全面要约，但无须再编制《上市公司收购报告书》。笔者理解，针对上述情形，能否适用《收购办法》第62条或第63条的兜底条款申请豁免，需要结合实际情况个案分析并取得证监会认可。

另外，对于因其他股东的行为而导致被动增持的，毕竟与常规的交易有别，除了属于控制权交易中的“一揽子”安排比如通过表决权放弃等安排让收购人取得控制权（详见第10章）的情形以外，在不存在未披露的默契安排的情况下，要求某一股东因另一完全独立的第三方的行为而严格按照常规交易的披露标准执行，其合理性也存疑。考虑到这一客观情形，深交所在其《上市公司收购及股份权益变动信息披露业务指引（征求意见稿）》第15条也规定了一定的灵活处理措施：“*该投资者在发布前述公告前十二个月内未主动增加其拥有上市公司权益的股份比例的，则无需在其详式权益变动报告书中披露收购决定、收购目的、收购方式及资金来源等内容。*”上交所则没有类似的安排。笔者认为，深交所的做法还是值得借鉴的。

简言之，对于因其他股东的行为而被动成为第一大股东或实际控制人的情形，其披露规则可以简要图示如下：（见图5.38）

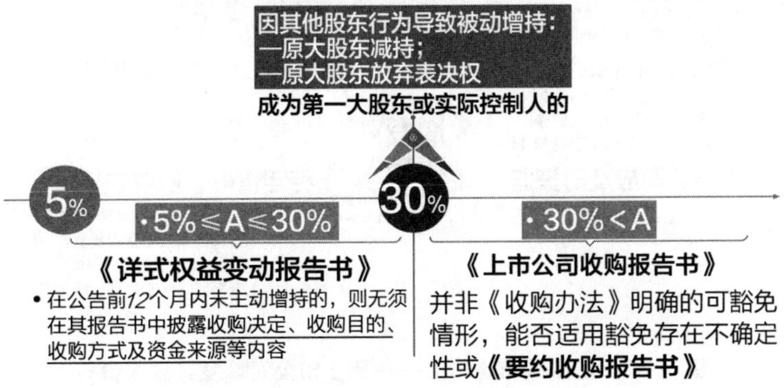

图5.38　披露的特殊情形——因其他股东行为而被动成为第一大股东/控制人的披露要求

5.6.4　因上市公司增发被稀释而被动减持的披露要求

对于上市公司增发，上市公司本身需要披露发行方案以及其他相关公告。因认购增发股份而增持的投资人，也需要根据权益比例披露相应的《权益变动报告书》或《上市公司收购报告书》。

反过来，对于没有参与认购从而因上市公司增发被稀释或被动减持的股东而言，应如何进行披露？对此，证监会2020年7月所发布的《监管规则适用指引——上市类第1号》之"1－15　上市公司收购相关事项"提供了相应指引："*对于因增发股份等原因导致持股比例被动降至5%以下后又主动减持股份的，应当披露权益变动报告书、履行相关限售义务。*"

另外，除了上述因增发被动降至5%以下后又主动减持的情形以外，对于因增发稀释而被动减少幅度达到或者超过5%或1%的，相关披露要求是否可以比照《收购办法》第19条针对因上市公司减资而被动增持的豁免披露规则（详见上述第5.6.2条）？笔者理解，应该比照执行。当然了，若是因增发稀释而降至30%或20%或5%这几个特殊节点以下，由于这几个特殊节点事关不同信息披露标准的界限划分，笔者认为相关股东还是有必要主动披露的（参考上述第5.4节分析）。

对此，沪深交易所2018年4月发布的《上市公司收购及股份权益变动信息披露业务指引（征求意见稿）》（上交所第10条、第13条；深交所第9条、第11条）区分了如下几种情形进行相应处理：（见图5.39）

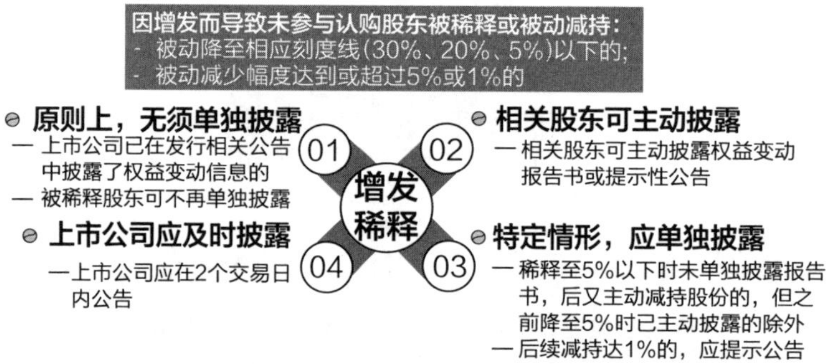

图5.39　披露的特殊情形——因上市公司增发导致未参与认购的股东被稀释而被动减持的披露要求

5.7　信息披露违规的法律后果

关于信息披露违规，主要有三种情形：

◎未及时披露；

◎披露内容有瑕疵；

◎限制期或敏感期内交易。

对于信披违规的法律后果,相比较原《证券法》,2020年3月生效的新《证券法》有了几个重要调整。

5.7.1 违规买入股票表决权的剥夺

原《证券法》第213条对于信披违规做了相应规定:“*收购人未按照本法规定履行上市公司收购的公告、发出收购要约等义务的,责令改正,给予警告,并处以十万元以上三十万元以下的罚款;在改正前,收购人对其收购或者通过协议、其他安排与他人共同收购的股份不得行使表决权。*”而新《证券法》关于信披违规法律责任的第196条及其他条款不再包含剥夺表决权的相关条款,有关条款在新《证券法》第63条表述如下:

“*违反第一款、第二款规定买入上市公司有表决权的股份的,在买入后的三十六个月内,对该超过规定比例部分的股份不得行使表决权。*”

对于上述调整,笔者理解,如下几点需要特别注意:(见图5.40)

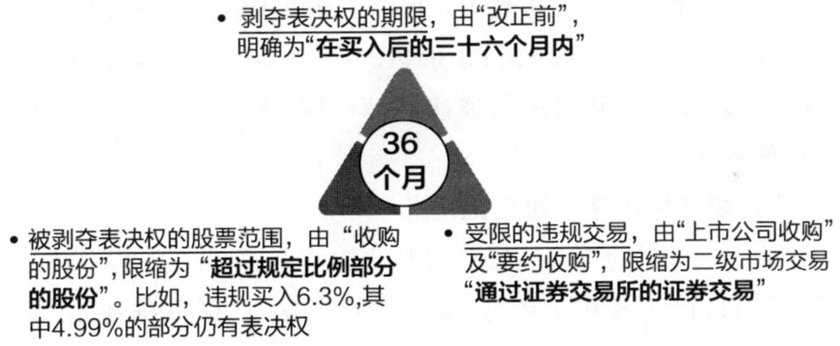

图5.40 新《证券法》对违规买入股票表决权剥夺规则的重要调整

5.7.2 剥夺表决权的期限

新《证券法》后,表决权剥夺的期限由先前规则的“在改正前”,明确为“*在买入后的三十六个月内*”。实务中,对于原规则的“改正”通常理解为按照相关格式准则补充披露了权益变动报告书及/或缴纳了罚款(如证监会作出行政处罚决定)。因此,“改正前”可能是个很短的期限。

而在新《证券法》于2020年3月1日生效之后,即便已经改正了,违规买入的相关股票在36个月内依然没有表决权,直至前述期限届满。该等违规后果相较原规则要明显严厉。

5.7.3 剥夺表决权的违规交易情形

先前规则适用的情形是“上市公司收购”或“要约收购”。如前文提及,在《证券法》项下,“上市公司收购”与“上市公司的收购”是两个概念。根据证监会上市部2009年发布的一个函件(上市部函〔2009〕171号),“上市公司收购”是指“*为了获得或者巩固上市公司的控制权的行为*”。也就是说,除了要约收购中的违规以外,原条款中剥夺表决权的情形主要适用于涉及控制权交易中的信披违规情形。而对于非控制权交易的信披违规,原《证券法》并未明确剥夺表决权。另外,实务中,剥夺表决权的情形在证监会处罚或交易所处分中也基本未被执行,而主要是在司法纠纷中成为争讼点。

相比较,新《证券法》关于剥夺表决权的描述放在了第63条,而第63条是针对“*通过证券交易所的证券交易*”。也就是说,针对的是二级市场交易。除了第63条以外,新《证券法》的整个法律责任章节以及第四章关于上市公司的收购的其他条款中,均没有关于剥夺表决权的描述。这似乎意味着,对于除第63条所规定的二级市场交易以外的其他情形,将违规买入股票的表决权剥夺,并没有明确的法律依据。而且,即便明确规定了表决权剥夺条款的第63条,其适用范围也仅限于第1款(初始5%)及第2款(±5%)的信披违规,对于第3款(±1%)的信披违规则没有剥夺表决权的后果。

5.7.4 适用表决权剥夺的股票范围

与原《证券法》第213条所规定的“对其收购或者通过协议、其他安排与他人共同收购的股份”不得行使表决权有别,新《证券法》第63条的描述是“*对该超过规定比例部分的股份*”不得行使表决权。新规则对剥夺表决权的股票范围有所收窄。比如,收购人二级市场买入了6.3%未能及时披露,那么应该剥夺表决权的股票范围仅限于超过5%的其他1.31%的部分,而对于5%以下的部分(因未至5%的信披义务)则仍有表决权。

5.7.5 违规处罚金额的大幅提升

《证券法》在信披违规法律责任的另一个重要调整就是大幅提升了罚款金额,具体调整如下:(见表5.1)

表 5.1 新《证券法》对收购交易相关信披违规法律责任的重要调整

条款	监管对象	其他处罚	罚款金额	2019年4月三审稿	2014年8月原规则
A 违规减持（违反第36条锁定期、减持规则）					
186	减持方/收购人	责令改正；警告；**没收违法所得**（比2014年新增）	买卖证券等值以下	第198条，同左	第204条，未要求没收违法所得
	直接责任人员	**/（删除对责任人员的处罚）**		第198条，5万~50万元	第204条，3万~30万元
B 短线交易（董监高及5%以上股东违反第44条在6个月内反向操作）					
189	增持/减持方	警告	10万~100万元	第201条，5万~50万元	第195条，3万~10万元
C 控制权收购违规（未履行上市公司收购的公告、要约收购义务的）					
196	收购人	责令改正；警告；致损被收购公司及股东的，赔偿	50万~500万元	第208条，50万~500万元	第213条，10万~30万元
	直接责任人员	警告	20万~200万元	第208条，10万~100万元	第213条，3万~30万元
	收购人控股股东/控制人	利用收购致损被收购公司及股东的，赔偿	—	第208条，同左	第214条，10万~60万元
D 权益变动信披违规（未按规定报送报告或履行信息披露义务的）					
197.1	信披义务人	责令改正；警告	50万~500万元	第209条，20万~200万元	第193条，30万~60万元
	直接责任人员	警告	20万~200万元	第209条，10万~100万元	第193条，3万~30万元
	控股股东/控制人/（组织/指使从事/隐瞒导致发生）		50万~500万元	第209条，同上	第193条，同上
E 权益变动虚假披露（虚假记载/误导性陈述/重大遗漏的）					
197.2	信披义务人	责令改正；警告	100万~1000万元	第209条，50万~500万元	第193条，30万~60万元
	直接责任人员	警告	50万~500万元	第209条，10万~100万元	第193条，3万~30万元
	控股股东/控制人/（组织/指使从事/隐瞒导致发生）		100万~1000万元	第209条，同上	第193条，同上

5.7.6 披露前的继续增持违规

需要注意的是，如果收购人达到比例门槛后未能及时披露，对于在披露前的继续增持（即便该等后续增持时间点超过了上述 T+3 或 T+N+3），该等披露前的继续增持将构成除未能及时披露以外的另一个违规点。收购人可能会因此受到证监会的行政处罚或交易所监管措施。例如，在通过大宗交易增持新大洲 A（000571.SZ）的过程中，收购人因其达到5%门槛时未及时披露以及在披露前继续增持，而于2018年1月收到了深交所的监管函（公司部监管函〔2018〕第6号）（见图5.41）。①

---

① 参见新大洲 A（000571.SZ）：《简式权益变动报告书》，载巨潮资讯网，http://static.cninfo.com.cn/finalpage/2017-08-26/1203870170.PDF；新大洲 A（000571.SZ）：深交所公司部《关于对富立财富投资管理有限公司的监管函》（公司部监管函〔2018〕第6号），载巨潮资讯网，http://reportdocs.static.szse.cn/UpFiles/jgsy/gkxx_jgsy_00057143737.pdf? random=0.9507339057648315。

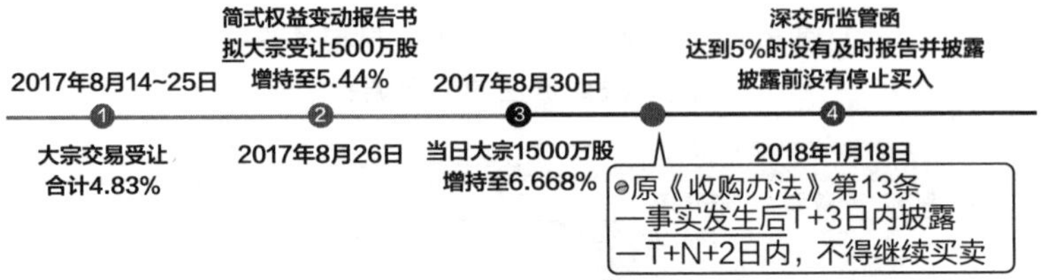

图 5.41 [案例]新大洲 A(000571.SZ)——某私募基金违规增持

5.8 日常披露中的交易敏感“窗口期”限制

5.8.1 交易敏感“窗口期”限制规则的重要调整

针对上市公司的日常信息披露，包括年报、半年报等定期报告以及季度报告、业绩预告或业绩快报或重大事项临时报告等，考虑到拟披露信息可能涉及股价敏感信息或包含其他可能导致市场波动或影响投资者判断的信息，在该等信息披露前的特定期间内—窗口期，针对具有获悉相关信息天然优势的特定群体比如上市公司董监高或控股股东、实际控制人等，对其股票交易行为有必要进行特别的约束。

在此方面，证监会于 2022 年 1 月发布了《上市公司董事、监事和高级管理人员所持本公司股份及其变动管理规则(2022 年修订)》(中国证券监督管理委员会公告〔2022〕19 号)(以下简称《持股变动规则 2022》)，对先前于 2007 年 4 月发布的《上市公司董事、监事和高级管理人员所持本公司股份及其变动管理规则》(证监公司字〔2007〕56 号)项下关于“窗口期”的监管要求进行了重要调整和改进。

相应地，上交所于 2022 年 1 月发布了《上市公司自律监管指引第 8 号——股份变动管理》(上证发〔2022〕9 号)，废止了上交所此前发布的《上市公司股东及其一致行动人增持股份行为指引》(上证公字〔2012〕14 号)、《关于沪市上市公司股东及其一致行动人、董事、监事和高级管理人员增持本公司股票相关事项的通知》(上证发〔2015〕66 号)。而深交所也于 2022 年 1 月发布了《上市公司自律监管指引第 10 号——股份变动管理》(深证上〔2022〕22 号)，取代了深交所先前发布的《深圳证券交易所上市公司董事、监事和高级管理人员所持本公司股份及其变动管理业务指引》(深证上〔2007〕61 号)和《关于严格执行〈上市公司收购管理办法〉等有关规定的通知》(深证上〔2008〕162 号)。

另外，从北交所《股票上市规则(试行)》(2021 年 11 月 15 日起实施，以下简称

《北交所上市规则》)的规定(第 2.4.14 条)来看,北交所目前所执行的“窗口期”规则与《持股变动规则 2022》的最新要求一致(包括下述针对季报适用 T-10 窗口期以及针对重大事项的披露其窗口期截止至披露日止的最新政策)。

就股票交易敏感“窗口期”的限制而言,目前监管框架下主要涉及如下规则(见图 5.42):

证监会

- 持股变动规则,**《上市公司董事、监事和高级管理人员所持本公司股份及其变动管理规则(2022年修订)》**,2022年1月5日发布,证监会公告〔2022〕19号;**第12条**

上交所

- 主板,《自律监管指引第8号——股份变动管理》,2022年1月7日发布,上证发〔2022〕9号;**第10条**
- 主板,《自律监管指引第1号——规范运作》,2022年1月7日发布,上证发〔2022〕2号
- 科创板,《自律监管规则适用指引第1号——规范运作》,2022年1月7日发布,上证发〔2022〕14号;**第2.4.2条、第4.6.8条**

深交所

- 主板/创业板,《自律监管指引第10号——股份变动管理》,2022年1月7日发布,深证上〔2022〕22号;**第13条**
- 主板,《自律监管指引第1号——主板上市公司规范运作》,2022年1月7日发布,深证上〔2022〕13号
- 创业板,《自律监管指引第2号——创业板上市公司规范运作》,2022年1月7日发布,深证上〔2022〕14号

北交所

- 《北京证券交易所股票上市规则(试行)》,2021年11月15日实施,北证公告〔2021〕13号;**第2.4.14条、第2.4.15条**

图 5.42　交易敏感“窗口期”限制的监管框架

根据证监会《持股变动规则 2022》及交易所最新监管指引,关于上市公司日常披露期间的股票交易敏感“窗口期”限制规则的两个主要调整包括:

◎季度报告披露的窗口期,新规将季度报告披露前的交易敏感窗口期由先前规则的 30 日(T-30)压缩为 10 日(T-10)。这个调整的背景可能是在证监会 2021 年 3 月发布新版《上市公司信息披露管理办法》(2021 年 5 月 1 日起实施)之后,季度报告不再作为“定期报告”进行规范了。在《持股变动规则 2022》新规下,季度报告与业绩预告及业绩快报均适用 T-10 的窗口期规则。而对于“定期报告”的披露,新规则仍维持了 T-30 的窗口期限制。

◎重大事项披露的窗口期,针对重大事项的披露,《持股变动规则 2022》及沪深交易所最新规范均删除了先前规则项下重大事项“*披露后2 日内*”不得买卖的规定;新规下,交易“窗口期”限制截止到重大事项的披露之日即截止。不过,根据科创板 2022 年 1 月最新修订的《自律监管规则适用指引第 1 号——规范运作》(第 2.4.2 条及第 4.6.8 条),科创板针对重大事项披露的窗口期限制仍延续到了“*至依法披露后2 个交易日内*”;科创板该等规则是否将择机调整有待观察。

一个值得关注的问题是，对于上述交易敏感窗口期规则，证监会及交易所均没有明确上述限制所针对的交易是仅限于二级市场交易还是也包括其他方式的增持或转让交易。从谨慎角度理解，在上述 T－10 或 T－30 的窗口期内，签署收购或转让协议可能也涉嫌构成冲突。但实务中的确也存在少数案例在业绩快报公告前的敏感期签署转让协议的情况。不过，考虑到新规框架下，控股股东及实际控制人已经不再属于窗口期规则的受限制对象（科创板及北交所除外）（详见下述第 5.8.4 节），在该等股东不兼具董监高身份的情形下，前述冲突应已不再是问题。

5.8.2　业绩披露前——针对上市公司董监高的交易敏感“窗口期”限制

根据证监会《持股变动规则 2022》第 12 条以及交易所最新规范—上交所《上市公司自律监管指引第 8 号——股份变动管理》（第 10 条）、深交所《上市公司自律监管指引第 10 号——股份变动管理》（第 13 条）以及北交所《上市规则》（第 2.4.14 条），上市公司董监高在下列期限内“不得买卖”本公司股票：

◎上市公司年度报告、半年度报告公告前三十日内；

◎上市公司季度报告、业绩预告、业绩快报公告前十日内。

上述针对董监高的交易敏感“窗口期”限制可以简要图示如下：（见图 5.43）

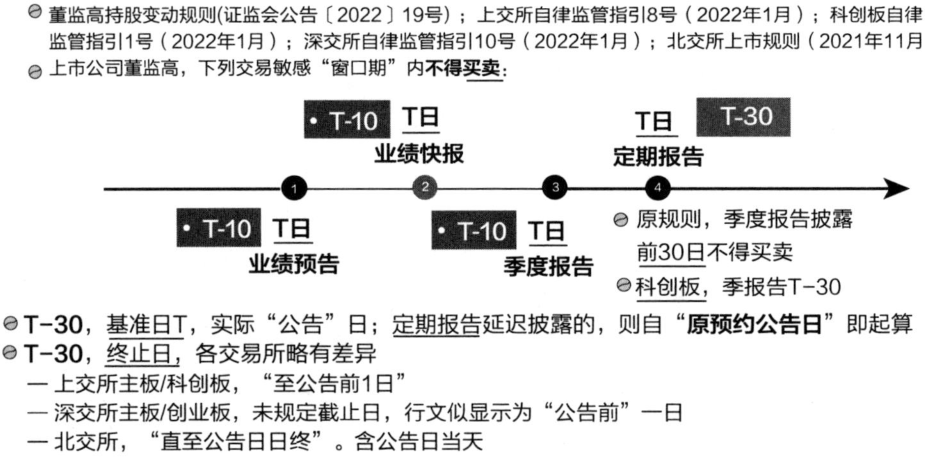

图 5.43　业绩披露前的交易敏感“窗口期”——上市公司董监高

针对定期报告（年报及半年报）的披露，根据各交易所上市规则的要求，上市公司应当向交易所预约定期报告的披露时间，以便交易所根据预约情况统筹安排。然而实务中，由于各种客观因素或特殊原因有时又不得不推迟原先预约的披露日期。此等情形下，根据各交易所的规范指引，定期报告披露期间的交易敏感“窗口期”限制则将从“*原预约公告日*”即起算,即,T-30中的“T”基准日不仅指实际公告日还包括原预约公告日;因特殊原因推迟披露的,“窗口期”限制则将相应延长。另外,针对延迟披露定期报告场景下的交易敏感窗口期规则,关于受限期间的“终止日”,各交易所略有差异(沪深均截至实际公告前1日,北交所则包含公告日当天):

◎上交所主板/科创板,“至公告前1日”;

◎深交所主板/创业板,未规定截止日,只规定了起始日。但从深交所《上市公司自律监管指引第10号——股份变动管理》第13条的行文来看,貌似也是截止公告前1日:“*公司年度报告、半年度报告公告前三十日内,因特殊原因推迟公告日期的,自原预约公告日前三十日起算*”;

◎北交所,“*直至公告日日终*”。

再者,值得注意的是,就科创板而言,根据科创板2022年1月最新修订的《上市公司自律监管规则适用指引第1号——规范运作》(第4.6.8条),似乎并未直接提及关于季度报告披露的窗口期规则。科创板规范运作指引第4.6.8条第(一)项针对的是“定期报告”(适用T-30规则);第4.6.8条第(二)项关于T-10窗口期规则的适用对象又仅包括“业绩预告、业绩快报”。如前提及,证监会2021年3月修订的《上市公司信息披露管理办法》中的“定期报告”仅包括年度报告和半年度报告,不再包含“季度报告”。尽管如此,需要注意的是,从目前各交易所(包括上交所科创板)现行有效的最新上市规则来看,定期报告均还包含“季度报告”,暂未按照《上市公司信息披露管理办法》的规定将季度报告调整出“定期报告”的范畴。比如,根据现行有效的科创板《上市规则》第6.1.1条,定期报告包含季度报告。由此,在科创板规范指引并未有针对季度报告披露窗口期的单独规定的情形下,科创板规范运作指引第4.6.8条第(一)项的“定期报告”依然包含季度报告;也就是说,科创板上市公司季报披露所适用的窗口期是科创板规范指引第4.6.8条第(一)项的T-30规则。这要比证监会《持股变动规则2022》第12条针对季度报告披露已调整为T-10的要求更严。相比较而言,虽然根据上交所主板《上市规则》第5.2.1条定期报告也包含季度报告,但上交所《上市公司自律监管指引第8号——股份变动管理》第10条第(二)项已明确根据证监会《持股变动规则2022》的调整,将季报披露的窗口期调整为了T-10规则。因此,对于上交所而言,现行规范下,针对“季度报告”披露的窗口期,科创板适用的仍是原T-30规则,比证监会的最新要求更严格;而主板适用的则是T-10规则,与证监会《持股变动规则

2022》的最新调整一致。

另外，值得一提的是，根据深交所原2020年版上市公司规范运作指引，上述敏感期同样适用于上市公司董监高的配偶以及上市公司证券事务代表及其配偶。例如，强力新材(300429. SZ)于2019年8月30日发布公告，董事刘某的配偶徐女士因操作失误于2019年8月29日买入公司股票5300股，而公司于2019年8月30日发布半年报。上述交易行为违反了《深圳证券交易所创业板上市公司规范运作指引》(2020年版)第3.8.17条关于上市公司董事、监事、高级管理人员、证券事务代表及前述人员的配偶不得在窗口期买卖公司股票的相关规定。为此，相关董事及其配偶对违规增持行为向投资者致歉，并承诺“未来6个月内不减持本次增持的公司股票，未来如出售该部分股票，所得收益归上市公司所有，且该承诺事项构成对市场的公开承诺”。①

不过，按照深交所2022年1月最新修订的主板及创业板上市公司自律监管指引及规范运作指引来看，业绩披露的相关窗口期规则的适用对象已经不再包含董监高的配偶，也不再包含证券事务代表及其配偶。上交所及北交所的规则也无针对前述主体的窗口期限制。尽管前述，需要注意的是，相关主体(董监高的配偶及证券事务代表及其配偶)在上述T-30或T-10的窗口期若要进行相关交易，仍应遵守关于内幕交易防控及短线交易的相关规则约束。

5.8.3 业绩披露前——针对控股股东/实际控制人的交易敏感“窗口期”限制

针对上市公司的控股股东、实际控制人的交易敏感“窗口期”限制，在证监会层面，无论是先前2007年版持股变动规则还是最新修订的《持股变动规则2022》，均不包含相关规则。

先前针对控股股东、实际控制人的“窗口期”规则主要是体现在沪深交易所的规范指引层面。比如上交所2010年发布的《上市公司控股股东、实际控制人行为指引》(上证公字〔2010〕4号)、《上市公司股东及其一致行动人增持股份行为指引》(上证公字〔2012〕14号)；以及深交所2020年版主板及创业板《上市公司规范运作指引》等。目前，前述旧规都已被相应修订或被新规取代。其中，前述上证公字〔2010〕4号已被上交所2022年1月发布的《上市公司自律监管指引第1号——规范运作》废止，上证公字〔2012〕14号则被上交所2022年1月发布的《上市公司自律监管指引第8号——股份变动管理》废止；而深交所也于2022年1月相应更

---

① 强力新材(300429. SZ)：20190830《关于董事配偶因误操作导致违规增持的公告》，载巨潮资讯网，http://static.cninfo.com.cn/finalpage/2019-08-30/1206856233.PDF。

新了主板及创业板上市公司规范运作指引。

从沪深交易所2022年1月发布的最新规范指引来看,上交所主板以及深交所主板及创业板均不再包含针对上市公司控股股东及实际控制人(除非其兼具董监高身份)的交易敏感窗口期限制规则,相关窗口期限制规则目前仅适用于上市公司的董监高。尽管如此,需要注意的是,控股股东、实际控制人在进行相关交易时仍应遵守内幕交易防控规则及短线交易规则(详见第7章分析)。

另外,从科创板2022年1月最新修订的《上市公司自律监管规则适用指引第1号——规范运作》(第2.4.2条)以及北交所《上市规则》的规定(第2.4.15条)来看,科创板及北交所针对上市公司的控股股东及实际控制人仍保留了相应的窗口期限制,但相关细节方面又有若干差异:

◎关于被限制的交易行为,与董监高窗口期规则相比,科创板针对控股股东、实际控制人所限制的是,在上述敏感期内"*不得增持*";对于是否可以减持并无限制。而上述适用于董监高的窗口期规则所限制的则是"*不得买卖*",涵盖了增持及减持两个方向。但是,与科创板不同,北交所针对上市公司控股股东、实际控制人所限制的则又是不得"买卖",与董监高窗口期规则一致。

◎关于信息披露的适用范围,针对控股股东、实际控制人的窗口期限制,科创板的适用范围是"定期报告"(根据科创板《上市规则》第6.1.1条,定期报告包括年报、半年报及季报)。而按照北交所《上市规则》第2.4.15条第(一)项,北交所的窗口期则仅限于定期报告中的"年度报告",并未包含"中期报告"(而北交所《上市规则》第2.4.14条第(一)项针对董监高的窗口期规则却既涵盖了年度报告也包括了中期报告)。另一方面,就业绩快报、业绩预告披露的窗口期规则,科创板与北交所针对控股股东及实际控制人的约束则无区别。

不过,就半年报及季度报告的披露来看,北交所针对控股股东、实际控制人的"窗口期"规则似乎存在一个小bug缺憾。北交所《上市规则》第2.4.15条第(一)项仅针对"年度报告"的披露明确了窗口期规则;而《上市规则》第2.4.15条第(二)项援引了第2.4.14条第(二)至(四)项,其中第2.4.14条第(二)项又仅包含"业绩预告、业绩快报"的披露;而第2.4.14条针对董监高时其第(一)项所包含的"中期报告"及"季度报告",在第2.4.15条针对控股股东及实际控制人时既没有直接规定又没有其他援引。因此,就北交所而言,针对"中期报告"和"季度报告"

的披露,当适用主体为上市公司董监高时,第 2.4.14 条第(一)项有明确的窗口期规则;而当适用主体为上市公司控股股东、实际控制人时,第 2.4.15 条则缺乏相应的窗口期规则。由此,北交所《上市规则》自身缺乏针对半年报及季报披露而适用于控股股东及实际控制人的窗口期规则,而证监会上位法《持股变动规则 2022》也没有针对控股股东及实际控制人的窗口期限制规则。这就导致,就北交所上市公司而言,针对控股股东、实际控制人,存在适用于定期报告及业绩快报或业绩预告披露的窗口期限制,却唯独缺少针对半年报及季度报告披露的交易敏感"窗口期"限制规则。

◎关于"窗口期"的受限时间,针对控股股东、实际控制人的窗口期限制,科创板关于定期报告(含年报、半年报及季报)的限制时间是 T－10:"*科创公司定期报告披露前10 日内;科创公司因特殊原因推迟定期报告公告日期的,则自原预约公告日期前10 日起到定期报告实际公告之日的期间内*"。但科创板针对董监高的定期报告披露的窗口期限制则是 T－30(见上述第 5.8.2 节)。而北交所针对定期报告(如上分析,北交所仅针对年度报告,对中期报告及季度报告未设置限制)的披露而适用于控股股东及实际控制人的敏感期限制,则是和董监高窗口期规则一样,适用的是 T－30 规则(推迟披露的则是自原预约时间前 30 日起算,直至公告日日终均为敏感期)。另一方面,就业绩快报、业绩预告的披露而言,针对控股股东、实际控制人的限制区间,科创板和北交所执行的都是 T－10 规则,与适用于董监高的窗口期限制规则一致。

简言之,针对控股股东、实际控制人的窗口期限制,科创板及北交所的相关规则可以简要图示如下(见图 5.44):

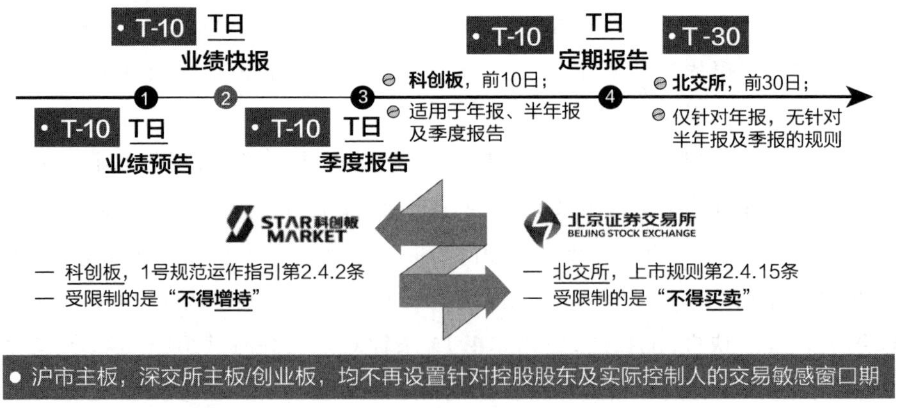

图 5.44 业绩披露前的交易敏感"窗口期"——控股股东/实际控制人

需要注意的是,现行监管框架下,在公司 IPO 上市、上市后增发再融资或发行股份购买资产或其他交易中,上市公司的控股股东及实际控制人可能曾根据相关监管规则或规范要求而承诺(或基于综合考虑而自愿作出了承诺)在一定期限内不买卖本公司股票。该等承诺应予以遵守。

另外,针对重大事项的披露,科创板及北交所针对上市公司的控股股东及实际控制人也设置了类似于董监高的窗口限制(详见下述第 5.8.4 节)。

5.8.4 重大事项决策期间的交易限制

对于涉及股价敏感的重大事项,在其决策期间,相关主体买卖股票的行为也受到一定的限制。具体而言,自可能对本公司证券及其衍生品种交易价格产生较大影响的重大事件"*发生之日或在决策过程中,至依法披露之日内*",属于相关主体股票交易受限的敏感窗口期(见图 5.45)。

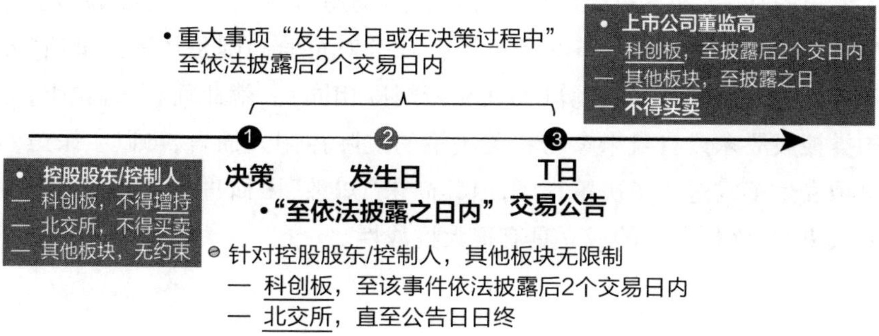

图 5.45 重大事项决策期间的交易敏感"窗口期"

就适用于上市公司董监高的窗口期限制而言,与原规则相比,《持股变动规则 2022》以及沪深交易所最新监管指引的一个重要调整是,将针对重大事项披露的敏感期缩短至依法披露之日。原规则所规定的"*依法披露后2 个交易日内*"则不再纳入敏感期限制。而北交所《上市规则》第 2.4.14 条则是规定"*直至公告日日终*",除了公告日当天也包含在内以外,北交所保持了与《持股变动规则 2022》及沪深交易所(科创板除外)窗口期规则的基本一致—重大事项披露后,交易敏感窗口期即结束。

不过,根据科创板 2022 年 1 月最新修订的《上市公司自律监管规则适用指引第 1 号——规范运作》第 2.4.2 条,对于科创板上市公司的董监高而言,上述重大事项"*依法披露后2 个交易日内*"仍属于交易敏感"窗口期"。

另外,针对上市公司控股股东及实际控制人的窗口期限制,与关于业绩披露的窗口期限制类似(详见上述第 5.8.3 节),科创板及北交所同样设置了适用于重大事项披露的相应窗口期限制规则。而上海主板、深圳主板及创业板就重大事项的披露则不再针对控股股东及实际控制人的交易设置敏感“窗口期”限制。尽管如此,如前提及,内幕交易防控及短线交易规则仍须遵守。

就针对重大事项披露场景下适用于控股股东及实际控制人的“窗口期”限制而言,科创板及北交所的规则之间也有差异:科创板的限制仍延续至“*依法披露后2个交易日内*”;而北交所则是“*直至公告日日终*”。另外,在重大事项披露场景下的窗口期“起算日”方面也存在细节差异:北交所《上市规则》第 2.4.15 条针对控股股东及实际控制人的“窗口期”与第 2.4.14 条针对董监高的窗口期,其基准日均一样——自重大事项“*发生之日或者进入决策程序之日*”。而根据科创板《上市公司自律监管规则适用指引第 1 号——规范运作》,其第 2.4.2 条针对控股股东、实际控制人要求的是“*自知悉可能对科创公司股票交易价格产生较大影响的事件发生或在决策过程中*”;而其第 4.6.8 条第(三)项针对董监高则是从重大事项“*发生之日或者进入决策程序之日*”起算(与北交所规则相同)。就此而言,理论上,尤其对于机构类控股股东或自身未参与相关决策的实际控制人而言,可以主张虽然相关重大事项发生了或进入了决策程序,但其尚未“知悉”因而进行了相关交易。但就监管实践来看,该种主张的成立具有很大挑战性。

第6章

上市公司股份的锁定期与转让限制

6.1 A股市场的锁定期类型

A股市场的一个鲜明特征是,上市公司的股票受限于种类繁多的锁定期限制。在锁定期内的股票不得转让,除非少数例外情形。

就锁定期规则而言,可以从限制期限的长短、适用主体的类型以及交易场景的不同等几个维度去划分。

6.1.1 禁止转让的限制期限

在现行监管框架下,主要有如下几种期限的锁定期:(见图6.1)

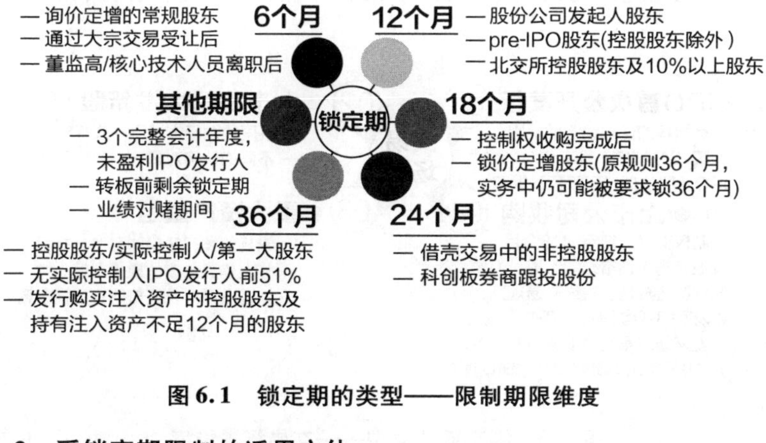

图6.1 锁定期的类型——限制期限维度

6.1.2 受锁定期限制的适用主体

不同的主体所适用的锁定期长短有别。比如,控股股东和一般股东有所不同;具有董监高等特定身份的股东也有专项锁定期要求;再如,特定类型的发行人—IPO时无实际控制人或未盈利企业,也有特殊的锁定期规则。

综合来看,现有规则项下,大致有如下几大类型的适用主体有专门的锁定期规则:(见图 6.2)

图 6.2 锁定期的类型——适用主体维度

6.1.3 锁定期规则适用的交易场景

不同交易场景中针对同一类型主体所适用的锁定期规则,既有实质相同之处,也有细节差异。比如,IPO 和重大重组交易中针对控股股东的锁定期均是 36 个月(北交所除外),而针对普通股东的锁定期多是 12 个月。再如,同是重大资产重组交易,普通的发行购买资产交易中普通股东的锁定期是 12 个月,而在构成借壳上市或重组上市的重组交易中,针对普通股东的锁定期则是 24 个月。对于通过收购取得上市公司控制权的控股股东而言,其锁定期则是 18 个月。

从锁定期规则适用的角度来看,如下几种不同的交易模式需要具体分析:(见图 6.3)

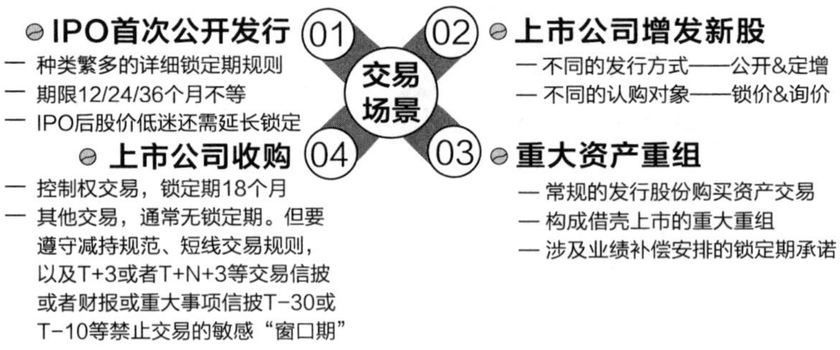

图 6.3 锁定期的类型——交易场景维度

6.1.4 锁定期限制的法律依据

关于锁定期适用的法律依据,有的是依据《公司法》(比如股份公司的发起人股份、董监高所持股份或上市前股份的转让限制)或《证券法》(比如控制权收购完成后的锁定期)的明文规定;有的是源自证监会的IPO、增发或重大重组规章或者交易所的上市规则;还有一些则是来自实务中的监管机构要求或市场惯例等。

不同的法律依据可能会有不同的执行要求或适用效果。通常来讲,源自《公司法》《证券法》等国家法律或行政法规明确规定的锁定期限制,是需要严格遵守的;基于证监会部门规章或交易所上市规则等要求的锁定期安排,基于相关监管机构规则的明确规定或特殊情形下的个案沟通,可以有例外情形;而另外一些实务中结合监管沟通或交易背景所"自愿"承诺的锁定期安排,则可通过上市公司股东大会或其他合适方式予以豁免或调整。

简言之,从锁定期限制的法律依据来看,可以将相关承诺区分为法定限制和自愿承诺两大类型:(见图6.4)

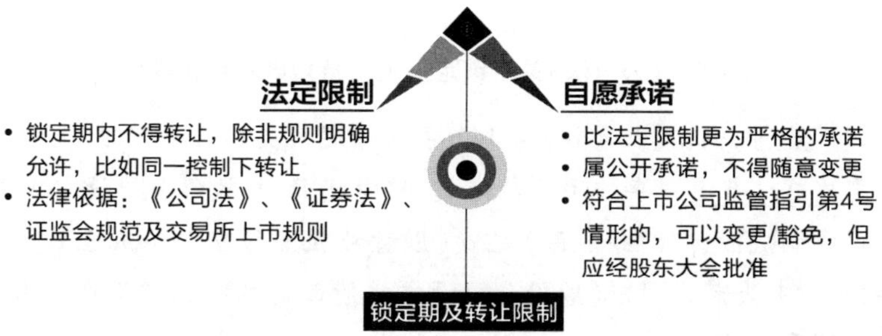

图6.4 锁定期的类型——法定限制与自愿承诺

尤其是,作为比法定限制更为严格的自愿承诺,由于其承诺的"自愿"而非强制性,经上市公司股东大会批准可以豁免或予以变更。此类情形在上市公司控制权相关交易中不乏实务案例,比如针对董监高间接持股是否适用年度25%额度的相关承诺以及IPO时所承诺的比常规1年或3年锁定更为严格的承诺等。

6.2 《公司法》《证券法》关于锁定期的基本规则

针对锁定期,就其法律依据溯源的话,《公司法》《证券法》应该是最基础的上位法依据。其余的锁定期规则则主要是基于证监会的部门规章、规范性文件、交易所的上市规则,以及实务中的一些具体监管指引或市场惯例等。

现行《公司法》(2018年10月修订)项下,有限公司不存在锁定期的概念,除非其股东在章程中另有约定。对于股份公司(上市及未上市),《公司法》第141条规定了如下三大类锁定期限制及减持规则:(见图6.5)

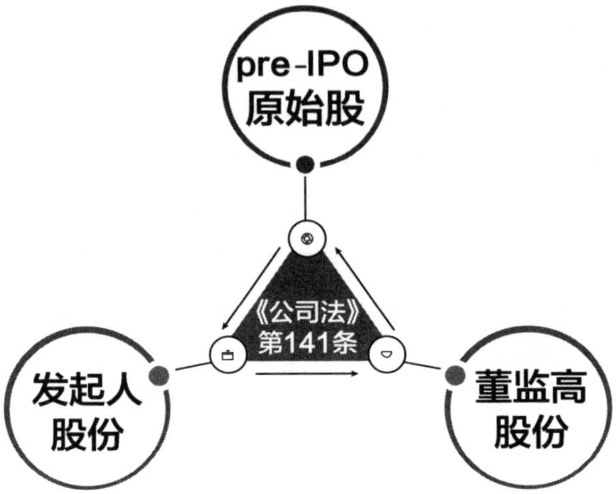

图 6.5 《公司法》关于锁定期及减持规则的监管维度

◎发起人股份，根据《公司法》第 141 条的规定，“*发起人持有的本公司股份，自公司成立之日起一年内不得转让*”。这意味着，自股份公司设立或有限责任公司改制成股份公司（股改）之日（以营业执照股份公司成立日为准）起，1 年内，所有发起人股东（股份公司设立或股改时的全部登记在册股东）的股份均不得转让。

◎Pre－IPO 原始股，根据《公司法》第 141 条的规定，“*公司公开发行股份前已发行的股份，自公司股票在证券交易所上市交易之日起一年内不得转让*”。也就是说，无论是发起人股份还是非发起人股份，也无论是创始人股份还是后续通过受让老股或增资入股所取得股份，只要是在 pre－IPO 上市前取得的股份，锁定期至少要 1 年。按照证监会监管规定及交易所上市规则，控股股东及“突击入股”等特定情形还要遵守更长的锁定期限制。

◎董监高股份，根据《公司法》第 141 条的规定，“*公司董事、监事、高级管理人员应当向公司申报所持有的本公司的股份及其变动情况，在任职期间每年转让的股份不得超过其所持有本公司股份总数的百分之二十五；所持本公司股份自公司股票上市交易之日起一年内不得转让。上述人员离职后半年内，不得转让其所持有的本公司股份*”。对于董监高这类特殊身份主体，除了需要遵守上述发起人股份或 pre－IPO 股份的限制（如适用）以外，还需额外遵守任职期间年度 25% 额度管控及离职后半年内不得转让的限制。

另外，现行《证券法》（2019 年 12 月修订）项下，关于锁定期及减持规则的基础

要求包括如下几方面:(见图6.6)

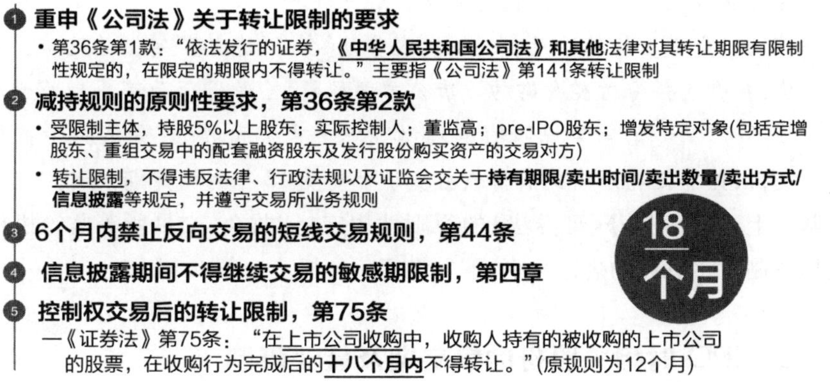

图6.6 《证券法》关于锁定期及减持规则的基础要求

◎重申要遵守《公司法》转让限制,根据《证券法》第36条第1款的规定,“*依法发行的证券,《中华人民共和国公司法》和其他法律对其转让期限有限制性规定的,在限定的期限内不得转让*”。此处所提《公司法》的转让限制就是上述提到的《公司法》第141条的相关规定。

◎关于减持规则的原则性要求,根据《证券法》第36条第2款的规定,“*上市公司持有百分之五以上股份的股东、实际控制人、董事、监事、高级管理人员,以及其他持有发行人首次公开发行前发行的股份或者上市公司向特定对象发行的股份的股东,转让其持有的本公司股份的,不得违反法律、行政法规和国务院证券监督管理机构关于持有期限、卖出时间、卖出数量、卖出方式、信息披露等规定,并应当遵守证券交易所的业务规则*”。与2019年4月的《证券法》修订三审稿相比,《证券法》不再保留关于减持额度等具体细则性要求,而是授权证监会根据市场发展情况灵活确定。

◎特定股东的短线交易规则,根据《证券法》第44条的规定,“*上市公司、股票在国务院批准的其他全国性证券交易场所交易的公司持有百分之五以上股份的股东、董事、监事、高级管理人员,将其持有的该公司的股票或者其他具有股权性质的证券在买入后六个月内卖出,或者在卖出后六个月内又买入,由此所得收益归该公司所有,公司董事会应当收回其所得收益*”。

◎信息披露期间不得继续交易的敏感期限制,《证券法》第四章针对上市公司的收购(二级市场、协议转让、要约收购等)的相关规定,明确在进行相应信息披露之前以及披露后3日等特定期间内不得继续进行股票买卖。有关该等交易敏感期的限制详见前文第5章分析。

◎控制权交易后的转让限制,根据《证券法》第75条的规定,“*在上市公司收购中,收购人持有的被收购的上市公司的股票,在收购行为完成后的十八个月内不得转让*”。需要说明的是,此处的“上市公司收购”是指关于控制权的交易,并非泛指所有的股份权益变动都要受18个月锁定期限制。

基于上述《公司法》《证券法》的原则性规定,证监会、交易所等监管机构针对不同场景制定了具体的规范指引,下文将逐一分析。

6.3 IPO时相关股份的锁定期及转让限制

关于首次公开发行IPO时的锁定期要求,除了《公司法》《证券法》中的相关基础要求以外,主要体现在证监会的有关规章、规范性文件以及交易所的上市规则中。整体来看,IPO时的锁定期主要有如下几类类型:(见图6.7)

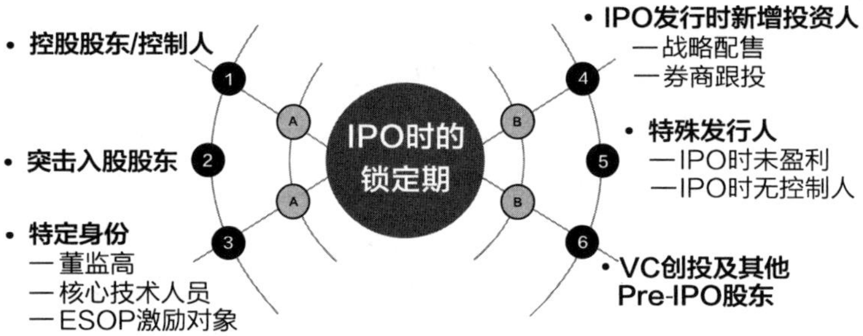

图6.7 首次公开发行IPO时锁定期的主要类型

6.3.1 控股股东/实际控制人所持上市前pre-IPO股份的锁定期及转让限制

原则上,控股股东/实际控制人的锁定期<u>36个月</u>。关于这一锁定期要求的主要依据是《上交所上市规则》第3.1.10条;《科创板上市规则》第2.4.4条、第2.4.9条;《深交所上市规则》第3.1.10条;《创业板上市规则》第2.3.4条、第2.3.14条。但是,北交所针对控股股东、实际控制人的锁定期则较短,为12个月。

6.3.1.1 锁定期的期限要求

针对控股股东/实际控制人的锁定期是36个自然月,自发行人股票上市之日(L日)起算。需要明确的是,此处的锁定期限是36个月。这与针对IPO时未盈利企业的锁定期要求——3个完整会计年度（详见下文第6.3.4节）有所差异。另外，根据北交所《上市规则》第2.4.2条，上市公司控股股东、实际控制人及其亲属，持有的pre-IPO股份的锁定期为12个月。这与其他普通的pre-IPO股东的锁定期一样。

6.3.1.2 关于36个月（北交所12个月）锁定期的适用主体

根据沪深交易所《上市规则》，IPO时适用36个月锁定的主体范围是"*控股股东和实际控制人*"及其一致行动人。除此之外，下列主体也要参照或比照适用前述36个月北交所12个月的锁定要求：

◎控股股东和实际控制人的亲属，所持股份应比照该股东本人进行锁定。这一要求是证监会发行部2020年6月修订的《首发业务若干问题解答》[解答（一）之问题3]、上交所2019年3月所发布的《上海证券交易所科创板股票发行上市审核问答（二）》（问题2）以及深交所2020年6月发布的《创业板股票首次公开发行上市审核问答》（问题9）以及北交所《上市规则》第2.4.2条的明确要求。实务中，此处的"亲属"主要限于直接或间接持有发行人股份的直系亲属，包括控股股东或实际控制人的配偶、父母、子女等。

◎上市公司第一大股东，应当参照适用关于控股股东的规定包括锁定期要求。对此，《科创板上市规则》第2.4.9条以及《创业板上市规则》第2.3.14条均有明确要求；而上市规则并没有直接要求。实务中，对于没有控股股东及实际控制人的发行人，对其第一大股东也是要求锁定36个月的。

6.3.1.3 锁定期内受限制的行为及受限制的股票范围

根据沪深交易所《上市规则》的规定，于锁定期内，作出锁定承诺的股东：

◎不转让；

◎不委托他人管理；

◎也不提议由发行人回购。

而受上述行为限制的股票范围，是指"*其直接和间接持有的发行人首次公开发行股票前已发行股份*"。不过需要注意的是，北交所并无上述第三项关于不得提议由发行人回购的限制。在锁定期（12个月）内，北交所仅要求不得转让或委托他人管理。

6.3.1.4 锁定期内允许转让的例外情形

一方面，《公司法》第141条明确要求，对于所有股东持有的pre-IPO的股份，"*自公司股票在证券交易所上市交易之日起一年内不得转让*"。也就是说，在上市后1年内,该发行人的所有上市前的老股(不包括IPO时增发的新股)均不可转让。这是《公司法》的强制要求,没有例外。

另一方面,对于36个月锁定期内的剩余期限(上市后1年期满之后的剩余期限),相关的股票锁定限制是基于上市规则而要求相关股东所作出的"承诺",并非上位法的强制要求。证监会或交易所可以根据情况予以豁免或作例外规定。

根据沪深交易所上市规则,该等例外主要包括如下情形:

◎同一控制下转让,即转让双方存在控制关系,或者均受同一实际控制人控制;

◎挽救上市公司财务危机,即"*因上市公司陷入危机或者面临严重财务困难,受让人提出的挽救公司的重组方案获得该公司股东大会审议通过和有关部门批准,且受让人承诺继续遵守上述承诺*"。需要注意的是,前述规定是《深交所上市规则》第3.1.10条以及2023年2月最新修订的《上交所上市规则》第3.1.10条的明确规定。而现行有效的上海科创板及深圳创业板上市规则则尚没有类似的规定。因此,除了沪深主板以外,沪深交易所其他板块的上市公司能否援引类似情形申请豁免,尚缺乏明确的直接依据,需要交易所视个案情形酌定。

◎交易所认定的其他情形。目前,2023年2月修订的沪深主板上市规则均有该等兜底条款,而深交所创业板以及上交所科创板上市规则均没有类似规定。也就是说,对于深交所创业板以及上交所主板及科创板而言,目前可以明确豁免锁定期限制的仅限于同一控制下的转让。而对于沪深主板,除了上述挽救上市公司财务危机的特定情形以外,还有一个兜底条款可以由交易所酌情判定是否允许豁免,有更多灵活性。

需要说明的是,上述例外情形下的锁定豁免并非自动适用,而是需要相关股东提出申请,并经交易所同意。

另外,需要注意的是,北交所《上市规则》并无类似上述例外规定。这或许是因为,北交所针对控股股东/实际控制人的锁定期本身就是更短的12个月,而非36个月。而12个月锁定期则是《公司法》第141条的强制性规定,在该等法定12个月锁定期内,是不允许交易所再设置例外规定的,否则将与上位法产生直接冲突。

6.3.1.5 应延长锁定期的特殊情形

除了上述例外情形下经交易所同意可以豁免锁定限制以外,在另外一些特殊情形中,常规的36个月的锁定期则可能还需要延长。该等特殊情形主要是证监会2013年11月所发布的《关于进一步推进新股发行体制改革的意见》(证监会公告

〔2013〕42 号)所明确的上市后股价低迷的如下两种情形:

◎上市后 6 个月内,公司股票连续 20 个交易日的收盘价均低于发行价;

◎上市后 6 个月期末收盘价低于发行价。

在上述股价低迷情形下,控股股东的股票锁定期应自动延长至少 6 个月。控股股东(包括实际控制人)应在其 IPO 申请文件中明确作出关于前述自动延长锁定期的相关承诺。第一大股东以及前述股东/控制人的亲属对其所持股份也应比照作出类似承诺。

6.3.1.6 锁定期届满后的减持限制

即便上述 36 个月锁定期(包括特殊情形下自动延长的额外锁定期)届满,对于控股股东(及实际控制人、第一大股东)而言,其股份的转让除了需遵守减持规范的相关要求之外,还需遵守一项特殊限制:“*所持股票在锁定期满后两年内减持的,其减持价格不低于发行价*。”该项特殊限制也是上述证监会公告〔2013〕42 号改革意见要求控股股东需要在 IPO 申请文件中予以明确公告承诺的。

综上,对于 IPO 时的控股股东等相关主体的锁定期限制,可以简要图示如下:(见图 6.8)

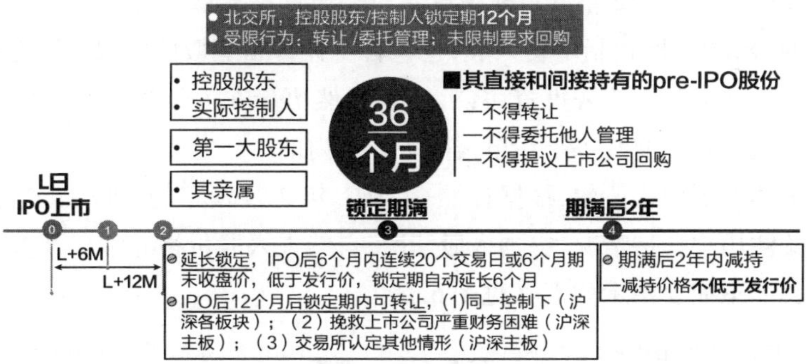

图 6.8 控股股东/实际控制人所持 pre - IPO 股份的锁定期及转让限制

6.3.2 IPO 前突击入股股东的核查及锁定期要求

所谓“突击入股”,是指在 IPO 申报前一年内成为发行人的直接或间接股东。在此 pre - IPO 关键时期——申报前 1 年内,尤其考虑到背后可能涉及的利益输送、关联交易或其他违规或不当行为的风险以及可能对发行人股权结构稳定性的影响,突击入股历来都是境内证券监管部门的审核关注重点。因此,对所涉及相关股东的信息披露以及锁定期方面也有更严格的要求。

从对突击入股延长锁定期的监管依据来看,相关要求曾出现在修订前的上市规则中。后来修订的上市规则中取消了有关要求。而实务中,对突击入股从严要求的监管政策实际上一直在执行,尤其是在历年来证监会的保荐代表人培训中更是被多次重申强调。目前,在证监会发行部于 2020 年 6 月修订的《首发业务若干问题解答(一)》(问题4)(已被证监会2023 年 2 月发布的《监管规则适用指引——发行类第 4 号》所取代)、上交所 2019 年 3 月所发布的《上海证券交易所科创板股票发行上市审核问答(二)》(问题 2)以及深交所 2020 年 6 月发布的《创业板股票首次公开发行上市审核问答》(问题 12)中,针对突击入股的审核标准以及锁定期及披露要求等方面,提供了相对统一明确的监管指引。在这方面,各板块的审核标准没有实质差异。

尤其值得一提的是,证监会于 2021 年 2 月发布了《监管规则适用指引——关于申请首发上市企业股东信息披露》(IPO 股东披露指引),将"突击入股"锁定 36 个月之特殊规则的适用范围从原先的申报前 6 个月内入股延展到了申报前 12 个月内入股;并且,从穿透核查、充分披露等角度全面强化了针对发行人股东的核查披露要求。

6.3.2.1　申报前 12 个月内新增股东的全面核查要求

此处的"新增",既包括增资入股,也包含受让存量老股的股权转让方式。时点判断是指申报前 1 年内签署投资协议,或者虽然协议在 1 年之前签署但是登记程序完成时间点或打款交割等是在申报前 1 年之内的。

对于上述期限内入股的,根据证监会 2021 年 2 月发布的 IPO 股东披露指引,要求重点关注历史代持情况、突击入股情况、自然人入股价格异常以及多层架构等情形。相关要求简要图示如下:(见图 6.9)

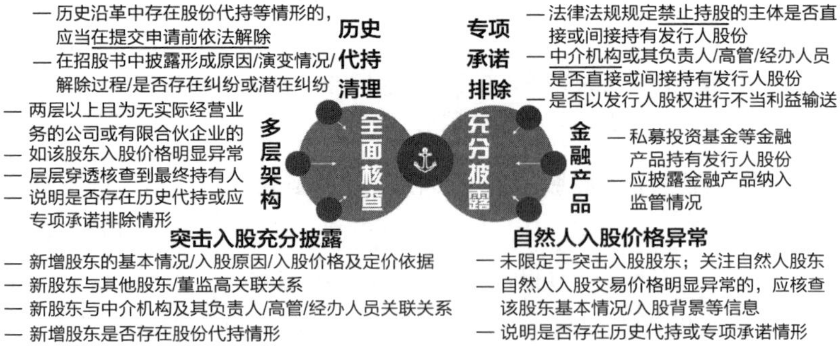

图 6.9　IPO 发行人股东的全面核查及充分披露要求

6.3.2.2 申报前12个月内新增股东的延长锁定

对于申报前12个月内新增的突击入股股东,除需要全面核查及充分披露之外,还需要承诺延长锁定期,承诺3年锁定。

与原规则相比,证监会2021年2月发布的新政不再区分入股方式的不同,无论是增资入股还是受让老股,凡申报前12个月内新取得的股份,均需遵守3年锁定期要求:(见图6.10)

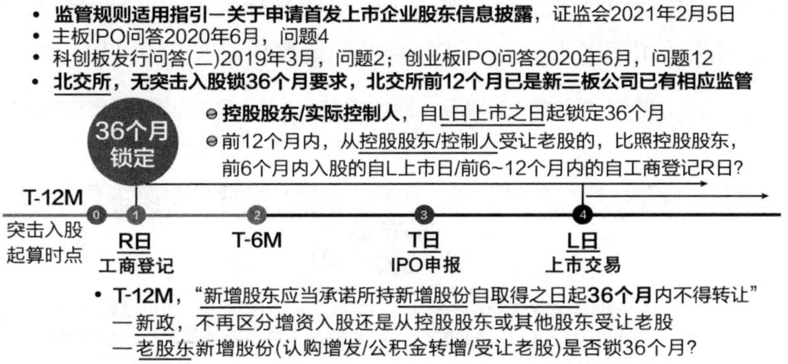

图6.10 突击入股(申报前1年内新增)的锁定期要求

对于上述锁定期新政,需要特别注意的是起算时点:

◎对于一般的突击入股股东,需承诺自增资工商变更登记之日起,锁定3年。实务中,如果打款交割时点比工商登记日期更晚,是否有可能会被要求从打款交割日起算前述36个月锁定还有待观察。

◎而对于申报前从控股股东或实际控制人处受让股权的,按照沪深交易所对监管新政的解读,比照控股股东/控制人的锁定期要求。由科创板相关问答来看,似乎又区分:前6个月内入股的,承诺自上市日起锁定3年;而前6~12个月内入股的,则自股份取得(工商变更登记)日起算。

另外,对于受监管范围,上述监管新政的直接适用范围是"*新增股东应当承诺所持新增股份*"自取得之日起36个月内不得转让。不过,尚需进一步明确的是,对于发行人的现有老股东所新取得的股份(认购增发或受让老股),是否也需要锁定36个月,还有待进一步观察。

不过,需要注意的是,北交所并无关于突击入股需要锁定36个月的要求。这是因为,对于北交所上市而言,前12个月内已经是新三板挂牌的公众公司了。北交所上市的一个首要前提是必须在新三板挂牌已满一年。对于新三板公司而言,挂牌期间通过二级市场公开交易、协议转让或认购定增等新增入股,都有相应的监管或信披要求了。这与针对未上市的非公众公司入股缺乏证券监管环节不一样。再者北交所上市的控股股东、实际控制人的锁定期才是12个月,若对于某类特定股东要求锁定更长的36个月,其实也缺乏相应的逻辑基础。

6.3.2.3 突击入股36个月锁定的豁免情形

尽管上述,证监会2021年2月新政一方面允许“新老划断”(在20210205新政发布前已受理项目按原规则执行),另一方面也明确规定了一些特定情形下可向监管机构申请豁免适用突击入股的上述核查及锁定要求:(见图6.11)

图6.11 突击入股36个月锁定的可豁免情形

另外,根据证监会2023年2月发布的《监管规则适用指引——发行类第4号》(4-2),下述两类因上市重组所引入的股东原则上不视为新股东(因此无需锁定36个月):

红筹企业(是指注册地在境外、主要经营活动在境内的企业)拆除红筹架构以境内企业为主体申请上市,如该境内企业直接股东原持有红筹企业股权、持有境内企业股权比例为根据红筹企业持股比例转换而来,且该股东自持有红筹企业股权之日至IPO申报时点满12个月,原则上不视为新股东。

发行人直接股东如以持有发行人重要子公司(置换时资产、营业收入或利润占比超过50%)股权置换为发行人股权的,如该股东自持有子公司股权之日至IPO申报时点满12个月,原则上不视为新股东。

6.3.2.4 申报后入股

在向证监会或交易所正式递交申报资料后,原则上是不允许发行人再发生股权变动,不得通过增资或股权转让引入新增股东。否则,发行人应当撤回发行上市申请,重新申报。

尽管如此，特定情形下，监管机构还是留了一定的灵活空间，在满足一定条件的情形下允许申报后新增股东。其中一个重要条件就是该等新增股东也需要承诺锁定 3 年，而且无论是通过增资扩股还是股权转让方式入股，都要求锁 3 年；另外，该等 3 年锁定期的起算点都是上市日，而不适用申报前 12 个月内增资入股从工商变更登记之日起算的情形。（见图 6.12）

图 6.12　突击入股（申报后新增）的锁定期及例外

值得特别注意的是，如果最近一年末资产负债表日后增资扩股引入新股东的，发行人需要在申报前增加一期审计。需要说明的是，此处加期审计要求的适用情形是通过增资扩股方式（从而会影响发行人本身资产状况）引进的新增股东；而如果是在最近一年末资产负债表日后通过股权转让受让老股方式进入的（由于属于股东之间交易，对发行人自身状况无直接影响），则并未要求加期审计。

6.3.3　IPO 发行时增发新股的锁定期要求

6.3.3.1　战略配售的监管要求

在现行 A 股监管框架下，曾经并非所有的发行人都有资格进行战略配售。根据证监会《证券发行与承销管理办法》（2018 年 6 月修订）第 14 条的规定，对于沪深主板而言，只有 IPO 增发新股在 4 亿股以上的，才可以向战略投资者配售。

相比较来看，注册制板块（科创板及创业板及北交所）的监管则更为宽松一下。注册制板块未针对发行人进行战略配售设置发行量门槛，但是针对不同规模的发行人设置了有差异的战略配售额度限制。而自 2023 年 2 月全面注册制实施以后，沪深主板也不再设置 IPO 战略配售的门槛，沪深各板块统一了战略配售的主要规定。具体而言，根据证监会 2023 年 2 月最新修订的《证券发行与承销管理办法》

（证监会第208号令）以及沪深交易所2023年2月发布的IPO发行承销业务细则及北交所发行承销管理细则等配套规则，沪深交易所及北交所IPO时战略配售的主要规则如下：（见图6.13）

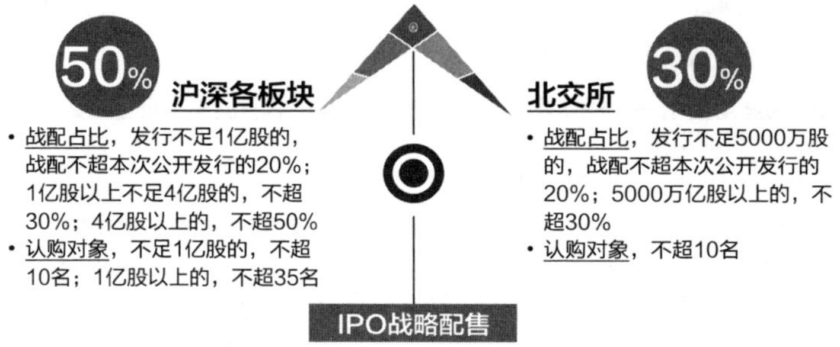

图6.13　各板块IPO时战略配售的比例及人数限制

尽管有上述差异，但无论是科创板还是沪深主板，对于获IPO配售的战略投资者，均要求投资者要承诺12个月的锁定期——"*获得本次配售的股票持有期限不少于12个月，持有期自本次公开发行的股票上市之日起计算*"。需要注意的是，创业板发行承销细则对于战略配售所认购股票没有明确的锁定期规则，而是允许交易当事方自行约定并相应披露。而北交所针对战略配售投资者的锁定期要求则区分两种情形：常规投资者锁定6个月；发行人高管及核心员工经董事会批准通过专项资管计划或员工持股计划参与战配的，锁定期12个月。

6.3.3.2　*券商跟投的监管要求*

需要说明的是，如果是券商旗下投资平台或投资基金所投资的pre－IPO股份，其锁定期适用针对常规pre－IPO股份的要求（通常为1年）。此处讨论的是在IPO发行承销过程中所认购的本次IPO新增发的股份。

具体来讲，在目前科创板规则框架下，发行人的保荐人券商需要强制跟投；而在同为注册制板块的创业板，仅在特定情形下实行强制跟投；而北交所则无券商强制跟投要求。根据科创板及创业板发行承销细则，发行人的保荐机构依法设立的相关子公司或者实际控制该保荐机构的证券公司依法设立的其他相关子公司，可以参与本次发行战略配售。券商跟投的基本规则如下：（见图6.14）

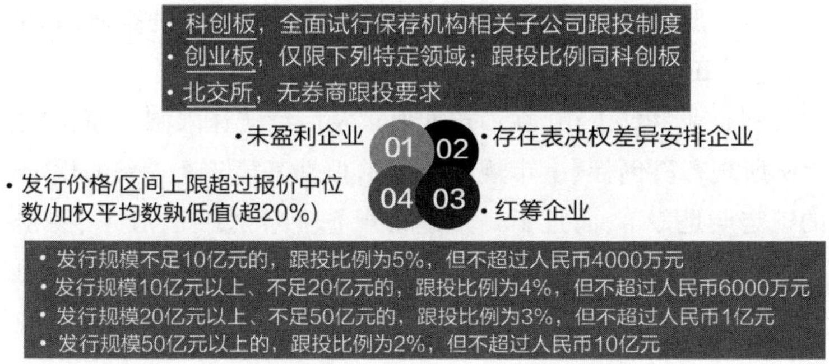

图 6.14 科创板及创业板 IPO 时的券商跟投制度

6.3.3.3 IPO 战略配售 & 券商跟投所认购新股的锁定期

根据相关发行承销细则，在 IPO 发行承销过程中参与认购 IPO 新股的两类特殊主体——战略配售投资者以及券商跟投子公司，其所认购 IPO 新股的锁定期要求图示如下：（见图 6.15）

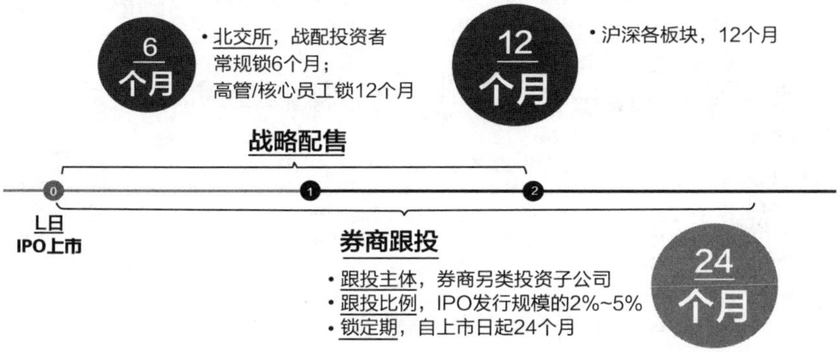

图 6.15 战略配售及券商跟投所认购 IPO 新股的锁定期

6.3.4 特殊发行人（IPO 时未盈利）的锁定期及转让限制

A 股市场上，在原《证券法》框架下，尚未盈利的企业是无法进行 IPO 上市的，也不能通过重组借壳上市。科创板试点改变了这一状况；创业板及北交所也已有类似制度安排，允许尚未盈利企业上市。其根本原因在于，按照原《证券法》第 13 条的规定，公开发行证券的一项核心条件是“具有持续盈利能力”，盈利是公开发行证券包括首次公开发行 IPO 的基本前提。而按照最新修订的《证券法》第 12 条的规定，这些条件已经调整为“*具有持续经营能力*”，盈利已经不再是 IPO 的强制门槛。可以预期，继上交所科创板之后，随着新《证券法》于 2020 年 3 月 1 日正式生效以及证券发行注册制的进一步落地，将会有更多尚未盈利的企业（目前以生物医药企业为主）进行 IPO 上市。

针对未盈利企业 IPO 上市，在锁定期要求及后续转让限制方面，有更为严格的要求。以上交所现行科创板《上市规则》为例，根据其第 2.4.3 条的规定，未盈利企业上市后的锁定期是 3 年，而且不是上述常规企业针对控股股东、突击入股股东等特定主体所要求的 36 个月，而是 3 个完整会计年度。但是，该等更严格要求适用的情形是在上市公司盈利前，如果已实现盈利，其后则按常规锁定要求执行。

6.3.4.1　IPO 时未盈利企业的 pre－IPO 股份的锁定期

根据科创板《上市规则》第 2.4.3 条、创业板《上市规则》第 2.3.5 条以及北交所《上市规则》第 2.4.6 条的规定，并结合科创板未盈利企业申报的招股书披露信息，IPO 时未盈利企业的相关锁定期要求可以简要图示如下：（见图 6.16）

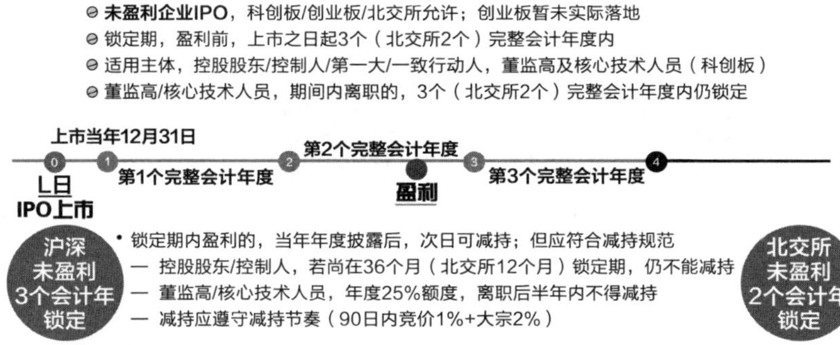

图 6.16　IPO 时未盈利发行人的 pre－IPO 股份的锁定期

未盈利发行人特殊锁定政策的适用主体范围

针对 IPO 时未盈利企业的特殊锁定期——3 个（或 2 个）完整会计年度，根据科创板《上市规则》第 2.4.3 条、创业板《上市规则》第 2.3.5 条以及北交所《上市规则》第 2.4.6 条的规定，其适用对象是“*控股股东、实际控制人*”以及“*董事、监事、高级管理人员及核心技术人员*”。另外，根据科创板《上市规则》第 2.4.9 条以及创业板《上市规则》第 2.3.14 条及北交所《上市规则》第 2.4.16 条的规定，发行人“*第一大股东*”及其控制人也应比照遵守关于控股股东的相关锁定期要求。另外，实务中，如果股东中有前述人员的直系亲属，则该等特定亲属关系股东往往也会被要求比照控股股东或董监高承诺锁定。除此之外，其他普通 pre－IPO 股东则适用常规的锁定期要求（上市后 1 年即 12 个月）。

<u>**未盈利发行人特殊锁定政策的期限**</u>

与常规发行人股东的锁定期(36 个月或 12 个月)按自然月计算不同,针对 IPO 时未盈利的发行人的锁定期是按完整会计年度考察的——"*自公司股票上市之日起3 个完整会计年度内*"(北交所,2 个完整会计年度)。其背后的逻辑也好理解,针对未盈利企业究竟应该适用特殊锁定期要求还是常规要求,一个关键区分点是其能实现盈利的时点。而考察是否实现盈利需要基于年度财务审计结果确认,因此需要一个完整的审计年度为考察区间。

从科创板已申报 IPO 案例的披露实务来看,IPO 上市当年是不计入第一个会计年度的。也就是说,上述 3 个完整会计年度是从上市当年 1231 之后的次一年度算第一个会计年度。由此,针对 IPO 时未盈利企业,其特定股东(控股股东/控制人、董监高及核心技术人员)的锁定期是<u>上市当年 + 其后 3 个(或 2 个)完整会计年度</u>,除非期间内已盈利。

<u>**期间内辞职**</u>

对于董监高及核心技术人员,如果在 3 个会计年度的初始锁定期内离职的,根据科创板《上市规则》第 2.4.3 条第 2 款的明确规定,"*在前述期间内离职的,应当继续遵守本款规定*"。创业板《上市规则》第 2.3.5 条以及北交所《上市规则》第 2.4.6 条也有类似规定。也就是说,即便在期间内离职的,在上市当年及其后 3 个(或 2 个)完整会计年度仍要继续锁定,除非期间内已实现盈利。

<u>**期间内盈利**</u>

如上提及,针对 IPO 时未盈利企业锁定期特殊要求的一个关键区分点是其能实现盈利的时点。实际上,上述锁定期适用的一个核心前提是"*在公司实现盈利前*"。因此,一旦在上述初始锁定期间内[上市当年 + 其后 3 个(或 2 个)完整会计年度]实现了盈利,根据科创板《上市规则》第 2.4.3 条第 3 款的明确规定,受上述锁定期限制的特定股东(控股股东/控制人、董监高及核心技术人员),"*可以自当年年度报告披露后次日起减持首发前股份,但应当遵守本节其他规定*"。创业板《上市规则》第 2.3.5 条以及北交所《上市规则》第 2.4.6 条也有类似规定。

上述规定意味着,一方面,如若初始锁定期间内的某一年度实现了盈利,那么其后特殊锁定期可以不再适用。但是,对此,需要明确两点:

◎盈利当年不可减持;

◎盈利后的次年也并非自 1 月 1 日起就可以减持,可以减持的最早时点是盈利当年的年度报告发布(通常不迟于次年度的 4 月 30 日)披露后的次日。

另一方面,盈利年度的年度报告发布后,是否就一定可以减持了?答案是,不一定。这是因为,盈利年度报告发布后,解除的是关于上述针对IPO时未盈利企业的特殊锁定期要求[上市当年+其后3个(或2个)完整会计年度不能转让],但是"*应当遵守本节其他规定*"意味着:

◎对于控股股东/控制人,如果自上市日起36个月期限尚未届满,是否仍不能减持?笔者倾向于认为,在36个月届满之前仍不能减持。比如,上市后第1个会计年度就实现了盈利,那么按照科创板《上市规则》第2.4.3条第3款的规定最迟在第二年4月30日发布盈利当年的年度报告后就可以减持。但是,科创板《上市规则》第2.4.4条也明确要求,控股股东/控制人所持pre-IPO股份在上市日起36个月内仍不得减持。

◎对于董监高/核心技术人员,应遵守任职期间年度25%额度的转让限制;以及,在其辞职半年内(无论是在3个完整会计年度内辞职还是在其后辞职),不得转让。

◎所有pre-IPO股份的减持都应在上市后1年期限届满并且仍应遵守减持规范的限制,比如,每90日内通过二级市场竞价减持不得超过1%,大宗减持不得超过2%(有关减持规则的分析详见第7章分析)。

另外,假如在初始锁定期(上市当年+其后3个完整会计年度)届满时仍未能盈利,则在该等3个会计年度届满后的一定期间内,只要尚未实现盈利,其在锁定期满后特定期间内的减持节奏还受限于一定额度管控,下文将予以分析。

6.3.4.2　IPO时未盈利企业盈利前的转让额度限制

如上分析,对于IPO时未盈利的发行人,如果在初始锁定期内(上市当年+其后3个完整会计年度),实现了盈利,则在盈利当年的年报发布后次日就可按照常规锁定期以及减持规范执行了。

相反,假如在前述锁定期(上市当年+其后3个完整会计年度)届满时仍未能实现盈利,按照科创板《上市规则》第2.4.3条第1款的规定,则需要遵守严格的减持额度限制——"*自公司股票上市之日起第4个会计年度和第5个会计年度内,每年减持的首发前股份不得超过公司股份总数的2%,并应当符合《减持细则》关于减持股份的相关规定*"。创业板《上市规则》第2.3.5条也有该等2%额度管控要求。但北交所则无类似额度要求。对于该等2%额度管控的特殊要求,其理解需要注意如下几个方面:

未盈利前的减持额度限制——年度2%

在锁定期届满后的前两个会计年度内,每年可减持的 pre – IPO 股份的额度为上市公司总股本的2%。相比较来看,假如是普通上市公司(IPO 时已盈利),则按照常规的减持规则,二级市场每 90 日内可通过竞价减持 1% + 大宗减持 2%,理论上每年可通过二级市场减持最多 12%,且其他减持方式并未受此限制。而对于 IPO 时未盈利企业,每年的总额度才是 2%,而且该等总额度限制不仅仅适用于二级市场减持,也适用于其他方式减持。如此比较,对于 IPO 时未盈利企业而言,减持节奏的管控力度更为严格。

年度2%特殊额度管控适用的时间区间

上述年度总额 2% 的减持节奏管所适用的时间区间是“*上市之日起第4 个会计年度和第5个会计年度内*”,而且其适用前提依然是“*在公司实现盈利前*”。因此,比如,公司在第 4 个会计年度实现了盈利,那么按照《科创板上市规则》第 2.4.3 条第 3 款的规定,在该年度的年度报告发布后,在第 5 个会计年度(最迟自 430 年报公告截止日之后)就不再受年度总额 2% 的限制了,只需要遵守常规的减持规则要求即可(理论上二级市场减持额度每年可达 12%)。

年度2%特殊额度管控的适用主体范围

上述年度 2% 总额控制相对是比较严格的,但另一方面笔者也注意到,该等严格管控的适用对象仅仅限于《科创板上市规则》第 2.4.3 条第 1 款所规定的“*控股股东、实际控制人*”(以及按照第 2.4.9 条应比照适用的上市公司第一大股东);而第 2.4.3 条第 2 款所规定的董监高及核心技术人员,则一方面仅需遵守锁定 3 个完整会计年度的特殊要求,另一方面在该等锁定期届满后,则并未再要求其需要遵守年度总额 2% 的节奏管控,仅需遵守常规的减持规则要求即可。创业板的规定类似,该等 2% 额度管控并不适用于上市公司董监高。

综上,对于 IPO 时未盈利企业的 pre – IPO 股东在锁定期满后的转让限制,可以简要图示如下:(见图 6.17)

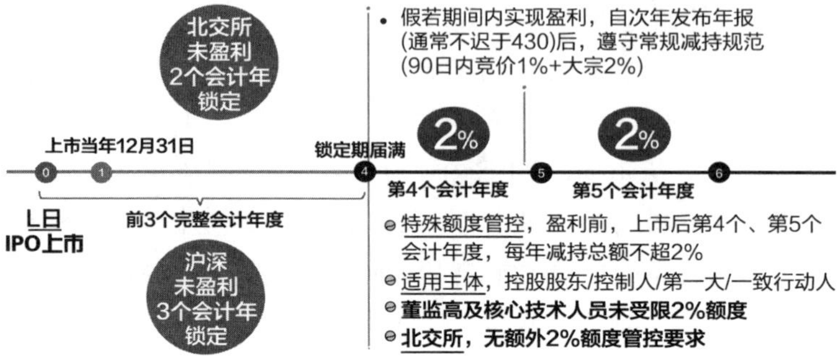

图 6.17　IPO 时未盈利发行人的 pre－IPO 股份的转让限制

6.3.5　特殊发行人(IPO 时无实际控制人)的锁定期要求

A 股实践中,另一类特殊发行人是 IPO 时没有实际控制人的情况。在 A 股发行审核中,历来强调控制权稳定这一监管理念。因此,对于 IPO 时没有实际控制人的发行人,其审核要求更为审慎,在锁定期方面也更为严格。

一方面,由于现行 A 股 IPO 规则要求发行人在最近两年(上海科创板及深圳创业板及北交所)或三年(沪深主板)内控制人没有发生变更,而对于发行人不存在拥有公司控制权的人或者公司控制权的归属难以判断的,根据证监会 2007 年 11 月发布的《〈首次公开发行股票并上市管理办法〉第 12 条"实际控制人没有发生变更"的理解和适用——证券期货法律适用意见第 1 号》的规定,只有在满足如下情形时,没有实际控制人的发行人才会被视为满足了前述关于报告期内控制权未发生变更的条件:(见图 6.18)

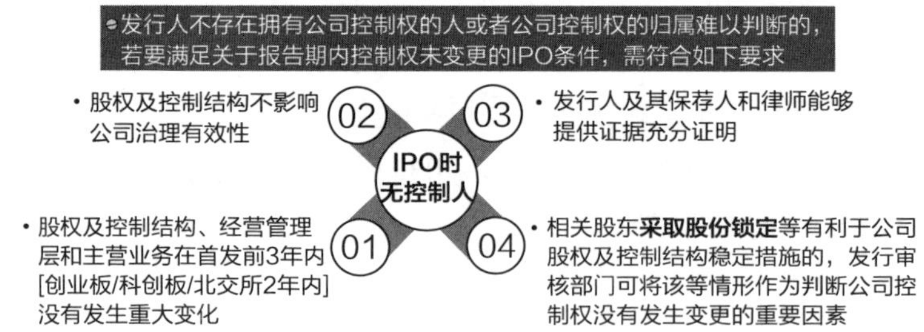

图 6.18　IPO 时无控制人的发行人满足 IPO 控制权稳定要求的基本条件

尤其是针对上述第 4 项要求——"*相关股东采取股份锁定等有利于公司股权及控制结构稳定措施的*",实务中实际上已基本形成了一个明确的准强制要求,要求无实际控制人的IPO发行人的前51%的股东(包含第一大股东),需要比照控股股东承诺锁定36个月。而且,这一监管实践在证监会发行部2020年6月修订的《首发业务若干问题解答》《解答(一)之问题3》、2019年3月所发布的《上海证券交易所科创板股票发行上市审核问答(二)》(问题6)以及深交所2020年6月发布的《创业板股票首次公开发行上市审核问答》(问题18)以及2023年2月最新修订的沪深交易所上市规则中已被确定为统一规范的监管要求。不过,北交所的审核指引中并无类似要求。按照《北交所上市规则》,北交所上市公司的控股股东/实际控制人的锁定期为12个月。

根据上述监管问答及沪深交易所上市规则,对于IPO时无实际控制人的发行人,要求前51%的股东锁定36个月——"*发行人的股东按持股比例从高到低依次承诺其所持股份自上市之日起锁定36个月,直至锁定股份的总数不低于发行前股份总数的51%*"。同时,监管问答也明确,对位列前51%范围的股东在符合一定条件的情形下,可以豁免36个月的锁定要求,而是适用常规的锁定期要求(12个月)。

针对IPO时无实际控制人的特殊锁定要求及其例外情形,证监会及交易所相关监管问答中的要求可以图示如下:(见图6.19)

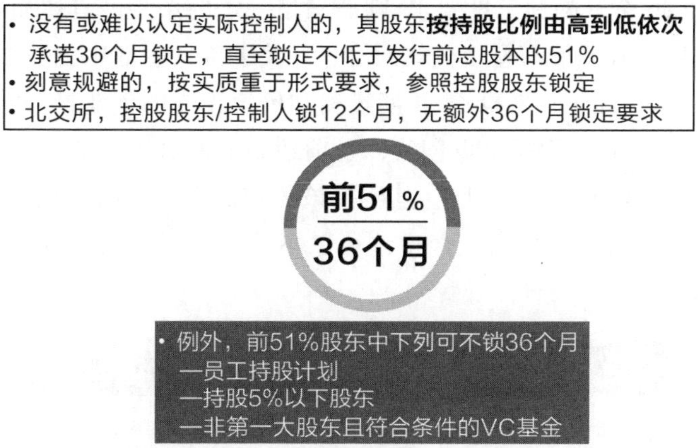

图6.19 IPO时无实际控制人的发行人的pre-IPO股份的锁定期

6.3.6 VC创投基金/PE私募基金所持pre-IPO股份的锁定期要求

如上提及,针对IPO时无实际控制人的发行人执行36个月锁定期要求时,符合条件的 VC 创投机构是可以豁免这一长期锁定要求而适用常规的 12 个月锁定要求的。实际上,无论是关于锁定期要求,还是在减持规范方面,针对 VC 创投基金都有专项的政策支持。

具体就锁定期要求而言,综合现行 IPO 监管问答及其他相关规则,针对 VC 机构的锁定期要求有如下几种情形:(见图 6.20)

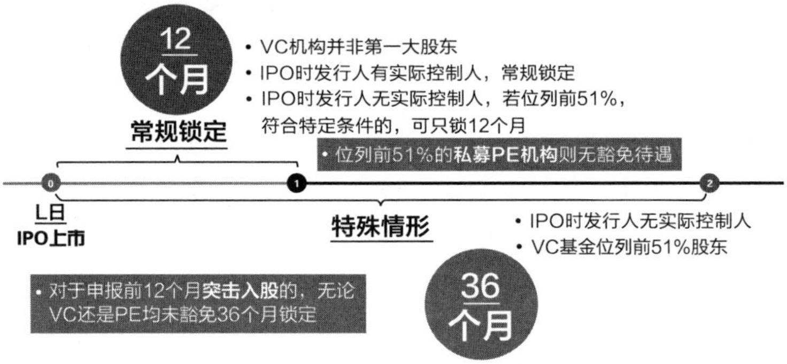

图 6.20　VC 基金所持 pre - IPO 股份的锁定期

对于 IPO 时无实际控制人的发行人而言,如果 VC 基金属于位列前 51% 的范围而又想豁免 36 个月的锁定期要求,则需满足一定的条件。具体而言,证监会于 2017 年 6 月曾发布的《私募基金监管问答——关于首发企业中创业投资基金股东的认定标准》,对专注于早期投资、长期投资和价值投资的创业投资基金的锁定期要求给予了特别安排。根据 IPO 问答以及前述私募基金专项监管问答,满足下列条件的 VC 机构,即便位列前 51%,其所持该无控制人的发行人的 pre - IPO 股份(含初始投资及后续轮次投资),经申请可以不锁 36 个月,而只按常规 12 个月锁定:(见图 6.21)

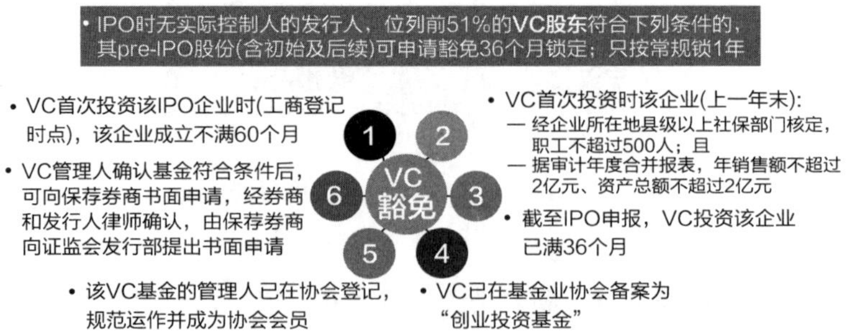

图 6.21　前 51% 范围内 VC 基金豁免 36 个月锁定的条件

需要说明的是，如果发行人有实际控制人且 VC 并非第一大股东，或者虽然发行人无实际控制人但 VC 基金并非位列前 51% 范围，或者虽位列无实际控制人之发行人前 51% 范围但持股低于 5% 且非第一大，则该 VC 所持 pre－IPO 股份本身就无需锁 36 个月，无论是否符合上述条件，都只需锁定 12 个月。

另外，对于股权投资 PE 基金，虽然在减持规范反向挂钩政策方面（详见第 7 章）参照 VC 政策执行，但对于前 51% 范围内豁免 36 个月锁定的 VC 政策，PE 则没有类似 VC 基金的上述待遇。如果 PE 基金是 IPO 时无控制人的发行人的前 51% 且持股达 5% 以上的股东，则即便其满足上述条件（除基金备案类型以外），也无法豁免，而是需要锁 36 个月。

就 PE 基金与 VC 创投之间在锁定期相关监管要求方面的政策差异，可以简要图示如下：（见图 6.22）

机构类型	突击入股36个月锁定之适用(无豁免)	无控制人发行人前51%股东锁36个月之豁免	二级市场减持额度之反向挂钩政策
VC创投	✔	✔	✔
PE私募	✔	✘	✔

图 6.22 锁定期及减持政策——VC 创投 vs. PE 私募

6.3.7 其他 pre－IPO 股东的锁定期要求

对于发行人的常规股东（除上述特殊情形以及下述第 6.4 节将要分析的董监高等特殊主体以外），其所持 pre－IPO 股份锁定期要求就是《公司法》第 141 条所规定的 1 年——“*公司公开发行股份前已发行的股份，自公司股票在证券交易所上市交易之日起一年内不得转让*”。

该等常规 pre－IPO 股东的 1 年锁定期可简要图示如下：（见图 6.23）

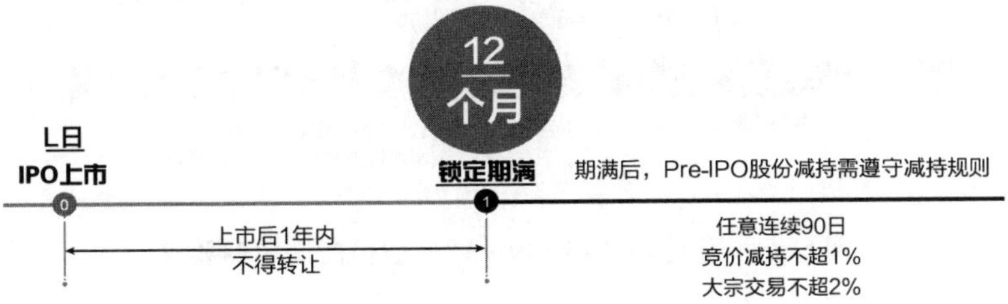

图 6.23 常规股东所持 pre－IPO 股份的锁定期

6.4 董监高及核心技术人员的锁定期及转让限制

6.4.1 董监高在 IPO 时所持股份的锁定期要求

针对发行人的董事、监事及高级管理人员(董监高),其所持股票的锁定期适用《公司法》第 141 条的基础要求,包括两个阶段,即"*自公司股票上市交易之日起一年内*"以及"*离职后半年内*"不得转让。

6.4.1.1 上市后一年内不得转让

这一限制比较明晰,适用于包括董监高及其他股东在内的所有 pre – IPO 股东。而如果董监高本身还是发行人的控股股东/实际控制人/第一大股东或其亲属,则需要适用 36 个月的锁定期限制。该等 1 年或 36 个月的锁定期限制是基于其取得股份的时间节点(上市前)以及持股地位(控股股东或实际控制人或第一大股东)。

而对于董监高这类特殊持股主体,除了前述限制以外,基于该等主体的任职身份(董事、监事或高级管理人员),《公司法》以及证监会及交易所相关规范还施加了额外的转让限制。

6.4.1.2 离职后半年内不得转让

离职董监高在其"*离职后半年内*"不得转让其所持有的股票。《公司法》第 141 条(不仅适用于上市公司,还适用于未上市的股份公司)的这一限制也比较明确。

综合来看,现有规则框架下,针对发行人董监高 IPO 时所持股份的转让限制规可如图 6.24 所示:

图 6.24 董监高所持 pre – IPO 股份的锁定期要求

6.4.1.3 IPO 后股价低迷时的自动延长锁定

类似于上述针对控股股东的要求,针对董事及高级管理人员,证监会 2013 年

11月所发布的《关于进一步推进新股发行体制改革的意见》(证监会公告〔2013〕42号)明确要求董事高管应承诺,在上市后股价低迷的情形下,其所持股票的锁定期应自动延长至少6个月:

◎上市后6个月内,公司股票连续20个交易日的收盘价均低于发行价;

◎上市后6个月期末收盘价低于发行价。

需要注意的是,上述因股价低迷延长锁定的承诺要求,仅适用于董事及高级管理人员(及控股股东),而未包含持有股份的监事。

6.4.1.4 受限的交易方式

值得一提,与上文所分析的针对控股股东的转让限制(要求不得转让、不得委托管理以及不得要求上市公司回购)不同,《公司法》第141条针对董监高所持股份的转让限制仅仅是要求"*不得转让*",并未限制对该等股份的委托管理或回购。尽管如此,实务中,如涉及该等特殊主体所持股份的相关安排,建议审慎处理。

6.4.2 董监高所持股份的转让限制——任职期间内年度25%额度

对于任职期间内,《公司法》第141条针对董监高所持股份转让的一个明确限制是,"*在任职期间每年转让的股份不得超过其所持有本公司股份总数的百分之二十五*"。需要明确的是,只有在适用的锁定期已经届满股票业已解禁的前提下,才能转让。在锁定期内(上市后1年内及离职后半年内),股票是不可以转让的,除非属于可豁免锁定的例外情形。另外,关于该等锁定期满后的转让额度的具体适用,如下重要事项需要特别明确。

6.4.2.1 年度25%额度的适用主体范围

值得注意的是,与针对控股股东/实际控制人或第一大股东的限制不同,《公司法》第141条针对董监高每年25%的转让额度限制,是基于董监高这一特殊身份的任职,适用于用该等身份任职期间。

按照相关条款规定,该等限制并未延伸至该董监高的一致行动人或其亲属。尽管如此,实务中,如果董监高的亲属也有持股(直接或间接),在IPO审核反馈时,往往也会要求该等亲属股东比照董监高作出相应承诺,明确遵守类似于董监高的相关转让限制。一旦明确作出了公开承诺,则必须严格遵守。

6.4.2.2 年度25%额度的计算

对于《公司法》第141条的前述限制,按通常理解,每年不超过25%,那么四年应该可以全部减持完毕。然而,证监会及交易所对此却另有解读。根据证监会2022年1月修订的《上市公司董事、监事和高级管理人员所持本公司股份及其变动管理规则》（以下简称《持股变动规则2022》）第6条的规定，“*上市公司董事、监事和高级管理人员以上年末其所持有本公司发行的股份为基数，计算其中可转让股份的数量*”。

类似地，上交所于2022年1月发布的《自律监管指引第8号——股份变动管理》（上证发〔2022〕9号）第7条规定，“*每自然年的第一个交易日，以上市公司董事、监事和高级管理人员在上年最后一个交易日登记在其名下的在本所上市的本公司股份为基数，按25%计算其本年度可以转让股份的额度*”。深交所于2022年1月发布的《自律监管指引第10号——股份变动管理》（深证上〔2022〕22号）第8条也有同样的规定。另外，证监会《持股变动规则2022》第8条规定：“*上市公司董事、监事和高级管理人员当年可转让但未转让的本公司股份，应当计入当年末其所持有本公司股份的总数，该总数作为次年可转让股份的计算基数。*”

也就是说，对于《公司法》第141条所规定的董监高每年25%可转让额度的计算，其计算基数（分母）是上一年末期末（12月31日）的持股数，并非每一年都是其持有的全部股份。换句话说，任职期间每年25%，并不意味着四年内就能全部坚持完毕，即便每一年都足额使用当年额度。比如，董事张某总共持有1万股，其第一年足额减持了25%，那么其第二年的可减持额度是总数1万股的75%×25%=18.75%。另外，假若董监高同时持有同一家上市公司分别发行的A股（人民币计价）、B股（港元或美元计价），还应分别计算A股、B股各自的可转让额度，而不能混同适用（分母不能是A+B）。

这意味着，对于董监高而言，只要在任职期间内，其所持股份的全部减持完毕可能无法在4年内实现，而是需要5年、6年甚至更长的时间。除非是，按照证监会及沪深交易所关于董监高持股变动规则所允许的，当董监高最后剩余所持股份不超过1000股的，可一次全部转让。

6.4.2.3 受25%额度限制的转让方式

需要特别明确的是，《公司法》第141条关于董监高在任职期间内每年转让不得超过25%的限制，其并未仅仅局限于二级市场减持。证监会《持股变动规则2022》第5条以及沪深交易所业务指引均明确规定，该等限制适用于“*每年通过集中竞价、大宗交易、协议转让等方式转让的股份*”。也就是说，无论是二级市场还是协议转让或其他方式，董监高在任职期间内每年累计可减持的额度是其上一年末持股数的25%。

在此需要特别分析的是间接转让是否适用25%的额度限制。实务中，比较常见的一种持股结构是,董监高通过其控制的公司间接持股或者因持有员工激励平台的权益而间接持股。对于该等情形,应如何适用年度25%的转让额度限制?对此,《公司法》第141条以及《证券法》等也没有进一步明确"持有"是否包含间接持有还是仅限于直接持有。而证监会《持股变动规则2022》第3条则明确规定,"*上市公司董事、监事和高级管理人员所持本公司股份,是指登记在其名下的所有本公司股份。上市公司董事、监事和高级管理人员从事融资融券交易的,还包括记载在其信用账户内的本公司股份*"。

从证监会的上述规定来看,受25%额度限制的股份是指登记在董监高名下的直接持股(因融资融券买入的还包括其信用账户)。但是,在IPO申报中,部分董监高因其双重身份(同时是持股5%以上股东)或监管反馈要求等其他原因,往往会被要求在相关声明承诺中明确公开承诺,在规定的限制期内不转让其直接或间接持有的股份。如果存在该等明确公开承诺,则要遵守其承诺,在锁定期内也不可以进行间接转让。否则,将会受到交易所的监管惩处。比如,劲胜智能(300083. SZ)的监事王某,曾在公司IPO时承诺:"在本人任职期间,每年转让通过新余市嘉众实业投资有限公司间接持有的公司股份不超过本人间接持有的公司股份总数的25%。"于2018年10月,因王某持股的嘉众实业所持上市公司股份被强制平仓686.77万股,导致其转让通过嘉众实业间接持有的公司股份366.25万股,占其间接持有公司股份总数的72.22%,违反了上述承诺。为此,深交所于2018年11月向王某发出了监管函(创业板监管函〔2018〕第120号),要求其整改并提醒其遵守自身承诺。[①]

另外,就董监高每年25%的转让限制而言,既然法律的强制要求针对的是直接转让而非间接转让,间接转让的限制其性质属于自愿承诺;那么,该等间接转让限制的自愿承诺在特定情形下也可以予以豁免,前提是经上市公司股东大会批准或经交易所同意。比如,铁汉生态(300197. SZ)于2020年因引入战略投资人需要,将自然人股东尹岚、黄美在持股主体木胜投资层面的间接持股转让之限售承诺进行了调整,其自愿性承诺由"在任职期间,每年转让的股份不超过其持有发行人股份总数的百分之二十五;离职后半年内,不转让其<u>直接和间接持有</u>的发行人股份"变更为"在其任职期间每年转让的股份不超过其直接持有发行人股份总数的百分之二十五;离职后半年内,不转让其<u>直接持有</u>的发行人股份"。该等承诺变更事项于

---

① 参见深交所监管函,载巨潮资讯网2018年11月1日,http://reportdocs. static. szse. cn/UpFiles/jgsy/gkxx_jgsy_30008323768. pdf? random =0. 6549681695356993。

2020 年 5 月 29 日获得股东大会批准。①

简言之，关于董监高任职期间年度 25% 转让额度限制，原则上，只适用于直接转让的方式，而不适用于间接转让。但是，如果相关董监高曾经明确承诺其间接持有的股份也将遵守相关转让限制，则应严格遵守该等承诺，除非获得股东大会或交易所的豁免。

关于自愿承诺的变更，实践中，尤其是在一些案例尤其在上市公司控制权交易以及破产重整等特殊重大重组交易，相关承诺经股东大会批准后进行了变更，以顺利推进后续交易。不过需要特别提及的是，证监会于 2022 年 1 月发布了《上市公司监管指引第 4 号——上市公司及其相关方承诺》，对承诺的变更监管要求趋严。其中，根据 4 号指引第 12 条第(三)项明确规定，对于"承诺人已明确不可变更或撤销的承诺"，该等承诺不得变更。而实践中，相关主体所出具的承诺函通常都会包含"不可撤销地承诺"或类似描述。因此，在前述 4 号指引新规项下，通过股东大会程序对先前已出具承诺进行变更的难度可能会大大增加。

6.4.2.4 上市后董监高增持股份对 25% 额度限制的适用

从年度 25% 额度转让限制的法律依据——从《公司法》第 141 条来看，该等限制的适用对象是"股份有限公司"，不仅限于上市公司，也包括未上市的股份公司；不仅限于 IPO 时所持有的股份，还适用于 IPO 后作为上市公司(性质依然是股份公司)所增发的新股。

那么，对于 IPO 后董监高增持的股份——包括"因上市公司公开或非公开发行股份、实施股权激励计划，或因董事、监事和高级管理人员在二级市场购买、可转债转股、行权、协议受让等各种年内新增股份"，或"因上市公司进行权益分派导致董事、监事和高级管理人所持本公司股份增加的"，按照证监会及沪深交易所关于董监高持股变动规则指引，对于该等新增股份需要区分如下情形：

◎上市已满一年的公司，新增无限售条件股份按 75% 自动锁定，当年可转让 25%；

◎上市已满一年的公司，新增有限售条件的股份，计入次年可转让股份的计算基数；

◎上市未满一年的公司，董监高证券账户内新增的本公司股份，按 100% 自动

---

① 参见铁汉生态(300197. SZ)：《关于变更及豁免公司间接股东自愿性股份转让限制承诺的公告》，载深圳交易所官网 2020 年 5 月 13 日，http://www.szse.cn/disclosure/listed/bulletinDetail/index.html?5fc400d7-1d5d-462a-9f89-024510bee235；铁汉生态(300197. SZ)：《2019 年年度股东大会决议公告》，载深圳交易所官网 2020 年 5 月 29 日，http://www.szse.cn/disclosure/listed/bulletinDetail/index.html?e5b47a4b-de8d-4369-aa5c-0a5d7527f6cb。

锁定；

◎因上市公司进行权益分派导致股份增加的，可同比例增加当年可转让数量。

6.4.2.5 提前离职时25%额度限制的适用

如上分析，年度25%转让额度的限制是针对董监高“*在任职期间*”的。只要仍然任职，那么董监高所持股份可能需要五六年甚至更长的时间才能完成减持，除非最后仅剩下不超过1000股的可以一次性减持完毕。这种特殊限制是基于董监高的任职身份，由于其所任职位，对上市公司相关内部信息和真实情况有天然的信息优势。因此，相关限制是有其必要性及合理逻辑基础的。

那么，相关董监高辞职是否可以实现尽快减持完毕的目标呢？实务中，对于基于商业理由或其他考虑意图尽快完成减持的董监高股东，通过辞职实现尽快完全退出的案例曾经并不少见。按照《公司法》第141条的规定，对于辞职的股东，只是要求其在辞职半年内不得减持；而对于辞职届满半年后的转让，则没有进一步限制［除非与其另一身份（比如控股股东）所适用的限制相抵触或与其先前所作承诺冲突］。

值得一提的是，2021年12月发布的《公司法（修订意见稿）》第171条（2022年12月二审稿第160条）将前述任职期间的规定进一步明确为“在就任时确定的任职期间”。对此，在2017年证监会发布的减持规范《上市公司股东、董监高减持股份的若干规定》中实际上也已经明确了。在该等减持规范框架下，为遏制上市公司董监高通过提前离职方式，规避对其减持限制规定，沪深交易所在其减持细则中作出了细化要求（《上海证券交易所上市公司股东及董事、监事、高级管理人员减持股份实施细则》第12条；《深圳证券交易所上市公司股东及董事、监事、高级管理人员减持股份实施细则》第12条）。根据沪深交易所减持细则的要求，董监高在任期届满前离职的，应当“*在其就任时确定的任期内和任期届满后六个月内*”，遵守下列限制性规定：

◎每年转让的股份不得超过其所持有本公司股份总数的25%；

◎离职后半年内，不得转让其所持本公司股份。

也就是说，对于在初始任期（通常为3年）届满前提前离职的，除了应正常遵守《公司法》第141条所要求的“*离职后半年内*”不得转让的限制以外，“*在其就任时确定的任期内和任期届满后六个月内*”，也应当继续遵守《公司法》的相关规定。

坦白讲，沪深交易所减持细则第12条的表述及行文结构容易引起歧义。尤其是，针对上述第二项——“离职后半年内，不得转让其所持本公司股份”这一限制，是否也适用于“*在其就任时确定的任期内和任期届满后六个月内*”这一整个初始任职期间呢？从沪深交易所的后续解答来看，答案应该是否定的。也就是说，前述“离职后半年内”不得转让的限制中的“离职”，指的就是提前离职的时间点，而不是初始就任时确定的任职期间届满时（通常三年）。相反，和减持规则出台之前的实务操作相比，对于每年25%的额度限制，不能再继续通过提前辞职而规避这一额度限制了。也就是说，即便提前辞职了，在原合同规定的剩余任期内，仍要遵守每年25%的额度转让限制。但是，对于提前离职的，在合同约定的“*任期届满后六个月内*”是否仍要遵守每年25%的额度转让限制或不得转让的限制？从交易所解答来看，在该“*任期届满后六个月内*”受限于年度25%额度。

上述理解可以通过2017年5月发布的《〈上海证券交易所上市公司股东及董事、监事、高级管理人员减持股份实施细则〉答记者问》（之问答九）中的例子予以验证：“例如，某上市公司董事2016年3月1日任职，原定任期三年，但其于2016年9月1日即提前离职。按照《实施细则》，其离职后6个月内，即自2016年9月1日至2017年3月1日前不得转让股份；自2016年3月1日起，至2019年9月1日前，即离职董事原定任期及其后的6个月内，其减持股份应当遵守每年不得超过25%的规定。”2018年1月发布的《〈深圳证券交易所上市公司股东及董事、监事、高级管理人员减持股份实施细则〉有关事项答投资者问（二）》（之问答十一）中也有类似的例子：“例如：自然人F为上市公司戊的董事，任期自2014年1月1日至2016年12月31日，且持有戊公司股份总数1%的股份。2014年6月30日，F提出离职申请，并获得戊公司董事会的批准。2014年1月1日至6月30日，F未减持其持有的股份。对此，根据《实施细则》相关规定，首先，在2014年6月30日后的六个月内，F不得转让其持有戊公司的股份；其次，在2014年6月30日后的六个月期限届满后，即从2015年1月1日起计算其原任期所剩余的时间（两年半），在此期间内（2015年1月1日至2017年6月30日）减持股份的，每年不得超过其所持有戊公司股份总数的25%。”

对于上述沪深交易所的示例解读，似乎有一个细节差异，即“*在其就任时确定的任期……届满后六个月内*”，是否依然要遵守年度25%额度的限制？上交所的示例显示答案是“是”，而深交所的示例则并未如此。笔者理解，对原始任期结束后半年内需要遵守年度25%的额度限制的要求，似乎缺乏法律依据。从《公司法》第141条的规定来看，其区分两个不同类型的约束：任期内年度25%；离职后（无论提前离职还是原始任期自然届满而离职）半年内，仅有不得转让的限制，并无年度25%额度的限制。另一个疑问是，提前离职的，离职后半年内不得转让，这个可以理解；但是，对于初始任期结束后的半年内，是否依然不可以转让？尤其是，提前离职的，提前离职后半年之后就可以转让了，但在初始任期内都需要遵守年度25%的额度管控；然后，在初始任期结束后的半年内又不可以转让了。这个似乎不太合乎逻辑。

6.4.2.6 年度25%额度转让限制的例外情形

根据证监会《持股变动规则2022》第5条的规定，对于上述年度25%额度的转让限制，“*因司法强制执行、继承、遗赠、依法分割财产等导致股份变动的除外*”。也就是说，对于非交易性质的被动减持，是不适用年度25%额度限制的。不过，值得一提的是，在上文提及的劲胜智能(300083.SZ)的监事王某因间接转让违反其IPO时承诺而受到深交所监管的案例中，导致其减持的原因也并非主动交易，而是属于因王某间接持有的上市公司股份(被质押)被强制平仓所致。该等被动减持(因商业安排项下的强制平仓，而非因司法强制执行或因民法事务项下的继承遗赠离婚分割等)，仍然被视为违规而受到了交易所监管。

综上分析，对于董监高而言，因其特殊任职身份所额外要求的年度25%额度的转让限制，该等额度限制的适用范围并不仅仅限于pre-IPO股份，包括上市后通过各种方式或因各种原因主动或被动增持的股份。只要相关股东具有董监高这一特殊身份，其所持该任职上市公司的全部股份都需要遵守相关限制。该额度规则可以简要图示如下：(见图6.25)

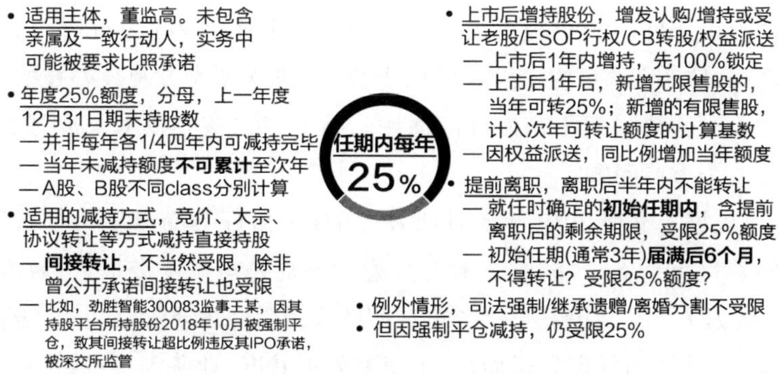

图6.25 董监高所持股份的转让限制——任职期间内年度25%额度

6.4.3 核心技术人员pre-IPO股份的锁定期及转让限制

“核心技术人员”并非《公司法》或《证券法》所规定的特殊持股主体或类别。《公司法》《证券法》只针对控股股东/实际控制人、发起人、董监高以及上市前取得股份的股东等几类特殊主体的持股锁定进行了相关规定，而并未有针对“核心技术人员”这一特定类别的任何规定。

“核心技术人员”是属于科创板框架下的一类特定股东。而沪深主板以及深圳创业板或北交所则均为该等特定主体监管要求。也正是由于《公司法》《证券法》没有具体限制，关于该等特定股东的相关要求属于证监会或交易所的管理范畴，证监会及交易所可以综合市场情况等因素进行相应规范。具体而言，《科创板上市规则》第2.4.5条针对“核心技术人员”所持pre－IPO股份的减持作了如下规范要求：

“上市公司核心技术人员减持本公司首发前股份的，应当遵守下列规定：

（一）自公司股票上市之日起12个月内和离职后6个月内不得转让本公司首发前股份；

（二）自所持首发前股份限售期满之日起4年内，每年转让的首发前股份不得超过上市时所持公司首发前股份总数的25％，减持比例可以累积使用；

（三）法律法规、本规则以及本所业务规则对核心技术人员股份转让的其他规定。”

6.4.3.1 “核心技术人员”的范围

对于“核心技术人员”这一特定群体，不仅涉及此处讨论的锁定期制度的适用问题，还涉及股权激励ESOP事项的分析，更为重要的是，还关系发行人是否满足科创板IPO上市条件（《科创板首次公开发行股票注册管理办法（试行）》所要求的发行条件之一是“*最近2年内主营业务和董事、高级管理人员及核心技术人员均没有发生重大不利变化*”）等上市制度的适用。因此，对“核心技术人员”的识别或范围认定也是一个重要问题。

原则上，根据上交所2019年3月所发布的《上海证券交易所科创板股票发行上市审核问答》（问题6），“*核心技术人员通常包括公司技术负责人、研发负责人、研发部门主要成员、主要知识产权和非专利技术的发明人或设计人、主要技术标准的起草者等*”。具体到每家公司而言，由于其发展状况、业务类型或特点、内部部门设置等等均各有差异，因此，每家公司的核心技术人员的具体范围也不尽相同。按照前述科创板问答的要求，申请在科创板上市的企业，“*应当根据企业生产经营需要和相关人员对企业生产经营发挥的实际作用，确定核心技术人员范围，并在招股说明书中披露认定情况和认定依据*”。而就其认定程序来看，实务中，通常是由公司董事会批准核心技术人员的具体范围，并在IPO招股书中予以披露。

6.4.3.2 核心技术人员锁定期的期限

针对核心技术人员的 pre－IPO 持股,其锁定期是“*自公司股票上市之日起12个月内和离职后6个月内*”。这一期限与上文所介绍的董监高的锁定期要求一致。另外,对于 IPO 时未盈利的公司,其董监高及核心技术人员的锁定期则更长——上市后 3 个完整会计年度(即便期间内提前离职也要继续锁定直至期满)。

6.4.3.3 核心技术人员年度25%额度的转让限制

关于年度25%额度的转让限制,《科创板上市规则》第 2.4.5 条的具体规定如下:“*自所持首发前股份限售期满之日起4年内,每年转让的首发前股份不得超过上市时所持公司首发前股份总数的25%,减持比例可以累积使用。*”与上文所介绍的股份公司或上市公司(包括科创板公司)的董监高持股的年度 25%的额度限制相比,科创板针对核心技术人员的年度 25%的限制规则有如下重要差异:

首先,关于受限期间。并非直接与其是否任职相关,而是与特定时间段密切相关——“*自所持首发前股份限售期满之日起4年内*”。据此,对于核心技术人员,一方面,在 IPO 后 1 年(pre－IPO 股份的常规锁定期,若兼具控股股东身份的则为 3 年,若 IPO 时未盈利企业则为 3 个完整会计年度),受限于锁定期限售;而另一方面,在该 4 年期限内的剩余期限(即便期间内离职且离职已满 6 个月)内,仍然受限于年度 25%额度的管控。相比而言,针对董监高的限制期间是“*在任职期间*”,包括就任时所确定的初始任职期限;而科创板对于核心技术人员的要求则和是否在职没直接关系,其所限制的是上市后 4 年的自然期限。

其次,关于年度 25%额度的适用范围。科创板针对核心技术人员的要求是“*每年转让的首发前股份不得超过上市时所持公司首发前股份总数的25%*”。此处 25%额度的计算基数及限制范围是核心技术人员所持有的 pre－IPO 股份,对于上市后增持的股份,目前规则尚未对其减持作额度限制。与董监高股份相比,董监高在上市后增持部分(无论认购增发或是二级市场等方式受让老股或因 ESOP 行权或其他原因增持)仍然要受限于 25%额度,只要在其任职期间内。

最后,关于额度是否可累计。针对核心技术人员的年度 25%额度,《科创板上市规则》第 2.4.5 条明确允许减持比例累积使用。这是与《公司法》第 141 条针对董监高持股的减持额度不可累积适用的显著差异。

如上文所介绍,针对董监高年度 25%的减持额度,其计算基数是上一年度期末 1231 的持股数,在年度 25%这一额度比例不变的情况下,每一年的实际减持将导致该年度期末持股数变小从而下一年度可减持股份数相应变小(因为分母变小,比如 X ×75% ×25%)。而且,假若锁定期满后第一年未减持或未足额使用 25% 额度,则未减持的额度并不能累积到下一年度。相反,科创板针对核心技术人员的 25% 是可以累积使用的。这意味着,在上述 4 年内,可以每年足额使用 25% 额度(以其所持全部 pre - IPO 股份,而非上一年期末持股数,为基数)从而 4 年内全部减持完毕其持有的 pre - IPO 股份;或者,假若第一年仅减持了 10% ,那么第二年的额度便是 25%(当年额度) + 15%(上一年未使用额度累积) = 35% ;再或者,前 3 年 1 股未减,累积到第 4 年的额度便是 100% 。

那么,这是否意味着第 4 年可以一次性全额减持呢? 答案是,不一定。《科创板上市规则》第 2.4.1 条针对股份减持确立了一个原则性规定:“*上市公司股份的限售与减持,适用本规则;本规则未规定的,适用《上海证券交易所上市公司股东及董事、监事、高级管理人员减持股份实施细则》(以下简称《减持细则》)、《上海证券交易所上市公司创业投资基金股东减持股份实施细则》及本所其他有关规定。*”该条规定意味着,科创板整体上也要遵守证监会及上交所的相关减持规则。因此,对于核心技术人员所持有的 pre - IPO 股份,也要遵守减持规则的相关限制,尤其是二级市场减持 90 日内竞价不超 1% + 大宗不超 2% 的限制。由此,如果核心技术人员持股比例较高而之前几年未充分利用其年度 25% 的额度,则尽管该等当年未使用额度可以累积到下一年度使用,但由于受到减持规则项下的减持额度(每 90 日 1% +2%)的限制,仍然有可能导致最后一年无法足额使用累积下来的额度,除非选择二级市场以外的其他减持方式,比如协议转让。尽管如此,相比较针对董监高的限制(25% 额度当年未使用的不可累积到下一年),针对核心技术人员的 25% 额度限制,由于其可累积性,还是相对更为宽松的。原则上,核心技术人员可以在锁定期满后的 4 年内全部减持完毕,无论是每年平均减持 25% 或是集中在其中某一两年内累积使用。

不过,需要特别说明的是,前述可累积规则仅仅适用于核心技术人员持股,针对科创板公司的董监高持股,则不适用。就董监高而言,科创板规则与其他板块规则相同,其要求均系基于《公司法》第 141 条的要求所衍生;而针对“核心技术人员”,由于《公司法》或《证券法》均无明确要求,交易所可以根据情况自行规范。

综上,针对科创板上市公司核心技术人员的锁定期要求及年度 25% 额度转让限制,其规则要素可简要图示如下:(见图 6.26)

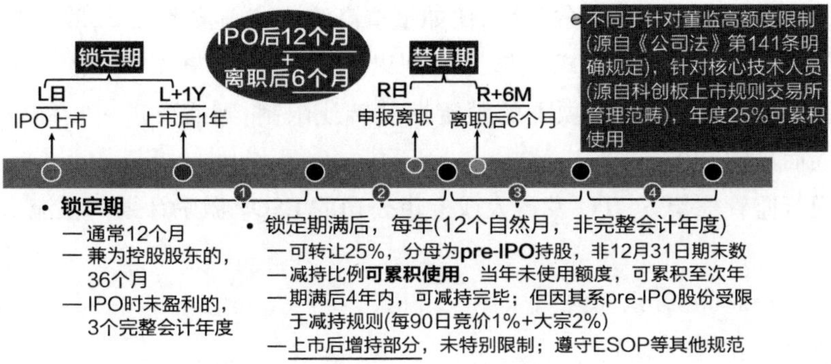

图 6.26 核心技术人员 pre－IPO 持股的锁定期及转让限制

6.4.4 ESOP 激励计划项下相关股份的锁定期及转让限制

关于境内公司的股权激励 ESOP 相关安排，主要规则有证监会 2018 年 8 月最新修订的《上市公司股权激励管理办法》（证监会令〔2018〕第 148 号）、证监会关于员工持股计划相关的规则［《关于上市公司实施员工持股计划试点的指导意见》（证监会公告〔2014〕33 号）、《关于试点创新企业实施员工持股计划和期权激励的指引》（证监会公告〔2018〕17 号）］；国资委关于国有控股上市公司的专项规则［《国有控股上市公司（境内）实施股权激励试行办法》（国资发分配〔2006〕175 号）、《关于进一步做好中央企业控股上市公司股权激励工作有关事项的通知》（国资发考分规〔2019〕102 号）］；以及科创板和创业板上市公司的特别规定。

而就 ESOP 项下激励对象所应适用的锁定期而言，首先需要明确激励对象的范围。根据上述 ESOP 相关规则，各板块上市公司激励对象的范围基本一致，科创板及创业板及北交所上市公司则还有部分突破。（见图 6.27）

图 6.27 ESOP 激励计划项下的激励对象的范围

基于上述不同的激励对象类型,比如董事高管或核心技术人员,除了需要遵守上文所分析的相应锁定期要求及转让限制以外,还需要遵守ESOP计划项下的相关规则约束。而针对ESOP项下的锁定期及转让限制,则需要进一步结合激励方式的不同而具体分析。

在现行监管框架下,IPO发行人或上市公司的ESOP激励计划的主流形式有如下三种:

◎员工持股(直接或间接);

◎股票期权(Option);

◎限制性股票(RS)。

根据相关规则,不同类型的ESOP计划所适用的锁定期要求各有差异。该等锁定期要求可以简要图示如下:(见图6.28)

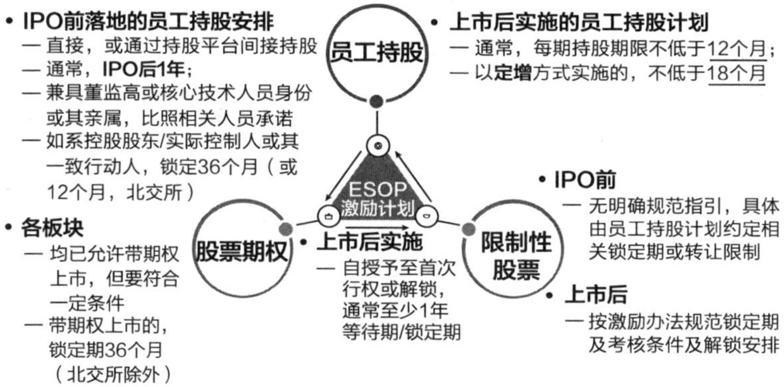

图6.28 ESOP激励计划项下相关股份的锁定期

6.4.4.1 员工持股安排项下的锁定期

在pre-IPO阶段,发行人通常通过有限合伙等持股平台进行股权激励。在A股实务中,由于有关于发行人股权清晰及控制权稳定等监管要求,上市前实施的员工激励通常在IPO申报前就完成落地,即激励对象取得授予的发行人股份成为直接股东或者成为持股平台的合伙人而变成发行人的间接股东。

对于激励对象在pre-IPO阶段取得的直接或间接持股,其锁定期主要有如下几种情形:

◎通常锁定期是IPO后1年;

◎如系董事高管核心技术人员或其亲属,遵守上文所介绍的有关锁定期及限售要求;

◎如系控股股东/控制人或其一致行动人，为36个月（或12个月，北交所）。

另外，如果是上市后根据《关于上市公司实施员工持股计划试点的指导意见》等规范所实施的员工持股计划，则该计划项下的锁定期有两种类型：

◎通常每期持股期限不得低于12个月；

◎以定增方式实施的，持股期限不得低于18个月。

6.4.4.2 期权计划项下的锁定期

如上提及，在A股实务中，存在关于发行人股权清晰及控制权稳定等监管要求。因此，如果pre－IPO阶段存在期权激励计划安排的，通常在IPO申报前6个月之前要加速行权完成落地；未行权的部分往往需要终止或调整激励方式。而且，根据IPO相关问答，发行人“*存在首发申报前制定、上市后实施的期权激励计划*”的，通常需要符合相应的条件。（见图6.29）

图6.29 ESOP期权激励计划项下相关要求及锁定期

另外，如果是上市后实施期权计划，则按照《上市公司股权激励管理办法》及国有控股上市公司激励办法等规定，自授予至首次行权之间的等待期不得少于12个月；计划有效期内（通常不低于3年）匀速分批行权；行权后的股票是否附加额外锁定期或转让限制由激励计划确定。

6.4.4.3 限制性股票的锁定期

对于上市前的员工持股安排，除了涉及国有企业混改的相关规范以外，目前尚无其他具体的规范指引。在符合《公司法》或《合伙企业法》的基础上，相关的锁定期或解锁安排，由员工激励计划具体约定。而对于上市后实施的限制性股票激励安排，则需要符合《上市公司股权激励管理办法》及国有控股上市公司激励办法等规定。

根据股权激励相关规则，上市公司所实施的激励计划的主要节点通常如下：

(见图 6.30)

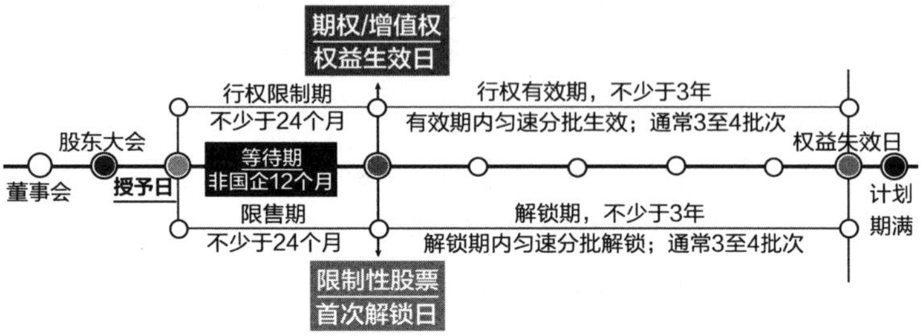

图 6.30　ESOP 激励计划项下相关股份的行权/转让限制

6.5　上市公司收购交易后收购人的锁定期要求

对于上市公司收购——通过二级市场、协议转让或其他方式收购上市公司的存量老股,从转让方角度,其转让的前提是标的股份的锁定期已届满或者虽处于锁定期但属于例外情形(比如同一控制下的转让);而且要符合上述分析的相关转让限制(比如董监高年度 25% 额度)。而从收购人的角度看,其所收购的上市公司股份通常不受锁定期要求的限制,但也要遵守 6 个月内禁止反向操作的短线交易规则以及在信息披露期间的敏感窗口期内(T + N + 3)不得继续交易等规则的限制。

尽管上述,上市公司收购中个别情形也会涉及锁定期要求,主要包括两种情形:

◎减持规则要求,因大宗交易受让的特定股份,其后 6 个月内不得转让;

◎控制权交易,收购人所收购的上市公司股份,其后 18 个月内不得转让。

关于上述 18 个月的锁定期要求,其直接依据是《证券法》第 75 条的规定,即"*在上市公司收购中,收购人持有的被收购的上市公司的股票,在收购行为完成后的十八个月内不得转让*"。相较于原《证券法》(第 98 条)所规定的 12 个月,2020 年 3 月生效的新《证券法》将锁定期延长了半年,强化了对收购人的约束。相应地,2020 年 3 月修订的《收购办法》第 74 条也进行了相应调整,将原来的 12 个月锁定期调整为 18 个月。

需要特别说明的是,并非所有的收购人都要遵守上述 18 个月的锁定期限制。实际上,在《证券法》《收购办法》等相关规则中,"*上市公司收购*"与"*上市公司的收购*"是两个术语,各有所指。后者是广义的概念,包括各种形式的收购上市公司的交易;而前者则是特指。根据证监会上市部 2009 年发布的一个函件(上市部函

〔2009〕171号),“上市公司收购”是指“*为了获得或者巩固上市公司的控制权的行为*”。而对于非控制权交易,一般称为“权益变动”。也就是说对于取得或控股控制权的收购行为——“上市公司收购”,收购人需要遵守18个月的锁定期要求;而对于常规的权益变动——不属于控制权交易的“上市公司的收购”,则无须遵守前述18个月锁定期的规定,但要遵守6个月内禁止反向操作的短线交易规则。

另外,需要说明的是,受上述18个月锁定期限制的股票范围是“*收购人持有的被收购的上市公司的股权*”。也就是说,锁定的股票并非仅仅限于本次收购所取得股票。而是在取得控制权以后,收购人所持有的上市公司的全部股份(包括先前已持有的存量股份)。笔者理解,其背后的逻辑可能是为了维持上市公司控制权的稳定。也就是说,至少在18个月内,通过收购取得上市公司控制权的收购人不能进行主动减持,以在一定期间尽量维持上市公司控制权的稳定。

综上所述,上市公司收购中的锁定期规则可简要图示如下:(见图6.31)

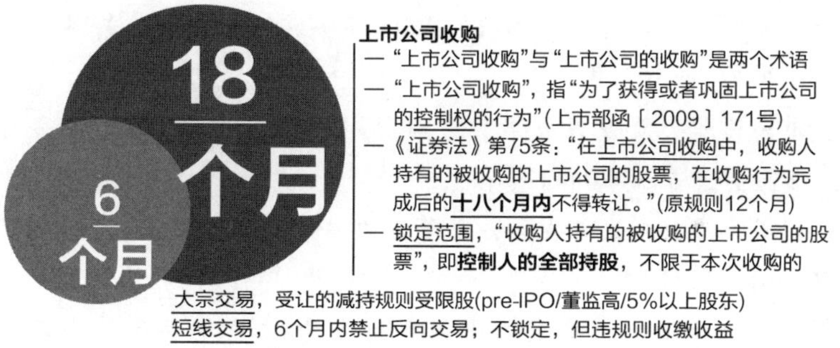

图6.31　上市公司收购交易后对收购人的锁定期要求

6.6 上市公司增发及重组中的锁定期要求

上市公司发行新股,从发行方式来看,分为向不特定对象的公开发行和面向特定对象的非公开发行。公开发行又可细分为面向不特定对象的公开增发,即狭义的“增发”;以及面向全体现有股东的发行,即通常所说的“配股”。而非公开发行,既包括比较常见的现金定增,也包括上市公司重大资产重组中的配套融资。实际上,对于重大重组中比较常见的发行股份购买资产,除了一些整体上市、吸收合并或借壳上市案例中可能属于公开发行以外,其他大部分都是属于面向特定对象(将标的资产注入上市公司的交易对方)的一种非公开发行。

简言之,就上市公司股票的增发而言,目前主要包含如下几种情形:(见图6.32)

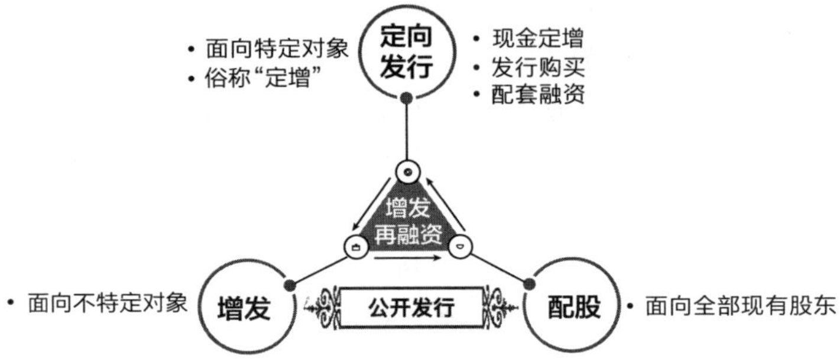

图 6.32　上市公司股票增发的主要类型

就上市公司增发而言,证监会于 2020 年 2 月修订了相关的增发规则,主要包括:

◎《上市公司证券发行管理办法》,2006 年实施,2020 年 2 月 14 日修订;证监会令〔2020〕第 163 号;

◎《上市公司非公开发行股票实施细则》,2007 年实施,2020 年 2 月 14 日修订;证监会公告〔2020〕11 号;

《科创板上市公司证券发行注册管理办法(试行)》,2020 年 7 月发布;证监会令〔2020〕171 号;

◎《创业板上市公司证券发行管理暂行办法》,2020 年 6 月修订;证监会令〔2020〕第 168 号;

《北京证券交易所上市公司证券发行注册管理办法(试行)》,2021 年 10 月发布;证监会令〔2021〕188 号;

◎《发行监管问答——关于引导规范上市公司融资行为的监管要求》,证监会发行部 2020 年 2 月 14 日修订。

尽管上述规则在 2023 年 2 月全面注册制实施后已被最新的《上市公司证券发行注册管理办法》所取代,相关的锁定期要求未发生实质调整。就上市公司增发股票的锁定期而言,现有规则的有关要求均是针对非公开发行(定增)的,针对公开增发则没有具体的锁定期要求。实务中,参与认购公开增发的一些战略投资者或特定对象,根据与上市公司的协商,可能会承诺 6 个月或 12 个月的锁定期。

而针对非公开发行,在 2020 年 2 月修订的上述增发相关规则中,其中一项重要调整就是,将原来定增股票所适用的锁定期整体缩短了一半,即将原来适用于特定主体的锁定期由36个月缩短至18个月(北交所则为12个月);将原来适用于常规认购对象的锁定期由12个月缩短至6个月。前述针对非公开发行的锁定期要求(18个月或6个月)在2023年2月发布的《上市公司证券发行注册管理办法》(第59条)得以重申。具体如下:(见图6.33)

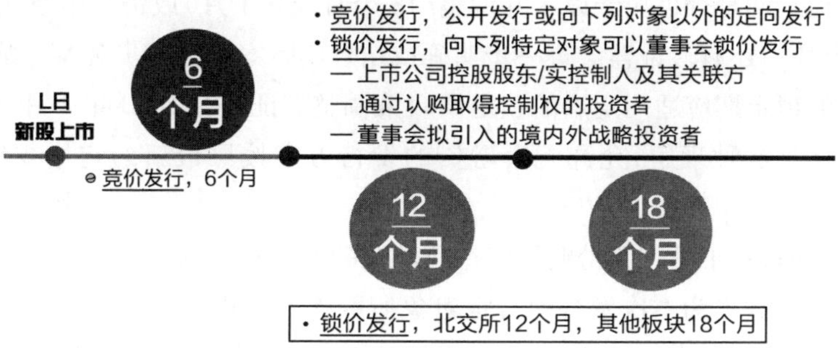

图6.33 上市公司非公开发行股票的锁定期

针对上述增发股票锁定期的政策调整,还有一些问题尚待进一步明确。首先,上述新规适用的起始期是2020年2月14日,那么对于该等日期之前已经发行的存量定增股份应如何适用?对此,根据证监会同日发布的新闻稿《证监会发布上市公司再融资制度部分条款调整涉及的相关规则》,①按照"新老划断"规则执行:"《再融资规则》施行后,再融资申请已经发行完毕的,适用修改之前的相关规则;在审或者已取得批文、尚未完成发行且批文仍在有效期内的,适用修改之后的新规则……"因此,对于2020年2月14日之前已经发行的存量定增股份,仍然需要按原规则执行(锁定期为36个月或者12个月),除非后续根据市场情况证监会对此另有新规或解答。

其次,对于现金定增,直接适用上述增发规则,因此锁定期也应按相关最新规则执行。但是,对于上市公司重大资产重组中的配套融资或发行股份购买资产所涉及的面向特定对象非公开发行的股份,其锁定期政策应如何执行?原则上,配套融资及发行股份购买资产应同时适用上市公司增发规则以及《重组办法》等重大资产重组相关规则。

一方面,关于配套融资,其本质上也是一种现金定增,只不过是和重大重组同

---

① 参见中国证券监督管理委员会官网,http://www.csrc.gov.cn/pub/newsite/zjhxwfb/xwdd/202002/t20200214_370777.html。

时进行。从《重组办法》来看,其第 44 条规定配套融资的"定价方式"应按现行相关规定办理(通常理解,此处的相关规定就是指上市公司定增的相关规定);但对于配套融资的锁定期安排,《重组办法》则没有明确规定。实务中,配套融资的锁定期通常是遵守上市公司定增的相关锁定期要求;但是,在定增锁定期政策调整后,配套融资的锁定期是否也应予以一并调整(18 个月或 6 个月)或仍适用原规则(36 个月或 12 个月),还有待证监会进一步明确或结合实际案例进一步观察。笔者理解,配套融资的锁定期应适用定增的锁定期政策调整。证监会 2020 年 2 月 28 日的答记者问确认了这种理解,允许配套融资的发行方案按照最新的定增规则进行调整。①

另一方面,对于发行股份购买资产所涉及的交易对方(拟注入上市公司的标的资产的股东),其作为本次发行的特定对象所取得的上市公司发行的对价股份,根据《重组办法》第 46 条的规定,通常锁定期为 12 个月(构成借壳上市/重组上市的,则通常为 24 个月),但在下列情形下则锁定为 36 个月:

◎特定对象为上市公司控股股东、实际控制人或者其控制的关联人;

◎特定对象通过认购本次发行的股份取得上市公司的实际控制权;

◎特定对象取得本次发行的股份时,对其用于认购股份的资产持续拥有权益的时间不足 12 个月。

另外,如果构成借壳上市/重组上市,不仅向上市公司注入资产的交易对方需要锁定 36 个月;而且,上市公司的原控股股东/原实际控制人及其控制的关联人,以及在交易过程中从该等主体直接或间接受让该上市公司股份的特定对象,也要承诺 36 个月的锁定期。此外,该等锁定期适用于前述主体(原控股股东或本次交易过程中从其受让股份者)在该上市公司中拥有的全部股份。

---

① 参见《证监会有关部门负责人答记者问》,载中国证券监督管理委员会官网 2020 年 2 月 28 日,http://www.csrc.gov.cn/pub/newsite/zjhxwfb/xwdd/202002/t20200228_371248.html。

第 7 章

上市公司股份的减持规范与短线交易规则

7.1　上市公司股份减持的监管框架

在 A 股市场上，对于锁定期业已届满的股票，其转让除了需遵守第 6 章所介绍的相关转让限制（比如董监高年度 25% 额度）以外，还需遵守证监会及交易所的一系列的减持规范，减持节奏也会受到一定的管控。

从减持节奏管控的角度来看，针对持股主体的不同类型或身份，或者减持方式甚至发行人或股份来源的差异，减持节奏的管控方式也各有差异。综合来看，关于减持节奏管控的规则主要从如下几个维度着眼：（见图 7.1）

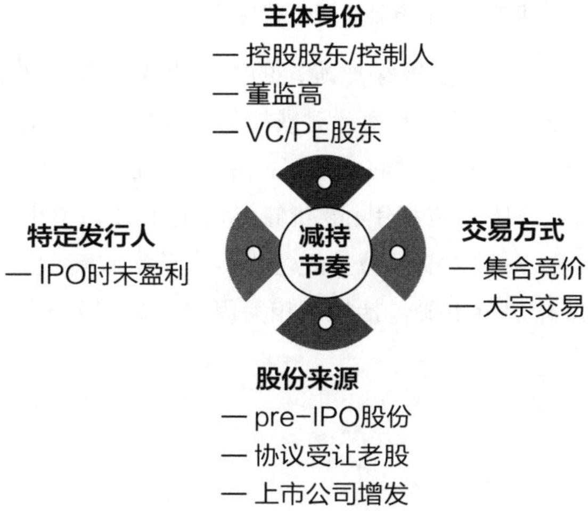

图 7.1　减持节奏管控规则的监管维度

具体就减持规范而言,《证券法》第36条第2款做了一个框架性规定:

“上市公司持有百分之五以上股份的股东、实际控制人、董事、监事、高级管理人员,以及其他持有发行人首次公开发行前发行的股份或者上市公司向特定对象发行的股份的股东,转让其持有的本公司股份的,不得违反法律、行政法规和国务院证券监督管理机构关于持有期限、卖出时间、卖出数量、卖出方式、信息披露等规定,并应当遵守证券交易所的业务规则。”

从《证券法》第36条的上述规定来看,关于减持规范所管控的相关环节主要涉及如下方面:(见图7.2)

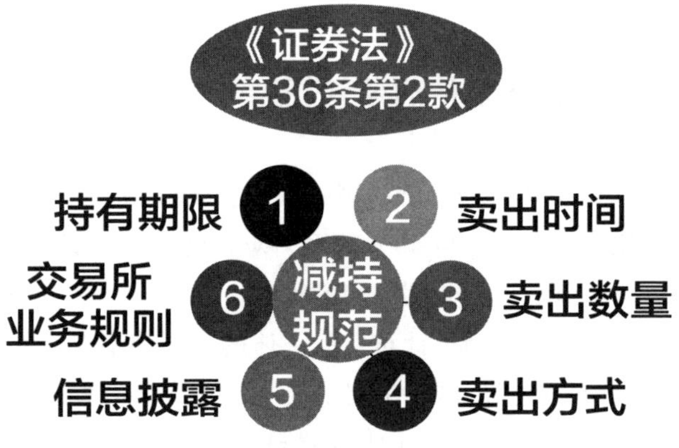

图7.2　上市公司股份减持的主要管控环节

实际上,就新《证券法》第36条所确定的上述框架性规定来看,证监会及交易所在2017~2018年已出台了一系列针对减持的具体规范及监管问答;而2020年3月生效的新《证券法》则是在这方面确定了一个原则性框架,并授权证监会及交易所根据市场情况制定具体规范指引;最新修订的上市公司增发规则以及关于VC创投基金的减持规范,则对之前的减持规范进行了适当调整(合称减持规范)。

目前框架下,减持规范主要包括如下相关规则:(见图7.3)

1 基础规则
- **《证券法》**第36条，2019年12月修订，2020年3月1日生效
- **《上市公司股东、董监高减持股份的若干规定》**，证监会公告〔2017〕9号，2017年5月26日
- **《上市公司董事、监事和高级管理人员所持本公司股份及其变动管理规则（2022年修订）》**
  2022年1月5日发布，证监会公告〔20202〕19号
- 京沪深交易所各板块上市规则

2 上交所指引
- **上市公司股东及董事、监事、高级管理人员减持股份实施细则**，上证发〔2017〕24号，2017年5月27日
- 自律监管指引第8号——股份变动管理，2022年1月7日发布，上证发〔2022〕9号

3 深交所指引
- **上市公司股东及董事、监事、高级管理人员减持股份实施细则**，2017年5月27日
- 自律监管指引第10号——股份变动管理，2022年1月7日发布，深证上〔2022〕22号

4 VC/PE减持规则
- **上市公司创业投资基金股东减持股份的特别规定**，证监会公告〔2022〕17号，2020年3月31日起实施
- 上海证券交易所上市公司创业投资基金股东减持股份实施细则（2020年修订），上证发〔2020〕14号
- 深圳证券交易所上市公司创业投资基金股东减持股份实施细则（2020年修订），深证上〔2020〕143号

图 7.3　上市公司股份减持的监管框架

根据《证券法》第36条的框架性规定、证监会的减持规范以及沪深交易所的减持业务指引，现行减持规范的核心监管事项主要涉及如下几方面：（见图7.4）

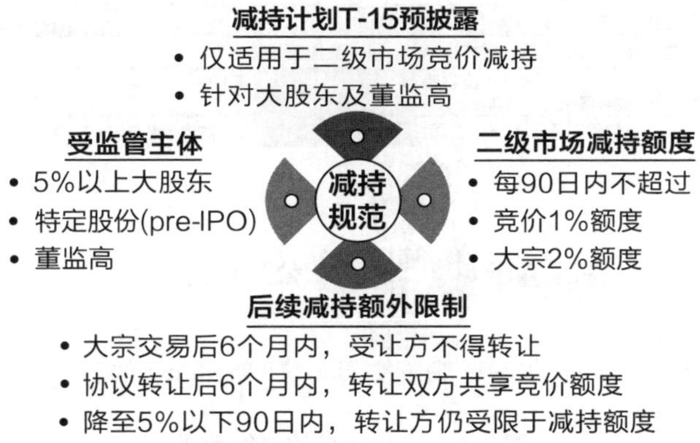

图 7.4　减持规范的核心监管事项

减持规范的具体适用则是个比较复杂的事情。不同的股份来源、不同的股东类型以及不同的减持方式，其所需遵守的减持规范要求都会有所差异。另外，同一笔交易中，某一个持股主体可能同时具有多重身份，也可能同时兼备主体特征和股份来源或者交易方式甚至发行人类型等多重因素，此时需要适用的减持规范考量则更为复杂，需要结合具体情况综合分析。这些可能导致不同减持规范要求具体适用的影响因子包括：（见图7.5）

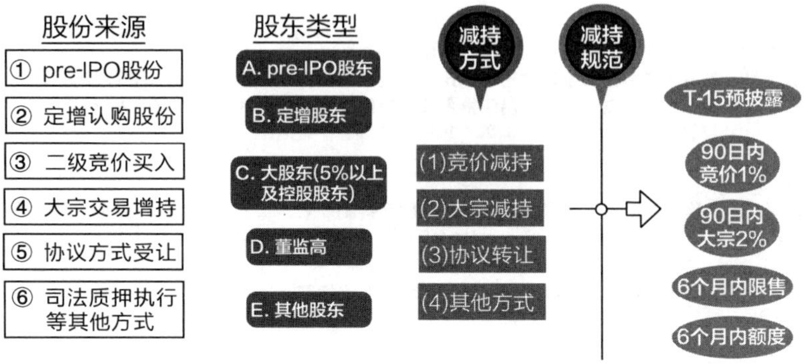

图 7.5　减持规范具体适用情形的影响因子

有关减持规范适用的具体要求将在下文详细分析。总之,在适用的范围内,若相关股东违反减持规范进行了减持,则可能涉及信息披露规则的违规后果,将面临证监会和交易所有关违规减持的监管措施或纪律处分。根据《证券法》第 186 条以及交易所的相关规定,违规减持的法律后果可简要概括如下:(见图 7.6)

条款	监管对象	其他处罚	罚款金额	2019年4月三审稿	2014年8月原规则
	违规减持（违反第36条锁定期、减持规则），证监会监管措施				
186	减持方/收购人	责令改正；警告；**没收违法所得**(比2014年新增)	买卖证券等值以下	第198条，同左	第204条，未要求没收违法所得
	直接责任人员	/(删除对责任人员的处罚)	/	第198条，5万~50万	第204条，3万~30万

图 7.6　违规减持的法律后果

7.2　受减持规范管控的监管对象

根据《证券法》第 36 条的框架性规定以及证监会及交易所的减持规范,需要遵守减持节奏管控的监管对象主要包括如下几类特定主体:(见图 7.7)

图7.7 减持规范的适用范围——受监管的股东类型

在证监会及交易所的相关减持规范中,5%以上股东及控股股东被统称为“大股东”;pre - IPO股东及上市公司增发的特定对象——定增股东被称为“特定股东”,其所持有的“*公司首次公开发行前发行的股份、上市公司非公开发行的股份*”被称为“特定股份”。

值得一提的一个细节是,对于大股东——“*持有百分之五以上股份的股东*”,减持规范项下并没有特意强调是否有表决权的股份;而在涉及上市公司的收购相关信息披露要求(详见第5章)时,相关权益比例的计算是基于信息披露义务人所持有的“*有表决权股份*”达到了1%或5%。这意味着,对于是否需要遵守减持规范的管控,针对5%以上股东这一类主体,强调的是只要持股比例达到了5%就应遵守减持规范,即便该等股份可能是无表决权的优先股或放弃了表决权的。其背后的逻辑可能是,减持规范所管控的是“股份”的减持可能给市场造成的冲击,所以需要针对特定股东的减持节奏进行适度把控;而被减持股票本身是否有表决权,从对市场的影响角度不会有差异。减持规范和信息披露是不同的监管角度,从股票减持的角度来看,相关股票是否有表决权并不是一个影响因素。

7.3 不适用减持规范的特定类型股份

减持规范的适用不仅仅需要考虑相关主体是否属于上述受监管对象。另外,即便相关主体属于上述受监管对象,不同的股份来源也可能会影响是否适用减持规范的判断。如下文所将要具体分析的,从股份来源的角度看,不适用减持规范的特殊情形包括:(见图7.8)

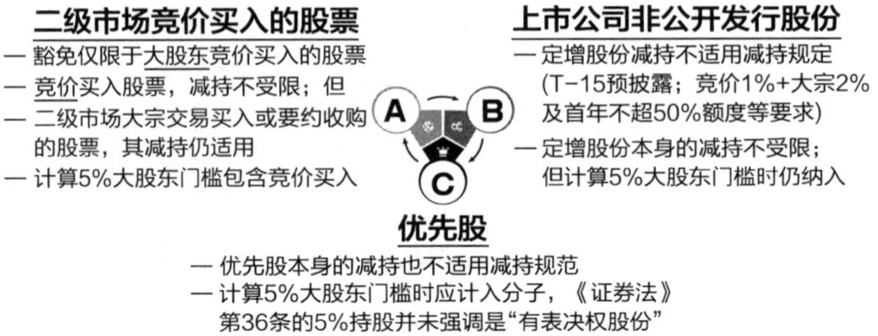

图7.8　减持规范的适用范围——豁免适用的情形

7.3.1　豁免适用减持规范——大股东二级市场竞价买入股份

根据证监会2017年《上市公司股东、董监高减持股份的若干规定》(以下简称《减持规定》)第2条的明确规定,"*大股东减持其通过证券交易所集中竞价交易买入的上市公司股份,不适用本规定*"。关于该等豁免适用情形,如下几点需要澄清:

7.3.1.1　适用豁免的主体——5%以上大股东

豁免减持规范的直接适用对象——"*大股东减持其通过证券交易所集中竞价交易买入的上市公司股份*"。一方面,大股东包括5%以上股东及控股股东。对于该等大股东,若其所减持的股票来源为二级市场竞价买入的股票,则该等二级市场买入的股票后续减持不用遵守减持规范相关要求(包括预披露以及1%或2%额度管控)。

另一方面,需要明确的是,尽管大股东该等二级市场竞价买入的股票因不适用减持规范从而无需T-15预披露,但减持方仍应遵守《证券法》所规定的信息披露义务,比如减持达到1%要提示性公告而达到5%要披露《简式权益变动报告书》(详见第5章分析),以及应遵守6个月内不得反向操作的短线交易规则(见下文第7.9节)。

7.3.1.2　适用豁免的股票来源——二级市场竞价买入

从股票来源看,豁免适用减持规范的仅限于大股东通过二级市场竞价买入的股票。而通过二级市场另一主要交易方式——大宗交易所买入的股票则不在该等豁免之列。如下文将分析的,通过大宗交易减持后,受让方应遵守6个月内不得转让等相关减持规范要求。

在此,有待进一步明确的是,对于通过要约收购买入的股票,其后续减持是否需要遵守减持规范?目前的减持规范并没有相关明确规定。笔者理解,虽然要约收购也是属于通过证券交易所进行的"场内交易",但其与二级市场交易(竞价和大宗)还不一样。

在现有规则框架下,需区分两个角度来理解这一问题:

◎收购人角度,收购人通过要约收购所取得股票,如果要约收购后收购人持股达到5%或以上,则该等收购人作为"大股东",其后续通过二级市场竞价或大宗交易减持时,需遵守减持规范相关要求,因为《减持规定》第2条并未将要约收购来源的股票明确列为可豁免范围。

◎预受要约的股东,在要约收购过程中,拟参与预受要约出售股票的股东,其无需遵守减持规范关于预披露及减持额度的限制,因为减持规范的该等限制仅适用于通过二级市场竞价或大宗交易方式所进行的减持,不适用于其他方式(包括预受要约)的减持。尽管如此,如果该等股东拟通过预受要约所出售的股票,其来源是前6个月内通过大宗交易受让,则因受限于禁售期而不能参与预受要约;如果属于前6个月内通过任何方式增持取得,且该股东属于5%以上大股东或董监高,则因受限于短线交易规则而同样不得参与预受。

7.3.1.3 豁免规则对特定主体的适用

从可豁免适用减持规范的具体对象来看,《减持规定》第2条所明确规定的适用对象是"大股东",即5%以上股东以及控股股东。而对于董监高以及特定股东(pre-IPO股东及定增股东),如果其持股比例未达到5%的"大股东"门槛,则其通过二级市场竞价买入的股份则无法直接依据《减持规定》第2条豁免。尽管如此,仍需要视减持方的具体情形分析相关规范要求是否适用:

◎5%以下股东,无论是减持其通过二级市场竞价买入还是通过他方式取得股票(pre-IPO股份除外),5%以下股东不属于大股东,本身并不需要遵守减持规范的相关要求(如下文将分析,T-15预披露要求适用于大股东及董监高;竞价1%及大宗2%额度管控仅适用于大股东及pre-IPO股份)。

◎特定股东,即便是5%以下的特定股东,其减持二级市场竞价买入股份本身也不需要遵守减持规范。特定股东需遵守减持规范的股份来源限于特定股份—pre-IPO股份,不涉及二级市场竞价买入股份。

◎董监高,如果持股5%以上,其通过二级市场竞价买入的股票,其减持则可因其"大股东"身份而享受相关豁免待遇;如果持股低于5%,本身就不受竞价1%及大宗2%额度的限制(pre-IPO股份除外)(额度管控仅针对大股东及特定股份),但需要遵守减持规范关于T-15预披露以及特定期间内不得减持的要求。

7.3.1.4 竞价买入的股票纳入5%大股东门槛的计算

需要明确的是,尽管减持二级市场竞价买入的股票其本身不需要适用减持规范的要求(预披露及减持额度等要求);但是,对于减持方本身是否属于"大股东"的判断而言,其持股比例的计算是包含其所持有的全部A股在内的,包含从二级市场竞价买入的股票。也就是说,在处理相关减持规范判断时,可以参考如下思维逻辑:(1)在确定减持方是不是"大股东"从而应适用减持规范时,5%持股门槛的计算中包含该股东所持有的二级市场竞价买入的股票;(2)假如构成大股东,则该股东后续减持股票时,对于其所持有的二级市场竞价买入股票(及其他不受限股票,比如下文将要分析的定增股票)时,不需要遵守减持规范要求,但该股东减持其他股票(包括通过协议转让、要约收购等其他方式增持的股票)时,则需要遵守减持规范。

综上所述,有关二级市场竞价买入股票豁免适用减持规范的相关事项,可以简要概括如下:(见图7.9)

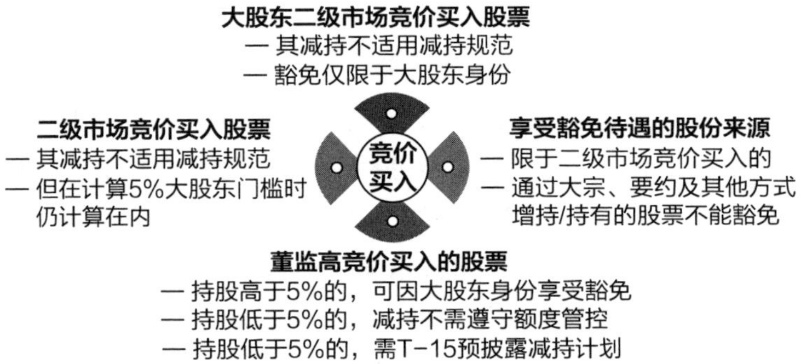

图7.9 豁免适用减持规范的股份——大股东二级市场竞价买入的股份

7.3.2 豁免适用减持规范——上市公司定增股份

2020年2月14日,证监会发布了修订的《上市公司证券发行管理办法》,其中一项重要修订是新增了第75条,明确规定:"*依据本办法通过非公开发行股票取得的上市公司股份,其减持不适用《上市公司股东、董监高减持股份的若干规定》的有关规定。*"2023年2月发布的全面注册制框架下的《上市公司证券发行注册管理办法》(取代了前述《上市公司证券发行管理办法》)第88条延续了前述规定:"*依据本办法通过向特定对象发行股票取得的上市公司股份,其减持不适用《上市公司股东、董监高减持股份的若干规定》的有关规定。*"

一方面，上述例外规定针的是定增认购股份——“*通过向特定对象发行股票取得的上市公司股份*”。根据先前沪深交易所减持细则相关问答，减持规范框架下的“非公开发行股份”，既包括常规的《增发办法》项下现金认购的非公开发行股份，也包括《重大重组办法》项下的发行股份购买资产及配套融资中非公开发行的股份（合称定增股份）。

针对定增股份的减持规范，原规则框架下，除了下文所将详细分析的常规要求（连续90日内竞价1%及大宗2%的额度管控，以及大宗交易受让后6个月内不得转让的禁售期限制）以外，还有两个特殊要求：(1)锁定期满后的首年(12个月内)，通过二级市场竞价减持的股份不能超过其所认购股份的50%；(2)协议转让后6个月内，转让双方共享90日内竞价1%的减持额度。而在现行有效的《上市公司证券发行注册管理办法》项下，对于定增股份“*其减持不适用《上市公司股东、董监高减持股份的若干规定》的有关规定*”，究竟应作何理解？是减持规范的全部要求（主要包括T－15预披露，90日内竞价1%＋大宗2%额度，以及首年竞价减持不超过认购总额的50%等要求）都不适用？还是只有针对定增的特殊要求（首年竞价减持不超过认购总额的50%等要求）不再适用？根据《上市公司证券发行注册管理办法》第88条的规定，应该是减持规范的全部要求均不再适用。对于《证券法》及《收购办法》的信息披露等相关要求则依然要适用，此处豁免仅适用于减持规范的相关事项。

另一方面，仍然有待明确的一个问题是，从“股票来源”——定增认购股份的角度，《上市公司证券发行注册管理办法》第88条已经豁免了该等股份受减持规范的限制了。但是，如果减持方同时还具备另外的身份——大股东（5%以上股东或控股股东）或者董监高，是否仍应受减持规范的约束呢？究竟是说，只要股票来源属于定增认购股份，则无论持股人是普通股东还是大股东或特定股东或董监高，该等股票的减持一概不适用减持规范？还是说，虽然减持规范中有关定增股份这类特定股份的相关规定不再适用了，但是如果减持方兼具大股东或董监高等特定身份，则减持规范仍应适用？对此，《上市公司证券发行注册管理办法》第88条并未给出明确答案。

从目前的监管实践来看，只要股份来源属于上市公司定增股份，那边即便该等定增股份是由上市公司大股东或董监高所认购的，其后续减持也不适用减持规范的相关要求。但是，需要注意的是，上述针对定增股份豁免适用减持规范的例外规定属于证监会基于《证券法》第36条的授权而根据市场发展情况所进行的政策调整。而对于《证券法》所明确规定的短线交易规则以及《公司法》所明确要求的董监高年度25%减持额度限制，大股东及董监高所持定增股份的减持也要遵守该等法定要求。

另外,笔者认为,虽然按照《上市公司证券发行注册管理办法》第 88 条的规定,定增股份本身的减持不适用减持规范,但是定增股份在计算减持方是否具有“大股东”身份时仍应计算在内。与上述关于二级市场竞价买入股票不适用减持规范的分析逻辑类似,在判断减持规范是否适用于定增股份时,可以参考如下思维逻辑:(1)在确定减持方是不是“大股东”从而应适用减持规范时,5% 持股门槛的计算包含该股东所持有的定增股份(以及二级市场竞价买入的股票);(2)假如构成大股东,则该股东后续减持股票时,其所持有的定增股份(以及二级市场竞价买入股票)的减持不需要遵守减持规范要求,但减持其他股票(包括 pre - IPO 股票以及通过协议转让、大宗交易、要约收购等其他方式受让的股票)时,则需要遵守减持规范。

综上所述,关于定增认购股份不再适用减持规范的最新政策调整,对其理解可以简要概括如图 7.10 所示:

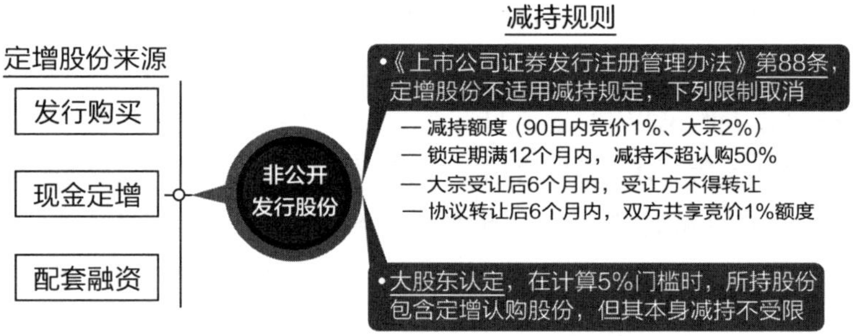

图 7.10 豁免适用减持规范的情形——上市公司定增股份

7.3.3 豁免适用减持规范——优先股

按照沪深交易减持细则问答,优先股本身的减持不适用减持规范的要求(包括预披露及额度管控等)。因此,在计算减持额度时,减持方所持优先股不占用额度。但是,在判断减持方是否属于 5% 以上大股东时,优先股是否应纳入计算,目前规定得并不明确。根据上交所减持问答,优先股不计入上市公司股份总数的计算,也不适用减持规则。依此逻辑,假如某股东持有优先股,在计算该股东是否属于持股 5% 以上的“大股东”时,似可认为,其所持优先股也不被纳入计算。

7.4 不得减持的特定情形

除了有关预披露及减持节奏管控的相关要求外,减持规范还明确了不得减持的特定情形(即便锁定期已满)。

7.4.1 大股东不得减持的特定情形

根据证监会2017年《减持规定》第6条以及北交所《上市规则》第2.4.8条的规定,上市公司大股东(持股5%以上及控股股东)在下列情形下不得减持:(见图7.11)

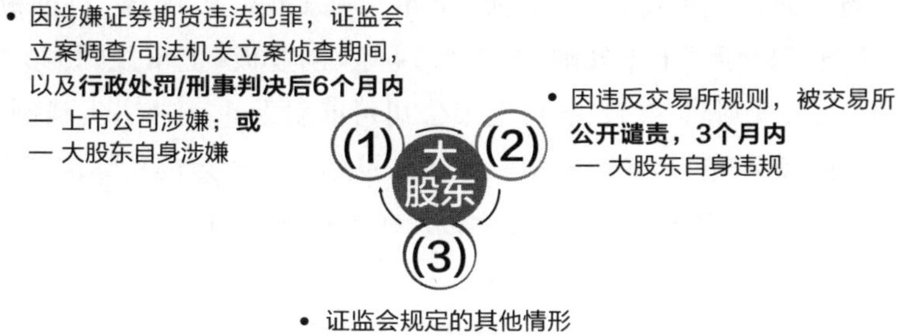

图7.11 大股东不得减持的特定情形

对于上述禁止大股东减持的情形,需要注意的是,对于处于立案调查/侦查或处罚/判刑后6个月内所涉嫌证券期货违法的行为,不仅限于大股东自己的违法行为;上市公司的违法(即便大股东自身无辜)也会导致该等上市公司的大股东在相关期间内不得减持的后果。相反,对于被交易所采取公开谴责这一监管措施的,则仅限于因大股东自身违规而被谴责时方才影响其减持;而如果是上市公司被公开谴责,并不会影响大股东的减持。

7.4.2 董监高不得减持的特定情形

根据证监会2017年《减持规定》第7条以及北交所《上市规则》第2.4.9条的规定,上市公司董监高在下列情形下不得减持:(见图7.12)

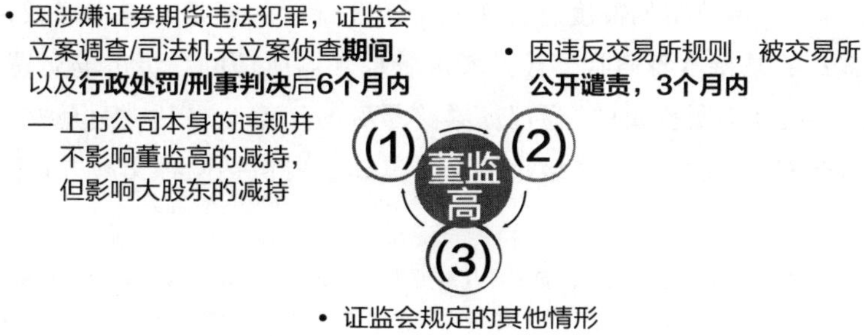

图7.12 董监高不得减持的特定情形

与禁止大股东减持的情形略有不同,针对上市公司董监高,其并不会因为上市公司本身的证券期货违法而导致董监高的减持限制(除非董监高兼具大股东的身份);只有在董监高因自身的证券期货违法涉嫌而导致被立案调查/侦查或处罚/判刑后6个月内,相关被立案调查/侦查或处罚/判刑的董监高减持才受限。

7.4.3 触及重大违法强制退市期间的禁售

根据现行有效的上市规则(上交所《上市规则》第9.5.11条、科创板《上市规则》第2.4.7条、深交所《上市规则》第9.5.14条、创业板《上市规则》第2.3.9条,以及北交所《上市规则》2.4.12条),上市公司可能触及重大违法类强制退市情形的,其控股股东/实际控制人(或其第一大股东及第一大股东的实际控制人)及上市公司的董监高,以及上述主体的一致行动人,在下列期间内不得减持公司股份:(见图7.13)

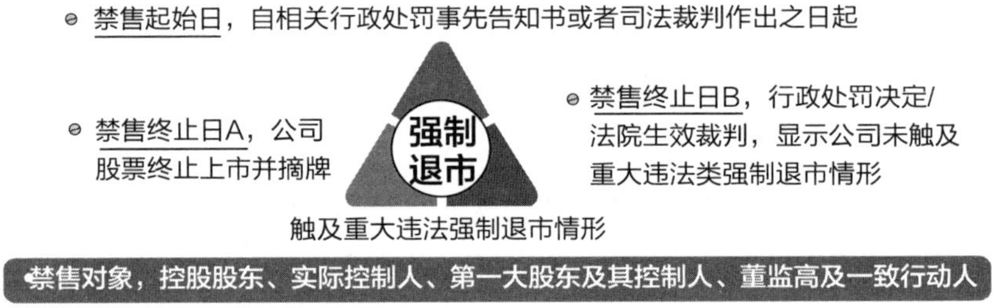

图7.13 不得减持的特定情形——触及重大违法强制退市期间

7.5 二级市场的减持规范

7.5.1 二级市场减持规范的核心要求

整体来看,减持节奏的额度管控实质上主要针对的就是二级市场减持,协议转让等其他方式的减持本身通常不涉及额度管控。而所谓的二级市场交易,即《证券法》及《收购办法》中所提及的“*通过证券交易所的证券交易*”。根据沪深交易所执行《收购办法》的相关通知,①二级市场交易具体主要包括两种交易方式:

① 《上海证券交易所关于执行〈上市公司收购管理办法〉等有关规定具体事项的通知》(上证公字〔2009〕3号)第1条(根据2020年9月11日上海证券交易所发布的上海证券交易所关于发布《上海证券交易所上市公司自律监管规则适用指引第1号——重大资产重组》的通知,前述执行通知已废止);《深圳证券交易所关于严格执行〈上市公司收购管理办法〉等有关规定的通知》(2008年12月2日发布)第1条(根据深交所2022年1月发布的《自律监管指引第10号——股份变动管理》,前述执行通知已废止)。

◎通过竞价交易系统买卖上市公司股份；

◎通过大宗交易系统买卖上市公司股份。

就二级市场减持的规范要求来看，主要涉及预披露以及减持额度管控，可以简要图示如下：（见图7.14）

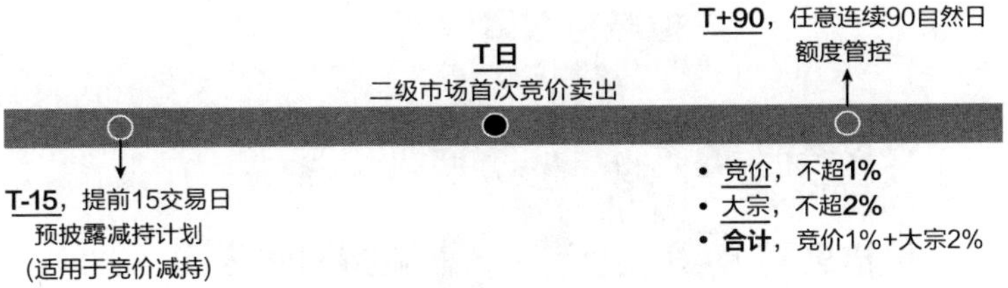

图7.14　二级市场减持规范的核心要求

7.5.2　二级市场减持计划的预披露（适用于竞价减持）

关于二级市场减持的预披露要求，证监会《减持规定》第8条第1款规定：“*上市公司大股东、董监高计划通过证券交易所集中竞价交易减持股份，应当在首次卖出的15个交易日前向证券交易所报告并预先披露减持计划，由证券交易所予以备案。*”针对该条规定的具体适用，如下几方面需要予以说明：

7.5.2.1　T－15预披露要求的适用主体

在现行减持规范框架下，并非所有监管范围内的主体都需要遵守T－15预披露的要求。根据证监会《减持规定》第8条的规定，只有“*上市公司大股东、董监高*”这两类主体需要遵守预披露的要求；而尚未达到“大股东”门槛（持股5%）且不具备董监高身份的其他股东，比如持股3%的pre－IPO股东，则无须进行减持的预披露安排。

7.5.2.2　T－15预披露要求针对的减持方式

并非所有的减持都适用T－15的预披露要求。根据证监会《减持规定》第8条的规定，只有上述适用主体——大股东及董监高“*通过证券交易所集中竞价交易减持股份*”，才需要提前披露减持计划。

相反，针对二级市场的大宗交易以及其他减持方式，则没有要求预披露减持计划。对于该等通过大宗交易或其他方式进行的减持，减持方在减持达到相应的披露节点（比如1%或5%）时，按照《证券法》及《收购办法》相关要求进行信息披露即可，而无须提前披露减持计划。

7.5.2.3　预披露的时间点

有二级市场竞价减持计划的大股东及董监高，应当“*在首次卖出的15个交易*

日前”向交易所报告未来减持计划。

7.5.2.4 减持计划的预披露内容

根据证监会及交易所的减持规范，减持计划的披露内容应包含如下事项：（见图7.15）

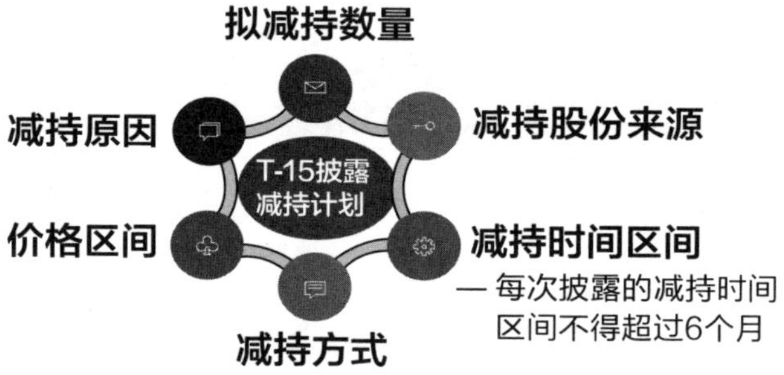

图7.15 二级市场减持计划的预披露内容

7.5.2.5 已披露减持计划的执行

根据沪深交易所减持细则，预披露的减持计划中所规定的减持时间区间不得超过6个月。一方面，在该等减持时间区间内，当发生下列情形，应及时披露减持进展：

◎减持数量过半；

◎减持时间过半时；

◎上市公司披露高送转或筹划并购重组等重大事项。

另外，减持细则还曾规定，大股东中的控股股东、实际控制人及其一致行动人减持达到1%时，应在其后2个交易日内公告。而按照新《证券法》第63条第3款的规定，针对所有达到5%持股门槛的“大股东”，不仅仅限于控股股东或实际控制人，减持达到1%时，均需要公告；而且，披露时点应是在次日即披露，而不是减持细则所规定的2个交易日内。减持细则有关规定需要根据《证券法》最新要求调整。

另一方面，当预披露的减持计划实施完毕，或者减持时间区间届满时，应在其后2个交易日内公告具体减持情况。

综上所述，关于减持计划执行情况的披露要求可以简要图示如下：（见图7.16）

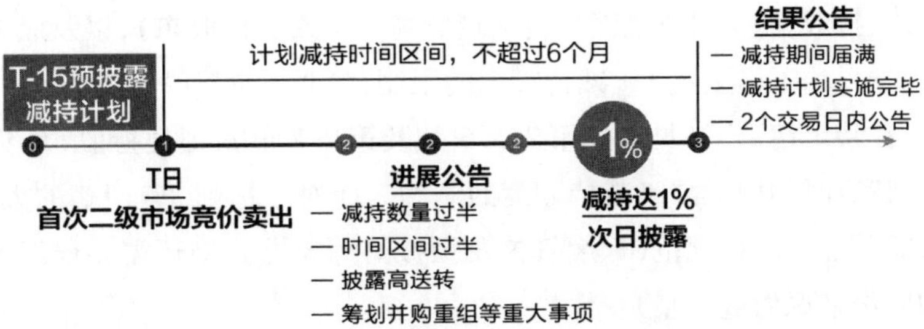

图 7.16　二级市场竞价减持计划执行情况的披露

7.5.3　二级市场竞价减持的额度管控(90 日内 1%)

对于二级市场竞价减持,除了上述 T－15 的预披露要求以外,核心的减持规范要求便是额度管控。根据证监会《减持规定》第 9 条的规定,"*上市公司大股东在3个月内通过证券交易所集中竞价交易减持股份的总数,不得超过公司股份总数的1%* "。该等竞价减持 1% 额度的规则要点如图 7.17 所示:

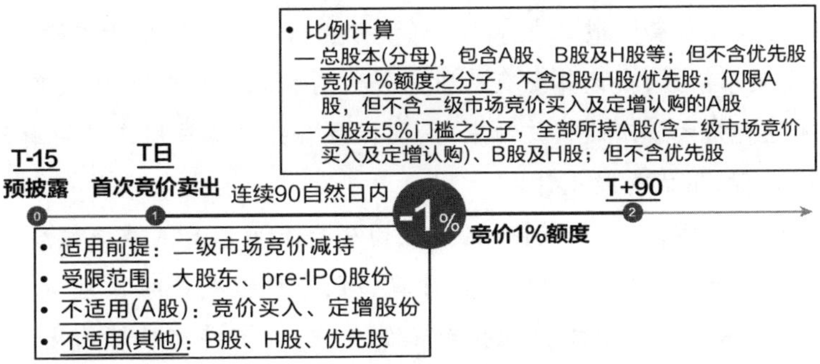

图 7.17　二级市场竞价减持的额度管控(连续 90 日内 1%)

7.5.3.1　竞价减持 1% 额度管控的适用主体

针对上述 1% 减持额度的限制,其适用对象包括两类:

◎大股东,即 5% 以上股东及控股股东,包括因持有特定股份(pre－IPO 股份及定增股份)而达到 5% 门槛的大股东;

◎特定股东,即持有"特定股份"的股东。所谓特定股份,除了因最新增发办法修改而不再适用的定增股份以外,仅是指 pre－IPO 股份。而对于持有pre－IPO 股份的股东,即便其持股比例低于 5%,其二级市场竞价减持 pre－IPO 股份时也需要遵守额度管控规则(但如果持股低于 5%,则无须遵守上述预披露要求)。

换言之，持股5%以下的股东（包括董监高股东或其他股东），以及股东减持定增认购股份时，均不受上述1%减持额度的限制，除非拟减持股份属于pre－IPO股份。但是，在特定情形下（见下述第7.5.5节及第7.7节），即便持股5%以下的股东，仍需在特定时间内受限于减持额度的制约。而对于达到5%门槛的大股东，其减持是否需要遵守减持规范（额度管控及预披露等要求），则还需要根据减持行为所涉及的股份来源做进一步判断。

7.5.3.2　竞价减持1%额度的计算

在规定的期间内，股东可以通过二级市场进行竞价减持的额度是上市公司总股本的1%。根据沪深交易所减持细则问答，对于已发行的股份包含多种类别的上市公司而言，下列计算细节需要注意：

◎上市公司总股本，合并计算该上市公司已发行在外的全部股份，包括A股（人民币普通股）、B股［此处指美元或港币标价的境内上市外资股；科创板及创业板公司双重表决权（俗称“AB股”）公司所发行的所谓“B股”性质上仍然是人民币普通股A股］、H股（境外上市外资股），但优先股不计入。

◎5%大股东门槛，在计算现有持股是否达到5%从而构成“大股东”应遵守减持规范有关大股东的相关约束时，同样应合并计算该股东所持有的A股、B股及H股，但优先股不计入。

◎减持份额比例，在计算减持比例（从而确定其可享有的减持额度）之分子——相关减持方的减持数量时，则仅计算该股东所拟减持的A股数量。也就是说，只有A股的减持才受减持规范的约束，而其持有的境内上市外资股B股、境外上市外资股H股以及优先股均不受限。另外，根据上述分析，定增股份以及大股东竞价买入的股份不适用减持规范，因此也不计入分子。

◎优先股，根据沪深交易所减持细则问答，在计算上市公司总股本时，分母——上市公司总股本均不包含优先股；而且，优先股本身的减持不适用减持规范，因此也不计算在分子之内。但是，在计算5%大股东门槛时，优先股是否纳入计算并不明确。

7.5.3.3　计算1%额度的时间区间

上述1%额度的适用区间是“*3个月内*”。根据沪深交易所减持细则，前述“3个月”是指任意连续90个自然日内。这意味着，比如，在3月8日首次竞价减持，在5月2日减持达到1%，那么从3月8日首次减持（而不是5月2日减持达到1%时点）之日起，其后90自然日内可以竞价减持的总额度是1%。因此，由于其在5月2日已用尽额度,故在前述90自然日的剩余期间内不得再继续通过二级市场竞价减持。

7.5.3.4 受1%减持额度限制的股份来源

除上述提及的B股、H股不适用外,对于A股而言,二级市场竞价买入的股票、认购上市公司定增的股票以及优先股,其减持也不适用减持规范。除此之外,其他来源的A股股份在通过二级市场进行竞价减持时,则需适用减持规范(1%额度管控及T-15预披露),具体包括:

◎pre-IPO股份;

◎协议受让股份;

◎要约收购或其他方式增持股份。

7.5.4 大宗交易减持的额度管控(90日内2%)及后续限售期(6个月)

对于大宗交易减持,虽然其本身性质上也是一种二级市场交易方式,但与二级市场竞价减持不同,证监会《减持规定》并未要求大宗交易也需要T-15进行预披露。尽管如此,证监会《减持规定》第11条第1款规定:“*上市公司大股东通过大宗交易方式减持股份,或者股东通过大宗交易方式减持其持有的公司首次公开发行前发行的股份、上市公司非公开发行的股份,股份出让方、受让方应当遵守证券交易所关于减持数量、持有时间等规定。*”根据沪深交易所减持细则及相关问答,大宗交易的减持规范要点如图7.18所示:

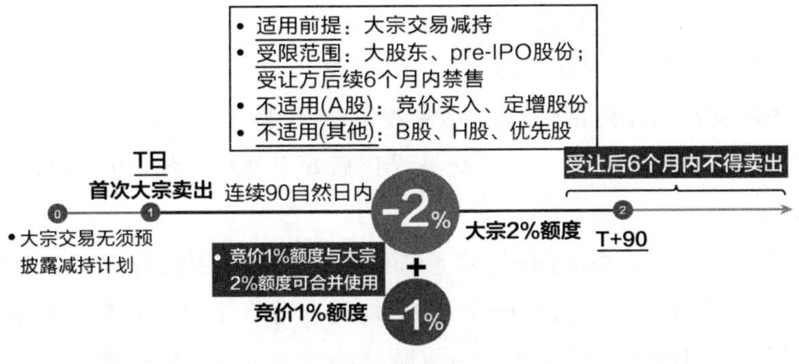

图7.18 大宗交易减持的额度管控(连续90日内2%)及后续禁售期

7.5.4.1 大宗交易减持规范的适用范围

与上述二级市场竞价减持规范相同,大宗交易减持规范的适用范围也是“大股东”以及“特定股份”中的pre-IPO股份。

7.5.4.2 大宗2%减持额度的计算

证监会本身并未在《减持规定》等相关规章中明确规定大宗交易应遵守的减持额度限制，而是授权交易所具体确定相关额度要求。根据沪深交易所现行减持细则的规定，大宗交易的减持额度为，在任意连续90日内不得超过总股本的2%。针对该等额度的计算，在确定相关持股比例及时间区间以及受限制的股份来源时，相关要求与上述介绍的关于竞价1%额度的规则相同。

7.5.4.3 竞价1%额度与大宗2%额度的合并使用

需要明确的是，针对大股东所持任意股份（二级市价竞价买入的除外）的减持，以及相关股东所持特定股份（仅限于pre - IPO股份，定增股份不再受限）的减持，均适用的两项核心减持额度管控：

◎每连续90日内二级市场竞价减持不得超过1%；

◎每连续90日内大宗交易减持不得超过2%。

上述两个减持额度是可以累积使用的，而不是相互占用或相互排斥。也就是说，同一股东在连续90日内通过二级市场的减持合计可以达到3%（竞价1% + 大宗2%）。当然，相关减持应按照《证券法》《收购办法》及交易所的相关规定履行相应信息披露义务。

另外，在特定情形下，前述可单独使用或累积使用的额度还要受限于额度共享或挤占的相关规则。下文将进一步分析。

7.5.4.4 大宗交易受让后的6个月禁售期

根据沪深交易所减持细则，对于大宗交易减持，除了上述2%额度管控以外，还有一个额外的禁售期限制——大宗交易受让后6个月内，受让方不得转让其所受让的股份。

对于前述6个月禁售期限制，除了符合条件的VC创投及PE机构不适用以外，所有通过大宗交易受让股份的受让方，均受前述6个月禁售期的限制。不过，上述交易后6个月禁售期限制适用的前提，与大宗交易2%额度管控的适用范围一样，只是针对所受让的标的股份属于"大股东"所持有的股份（二级市场竞价买入的以及定增认购的股份除外）的转让，以及"特定股份"中的pre - IPO股份的转让。根据沪深交易所减持细则问答，前述两类情形以外的大宗交易受让方则不受前述6个月禁售期的限制。

7.5.5 减持至5%以下后续减持的额外限制

如上所述，针对二级市场竞价减持的1%额度以及大宗交易减持的2%额度，其适用范围均限于:(1)“大股东”所持有的股份(二级市场竞价买入的以及定增认购的股份除外)的转让;(2)“特定股份”中的 pre - IPO 股份的转让。其中,针对大股东的持股门槛为5%。那么,无论通过何种减持方式(二级市场竞价、大宗交易、协议转让或其他),当大股东减持至5%以下而不再具有“大股东”身份时,是否就可以立刻从有关额度管控限制中解脱了呢? 答案是否定的。

为了避免可能的规避监管安排,沪深交易所在解释其减持细则的相关规定时,进行了从严解读。具体而言,根据2018年1月发布的沪深交易所减持细则问答,在下列特定情形下,即便已减持至5%以下,该等低于5%股东在下列特定情形下的后续减持仍应遵守减持规范的相关要求:(见图7.19)

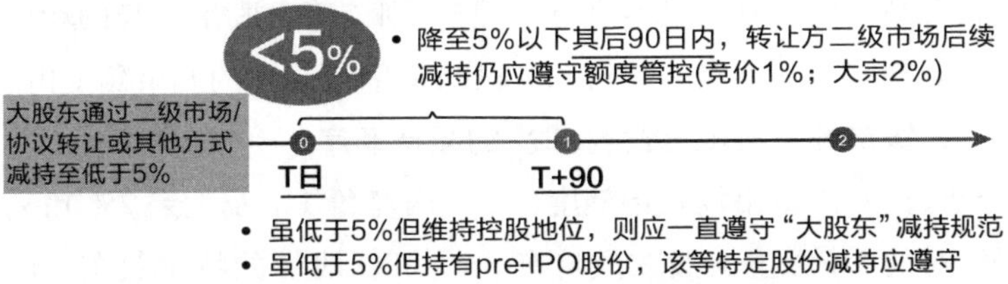

图7.19 大股东减持至5%以下后续减持的额外限制

7.5.6 二级市场减持所涉及的“额度共享”情形

所谓“额度共享”,从减持方的角度看,实际上是指额度的相互挤占。也就是说,以竞价1%额度为例,共享额度相关主体或账户之间,假若其中张三已经减持了0.3%,则在90日的同一期间内,李四所享有的额度就只剩下0.7%了,而不再是完整的1%额度的概念。

具体而言,根据沪深交易所减持细则及其问答,受限于“额度共享”规则的相关情形主要包括如下几种:(见图7.20)

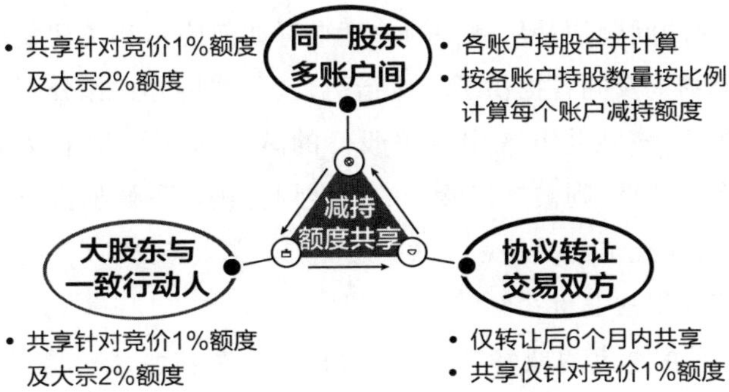

图7.20 二级市场减持所涉及的“额度共享”情形

7.5.6.1 同一股东多账户之间的额度共享

如果股东开立多个证券账户,或者既有普通账户又有信用证券账户,则该股东各个账户持股合并计算,共享额度。也就是说,在规定的期间内,该同一股东的多个账户可减持的额度合并计算,而不是每个账户均有1%或2%的额度。对于该等情形,各账户内的可减持数量(在总额度竞价1%及大宗2%的范围内),根据各账户股份数量按比例计算各自减持额度。

7.5.6.2 大股东与一致行动人之间的额度共享

对于受限制的"大股东"而言,在计算该等1%额度或2%额度时,大股东与其一致行动人的持股合并计算。也就是说,大股东与其一致行动人"共享额度";在规定的期间内,若其一致行动人已经进行了减持,则该等大股东自身的相应额度将被占用,其在同等期间内只能在一致行动人已减持部分之外的剩余额度内进行减持。

7.5.7 二级市场减持中"混合持股"的减持顺序

如上分析,针对二级市场减持额度(90日内竞价1%及大宗2%),从适用主体方面,主要针对的5%以上大股东及持有pre-IPO股份的特定股东。而对于该等受监管股东而言,其所持有的股份可能有多种来源。除却本身就不适用减持规范的优先股、B股及H股等特定类别股份以外,单就纳入减持规范适用范畴的A股本身而言,也有受减持规范限制和不受限制的股份之分:

◎未受限股份,二级市场竞价买入的股份以及定增认购的股份均不需要遵守减持规范;

◎受限股份,对于pre-IPO持股或通过协议转让、要约收购或其他方式增持或持有的其他股份,则需要遵守减持规范。

在同一股东既持有受限制股份也持有不受限制股份的情形下,即所谓的"混同持股",对于如何判断该等股东所持股份的可减持额度或者其已经进行的减持是否合规,一个很重要的问题便是从减持的角度来看如何确定相关股份的顺序。对此,沪深交易所减持细则及问答提供了相应指引,区分减持方式作分别处理。

对于协议转让,该减持方式中相关股份的减持排序请见下文第7.7节分析。如果通过二级市场减持,则被减持股份的属性划分按如下情形进行:

◎第一顺位,在规定的减持额度内(竞价1%或大宗2%),视为优先减持受到减持规范限制的股份;

◎第二顺位,在规定的减持额度以外,视为优先减持未受减持规范限制的股份。

上述排序并非简单的技术化区分,而是直接关系到有关减持是否已经用尽了相关期间内的减持额度或者是否涉嫌超额度违规减持等问题。上交所减持细则问答中的下述示例有助于理解上述排位:“例如,股东持有5%的首次公开发行前股份,同时持有4%的竞价交易买入股份,依照前述原则,若股东在任意连续90日内通过竞价交易总共减持4%,则视为减持了1%的首次公开发行前股份(第一顺位—受限制股份)和3%的竞价交易买入股份(第二顺位—未受限制股份),也就是还剩余4%的首发股份以及1%的竞价交易买入股份。”也就是说,虽然90日内竞价减持了4%,但并不涉及违规,因为其中3%是属于竞价买入的不受限制股份,受限制的股份只有1%刚好符合额度要求。

然而,对于剩余5%的持股,由于先前减持的4%股份中有1%是属于pre-IPO股份以及3%属于二级市场竞价买入,这也就意味着,剩余5%持股中包含4%的受限制的pre-IPO股份(扣除先前竞价中已减持的1%)以及1%的二级市场竞价买入股份(扣除先前竞价中已减持的3%)。由此,对于该等剩余5%持股,若通过协议转让方式,则可以一次性减持。若是继续通过二级市场减持,假如90日内竞价减持了3%,则涉嫌违规操作。这是因为,对于第二轮减持的3%,按上述排序,在竞价1%额度内的减持,视为优先减持了受限制股份即pre-IPO股份;对于1%额度以外的其余2%的减持,按第二顺位应是优先减持了不受限股份,即剩余的1%的二级市场竞价买入股份(扣除先前竞价中以减持的3%)。这意味着,第二轮减持的3%中的剩余最后1%只能是受限制的pre-IPO股份,而该等期间内的竞价1%额度早已被第一顺位使用了,所以最后的1%属于超额度减持涉嫌违规。

上述分析可以简要图示如下:(见图7.21)

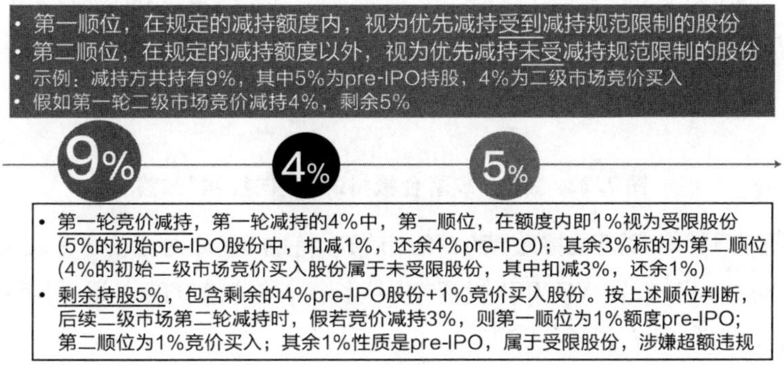

图7.21　二级市场减持中“混同持股”的减持顺序

7.6 VC/PE 基金减持 pre－IPO 股份的反向挂钩政策

如第6章分析，在锁定期的适用情形中（尤其是无控制人的发行人前51%股东需要锁36个月的情形下），符合条件的VC创投基金是可以有特殊待遇的。类似地，针对减持规范的适用，尤其是上述分析的二级市场额度管控（竞价1%；大宗2%），符合条件的VC创投和在基金业协会备案的私募股权投资PE基金也可以享受特殊待遇。

根据2020年3月31日生效的最新修订的《上市公司创业投资基金股东减持股份的特别规定》（以下简称《创投减持特别规定》）以及沪深交易所同步更新的创投基金减持实施细则等相关规定，针对符合条件的VC创投及PE私募基金，在其通过二级市场减持pre－IPO股份时，可以享受"反向挂钩"政策，即投资期限越长，针对二级市场减持的竞价1%或大宗2%额度的适用时间区间越短。换言之，与常规情形下该等额度所适用的时间区间——连续90自然日相比，在反向挂钩政策下适用时间区间的缩短也意味着同样的90日内会有比常规情形更多的减持额度。

关于"反向挂钩"的政策要点，可以简要图示如下：（见图7.22）

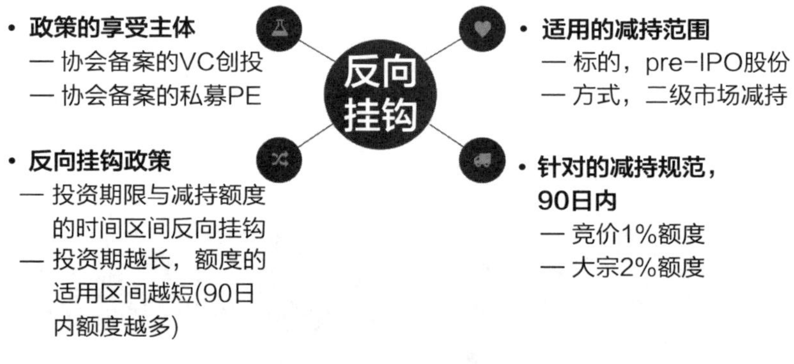

图7.22 VC/PE基金减持的"反向挂钩"政策

具体而言，针对常规减持政策（二级市场减持的90日内竞价1%及大宗2%额度）的"反向挂钩"，根据VC/PE"投资期限"长短，减持额度的常规适用区间（90自然日）相应调整如图7.23所示：

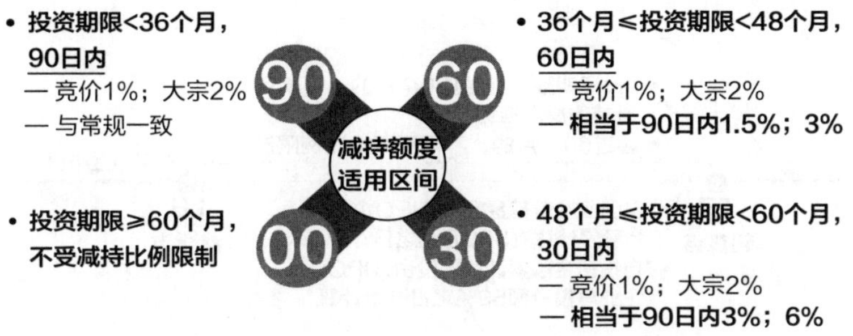

图 7.23 VC/PE 基金二级市场减持额度的“反向挂钩”

通过上述图可以看出,与常规减持政策(二级市场减持的90 日内竞价1%及大宗2%额度)相比,由于“反向挂钩”政策项下的适用时间区间缩短,故可以反推测算,在与常规情形下同样的90 日区间内,对于投资期限在36 个月以上的,相当于减持额度有所增加。而且,对于投资期限达到60 个月以上的,不再受限于减持额度。

就反向挂钩政策的适用而言,一个比较核心的概念是“投资期限”。投资期限的长短直接关系到减持额度所适用的时间区间的长短。关于该等投资期限的确定,如下要点需要特别注意:

首先,需要明确的是,此处的“投资期限”并非指基金本身LPA 所规定的投资期限,而是指基金对发行人的实际投资期限。

其次,该等“投资期限”的起算点与下述确定VC 创投是否符合条件时的投资起算点不一样。根据证监会《创投减持特别规定》的规定,“*投资期限自创业投资基金投资该首次公开发行企业金额累计达到300 万元之日或者投资金额累计达到投资该首次公开发行企业总投资额50%之日开始计算*”。也就是说,在计算减持额度反向挂钩政策下的“投资期限”时,并不一定是自初始投资签署投资协议或完成工商变更登记时就必然开始起算,而是需要实际投入达到一定规模之后才起算。

最后,该等“投资期限”的截止点。根据证监会《创投减持特别规定》的规定,投资期限的计算是“*截至发行人首次公开发行上市日*”。与先前2018 年版本比较,2020 年最新的调整之处在于将先前规则项下的“发行申请材料受理日”延后至上市日。根据目前IPO 审核的实务,受理日到最终上市日之间通常需要一年至一年半左右的时间。该等投资期限计算截止点的延后,实际上相当于将反向挂钩政策的适用范围适当放宽。

综上所述,关于“反向挂钩”政策项下的“投资期限”的计算,可以简要概括如

图 7.24 所示：

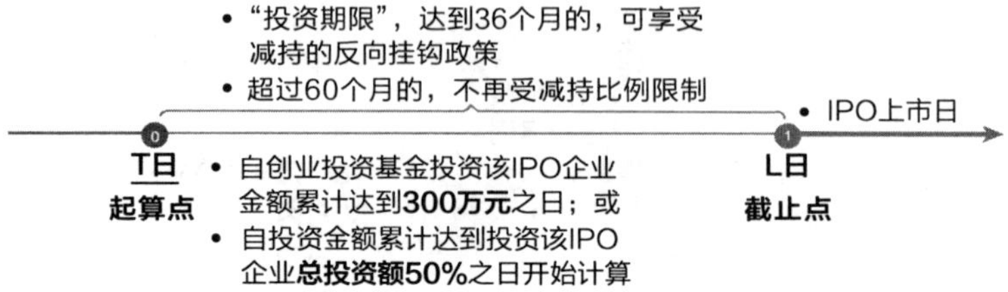

图 7.24　VC/PE 基金反向挂钩政策项下的"投资期限"

与先前 2018 年版本比较，除了上述"投资期限"的截止点延后至上市日外，2020 年最新版创投减持规范的另一个重要宽松政策就是，根据沪深交易所创投减持细则，对于符合条件的 VC 创投或 PE 基金通过大宗交易减持其所持 pre－IPO 股份的，受让方无须再遵守 6 个月内不得转让的禁售期限制。与其他类型的股东所适用的大宗交易减持政策的限制相比，通过大宗交易受让 VC/PE 基金所持的 pre－IPO 股份的接盘主体受到的约束更少，有利于 VC/PE 基金所持 pre－IPO 股份的减持退出。

尽管上述特殊待遇有明显优势，但要享受上述政策是需要满足相应前提条件的。只有同时满足如下条件，才能享受"反向挂钩"政策的特殊待遇：

◎投资人，基金业协会备案的 VC"创业投资基金"或 PE"私募股权投资基金"。

◎被投企业，在对符合条件的投资人"首次接受投资时"，成立时间不足 60 个月或者是不超过一定规模指标的中小型企业；或者，在"截至发行申请材料受理日"，已经取得高新技术企业证书。

对于上述条件，其中针对投资人的要求，与 2018 年版本相比，2020 年最新的修订删除了诸多额外条件限制，只要是在基金业协会已备案的 VC 或 PE 基金，都属于适格的主体。而针对被投企业的条件要求，结合《创投减持特别规定》以及证监会于 2017 年 6 月曾发布的《私募基金监管问答——关于首发企业中创业投资基金股东的认定标准》的相关规定，分析如下：

◎首次接受投资，是指"被投企业取得工商部门核发的营业执照或工商核准变更登记通知书为准"。此处的投资时点的确定，与上述"投资期限"之起算时点（实际投资达到一定规模时）有所不同。

◎规模指标，对于首次接受投资时成立已满 60 个月的被投企业，如果符合如下规模条件,也可以享受“反向挂钩”政策:“企业职工人数不超过 500 人,根据会计师事务所审计的年度合并会计报表,年销售额不超过 2 亿元、资产总额不超过 2 亿元。”结合证监会 2017 年监管问答,前述财务指标应该是指首次接受投资时上一年末的期末数;而员工人数应该是经过当地县级以上劳动社保部门核定的数字。

综上分析,可以享受“反向挂钩”政策的 VC/PE 基金应符合如下条件:(见图 7.25)

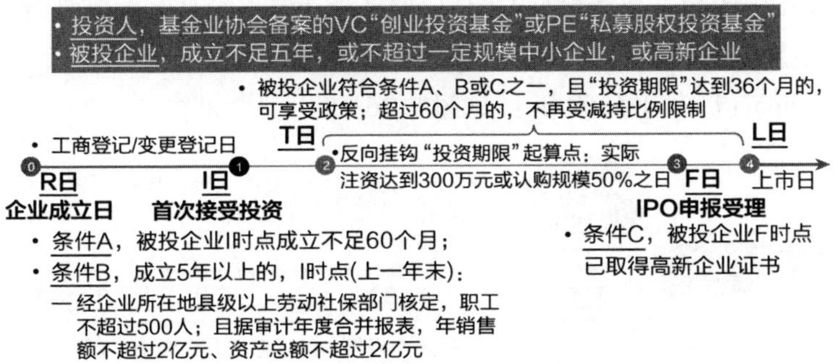

图 7.25 VC/PE 基金享受“反向挂钩”政策应符合的条件

7.7 减持规范中的协议转让

首先需要明确的是,协议转让本身不受预披露及减持额度的限制。如上文分析,预披露只适用于大股东及董监高的二级市场竞价减持,而减持额度管控仅适用于大股东及 pre – IPO 股东通过二级市场竞价或大宗交易所进行的减持。

尽管上述,为了尽量避免减持方通过大宗交易或协议转让等方式进行阶段性的“过桥减持”以隐藏“大股东”身份从而达到规避减持额度的效果,减持规范对协议转让项下可能产生的政策漏洞进行了相应应对。

7.7.1 场景 A:协议转让导致转让方降至 5%以下

一方面,在协议转让其后 90 日内,转让方剩余股份的转让应继续遵守减持额度(竞价 1% 及大宗 2%)的限制。

另一方面,在协议转让其后 6 个月内,该等交易的转让方及受让方两方,将共享 90 日内竞价 1% 的减持额度。也就是说,在协议转让交易后 6 个月内,假若受让方二级市场竞价减持 0.6%,则转让方(若还有剩余持股)在同一个 90 日内就只剩下 0.4% 的竞价减持额度；反过来，假若转让方继续减持其剩余持股，比如减持了1%，则受让方在同等期间内将不再享有二级市场竞价减持额度。不过需要注意的是，与上文提及的同一主体不同账户之间或与一致行动人之间的额度共享不同，对于协议转让情形下的额度共享，该等额度共享仅适用于竞价减持的 1% 额度，并未要求大宗交易的 2% 额度也共享。

尽管上述，但在协议转后 6 个月届满之后，受让方即无须继续遵守减持额度的限制。但是，如果受让后受让方增持达到 5% 以上成为“大股东”，则仍需要遵守包括减持额度在内的相关减持规范的约束；如果受让方本身具有董监高身份，则该受让方后续减持也仍需要董监高持股的相关减持限制。

上述分析可以简要图示如下：（见图 7.26）

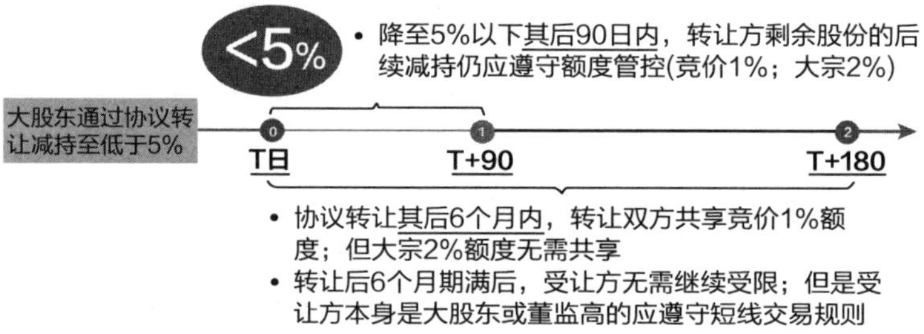

图 7.26　协议转让导致低于 5% 时后续减持的额外限制

7.7.2　场景 B：协议转让中涉及的“混同持股”

对于协议中所拟转让的标的股份的定性或减持顺序的确定，与上述所介绍的二级市场减持中涉及的“混同持股”的处理机制有所不同，或者说处理顺序刚好相反：

（1）第一顺位，优先减持未受减持规范限制的股份；

（2）第二顺位，减持受减持规范限制的 pre－IPO 股份。

举个例子，转让方共持有 12% 的股份，其中 5% 为 pre－IPO 持股，4% 为上市后认购定增所得，3% 为二级市场竞价买入。在某次协议转让交易中，该转让方转让了 9%。对于该等 9% 的标的股份，根据上述顺序判断，其股份属性的组成确定如下：第一顺位，不受减持规范约束的股份——二级市场竞价买入的 3% 以及定增认购的 4%；第二顺位，标的股份中剩余的 2% 属于前述持股组成中的 pre－IPO 股份。这就意味着，转让方手里还剩下的 3% 的股份应全部为通过协议转让尚未能全部减持完的特定股份（pre－IPO 股份）。这个判断直接关系到该股东后续减持是否还需要遵守减持规范的问题。按前述顺序判断，由于剩余的3%持股属于pre－IPO股份，而非在二级市场竞价买入的或定增认购的，因此其后续减持仍然需要遵守减持规范。

上述顺序排列的一个监管意图是，不允许通过协议转让等方式规避减持规范的监管。由于协议转让本身不受额度管控的限制，假若上述例子中顺序反了或者允许转让方自行解释其所减持的标的股份到底是什么性质，那么转让方可以主张其通过协议转让的9%股份（包括5%的pre－IPO股份以及4%的定增股份）以及剩下的3%的股份全部为从二级市场竞价买入的。那么，在本次协议转让后，转让方后续减持其剩余持股3%则无需再遵守减持规范了，因为证监会《减持规定》明确规定大股东二级市场竞价买入的股份不适用减持规范。但由于沪深交易所规定了上述顺序指引，前述可能规避的情形受到了监管，转让方在本次协议转让后对其剩余持股的后续减持仍需遵守减持规范的约束。

上述分析可以简要图示如下：（见图7.27）

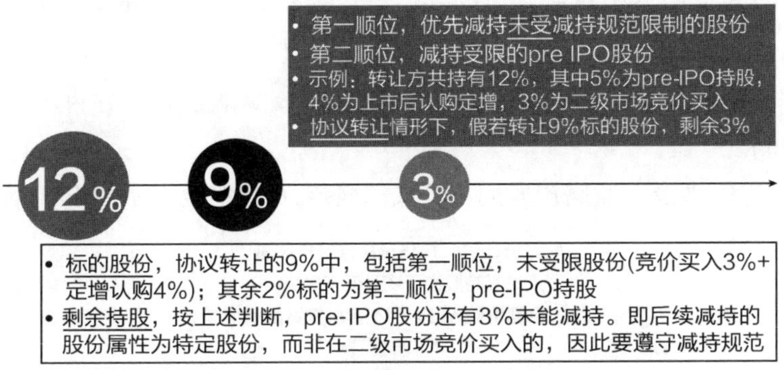

图7.27 协议转让中所涉及“混同持股”的减持顺位

7.7.3 场景C：协议转让的标的股份属于大宗交易受让所得

如上述分析，对于“大股东”所持受限股份（二级市场竞价买入的以及定增认购的股份除外），以及“特定股份”中的pre－IPO股份，如果通过大宗交易进行减持，则在大宗交易后6个月内受让方不得转让，包括以协议方式转让或以其他方式转让。因此，拟协议转让的标的股份不应属于前6个月内通过大宗交易所受让的受限制股份；如标的股份属于之前大宗交易受让所得，则后续协议（或其他方式）转让应在大宗交易后6个月期满之后进行。

另外，如果拟进行协议转让的转让方本身是大股东或董监高，则该等拟协议转让减持的股份不能是前6个月内新增持的,否则违反6个月内禁止反向操作的短线交易规则。

7.8 董监高持股的转让限制

关于董监高这类特殊主体,其也是减持规范所明确监管的对象。针对减持规范对董监高持股的适用,主要有如下几方面需要注意:

◎T-15预披露,对于董监高持股,无论其持股比例高于还是低于5%,也无论其股份来源如何(包括二级市场竞价买入的但不包含因股权激励所认购的),其通过二级市场竞价减持的,均需要提前15个交易日预披露减持计划。

◎二级市场减持额度,如果持股达到5%从而属于大股东,则应受二级市场减持额度限制(竞价1%;大宗2%),并应同时遵守董监高持股变动的限制。

◎董监高年度25%额度及离职后6个月禁售期,对于持股未达到5%大股东门槛的董监高,其持股减持虽不需遵守二级市场减持额度限制,但仍需遵守有关董监高年度25%减持额度的限制,以及离职后6个月内不得转让的禁售期。

综上所述,涉及董监高持股的相关减持规范,可以简要图示如下:(见图7.28)

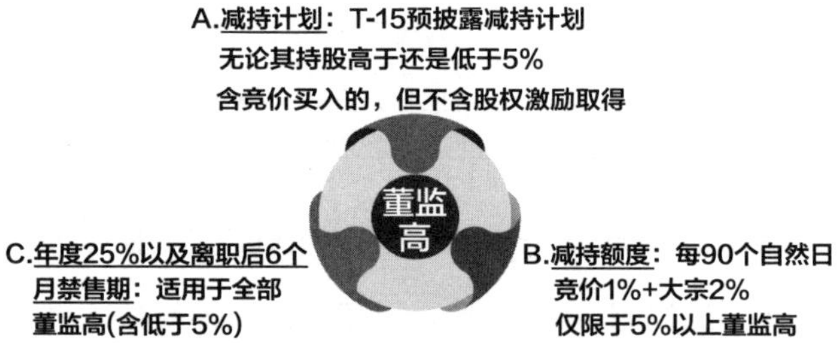

图7.28 董监高持股对减持规范的适用

7.9 短线交易规则

7.9.1 短线交易规则的基本要求

所谓短线交易(short-swing trading),简言之,即6个月内禁止反向操作。具

体而言,《证券法》第44条规定:

上市公司、股票在国务院批准的其他全国性证券交易场所交易的公司持有百分之五以上股份的股东、董事、监事、高级管理人员,将其持有的该公司的股票或者其他具有股权性质的证券在买入后六个月内卖出,或者在卖出后六个月内又买入,由此所得收益归该公司所有,公司董事会应当收回其所得收益。但是,证券公司因购入包销售后剩余股票而持有百分之五以上股份,以及有国务院证券监督管理机构规定的其他情形的除外。

前款所称董事、监事、高级管理人员、自然人股东持有的股票或者其他具有股权性质的证券,包括其配偶、父母、子女持有的及利用他人账户持有的股票或者其他具有股权性质的证券。

公司董事会不按照第一款规定执行的,股东有权要求董事会在三十日内执行。公司董事会未在上述期限内执行的,股东有权为了公司的利益以自己的名义直接向人民法院提起诉讼。

公司董事会不按照第一款的规定执行的,负有责任的董事依法承担连带责任。

针对上述短线交易规则,证监会在其2007年4月发布的证监公司字〔2007〕56号文中进一步明确:"上述'买入后6个月内卖出'是指最后一笔买入时点起算6个月内卖出的;'卖出后6个月内又买入'是指最后一笔卖出时点起算6个月内又买入的。"

上述短线交易规则可以简要图示如下:(见图7.29)

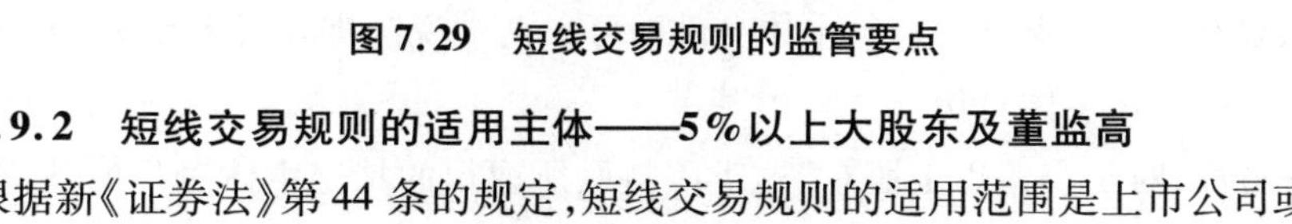

图7.29 短线交易规则的监管要点

7.9.2 短线交易规则的适用主体——5%以上大股东及董监高

根据新《证券法》第44条的规定,短线交易规则的适用范围是上市公司或新三板公司"*持有百分之五以上股份的股东、董事、监事、高级管理人员*"。相比较原《证券法》第47条,一方面是将公司适用范围扩展至了新三板公司,另一方面是将监管对象延展到了董监高及持股5%以上股东的亲属,新《证券法》第44条第2款明确规定："*前款所称董事、监事、高级管理人员、自然人股东持有的股票或者其他具有股权性质的证券，包括其配偶、父母、子女持有的及利用他人账户持有的股票或者其他具有股权性质的证券。*"

另外，《证券法》修订之前，对于前述受约束主体之股份"持有"的判定，一直都有"名义持有"和"实际持有"两个标准的分歧。

一方面，规则上的"名义持有"标准。根据证监公司字〔2007〕56 号文第 3 条的规定，对于上市公司董监高所采用的是"名义持有"的认定标准——"上市公司董事、监事和高级管理人员所持本公司股份，是指登记在其名下的所有本公司股份"。

另一方面，实务中的"实际持有"标准。即适用范围除了包含上市公司董监高及 5% 以上股东自身直接持股以外，还包含其通过关联方、亲属或持股平台的间接持股以及一致行动人的持股。从监管处罚案例来看，无论是早期的深宝安(000009. SZ)通过旗下企业买卖延中实业(600601. SH，现更名为"方正科技")，还是后来的董事佘某通过他人账户买卖四川圣达(000835. SZ)的股票、董秘王某通过其弟弟的账户买卖高新发展(000628. SZ)的股票、董秘易某通过他人账户买卖三安光电(600703. SH)的股票等，证监会及交易所在监管实践中基本上都是采用了"实际持有"的标准。另外，在当年的南宁糖业(000911)诉马丁居里投资管理有限公司等三公司短线交易纠纷一案中，司法裁判也采用了"实际持有"的标准。

目前，新《证券法》第 44 条明确采用了"实际持有"原则，即除直接持有外，还包含董监高或自然人股东"*其配偶、父母、子女持有的及利用他人账户持有的股票或者其他具有股权性质的证券*"。另外，证监会 2022 年 1 月发布《持股变动规则 2022》时废止了前述证监公司字〔2007〕56 号文，短线交易规则统一按照《证券法》第 44 条执行。

7.9.3 短线交易规则的适用主体之身份认定的时点

短线交易所管制的是具有特定身份的主体——上市公司董监高或者 5% 以上股东。实践中，对于这一身份的认定时点出现了差异："一端说"，即在买入或卖出时点只要有一个时点具备特定主体身份即可；"两端说"，即在买入和卖出时点两端均需要具备特定主体身份。

一方面，对于"5% 以上股东"这类因持股所取得的特定主体身份的认定，多采用了"两端说"（在买入和卖出两个时点均需符合持股 5% 以上股东身份）。比如，在我国首例通过司法途径解决短线交易的案例华夏建通(600149. SH)案中，法院在一审判决书中确立了股东身份"两端说"标准；而在春晖股份(000976. SZ)案例中,监管机构也参考了华夏建通案例中确定的股东身份“两端说”标准,认为相关主体在取得春晖股份时并非持股5%以上股东,因此有关交易行为不构成短线交易。

另一方面,对于“董监高”这类因任职所取得的特定主体身份的认定,则多采用了“一端说”(在买入或卖出只要其中一个时点具备董监高身份即可)。比如,在杭汽轮B(200771. SZ)、兴森科技(002436. SZ)、新和成(002001. SZ)等董监高短线交易违规案中,交易所均采用了“一端说”的认定标准。通常理解,之所以对董监高这一因任职所取得的特殊身份(采用“一端说”)与持股5%以上股东这一因持股所取得的特殊身份(采用“两端说”)在其认定标准上加以区别对待,其主要考虑或许是因为董监高因其任职比持股型的股东在公司内部信息获取方面更有优势,内幕交易发生的风险更高,因此需要对董监高这类主体的短线交易采用更宽松的认定标准从而可以更严格监管,以避免其滥用身份进行不当交易。

简言之,短线交易规则适用主体的身份认定标准可以图示如下:(见图7.30)

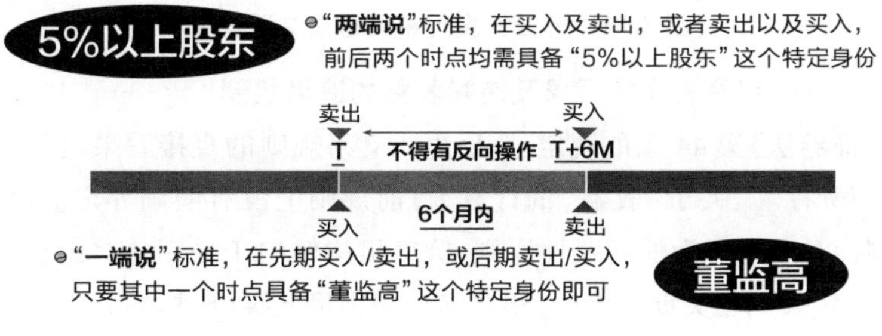

图7.30 短线交易规则——特定主体身份认定的标准

7.9.4 适用短线交易规则的“交易”的认定

短线交易的适用前提是在规定的期限内发生了先买后卖或者先卖后买这种反向操作。一方面,这个认定的期限是6个月内发生过反向操作,同一天发生了反向操作也将构成短线交易。另一方面,短线交易的认定采用的是客观标准,不以是否存在过错为前提,只要发生了反向“操作”行为,就有可能被认定为构成了短线交易。

再者,关于交易——“买入”或“卖出”,并不限于二级市场交易,包括其他交易方式比如协议转让、认购增发等。不过,对于上市公司激励中涉及的“买入”“卖出”行为的认定,需要结合实际情况判断。比如,对于因未达到行权条件而被上市公司强制回购的行为,通常不认为构成相关主体的“卖出”行为。但是,对于限制性股票的授予或因期权的行权而取得股票的行为,一般也视作“买入”行为。因此,如之前曾有减持行为，再向相关主体授予或相关主体行权时即应在先前减持行为满6个月后再进行，以免构成短线交易违规。

需要注意的是，在监管实践中，当涉及特定主体一边参与认购增发另一边有减持计划或减持行为时，认定是否构成短线交易违规的审查周期实际上要远长于6个月。监管机构在审核实践中把握的标准可以如图7.31所示：

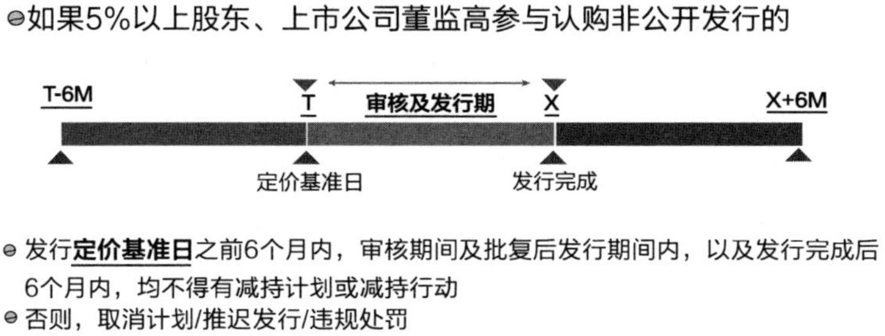

图7.31 非公开发行中的短线交易规则

7.9.5 短线交易的违规后果及违规收益的追缴机制

根据《证券法》第44条的规定，违反短线交易规则的直接后果是"*由此所得收益归该公司所有*"。关于"收益"的计算，目前规则上没有明确界定。但从实践来看，考虑到针对违规行为的惩罚性原则，监管机构倾向于采用从严的惩罚标准，即对"收益"认定采用相关期间内的"<u>最高卖价减去最低买价</u>"标准。

针对上述违规后果的执行—收缴违规收益，新《证券法》第44条要求"*公司董事会应当收回其所得收益*"；对于董事会未能主动收回违规收益的，进一步明确如下保障措施：

◎股东有权要求董事会在30日内执行；

◎董事会未在上述期限内执行的，股东有权为了公司的利益以自己的名义直接向法院起诉；

◎负有责任的董事依法承担连带责任。

另外，相关违规主体可能会面临监管措施。一是交易所可以根据违规情形及所涉及金额等因素，采用关注函、监管函、通报批评等纪律处分措施。二是证监会或证监局也可能会根据违规情形采取警告并处以罚款等行政处罚措施。针对行政处罚，目前新《证券法》第189条将罚款金额从原来的3万元至10万元提高至10万元至100万元的区间。

简言之，对于短线交易的违规后果及违规收益的追缴机制，可以简要图示如

下：（见图7.32）

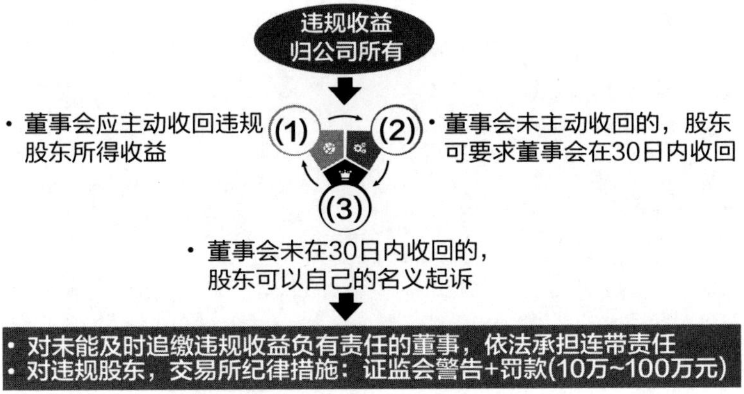

图7.32　短线交易的违规后果及违规收益的追缴机制

7.9.6　短线交易规则的例外情形

关于短线交易规则的适用有如下一些例外情形：

一方面，新《证券法》第44条明确规定了，*证券公司因购入包销售后剩余股票而持有百分之五以上股份*，卖出该股票不受六个月时间限制。

另一方面，作为当年的救市措施之一，证监会曾在《关于上市公司大股东及董事、监事、高级管理人员增持本公司股票相关事项的通知》（证监发〔2015〕51号）中进一步明确，"在6个月内减持过本公司股票的上市公司大股东及董事、监事、高级管理人员，通过证券公司、基金管理公司定向资产管理等方式购买本公司股票的，不属于《证券法》第47条规定的禁止情形。通过上述方式购买的本公司股票6个月内不得减持"。但是，证监会在2020年10月发布的证监会〔2020〕66号公告，废止了前述证监发〔2015〕51号文。

另外，新《证券法》第44条还增加了针对证监会的一个授权条款，允许"*有国务院证券监督管理机构规定的其他情形*"时，也可以不适用短线交易规则。

下篇

收购的特殊场景

第 8 章

上市公司国有资产交易监管

8.1 国有资产交易监管概览

8.1.1 上市公司国资交易监管的规则框架

就上市公司的国有资产交易而言,目前的监管规则主要包括如下:(见图 8.1)

国资监管基础规则

- 中华人民共和国企业国有资产法,主席令〔2008〕第5号
- 企业国有资产监督管理暂行条例,国务院令〔2003〕第378号

国资交易核心规则

- **企业国有资产交易监督管理办法**,2016年6月24日,国资委 财政部令〔2016〕第32号
- **上市公司国有股权监督管理办法**,2018年5月16日,国资委 财政部 证监会令〔2018〕36号
- **关于企业国有资产交易流转有关事项的通知**,2022年6月2日,国资发产权规〔2022〕39号

上市公司相关

- 中华人民共和国证券法,2019年12月修订,2020年3月1日生效
- 上市公司收购管理办法,2020年3月修订
- 上市公司重大资产重组管理办法,2023年2月修订
- 上市公司证券发行注册管理办法,2023年2月发布

国资其他规则
— 产权登记;资产评估
— 权限调整;国企混改
— 央企;地方国企

图 8.1 上市公司国资交易监管的规则框架

对于涉及上市公司的国资交易而言,最为核心的监管规则是《上市公司国有股权监督管理办法》(国资委 财政部 证监会令〔2018〕第 36 号)(国资 36 号令,2018 年 5 月发布,2018 年 7 月 1 日起实施)。而国资 36 号令项下的"*上市公司国有股权变动行为*"的管辖范围则主要是针对:(见图 8.2)

◎股东范围,包括国资 36 号令第 3 条规定的国有股东(State - owned Shareholder,SS)以及第 74 条规定的国有实际控制股东(Controlling Shareholder, CS);

◎上市公司范围,境内上市的 A 股上市公司、B 股上市公司,以及香港上市的 H 股上市公司的内资股。①

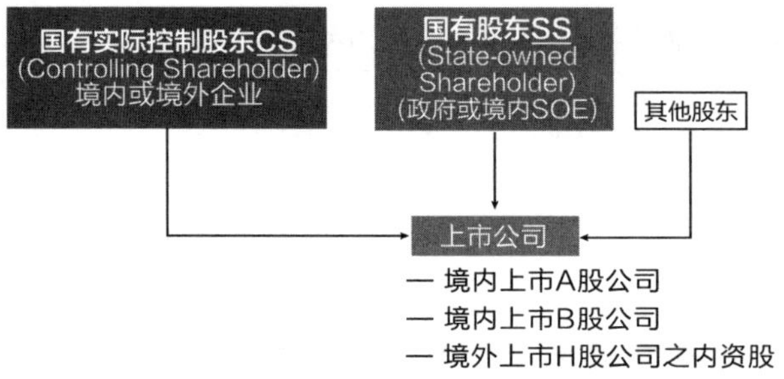

图 8.2　国资 36 号令的适用范围——监管对象

8.1.2　涉及上市公司的国有资产交易场景

根据国资 36 号令第 2 条的规定,其所监管的上市公司国有股权变动行为,是指涉及"*上市公司国有股权持股主体、数量或比例等发生变化的行为*"。

实务中,涉及上市公司的国有资产交易,主要有两个层面:一是涉及上市公司自身的国有股权变动(直接或间接);二是涉及国有资产(股权或非股权)注入上市公司。其中,第一个层面——上市公司国有股权变动,既包括上市公司国有股的转让,也包括国有企业收购上市公司;而第二个层面——国有资产注入上市公司,既可能是国有控股的上市公司进行重大资产重组,也可能是国有股东将未上市国有企业或资产注入国有或民营上市公司。

结合国资 36 号令及实务案例来看,涉及上市公司国有股权变动的交易场景主要有如下类型:(见图 8.3)

---

① 参见国务院国资委:《上市公司国有股权监督管理办法》适用范围,载国务院国有资产监督管理委员会官网 2018 年 6 月 21 日,http://www.sasac.gov.cn/n2588040/n2590387/n9854167/c9931789/content.html。

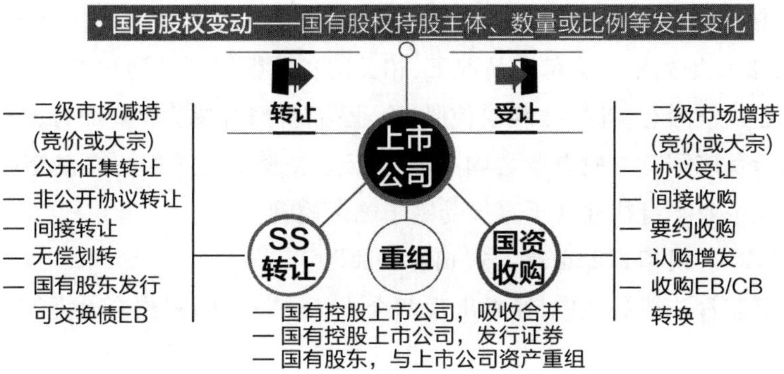

图 8.3　涉及上市公司国有股权变动的交易场景

不同的交易类型所涉及的监管要求及程序也各有差异。下文将进行详细分析。

8.1.3　国有企业(SOE)的界定与类型

就国资36号令及国资监管相关规则的适用而言,其基本前提是交易涉及国有企业(SOE)或国有资产。在详细分析国资交易的具体监管要求之前,有必要厘清一下国有企业相关的基本概念。现有监管框架下,对于国有企业的界定以及应受国资监管的国有企业的外延范围,其实并非简单清晰,反而是缺乏统一明晰的标准。

8.1.3.1　"国有企业"的广义与狭义区分

从国民经济统计的角度来看,国家统计局于2003年4月曾发函《国家统计局关于对国有公司企业认定意见的函》(国统函〔2003〕44号)指出,国有企业有广义、狭义之分。狭义的国有企业,仅指纯国有企业(国有全资);而广义的国有企业是指具有国家资本金的企业,可分为纯国有企业、国有控股企业及国有参股企业三个层次:(见图8.4)

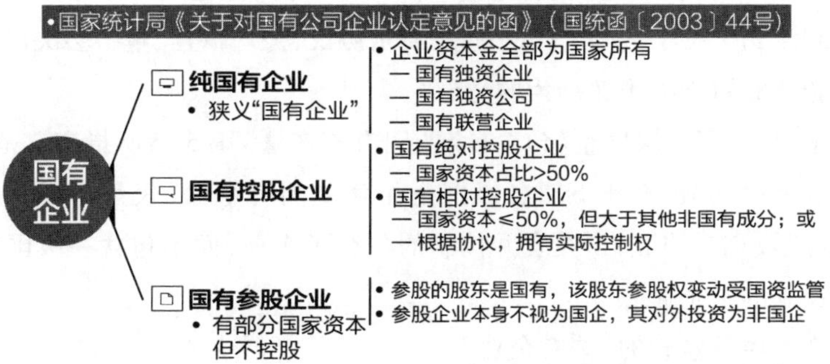

图 8.4　"国有企业"的广义狭义之分

实务中，在不同的监管语境下，"国有企业"的具体所指究竟是广义层面还是狭义层面，需要仔细甄别。大部分情况下，相关国资监管规则的适用对象主要是针对纯国有企业以及国有控股（含相对控股）企业；而就国有参股企业而言，受国资监管的主要是涉及该国有参股企业之国有股东所持参股权益的相关产权变动行为，而该国有参股企业本身往往并不直接受制于国资监管。

8.1.3.2 "国家出资企业"与"国有企业"

在国资监管法律法规中，经常出现两个术语——"国家出资企业"以及"国有企业"。

根据《中华人民共和国企业国有资产法》（主席令〔2008〕第 5 号，以下简称《企业国有资产法》）第 5 条的规定，"*本法所称国家出资企业，是指国家出资的国有独资企业、国有独资公司，以及国有资本控股公司、国有资本参股公司*"。就此而言，《企业国有资产法》所指"国家出资企业"属于广义的"国有企业"范畴，涵盖了国有资本参股公司。但从国资委、财政部等国资监管机构出台的国资监管具体规则来看，相关规则项下的"国家出资企业"又明确排除了国有参股公司，而是指国有全资或国有控股公司。

产权登记层面的"国有企业"

根据国务院国资委 2012 年 4 月发布的《国家出资企业产权登记管理暂行办法》（国资委令〔2012〕第 29 号，以下简称《国资产权登记办法》；2012 年 4 月发布，2012 年 6 月 1 日起实施），纳入国有产权登记范围的企业包括"*国家出资企业、国家出资企业（不含国有资本参股公司）拥有实际控制权的境内外各级企业及其投资参股企业*"。而根据《国资产权登记办法》第 3 条的规定，前述所称"拥有实际控制权"，"*是指国家出资企业直接或者间接合计持股比例超过50%，或者持股比例虽然未超过50%，但为第一大股东，并通过股东协议、公司章程、董事会决议或者其他协议安排能够实际支配企业行为的情形*"。

也就是说，除了一级国企（包含《企业国有资产法》第 5 条所指广义范畴的"国有资本参股公司"）外，对于下属各级国企而言，"国有企业"仅是指国有控股企业（含绝对控股及相对控股）所投资并控制的各级子企业，而不包含一级国有参股企业所投资控制的子企业。

国资交易中受监管的"国有企业"

根据《企业国有资产交易监督管理办法》（国资委 财政部令〔2016〕第 32 号，以下简称国资 32 号令）第 4 条的规定，受监管的国有企业是指"*国有及国有控股企*

业、国有实际控制企业”,未包含国有参股公司。

具体而言,国资32号令所监管的国有企业包括:(见图8.5)

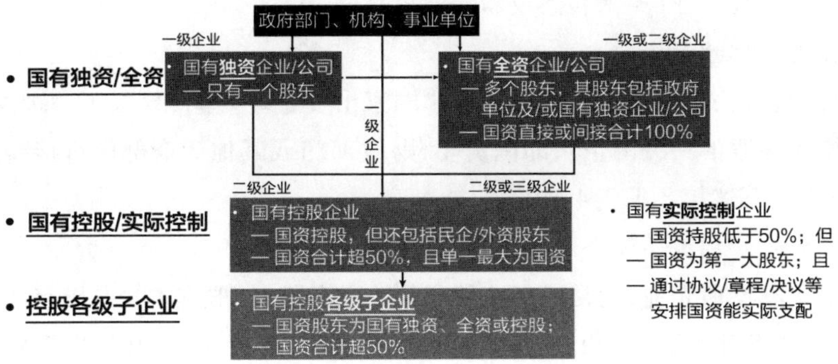

图8.5 国资32号令项下受监管的“国有企业”

受国资监管的上市公司“国有股东”

国有控股上市公司一般是指其控股股东或第一大股东是“国有股东”的上市公司;而上市公司的“国有股东”,则一般是指其证券账户加注“SS”或“CS”标识的国有股东。

根据国资36号令,受监管的上市公司国有股东(SS或CS)主要包括如下情形:(见图8.6)

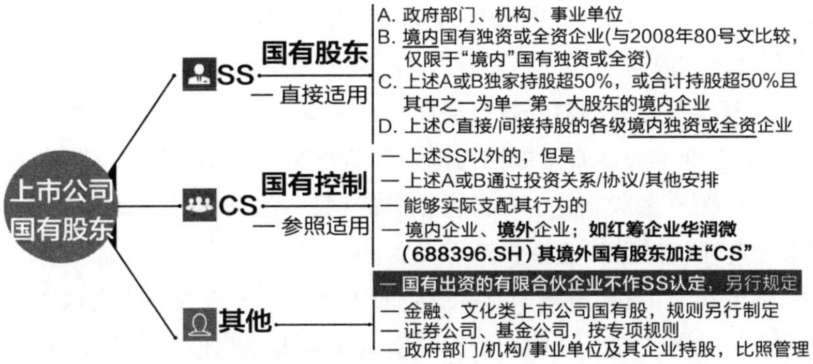

图8.6 国资36号令项下受监管的上市公司“国有股东”

综上所述,虽然《企业国有资产法》采用了广义国有企业的概念范畴,将“*国家出资企业*”泛指国有独资、国有控股以及国有参股企业;但从国资32号令、国资36号令以及国资监管的其他具体适用规则及实务来看,需要遵守国资监管相关要求

(程序、定价等)的受监管对象主要是指:

◎纯国有企业(国有独资或国有全资);

◎国有控股企业(绝对控股或相对控股);

◎国有实际控制企业。

另外,从有关规则条款的描述来看,“国家出资企业”通常仅限于一级国企(包含国有资本参股的一级国企),即国资委、财政部门或其他政府部门直接持股的一级国企(详见下述第8.1.3.4节)。

8.1.3.3 “国有参股企业”的国资监管事项

针对国有参股企业,通常只有涉及参股的国有股东(股东本身是国有或国有控股性质,属于SOE)在该被投企业所持参股权益变动的相关事项时,方受到国资监管;而国有股东投资的该国有参股企业本身并非SOE,不是受国资监管的国有企业,该国有参股企业的对外投资及其在被投企业所持权益的相关变动不再视为国有产权变动。

换言之,对于国有参股企业的国资监管事项而言,需要区分两个层面:

向上:国有参股企业的国有股东层面

若涉及其国有股东所持参股权益的产权变动,则涉及国资监管事项。尤其是,根据国务院国资委于2019年12月发布的《关于中央企业加强参股管理有关事项的通知》(国资发改革规〔2019〕126号)的明确规定,“*参股股权取得、转让应严格执行国有资产评估、国有产权进场交易、上市公司国有股权管理等制度规定,确保国有权益得到充分保障*”。

向下:国有参股企业的对外投资层面

国有参股企业本身通常不被视为国资监管框架下的“国有企业”,在其对外投资的企业中,该国有参股企业也不再视作“国有股东”,其对外投资的产权不再视为“国有产权”或“国有资产”监管。

另外,需要注意的是,虽然国有参股企业本身通常不被视作应受国资监管的国有企业,若由于该等参股企业因增资扩股引入投资人或其他产权变动事项,而参股的国有股东在该等交易中未同比例增资或变动,导致参股的国有股东所持股权比例被动稀释或有其他变化,则涉及该等参股企业增资或相关交易的定价是否公允,是否可能侵犯国有资产权益或导致国有资产流失等关注。按照《企业国有资产评估管理暂行办法》(国务院国资委令〔2005〕第12号)等相关规定,前述因增资扩股引入新投资人等原因导致国有参股企业中的国有股东所参股的国有权益稀释而被动变动的，属于"*非上市公司国有股东股权比例变动*"的情形，需要对该国有参股企业进行评估，即便该国有参股企业自身因是非国企而无须就相关交易事项进场公开交易。

简言之，对于国有参股企业的国资监管事项，可以简要图示如下：（见图8.7）

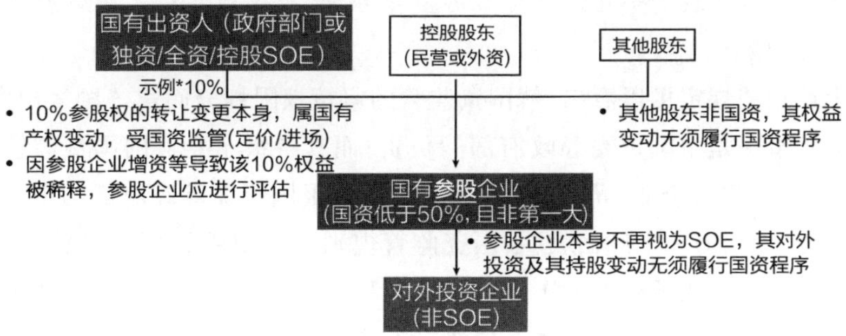

图8.7 "国有参股企业"的国资监管事项

8.1.3.4 "国家出资企业"及其各级子企业

除了有广义狭义之分之外，从现有规则框架来看，国资监管语境下的"国家出资企业"严格讲应是仅限于一级国企，而不包含其各级子企业。

《企业国有资产法》第4条规定："*国务院和地方人民政府依照法律、行政法规的规定，分别代表国家对国家出资企业履行出资人职责，享有出资人权益。*"由此可以看出，"国家出资企业"，是指由政府部门（国务院或地方政府，或各级国资委、财政部门或其他部门）直接作为股东的一级国企。这一结论也可以从下述相关规则中有关国资监管权限划分的相关规定中得到确认：

◎《企业国有资产监管管理暂行条例》（国务院令〔2003〕第378号）第24条规定："*所出资企业投资设立的重要子企业的重大事项，需由所出资企业报国有资产监督管理机构批准的，管理办法由国务院国有资产监督管理机构另行制定，报国务院批准。*"

◎国资32号令第6条规定："*国有资产监督管理机构（以下简称国资监管机构）负责所监管企业的国有资产交易监督管理；国家出资企业负责其各级子企业国有资产交易的管理，定期向同级国资监管机构报告本企业的国有资产交易情况。*"第8条规定："*国家出资企业应当制定其子企业产权转让管理制度，确定审批管理权限。其中，对主业处于关系国家安全、国民经济命脉的重要行业和关键领域，主要承担重大专项任务子企业的产权转让，须由*

国家出资企业报同级国资监管机构批准。”第35条规定：“*国家出资企业决定其子企业的增资行为。其中，对主业处于关系国家安全、国民经济命脉的重要行业和关键领域，主要承担重大专项任务的子企业的增资行为，须由国家出资企业报同级国资监管机构批准。*”第64条规定：“*国有资本投资、运营公司对各级子企业资产交易的监督管理，相应由各级人民政府或国资监管机构另行授权。*”

从上述相关规定可以看出，就国资监管的审核权限划分而言，“国家出资企业”的国资监管事项是由国资委等政府部门负责；而其各级子企业的国资监管事项则一般是由“国家出资企业”负责，涉及重大事项的报国资委等政府部门审核。该等权限的划分，也从另一个侧面表明，国资监管规则中所使用的“国家出资企业”，其自身拥有对下属各级子企业的国资监管职能和权限。这一职能类似于作为行政机关的国资委的相关权限。如果每一层级国有企业都属于国资审批权限的“国家出资企业”的话，显然与实际情况不符。

简言之，“国家出资企业”也有广义狭义之分。除了《企业国有资产法》第5条明确定义的广义SOE范畴以外，在国资32号令、国资36号令及其他大部分国资监管办法中，“国家出资企业”一般是指由政府部门直接持股的一级企业或集团母公司，而并非泛指各级子企业。在国资监管语境下，“国家出资企业”通常是指具有相应国资审批职能的一级国有企业，即国资委或其他政府部门直接持股作为股东的一级国企，负责下属各级子企业的国有资产交易的审批（涉及控制权变更的除外）：（见图8.8）

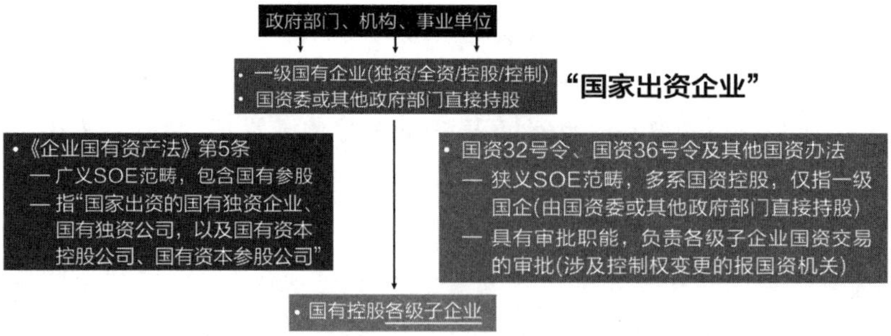

图8.8　国资监管语境中的“国家出资企业”

8.1.4　国资背景合伙企业

针对合伙制的国有企业或者由国企作为GP普通合伙人发起设立或作为LP

有限合伙人参与投资的合伙制基金，其国资监管规则相对空白，实务中涉及的很多事项属于“模糊地带”，有待厘清。

近年来，合伙制人民币基金越来越多参与到了上市公司并购重组交易中，而合伙制基金中有不少基金的LP有限合伙人或者GP普通合伙人或基金管理人都是有国资背景，或者是LP出资人包括国有企业、政府引导基金或国资主导的母基金等情形。对于此类国资背景的合伙制基金，国资36号令第78条规定：“*国有出资的有限合伙企业不作国有股东认定，其所持上市公司股份的监督管理另行规定。*”也就是说，国资背景的合伙制基金，在目前监管框架下暂不直接适用国资36号令，其相关规则还有待另行制定。

实际上，这也是与这么多年来的国资监管实践相一致的：合伙制的国有背景基金的有关投资交易行为，并未被严格要求按照国资32号令或国资36号令等国资监管规则履行审批或进场挂牌公开交易等程序。国务院国资委于2018年12月29日在其官网上曾发布标题为“对《企业国有资产交易监督管理办法》理解”的问答。[①]该项问答涉及的是国资32号令，该项答复指出：“《企业国有资产交易监督管理办法》第4条是针对公司制企业中的国有及国有控股、国有实际控制等情形进行的分类，合伙企业中合伙人的权益和义务应以合伙企业的约定为依据。”再者，国务院国资委于2019年5月27日在其官网上曾发布标题为“国有企业转让有限合伙企业财产份额是否适用32号文?”的问答。[②] 该项问答再次强调，“《企业国有资产交易监督管理办法》(国资委 财政部令第32号)适用范围是依据《中华人民共和国公司法》设立的公司制企业。国有企业转让有限合伙企业份额的监督管理另行规定”。

值得注意的是，国务院国资委于2020年1月印发了《有限合伙企业国有权益登记暂行规定》(国资发产权规〔2020〕2号)，要求各级国资监管机构对其下辖国家出资企业及其控制的各级子企业对有限合伙企业出资所形成的权益，进行国有权益登记。由此，以有限合伙企业(各类人民币股权投资基金的主要企业形式)的国有权益登记为契机，未来是否将开启对合伙制国有企业的逐步规范监管，以及对此类基金的相关交易行为将如何履行审批、进场交易、估值定价等要求，都值得

① 参见国务院国有资产监督管理委员会官网2018年12月19日，http://www.sasac.gov.cn/n2588040/n2590387/n9854167/c10126551/content.html。

② 参见国务院国有资产监督管理委员会官网2019年5月27日，http://www.sasac.gov.cn/n2588040/n2590387/n9854167/c11349294/content.html。

关注。

8.1.5 国资交易监管的职能权限划分

就国资监管职能部门划分而言,在全国性统一管理的基础上,国资监管体系历来是按属地管辖原则,区分中央企业(央企)和地方企业的管理。中央层面,大部分央企归属国务院国资委监管;而金融机构以及行政事业单位的国有资产监管事项则属财政部职能范围。另外,还有部分其他部委如教育部、文化和旅游部等也会各自监管其下属国有企业。地方层面,每一个省级政府或直辖市通常都会在国家层面监管规则的基础上制定当地辖区内国资监管的实施办法或执行细则;而在监管审核方面,多是由当地省级或市级按属地原则各自负责,其内部职能部门则按类似于中央层面的权责体系划分至当地国资委或财政部门,重要事项报本级人民政府。国资监管的职能部门可以简略图示如下:(见图8.9)

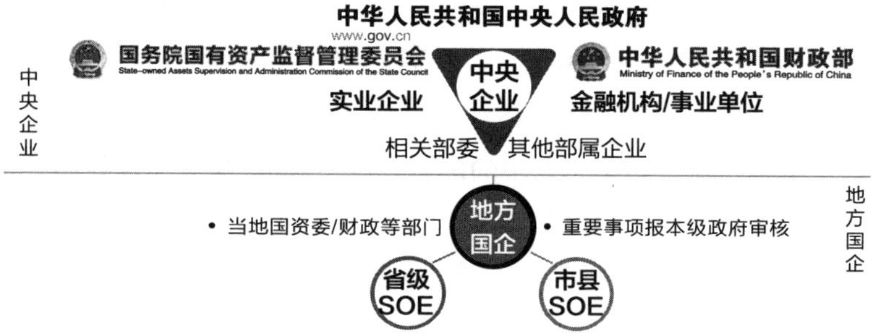

图8.9 国资监管体系——职能部门权限划分

而就上市公司国资交易的监管权限级别来看,近几年也有不少调整,部分重要审批权限已下放。比如,根据先前的《国有股东转让所持上市公司股份管理暂行办法》(国资委 证监会令〔2007〕第19号),涉及上市公司国有股的转让,即便是地方国有企业,也需要层报取得国务院国资委的批复;而根据2018年5月发布国资36号令(自2018年7月1日起执行,取代了先前的19号令),涉及地方国有企业的上市公司国有股转让则由省级国资监管部门审批即可,或者经省级人民政府的同意授权地市级国资监管机构负责审批地市级以下的国有企业相关事项。

于国资36号令项下,有关上市公司国有股权变动相关事项的监管权限调整如图8.10所示:

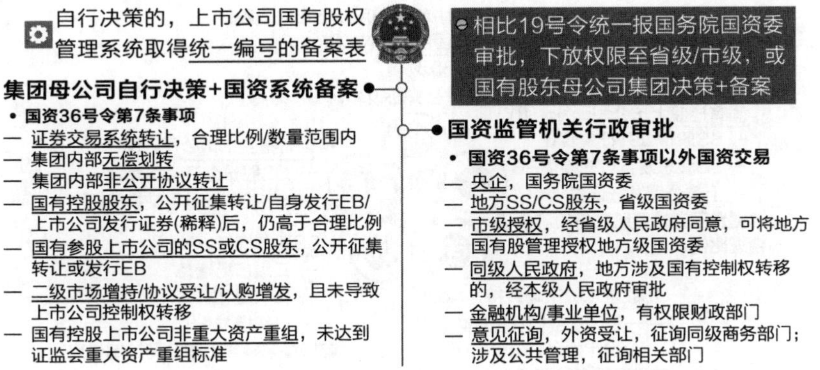

图8.10　上市公司国有股权变动事项国资监管权限划分

此外，国务院国资委于2019年6月下发了《国务院国资委授权放权清单(2019年版)》(国资发改革〔2019〕52号，以下简称《授权清单2019》)，对涉及国有资产交易及其他事项的国资监管权限进行了进一步调整。国务院国资委《授权清单2019》项下涉及央企管理的权限调整主要涉及：(见图8.11)

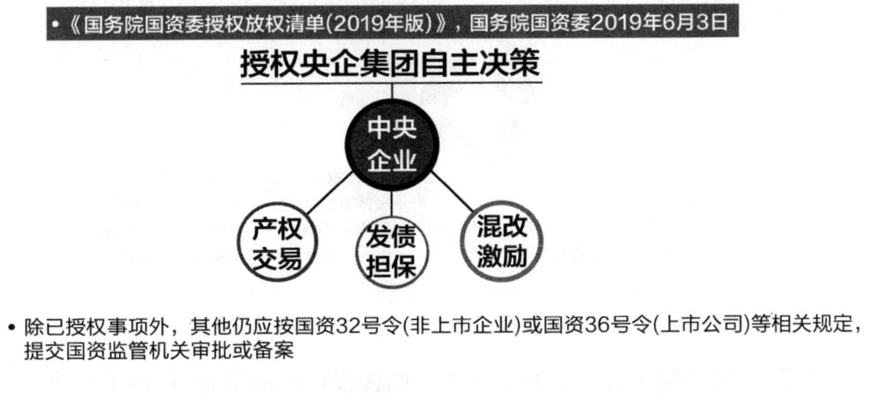

图8.11　国资监管体系——中央企业授权放权事项

就上述央企授权事项来看，涉及上市公司国有股权变动的如下事项，可由央企集团母公司自行决策，无须再上报国资委审核批准：(见图8.12)

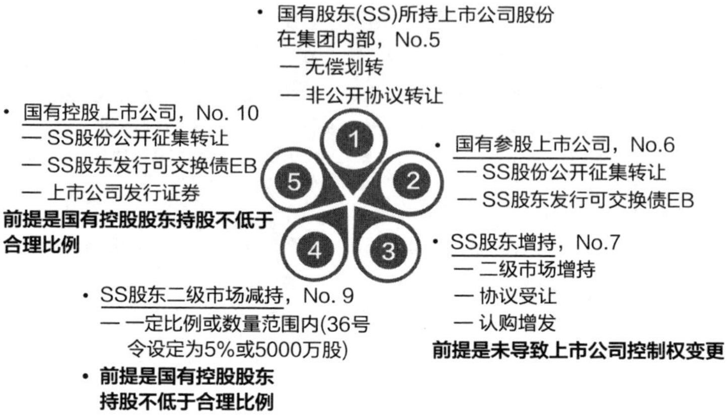

图 8.12　授权央企自主决策事项——上市公司国有股权变动

而若涉及公司重组相关事项中的如下情形，也已授权央企集团母公司自行决策：(见图 8.13)

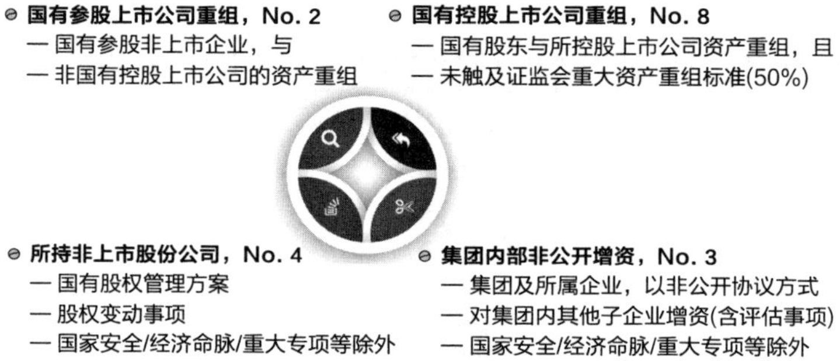

图 8.13　授权央企自主决策事项——重组及相关事项

另外，除了国务院国资委针对中央企业的授权放权清单外，目前不少省市也都下发了各自管辖区域的相应授权放权清单，如《北京市国资委出资人监管权力和责任清单》(2019 年 12 月)、《深圳市国资委授权放权清单》(2020 年 11 月)等。

综合来看，根据现有规则框架及相关监管实务，目前涉及上市公司国有资产交易事项监管的“国有资产监督管理机构”的权限划分主要如下：

◎国务院国资委，负责央企相关事项审批；

◎省级国资委，负责地方国有企业相关事项审批；

◎地市级国资委，根据经省级人民政府同意的授权，负责地市级以下国有企业相关事项的审批；

◎本级人民政府,负责相应级别国资委管辖但涉及控制权变更的交易;

◎集团母公司(规则中的“国家出资企业”,通常为一级央企或地方国企),根据授权清单,负责审批授权范围内本集团及集团内二级及以下子公司相关的事项;

◎财政系统,负责金融机构、文化产业或事业单位等实业企业以外国资单位的相关事项。

事实上,国资审批权限的确定不仅涉及中央企业和地方企业之间的监管权限划分,还涉及国资委与财政部及国务院其他部委之间的职能划分。而且,不同的交易主体或标的、不同的交易方式所适用的权限层级也各有不同。另外,境内国资与境外国资之间的监管也略有差异;而且在不同的历史时期,同一监管机构体系内的权限划分或监管方式也在持续发生调整。考虑到国资监管体系的庞杂,本章将重点分析并购重组交易中通常将会涉及的对实业国有企业交易行为的监管事项;对于金融机构、文化产业或事业单位的相关监管事项或者国有企业日常合规运营等非交易事项,则限于篇幅将不着笔墨。

8.2 上市公司国有股转让

国资36号令项下,上市公司国有股的转让通常有如下几种常见交易场景:(见图8.14)

图8.14 上市公司国有股转让的主要交易场景

8.2.1 上市公司国有股的二级市场减持

对于国有股东SS通过二级市场减持(竞价或大宗)国有股,除了需要遵守《证券法》《收购办法》有关信息披露要求以及证监会及交易所减持规范的相关要求外,还需要遵守国资 36 号令的规定。就此方面,国资 36 号令针对二级市场减持国有股的定价事项没有额外要求,执行交易所的交易规则按照二级市场定价机制即可;国资 36 号令主要是从审核程序方面提供了相应规范指引,该指引兼顾了二级市场交易的灵活便捷及国资监管的基础要求。

具体而言,国资 36 号令第二章针对上市公司国有股“*通过证券交易系统转让*”进行了专项规定。根据沪深交易所执行《上市公司收购管理办法》等有关规定具体事项的通知,《收购办法》项下的“通过证券交易所的证券交易”包括“*通过本所竞价交易系统或者大宗交易系统买卖上市公司股份*”。也就是说,国资 36 号令第二章所规定的“通过证券交易系统转让”,也即俗称的二级市场交易,包括集合竞价交易和大宗交易。

针对通过二级市场减持,国资 36 号令结合减持规模及比例等因素划分了不同的审核程序。具体而言,根据国资 36 号令第 12 条的规定,下述情形需要报送有权的国资监管机构(国资委或财政部门等)事前审批:(见图 8.15)

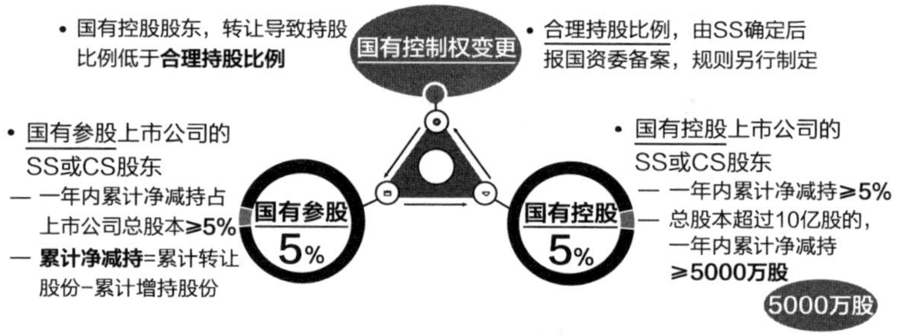

图 8.15　上市公司国有股二级市场减持——应事前审批情形

对于上述情形中提及的持股低于“合理持股比例”,国资 36 号令并没有统一的标准,授权省级以上国资机构另行制定具体办法。对于国有股东在某一上市公司的具体的“合理持股比例”(同一控制下持股合并计算),根据国资 36 号令第 8 条的规定,“*由国家出资企业研究确定,并报国有资产监督管理机构备案*”。目前监管实践中,对于合理持股比例把握的内部标准一般是,总股本 30 亿股以下的,减持不超 10%;总股本 30 亿股至 200 亿股的,减持不超 5%;总股本 200 亿股的,减持不超 3%。

对于上述情形以外的其他情形(减持 5% 以下或低于 5000 万股且不涉及控制权变更的),则由国家出资企业(国资委等政府机构直接持股的一级国企)负责审核(国资 36 号令第 7 条第 1 项)。

根据国资36号令第13条的规定，拟减持的国有股东需要提交的申请文件，除了内部决策文件外，主要是关于相关减持的转让方案（转让的必要性，国有股东及上市公司基本情况、主要财务数据，拟转让股份权属情况，转让底价及确定依据，转让数量、转让时限等）以及可行性研究报告。

8.2.2 上市公司国有股协议转让的两种方式

对于上市公司国有股的直接协议转让，一方面要适用交易所关于流通股协议转让的相关业务指引（详见第1章），另一方面也要遵守国资36号令的相关规范要求。沿袭国有产权转让的一贯要求——以进场公开交易为原则（秉持公开公平公正原则，尽可能通过公开方式寻求潜在的优质买家以实现国有资本保值增值）以非公开直接协议转让为例外（集团内部重组或国家战略布局调整等特定情形），上市公司国有股的协议转让也区分公开征集（为主）与非公开的协议转让（例外）两种方式：（见图8.16）

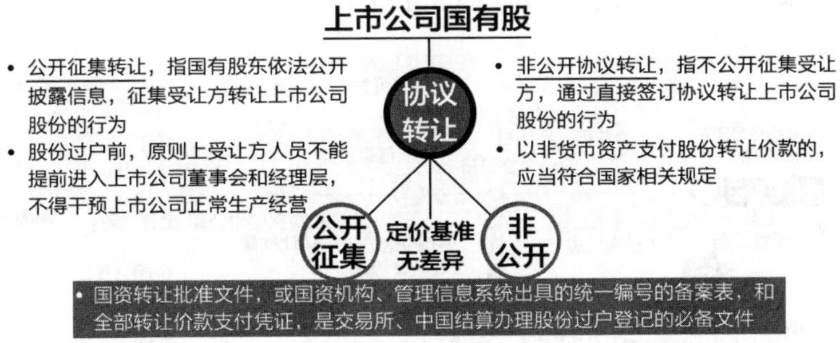

图8.16 上市公司国有股协议转让——公开征集 vs. 非公开

与非公开协议转让相比，公开征集转让一方面关于定价基准，两种交易场景下的定价指引（国资36号令第23条及第32条）并无差异；但在同一控制下交易等特定情形下，非公开协议转让可以合理估值或市盈率等综合指标为基础定价（详见下文第8.3.3节）。

另一个对比角度，提及上市公司股份的"协议转让"，有两种不同的语境：一个是一般意义上的，即《证券法》《收购办法》项下的"协议收购"或称流通股的"协议转让"，通常是指上市公司股份在转让双方签署转让协议后经交易所合规确认后去中国结算过户登记的交易。该等语境下的"协议转让"，属于一种场外交易，是相对于二级市场交易或要约收购这种通过证券交易系统直接操作的场内交易而言。

而另一个语境下的"协议转让"，则是在国资监管背景下的一种狭义的讲法——国有股的"非公开协议转让"，其是相对于国有股的"公开征集转让"而言的一种非公开交易方式。针对国有股转让，一般原则是通过公开方式进行，或者通过产权交易所进场挂牌（通常针对未上市国有股权），又或者通过交易所系统发布公开征集公告的方式进行（适用于上市流通股）。只有在特定情形下，经批准才可以豁免进场挂牌或公开征集。

本质上，从证券监管或《收购办法》的角度来看，国有股的“公开征集转让”和“非公开协议转让”两者都是一种流通股的“协议转让”，都是不同于二级市场或要约收购的一种场外交易方式。而这种场外交易，从国资监管的角度来看，又可根据交易程序的差异区分为公开征集的协议转让，和非公开的协议转让。

8.2.3 上市公司国有股的协议转让（公开征集）

对于上市公司国有股的转让，是以公开征集转让为主，以特定情形下的非公开协议转让为例外。

关于国有股的协议转让（公开征集）的交易流程，按照国资36号令第三章及其他相关规范，可以简要图示如下：（见图8.17）

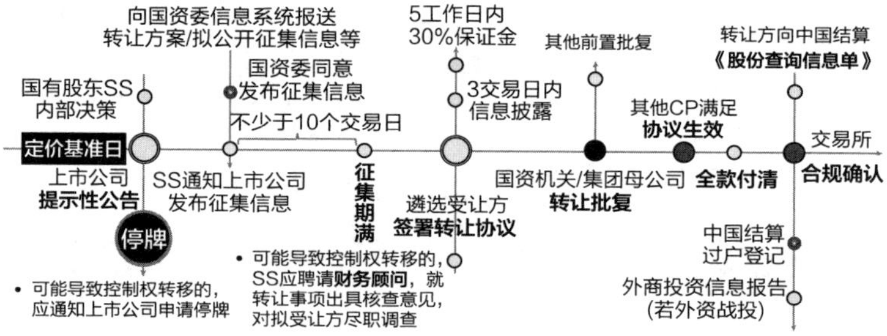

图8.17 上市公司国有股协议转让（公开征集）的交易流程

8.2.3.1 公开征集环节一：停牌

在上市公司股东转让存量老股的交易中，与上市公司自身的重大重组不同，通常不涉及上市公司自身的决策程序，上市公司通常也不需要停牌。

不过，若因转让而可能导致上市公司控制权变更，根据国资36号令第15条的规定，国有股东在作出拟转让的内部决策后通知上市公司发布提示性公告时，应一并通知上市公司申请股票停牌。而对于控制权变更交易中的股票停牌，按照交易所现行股票停复牌指引，停牌期限通常不超过5个交易日。

8.2.3.2 公开征集环节二：提示性公告

如下文第8.3节分析，上市公司提示性公告日是国有股转让的定价基准日。因此，提示性公告的发布时点对于交易相关安排具有重要意义。

从国资36号令的规定来看,其第15条仅是要求国有股东在内部决策之后应通知上市公司发布提示性公告,对于具体的时限要求则没有更明确指引。实务中,拟转让方通常会结合交易的背景及二级市场股价走势选择一个合适的时机通知上市公司发布公告,并视情况请求上市公司申请停牌(若涉及控制权变更)。而对于提示性公告的内容,主要是提示拟转让的股份数量及比例,以及有待公开征集及履行国资审批等不确定性风险。

8.2.3.3 公开征集环节三:拟公开征集信息的国资委审核

根据国资36号令第16条的规定,在上市公司发布提示性公告后,国有股东应及时"*将转让方案、可行性研究报告、内部决策文件、拟发布的公开征集信息等内容通过管理信息系统报送国有资产监督管理机构*"。就本阶段而言,国资机构并非对转让交易本身进行审批(因为公开征集尚未启动还无法确定受让方),而主要是审核SS国有股东将要发布的拟公开征集信息是否合规。

转让方通过上市公司发布的公开征集受让方的公告,其内容主要是关于股份转让的基本信息、受让方应当具备的资格条件、受让方的选择规则、公开征集期限等。尤其是,根据国资36号令第17条第2款的明确规定,"*公开征集信息对受让方的资格条件不得设定指向性或违反公平竞争要求的条款*"。实务中,有关潜在受让方的资格条件设定是否有倾向性或量身定做(所谓"携手进场")等有违公平竞争的条款,这也是在该阶段国资机关审核的主要关注焦点。

无论如何,根据国资36号令第18条的规定,只有经国资机关审核同意,国有股东SS方可通知上市公司对外发布公开征集信息。国资机关将通过信息系统出具相关意见。

8.2.3.4 公开征集环节四:启动公开征集并遴选投资者

经国资委经由线上信息系统确认审核同意后,国有股东SS可通知上市公司对外发布公开征集信息。根据国资36号令第17条第2款的规定,"*公开征集期限不得少于10个交易日*"。公开征集阶段,国有股东需要组织由内部职能部门及外部法律、财务专家组成的工作小组,严格按照已公告的规则选择确定受让方(国资36号令第19条)。

若涉及控制权转让的,转让方应聘请财务顾问(可以是具有财务顾问资格的券商或证券投资咨询机构,需要近3年内无重大违反违规记录且与受让方无利益关联),对竞购的潜在受让方进行尽职调查,出具尽调报告(受让方基本情况、收购目的、支付能力及资金来源,以及促进上市公司持续发展及改善公司治理的能力等);

并就转让方式、价格以及交易对国有股东及上市公司的影响等事项出具财务顾问意见(国资 36 号令第 20 条、第 21 条)。

8.2.3.5 公开征集环节五:交易文件的签署

国有股东与经评选确定的受让方签署正式交易协议,协议条款尤其是价格条款及支付安排等应符合国资 36 号令及其他国资监管要求。

8.2.3.6 公开征集环节六:交易的国资审批

经签署的转让协议及其他配套文件应报送有权的国资监管机构。在国资 36 号令以及《授权清单 2019》等现行国资审核体系下,若属于国资 36 号令第 7 条第 3 项所规定的国有控股股东的公开征集转让,且"*未导致其持股比例低于合理持股比例的*",即国有控股股东转让部分股权且不涉及控制权变更的交易,或国有参股股东的公开征集转让,则通常由国家出资企业(一级国企、集团母公司)审批。其他公开征集转让情形则需要报送有权限的国资委或财政部门(通常为省级以上,根据授权可以地市级)审批,涉及控制权变更的还需要报经本级人民政府同意。

8.2.3.7 公开征集环节七:协议的生效及付款

经国资批复并且满足其他先决条件(如有)后,转让协议按照协议的约定依法生效。如下文第 8.3 节分析,对于国有股转让,收购人应在向沪深交易所提交合规确认申请之前付清全款。

8.2.3.8 公开征集环节八:合规确认及过户交割

转让双方应凭生效的转让协议、国资批复或国资信息系统出具的统一编号的备案表、价款付清的凭证及其他附属文件,按相关业务指引报送沪深交易所对协议转让进行合规确认。其后,双方凭交易所合规确认,向中国结算办理转让股份的过户登记手续。

需要注意的是,对于国有股公开征集转让,国资 36 号令第 27 条第 2 款明确要求,"*上市公司股份过户前,原则上受让方人员不能提前进入上市公司董事会和经理层,不得干预上市公司正常生产经营*"。而在非公开协议转让交易中,则没有前述类似限制。其背后的立法逻辑可能是,公开征集的受让方通常是外部第三方投资人,从保护国资利益角度,需要在款项结清且过户交割后方才进行董事提名及管理层更迭等后续安排。而非公开协议转让往往是发生在处于同一控制下的主体间等特定情形下,通常也不会进行管理层更迭安排。

8.2.4 上市公司国有股的协议转让(非公开)

与未上市国有股权的转让类似,对于上市公司国有股的转让也是秉持以进场挂牌/公开征集为原则,以非公开协议转让为例外。

具体就国有股东(SS 或 CS)所持有的上市公司国有股的转让而言,国资 36 号令第四章专门规定了国有股非公开协议转让的相关要求。根据国资 36 号令第 29 条的规定,上市公司国有股可以非公开协议转让的情形主要包括:(见图 8.18)

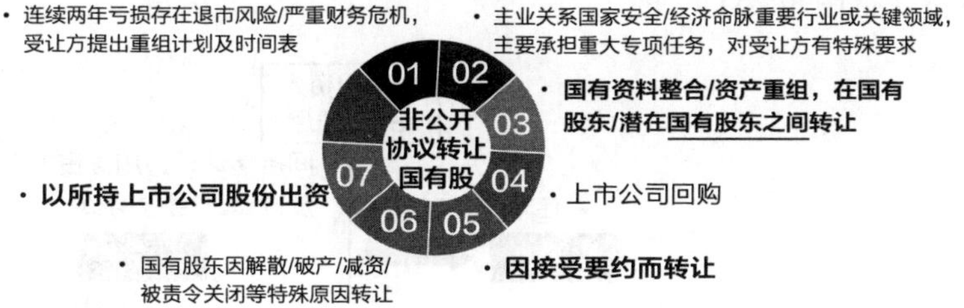

图 8.18 上市公司国有股协议转让(非公开)的适用情形

若属于上述情形,则转让方无须经过公开征集程序,而是可以直接与潜在受让方签署转让协议。但若涉及控制权变更,在签署协议之前,转让方需要聘请财务顾问对潜在受让方进行尽职调查并出具相关专业意见(国资 36 号令第 30 条)。

对于非公开协议转让的审批,若属于国资 36 号令第 7 条第 2 项所规定的"*国有股东所持上市公司股份在本企业集团内部进行的*"非公开协议转让,则通常由国家出资企业(一级国企、集团母公司)审批;其他情形下的非公开协议转让需要报送有权限的国资委审批,涉及控制权变更的还需要报经本级人民政府同意。

另外,虽然从国资监管角度来看,非公开协议转让可以豁免公开征集信息环节,但流通股协议转让所涉及的交易所合规确认及中国结算过户登记等程序则仍然适用。

结合国资 36 号令的相关规定,上市公司国有股非公开协议转让的交易流程可以简要图示如下:(见图 8.19)

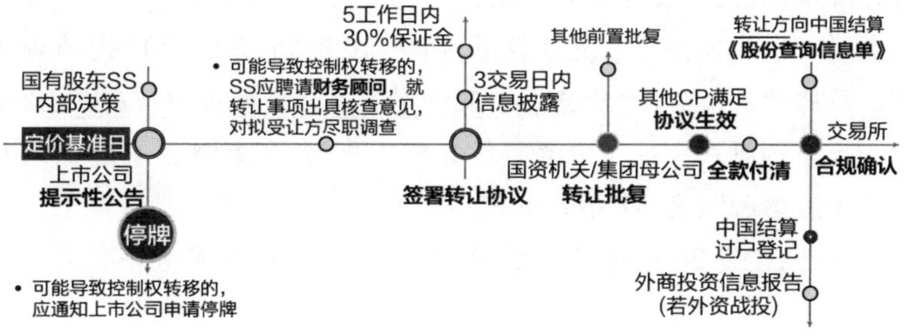

图 8.19 上市公司国有股协议转让(非公开)的交易流程

8.2.5 上市公司国有股的间接转让

8.2.5.1 国有股“间接转让”vs.《收购办法》“间接收购”

所谓上市公司国有股间接转让,是指SS国有股东层面发生国有股权转让或增资扩股,导致受让方或新引入投资人于交易后因持有该SS的股权而间接持有上市公司的权益:(见图8.20)

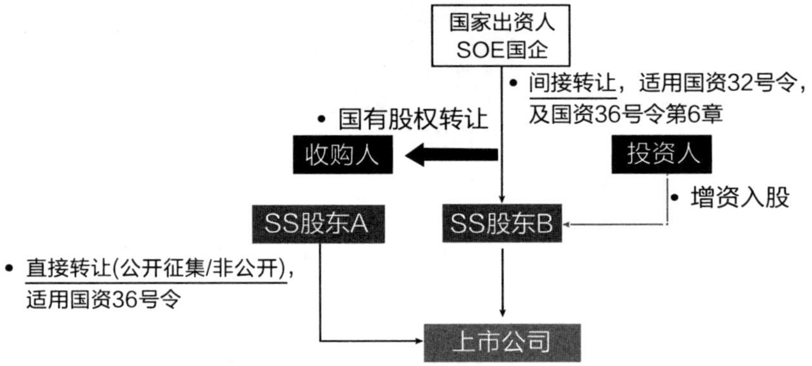

图8.20 上市公司国有股间接转让的交易结构

就上市公司国有股的间接转让而言,其实际上是国有股东SS自身(性质为国有企业SOE)的股权变动,与未上市国有企业SOE的股权变动(产权转让或增资扩股)一样,适用的主要是国资32号令。另外,由于该等SS自身的股权变动还涉及其所持上市公司权益的间接变动,因此还需要遵守《收购办法》及国资36号令第六章的相关要求。

在现有框架下,《收购办法》项下的“间接收购”与国资36号令项下的“间接转让”略有差异,后者的范围与前者的范围相比较要窄一些:

◎间接收购,《收购办法》项下主要包含两种类型:(1)“*收购人虽不是上市公司的股东,但通过投资关系、协议、其他安排导致其拥有权益的股份达到或者超过一个上市公司已发行股份的5%*”(第56条);(2)“*投资者虽不是上市公司的股东,但通过投资关系取得对上市公司股东的控制权,而受其支配的上市公司股东所持股份达到前条规定比例、且对该股东的资产和利润构成重大影响的*”(第57条)。

◎间接转让,国资36号令项下是指“*因国有产权转让或增资扩股等原因导致*

国有股东不再符合本办法第三条规定[国有股东界定]①情形的行为”(第41条)。

笔者理解,上述差异并非实质性的,其逻辑主要在于,从国资监管角度来看,对于需要按照国资36号令框架进行规范的“间接转让”的范围尽量不扩大化,即只有因国有股东的股权转让或增资扩股而导致国有股东(SS或CS)自身的国资性质发生变更(SS或CS股东因间接转让而由国企变成非国有),才构成国资36号令项下的“间接转让”,从而需要遵守国资36号令的相关要求——主要包括定价规范、国资审核程序、聘请财务顾问等(国资36号令第六章)。

8.2.5.2 国有股间接转让的信息披露

无论是否属于国资36号令项下的“间接转让”(导致SS股东国资性质变更或未变更),该等针对发生在上市公司SS股东层面的权益变动,也涉及上市公司的间接收购交易,如果达到了相应的信息披露标准,则均需遵守《收购办法》的相关规范要求。

8.2.5.3 国有股间接转让的国资监管

无论是否构成导致SS国资性质变更的国资36号令项下的“间接转让”,这个相对于上市公司的间接转让,对于SS自身而言则涉及该国有股东SS自身的增资扩股或其股东的股权转让交易,而SS自身的有关交易需遵守国资32号令的相关规范(包括国资审核、进场交易、评估定价等)。

此处需要强调的是,若不构成国资36号令项下的“间接转让”,涉及SS股东自身的国资监管会有一些程序上的便利,主要包括两方面:(1)审批权限不是必须省级以上(国资36号令第6条、第45条),根据SS的所属管辖,可能当地市级就有权限;(2)不强制要求聘请财务顾问(国资36号令第44条)。

另外,与上述国有股协议转让的审批(由国家出资企业或者国资委审批)不同,由于国资36号令项下的“间接转让”是指将导致SS国资性质变更的交易(第41条),也就是说该等交易都涉及国资控制权变更,因此均需要有权的国资委批复(而不存在可以由国家出资企业集团母公司直接审批的情形)。

8.2.5.4 国有股间接转让的定价

即便不构成国资36号令项下的“间接转让”(未导致SS股东国资性质变更),

---

① 国资36号令第3条规定:“本办法所称国有股东是指符合以下情形之一的企业和单位,其证券账户标注‘SS’:(一)政府部门、机构、事业单位、境内国有独资或全资企业;(二)第一款中所述单位或企业独家持股比例超过50%,或合计持股比例超过50%,且其中之一为第一大股东的境内企业;(三)第二款中所述企业直接或间接持股的各级境内独资或全资企业。”

根据国资36号令第47条的规定，交易中对该SS本身进行资产评估所涉及的其所持上市公司股份的作价，也应按照与构成国资36号令项下的“间接转让”（导致SS股东国资性质变更）的作价原则一样进行定价（详见下文第8.3.4节）。

另外，与国有股的直接协议转让（公开征集或非公开）类似，间接转让若涉及国有控股股东并导致该国有控股股东SS性质变更的，也应聘请财务顾问，对国有产权拟受让方或投资人进行尽职调查，并出具尽职调查报告（国资36号令第44条）。

8.2.5.5　国有股间接转让的交易流程

结合国资32号令及国资36号令相关规定，国有股间接转让（股权转让/增资扩股）的交易流程可以简要图示如下：（见图8.21）

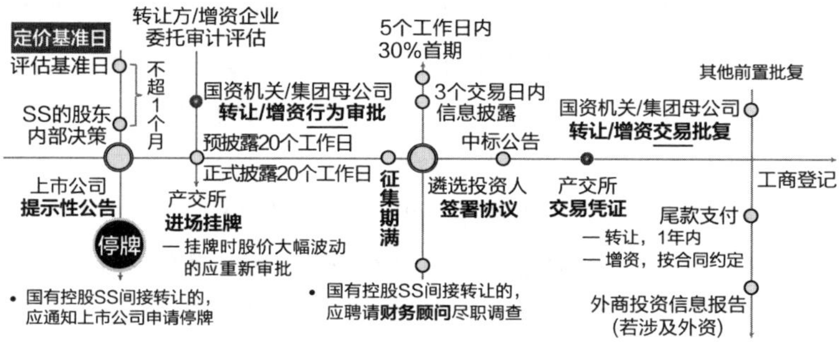

图8.21　国有股间接转让的交易流程

对于上市公司国有股的间接转让（相对于SS自身而言，则是国资32号令项下的国有股权的直接转让），也是以进场挂牌为原则、以豁免进场直接协议转让为例外。根据国资32号令第31条的规定，下列情形可以豁免进场而采用非公开协议转让方式：（见图8.22）

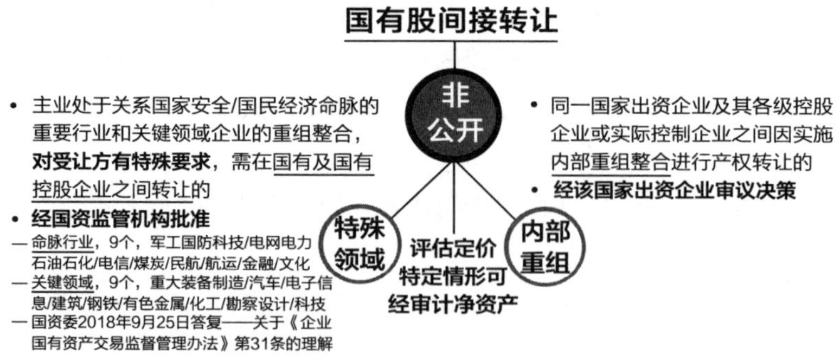

图8.22　国有股间接转让（非公开转让）的适用情形

另外，若属于因SS增资扩股所进行的间接转让，根据国资32号令第45条、第46条的规定，下列情形经国资机构批准可以豁免进场而采用非公开协议方式：（见图8.23）

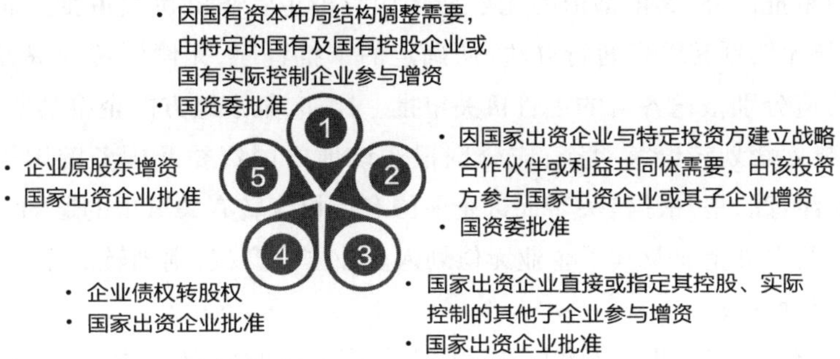

图8.23 国有股间接转让（非公开增资）的适用情形

8.2.6 上市公司国有股的无偿划转

无偿划转并非适用于所有情形。根据国资36号令第37条的规定，下列主体之间可以进行国有股东无偿划转：（见图8.24）

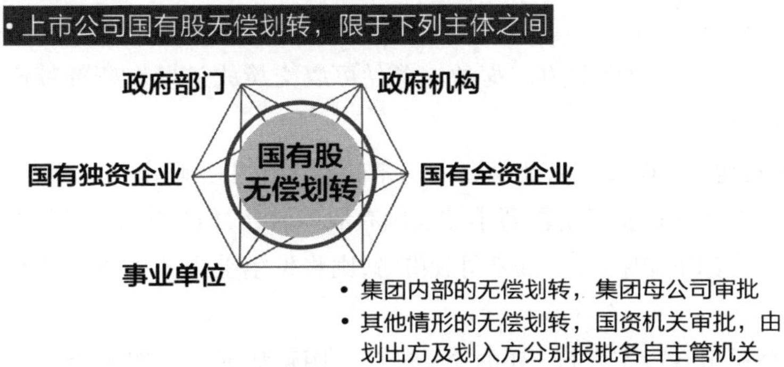

图8.24 国有股无偿划转的适用范围

关于国有资产的无偿划转，根据国务院国资委2005年8月发布的《企业国有产权无偿划转管理暂行办法》（国资发产权〔2005〕239号）以及2009年2月发布的适用于央企的《企业国有产权无偿划转工作指引》（国资发产权〔2009〕25号），其适用主体范围原本仅限于政府机构、事业单位及国有*独资*公司（国有一人公司）之间。国有全资企业（股东有多个，但均为国有独资）可以作为无偿划转主体是在国务院国资委2014年7月发布《关于促进企业国有产权流转有关事项的通知》（国资发产权〔2014〕95 号)之后方才实现的。而在现行的国资 36 号令项下,“国有全资企业”也被明确列为可进行国有股无偿划转的主体之一。

关于无偿划转的审批,除了集团内部进行的无偿划转直接由国家出资企业(集团母公司)审批以外,其他情形的无偿划转均应报主管国资机关审批。而根据《企业国有产权无偿划转管理暂行办法》所确定的审批程序,无偿划转的双方(划出方及划入方)应分别报送各自的主管机关审批。比如,某家地方国企将其所持有的上市公司股权无偿划转给某央企,应分别报送该地方国资委及国务院国资委审批。另外,需要注意的是,根据《关于促进企业国有产权流转有关事项的通知》第 4 条的规定,若涉及中央企业及其子企业无偿划入企业国有产权,则划转后企业管理层次原则上不超过三级。

关于无偿划转,根据《收购办法》第 63 条第 1 项的规定,国资无偿划转是属于可以要约豁免的情形。不过需要注意的是,可以要约豁免的划转情形针对的是“无偿”的划转,若涉及有对价非无偿的划转,则无法适用要约豁免。

8.2.7 上市公司国有股东发行可交换债券 EB

可交换债(Exchangeable Bonds)是上市公司的法人股东以其所持上市公司的存量老股为基础证券,向 EB 债券投资人进行融资的一种证券发行安排。就上市公司国有股东发行 EB 而言,根据国资 36 号令第 48 条的规定,“*是指上市公司国有股东依法发行、在一定期限内依据约定条件可以交换成该股东所持特定上市公司股份的公司债券的行为*”。

EB 融资包括 EB 发行以及投资人未来转换两个主要环节。对于国有股东 SS 发行 EB 债券,在 EB 发行阶段暂不涉及国有股的转让,但将来 EB 债券持有人根据 EB 条款要求将 EB 转换为上市公司股份时,则将发生上市公司国有股转让及股份过户手续。

上市公司国有股东发行 EB 的交易架构可图示如下:(见图 8.25)

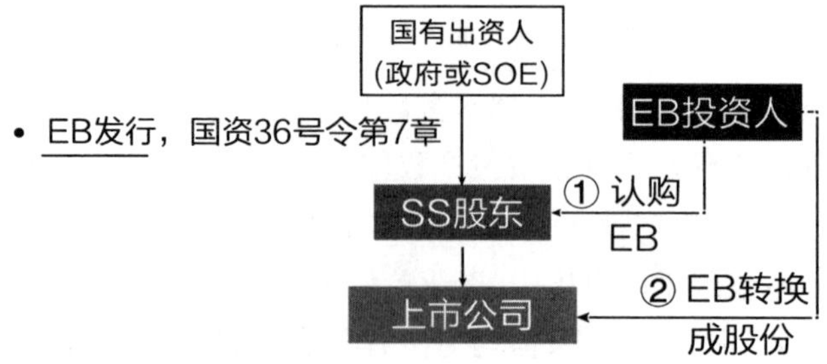

图 8.25 上市公司国有股东发行可交换债 EB

根据证监会及交易所EB监管规则，上市公司法人股东（国有或非国有）发行可交换债EB的基本运作机制及相关规则如下：（见图8.26）

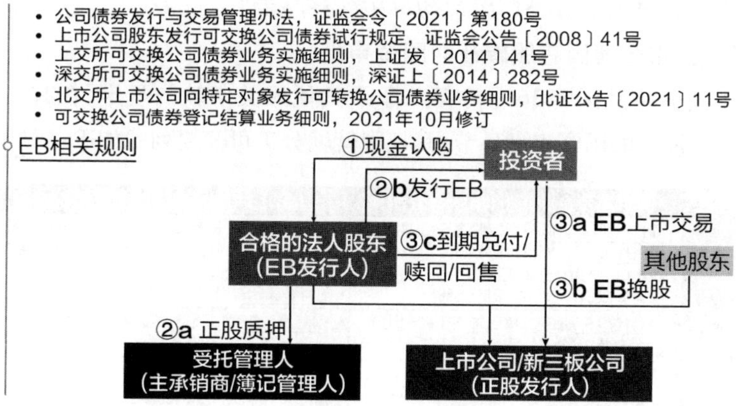

图8.26 上市公司法人股东可交换债EB的运作机制

关于EB债券的核心条款（期限、面值、利率、换股价格修正条款等），证监会及交易所EB监管规则均有相应的规范指引，在此不做赘述。就EB向股份的转换机制而言，结合EB发行方式（公开、非公开）的不同，可简要介绍如下：（见图8.27）

发行方式	大公募/小公募	非公开/私募
换股期限	起始日：EB发行满**12个月**之后	起始日：EB发行满**6个月**之后
	终止日：EB期限届满之日	
换股价格	不低于**前1个/前20个**交易日均价的**100%**	不低于**前1个/前20个交易日**均价的**90%**
	国有发行人，按国资36号令第49条，不应低于募集说明书公告日前1个/前20个/**前30个交易日**均价的**100%**；以及按国资一般要求，不应低于**每股净资产**	
短线交易	发行EB+认购增发，EB**换股**相当于作为发行人的法人股东**的减持**，而该等EB发行人参与**认购**增发则相当于**增持**。需关注证券法短线交易问题 先认购增发+后发行EB，EB换股除需满足上述EB相关规定［发行满6个月(私募)/12个月(公募)］的要求以外，还需满足增发新股登记届满6个月的要求。即换股起始日应是前述二者较晚者，以避免涉嫌构成短线交易	

图8.27 可交换债EB的转换安排

就EB的转换（换成上市公司股份）而言，核心条款之一是转换价格的确定。对于非国有股东发行的EB，根据《上市公司股东发行可交换公司债券试行规定》（证监会公告〔2008〕41号）第5条的规定，其换股价格“*应当不低于公告募集说明书日前20个交易日公司股票均价和前一个交易日的均价*”；对于非公开发行的EB，其换股价格允许折价10%，即不低于前述基准的90%。而对于国有股东作为

EB 发行人的，则没有价格折扣，根据国资 36 号令第 49 条的明确规定，国有股东所发行 EB 的换股价格“*应不低于债券募集说明书公告日前1 个交易日、前20 个交易日、前30 个交易日该上市公司股票均价中的最高者*”。

8.2.8 上市公司国有股转让的国资审批

结合上述分析及国资 36 号令第 7 条及其他相关条款的规定，在有关上市公司国有股转让所涉及的国资审批环节，其权限管辖分工可简要列示如下：（见图 8.28）

转让方式	国家出资企业审批(集团母公司)	国资机关审批(省级以上或授权市级)
二级市场(第12条)	• 国有控股SS，减持后持股高于合理比例 • 国有控股SS，1年净减持<5%；或(10亿股本以上的)少于5000万股 • 国有参股SS，1年净减持<5%	• 国有控股SS，减持后持股低于合理持股比例 • 国有控股SS，1年净减持≥5%；或(10亿股本以上的)5000万股以上 • 国有参股SS，1年净减持≥5%
直接转让(第24条)(第31条)	• 国有控股SS公开征集后未低于合理比例 • 国有参股SS公开征集转让	• 国有控股SS公开征集转让后低于合理比例
	• 本企业集团内部进行的非公开协议转让	• 其他情形的非公开协议转让
间接转让(第45条)	• N/A（36号令41号，“间接转让”是指导致SS国资性质丧失的交易，涉控制权变更）	• 国资36号令项下的“间接转让”全部要求国资机关审批
无偿划转(第38条)	• 本企业集团内部进行的无偿划转	• 其他情形的无偿划转
SS发行EB(第51条)	• 国有控股SS发行EB后未低于合理比例 • 国有参股SS发行EB	• 国有控股SS发行EB若全部转换将低于合理比例

图 8.28 上市公司国有股转让的国资审批——权限划分

而就国资审批的申请而言，不同的转让方式所要求的申请文件也有所差异。根据国资 36 号令的相关规定（第 13 条；第 16 条、第 25 条；第 34 条；第 46 条；第 39 条；第 52 条），国资申请文件对比列示如下：（见图 8.29）

二级市场	公开征集转让	非公开协议	间接转让	无偿划转	SS发行EB
✔	• 内部决策文件	✔	✔	✔	✔
✔	• 交易方案；可研报告	✔	✔	✔	✔
	• 拟公开征集信息		• 评估核准/备案		
	• 受让方征集及选择情况		✔		
	• 国有股东基本情况 • 受让方基本情况及上一年度审计报告	✔	✔	✔	
	• 股份转让协议 • 转让价格的定价说明	• 转让协议 • 非货币支付说明	• 转让/增资协议 • 作价金额说明	• 划转协议	
	• 受让方与SS及上市公司近12个月内重大交易	✔		• 划出方债务处置方案，主要债权人无异议函 • 划入方未来12个月对上市公司重组计划或未来3年规划(涉控制权变更的)	
	• 财顾尽调报告(涉控制权)	✔	✔		
	• 法律意见书	✔	✔	✔	✔
	• 审批机关要求的其他文件	✔	✔	✔	✔

图 8.29 上市公司国有股转让的国资审批——申请文件

8.3 国有股转让的核心关注——定价与支付

对于国有资产交易而言,无论是上市公司还是非上市公司,除了程序合规外的一个核心关注点就是国有资产的定价问题。从国有资产保值增值的角度,要确保定价公允,避免国有资产流失。而就上市公司公司国资交易而言,国资36号令确立了一些基本规范要求:(见图8.30)

图8.30 上市公司国资交易定价的基本要求

8.3.1 上市公司国有股场外交易的定价规范

就上市公司国有股转让而言,若系通过二级市场进行的场内减持,则是按照交易所的交易规则执行,以二级市场的股票交易价格为准。若是通过场外交易转让国有股,则需要区分是直接转让还是间接转让,分别适用不同的定价指引:(见图8.31)

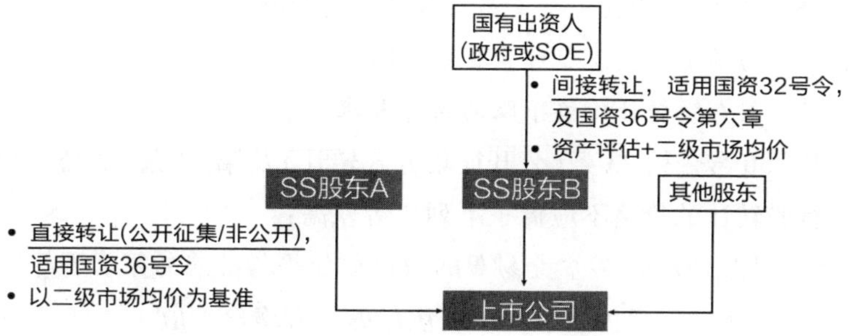

图8.31 上市公司国有股转让的定价指引

8.3.2 流通股协议转让的定价——国有股 vs. 非国有股

就上市公司国有股的直接转让而言,其性质属于国有股东SS所持上市公司流通股的协议转让,需要办理交易所的合规确认以及中国结算的过户登记手续。而就上市公司流通股的协议转让而言,如第 1 章分析,该等转让需要遵守沪深交易所的业务指引,包括转让价格方面的规范要求。

在这方面,国有股转让与非国有股转让的定价要求,存在如下差异:(见图 8.32)

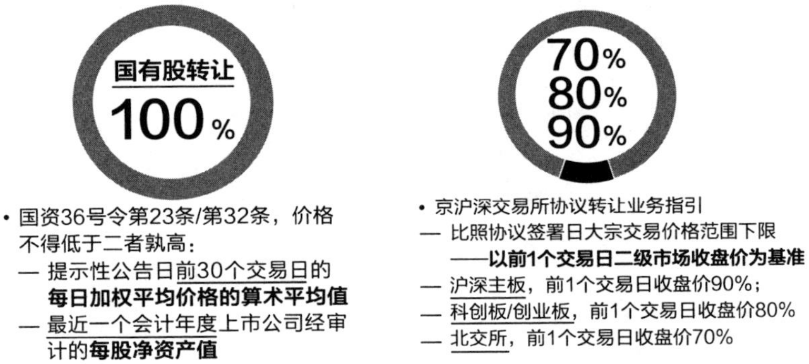

图 8.32　协议转让的价格下限——国有股 vs. 非国有股

8.3.2.1　流通股协议转让价格的一般要求

根据交易所协议转让业务指引,流通股转让的价格不应低于协议签署日大宗交易价格范围的下限,即以签署日前 1 个交易日二级市场收盘价为基准,转让价格下限比照大宗交易的规定执行,即应在当日涨跌幅限制内:

◎沪深主板,为前 1 个交易日收盘价的 90%;

◎科创板/创业板,为前 1 个交易日收盘价的 80%;

◎北交所,为前 1 个交易日收盘价的 70%。

8.3.2.2　国有股转让价格下限的特殊要求

根据国资 36 号令第 23 条(公开征集方式转让)及第 32 条(非公开协议转让)的规定,国有股转让的价格不应低于下列二者孰高:

(1)提示性公告日前30个交易日的每日加权平均价格的算术平均值;

(2)最近一个会计年度上市公司经审计的每股净资产值。

针对国有股转让价格的底限要求——"*前30 个交易日的每日加权平均价格的算术平均值*",国资 36 号令并没有进一步明确其如何计算。通常理解,前 30 个交易日内每日加权平均价格相加,再除以 30,即为"算术平均值"。而"每日加权平均价格",通常理解,即每日"*股票交易总额/ 股票交易总量*"。

就定价而言，与已被国资36号令取代的2007年印发的《国有股东转让所持上市公司股份管理暂行办法》（国资委 证监会令〔2007〕第19号）相比，国资36号令项下的定价要求有如下两项调整：

◎价格折扣，不再允许均价基础上有10%的折价（原2007年国资19号令曾规定，“确需折价的，其最低价格不得低于该算术平均值的90%”）。

◎定价基准日，国资36号令项下的定价基准日为“*提示性公告日*”（原2007年国资19号令则区分公开征集的转让信息公告日及非公开协议转让的签约日）。在国资36号令项下，无论公开征集转让还是非公开协议转让，定价基准日均为提示性公告日。

8.3.2.3 国有股转让价格下限的定价基准日

就定价基准日而言，国资36号令针对国有股转让的要求与交易所流通股协议转让业务指引的一般要求也有差异。交易所协议转让业务指引所确定的定价基准日是“*协议签署日*”，即按转让协议签署日当天（当日非交易日的顺延至次一交易日）的大宗交易申报价格范围确定本次交易的转让价格下限——签约日前1个交易日收盘价的90%（或80%或70%）。①

相比较而言，根据国资36号令的规定，国有股的转让则是以“*提示性公告日*”为定价基准日，转让价格不得低于前30个交易日股票均价的算术平均值。实务中，国有股东通知上市公司发布拟转让上市公司股份的提示性公告的日期通常早于协议签署日。这是因为，按照国资36号令的规定，国有股转让通常需要公开征集潜在的受让方，经公开征集确定受让方之后方可签署正式交易文件，而公开征集的期限至少要10个交易日，且不考虑公开征集之后还有应标投资者遴选及国资审核流程等因素。由此，提示性公告日一般会早于协议签署日，除非是属于根据36号令可以豁免公开征集程序直接进行协议转让的情形。

简言之，国有股转让的定价基准日与一般流通股转让定价基准日的差异可以图示如下：（见图8.33）

① 参见《上交所协议转让业务指引》第6条第5项；《深交所协议转让业务指引》第10条；《北交所协议转让细则》第4条。

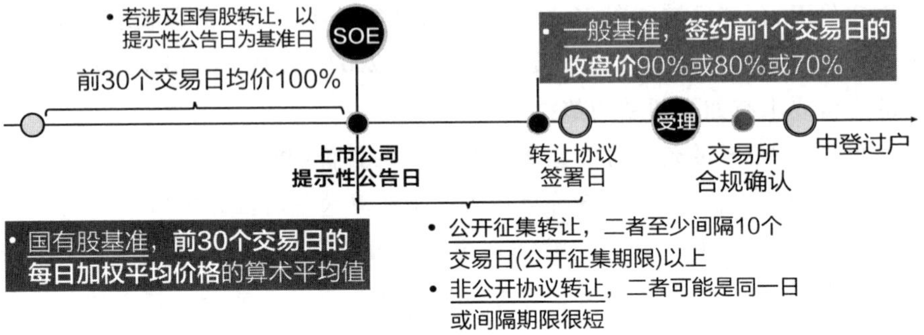

图 8.33　协议转让的定价基准日——国有股 vs. 非国有股

针对上述定价规范要求，需要注意的是，对于国有股转让而言，转让价格底线需同时遵守上述两方面的要求。其中，国资 36 号令的定价下限（提示性公告日前 30 个交易日均价的算术平均值）属于法规明确要求，不遵守涉嫌违规问题；而对于交易所业务指引的要求（签约日前 1 个交易日收盘价的 90%、80% 或 95%）虽然不具有《立法法》意义上的法律强制性，如若违反，则可能面临无法取得交易所合规确认从而无法办理过户登记交割的尴尬。

综上所述，上市公司国有股转让时的定价通常不得低于下述三项基准孰高者：（见图 8.34）

图 8.34　上市公司国有股协议转让的价格下限

8.3.3　国有股协议转让的定价——公开征集 vs. 非公开协议

就上市公司国有股的转让而言，国资 36 号令第 23 条及第 32 条分别针对公开征集转让及非公开协议转让的定价规范进行了规定，均以前 30 个交易日均价及最近一年经审计每股净资产二者孰高为定价基准。

另外,考虑到非公开协议转让的客观情况,国资36号令第33条也提供了一定的灵活性,允许符合条件的非公开协议转让的定价可以按照下述定价基准执行:(见图8.35)

图8.35 上市公司国有股非公开协议转让的特殊定价机制

8.3.4 国有股东SS层面的间接转让的定价规范

间接转让也是上市公司国有股转让的一种方式,即上市公司的直接股东不发生变化(不需要中国结算过户登记),而是上市公司的股东层面的股权结构因股权转让或增资扩股而发生间接变化。

如前文第8.2.5节所述,《收购办法》项下的"间接收购"与国资36号令项下的"间接转让"略有差异,后者的范围与前者的范围相比较要窄一些。国资36号令项下的"间接转让"仅限于"*因国有产权转让或增资扩股等原因导致国有股东不再符合本办法第三条规定情形(即不再具有SS 国有股东性质)的行为*"(第41条)。

而从定价规范来看,无论是否构成国资36号令项下的"间接转让",均需遵循同样的规则。即便未导致SS股东的国资性质发生变更,国资36号令第47条也明确规定:"*国有股东产权转让或增资扩股未构成间接转让的,其资产评估涉及上市公司股份作价按照本办法第四十三条规定确定。*"而根据国资36号令第43条的规定,上市公司国有股间接转让的定价需要遵循如下规范要点:(见图8.36)

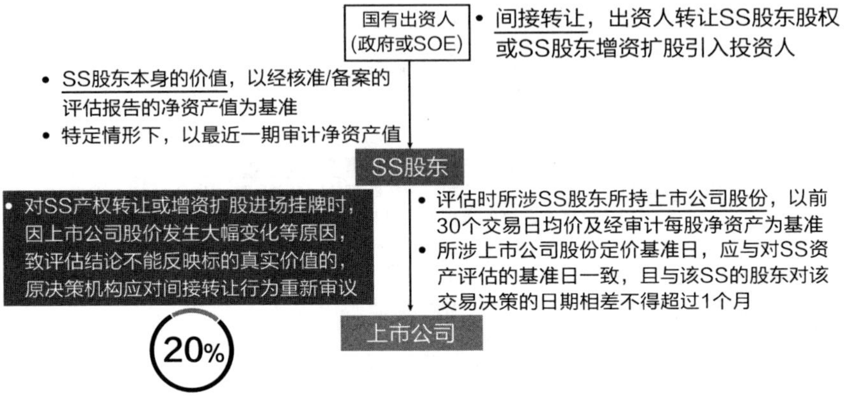

图 8.36 上市公司国有股间接转让的定价指引

8.3.4.1 *以经核准或备案的评估结果为基础*

上市公司的 SS 股东(本身是国有企业 SOE)要遵守国资 32 号令的相关要求,其本身的价值(及相应的该 SS 股东本身的股东的股权转让或该 SS 本身的增资扩股的定价)要以评估为基础。根据国资 32 号令的规定,对于国有企业(在上市公司国有股间接转让场景下,即此处的上市公司国有股东 SS)而言,"*产权转让价格应以经核准或备案的评估结果为基础确定*"(第 12 条);其增资扩股的定价也应以评估结果为基础(第 38 条、第 42 条、第 43 条、第 47 条)。而对于评估报告的核准或备案程序及管辖机关,则是与所涉及的交易行为的主管程序相对应(通常不涉及国有控制权变更的以备案为主;目前大部分交易可以由集团母公司审核)。

而从国有资产评估要求来看,类似于上述直接协议转让交易,对于符合条件的非公开协议转让或者特定情形下的 SOE 增资扩股,也可以不要求评估。根据国资 32 号令第 32 条、第 38 条的规定,下列情形下,转让价格可以资产评估报告或最近一期审计报告确认的净资产值为基础确定(且不得低于经评估或审计的净资产值):(见图 8.37)

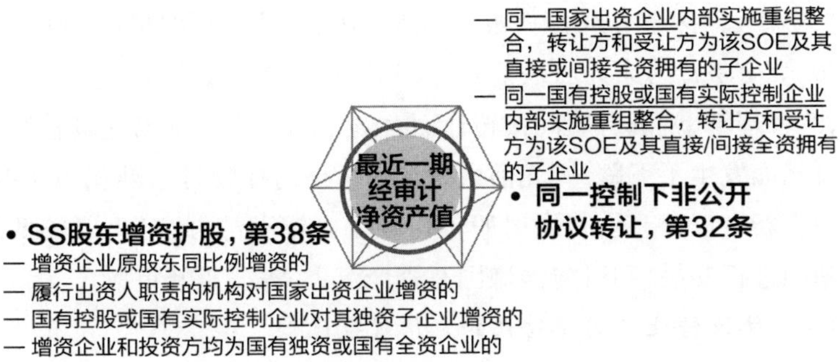

图 8.37 特定情形下间接转让的定价——以经审计净资产值为基准

8.3.4.2 评估所涉 SS 所持上市公司股份的定价

在涉及上市公司国有股的间接转让交易中，对相关 SS 股东进行评估定价时，其所持有的上市公司的股份的价值的评估应遵守国资 36 号令第 43 条的规定：“*国有股东所持上市公司股份间接转让应当按照本办法第二十三条规定确定其所持上市公司股份价值，上市公司股份价值确定的基准日应与国有股东资产评估的基准日一致，且与国有股东产权直接持有单位对该产权变动决策的日期相差不得超过一个月。*”

关于国资 36 号令第 23 条的定价指引（前 30 个交易日均价及最近一年经审计每股净资产二者孰高），在此需要特别强调的是，间接转让交易场景下的定价基准日不再是协议转让场景下的“提示性公告日”，而是应与对上市公司 SS 股东的评估基准日一致。而且，该基准日与 SS 股东之股东关于本次股权转让或对 SS 增资扩股的决议日间隔不得超过一个月。比如，若上市公司 SS 股东的股东于 2020 年 5 月 31 日就增资扩股作出决议，则不能以 2020 年 4 月的某个日期作为定价基准日，而应是处于 1 个月间隔期范围内的 5 月的某个日期。

8.3.4.3 挂牌期间股价大幅波动的应重新审议

国资 36 号令第 43 条第 2 款的规定明确指出，“*国有产权转让或增资扩股到产权交易机构挂牌时，因上市公司股价发生大幅变化*等原因，*导致资产评估报告的结论已不能反映交易标的真实价值的，原决策机构应对间接转让行为重新审议*”。而对于何为“股价发生大幅变化”，国资 36 号令并没有明确规定。笔者理解，若股价变化幅度达到了证监会所规定“异常波动”程度，应可视为发生了大幅变化。具体而言，参考证监会 2007 年 9 月发布的《关于规范上市公司信息披露及相关各方行为的通知》（证监公司字〔2007〕128 号；该文于 2022 年 1 月被证监会公告〔2022〕24

号废止)，“*剔除大盘因素和同行业板块因素影响，上市公司股价在股价敏感重大信息公布前20 个交易日内累计涨跌幅超过20% 的*”，构成股价异常波动。

另外，笔者理解，就国有股间接转让而言，若在 SS 所涉交易进场挂牌时股价相较先前定价基准发生了下跌，则先前所确定的价格与挂牌时基准相当于有溢价，此时并非必须重新审议；相反，若届时股价出现了大幅上涨，此时仍以较低的先前定价基准为基础进行交易，则可能涉嫌国有资产流失，需要重新审议。

8.3.4.4 协议转让与间接转让的定价规范比较

与直接的协议转让的定价相比，上市公司国有股间接转让定价规范的主要差异如图 8.38 所示：

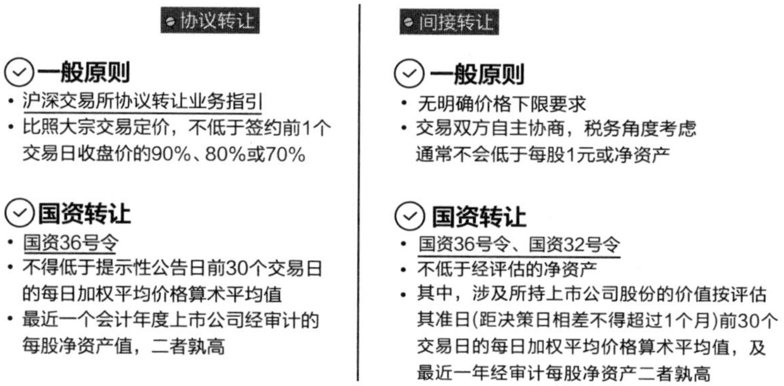

图 8.38 国有股转让的定价——协议转让 vs. 间接转让

8.3.5 国有股协议转让的价格上限/溢价幅度

如第 1 章分析，与针对价格下限的设置有明确规范指引不同，交易所现行业务指引对于流通股协议转让的价格上限或者溢价幅度均无明确的限制性规定。尽管在实务中，如果价格超过合理幅度(如超过 20%)，则可能面临交易所的反馈问询。

而就国资交易而言，国资 36 号令对此也无特别规定。实际上，从作为转让方的国有股东的国资利益角度来看，转让价格越高对国资越有利。相反，若是国有企业或国资主体作为受让方，则溢价幅度不仅面临交易所的合理性关注，从国资审核角度看也可能面临反馈关注。在此方面，在针对国有股东受让上市公司股份的交易中，国资 36 号令要求在上报国资委或集团母公司审核的受让方案中应包含“*价格上限及确定依据*”(36 号令第 55 条第 2 项)。由此，从国资利益角度来看，如果国企受让的溢价幅度越高，解释定价合理性的难度以及通过国资审核的不确定性风险也就越大。

简言之,关于上市公司国资交易与一般非国资交易的转让价格上限或溢价幅度的相关要求可以简要图示如下:(见图8.39)

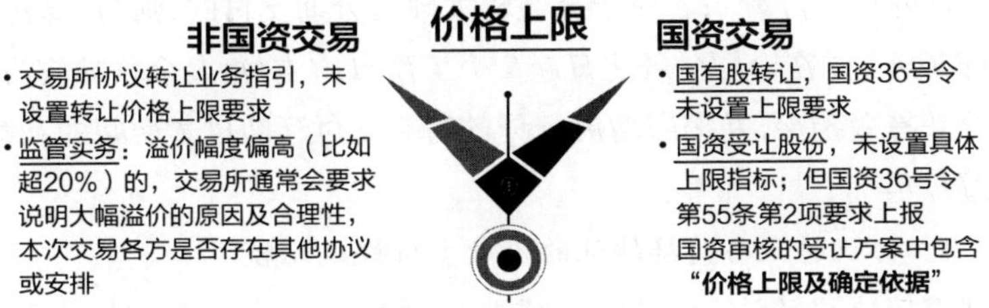

图8.39 上市公司国资交易的定价——价格上限/溢价幅度

8.3.6 上市公司国有股转让的价款支付

对于涉及国有资产的交易而言,除了关于定价规范有相关要求外,针对价款的支付安排也有相应的明确指引:(见图8.40)

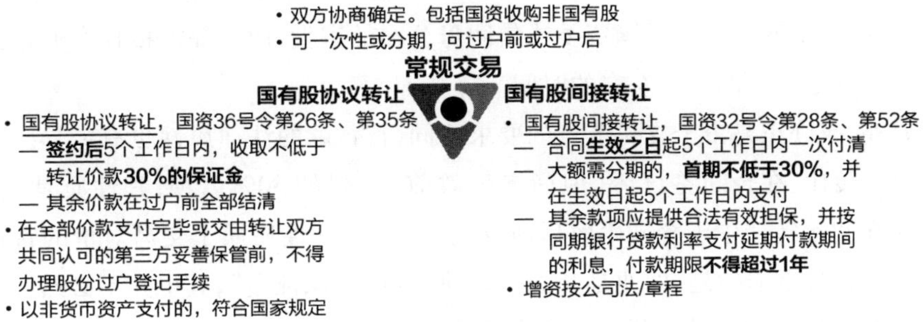

图8.40 上市公司国资交易的价款支付规范

8.3.6.1 关于国有股协议转让价款的支付

针对国有股协议转让,无论是公开征集还是非公开协议转让,根据国资36号令第26条、第35条的规定,收购方需要将不低于总价款30%的保证金"*在股份转让协议签订后5个工作日内*"支付给转让方,即便此时尚未取得国资批复因而协议尚未生效。其后,在交易取得国资批复从而协议生效之后再支付余款,并且至迟应在向交易所提交协议转让合规确认申请之前结清全款。根据国资36号令第27条、第36条的规定,全部转让价款支付凭证(包括非货币资产的交割凭证,如适用)是向交易所办理合规确认及向中国结算办理过户手续的必备文件。

8.3.6.2 关于国有股东间接转让的价款支付

在国有股间接转让交易中,即在上市公司国有股东SS的股东的股权变动交易中，价款支付适用的是国资 32 号令的相关要求。若涉及 SS 股东自身的国有股权转让，则根据国资 32 号令第 28 条的规定，交易价款原则上应当“*自合同生效之日起5 个工作日内一次付清*”；若属于金额较大确需分期支付的，则“*首期付款不得低于总价款的30% ，并在合同生效之日起5 个工作日内支付；其余款项应当提供转让方认可的合法有效担保，并按同期银行贷款利率支付延期付款期间的利息，付款期限不得超过1 年*”。

8.3.6.3 协议转让与间接转让的价款支付规范比较

与上述直接协议转让（公开征集或非公开）相比，上市公司国有股间接转让（适用国资 32 号令）与直接转让（适用国资 36 号令）有关价款支付的监管要求有如下主要异同：

一是关于首付款。两种交易场景下的首付款比例的要求一致，均为不低于转让价款的 30% 。但是，其支付节点有别：直接转让要求在*协议签订*后 5 个工作日内支付；而间接转让要求的则是在*合同生效之日*起 5 个工作日内支付。就国资转让而言，合同的生效往往需要国资委或集团母公司的审批，而该等审批程序通常需要在合同签订之后一两个月左右的时间。

另外，或许正是由于支付节点的要求不同，首付款的法律属性也有差异。对于直接协议转让，在合同签订后（但尚未生效前）支付的 30% 款项，其性质是“保证金”；而在间接转让中于合同生效后所支付的款项，其性质属于交易对价的首期付款。在此需要澄清的是，即便是合同生效前支付的“保证金”，其也并不必然产生合同法上的“定金”的法律后果。对于合同法意义上的“定金”（可以因支付方违约而直接没收或因收款方违约而要求双倍返还），根据《民法典》第 586 条的规定，其数额“*不得超过主合同标的额的百分之二十，超过部分不产生定金的效力*”。因此，对于国资 36 号令所要求的应于合同签订后即行支付的 30% 保证金，对其在因某一方违约时如何处置的安排，除了转让协议中的明确约定外，还需要与《民法典》的相关规定相协调。

二是关于尾款。对于上市公司国有股的直接转让，国资 36 号令的要求是“*在股份过户前全部结清*”；而对于上市公司国有股的间接转让（SS 自身国有股权的直接转让），国资 32 号令的要求则是“*付款期限不得超过1 年*”。不过，需要注意的是，对于国资 32 号令项下的国有股权转让，在尾款付清之前，收购方需要就尾款支付“*提供转让方认可的合法有效担保，并按同期银行贷款利率支付延期付款期间的利息*”。

尽管上述在符合国资监管要求的前提下,交易当事方可以根据谈判磋商情况在转让协议中有更为具体的约定。比如,即便在间接转让交易中,国资转让方也可以要求合同签订后支付一定比例的保证金;或者,约定分两到三期支付或共管账户安排等。

8.4 国有股东收购上市公司

结合国资36号令第八章的规定以及近期实务案例来看,国有股东(政府部门、国有企业SOE等)收购上市公司的主要方式包括:(见图8.41)

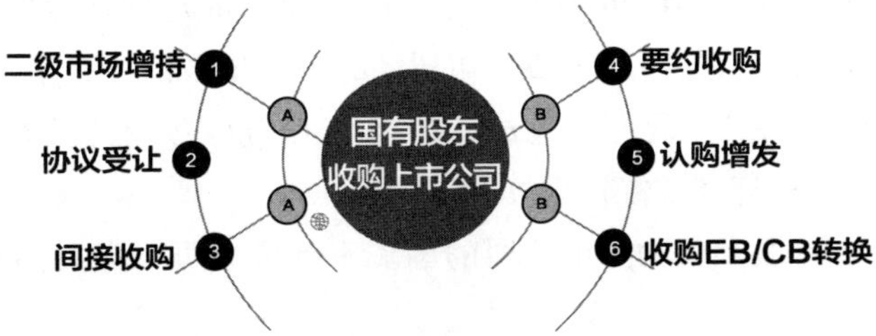

图8.41 国有股东收购上市公司的主要路径

对于国有股东收购上市公司,相比较上述分析的国有股对外转让而言,其国资监管相对宽松一些。

8.4.1 国有股东收购上市公司股份的国资审批

对于国有股东收购上市公司股份的审批,根据国资36号令第7条、第54条的规定,"*国有股东通过证券交易系统增持、协议受让、认购上市公司发行股票等未导致上市公司控股权转移的事项*"由国家出资企业(一级国企;集团母公司)负责;其他情形则由有权限的国资监管机关(省级以上或经授权的市级)负责。

由此,国有股东收购上市公司交易中需要报送国资机关审核的情形主要包括:

◎收购上市公司控制权;

◎要约收购。

需要特别注意的是,国资36号令第7条第4项允许国家出资企业负责审批的国有股东收购上市公司的情形中并未明确提及"要约收购"。但通常理解,国有股东发起要约收购,无论是否涉及控制权收购,都需要报送国资机关审批。比如,在2018年央企旗下国投高新要约收购神州高铁(000008.SZ)20%的股份时(取得控制权),在 2018 年 9 月取得了国务院国资委关于收购方案的批复。[①] 而在 2017 年武汉市汉阳区国资办(政府部门)要约收购汉商集团(600774. SH)5.01% 的股份时,也于 2017 年 11 月取得湖北省国资委批复。[②]有关要约收购的详见第 4 章。

另外值得一提的国资收购方式之一是通过收购上市公司法人股东发行的可交换债 EB 或上市公司发行的可转换债 CB,然后根据债券的条款进行 EB 或 CB 转换从而取得上市公司股份。这一方式近两年在市场上也偶有出现。对此,其法律形式是一种债券投资,只不过其所投资的债券品种附带转换权,可转换为上市公司股份;而最终是否转换则存在一定的不确定性,需要投资人根据届时的股价及其他因素综合考虑判断。考虑到此类投资的特定背景,国资 36 号令采用了事后报告的机制,并未要求前置审批;其第 56 条的规定:“*国有股东将其持有的可转换公司债券或可交换公司债券转换、交换成上市公司股票的……按照相关法律、行政法规及规章制度的规定办理,并在上述行为完成后10 个工作日内将相关情况通过管理信息系统按程序报告国有资产监督管理机构。*”

综上所述,国有股东收购上市公司的国资审批要求可以简要图示如下:(见图 8.42)

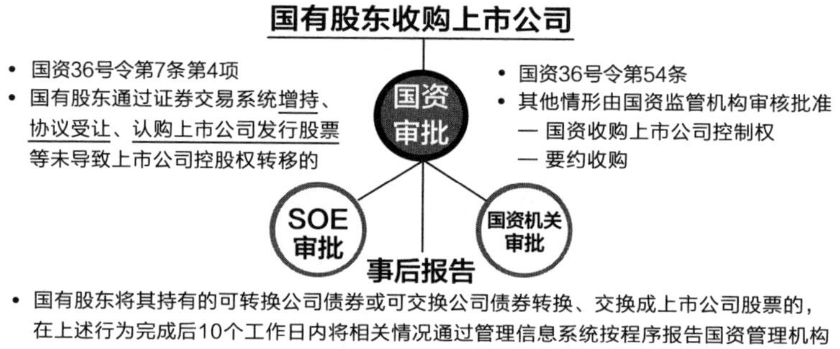

图 8.42　国有股东收购上市公司的国资审批

无论是由国家出资企业审批还是国资机关审批,对于国有股东收购上市公司,国资收购人都需报送国资 36 号令第 55 条所规定的如下申请文件:

(一)国有股东受让上市公司股份的内部决策文件;

---

① 参见神州高铁(000008. SZ),20180928《要约收购报告书》,http://static. cninfo. com. cn/finalpage/2018 - 09 - 28/1205472174. PDF。

② 参见汉商集团(600774. SH),20171115《要约收购报告书》,http://static. cninfo. com. cn/finalpage/2017 - 11 - 15/1204139558. PDF。

（二）国有股东受让上市公司股份方案，内容包括但不限于：国有股东及上市公司的基本情况、主要财务数据、价格上限及确定依据、数量及受让时限等；

（三）可行性研究报告；

（四）股份转让协议（适用于协议受让的）、产权转让或增资扩股协议（适用于间接受让的）；

（五）财务顾问出具的尽职调查报告和上市公司估值报告（适用于取得控股权的）；

（六）律师事务所出具的法律意见书；

（七）国资审核机构认为必要的其他文件。

8.4.2 国有股东收购上市公司股份的定价与支付

如上文分析，对于国有股直接或间接对外转让，国资36号令及国资32号令均有明确的定价指引。相反，对于国有企业SOE或其他国有股东作为受让方去收购非国有股，国资监管规则并没有明确的定价规范要求。

对于国资收购上市公司，若收购标的为另一国有股东持有的国有股，需遵守上述第8.3节分析的有关国有股转让的相关定价规范；若收购标的为非国有股，则其定价只需要遵守上市公司收购的相关规则，包括交易所流通股协议转让业务指引的定价指引（收购价格不低于签约前1个日收盘价的90%、80%或70%，详见第8.3.2节分析）。

另外，从国资利益的角度看，收购溢价幅度越高，相对于国资利益保护就越不利。虽说价格本身更多是商业磋商范畴，应由交易各方基于交易背景协商确定，但在国有企业或其他国资主体作为受让方的收购交易中，收购价格溢价幅度不仅面临交易所的合理性关注，而且从国资审核角度也可能面临反馈关注。在此方面，针对国有股东受让上市公司股份的交易，国资36号令第55条要求在上报国资委或集团母公司审核的受让方案中应包含"*价格上限及确定依据*"。不过，需要说明的是，尽管如此，现行国资规则对于国资主体收购上市公司股份的溢价幅度并没有具体的明确限制。此处的核心在于要结合交易各方面因素，对价格的合理性及定价依据作出相应的解释。比如，汉阳区国资办在2017年要约收购汉商集团(600774. SH)时，其要约价格按照收购办法定价基准溢价幅度超过了30%。该等交易已于2017年11月取得湖北省国资委批复，并已顺利完成交割。[①]

---

① 参见汉商集团(600774. SH)：《要约收购报告书》，载巨潮资讯网，http://static. cninfo. com. cn/finalpage/2017－11－15/1204139558. PDF。

另外,关于国有股东收购上市公司股份的价款支付。如上文第8.3节分析,针对国有股对外直接或间接转让,国资36号令及国资32号令均有明确要求,要求过户交割前付清全款(直接转让)或首期30%及剩余1年内付清(间接转让)。若国资主体的收购标的为另一国有股东持有的国有股,也应遵循前述规范。但若是国资收购上市公司非国有股,则国资监管规则对于支付期限则无特别要求,其具体安排属于商业磋商范畴。比如,在深圳国资委旗下的远致投资自控制人饶陆华处收购科陆电子(002121.SZ)的10.78%股份的交易中,协议约定的是在过户后3个交易日内一次性付款。①该笔收购已于2018年8月完成过户。

综上所述,国资主体收购上市公司的定价及支付规范可简要图示如下:(见图8.43)

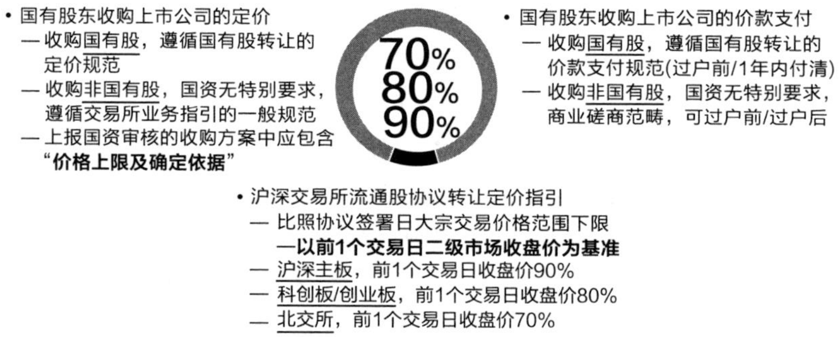

图8.43 国有股东收购上市公司的定价与支付

8.4.3 实务中国有股东收购上市公司股份的交易方式

自2018年以来,国资主体(地方政府、央企或地方SOE)收购上市公司尤其是上市公司控制权的交易较为活跃(详见第10章),各种收购方式在市场上均有出现。

8.4.3.1 协议转让方式

深圳国资委旗下的远致投资于2018年自控制人饶陆华处收购科陆电子(002121.SZ)10.78%的股份。②该笔收购已于2018年8月完成过户。其交易方式为直接协议转让,收购价格遵循深交所流通股协议转让业务指引,不低于签约前1个交易日的收盘价:(见图8.44)

① 参见科陆电子(002121.SZ):《简式权益变动报告书》,载巨潮资讯网,http://static.cninfo.com.cn/finalpage/2018-08-06/1205258607.PDF。

② 参见科陆电子(002121.SZ):《简式权益变动报告书》,载巨潮资讯网,http://static.cninfo.com.cn/finalpage/2018-08-06/1205258607.PDF。

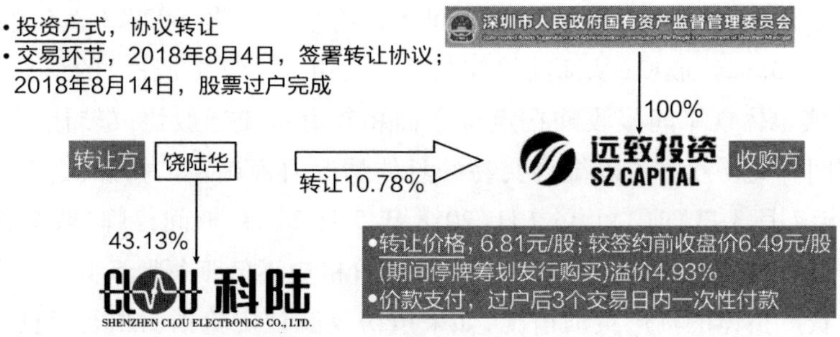

• 科陆电子002121，2018年8月6日《简式权益变动报告书》。

图 8.44 [案例]国有股东远致投资协议受让科陆电子(002121.SZ)的 10.78%流通股

8.4.3.2 间接收购方式

2018 年 7 月，海淀国资委旗下海科金集团收购金一文化(002721.SZ)则是采用了间接收购的方式，由收购人海科金集团自上市公司的实际控制人处收购上市公司的控股股东碧空龙翔 73.32% 的控股权，而碧空龙翔持有上市公司金一文化 17.90% 的股份。交易后，收购人海科金集团通过控制上市公司第一大股东碧空龙翔而间接收购目标上市公司金一文化。①其交易结构如图 8.45 所示：

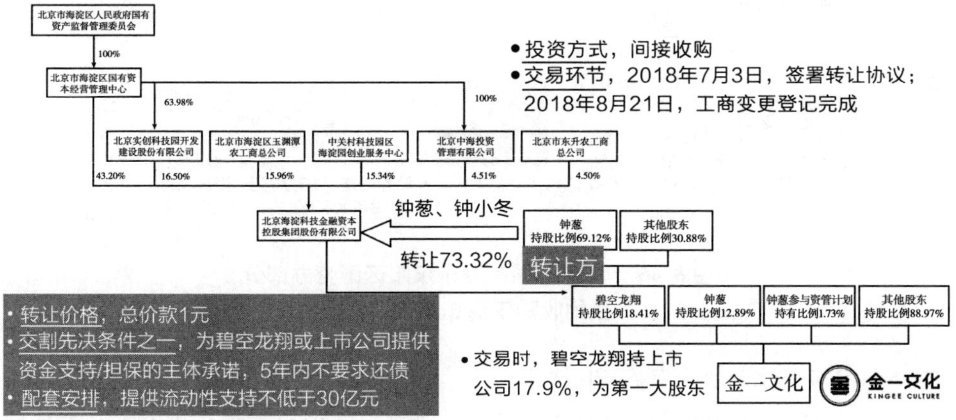

图 8.45 [案例]国有股东海科金集团间接收购金一文化(002721.SZ)

---

① 参见金一文化(002721.SZ)：《详式权益变动报告书》，载巨潮资讯网，http://static.cninfo.com.cn/finalpage/2018-07-09/1205131199.PDF。

值得注意的是，在上述海科金集团间接收购金一文化(002721.SZ)的交易中，收购大股东 73.32% 股权(从而间接控制上市公司 17.9% 的股份)的总价款约定为 1 元，这其实也体现了间接收购在定价方面相较直接流通股协议转让而言有更多的灵活空间。交易双方可以结合交易的具体情况协商确定。在该次交易中，签约日(2018 年 7 月 3 日)前 1 个交易日(2018 年 5 月 28 日，期间停牌)收盘价是 8.99 元/股。若按深交所协议转让定价指引，转让价格应不低于每股 8.09 元。显然，考虑到标的资产整体的资产负债情况，如果按协议转让定价指引执行可能双方比较难达成一致。此等情况下，综合考虑标的资产的负债情况以及为避免与交易所协议转让业务指引的明确规定相抵触，间接转让的交易方式不失为一种可行的选项。

8.4.3.3 要约收购方式

国有主体也可以通过主动发起部分要约的方式收购上市公司或增持以巩固控制权。比如，2017 年武汉市汉阳区国资办(上市公司原大股东)要约收购汉商集团(600774.SH)，2017 年 9 月 25 日汉阳区政府批准后，9 月 30 日公布要约摘要，其后 11 月 10 日取得湖北省国资委批复。①而且在该上市公司收购中，其大股东及二股东先后发出要约，争夺控制权。该等要约的简要情况如图 8.46 所示：

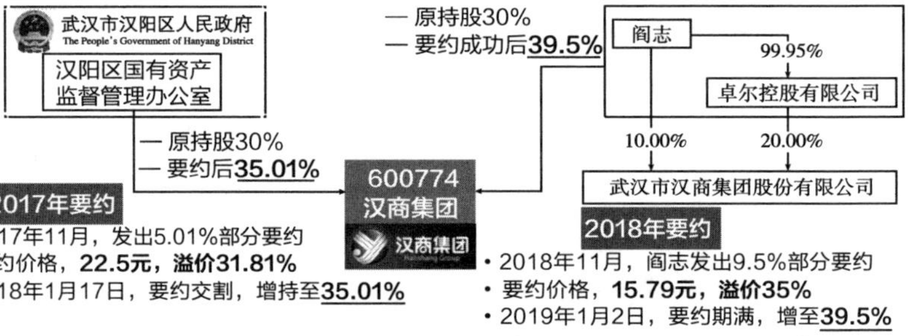

图 8.46 [案例]国有股东汉阳区国资办部分要约收购汉商集团(600774.SH)

8.4.3.4 收购法人股东 EB 方式

国有股东也可以通过收购上市公司法人股东发行的可交换债 EB 或上市公司发行的可转换债 CB，然后根据债券的条款进行 EB 或 CB 转换从而取得上市公司股份，达到收购上市公司的目的。比如，在 2018 年 6 月郑州航空港旗下兴港投资

---

① 参见汉商集团(600774.SH)：《要约收购报告书》，载巨潮资讯网，http://static.cninfo.com.cn/finalpage/2017-11-15/1204139558.PDF。

收购大富科技(300134. SZ)的交易中(该笔交易于2018年12月中止),其收购方案便是以“承接可交换债并转股+协议转让”方式取得了上市公司约29.99%的股权。[①](见图8.47)

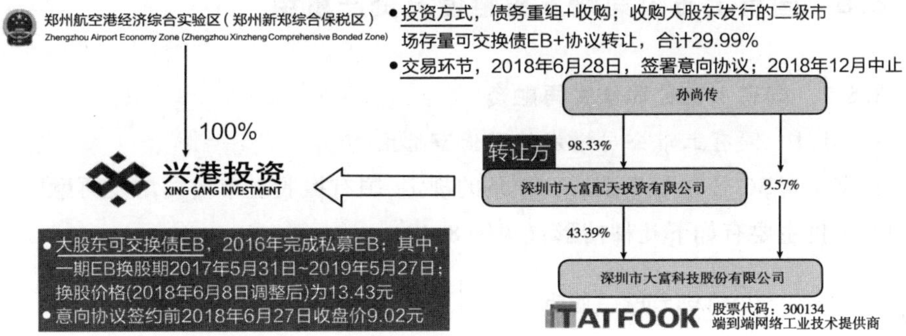

图8.47 [案例]国有股东兴港投资协议转让+收购EB收购大富科技(300134. SZ)

上述交易因各种因素最终于2018年12月中止,而近期另一宗EB收购转换案例则已交割完成。2019年4月,央企旗下新兴际华医药控股通过间接收购+表决权委托+收购EB并换股的方式收购海南海药(000566. SZ),已于2020年3月完成EB的收购及换股,顺利实现控制权收购:(见图8.48)

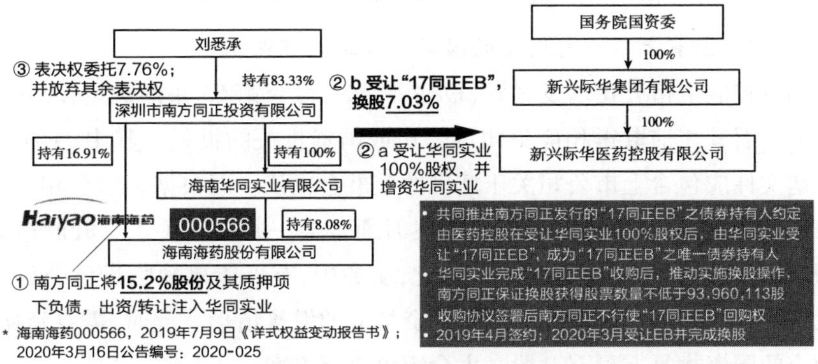

图8.48 [案例]国有股东医药控股间接收购+表决权委托+收购EB收购海南海药(000566. SZ)

---

① 参见大富科技(300134. SZ):《关于控股股东与兴港投资集团签署意向协议暨债务重组进展的公告》,载巨潮资讯网,http://static. cninfo. com. cn/finalpage/2018-06-28/1205104690. PDF;大富科技(300134. SZ):《关于控股股东债务重组及股权转让事项的进展公告》,载巨潮资讯网,http://static. cninfo. com. cn/finalpage/2018-12-17/1205675357. PDF。

除上述交易方式外,国资主体还可以通过其他方式收购上市公司,如二级市场增持或认购上市公司增发或注入资产重组上市公司等。

8.5 国有上市公司增发再融资及资产重组

8.5.1 国有上市公司增发再融资

8.5.1.1 国有上市公司增发的国资审批主体

根据国资36号令第7条、第63条的规定,国有控股上市公司增发再融资涉及的国资审批主要有如下几种情形:(见图8.49)

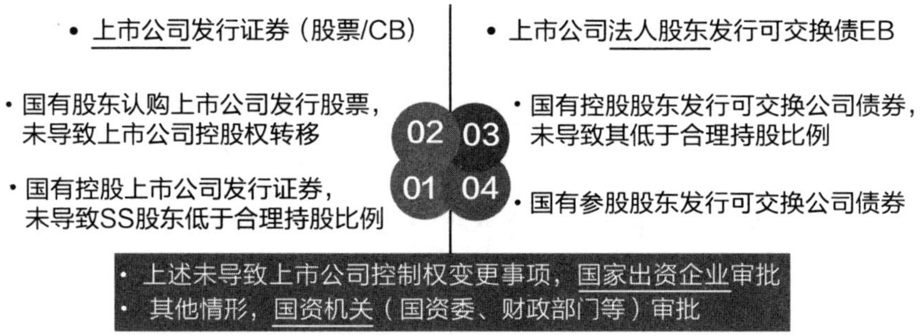

图8.49 上市公司增发再融资的国资审批要求

8.5.1.2 国有上市公司增发的国资审批时间节点

若国有控股上市公司增发融资,根据国资36号令第63条的规定,应在上市公司股东大会召开之前取得相应集团母公司或国资机关的批复。其中,上报国资审核的申请文件应包含上市公司关于增发的董事会决议。而根据证监会相关规范及实务操作,上市公司董事会审议发行方案时通常会一并审议关于召开股东大会的议案,并确定股东大会召开的时间。因此,实务中,有可能出现临近已公告确定的股东大会召开日期但仍未能及时取得国资批复的尴尬情形。此时,需要延期,直至取得相应的国资批复方可召开股东大会审议发行方案。

8.5.1.3 国有上市公司增发的交易流程

结合国资36号令第十章以及证监会有关上市公司增发再融资的相关规则,国有控股上市公司增发再融资的交易流程可以简要图示如下:(见图8.50)

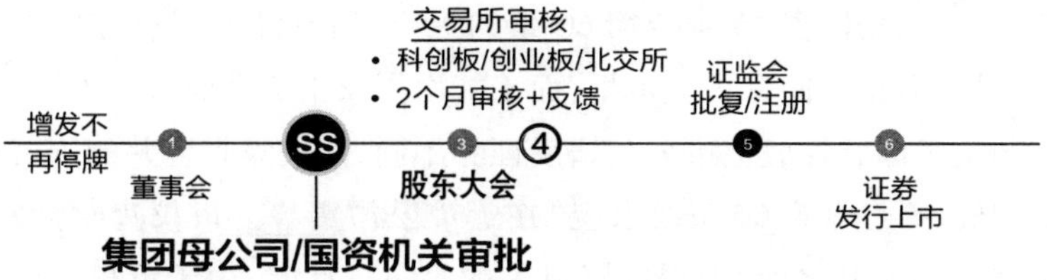

图 8.50 国有控股上市公司增发再融资的交易流程

根据国资 36 号令第 64 条的规定,国有控股上市公司增发再融资申请国资审核时应提交如下申请资料:

(一)上市公司董事会决议。

(二)发行方案。除了发行相关的常规事项外,内容还应包括对国有股东控股地位影响的分析。

(三)可行性研究报告。

(四)法律意见书。

(五)国资审核机构认为必要的其他文件。

8.5.2 国有控股上市公司吸收合并

所谓国有控股上市公司吸收合并,根据国资 36 号令第 57 条的规定,“*指国有控股上市公司之间或国有控股上市公司与非国有控股上市公司之间的吸收合并*”。

8.5.2.1 国有上市公司吸收合并的换股价格

与上述第 8.3 节介绍的国有股转让的定价(原则上不低于前 30 个交易日均价及每股净资产二者孰高,特殊情形下内部非公开转让可以合理估值等综合因素作为定价基础)有所不同,对于国有控股上市公司吸收合并的定价,国资 36 号令赋予了更多灵活性,其第 59 条明确规定,国有股东应指导上市公司“*根据股票交易价格,并参考可比交易案例,合理确定上市公司换股价格*”。

也就是说,对于国有控股上市公司吸收合并案例,除了遵循《上市公司重大资产重组管理办法》(以下简称《重大重组办法》)关于上市公司发行股份购买资产定价的基本要求(不低于董事会决议公告日前 20 个/前 60 个/前 120 个交易日的公司股票交易均价的 90%)以外,还可以参考可比交易案例。实务中,国资 36 号令第 59 条所规定的“*参考可比交易案例*”这一灵活机制,对于上市公司股价低于每股净资产的个别行业,尤其具有重要意义。

8.5.2.2 国有上市公司吸收合并的国资审批

与其他惯常国资交易不同,对于吸收合并而言,并不存在可以由集团母公司审批的授权事项。根据国资36号令第60条的规定,所有涉及国有控股上市公司的吸收合并交易均需报送国资机关审批,而不能由国家出资企业自行审批。

而且,与上述国有控股上市公司增发证券不同,涉及吸收合并的国资审批环节有所提前,国资36号令第60条要求应"*在上市公司董事会审议吸收合并方案前*"(而不是股东大会召开之前)取得国资机关的批复。此时,由于董事会尚未召开尚未发布股东大会通知,反而不会出现上述增发融资交易中若由于临近已公告确定的股东大会召开日期但仍未能及时取得国资批复而需要延期召开股东大会的尴尬情形。上市公司可以在取得国资批复之后再行召开董事会确定股东大会召开日期。

8.5.2.3 国有上市公司吸收合并的交易流程

结合国资36号令第九章以及证监会有关上市公司重大重组的相关规则,国有控股上市公司吸收合并的交易流程可以简要图示如下:(见图8.51)

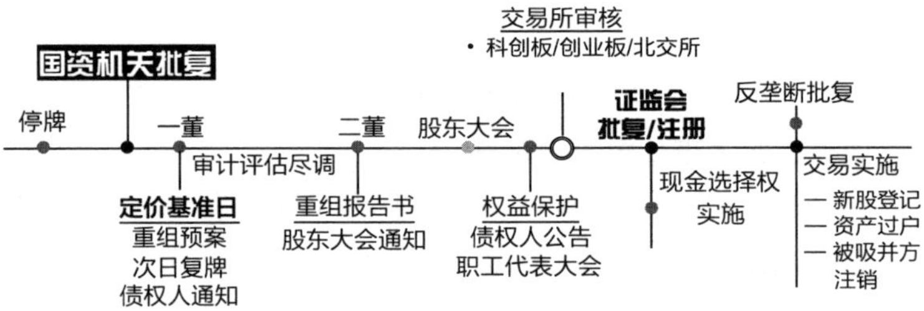

图8.51 国有控股上市公司吸收合并的交易流程

根据国资36号令第61条的规定,国有控股上市公司吸收合并申请国资机关审核时应提交如下申请资料:

(一)国家出资企业、国有股东的内部决策文件;

(二)吸收合并方案;

(三)可行性研究报告;

(四)法律意见书;

(五)国资审核机构认为必要的其他文件。

8.5.2.4 国有上市公司吸收合并的财务顾问

就国有控股上市公司吸收合并而言,国资36号令第58条明确要求,上市公司应当聘请财务顾问,对吸收合并的双方进行尽职调查和内部核查,并出具专业意见。

实际上,根据《重大重组办法》的规定及实践做法,对于涉及上市公司的吸收合并尤其是涉及发行股份的换股吸收合并或涉及发行优先股、可转债、定向权证等对价证券的吸收合并，通常都应聘请财务顾问出具专项核查意见(《重组办法》第50条)。

需要提示的一点是，对于非国有控股的上市公司，若涉及内部吸收合并，包括合并直接持股股东去中间层或者合并全资子公司等不涉及整体上市或重组上市等需要上市公司发行证券的情形，一般不需要聘请财务顾问。但若涉及国有控股上市公司，即便属于前述集团内部吸收合并，是否仍需根据国资36号令第58条的要求聘请财务顾问，则有待与国资机关沟通确认。

8.5.3 国有股东参与上市公司资产重组

就国有股东参与上市公司资产重组(指国有股东向上市公司注入、购买或置换资产并涉及国有股东所持上市公司股份发生变化的情形)而言，国资36号令第66条、第67条对其国资审批要求都进行了明确。

8.5.3.1 国有股东参与上市公司重组的国资审批主体

国家出资企业(集团母公司)有权审批国有控股上市公司未构成重大重组的资产重组交易，即国资36号令第7条第5项所规定的，“*国有股东与所控股上市公司进行资产重组，不属于中国证监会规定的重大资产重组范围的事项*”；而其他情形则由国资机关审批。

另外，对于国有股东参股的非上市企业，参与非国有控股上市公司的资产重组(“双参交易”)，由国家出资企业按照内部决策程序自主决定。

简言之，国有股东参与上市公司资产重组的国资审批主要有如下三种适用场景：(见图8.52)

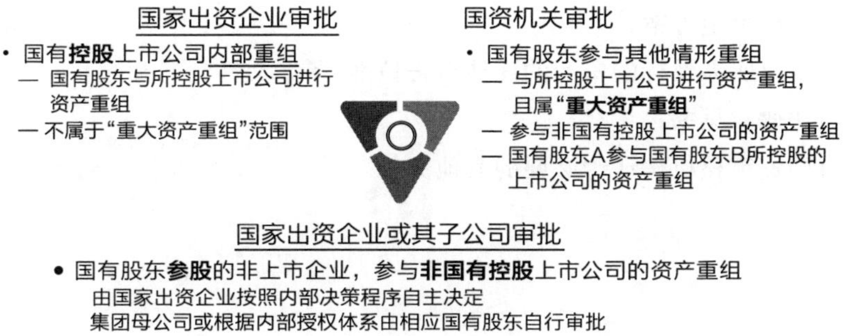

图8.52 国有股东参与上市公司资产重组的国资审批

8.5.3.2 国有股东参与上市公司重组的国资审批时间节点

国资36号令第66条、第67条将国资审批划分为预审及正式批复两个环节：

◎预审核,在上市公司董事会审议资产重组方案前,应当将可行性研究报告报国家出资企业、国资机构预审核,并由国资机构通过管理信息系统出具意见;

◎正式批复,重组方案经上市公司董事会审议通过后,应当在上市公司股东大会召开前获得集团母公司或国资机关的相应批准。

8.5.3.3　国有股东参与上市公司重组的交易流程

结合国资36号令第11章以及证监会有关上市公司重大重组的相关规则,国有股东参与上市公司资产重组的交易流程可以简要图示如下:(见图8.53)

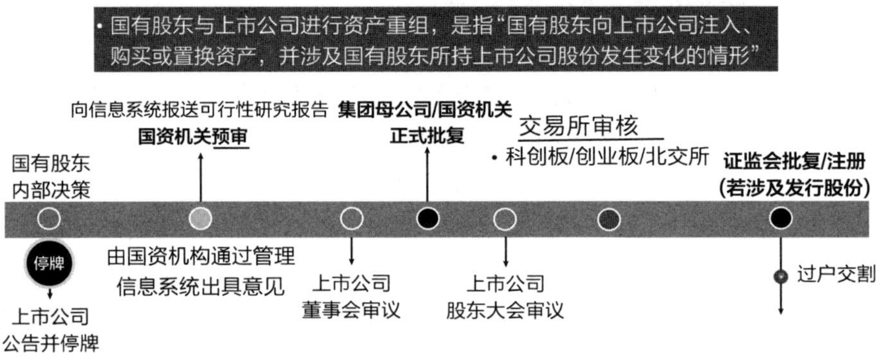

图8.53　国有股东参与上市公司资产重组的交易流程

根据国资36号令第68条的规定,国有股东参与上市公司资产重组申请国资机关审核时应提交如下申请资料:

(一)国有股东内部决策文件、上市公司董事会决议;

(二)资产重组方案;

(三)重组所涉及标的资产的评估报告核准/备案文件;

(四)法律意见书;

(五)国资审核机构认为必要的其他文件。

第 9 章

上市公司外资战投与跨境换股

9.1 外资战投的监管框架

9.1.1 上市公司交易中的“战略投资者”

所谓“外资战投”，按照商务部等部委发布的《外国投资者对上市公司战略投资管理办法》（以下简称《外资战投办法》）第 2 条规定，是指“*外国投资者通过协议转让、上市公司定向发行新股、要约收购以及国家法律法规规定的其他方式取得并在一定时期内持有上市公司A 股股份的行为(以下简称战略投资)*”。

说到“战略投资者”，除了 A 股 IPO 发行承销过程中的战略配售外，就 A 股上市公司的交易而言，在上市公司定向发行中也有一类特定投资者，即上市公司董事会拟引入的可以按均价 80% 锁价发行的“*境内外战略投资者*”。根据证监会发行部 2020 年 3 月发布的《发行监管问答——关于上市公司非公开发行股票引入战略投资者有关事项的监管要求》，前述境内外战略投资者是指“*具有同行业或相关行业较强的重要战略性资源，与上市公司谋求双方协调互补的长期共同战略利益，愿意长期持有上市公司较大比例股份，愿意并且有能力认真履行相应职责，委派董事实际参与公司治理，提升上市公司治理水平，帮助上市公司显著提高公司质量和内在价值，具有良好诚信记录，最近三年未受到证监会行政处罚或被追究刑事责任的投资者*”。

换言之，在 A 股上市公司相关交易中，所谓的“战略投资者”有两种特指交易场景：（见图 9.1）

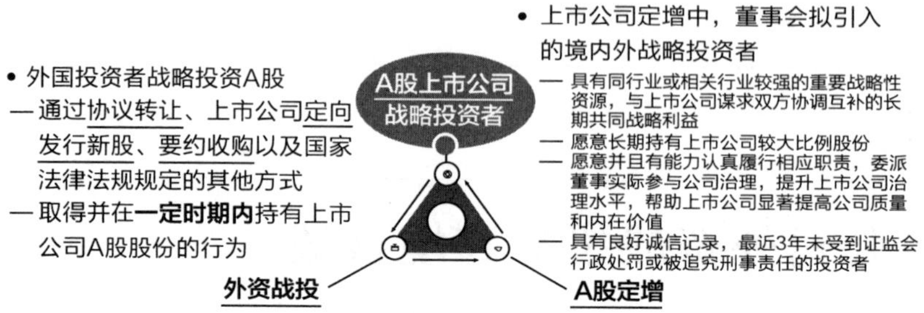

图 9.1　A 股上市公司交易中的“战略投资者”

9.1.2　外资战投的监管政策调整

就外资战投的监管而言，涉及的主要规则包括：（见图 9.2）

- **《外国投资者对上市公司战略投资管理办法》**，2020年6月修订意见稿
- 上市公司收购相关规则，涉及协议转让、间接收购、要约收购等
- 上市公司增发相关规则，涉及认购定增方式
- 上市公司重组相关规则，涉及发行股份购买资产
- 外国投资者对上市公司战略投资所涉外汇管理有关问题的通知，征求意见稿

图 9.2　外资战投的主要监管规则

《外资战投办法》是关于外资战投最核心的监管规则，其最初的版本是商务部及证监会等五部委于 2005 年 12 月发布的《外资战投办法》（商务部、证监会、税务总局、工商总局、外汇局令 2005 年第 28 号）。该办法先后发布了 2013 年、2018 年以及 2020 年三次修订意见稿。《外资战投办法》修订的基本历程如图 9.3 所示：

图 9.3　《外资战投办法》的修订历程

其间,商务部在2013年9月曾发布《关于〈外国投资者对上市公司外资战投办法(征求意见稿)〉公开征求意见》(以下简称《2013年意见稿》),并于2018年7月30日发布《关于修改〈外国投资者对上市公司战略投资管理办法〉的决定(征求意见稿)》(以下简称《2018年意见稿》)。但该两次意见稿均未正式发布。考虑到2019年3月全国人大发布了旨在推行对外商投资实行"准入前国民待遇加负面清单管理制度"并统一外商独资企业(WFOE)、中外合资企业(EJV)以及中外合作企业(CJV)等三资企业(FIE)监管的《外商投资法》,而且《外商投资法》及其实施条例已于2020年1月1日生效,商务部于2020年6月再次发布了《外国投资者对上市公司战略投资管理办法(修订草案公开征求意见稿)》(以下简称《2020年意见稿》)与2005年版《外资战投办法》及先前2013年版及2018年版意见稿相比,《2020年意见稿》在投资方式、投资者门槛、锁定期、最低持股比例以及跨境换股等方面的监管政策都有重要调整。下文将做详细分析。

除上述修订历程外,《外资战投办法》还曾于2015年10月经商务部微调(商务部令2015年第2号),主要调整是删除了原第7条第5项,即针对通过认购定增方式进行的外资战投曾要求,"在取得商务部就投资者对上市公司进行战略投资的原则批复函后,上市公司向中国证监会报送定向发行申请文件,中国证监会依法予以核准"。该条修订的背景是,在先前的外资审批制时期,商务部针对外资战投的批复是提交证监会发行申请的前置条件。经2015年10月政策调整后,对通过认购定增方式进行的外资战投执行"并联审批"程序,即商务部外资战投申请与证监会证券发行申报两个程序可以并行,而不再要求以商务部批复的取得作为向证监会申报的前置程序,这为外资战投交易节省了一定的时间成本。

9.1.3 外资战投监管政策的适用边界

就外资战投这一特定类型交易而言,其产生的历史背景是外国投资者曾经无法直接投资境内A股上市公司。早期政策环境下,除非是在A股IPO时已经作为外商投资企业(FIE)发行人的pre-IPO股东,境外投资者若想投资A股上市公司,自2002年起往往需要通过合格境外机构投资者(QFII)发行的QFII产品,并在外管局核定的额度内进行间接投资。而自2005年版《外资战投办法》于2006年1月30日生效后,除了通过QFII的间接投资途径以外,外国投资者还可以通过战略投资的方式直接取得A股上市公司的股份。

随着境内资本市场的逐步开放,目前政策环境下,外国投资者除了可以通过pre-IPO投资成为境内FIE发行人或境外红筹企业发行人的股东外,还可以通过

QFII、RQFII、港股通、沪伦通等跨境通道,以及战略投资(协议转让、认购增发、要约收购等方式)多渠道投资A股上市公司。

而就本章所将详细讨论的外资战投而言,需要特别予以明确的是,根据《2020年意见稿》第26条的规定,外资战投的相关监管要求并不适用于下列交易场景:(见图9.4)

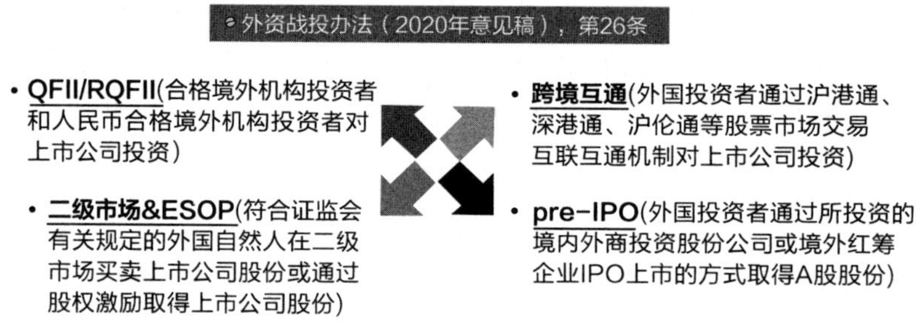

图9.4 不适用外资战投监管的交易场景

另外,对于外国投资者通过战投方式取得A股上市公司的股份,也需要遵守外资准入的相关监管要求,禁止投资的领域不得投资;限制投资的领域应符合相关监管要求。具体而言,《2020年意见稿》第3条要求:(见图9.5)

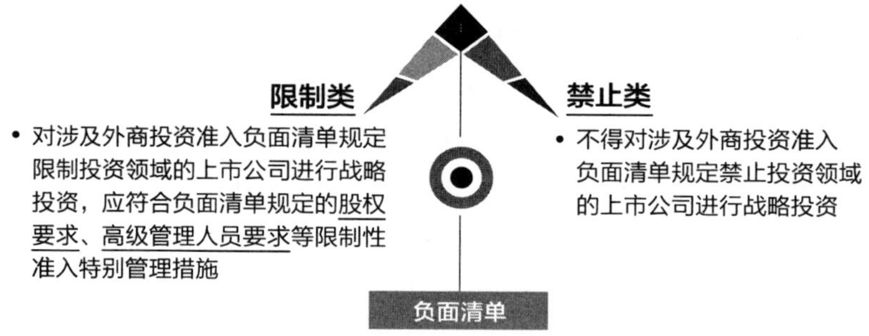

图9.5 外资战投 vs. 负面清单监管

就负面清单监管而言,目前最新版的负面清单是国家发改委及商务部于2021年12月发布并于2022年1月1日起施行的《外商投资准入特别管理措施(负面清单)(2021年版)》(以下简称《负面清单2021》)。另外,除了全国版的负面清单以外,还有自贸区版本的负面清单。

9.2 外资战投的核心监管要求

9.2.1 外资战投的主体范围

相比原规则,《2020年意见稿》扩大了可以对A股上市公司进行外资战投的主体范围。在2005年版《外资战投办法》框架下,投资者的范围包括“外国法人或其他组织”(第6条第1项);而《2018年意见稿》及《2020年意见稿》则将主体范围扩展至“*外国自然人*”。

根据《2020年意见稿》第1条的规定,可以对A股上市公司进行战略投资的外国投资者包括:(见图9.6)

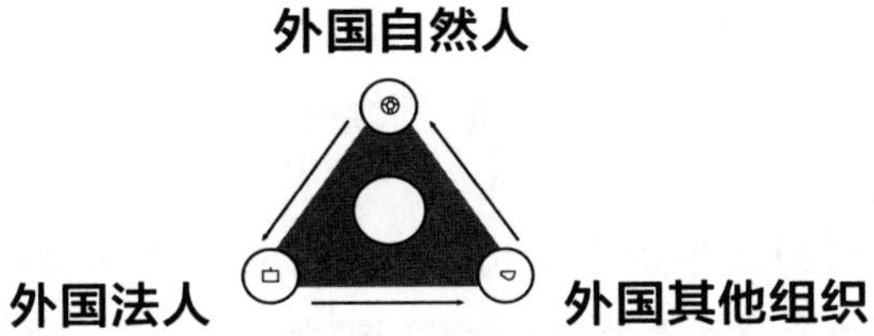

图9.6 可对A股上市公司进行战投的“外国投资者”

值得一提的是,虽然2005年版《外资战投办法》仅明确规定了机构投资者可以对A股上市公司进行战投,外国自然人不能直接投资A股上市公司,但实务中,在A股上市公司发行股份购买资产收购境内存量FIE的一些案例中,作为交易对方的FIE外方股东中有包含外籍自然人通过注入FIE股权换取A股上市公司股份的情形。比如,2015年的东软载波(300183. SZ)、2017年的飞凯材料(300398. SZ)等发行股份购买资产案例。

9.2.2 外国投资者的资质条件

外国投资者投资或收购A股上市公司需要满足一定的资质条件。相比原规则,《2020年意见稿》不仅扩大了外国投资者的主体范围,也适当降低了投资者的资质门槛,针对新增加的外国自然人这一投资主体也规定了相应的条件。

根据《2020年意见稿》第4条的规定,投资或收购A股上市公司的外国投资者需满足如下通用条件:(见图9.7)

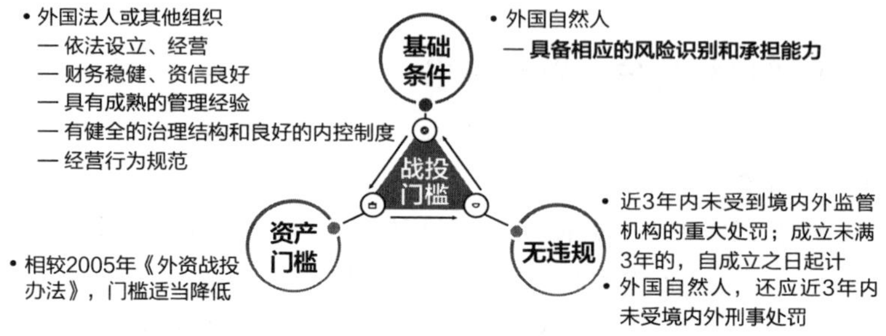

图 9.7　A 股外资战投之外国投资者的通用条件

针对外资战投的核心条件——资产门槛，相比 2005 年版规则，《2020 年意见稿》区分了参股型投资和控股型投资两大类。对于参股型投资，资产门槛大幅降低（自有规模由原来的 1 亿美元折半降低至 5000 万美元，管理规模由原来的 5 亿美元降低至 3 亿美元）；而对于控股型投资，则维持原门槛未变（自有规模 1 亿美元，或管理规模 5 亿美元）。

具体而言，根据《2020 年意见稿》第 4 条第 1 款第 2 项的规定，投资或收购 A 股上市公司的外国投资者需满足如下资产门槛要求：（见图 9.8）

图 9.8　A 股战投之外国投资者的资产门槛

实务中，出于税务筹划或其他考虑，外国投资者通常会通过在 BVI、开曼、百慕大或其他法域注册的境外持股主体 SPV 进行投资。该等持股 SPV 通常没有实质性资产，仅是作为持股平台。对于该等架构——投资后持有 A 股上市公司股份的主体是一家境外 SPV，《2020 年意见稿》第 4 条第 2 款提供了明确指引，在其母公司或股东符合资产门槛条件的情形下，SPV 可以持有 A 股上市公司：“*外国法人或其他组织实有资产总额或管理的实有资产总额不符合前款第（二）项规定的条件、但其全资投资者（指全资拥有前述主体的外国法人或其他组织、外国自然人）符合前款规定的条件的，可以依据本办法进行战略投资；同时，该全资投资者对该外国法*

人或其他组织的投资行为承担不可撤销的连带责任。”

针对上述规定,有两点需要特别注意。一是符合外资战投资产门槛的母公司或自然人股东要对其全资持有的SPV的投资行为承担“*不可撤销的连带责任*”。二是相比《2018年意见稿》(第5条)所使用的“实际控制人”,《2020年意见稿》(第4条第2款)将其调整为了“*全资投资者*”。也就是说,用于持有A股的SPV必须是符合战投条件的外国投资者100%持股的全资子公司,而不仅是实际控制的概念。这意味着,涉及外部融资杠杆收购的安排(类似下文阳光股份的收购结构),通过主张其实际控制人(全资持有SPV的为境外合伙基金,该基金之GP普通合伙人或单一第一大LP)符合外资战投资产门槛,这一做法在《2020年意见稿》框架下无法再成立,除非全资持有(而非仅实际控制)SPV的母公司或自然人股东本身符合外资战投的资产门槛。

9.2.3 外资战投的最低股比门槛

相较于2005年版,《2020年意见稿》的另一个重要调整就是取消了外资战投首期投资不得低于10%的投资比例限制。

一方面,针对通过认购定向发行所进行的外资战投,《2020年意见稿》第10条已不再设置最低持股比例限制。实际上,在原2005年规则实施期间,实务中针对10%的最低持股要求也已有突破。尤其是,在A股上市公司发行股份收购FIE股权的交易中,通常仅要求作为交易对方的FIE存量股东中只要有一方外资股东在该等发行股份购买资产交易中所取得的A股上市公司股份达到10%即可,而对于交易对方中FIE的其他存量股东,则不再一概要求达到10%。比如,在2018年完成的豫园股份(600655.SH)向Phoenix Prestige与Spread Grand发行股份购买其所持标的公司股权的交易中,Phoenix Prestige、Spread Grand在交易完成后合计持有上市公司股份比例不足10%。类似的案例还有露笑科技(002617.SZ)发行股份并购顺宇股份、中际装备(300308.SZ)定向发行新股、福安药业(300194.SZ)发行股份并购只楚药业等。

另一方面,通过协议转让及要约收购进行外资战投的则仍受最低股比门槛的限制。但在《2020年意见稿》新规框架下,协议转让方式中的最低受让比例及要约收购中预定收购的股份比例,均已调整为与境内投资人的相关要求保持一致,即不得低于“*上市公司已发行股份的百分之五*”。

综上所述,《2020年意见稿》框架下,外资战投的最低持股比例要求可以简要图示如下:(见图9.9)

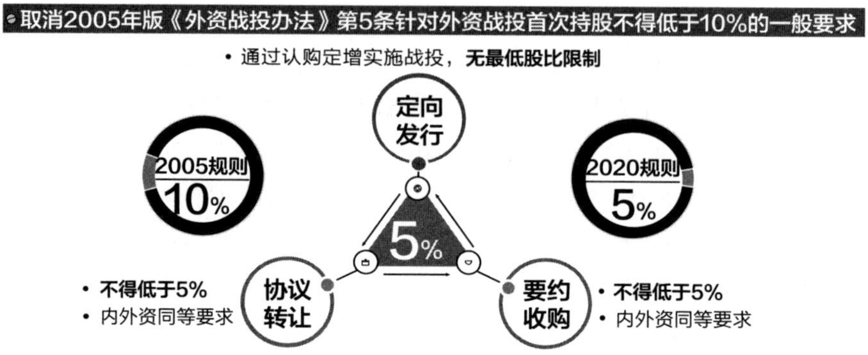

图 9.9　A 股外资战投的最低股比限制

9.2.4　外资战投股份的锁定期

除了上述投资者资产门槛及最低持股比例方面的政策调整外,《2020 年意见稿》还有一个重要调整,即将 2005 年版规则中的 3 年锁定期调整为 12 个月。由此,外资战投的锁定期与境内投资者的锁定期要求保持一致,不再采用一概限制为 36 个月的更严格标准。

具体而言,外资战投的锁定期区分如下三种主要情形:(见图 9.10)

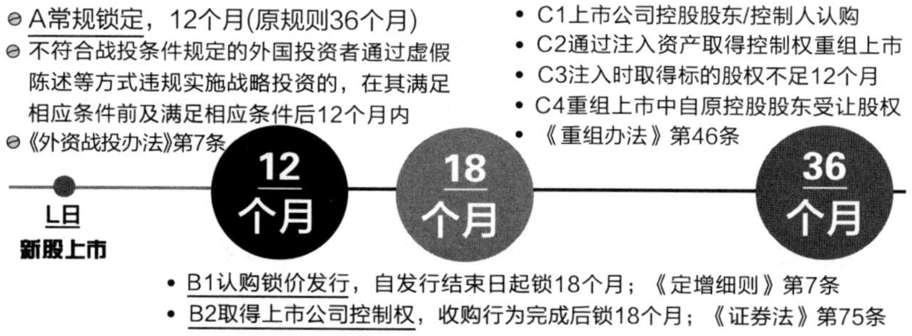

图 9.10　外资战投的锁定期要求

就上述锁定期而言,除非《证券法》及证监会或交易所其他规则针对境内外投资者有更长锁定期要求,在《2020 年意见稿》框架下,按境内外一致的原则,外资战投的锁定期一概由原先的 36 个月大幅缩减至 12 个月。

9.3 外资战投的主要方式

9.3.1 外资战投的投资方式概览

关于外资战略投资A股上市公司的主要方式，根据2005年版《外资战投办法》第5条第1项的规定，包括“协议转让、上市公司定向发行新股方式以及国家法律法规规定的其他方式”；而《2020年意见稿》（第2条）则调整为包括“*协议转让、上市公司定向发行新股、要约收购以及国家法律法规规定的其他方式*”。与原规则相比，《2020年意见稿》（以及《2013年意见稿》《2018年意见稿》）均明确将“要约收购”纳入了外资战投的方式之一。（见图9.11）

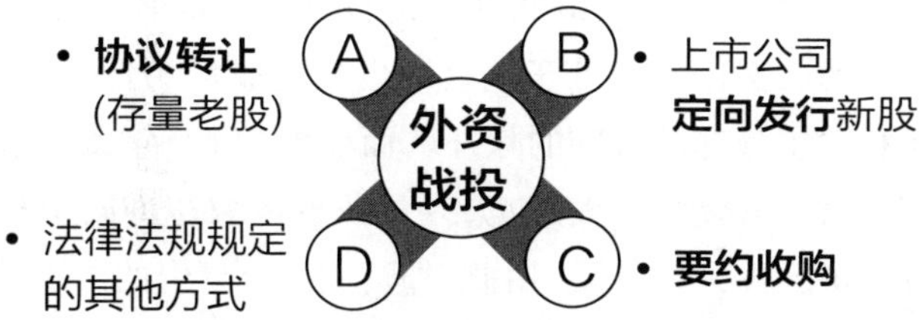

图9.11 外资战投的主要交易方式

事实上，在《2020年意见稿》发布之前，已经有通过要约收购进行的外资战投案例了。以2017～2021年涉及外资收购A股的52宗相关案例（不完全统计）来看，其交易方式分布如下：（见图9.12）

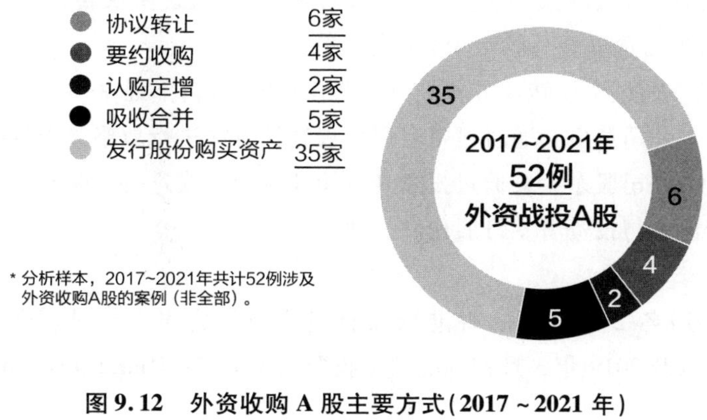

图9.12 外资收购A股主要方式（2017～2021年）

9.3.2 战投场景 A——上市公司流通股协议转让

自 2005 年颁布《外资战投办法》以来，通过协议转让方式受让存量流通股就一直是外资收购 A 股上市公司的主要战投方式之一。比如，2007 年 Asia Bottles 受让珠海中富（000659. SZ）的 29% 股份、首例跨境换股——2009 年港股天津港发展（03382. HK）受让天津港（600717. SH）的 56.81% 股份，以及 2010 年 Carlsberg 嘉士伯通过公开征集摘牌方式受让重庆啤酒（600132. SH）的 12.25% 股份等。

有关流通股协议转让的相关要求在第 1 章已有详细分析。下文将重点分析外资战投交易中的协议转让的特别事项及其监管政策调整。

9.3.2.1 投资比例门槛由 10% 降低至 5%

在 2005 年版《外资战投办法》框架下，包括协议转让及通过其他方式进行的外资战投，均需要遵守第 5 条第 2 项最低 10% 的投资门槛要求："投资可分期进行，首次投资完成后取得的股份比例不低于该公司已发行股份的百分之十，但特殊行业有特别规定或经相关主管部门批准的除外。"而根据《2020 年意见稿》第 11 条的规定，"*战略投资通过协议转让方式实施的，外国投资者取得的股份比例不得低于该上市公司已发行股份的百分之五*"。由此，外资战投交易中的协议转让的最低受让比例降低至 5%，与上市公司流通股协议转让的通常门槛保持了一致。

9.3.2.2 取消上市公司股东大会审议要求

就外资战投交易中的流通股协议转让而言，另一个重要调整是程序方面不再要求上市公司的股东大会批准。就上市公司的老股转让而言，上市公司股东转让其所持有的流通股，通常无须经上市公司自身的董事会或股东大会程序。而在此方面，2005 年版《外资战投办法》第 8 条曾明确规定，通过协议转让进行外资战投的，应经上市公司董事会及股东大会通过：

"第八条　通过协议转让方式进行战略投资的，按以下程序办理：

（一）上市公司董事会通过投资者以协议转让方式进行战略投资的决议；

（二）上市公司股东大会通过投资者以协议转让方式进行战略投资的决议；

（三）转让方与投资者签订股份转让协议；

……"

例如，2019 年 2 月签约的香港绿伟有限公司收购澳洋顺昌（002245. SZ）的 10% 股份，①以及 2019 年 3 月签约的凯雷投资旗下的 CA Fabric Investments 收购罗

---

① 参见澳洋顺昌（002245. SZ），《简式权益变动报告书》，载巨潮资讯网，http://static.cninfo.com.cn/finalpage/2019-02-02/1205821468.PDF。

莱生活(002293. SZ)的 10% 股份,[①]这两个交易中均约定以上市公司股东大会批准为协议转让的生效条件之一,并已分别召开了股东大会进行了审议批准。

那么,A 股上市公司之股份转让究竟是否需经作为收购标的之上市公司本身的内部决策程序(董事会或股东大会)呢? 现行法律框架下,对于存量老股的转让,因不涉及上市公司增发新股,通常不需要经上市公司自身的决策程序。上市公司作为资合属性的股份公司,不同于偏人合的有限责任公司(《公司法》第 71 条要求其股权对外转让需要股东过半数同意),按照《公司法》第 137 条的规定,股份公司的股份转让并不以目标公司股东大会的同意为前提。当然,如果拟收购的标的股份受限于转让方曾经做出的非强制的"自愿"承诺项下的转让限制,则作为交易进行的先决条件,根据证监会相关监管指引,需要由上市公司股东大会先行批准前述自愿承诺的豁免或变更(见第 10 章)。

若上市公司自身的《公司章程》对其股份的转让有特别限制或特定程序要求,则需要遵守。尽管如此,A 股上市公司作为公众公司,其章程制定也需要遵循证监会的《上市公司章程指引》(2022 年修订)以及交易所的监管规范并受交易所的监管审核,实践中 A 股公司的章程往往也不会对股东的股份转让作出特别的条件或程序限制。

总之,从《2018 年意见稿》以及最新的《2020 年意见稿》来看,针对协议转让方式的外资战投,已经明确取消了前述上市公司董事会及股东大会的程序要求,除非上市公司自身的公司章程另有规定。按照《2020 年意见稿》第 11 条第 1 项的规定,对于上市公司的内部程序仅作了原则性规定,"*上市公司按法律法规和公司章程规定履行有关内部程序*"。这与 2005 年版《外资战投办法》第 8 条的原规则要求明显不同。

9.3.2.3 协议转让方式外资战投的交易流程

结合《2020 年意见稿》第 11 条等最新规定以及沪深交易所有关流通股协议转让的相关指引,通过协议转让方式进行外资战投的交易流程可简要图示如下:(见图 9.13)

① 参见罗莱生活(002293. SZ),《简式权益变动报告书》,载巨潮资讯网,http://static.cninfo.com.cn/finalpage/2019-03-19/1205913947.PDF。

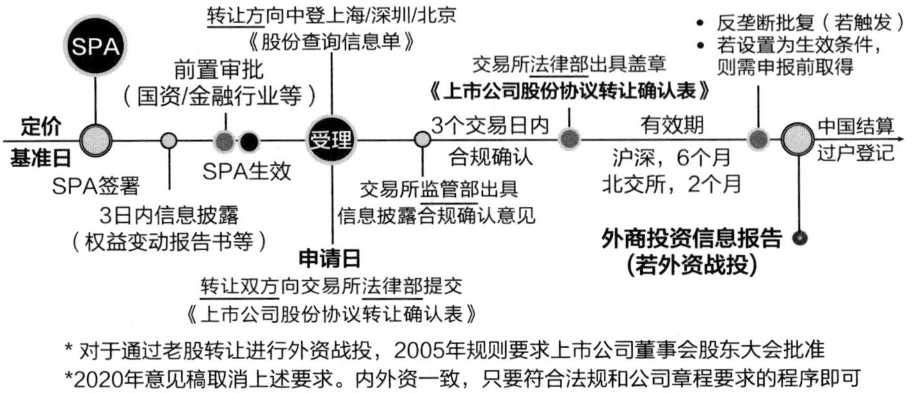

图 9.13　战投场景 A——协议转让方式外资战投的交易流程

9.3.3　战投场景 B——认购上市公司定向发行新股

认购上市公司定向发行新股（定增）是外国投资者取得 A 股上市公司股份的另一主要方式。自 2005 年版《外资战投办法》时即已确定了这一外资战投方式。

实践中，外资战投早期交易也多以认购定增方式为主。比如，首例外资战投——2006 年 3 月公告的 Holchin B. V. 收购华新水泥（600801. SH）便是以现金认购定增的方式进行的。当时类似以定增方式进行外资战投的案例还有 2007 年新加坡政府旗下 Reco Shine 认购阳光股份（000608. SZ）、2007 年高盛集团旗下 Jade Dragon 认购阳之光（600673. SH）以及 2009 年 Art Garden 认购南方建材（000906. SZ）等。

关于"*上市公司定向发行新股*"这种外资战投方式，根据《2018 年意见稿》第 2 条的规定，"上市公司定向发行新股（包括非公开发行股票募集资金和发行股份购买资产）"。也就是说，认购定增包括现金定增以及发行股份购买资产这两种主要的定向发行交易类型。而就近几年涉及外资取得 A 股上市公司股份的实践案例来看，占市场主流的不再是现金认购定增，而是 A 股上市公司发行股份购买外方股东所持境内 FIE 企业的股权。也就是说，通过认购上市公司定向发行所进行的外资战投，更多体现在上市公司发行股份购买资产交易中外国投资者作为交易对方所参与的交易，具体包括两种交易场景：

◎境内 FIE 注入，境内外商投资企业 FIE 的外方股东将其所持 FIE 的股权注入 A 股上市公司，认购上市公司增发的新股。

◎跨境换股，外国投资者将其境外标的公司的股权作为对价，认购 A 股上市公司增发的新股。对于 A 股公司而言，该等交易涉及境外投资 ODI 及跨境换股相关监管。

尤其是,随着《2020 年意见稿》的实施,跨境换股的监管政策有所放松(详细分析见下文第 9.4 节),该等方式的外资战投交易有望日趋活跃。

简言之,实践中,通过认购上市公司定向发行新股进行的外资战投交易场景主要有如下三类:(见图 9.14)

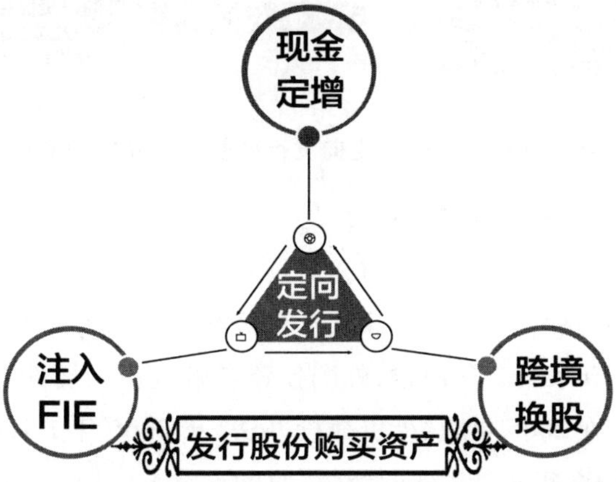

图 9.14 战投场景 B——认购上市公司定向发行新股

就认购上市公司定增这种外资战投方式而言,《2020 年意见稿》中的一个重大调整是,针对认购定增战投方式的《2020 年意见稿》第 10 条甚至并未如同第 11 条针对协议转让方式设置有 5% 的投资门槛。也就是说,对于通过认购定向发行方式进行外资战投的,不受最低持股比例限制,仅需要遵循证监会及交易所有关上市公司增发的一般性要求即可。

结合《2020 年意见稿》第 10 条等最新要求以及上市公司增发的相关规定,通过认购上市公司定向发行新股的方式进行外资战投的交易流程可简要图示如下(自 2023 年 2 月起,沪深主板也实施注册制,其定增流程与科创板/创业板无实质差异):(见图 9.15)

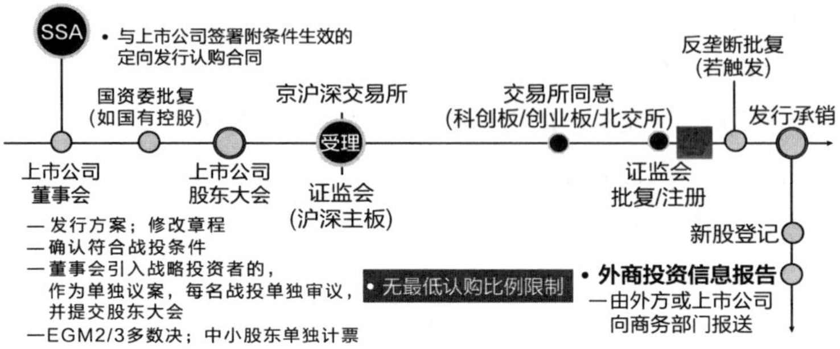

图 9.15 认购上市公司定向发行新股外资战投的交易流程

9.3.4 战投场景 C——要约收购

要约收购也是一种不少见的上市公司收购方式,包括全面要约以及部分要约。回顾 2005 年版《外资战投办法》,并未将要约收购明确列为外资战投的主要方式之一,而只是在其第 20 条第 2 项规定,外国投资者触发全面要约时可以通过要约收购上市公司股份。在 2005 年版《外资战投办法》于 2006 年 1 月生效之后,于 2006 年 7 月修订并于 2006 年 9 月生效的新版《收购办法》正式确立了“部分要约”的收购制度。而近年来,要约收购在上市公司收购市场中也日趋活跃。由此,在《外资战投办法》2013 年、2018 年及 2020 年三版修订征求意见稿中,“要约收购”均被明确列为外资战投的主要交易方式之一。

《2020 年意见稿》(第 2 条)明确规定,外资战投的方式包括“*协议转让、上市公司定向发行新股、要约收购以及国家法律法规规定的其他方式*”。

一方面,外国投资者可能因协议受让等其他交易导致持股超过 30% 从而触发全面要约义务。比如,2006 年高盛旗下 Rotary Vortex 收购双汇发展(000895. SZ)因协议转让、间接收购而发出了全面要约,2015 年四川双马(000935. SZ)的控股股东因海外母公司合并而发出全面要约。另一方面,外国投资者也可通过主动发起部分要约的方式进行收购。比如,当初引起市场诸多关注的 SEB 收购苏泊尔案(002032. SZ)(2007 年 12 月交割)便是综合运用了协议转让、认购定增以及部分要约的方式。2014 年,恒天然乳品(香港)有限公司也曾向贝因美(002570. SZ)发出了收购 20% 股份的部分要约(2015 年 3 月交割)。近几年,外国投资者针对 A 股上市公司发起的部分要约案例也偶有出现。

就要约收购这种外资战投方式而言,《2020 年意见稿》中的一个重大调整是,2005 年版《外资战投办法》框架下第 5 条第 2 项的最低 10% 投资门槛的一般性要求已经取消;针对要约收购的《2020 年意见稿》第 12 条的明确规定,战略投资通过要约收购方式实施的,"*外国投资者预定收购的上市公司股份比例不得低于该上市公司已发行股份的百分之五*"。这与《收购办法》项下针对要约收购的一般性门槛要求一致。也就是说,对于外国投资者通过要约收购方式进行外资战投的,与境内主体发起要约收购的最低预定收购比例门槛一致,均为 5%。

关于要约收购的详细分析请见第 4 章。对于外资战投而言,结合《2020 年意见稿》第 12 条等最新要求以及《收购办法》的相关规定,通过要约收购的方式进行外资战投的交易流程可简要图示如下:(见图 9.16)

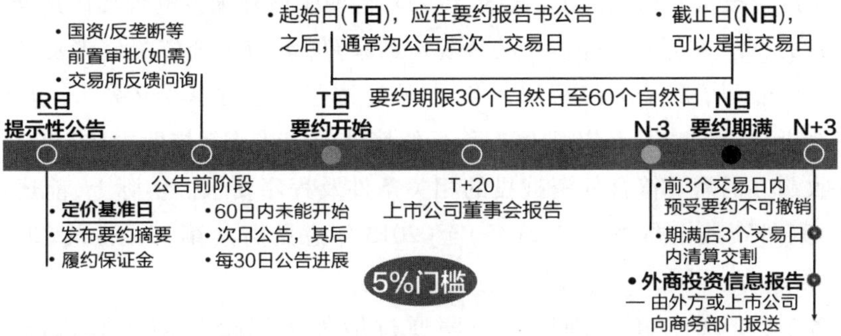

图 9.16　战投场景 C——要约收购存量老股

9.3.5　战投场景 D——间接收购及其他方式

除上述主要方式外,对于法律法规允许的外资战投的"*其他方式*"究竟包含哪些,《外资战投办法》未进一步详细列举。比如,上市公司收购交易中比较常见的间接收购(详见第 2 章),是否也属于外资战投的方式之一?这并非一个纯粹的理论概念界定,而是涉及相关规则的适用问题。若构成外资战投,则投资者需要遵守《外资战投办法》的相关要求,如投资者门槛等;若不是,则无须遵守《外资战投办法》的特别要求,仅需符合《证券法》及《收购办法》及交易所规则等关于上市公司收购的通常要求即可。

对于上述间接收购方式,可进一步区分在岸交易(境内间接收购)和离岸交易(境外间接收购)两种类型。关于境内间接收购,《2013 年意见稿》(第 26 条)曾将"*投资者并购上市公司股东并取得上市公司的实际控制权*"纳入外资战投的范围,要求前述交易也应符合《外资战投办法》的规定。但是,《2018 年意见稿》和《2020 年意见稿》中均未有前述类似规定。其实,《2013 年意见稿》对于将间接收购纳入外资战投监管范围也采用了一定的限缩措施。前述间接收购仅限于通过收购上市公司股东从而间接取得上市公司控制权的情形。也就是说，若外资并购标的只是上市公司的一个小股东，交易后并未取得上市公司的控制权，则相关交易不被视为外资战投，无须遵守《外资战投办法》的特别要求。

而在《2020 年意见稿》中，并未将《2013 年意见稿》所提及的“*投资者并购上市公司股东并取得上市公司的实际控制权*”的间接收购情形纳入外资战投的监管范围。对于该等交易场景是否应视同外资战投，还有待实务观察。

另外，关于境外间接收购，根据《2020 年意见稿》第 17 条的明确规定，战略投资涉及第 4 条第 2 款规定的情形（符合外资战投条件要求的外国投资者通过其全资子公司进行投资）并已按期完成的，将来限售期满该外国投资者转让其全资子公司的，“*新的受让方仍应符合本办法所规定的条件，承担该全资投资者及该外国投资者在上市公司中的全部权利和义务，并依法履行信息披露等义务*”。也就是说，以外资战投身份收购上市公司股权后，后续境外间接转让其持股主体（SPV）时，新的境外收购方仍需要符合外资战投的相关条件及程序要求。实际上，前述规定自 2005 年版《外资战投办法》（第 23 条）至《2013 年意见稿》（第 21 条）及《2018 年意见稿》（第 23 条）以来一直存在，未有实质变化。

实务中，如 2015 年管理层及财团通过境外离岸交易间接收购阳光股份（000608. SZ）时，便履行了外资战投相关程序，其交易架构如图 9.17 所示：

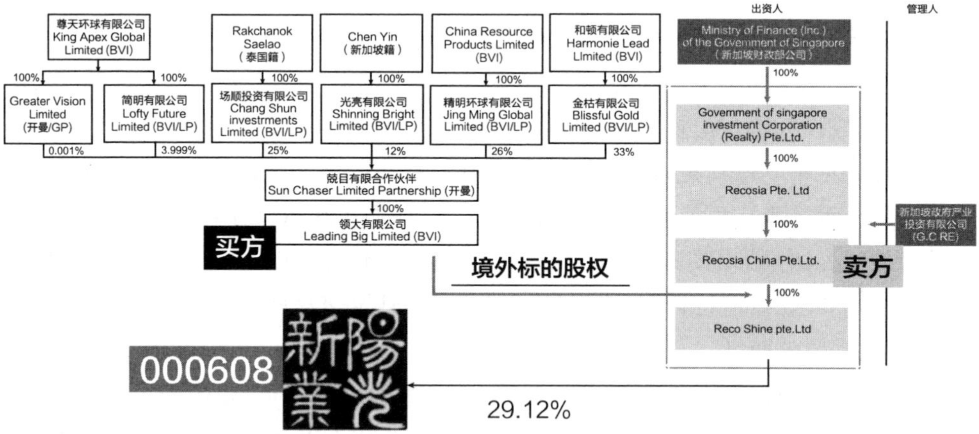

* 阳光股份000608，2015年8月25日《详式权益变动报告书》。

图 9.17 战投场景 D——境外间接收购（离岸）

对于上述交易场景（境外间接收购），还有两点有待澄清或需实务观察。一是若上市公司的境外股东（持股 SPV）先前并非通过外资战投方式进入，而是以 pre -

IPO股东身份因其所持有的外资企业FIE股改IPO而成为上市公司股东，那么，后续外国投资者境外收购该持股境外SPV，是否属于外资战投从而应遵守《外资战投办法》的相关要求呢？笔者理解，该等情形似不应适用外资战投要求。一方面，根据《2020年意见稿》第26条第3项的规定，下列情形不适用《外资战投办法》，“*外国投资者通过所投资的外商投资股份有限公司首次公开发行股票并上市的方式取得A股股份*”；另一方面，上述《2020年意见稿》第17条要求收购境外SPV的外国投资者应遵守外资战投要求的前提是，战略投资涉及第4条第2款规定的情形，即符合外资战投条件要求的外国投资者通过其全资子公司进行投资。

另外一个需要澄清的点是，若境外SPV的收购方并非外国投资者，而是境内投资者（通过海外投资ODI程序或其他合法方式收购境外SPV），也不属于外资战投。《外资战投办法》的适用对象是“*外国投资者（包括外国法人或其他组织、外国自然人）*”，并不包括中国投资者。当然，即便不属于《外资战投办法》的管辖范围，若前述交易构成了《收购办法》项下的间接收购，也需要按照相关要求履行相应信息披露义务（详见第2章）。

最后，关于外资战投的其他方式是否还包括通过二级市场（包括竞价或大宗交易）进行收购？笔者理解，除了要约收购这一明确允许的外资战投方式外，目前通过“场内交易”进行的外资战投方式并不包括二级市场方式。目前监管框架下，结合《2020年意见稿》第26条以及实务经验来看，除了下述方式外，外国投资者不能直接参与A股上市公司二级市场竞价或大宗交易：

◎QFII或RQFII，合格境外机构投资者和人民币合格境外机构投资者；

◎互联互通机制，外国投资者通过沪港通、深港通、沪伦通等；

◎符合证监会有关规定的外国自然人在二级市场买卖股份或通过股权激励取得上市公司股份。

实务中，除了上述特定情形外，外国投资者直接开立A股证券账户本身也有实际障碍。《2020年意见稿》第15条也明确规定，除了为进行战略投资增持和限售期满后（或因外国投资者死亡或丧失法人资格、司法扣划等原因而在限售期内）减持以外，“*外国投资者不得以其因战略投资开立的证券账户进行证券买卖*”。由此可以判断，通常外国投资者不能直接通过大宗交易等二级市场方式进行外资战投，除非是已是A股上市公司股东的外国投资者通过大宗交易等方式二级市场增持。

9.4 战投场景 E——跨境换股

9.4.1 上市公司换股交易概览

对于 A 股上市公司而言,发行股份购买资产是极为常见的一种交易类型。该等交易中所购买的标的资产,多是目标公司的股权类资产。此类交易是典型的换股交易——上市公司以其增发的新股为对价收购标的公司的股权。

对于涉及外资战投的“跨境换股”——境外交易对方将其所持境外目标公司的标的股权注入 A 股上市公司以认购 A 股上市公司增发新股或受让 A 股股东所持存量老股,其交易场景大致有如下几种:(见图 9.18)

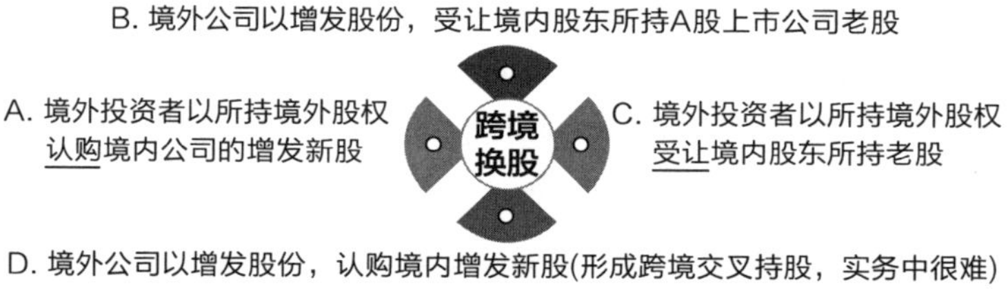

图 9.18 外资战投场景 E——跨境换股

实务中,换股交易的标的资产以境内注册企业(包括内资企业以及境内注册的外商投资企业 FIE)为主,而以境外标的股权注入 A 股上市公司的“跨境换股”则并不多见。究其背景,主要原因之一在于曾经的政策障碍。

9.4.2 跨境换股的监管指引

对于跨境换股——境外交易对方向境内 A 股上市公司或其股东支付境外股权以取得境内 A 股公司的股份,从境外交易对方的角度来看,本身也是一种外资并购行为(外国投资者以股权为对价并购境内 A 股公司)。因此,该等交易除了需遵守《外资战投办法》相关规定外,还需要适用商务部等六部委于 2006 年 8 月发布并于 2009 年 6 月修订的《关于外国投资者并购境内企业的规定》(以下简称《外资并购规定》,俗称“10 号文”)。

从境外交易对方的角度,跨境换股属于外资并购行为。另外,从交易的另一当事方——境内 A 股上市公司或其境内股东的角度,跨境换股将导致其取得境外标的股权,从而也构成该等境内交易方的境外投资 ODI 行为。因此,如《2020 年意见稿》第 5 条第 3 项规定所强调,应“*符合《境外投资管理办法》的规定,完成相关*

手续”。

简言之,涉及A股上市公司的跨境换股交易通常需要遵守如下主要监管指引:(见图9.19)

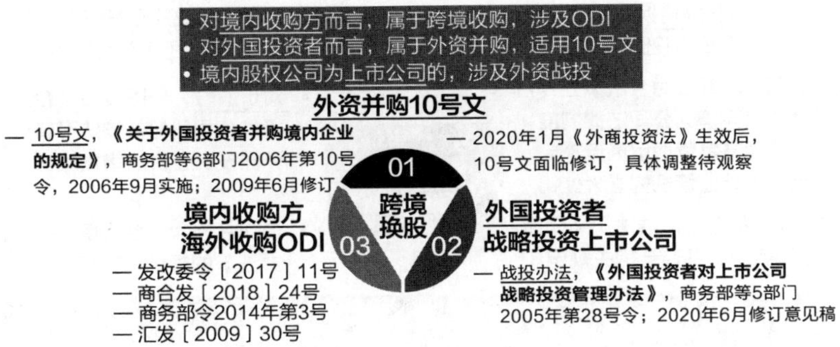

图9.19 跨境换股的主要监管指引

9.4.3 跨境换股的核心要求

如上提及,A股上市公司的跨境换股交易并不是很常见,其主要原因之一在于政策障碍。

具体而言,按照《外资并购规定》第29条的规定,跨境换股需满足的一个核心条件是“*境外公司的股权应在境外公开合法证券交易市场(柜台交易市场除外)挂牌交易*”。也就是说,境外标的公司必须是境外已上市公司。虽然《外资并购规定》第四章(外国投资者以股权作为支付手段并购境内公司)第三节(对于特殊目的公司的特别规定)也规定了涉及境外未上市的特殊目的公司作为换股标的的相关条款,但从实践操作来看,除了极少数有央企或国资背景因素的个案外[如下文的航天科技(000901.SZ)案],商务部几乎没有批准过涉及境外特殊目的公司的跨境换股交易。也就是说,在先前《外资并购规定》框架下,跨境换股的前提之一是境外标的需是境外已上市公司。因此,对于实践中更为常见的交易场景——境外标的是中间持股公司或其他境外未上市公司而言,通常无法直接进行跨境换股,而是需要通过自筹或过桥资金进行现金交易或进行一定的交易结构设计以避免构成《外资并购规定》框架下的“跨境换股”(见下文第9.4.5节)。

而在《2020年意见稿》能形成有效法律文件后,上述局面有望改善,A股上市公司的跨境换股交易预期将会更加活跃。这是因为,在《2020年意见稿》框架下,对于A股外资战投中所涉及的跨境换股交易——“*外国投资者以其持有的境外公司股权,或外国投资者以其增发的股份作为支付手段对上市公司实施战略投资*

的”，不再如同《外资并购规定》第 29 条那般要求境外标的公司必须为已上市公司。

根据《2020 年意见稿》第 5 条的规定，A 股外资战投所涉及的跨境换股交易需满足如下条件：（见图 9.20）

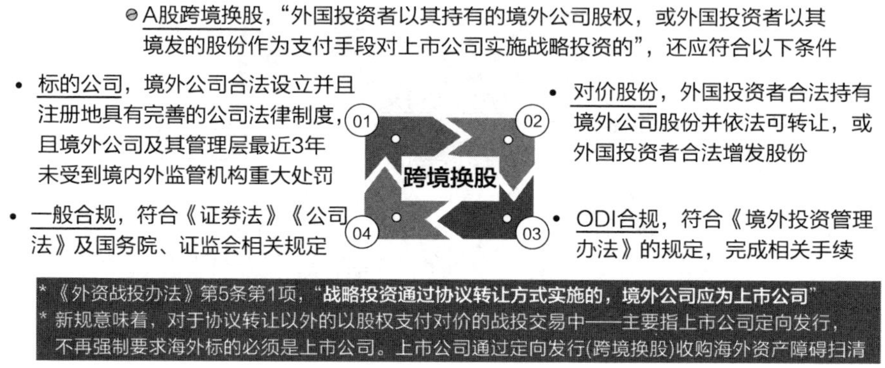

图 9.20　外资战投之跨境换股的核心要求

需要特别强调的是，对于特定交易场景下的跨境换股，境外标的公司仍要求必须是上市公司。具体而言，根据《2020 年意见稿》第 5 条第 1 项的规定，“*战略投资通过协议转让方式实施的，境外公司应为上市公司*”。实践中，有跨境换股需求的多是 A 股上市公司发行股份购买海外标的资产。因此，即便有前述限制性规定（以协议转让方式受让境内 A 股存量老股的外国投资者，其所提供的境外对价股份应为境外上市公司的股份—境外投资者所持境外上市公司存量老股或作为收购方的境外上市公司自身所增发的新股），对于实践中更为常见的 A 股上市公司发行股份购买资产交易而言，《2020 年意见稿》的上述调整（针对除协议转让存量老股以外的其他方式如认购定向增发，不再要求海外换股标的必须是上市公司）无疑将会大大便利 A 股公司的跨境换股交易，丰富 A 股公司海外收购的支付工具。

9.4.4　A 股公司跨境换股的交易场景

A 股外资战投中所涉及的跨境换股交易——“*外国投资者以其持有的境外公司股权，或外国投资者以其增发的股份作为支付手段对上市公司实施战略投资的*”，实务中有多种交易场景。

较为常见的跨境换股交易场景是 A 股上市公司发行股份收购境外标的股权。其交易结构可以简示如下：（见图 9.21）

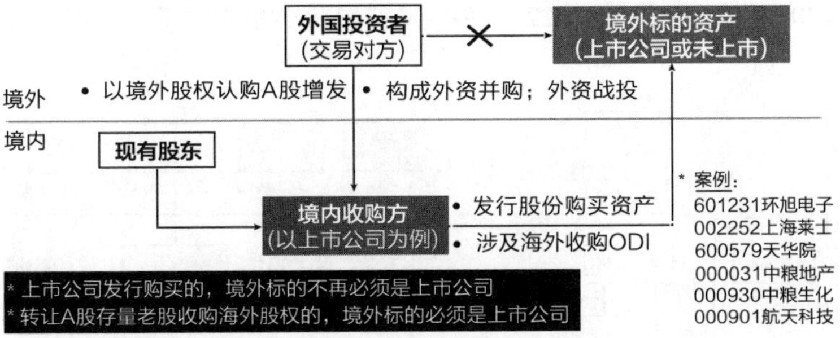

图 9.21　跨境换股结构 A——上市公司发行股份购买境外标的老股

近期案例中采用上述结构 A 的，如 2020 年环旭电子（601231. SH）发行股份收购海外资产 AFG：（见图 9.22）

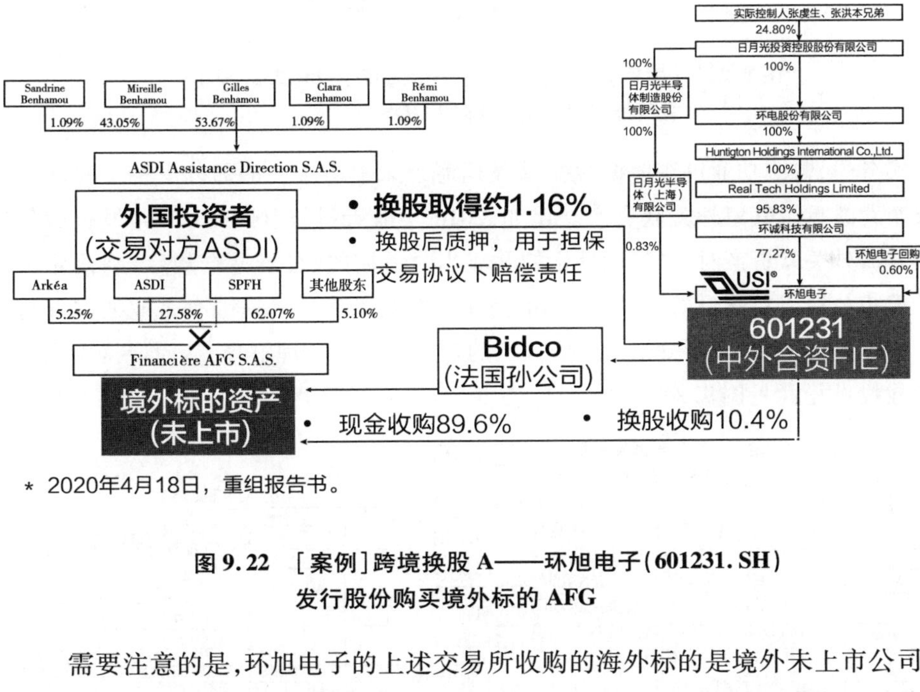

* 2020年4月18日，重组报告书。

图 9.22　［案例］跨境换股 A——环旭电子（601231. SH）
发行股份购买境外标的 AFG

需要注意的是，环旭电子的上述交易所收购的海外标的是境外未上市公司，若适用《外资并购规定》，则严格讲上述交易并不符合有关境外标的应是上市公司的跨境换股前提条件。不过，由于交易进行时 A 股上市公司环旭电子本身已是中外合资企业。因此，从《外资并购规定》第 2 条关于适用范围——“*境内非外商投资企业*”的规定以及实务经验来看，对于 A 股公司本身已是 FIE（而不是非 FIE 内资公司）的外资并购而言，仍有合理解释空间。

另外,2019 年上海莱士(002252. SZ)发行股份收购海外资产 GDS 也是类似情况:(见图 9. 23)

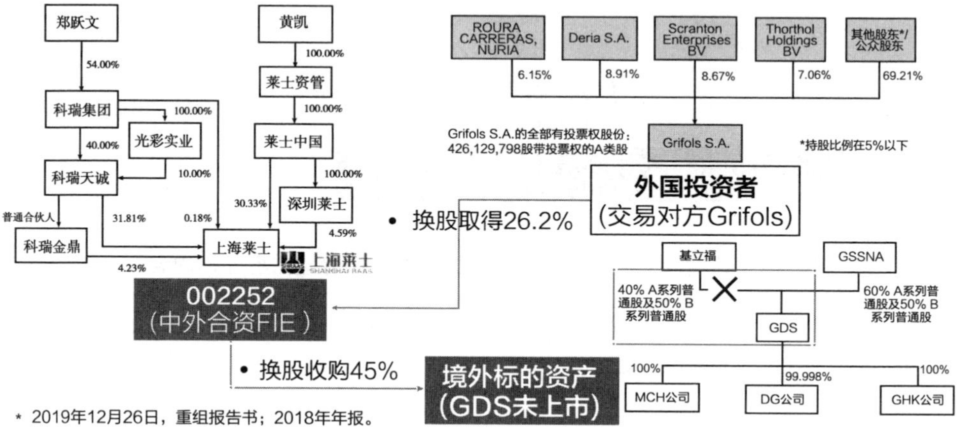

图 9. 23 [案例]跨境换股 A——上海莱士(002252. SZ)
发行股份购买境外标的 GDS

实务中,曾成功通过跨境换股交易收购海外未上市资产的另外一种交易场景是央企背景重组其海外关联资产。比如,2016 年航天科技(000901. SZ)发行股份收购其海外关联资产时,虽然境外标的并非当时适用的《外资并购规定》所规定的海外上市公司或特殊目的公司,但上市公司从交易的实质——国有企业的内部重组而非商务部 10 号文所管辖的外资并购的角度提供了合理解释,从而取得了商务部的战投批复:(见图 9. 24)

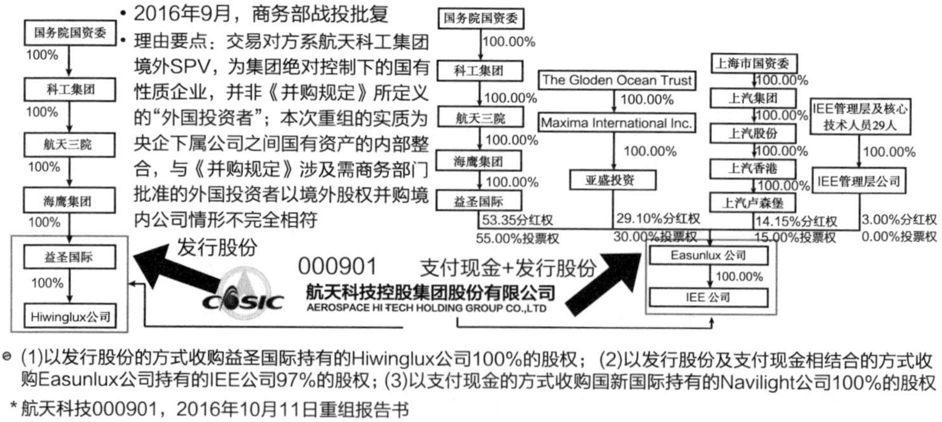

图 9. 24 [案例]跨境换股 A——航天科技(000901. SZ)发行股份购买境外关联资产

除了上述常见交易结构(A股公司发行股份收购海外标的资产股权)外,市场上也曾出现另外一种跨境换股交易——A股上市公司境内股东以其所持A股存量老股认购境外增发新股。该等交易的简化结构如下:(见图9.25)

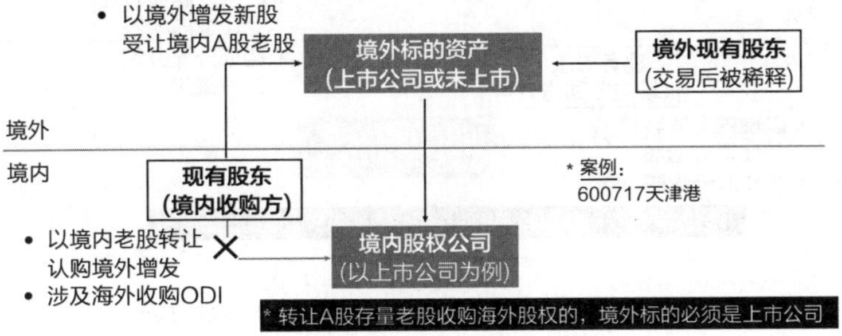

图9.25 跨境换股结构B——A股公司股东以境内存量老股认购境外增发新股

上述交易结构B的典型代表便是有10号文之后首例跨境换股之称的天津港集团2009年以其所持A股上市公司天津港(600717.SH)的存量老股换股认购港股公司天津港发展(03382.HK)的增发新股:(见图9.26)

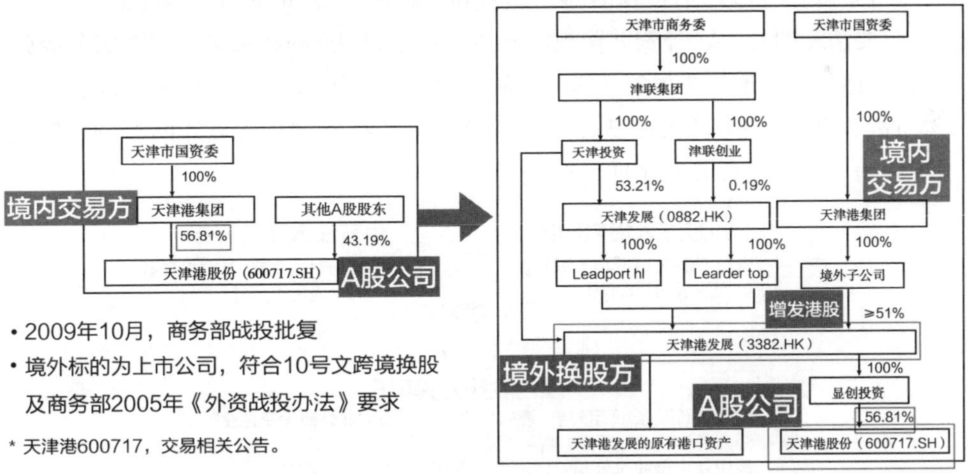

图9.26 [案例]跨境换股A——天津港(600717.SH)股东以存量老股换股认购港股(03382.HK)增发新股

另外,跨境换股的交易结构还可能是境内外股东之间的一个股份置换——境内股东以其所持境内存量A股置换境外股东所持有的境外标的股权。对于该等交易,需要注意的是,若境内存量老股转让系通过协议转让方式进行,则境外标的公司需是以上市公司。其结构如图 9.27 所示：

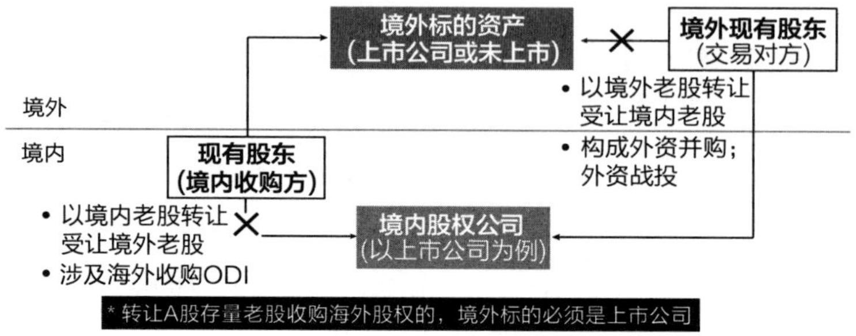

图 9.27　跨境换股结构 C——境内外老股置换

除上述之外，理论上还存在一种跨境换股交易结构(结构 D)是境内公司增发新股认购境外目标公司增发新股。但由于该等换股将导致跨境交叉持股，涉及的问题更为复杂，实务中几乎不具可操作性。在此不再赘述。

9.4.5　不构成外资并购范畴之跨境换股的例外情形

从监管要求的角度来看，外资并购范畴的跨境换股需要遵守《外资并购规定》以及《外资战投办法》(若涉及 A 股上市公司)等相关规定的条件和程序要求。

需要注意的是，从《外资并购规定》《外资战投办法》的相关条文以及实务经验来看，下述几种情形并非外资并购范畴的跨境换股，因此无须遵守《外资并购规定》《外资战投办法》项下的条件要求，而只需遵守外商投资 FDI 或境外投资 ODI 等相关规则的一般性要求即可：(见图 9.28)

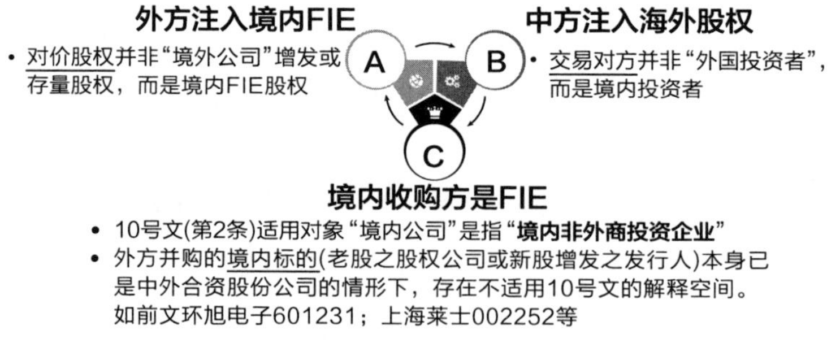

图 9.28　不构成外资并购范畴之跨境换股的情形

9.4.5.1　例外 A：外方注入境内 FIE 股权

对于注入标的属于境内注册的外商投资企业 FIE 的情形，虽然交易对方包含

FIE 的外方股东,但由于 FIE 属于境内股权而非境外股权,因此不属于10号文项下的“跨境换股”(从而无须遵守换股标的需是上市公司的要求)。

但由于该等交易中的 FIE 外方股东因换股而取得 A 股上市公司的股份,因此对该等外方股东而言依然构成《外资战投办法》项下对 A 股上市公司的外资战投,从而原则上仍需遵守包含投资者资产门槛、投资比例及锁定期等外资战投要求。

实务中,上述注入境内 FIE 股权的交易并不少见。比如,2018 年华灿光电(300323. SZ)通过收购境内 SPV 股权实现收购海外标的资产的结构安排:(见图9.29)

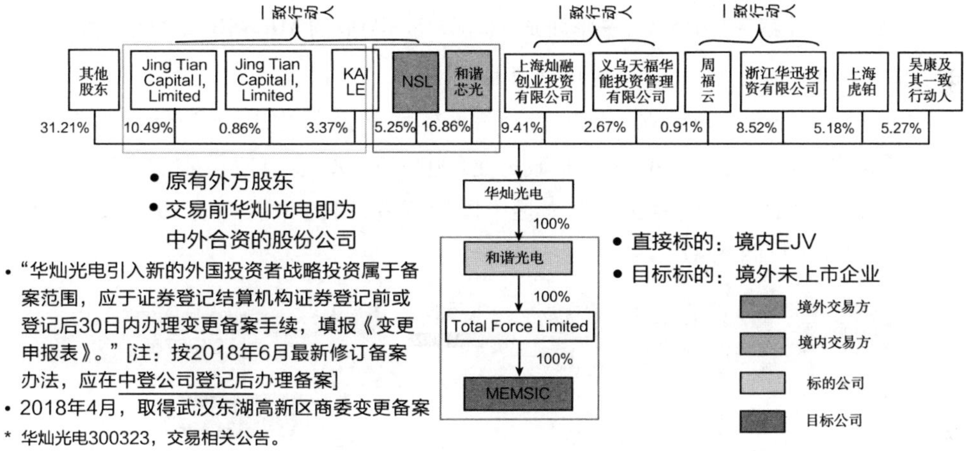

图9.29 [案例]例外A——华灿光电(300323. SZ)通过收购境内FIE股权收购境外标的MEMSIC

上述例外情形 A——外方注入其所持境内 FIE 股权以取得 A 股上市公司的股份,在上市公司发行股份购买资产的交易中并不少见。该等例外情形 A 的一个启发是,当境外标的是未上市公司因而无法满足10号文项下的《跨境换股》境外标的应是上市公司之前提条件时,可以通过先将境外标的重组至一家境内 FIE 旗下然后再发行股份收购该境内 FIE 股权,从而达到在不与10号文等监管规定直接冲突的情况下实现换股方式间接收购海外标的资产的目的。比如,在上述华灿光电(300323. SZ)发行股份收购境外标的 MEMSIC 的交易中,在将境外标的注入上市公司之前,先将该境外标的转让至一家境内注册的中外合资公司,然后再将该境内合资公司(和谐光电)再注入上市公司,而不是直接将境外标的 MEMSIC 注入上市公司:(见图9.30)

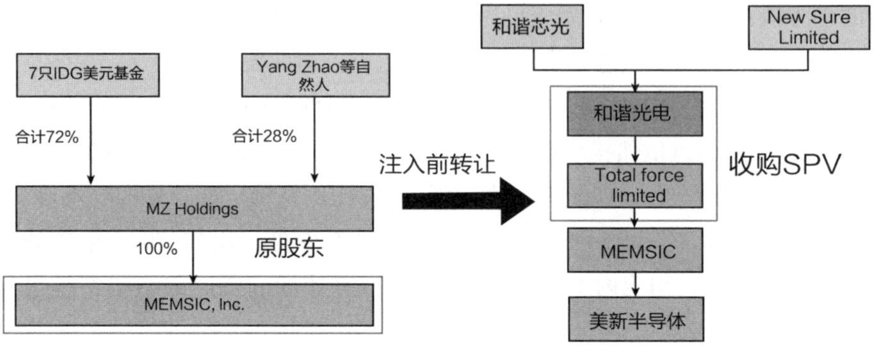

图 9.30 [案例]例外 A——华灿光电(300323.SZ)收购 MEMSIC 的过渡安排

9.4.5.2 例外 B:中方注入境外股权

另一种例外是交易对方是中国投资者而非境外投资者,因不是外资并购从而无须适用 10 号文。例如,2016 年东诚药业(002675.SZ)发行股份收购中国投资者持有的泰国公司股权时,因交易对方是中国投资者,因此并不构成 10 号文项下的《跨境换股》:(见图 9.31)

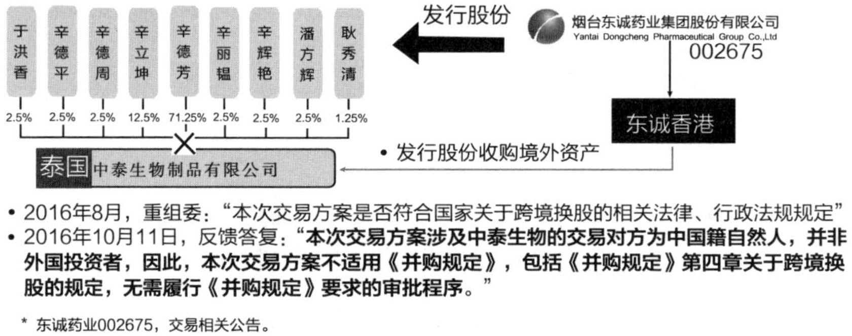

图 9.31 [案例]例外 B——东诚药业(002675.SZ)发行股份收购中国投资者的境外股权

上述例外情形 B 的一个启示是,当拟换股收购的标的是海外未上市企业而无法满足 10 号文跨境换股前提要求时,可以通过过渡性安排将原来两头在外(交易对方及标的资产均为境外主体)调整为一头在外(标的资产在外但其股东变更为境内主体),从而通过过桥收购交易安排实现最终换股交易(先由境内主体或财团收购再注入 A 股公司认购增发新股)。实务中,类似的交易安排已有不少实例,如一些中概股私有化回归的相关交易。实际上,类似上述华灿光电的交易结构也可以看成是前述调整(两头在外调整为一头在外)的一种演变。

需要注意的是,在2021年版《外资战投办法》后,上述例外情形A或例外情形B所启示的交易结构安排可能都已不再必要,除非基于相关商业安排另有考虑。这是因为,在《2020年意见稿》后,A股公司的跨境换股交易不再要求海外标的必须是已上市公司。对于海外未上市标的资产,也可以通过发行股份的换股交易实现跨境收购。当然了,该等跨境换股收购依然要遵守《外资战投办法》、ODI海外投资规则以及标的资产所在国法律等其他规则。

9.4.5.3 例外C:境内收购方本身已是外商投资企业FIE

交易时A股公司本身已是中外合资企业而非纯内资公司的,因不构成10号文第2条所指的“*境内非外商投资企业*”(*以下简称境内公司*),因此也不直接受限于10号文关于跨境换股境外换股标的需是已上市公司的股份这一前提要求。

实务中,此类案例如上述介绍的环旭电子(601231. SH)及上海莱士(002252. SZ)等。类似的案例还有青岛金王(002094. SZ)收购杭州悠可的交易:(见图9.32)

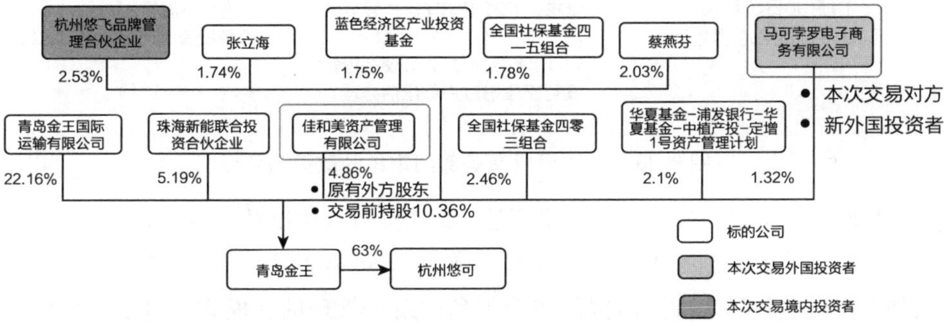

• “2017年1月16日,商务部向青岛市商务局下发《关于青岛金王应用化学股份有限公司引进外国投资者适用管理程序问题的函》(商资产函〔2017〕27号),经核认定青岛金王系外商投资上市股份有限公司,依据《外国投资者对上市公司战略投资管理办法》、《关于外国投资者并购境内企业的规定》的规定,外国投资者收购外商投资企业的股权不属于并购境内企业的范畴,故将申请资料退回,交由青岛市商务局办法。”

* 青岛金王002094,交易相关公告。

图9.32 [案例]例外C——外商投资股份公司青岛金王(002094. SZ)发行股份收购境内FIE股权

9.5 外资战投的商务部门监管

9.5.1 商务部门外资监管政策的演变

相比境内投资者的监管框架,外国投资者战略投资A股上市公司之监管政策的一个特别环节是商务部门的监管。根据2005年版《外资战投办法》的规定,外资战投最初需要上报商务部审批。实务中,在早期刚颁布《外资战投办法》那段时间,尤其对于涉及外资对地方上市公司进行战投时,由于涉及需由地方层层上报至中央商务部以及还涉及国资等其他审批,整个战投前置批复的取得往往需要6个月甚至一两年或更长时间。后来,经过持续改革,商务部战投批复通常可以在3个月左右时间取得。另外,作为外商投资监管的一部分,外资战投的商务部门审核这几年也因外资准入监管整体政策框架的大变革而已有实质调整。

简言之,外商投资(包含外资战投)的商务部门审核环节先后经历了事前审批制到事后备案制再到如今的信息报告制等三个阶段的监管变革:(见图9.33)

图9.33　外资战投商务部门审核的政策演变

自2020年1月1日起,《外商投资法》及其实施条例以及包含《外商投资信息报告办法》(商务部 国家市场监督管理总局2019年第2号令)在内的配套规则生效,外商投资监管进入准入前国民待遇加负面清单管理的新模式。对于负面清单以外的外商投资项目,涉及商务部门的相关程序调整为信息报告制度,仅需通过企业登记系统提交信息报告,而不再额外设置商务部门的审批或备案环节。根据《负面清单2021》,外资战投本身并未被列为负面清单事项,除非其属于所列33项涉及外商投资特别管理措施的行业或者构成“关联并购”事项。因此,对于不涉及《负面清单2021》特别管理措施的外资战投交易,仅需事后提交外商投资信息报告。

在2020年《外商投资法》框架下,外商投资(包括外资战投)的企业登记及信息报告制度体系可简要图示如下:(见图9.34)

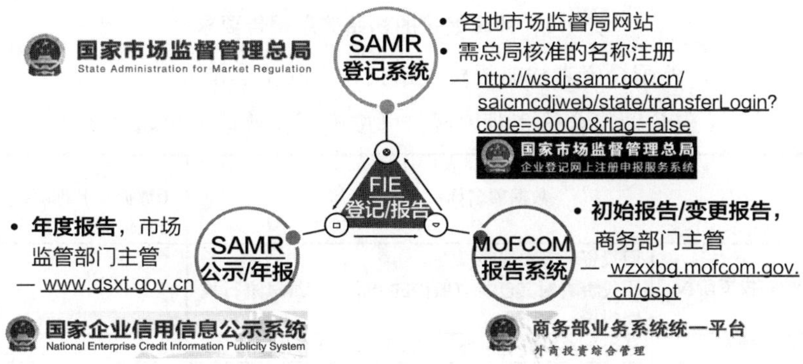

图9.34　外资准入新政下的企业登记 & 信息报告系统

9.5.2　外资战投的商务部门外商投资信息报告要求

在现行外资准入监管框架下，根据《外商投资信息报告办法》，外商投资信息报告主要有如下几种类型：（见图9.35）

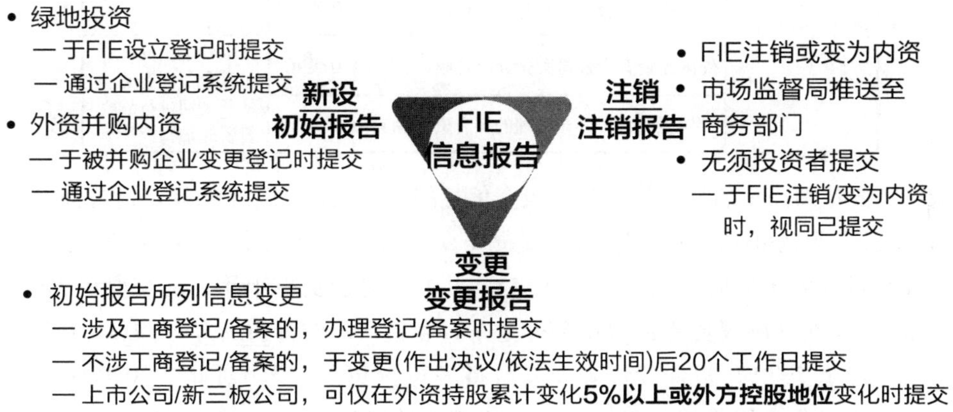

图9.35　新政下外商投资信息报告的主要类型

就具体到外资战投而言，根据作为《外商投资信息报告办法》附件之《外商投资初始、变更报告表》，其第四部分是专门针对外资战投的相关信息要求，主要涵盖战投方式及投资者资产状况等事项：（见表9.1）

表 9.1　外资战投的初始信息报告要求

外国投资者战略投资上市公司交易基本情况

（仅公司、合伙企业填报，可按投资者数量下拉填报）

<table>
<tr><th colspan="2">数据项名称</th><th>备注
（数据项名称随报告主体略有调整）</th></tr>
<tr><td>战略投资阶段</td><td>□投资者首次战略投资
□投资者对其已持有股份的上市公司继续进行战略投资</td><td></td></tr>
<tr><td>控股情况</td><td>是否为被投资上市公司控股股东：□是　□否</td><td></td></tr>
<tr><td rowspan="2">投资方式</td><td>□定向增发
□协议转让
□要约收购
□其他</td><td rowspan="2"></td></tr>
<tr><td>股份转让方情况说明：
（如勾选协议转让、要约收购方式，请作出说明）</td></tr>
<tr><td rowspan="4">战略投资者资产状况</td><td>外国投资者自身实有资产总额：（万美元）</td><td rowspan="2"></td></tr>
<tr><td>外国投资者管理的实有资产总额：（万美元）</td></tr>
<tr><td>外国投资者母公司实有资产总额：（万美元）</td><td rowspan="2">仅限外国投资者通过其全资拥有的境外子公司进行战略投资时填写</td></tr>
<tr><td>外国投资者母公司管理的实有资产总额：（万美元）</td></tr>
</table>

需要特别注意的是，根据《外商投资信息报告办法》第 11 条的规定，《外商投资信息报告》所载事项发生变更的，需要提交变更报告。但就外资战投而言，考虑到所涉及目标公司的股票已上市公开交易，并非所有变更事项均需提交变更报告，而是“*可仅在外国投资者持股比例变化累计超过5% 或者引起外方控股、相对控股地位发生变化时，报告投资者及其所持股份变更信息*”。对此，《2020 年意见稿》第 16 条作出了类似的规定：“*外国投资者持股比例变化累计超过5% 或外方控股、相对控股地位发生变化时，上市公司或外国投资者应向商务主管部门报送投资信息。*”

简言之，外资战投所涉及的变更信息报告要求如下：（见图 9.36）

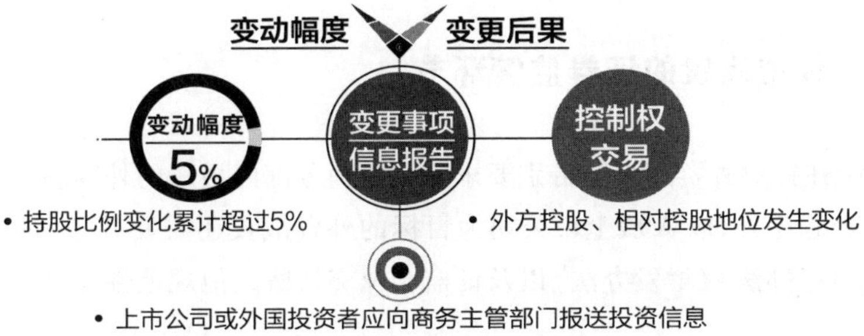

图 9.36　外资战投变更的信息报告要求

也就是说,对于外资战投而言,如果变动幅度低于5%,是无须另行提交外商投资信息报告的。实际上,在原先外资备案制度框架下及实务中,对于已入股A股上市公司的外国战略投资者,也仅要求其后续变更达到5%幅度时方才进行相应的备案。比如,2016年外国投资者Alliance Healthcare(上市公司的现有外方股东)参与南京医药(600713. SH)的非公开发行时,其认购增发前原持股12%,认购后持股增至13.88%。交易所反馈问询时曾关注,"申请人本次非公开发行申请尚未取得商务部的相关文件,请补充相关文件"。对此,上市公司答复称,其曾根据当时适用的《外资战投办法》向商务部提交申请,但商务部告知其上市公司已为外商投资企业,其增发所涉及FIE变更事项应适用当时的外资备案规定。由此,由于持股变动幅度未达5%,本次交易无须办理外资备案程序:(见图9.37)

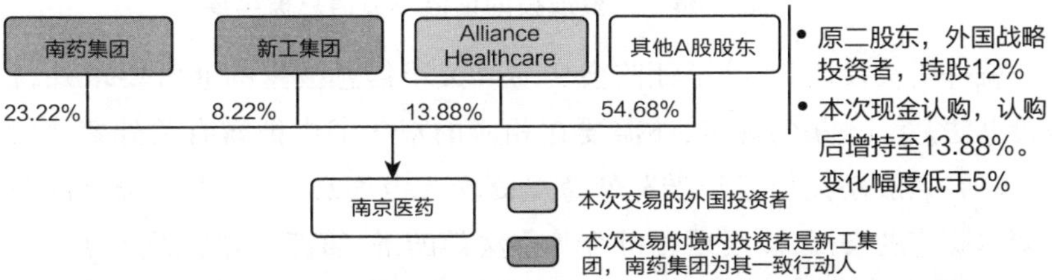

- 根据商务部2016年11月25日在其外商投资综合管理信息系统（政府平台）上发布的《备案范围指引》第5条第2款：外商投资上市公司和新三板公司可仅在外国投资者持股比例变化超过5%以及控股或相对控股地位发生变化时备案，其中5%系指所有外国投资者持股比例变化合计达到5%。按本次非公开发行方案，本次非公开发行后，Alliance Healthcare的持股比例将不会发生变化
- 《外资战投办法》（2020年意见稿）外方累计5%以下的变化仍无须备案/报告

* 南京医药600713，2016年12月31日交易所反馈回复。

图 9.37　[案例]南京医药(600713. SH)——外方股东持股增幅5%以下无须外资备案手续

9.6 外资战投的证券监管环节

除了上述针对外资战投的特别要求——向商务部门报送的外商投资信息报告（事后报告）程序外，以A股上市公司为目标的外资战投还需要遵守《证券法》《收购办法》《重组办法》《增发办法》以及证监会及交易所其他规范性文件的一般性要求。

就证券监管环节的审核而言，根据外资战投的方式不同分别涉及协议转让、要约收购或非公开发行等的证监会及/或交易所的审核以及中国结算的登记手续等。对此，其他章节有详细分析，在此不再赘述。

就信息披露而言，结合不同的外资战投场景以及不同的投资比例会有不同的披露要求，主要包括如下几种类型：（见图9.38）

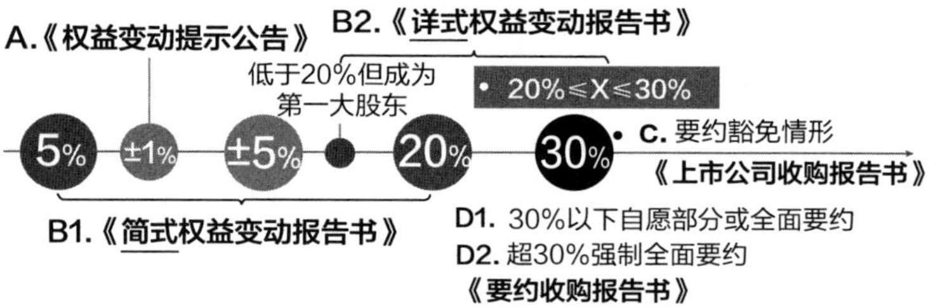

图9.38 外资战投的证监环节信息披露要求

就外资战投而言，除了证监会交易所关于信息披露的通常要求外，根据《外资战投办法》第13条的规定，还需要在相应的报告书中披露有关外资战投的特别事项，包括“*该战略投资是否涉及外商投资准入负面清单、是否符合外商投资准入负面清单规定的条件，以及是否符合本办法第四条、第五条规定的条件*”。

9.7 外资战投顾问的聘请

相比原规则的不明确，《2020年意见稿》第6条作了明确规定，根据该条规定，涉及外资战投的，应聘请“*在中国注册登记的符合《证券法》规定的中介机构*”担任顾问（以下简称外资战投顾问）。具体而言，根据战投方式的不同，应由外国投资者或者A股上市公司分别聘请相应的外资战投顾问针对相应事项发表专项核查意见：（见图9.39）

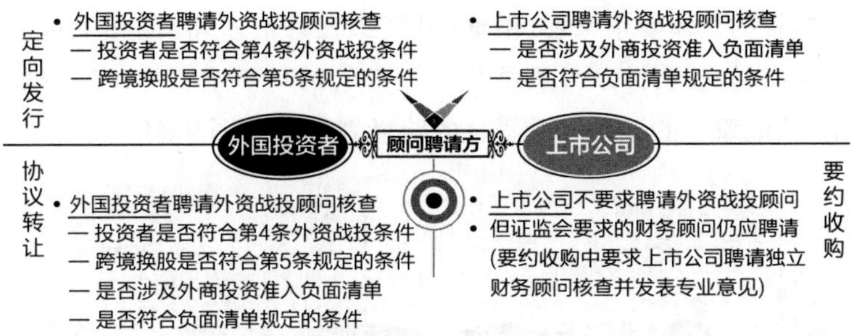

图 9.39　外资战投顾问的聘请

实务中,外资战投顾问可以是券商财务顾问,也可以是律师或其他符合规定的外部顾问,如审计师或咨询机构等,并不局限于具有财务顾问资格的券商。

9.8　外资战投的外汇监管

9.8.1　外资战投的外汇监管框架

除了商务部监管及证监会或交易所审核等环节外,外资战投的另一个关键环节是外汇监管,无论是战投资金的跨境流入,还是投资之后将来减持退出或分红所得的跨境留出或留存境内使用等,都涉及相关的外汇监管事项。

鉴于 2020 年《外商投资法》生效后的外资监管新时代以及《2020 年意见稿》的最新修订,国家外管局发布了《外国投资者对上市公司战略投资所涉外汇管理有关问题的通知(征求意见稿)》(以下简称《外资战投外汇通知》)。

关于《外资战投外汇通知》的适用范围,主要包含如下相关外汇监管事项:(见图 9.40)

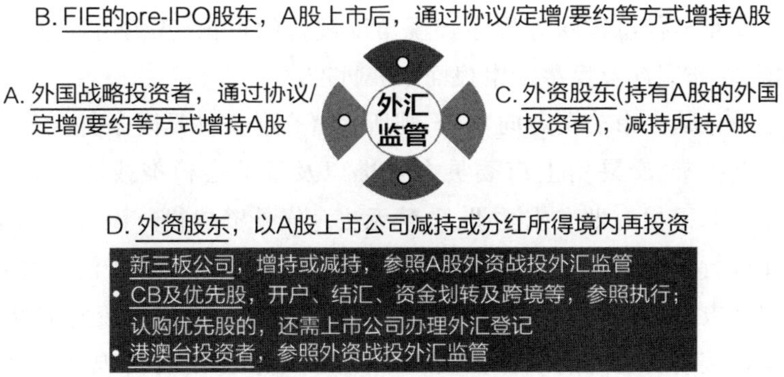

图 9.40　外资战投外汇监管的适用范围

从外汇监管的具体要求来看,根据《外资战投外汇通知》的相关规定并结合外资战投的通常交易流程,涉及外资战投外汇监管的环节主要是在外资战投交易中的外汇登记、外汇账户的开立以及资金的跨境划付:(见图 9.41)

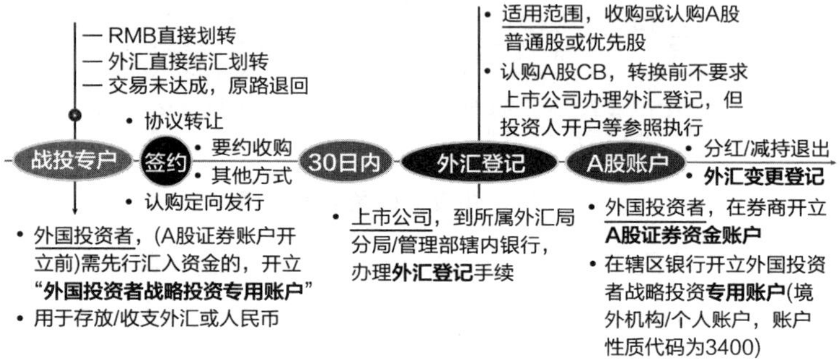

图 9.41　外资战投交易中的外汇监管事项

9.8.2　外资战投的外汇初始登记

就外汇登记而言,主要涉及初始外汇登记及后续外汇变更登记。外汇登记与其他 FDI 外商投资项下的外汇登记要求一致,目前均是直接在有外汇业务资质的银行办理登记即可,无须向外汇局办理;但从管辖级别来看,涉及对上市公司进行外资战投的外汇监管级别为省级(外汇局分局或管理部所在地)。

外汇登记的申请主体是上市公司,涉及的是交易后上市公司因外资战投变成中外合资企业所需登记的主体相关信息。上市公司应在“*战略投资交易达成之日起30日内*”向辖区银行办理外汇登记。所谓“*交易达成*”,通常理解是签约日。对于协议转让方式的签约日还好理解,因为从证券监管的角度,目前的协议转让基本不涉及前置性许可,除了涉及国资的相关交易外,通常签约即生效;后续的交易所合规确认主要是从信息披露等程序合规角度进行的审核,签约后通常可以顺利完成过户交割,除非因涉及反垄断申报而未获批准。

但若涉及认购上市公司定向发行,则所签署交易文件是附条件生效的,需要以后续股东大会批准、交易所上市委员会核准以及证监会核准或注册为生效前提。假若后续无法取得相应批准或注册,也就无法完成外资战投。该等情形下,假若初始签约后便进行了外汇登记,则后续因交易未获批准还需要进行注销登记。因此,对于认购定增方式的外资战投场景中,上述的“*交易达成*”时点究竟是指附条件生效的认购协议签署日还是后续证监会核准或注册制日,还有待观察。就实际操作而言,由于认购定增的外国投资者是在证监会核准/注册之后的发行承销环节才需要划付认购价款,因此即便在证监会核准/注册之后才开始由上市公司办理外汇登记以及由投资者开立A股证券账户及外资战投外汇账户,时间上应该也是可行的。

再者,若是通过要约收购的方式进行外资战投,则通常不涉及相关交易文件的签署,而是通过交易所的公开市场直接进行。该等交易场景下,"*交易达成*"时点究竟是指《要约收购报告书》或其摘要发布之日还是指要约期满或要约交割之日呢?一方面,在要约期满之前,要约收购能否成功以及外国投资者通过要约将能够收购多少股份,这些都是不确定的。另一方面,与上述定向发行需要证监会核准/注册的前置许可以及还有发行承销过程不同,在要约收购中,一旦要约期满,对于所有预受的股份,投资者都有义务收购因而需要及时支付价款,除非属于有条件要约因未达到生效门槛而未生效(详见第4章)。因此,对于要约收购而言,如果在要约期满才办理外汇登记以及开立外汇账户,从流程来看可能也会造成交易的障碍。

尽管上述,需要澄清的是,若因交易需要而需先行汇入资金的,《外资战投外汇通知》允许外国投资者先行开立专用账户,而不是以上市公司的外汇登记为前提。因此,外汇登记办理的时点并不必然影响战投资金的跨境划付。

另外,如果战投的标的是A股上市公司发行的CB可转债,则虽然战投账户、结汇及资金跨境收付等应参照《外资战投外汇通知》的规定执行,但是,笔者理解,在CB转换之前,由于只是债券投资,外国投资者尚未持有作为CB发行人的A股公司的股份,而上市公司也暂未变成中外合资企业,因此无须办理外汇登记。尽管如此,如果将来外国投资者将CB转换为A股,则上市公司应办理外汇登记手续。相反,根据《外资战投外汇通知》,若认购的标的是优先股,则上市公司应按照规定办理外汇登记手续。

9.8.3 外资战投的战投专用账户

根据《外资战投外汇通知》,外国投资者对A股上市公司进行战投时,应开立"*外国投资者战略投资专用账户(境外机构/个人账户,账户性质代码为3400,下同)*"(以下简称战投专户)。

就战投专户的开立时点来看,可以按常规交易进展在向券商开立A股证券账户(及对应人民币资金账户)之后再开立外资战投专户。根据《外资战投外汇通知》,外国投资者开立战投专户时需要提交如下文件:

"(一)书面申请;

(二)外国投资者注册登记或身份证明文件;

(三)外国投资者在中国证券登记结算有限责任公司开立A股证券账户相关

真实性证明材料。”

而在一些特定交易场景下外国投资者需先行汇入资金的，也可以先行开立战投专户。比如，在要约收购中需要在要约摘要发布后 3 日内即先行划付 20% 的保证金；或者，协议转让中因商业安排需要先行支付一定的保证金或预付款等。不过，对于在交易前先行开立战投账户的情况下需要提交哪些申请文件（此时可能还没有上述提及的 A 股账户相关资料），《外资战投外汇通知》尚无明确指引。

无论战投专户的开立时点如何，《外资战投外汇通知》对于战投专户内资金的支出和收入范围是有明确要求的，尤其是，“*外国投资者战略投资专用账户内的资金不得支取现金，不得用于外国投资者持有上市公司A 股股份交易以外的用途*”。根据《外资战投外汇通知》，外资战投专户的收支范围如下：（见图 9.42）

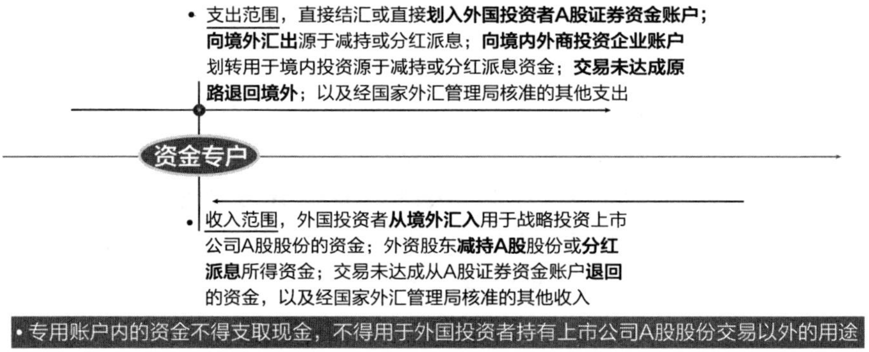

图 9.42　外国投资者战略投资专用账户的收支范围

9.8.4　外资战投的外汇变更登记

对于上市公司的“外资股东”减持其所持 A 股股份——包括通过战投方式取得的 A 股以及 FIE 外方股东的 pre - IPO 持股及后续增持部分，根据《外资战投外汇通知》，上市公司应向初始登记银行办理外汇登记变更手续；而且，根据《外资战投外汇通知》，该等外汇变更登记是外资股东将其减持所得汇出境外或留存境内投资的前置程序。

9.8.5　外资战投分红/减持所得的汇出或境内再投资

对于因战投所取得的相应收入，包括持股期间的分红所得及其他衍生收益以及未来退出的减持所得，根据《外资战投外汇通知》，“*可用于境内投资或汇出境外。上述资金可存放于外国投资者战略投资专用账户内*”。（见图 9.43）

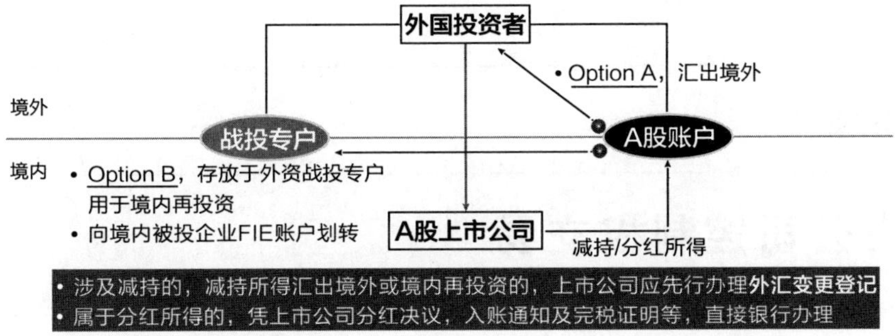

图 9.43　外国投资者减持/分红所得的汇出或境内再投资

对于汇出境外的，主要是需要先行办理预提税申报缴纳手续，然后可以通过银行结汇汇出。

而对于留存境内继续投资的，按照中国人民银行、商务部及外管局等六部委于 2021 年 1 月发布的《关于进一步优化跨境人民币政策 支持稳外贸稳外资的通知》(银发〔2020〕330 号)的规定，“*境外投资者将境内人民币利润所得用于境内再投资，可将人民币资金从利润分配企业的账户直接划转至被投资企业或股权转让方的账户，无需开立人民币再投资专用存款账户；被投资企业无需开立人民币资本金专用存款账户，资金使用须遵守本通知第八项的规定*”。

不过，需要注意的是，前述银发〔2020〕330 号文只是对外国投资者的境内人民币利润所得用于境内再投资提供了更多便利——外国投资者无须开立人民币再投资专户而被投企业也无须开立人民币资本金专户(也就是说，被投企业可以用常规的人民币账户收款并正常使用)。但是，对于外国投资者境内减持所得人民币的境内投资再使用，银发〔2020〕330 号文则未涉及。对于该等减持所得人民币的境内再使用，按照现行外国投资者境内投资相关规定，外国投资者仍需开立人民币再投资专户，被投企业也需开立人民币资本金专户，专户内资金的使用须受外汇监管。

第 10 章

上市公司控制权交易

10.1　上市公司控制权交易概览

10.1.1　控制权交易市场概况(2019～2021 年)

近年来,上市公司控制权交易持续活跃。尤其是,由于经营困难、资金压力或业务转型等因素,民营上市公司的实际控制人频频出让控制权或寻求国有主体战略合作提供流动性支持。再者,考虑到 2019 年 12 月修订的新《证券法》的生效以及注册制背景下 IPO 增量的上市公司以及 2020 年 12 月修订的沪深交易所退市规则的实施等因素,上市公司的控制权交易有望持续活跃。有关控制权交易的相关监管要求及市场操作,值得关注研究。

以 2019～2021 年公布的四百多家的上市公司控制权变动(含第一大股东变动)案例来看,除了 2019 年 6 月开板的上交所科创板以及 2021 年 11 月新开板的北交所上市公司由于控股股东尚处于三年或 1 年锁定期等因素而鲜有发生控制权变动极个别由于继承等非交易原因发生了控制权变动以外,沪深交易所均有大量上市公司公布了控制权变动公告。其中,部分上市公司因经营困境或双方预期偏差等因素,在两年期间曾与不同交易对方先后发生多次控制权交易磋商。

就控制权变动的市场板块来看,深交所主板以及创业板上市公司的控制权交易颇为活跃:(见图 10.1)

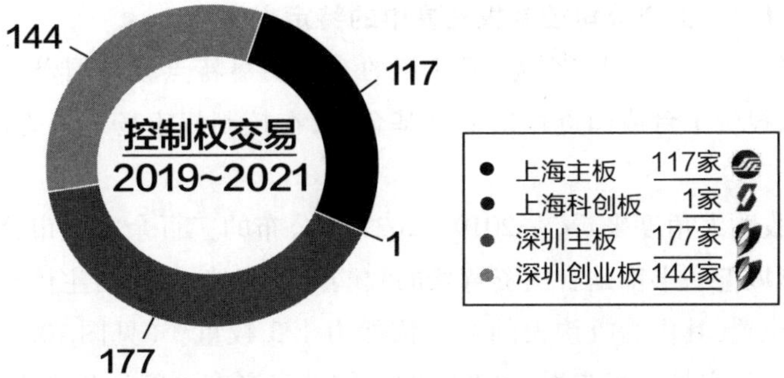

* 分析样本，2019~2021年共计439例涉及控制权（含第一大股东）变动的案例（非全部）。

图 10.1 上市公司控制权交易(2019～2021 年)——市场板块分布

而就控制权交易的变更类型来看,绝大多数属于控制人由 A 变成了 B(国资或民营)。也有部分是原来有控制人,交易后上市公司不再有控制人。而另外一些则是原来没有控制人,交易后有了控制人;或者,原来没有控制人,交易后依然没有控制人。还有个别案例是属于共同控制结构下形成共同控制的人数发生变动,或者由共同控制变成单一控制,或由单一控制或无控制人变成共同控制。

另外,除了收购交易(通过协议转让、表决权安排、间接收购、认购定增或要约收购等)以外,导致控制权发生变动的情形还可能是上市公司或其大股东发生破产重整或债务重组;或者,因司法执行或处置拍卖导致;或者,由于原大股东二级市场或其他方式减持导致原二股东被动成为第一大股东或其他原因引发控制权变动。

以 2019～2021 年的三百余家控制权变动案例为例,上市公司发生控制权变更的类型分布情况如下:(见图 10.2)

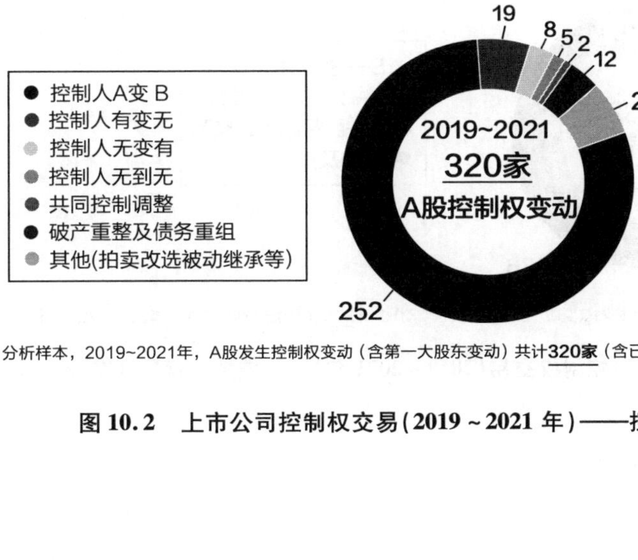

* 分析样本，2019~2021年，A股发生控制权变动（含第一大股东变动）共计320家（含已交割、进展中及已终止的，非全部）。

图 10.2 上市公司控制权交易(2019～2021 年)——控制权变更的类型

10.1.2 上市公司控制权交易中的特定主体

相较之前的控制权交易，近几年的一个明显特点就是国资主体尤其是各地国有企业、投资平台或国资背景私募基金等，在控制权市场上极为活跃，表现非常亮眼。

从收购人角度来看，在2019～2021年公布的三百余家上市公司控制权变动交易中，有接近一半都是有国资背景的收购人。当然了，民营主体在控制权市场仍占据重要位置，其作为收购人的交易依然占1/3权重。（见图10.3）尤其是，从2021年的控制权交易市场来看，民营收购主体的身影有再度日渐活跃迹象。

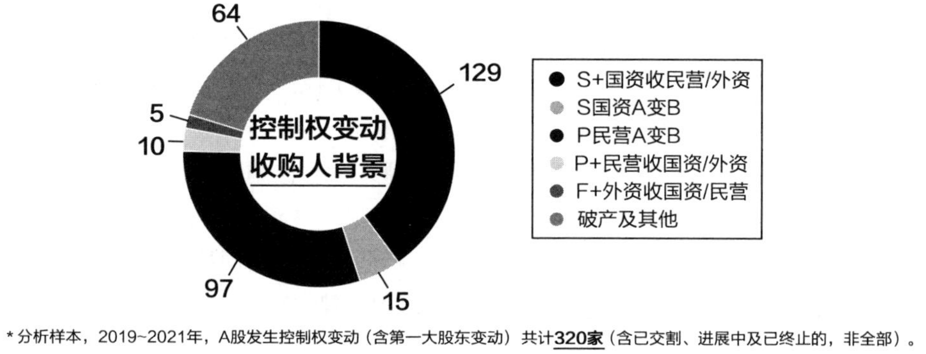

图10.3 上市公司控制权交易（2019～2021年）——收购人背景分布

而就减持方角度而言，民营主体则是绝对主力，除了出让控制权给国资主体外，也有大量交易发生在民营主体之间：（见图10.4）

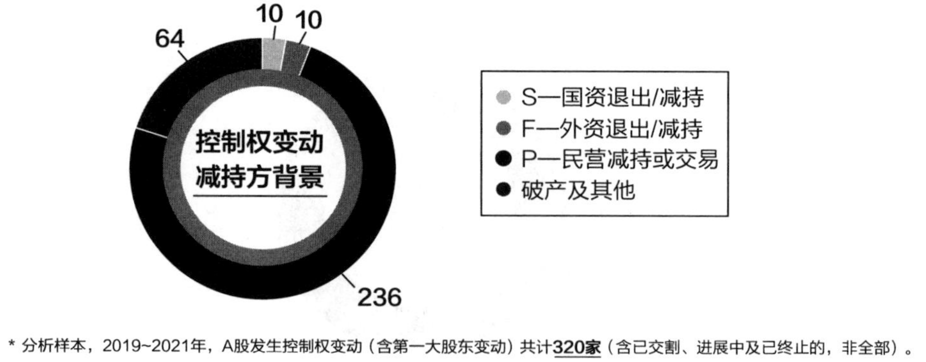

图10.4 上市公司控制权交易（2019～2021年）——减持方背景分布

除上述交易双方背景的整体分布情况外，就近几年的控制权市场而言，如下几类特定交易主体特别值得一提：

首先，就是上述提及的表现亮眼的国资主体，占近半壁江山：（见图 10.5）

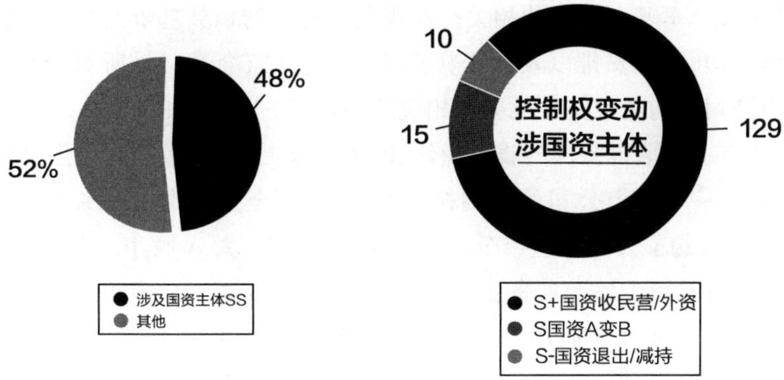

* 分析样本，2019~2021年，A股发生控制权变动（含第一大股东变动）共计**320家**（含已交割、进展中及已终止的，非全部）。
** 涉及国资主体的交易**154家**，包括129家国资收购，15家国资A变B（央企变地方/地方变央企/地方A变地方B/央企A变央企B/校企变地方），10家国资退出/减持。

图 10.5　控制权交易中的特定主体——国资股东 SS

就国资参与的控制权交易来看，国资主体以收购控制权为主，偶有少量减持退出交易，还有部分是在国资主体之间进行的交易。就国资主体之间的控制权变动交易而言，多数是央企收购地方国资或者地方国资收购央企所持上市公司，也有个别发生在不同省份的国资主体之间或者是由校企变成地方国资。关于国资主体参与上市公司股权变动交易的相关要求及程序，前文第 8 章已有详细分析，在此不再赘述。

其次，另一类值得关注的主体是私募基金。在 A 股上市公司并购重组交易中，PE 私募基金已成为一只日趋活跃的力量，既有国资背景的也有民营背景的。以 2019 ~ 2021 年的控制权交易为例，有五十余家涉及私募股权投资基金：（见图 10.6）

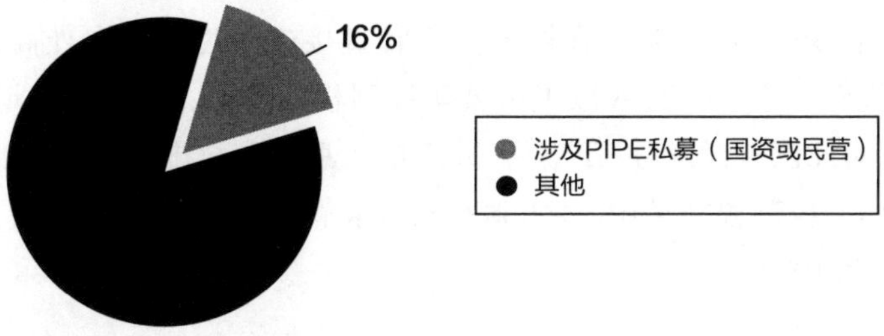

* 分析样本，2019~2021年，A股发生控制权变动（含第一大股东变动）共计**320家**（含已交割、进展中及已终止的，非全部）。
** 涉及PIPE私募基金（含国资及民营背景）作为收购人的，**50家**。

图 10.6　控制权交易中的特定主体——私募基金 PIPE

私募基金参与上市公司并购重组交易，即 Private Investment in Public Equity（PIPE），既要遵守上市公司并购重组的一般规则，同时也要兼顾作为行业监管机构证监会以及私募基金行业自律组织——中国证券投资基金业协会（以下简称基金业协会）的有关私募基金监管的相关行业规范。考虑到私募基金尤其是合伙制 PE 基金的主体结构、资金安排以及投资特点等情况，证监会及交易所对于涉及 PIPE 参与的上市公司并购重组交易也会有相应关注。

再次，还有一类值得关注的收购主体，即由一家上市公司（或其子公司）作为收购人，去收购另一家上市公司的控制权。近两年来，至少有十余家 A 股上市公司（或其子公司）收购了另一家上市公司的控制权，俗称“大 A 收小 A”，还有 3 家港股上市公司通过其境内外商独资企业 WFOE 或其再投资子公司收购了 A 股上市公司的控制权。此类大 A 收小 A 交易中需特别关注的事项，将在下文第 10.10.1 节做进一步分析。（见图 10.7）

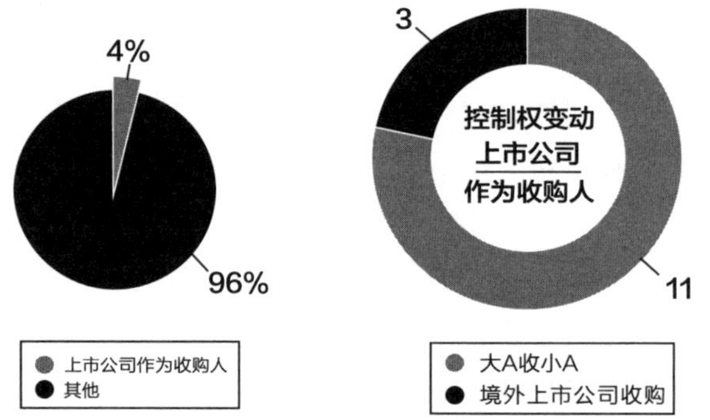

* 分析样本，2019~2021年，A股发生控制权变动（含第一大股东变动），共计**320家**（含已交割、进展中及已终止的，非全部）。
** 涉及上市公司（含其子公司）作为收购方的14家。其中，大A收小A，**11家**；境外上市公司（通过境内子公司）作为收购人的，**3家**。

图 10.7　控制权交易中的特定主体——上市公司作为收购人

另外，在控制权市场上，也偶有外国投资者直接或通过其境内外商独资企业 WFOE 或其再投资子公司收购 A 股上市公司控制权的案例，此类交易涉及外资战投，前文第 9 章对此已有详细分析。从新近几年 A 股控制权市场来看，在为数不多的涉及外资主体的控制权交易中，外方退出或减持的案例相较外资战投或增持的案例更多。（见图 10.8）

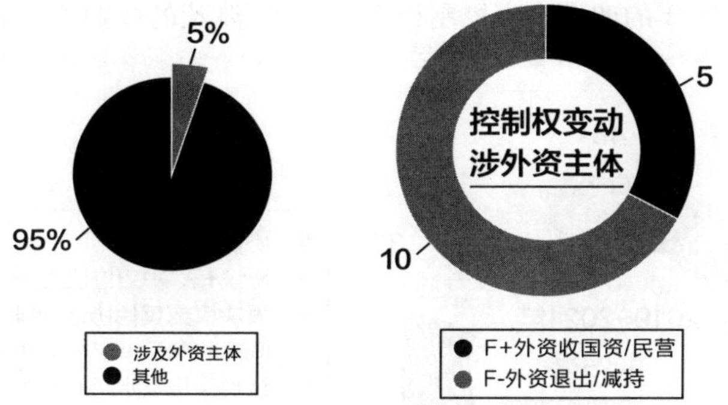

* 分析样本，2019~2021年，A股发生控制权变动（含第一大股东变动），共计**320家**（含已交割、进展中及已终止的，非全部）。
** 涉及外资主体的交易**15家**，包括5家外资收购（含外资境内WFOE或再投资公司作为收购主体），10家外资退出/减持。

图 10.8 控制权交易中的特定主体——外资主体

尽管上述，随着 2020 年 1 月 1 日《外商投资法》生效以及 2020 年 6 月新《外国投资者对上市公司战略投资管理办法》（修订草案公开征求意见稿）的发布，针对跨境交易尤其是外国投资者对 A 股上市公司战投的监管环境更为宽松，考虑到境内市场包括资本市场的巨大潜力，笔者相信，外资主体在 A 股控制权市场的身影也会日趋频繁出现。

最后，当收购方为某一特定类型主体时，比如当上市公司董监高等可能有潜在利益冲突的主体作为收购方收购自家上市公司时，从对中小投资者利益的保护等角度，对于收购的定价公允以及程序公正等角度，监管也会有特别的考量。对此，将在下文第 10.10.2 节有进一步分析。

10.1.3 上市公司控制权交易中的收购方式

不同于参股或财务性投资的常规收购，涉及控制权的上市公司收购交易无疑涉及更为复杂考量。尤其是 A 股市场所适用的若干锁定期及转让限制等（详见第 6 章、第 7 章分析），为了实现取得控制权这一核心商业目标，除了通过协议转让或间接收购等传统方式收购流通股外，往往需要综合多种方式锁定部分流通受限制股票的相关权益，最为常见的是各种表决权安排（委托、让渡、放弃、托管等）。再者，考虑到 A 股监管机构对于上市公司控制权稳定性的关注，尤其是在大股东和二股东之间股比差距偏小的情形下，还需要原大股东对其剩余股份放弃表决权或者二股东作出不谋求控制权承诺等一系列措施配合。另外，很多拟转让的标的股份可能处于质押状态，为此还需综合考虑资金过桥解质押或带质押过户，需要平衡转让方资金需求、收购人交易安全以及质权人利益等多方诉求。

以 2019～2021 年的四百多家控制权交易为例，涉及的收购方式有如下多种组合：（见图 10.9）

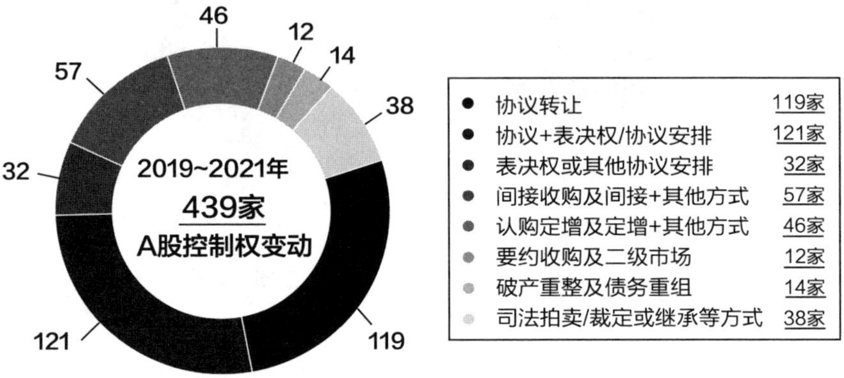

* 分析样本，2019~2021年共计**439例**涉及控制权（含第一大股东）变动的案例（非全部）。

图 10.9　控制权交易——收购方式构成（2019～2021 年）

就控制权变动的交易方式而言，一个值得关注的现象是，除了传统的协议转让、协议转让＋其他方式以及间接收购等方式外，认购定增的方式在控制权市场有显著增加的趋势。究其缘由，笔者理解，可能一方面是由于 2020 年 3 月定增新政后认购定增取得股份的控股股东锁定期由 36 个月缩短至 18 个月，这与新《证券法》项下关于取得控制权股东之 18 个月锁定期相比并没有额外增加负担；另一方面更重要的一个原因可能是，通过协议方式受让老股（控制在 30％以下）＋通过认购定增方式增持，既可以达到预期的控制权地位，又可以根据《收购办法》第 63 条的明确规定豁免全面要约（当然，也要承担 36 个月锁定承诺的代价）。下文第 10.6 节对此将做进一步分析。

整体上，控制权交易的主要方式仍然是协议转让及协议转让＋表决权/协议安排；同时，间接收购及认购定增方式占比也不小：（见图 10.10）

*分析样本，2019～2021年共计**439例**涉及控制权（含第一大股东）变动的案例（非全部）。

图 10.10　控制权交易的主要收购方式

除上述之外,也有不少是由于要约收购、破产重整、司法拍卖等其他方式导致的控制权变更:(见图 10.11)

* 分析样本,2019~2021年共计**439例**涉及控制权(含第一大股东)变动的案例(非全部)。

图 10.11 控制权交易的其他方式

针对上述各种导致控制权变更的方式,下文将结合相关监管规则以及市场案例予以详细分析。

10.2 控制权交易的主流方式——协议转让

协议转让是控制权收购的最主要方式。以 2019 ~ 2021 年的控制权交易为例,在四百余宗交易中,即便尚未计入在间接收购、要约收购及认购定增等部分交易中同步进行的协议转让案例,单就协议转让以及协议转让 + 表决权等协议安排的案例来看,就已经超过了半数:(见图 10.12)

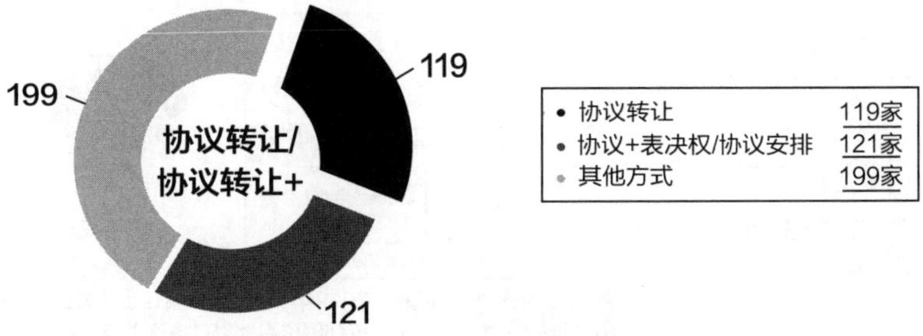

* 分析样本,2019~2021年共计**439例**涉及控制权(含第一大股东)变动的案例(非全部)。
** 其中,通过单一的协议转让(含无偿划转)方式收购控制权的共计**119家**;协议转让+表决权及其他协议安排的共计**121家**。
*** 为免复杂及重复计算,间接收购、认购定增等交易中部分案例也结合了协议转让的方式,该部分未计入上述统计。

图 10.12 控制权交易的主要方式——协议转让

有关协议转让的详细分析请见前文第 1 章。本章结合控制权交易案例再介绍一下协议转让中的一些重点事项。

10.2.1 协议转让的一般交易流程

如前文第1章已详细分析的,上市公司流通股协议转让的一般流程如图10.13所示:

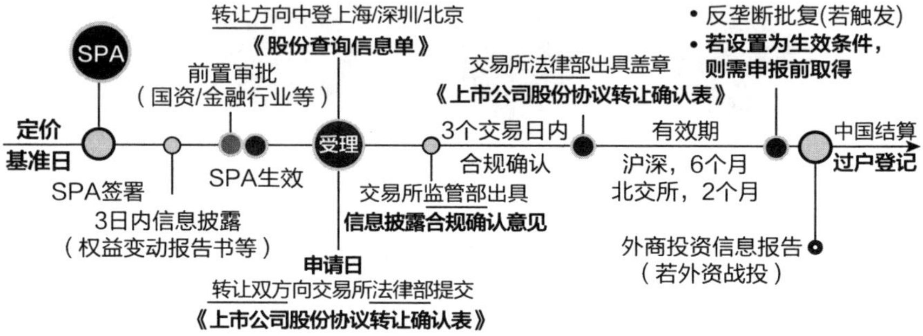

图10.13 协议转让的一般交易流程

就协议转让而言,其核心环节是取得交易所的合规确认,这一确认是中登公司办理股票过户交割的前置程序。而在一些特定交易中,在向交易所进行合规确认之前,则可能还涉及一些前置审批,尤其涉及国有资产时。以国资主体成都体投2019年收购莱茵体育(000558.SZ)为例,其交易结构及主要流程节点如图10.14所示:①

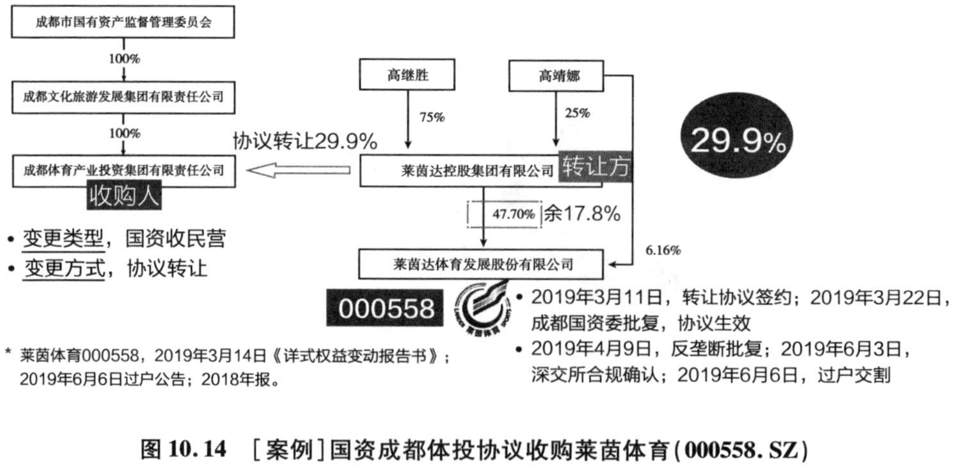

图10.14 [案例]国资成都体投协议收购莱茵体育(000558.SZ)

① 参见兰茵体育(000558.SZ):《详式权益变动报告书》,载巨潮资讯网,http://static.cninfo.com.cn/finalpage/2019-03-14/1205897309.PDF。

就上述交易而言，属于国有企业收购上市公司且涉及控制权交易，按照国资36号令的规定，应由主管国资委审批。关于国资的相关分析，详见第8章。而就反垄断批复而言，从法律角度分析，其属于交易实施的先决条件，并非协议生效的先决条件，除非交易协议自行将其设置为生效先决条件。实务中，反垄断程序大部分是在国资批复（若适用）之后而在向交易所提交协议转让申报之前完成的。

10.2.2 控制权交易中的价款支付与质押股票处置

近几年的控制权交易中，有非常大一部分涉及的是民营上市公司控制权的转让。而对于民营上市公司而言，由于控股股东先前的融资安排，很多拟转让的股票都被用于了质押融资（券商场内质押式回购或场外第三方质押融资）。按照交易所的协议转让业务指引，拟转让的标的股份应是没有转让限制的流通股；有质押负担的则应在申报前解除质押，或者取得质权人的书面同意。

商业上，收购人通常不愿接受质押于第三方的标的股份（即便质权人同意转让）。实务中，的确存在部分带质押过户的情况，但该等场景下其实大部分质押的质权人已经由原资金方变更为收购人自己（详见第1章第1.2.1节）。因此，对于涉及质押的标的股份，很关键的一个交易环节是用于解除质押或取得质权人同意的相关资金安排。这里面涉及转让方、质权人以及收购人等多方的利益诉求和风险敞口防控，除非转让方另行自筹资金解决，若通过本次交易"一揽子"解决则通常会涉及资金共管、解质押再重新质押（给收购人）、分期付款等安排。以上文提及的莱茵体育（000558.SZ）收购为例，交易中涉及的相关款项支付、质押股票处置等事项可简要图示如下：（见图10.15）

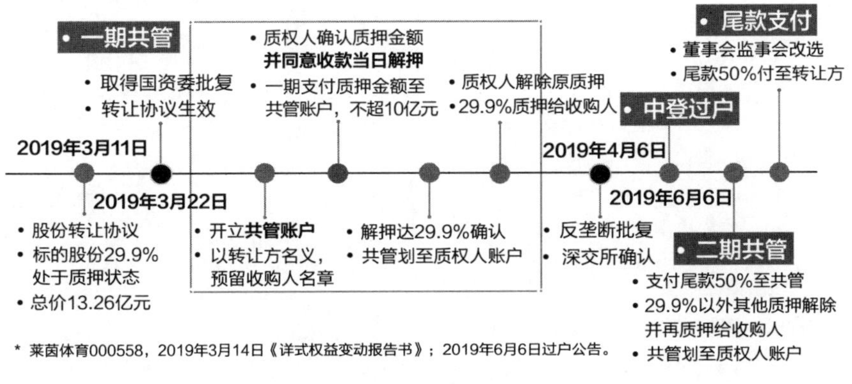

图10.15 ［案例］莱茵体育（000558.SZ）——控制权交易中的价款支付与质押股票处置

10.2.3 协议转让中的特定交易主体

控制权交易中，尽管最近几年以国资主体为主导，但也不乏其他类型的主体通过协议转让方式取得控制权的情形。尤其是私募PE基金(国资、民营或社会资本与管理层合作等)对上市公司进行的收购(PIPE投资)也比较活跃。比如，市场关注比较多的高瓴资本对格力电器(000651.SZ)的收购：①(见图10.16)

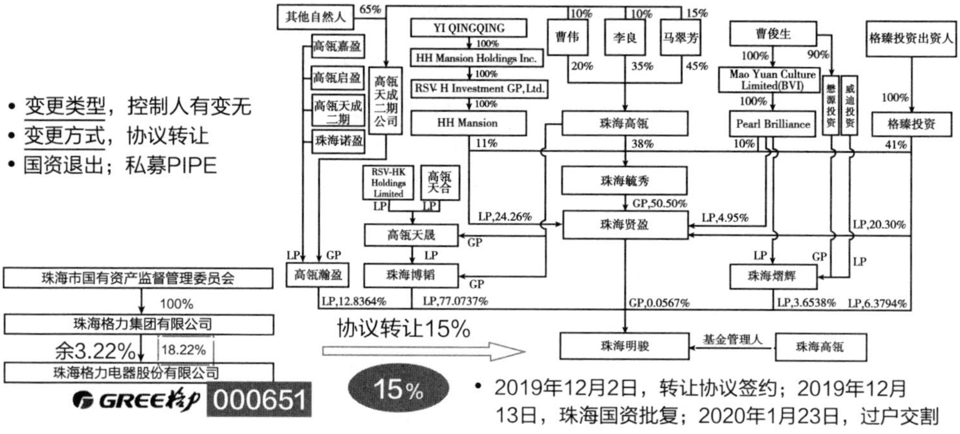

* 格力电器000651，2020年1月21日《详式权益变动报告书》；2020年2月4日过户公告；2019年报。

图10.16 [案例]PIPE高瓴资本收购格力电器(000651.SZ)

再者，外资主体也偶有现身控制权交易市场。比如，曾作为第二大股东的香港绿伟通过协议方式增持澳洋顺昌(002245.SZ)成为第一大股东：(见图10.17)

① 参见格力电器(000651.SZ)：《详式权益变动报告书》，载巨潮资讯网，http://static.cninfo.com.cn/finalpage/2020-01-21/1207269827.PDF。

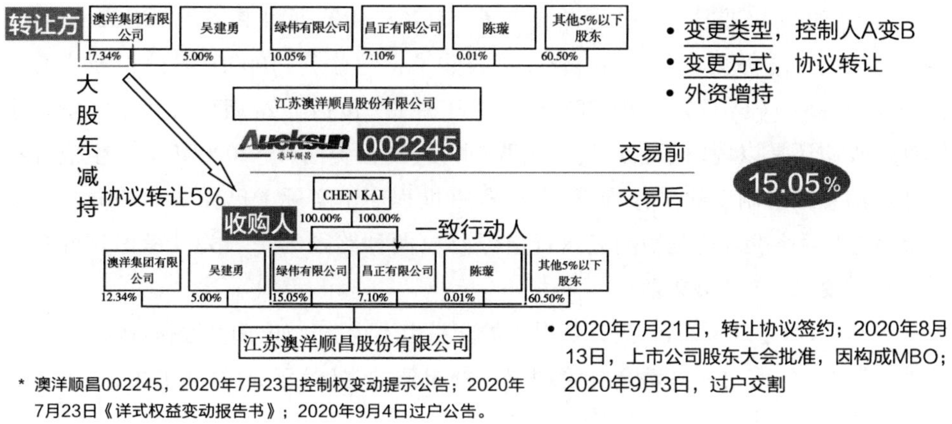

图 10.17 [案例]港资香港绿伟增持澳洋顺昌(002245.SZ)

实务中,外资除了通过境外主体直接受让外,也可以通过其境内子公司协议受让。比如,港股上市公司(03383.HK)通过其境内子公司收购了京汉股份(000615.SZ)的控制权:①(见图 10.18)

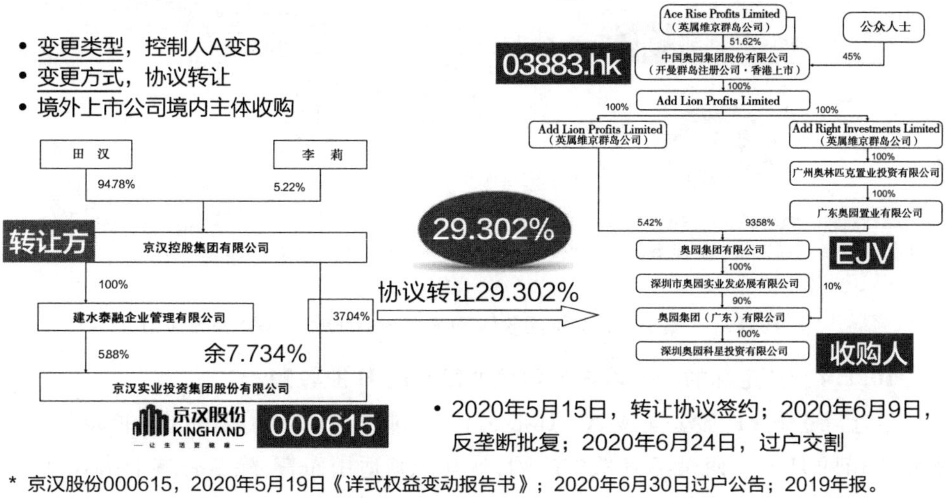

图 10.18 [案例]港股上市公司境内子公司收购京汉股份(000615.SZ)

---

① 参见京汉股份(000615.SZ):《详式权益变动报告书》,载巨潮资讯网,http://static.cninfo.com.cn/finalpage/2020-05-19/1207823585.PDF。

再如,2020 年港股上市公司希望教育(01765. HK)通过其境内 WFOE 以协议转让与认购定增等交易方式相结合连续收购了世纪鼎利(300050. SZ)以及吉峰科技(300022. SZ)(见下文第 10. 10 节)。对于外资(包括红筹)而言,究竟以境外主体直接收购还是以境内子公司进行收购,在《外商投资法》于 2020 年 1 月生效并执行外资信息报告制度的大背景下,在外资审批程序上实际上已无实质差异。除了资金考虑(境外投入还是境内经营资金等)外,两种路径的一个关键考虑是外资战投的相关要求(详见第 9 章)。

当然了,对于外资而言,近几年退出的交易也不少。比如,阳光股份(000608. SZ)的外资股东(先前由私募基金与管理层境外组建的主体)于 2020 年退出,将上市公司的控制权出售给京基集团:①(见图 10.19)

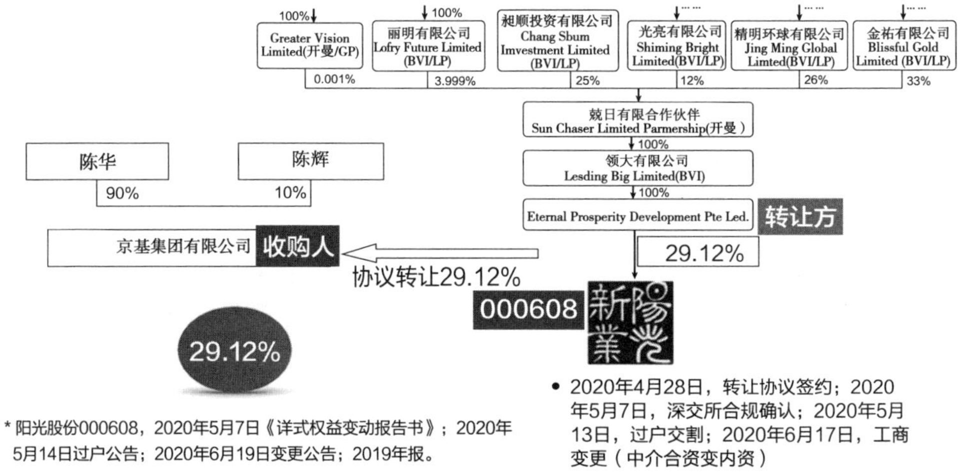

图 10.19 [案例]京基集团收购阳光股份(000608. SZ)外方股份

10.2.4 特定标的——境内公司境外发行的 H 股收购

在上市公司(H 股公司或 A + H 股公司)的收购中,标的股份也可能涉及境外香港上市的 H 股。而对于 H 股的收购,就其规则适用而言,除了香港上市规则外,同样涉及境内相关法律的适用,除了《公司法》《证券法》等基础法律,首先需要明确的是证监会的《收购办法》是否适用于 H 股收购?就此,在 2006 年新版《收购办法》通过时,证监会曾以答记者问的形式予以明确:“*《办法》适用于投资者对在境*

---

① 参见阳光股份(000608. SZ):《详式权益变动报告书》,载巨潮资讯网,http://static. cninfo. com. cn/finalpage/2020 - 05 - 07/1207708715. PDF。

*内证券交易所上市交易的上市公司的收购行为,不适用于收购仅在境外发行并上市的H股、N股等公司。在内地和香港两地上市的A股加H股公司适用于《办法》。"*①

也就是说,对于只在境外上市而没在境内上市公司在境外发行的 H 股或 N 股的收购而言,并不适用《收购办法》,而是主要适用境外交易所规则。对于境内外两地上市的 A + H 股公司而言,则需遵守《收购办法》的相关规定。比如,深圳资本于 2020 年分别以境内主体及境外主体收购中集集团(000039. SZ)的 A + H 股:②(见图 10.20)

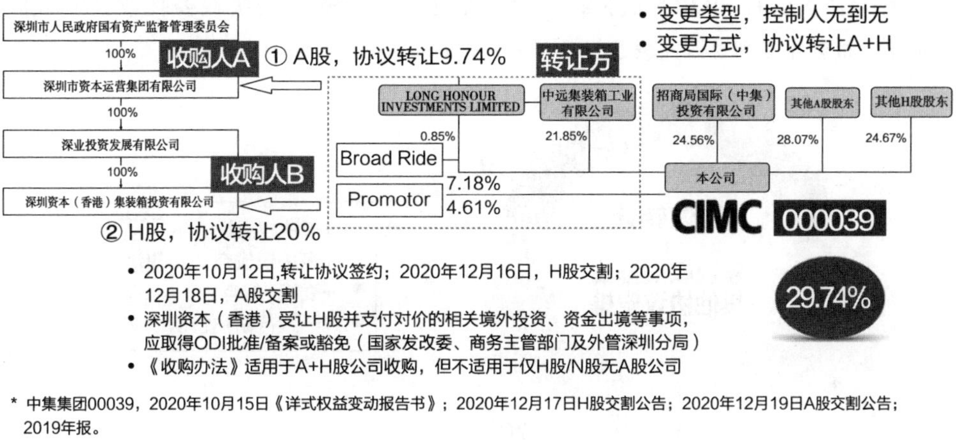

图 10.20 [案例]深圳资本收购中集集团(000039. SZ)A + H 股

另外,若涉及国资交易,根据国务院国资委的问答,③就该等 H 股公司的内资股的收购也应遵守国资 36 号令的国资监管要求(详见第 8 章)。

---

① 证监会负责人就《上市公司收购管理办法》有关问题答中国政府网记者问,载证监会官网 2007 年 1 月 21 日,http://www. csrc. gov. cn/pub/newsite/hdjl/zxft/lsonlyft/200710/t20071021_95208. html。

② 参见中集集团(000039. SZ):《详式权益变动报告书》,载巨潮资讯网,http://static. cninfo. com. cn/finalpage/2020 - 10 - 15/1208562220. PDF。

③ 参见国务院国资委:《上市公司国有股权监督管理办法》适用范围,载国务院国有资产监督管理委员会官网 2018 年 6 月 21 日,http://www. sasac. gov. cn/n2588040/n2590387/n9854167/c9931789/content. html。

10.3 控制权交易中的表决权安排

10.3.1 与协议转让相结合的协议安排

就控制权交易而言,除了通过协议转让这一传统方式以外,收购人有时还会根据项目情况在进行协议收购的同时,结合表决权安排或一致行动等协议安排,尤其是针对转让方是董监高受限于每年25%额度限制或目标股份有一部分尚处于限售期需要分批转让等情形。

在与协议转让相结合的协议安排中,最主要的方式是表决权委托或让渡或股权托管,而近年来涉及表决权放弃的交易则日趋活跃:(见图10.21)

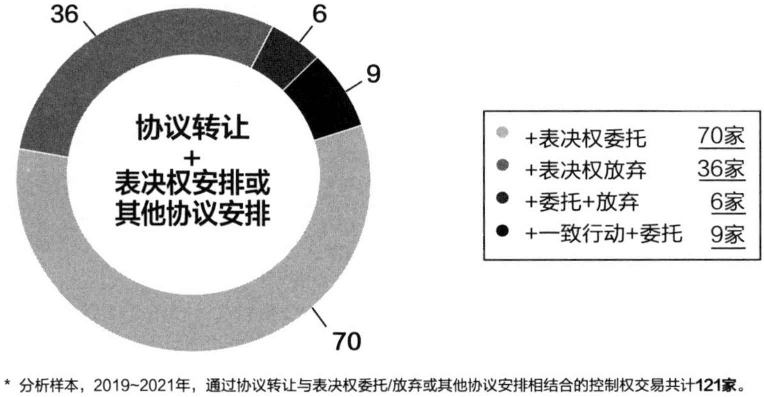

图10.21 协议转让+表决权或其他协议安排

10.3.2 控制权交易中的表决权委托

10.3.2.1 表决权委托在控制权交易中的市场概况

作为控制权交易的"一揽子"安排,表决权委托通常出现在如下几种场景中:(见图10.22)

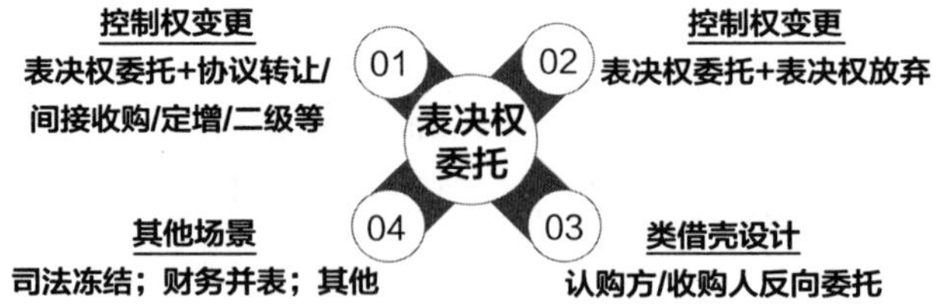

图10.22 表决权委托在上市公司收购中的实务场景

就市场数据来看,表决权委托安排频繁出现在控制权交易中。在这方面,微信公众号“法经笔记”曾对 2010 ~ 2018 年的相关数据进行梳理:①(见图 10.23)

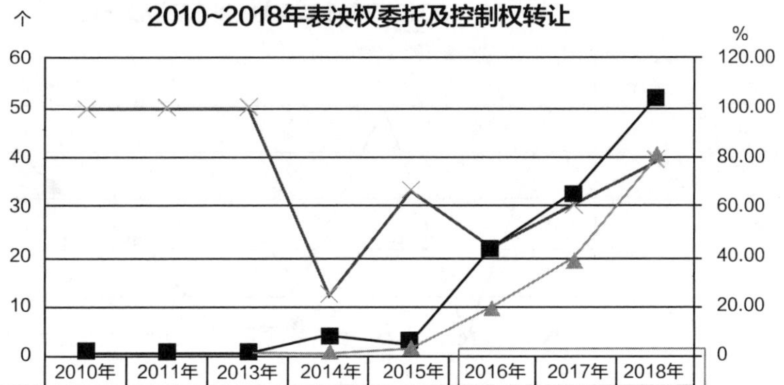

	2010年	2011年	2013年	2014年	2015年	2016年	2017年	2018年
总数	1	1	1	4	3	22	33	52
实际控制人变更	1	1	1	1	2	10	20	41
占比	100.00%	100.00%	100.00%	25.00%	66.67%	45.45%	60.61%	76.85%

* 法经笔记,2019年5月《法经监管丨A股表决权委托的实证考察:基于2010~2018年的案例》。

图 10.23 控制权交易中的表决权委托安排(2010 ~ 2018 年)

从图 10.23 可以看出,自 2016 年以来,表决权委托在控制权交易中的角色明显吃重。而从 2019 ~ 2020 年的控制权交易来看,表决权委托依然占据重要位置:(见图 10.24)

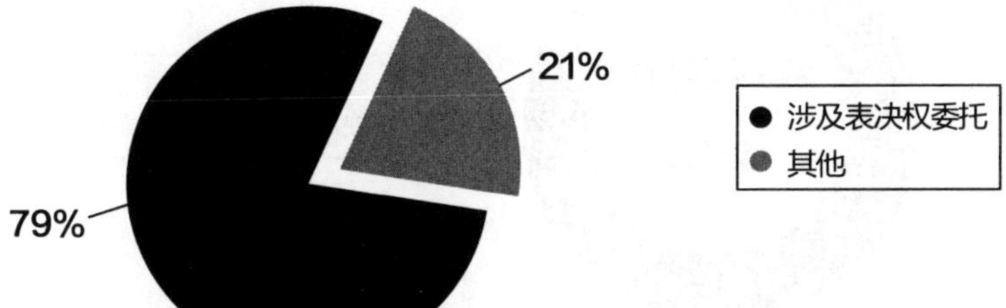

* 分析样本,2019~2021年,A股发生控制权变动(含第一大股东变动)共计439家。
** 涉及表决权委托(+协议转让;+间接收购;+认购定增;+要约收购;+放弃;+其他协议安排或纯委托)的,92家。

图 10.24 控制权交易中的表决权委托安排(2019 ~ 2021 年)

尽管实务场景可能可以差异,但通常表决权委托会和协议转让或其他交易方

---

① 参见《法经监管丨A 股表决权委托的实证考察:基于 2010 ~ 2018 年的案例》,载微信公众号“法经笔记”2019 年 5 月 2 日,https://mp.weixin.qq.com/s/3aIaNobyVD2u6P0YhY5ObQ。

式(间接/要约/定增等)相结合。在这方面,微信公众号“法经笔记”曾对 2010 ~ 2018 年的相关数据进行了如下梳理:①(见图 10.25)

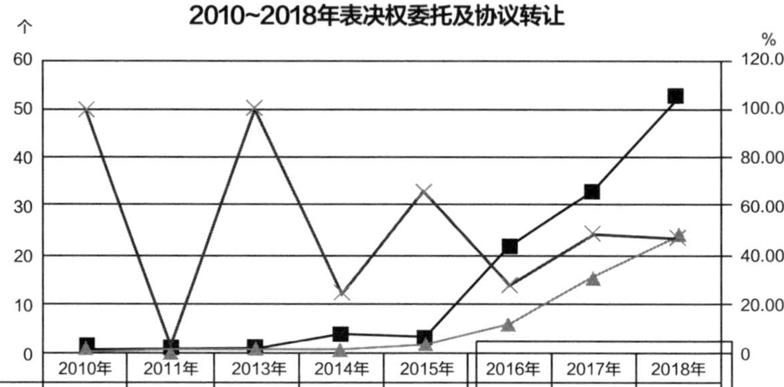

	2010年	2011年	2013年	2014年	2015年	2016年	2017年	2018年
总数	1	1	1	4	3	22	33	52
配合协议转让	1	1	1	1	2	6	16	24
占比	100.00%	100.00%	100.00%	25.00%	66.67%	27.27%	48.48%	46.15%

* 法经笔记,2019年5月《法经监管 | A股表决权委托的实证考察:基于2010~2018年的案例》。

图 10.25 表决权委托 + 协议转让(2010 ~ 2018 年)

而从 2019 ~ 2020 年涉及的协议转让 + 协议安排的相关控制权交易来看,表决权委托则是与协议转让方式配合的最主要的协议安排方式:(见图 10.26)

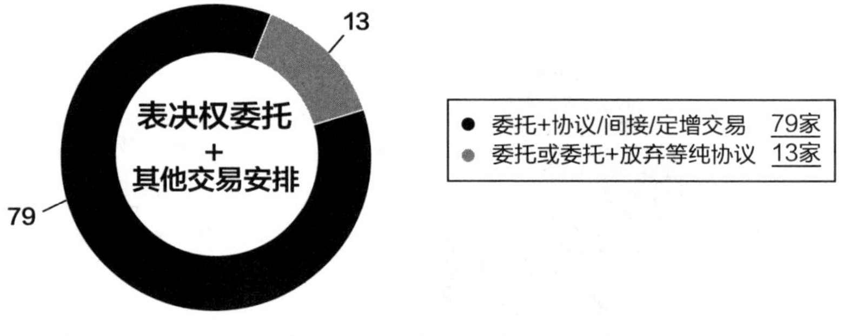

* 分析样本:2019~2021年共计439例涉及控制权(含第一大股东)变动的案例(非全部)。

图 10.26 表决权委托 + 协议转让(2019 ~ 2021 年)

10.3.2.2 表决权委托 + 协议转让的实务场景

在控制权交易中,协议转让与表决权委托相结合是比较常见的。实务中,表决

---

① 参见《法经监管 | A 股表决权委托的实证考察:基于 2010 ~ 2018 年的案例》,载微信公众号“法经笔记”2019 年 5 月 2 日,https://mp.weixin.qq.com/s/3aIaNobyVD2u6P0YhY5ObQ。

权委托可能是与协议转让同步进行,也可能是先协议转让后续再进行表决权委托或者反过来先签署表决权委托协议后续再进行协议转让。(见图 10.27)

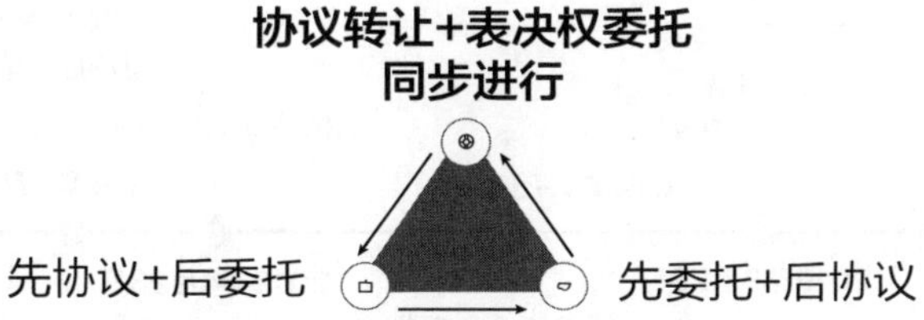

图 10.27 表决权委托 + 协议转让的实务场景

协议转让 + 表决权委托同步

在广州万力集团收购山河智能(002097. SZ)时,在协议转让的同时签署了表决权委托协议,其交易架构如图 10.28 所示:①

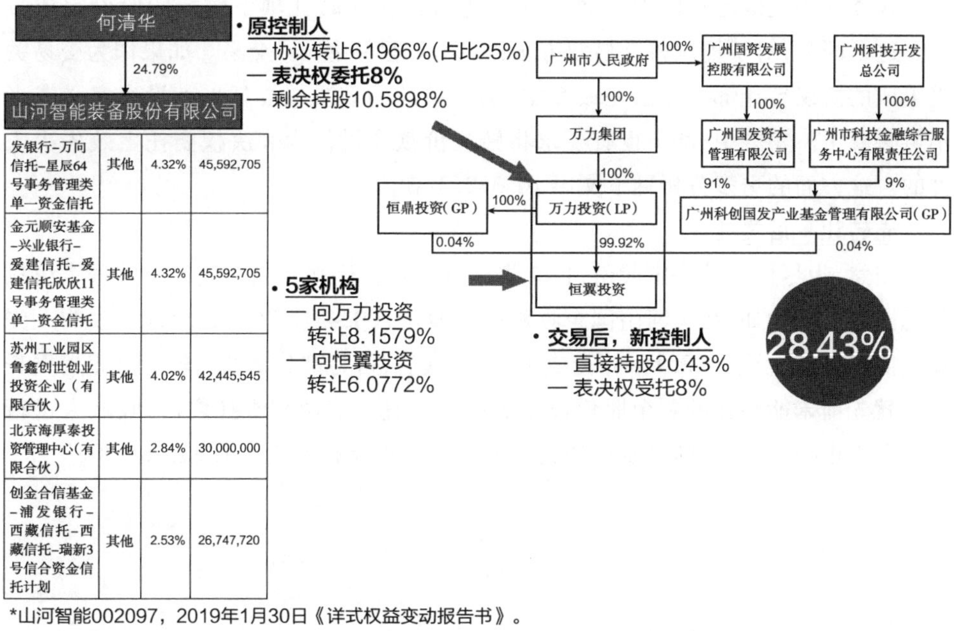

图 10.28 [案例]表决权委托 + 协议转让同步——山河智能(002097. SZ)

① 参见山河智能(002097. SZ),《详式权益变动报告书》,载深圳证券交易所官网 2019 年 1 月 30 日,http://www.szse.cn/disclosure/listed/bulletinDetail/index.html? 9d9fcd61 - 9654 - 4f26 - 9ea6 - 260bb44628fc。

不过需要注意的是,尽管上述交易中表决权委托协议是与收购协议同时签署的,但表决权委托的生效是自所转让的标的股份过户交割后才生效:(见图 10.29)

图 10.29 [案例]万力集团收购山河智能(002097.SZ)的交易流程

实际上,在表决权委托与协议转让相配合的控制权交易中,大部分案例都是将表决权委托的生效起算时点设置为同步进行的协议转让项下的标的股份完成过户。这是因为,对于控制权交易双方来讲,通常是"一揽子"交易。如果作为交易关键组成的协议转让部分无法完成交割,那么单纯的表决权委托也就没有意义或者不再必要了。实务中,甚至也有要求将转让价款支付作为表决权委托生效先决条件的。这方面的更多分析见下文第 10.3.2.3 节。

先转让 + 后委托

当然,为尽快取得一定股份,也有先进行协议转让并完成交割后再签署表决权委托协议的。比如,在某河南国企收购棕榈股份(002431.SZ)的交易中,收购人先通过协议转让受让了 13.1% 并完成了过户;其后,再与部分董监高转让方签署委托协议就先前未能转让的剩余股份设定表决权委托。表决权委托之后,收购人进行了反垄断申报,于反垄断批复后委托生效完成了控制权变更:[1](见图 10.30)

---

① 参见棕榈股份(002431.SZ):《详式权益变动报告书》,载巨潮资讯网,http://static.cninfo.com.cn/finalpage/2019-04-02/1205981220.PDF。

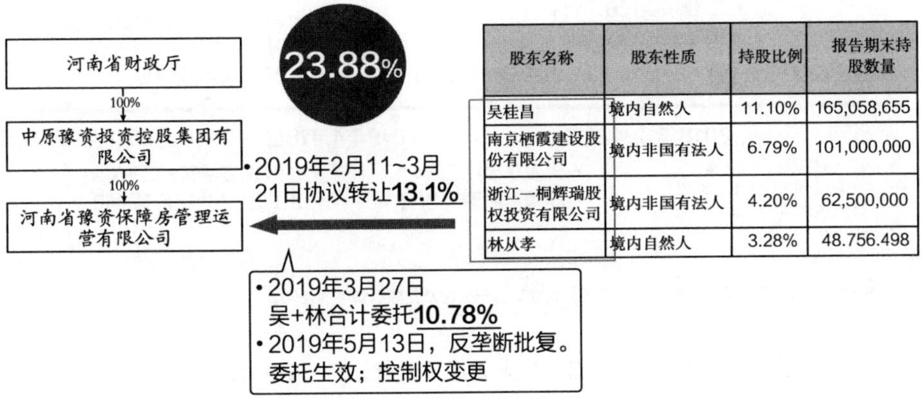

* 棕榈股份002431，2019年4月2日《详式权益变动报告书》。

图 10.30 [案例]先转让+后委托——豫资保障房收购棕榈股份(002431.SZ)

对于上述安排(先转让+后委托),其交易背景有可能是考虑到因控制权变动触发的经营者集中申报周期较长,为尽量减少不确定性或者因交易双方商业考虑等因素,可以先进行暂未导致控制权变动的部分股份的协议转让,其后再进行将导致控制权变动的表决权委托或其他安排。不过,从实务案例来看,大部分控制权交易还是转让协议和表决权委托协议“一揽子”签署,但表决权委托同时设置了一定的生效条件(如完成过户或取得批复等)。

先委托+后转让

另外,也有先进行表决权委托,后续再进行协议转让的交易安排。该等交易中,表决权委托往往只是临时的过渡措施,通常在后续转让协议签署并完成过户后终止。与上述协议转让+表决权委托同步进行或者先转让+后委托不同(该等交易中用于委托的授权股份通常是受限制暂时无法转让的,比如董监高股份每年受限于25%额度暂不能转让的需要表决权委托),先委托+后转让的交易背景可能是由于商业谈判或尽职调查等尚未完成,作为过渡措施可以先行委托。比如,在东柏文华收购*ST东网(002175.SZ)的交易中,相关安排如下:①(见图10.31)

---

① 参见*ST东网(002175.SZ):《关于控股股东、第二大股东、第三大股东签署〈股票转让之框架性协议〉暨公司控制权拟变更的提示性公告》,载巨潮资讯网,http://static.cninfo.com.cn/finalpage/2018-12-20/1205679687.PDF;以及交易后续进展相关公告。

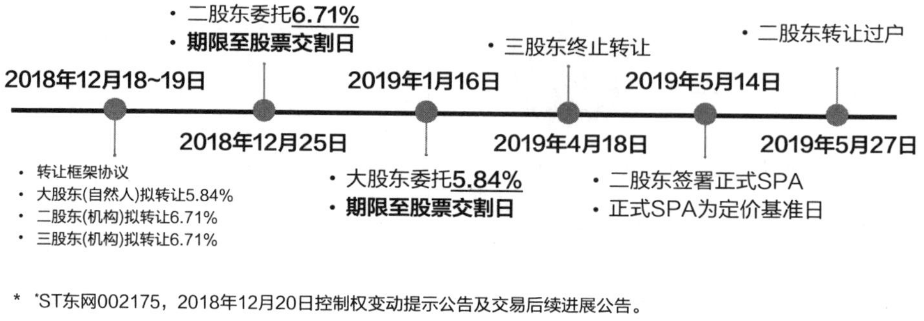

图 10.31　[案例]先委托 + 后转让——东柏文华收购*ST 东网(002175.SZ)

10.3.2.3　表决权委托安排的核心条款

从实务案例中表决权委托协议(部分案例中也称为表决权“让渡”或“委托管理”或“股权托管”协议)的相关内容来看,通常涉及如下核心条款的具体约定:(见图 10.32)

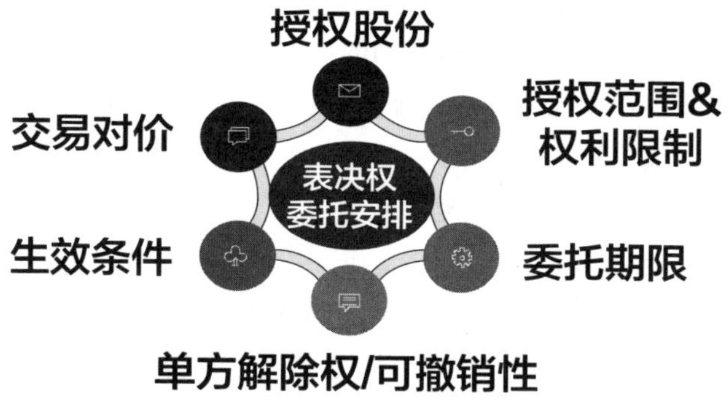

图 10.32　表决权委托安排的核心条款

条款 1:授权股份的类型和范围

在 A 股控制权交易中,表决权委托在之所以有重要角色,一个关键背景是 A 股的股票通常有若干转让限制,比如锁定期限制、董监高年度 25% 额度限制等(详见第 6 章分析),另外很多股份往往还受限于质押融资项下的质权限制或者可能已被司法冻结,从而导致无法直接过户转让股票。因此,作为阶段性措施,在标的股份具备转让条件之前,控制权交易的目标股份需要先行表决权委托以及可能需要同步安排质押。(见图 10.33)

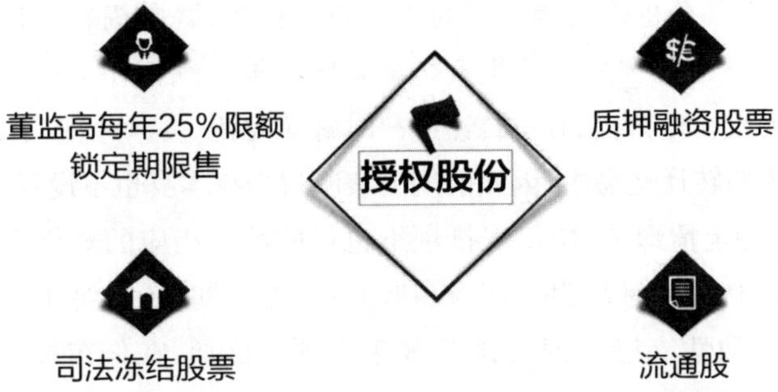

图 10.33 表决权委托安排所涉及的授权股份类型

而就用于表决权委托的“授权股份”的范围来看，除了所涉及的相关股份本身，通常也包含委托期间基于该等标的股份所衍生的股票，包括该等股份因配股、送股、转增、拆股等增加的股份。

另外，对于部分交易中希望或允许委托方继续进行出售（二级市场减持或转让给收购人）以拉开与收购人持股差距进而巩固收购人的控制权的情况，载有表决权委托的授权股份也会有动态减少的可能性。

条款 2：表决权委托的交易对价

从相关交易的公告来看，绝大多数案例中，表决权委托通常并没有任何交易对价，受托方无需就委托本身向委托方进行任何资金支付安排；表决权大多是无偿、无条件（尽管委托生效本身可能有先决条件）且不可撤销地委托给受托方：（见图 10.34）

图 10.34 表决权委托的交易对价

究其原因，表决权安排通常是控制权交易中“一揽子”安排的其中一环。表决权委托往往是与协议转让或间接收购或认购定增等其他收购方式结合在一起的，相关交易对价已经体现在收购或认购协议项下，无需再就表决权委托本身单独支付对价。实务中，的确也有仅仅进行表决权安排而没结合转让协议等收购交易的。

但此类案例中,大部分也都是因为暂时不具备转让条件(如尚在限售期或者处于质押或司法冻结等状态需要先行筹集资金解除转让限制),而作为过渡期间的临时安排先行进行表决权委托,直至股份转让过户时解除委托。这等情形下,相关交易对价将会体现在后续的转让交易中,因此前期的表决权委托本身也不设置交易对价。

尽管上述,特定情形下,协议安排项下也可能涉及相应的对价支付问题。该等情形下,受托方通常并非仅仅是有关权利的行使方,同时还需要向上市公司提供一些管理运营或流动性支持纾困安排等服务事项。比如,在仁东控股(002647.SZ)交易中,采用了表决权托管及一致行动相结合的方式。在股权托管协议项下,委托方因标的权利托管应按托管年度向受托方支付托管费。如托管年度为完整公历年,该托管年度的托管费应为贰仟万元(大写)人民币(RMB20,000,000.00)。[①]

另外一个值得思考的问题是,在将来发生争议尤其是单方解除委托时,表决权委托的无偿性可能会对赔偿责任的主张有重要影响。原《合同法》第410条曾规定:"*委托人或者受托人可以随时解除委托合同。因解除合同给对方造成损失的,除不可归责于该当事人的事由以外,应当赔偿损失。*"而取代了《合同法》并已于2021年1月1日起生效的《民法典》在这方面则区分了无偿委托和有偿委托的不同处置,其第933条规定:"*委托人或者受托人可以随时解除委托合同。因解除合同造成对方损失的,除不可归责于该当事人的事由外,无偿委托合同的解除方应当赔偿因解除时间不当造成的直接损失,有偿委托合同的解除方应当赔偿对方的直接损失和合同履行后可以获得的利益。*"

如果从交易实质来看,作为"一揽子"交易之组成部分的表决权委托并非无偿,整体交易的对价体现在相关收购协议项下的交易价格上。尽管如此,表决权委托合同本身也是一个独立的主合同,并非类似于担保合同那样需要依附于主债权合同的存在。将来发生争议时,在委托合同本身并没有约定对价的情形下,相关当事方主张表决权委托合同的有偿性时是否会被司法裁决认可以及假定司法裁决不认同委托合同的有偿性,而表决权委托合同本身又对违约解除已有明确的赔偿条款设置,将来对于委托合同所约定赔偿条款的执行将多大程度上受到合同无偿性的影响,都有待司法裁判的进一步观察。

条款3A:表决权委托的授权范围

考虑到控制权的交易背景,表决权委托不同于某次特定会议的出席代表授权,

---

① 参见仁东控股(002647.SZ):《详式权益变动报告书》,载巨潮资讯网,http://static.cninfo.com.cn/finalpage/2019-07-31/1206484798.PDF。

对受托方的授权范围通常是非常广泛的，并非仅仅限于“表决权”，还包含除了经济财产权益以外的其他股东权利，尤其是和投资决策相关的权利：（见图 10.35）

图 10.35　表决权委托的授权范围 & 全权委托

实务中，交易所曾在个别案例中［例如图 10.35 提及的成飞集成（002190.SZ）］关注表决权委托安排是否属于全权或概括性委托以及是否与《上市公司章程指引》中的相关规定相冲突。其中，根据《上市公司章程指引》（证监会 2022 年 1 月修订）第 62 条的规定，股东出具的委托他人出席股东大会的授权委托书应当“*分别对列入股东大会议程的每一审议事项投赞成、反对或弃权票的指示*”；同时，根据《上市公司章程指引》第 63 条的规定，“*委托书应当注明如果股东不作具体指示，股东代理人是否可以按自己的意思表决*”。从近几年来的相关案例来看，这一点已不再成为关注要点，股东可以对收购人或其他第三方进行概括性授权的全权委托这一点似已成共识。实际上，《民法典》第 920 条（原《合同法》第 397 条）也明确规定：“*委托人可以特别委托受托人处理一项或者数项事务，也可以概括委托受托人处理一切事务。*”

条款 3B：委托期间对委托方的权利限制

由于表决权委托通常是配合控制权交易所作的安排，因此对于委托期间委托方基于该等授权股份上的相关股东权利的行使也会进行一定的限制。从公告的案例来看，相关交易协议通常会约定，委托期间，除非取得受托方的书面同意，委托方不得实施下列行为：（见图 10.36）

图 10.36　表决权委托期间对委托方的权利限制

<u>条款 4:表决权委托的生效条件</u>

表决权委托的生效条件由交易双方自行约定。从合同角度看,表决权委托可以协议签署即生效。从商务角度看,由于表决权安排通常是控制权交易的“一揽子”安排中配合协议转让等收购交易进行的,若相关的收购交易尚未生效或交割,单纯的表决权安排对于收购人来讲也无意义或者对于转让方来讲并无动力。因此,实务中,很多交易将表决权委托的生效时点设置为收购交易项下的标的股份已经完成过户或者收购人已经根据协议的约定支付全部或部分转让价款。

实务中,常见的表决权委托的生效条件有如下约定:(见图 10.37)

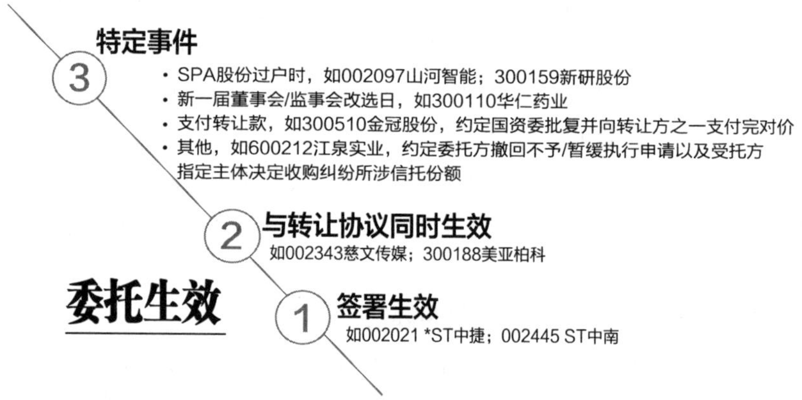

图 10.37　表决权委托的生效条件设置

以 2019～2021 年控制权交易中涉及的表决权委托安排来看,以标的股份过户完成作为表决权委托生效条件的占了一半以上:(见图 10.38)

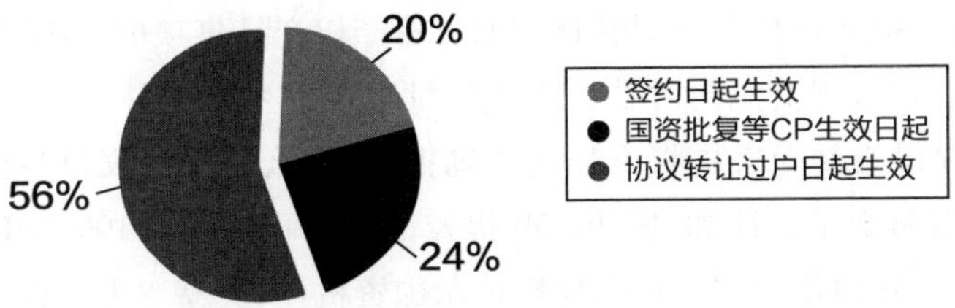

* 分析样本，2019~2021年，**50家**协议转让+表决权委托交易。

图 10.38　表决权委托生效条件设置的分布情况

值得注意的是，即便一些交易中表决权委托协议并未以标的股份过户为生效先决条件，但诚如上文提及，由于表决权委托通常是配合协议转让等其他方式的收购交易的“一揽子”安排，因此，不少交易中依然将收购交易本身的生效作为表决权委托生效的先决条件。尤其是近几年控制权交易中涉及比较多的国资主体，其对上市公司控制权的收购需要经相应国资机关的批复方才生效（详见第 8 章分析）。另外，很多控制权交易中往往还涉及反垄断申报。因此，该等交易中，表决权委托协议通常约定在协议转让或间接收购等收购交易经国资、反垄断或其他前置批准生效后，表决权委托方才生效。（见图 10.39）

反垄断批复
- 控制权变更+触发反垄断申报门槛（合计营业额全球100亿元/中国20亿元+至少两方均超4亿元）
- 示例：棕榈股份002431；红日药业300026

国资委批复
- 国资委托，协议转让+表决权委托同时，如金明精机300281，东方网力300367；
  先转让+后委托，如棕榈股份002431
- 国资委托，仅仅委托事项（不涉及转让交易配合），是否属于36号令监管的交易行为需要审批？
  如九华旅游603199，受托方九华集团取得的安徽省国资委复函（皖国资产权函［2018］772号），并未涉及审批事项，主要内容为安徽省国资委收到相关请求事项并**知悉表决权委托相关事宜**，要求省高新投依法依规行使受托股份的表决权，维护国有权益。为此，同日，委托双方签署了《备忘录》，双方一致认为**自《备忘录》签署之日起，《表决权委托协议》正式生效**
- 国资委托，实务中非常罕见

行业批复
- 国防科工局，涉军工控制权变更时；如皖通科技002331，2018年12月委托，2019年3月批准生效

图 10.39　作为表决权委托生效条件的前置批复

最后，需要特别注意的是，不应将国资对表决权委托安排的批准作为委托生效的先决条件。这是因为，在国资 36 号令等国资监管现行框架下，表决权委托并非一项单独的行政许可事项。实务中，国资机构通常不会针对表决权委托事项进行

专项批复,国资批文往往是针对转让或增资等产权交易事项的。因此,若表决权委托协议明确约定将国资机构对委托协议的批复作为生效条件之一,而最终拿到的国资批文中又没有针对表决权委托的明确批复,那么委托协议自身到底是否已经生效就不是很明确了。比如,图 10.39 提及的九华旅游(603199. SH)所涉及的表决权安排中,委托协议签署后还需要再请示国资机构,交易双方后续也需要专门就委托协议是否已生效再签署《备忘录》。①

实务中,表决权委托协议中所约定的条件通常是协议转让等收购交易(而非表决权委托事项)经国资批复生效后,委托协议同步生效。当然,委托协议若约定的是以标的股份过户完成为生效条件,则是比国资批复更后端的一个时点了。

条款 5:表决权委托的委托期限

实务中,对于表决权委托的期限,实务中大致有如下几种场景:

◎约定固定期限,以三年左右为主,少则 1 年,最长的有到 15 年的;

◎约定至特定事件发生为止,比如收购人实际持股达到一定比例或取得控股地位或者与二股东拉开一定比例差距(通常 7% 以上),或者委托方减持完毕不再持股,或者授权股份转让过户完成等。

结合上述关于表决权委托生效条件的相关分析,表决权委托协议中所涉及的生效及期限等相关条款的设置可以简要图示如下:(见图 10.40)

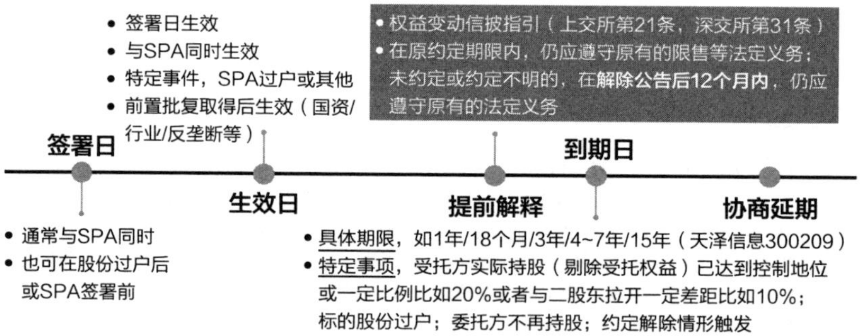

图 10.40 表决权委托的委托期限约定

以 2019 ~ 2021 年的控制权交易中所涉及的表决权委托为例,委托期限的分布情况大致如图 10.41 所示:

---

① 参见九华旅游(603199. SH):《控制权变更进展公告》,载巨潮资讯网,http://static.cninfo.com.cn/finalpage/2018-12-29/1205697927.PDF。

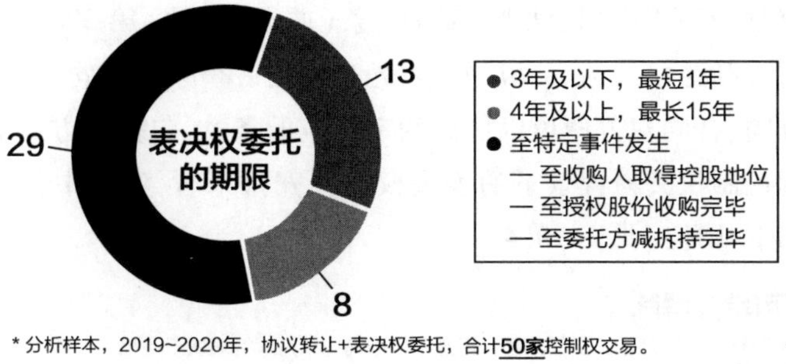

图 10.41　表决权委托期限的分布情况

在涉及控制权变动的交易中，监管机构尤其关注上市公司控制权的稳定性。因此，对于需要结合表决权委托等“一揽子”安排的控制权交易中，由于协议转让/间接收购项下的直接或间接持股自身尚不足以达到取得或巩固控制权的目标，而与之配合的表决权委托的稳定性对于控制权的稳定性就至关重要。因此，在不少涉及表决权委托的安排中，如果相关信息披露未涉及委托期限，交易所会要求补充披露委托期限。比如，在北京朝汇鑫于 2019 年收购东方园林（002310. SZ）的交易中，上市公司及收购人于 2019 年 8 发布的控制权变更提示公告及《详式权益变动报告书》中均未披露表决权委托的期限，其后深交所发函明确要求补充披露委托期限。①

实际上，根据沪深交易所 2018 年 4 月发布的《上市公司收购及股份权益变动信息披露业务指引（征求意见稿）》的规定，②通过表决权委托等协议安排达到 5% 权益变动披露门槛的，相关协议中应当明确约定委托期限；未约定表决权委托期限或约定不明的，应在解除公告后 12 个月内继续遵守原先约定的限售、一致行动等义务和承诺。

条款 6：表决权委托的解除/终止

对于表决权委托，其法律属性是基于委托合同所建立的委托代理关系。根据《民法典》第 161 条（原《民法总则》第 161 条）的规定，“*民事主体可以通过代理人*

---

① 参见东方园林（002310. SZ）：《控制权变更提示公告》，载巨潮资讯网，http://static. cninfo. com. cn/finalpage/2019 - 08 - 06/1206499195. PDF；东方园林（002310. SZ）：《详式权益变动报告书》，载巨潮资讯网，http://static. cninfo. com. cn/finalpage/2019 - 08 - 06/1206499193. PDF；东方园林（002310. SZ）：《深交所问询函回复公告》，载巨潮资讯网，http://static. cninfo. com. cn/finalpage/2019 - 08 - 15/1206529727. PDF。

② 该信披指引虽然截至 2022 年 3 月仍为征求意见稿，但在监管实践中很多内容已在实际执行了。

实施民事法律行为”;根据《民法典》第 919 条(原《合同法》第 396 条)的规定,“*委托合同是委托人和受托人约定,由受托人处理委托人事务的合同*”。

既然是合同,合同双方便可以协商约定相应的条款,包括单方或双方的解除或终止条款。就控制权交易背景下的表决权委托安排来看,实践中关于委托解除的约定通常有如下几种:(见图 10.42)

- **委托方不可单方解除**
  - — 002097山河智能,未经乙方书面同意,甲方不得撤销或单方解除表决权委托
  - — 002331皖通科技,未征得乙方书面同意,甲方不可单方观撤销委托或解除本协议
  - — 002431棕榈股份,甲方不享有单方面终止本协议的权利/权力
  - — 002445 ST中南,甲方不享有单方面解除本协议的权利
  - — 300281金明精机,未经乙方书面同意,甲方不得单方面撤销本协议项下委托股份对应的表决权
- **委托方保留单方解除权**
  - — 300026红日药业,如下情况,经委托方书面通知,表决权委托提前终止:受托方出现严重违法、违规及违反上市公司章程规定的行为;受托方出现严重损害上市公司利益的行为
  - — 600856中天能源,自本协议签署之日起12个月内,受托人不得解除本协议;自本协议签署之日起12个月后且在委托期限内,受托人有权视具体情况决定是否解除本协议,但应提前30天书面通知委托人
- **双方均有单方解除权**
  - — 300178腾邦国际,各方不得无故单方解除本框架协议;委托人失去标的股份部分或全部所有权从而导致丧失上市公司控制权的,**受托方**可解除本框架协议;受托方违反法律法规、上市公司章程以及承诺损害上市公司或委托人利益的,**委托人**可解除本框架协议

图 10.42　表决权委托的单方解除权约定

但是从证券监管的角度看,尤其是在涉及控制权变更的交易中,监管机构十分关注交易后控制权的稳定性。因此,即便合同关系上交易双方可以自行约定相关的解除条款,而从维持上市公司控制权稳定的监管角度看,在涉及表决权委托安排的相关交易中,交易所可能会要求交易双方承诺至少一定期限内不解除委托,根据项目的情况有可能会要求承诺 1 年或 3 年等期限内不解除委托。比如,在上述东方园林(002310. SZ)交易中,表决权委托的期限约定为至收购人及其一致行动人实际持股成为上市公司第一大股东止。对此,深交所问询函(中小板问询函〔2019〕第 301 号)明确问询,“是否存在一年以内委托表决权解除或其他影响你公司控制权稳定的情形,如若存在,请说明是否符合《上市公司收购管理办法》第七十四条的规定;如不存在,请出具相关承诺”。为此,除了委托方在委托协议中已有明确约定在委托期限内不单方解除以外,作为表决权委托之受托方的收购人亦承诺

在委托协议生效后的12个月内不主动要求终止表决权委托。[①] 另外，考虑到现行《证券法》第75条已经将收购人取得控制权后应锁定以维持控制权稳定的期限从原先的12个月延长至18个月。前述关于不终止委托的承诺期限，从监管实践来看，很可能也会被要求从12个月延长至18个月。

10.3.2.4 表决权委托——《民法典》项下的可撤销性 vs. 证券监管范畴的承诺违反

近年来，表决权安排作为上市公司收购尤其是控制权交易中的角色愈加突出。在现行《收购办法》框架下，表决权安排可以理解为第56条所规定的"间接收购"方式之一，即通过"*协议、其他安排*"等协议安排进行的间接收购（间接收购的更多分析见第2章）。由此，表决权安排实际上已被纳入了上市公司收购的证券监管范畴。

实务中，表决权委托安排中，绝大多数都是明确约定"不可撤销"的委托。然而，既然表决权委托的法律属性是确立委托代理关系的委托合同，根据《民法典》第173条（原《民法总则》第173条）的规定，"*被代理人取消委托或者代理人辞去委托*"的，委托代理终止；而《民法典》第933条（原《合同法》第410条）进一步规定，"*委托人或者受托人可以随时解除委托合同*"。（见图10.43）

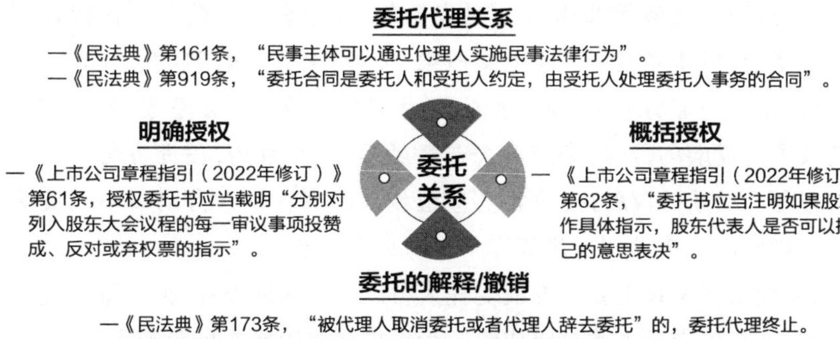

图10.43 表决权委托涉及的相关法律规范

实践中，在签署表决权委托协议之后单方撤销或提前解除委托的案例也有一些，尤其是在发生争议后。比如，在西安饮食（000721.SZ）相关股东在2018年对控

① 参见东方园林（002310.SZ）：《深交所问询函回复公告》，载巨潮资讯网，http://static.cninfo.com.cn/finalpage/2019-08-15/1206529727.PDF。

股股东西旅集团的表决权安排中,原委托方要求撤销表决权委托的事项受到了深交所的关注(公司部关注函〔2018〕第216号)。对此,相关方专门进行了回复并披露了相关事项。根据相关披露公告,2018年6月1日,委托方向受托方西旅集团分别出具《关于撤销〈授权委托书〉的函》,要求从出具函件之日起撤销其2007年4月26日出具的《授权委托书》;2018年6月12日,西旅集团向上述三家公司致函,认为上述三家公司违反了合同约定以及《授权委托书》之授权期限,不予认可,该授权撤销无效;2018年12月19日,上市公司收到西旅集团转来的上述三家公司分别对西旅集团出具的《关于我司质押西安饮食股份的情况说明》,撤销之前2018年6月函件,在划转过渡期内对已质押给西旅集团的股份的表决权委托不再提异议。①

实际上,如上文提及的东方园林(002310.SZ)表决权安排等案例,即便相关当事方未发生纠纷,交易所对有关安排的稳定性也有其关注,除了委托协议本身的合同约定以外,监管机构往往还会要求相关主体作出明确承诺,承诺一定期限内不提前解除。而一旦构成证券监管项下的公开承诺,后续若要变更或豁免,则需按照《上市公司监管指引第4号——上市公司及其相关方承诺》(2022年1月修订)经上市公司股东大会批准,否则可能涉嫌违规而受到证监会或交易所的证券监管措施。另外,根据沪深交易所2018年4月发布的《上市公司收购及股份权益变动信息披露业务指引(征求意见稿)》(上交所第21条;深交所第31条)的规定,“*提前终止协议的,在原约定期限内,投资者仍应遵守原有的法定义务等;未约定一致行动或表决权委托期限的,在相关协议公告解除后12个月内,投资者仍应遵守原有的法定义务等。终止协议的,投资者仍应继续履行其在一致行动关系或表决权委托关系存续期间向上市公司或投资者作出的承诺义务*”。

由此,即便法律关系上委托方或受托人可以依法解除委托,但从证券监管的角度看,尤其是在相关交易主体自愿或应监管机构要求曾经作出明确承诺(承诺一定期限内不解除)的情形下,有关表决权委托的终止或解除可能会导致相关主体违反其曾经对投资者作出的公开承诺,从而使之面临相应的证券监管措施。

但是,尽管提前解除可能面临证券监管或违约赔偿的问题,从《民法典》的相关规定来看,委托方或受托人解除委托合同的法律依据还是比较明确的。而司法实

---

① 参见西安饮食(000721.SZ):《交易所关注函回复公告》,载巨潮资讯网,http://static.cninfo.com.cn/finalpage/2018-11-07/1205584663.PDF;西安饮食(000721.SZ):《表决权委托事项变化公告》,载巨潮资讯网,http://static.cninfo.com.cn/finalpage/2018-12-20/1205679054.PDF。

践中，对于委托人的单方撤销权虽然也有争议，但的确也有一些司法判决是明确支持委托的可撤销主张的：（见图 10.44）

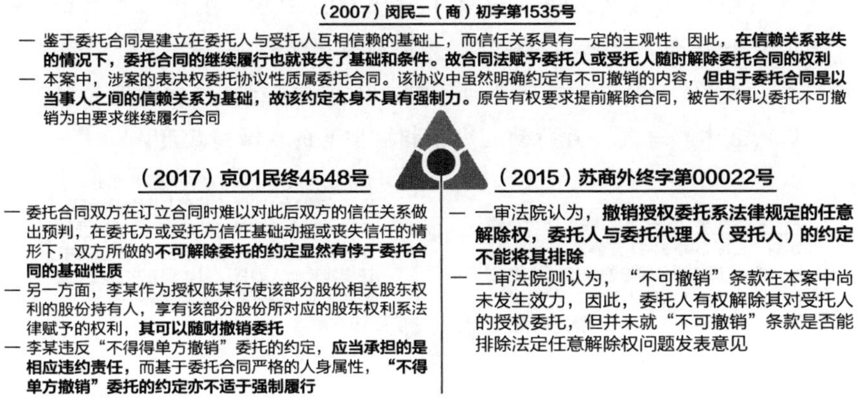

图 10.44 表决权委托撤销纠纷的相关司法判例

综上所述，关于表决权委托在民事法律关系范畴与证券监管维度的理解要点，可以简要图示如下：（见图 10.45）

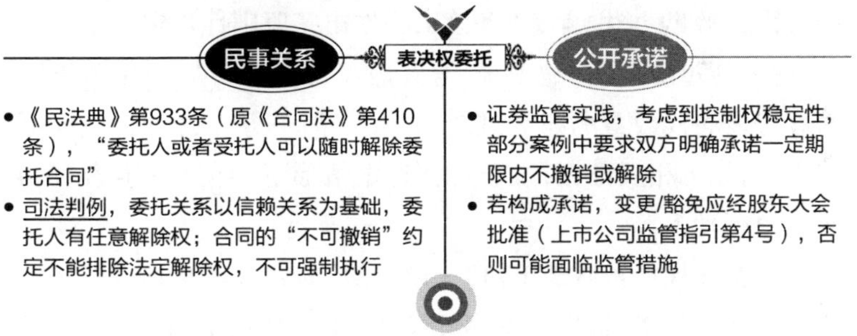

图 10.45 表决权委托——民事法律关系的可撤销性 vs. 证券监管公开承诺的违反

10.3.3 表决权委托安排下的“一致行动”关系推定

10.3.3.1 《收购办法》框架下“一致行动”关系认定的影响

根据《收购办法》第 5 条第 2 款的规定，“*收购人包括投资者及与其一致行动的他人*”。而在现行《证券法》《收购办法》以及交易所减持规范等框架下，一致行动人的权益将与收购人所持有/收购的权益合并计算，这意味着几个后果：（见图 10.46）

◎披露门槛，确定收购人所需履行的信息披露义务时（详见第5章），需合并计算其一致行动人的权益比例，并披露其一致行动人的相关信息；

◎要约义务，计算收购人是否触发了30%节点的强制要约义务时（详见第3章），同样需合并计算其一致行动人的权益比例；

◎减持额度，对于股东于特定期间可在二级市场进行减持的额度管控（详见第7章），通常要与其一致行动人分享相应期间的可减持额度。

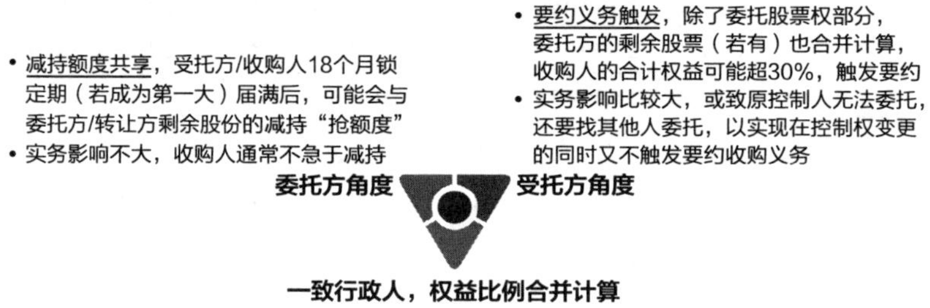

图10.46 "一致行动"关系认定后的法律后果

鉴于上述，"一致行动"关系的认定对于收购人的本次收购交易及其后续减持等事项都极为重要。对此，《收购办法》第83条采用了原则规定加列举式推定的立法模式。一方面，《收购办法》第83条第1款作出了原则性规定："*本办法所称一致行动，是指投资者通过协议、其他安排，与其他投资者共同扩大其所能够支配的一个上市公司股份表决权数量的行为或者事实。*"另一方面，根据《收购办法》第83条第2款的规定，如无相反证据，投资者在特定情形下（详见下述第10.4.2节）将被推定互为一致行动人。

10.3.3.2　表决权委托场景下的"一致行动"推定及其反证

在表决权委托场景下，根据上交所于2018年4月发布的《上市公司收购及股份权益变动信息披露业务指引（征求意见稿）》（第21条）的明确规定，"*投资者委托表决权的，受托人和委托人视为存在一致行动关系。*"深交所同期发布的《上市公司收购及股份权益变动信息披露业务指引（征求意见稿）》（第31条）也有类似规定："*投资者之间通过协议、其他安排以表决权委托等形式让渡上市公司股份表决权的，出让人与受让人为一致行动人*"。

也就是说，根据《收购办法》第83条以及沪深交易所权益变动信披指引（2018年4月征求意见稿）的相关规定，表决权委托安排项下的委托方和受托人被推定为一致行动人：（见图10.47）

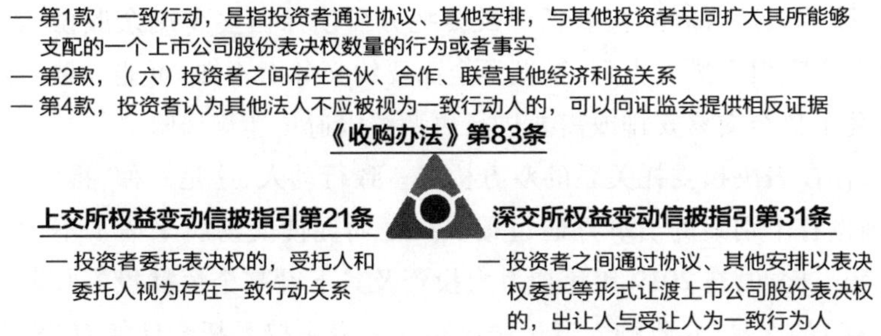

图 10.47　表决权委托场景下的“一致行动”关系推定——法律依据

而一旦有表决权委托安排的交易双方被推定为一致行动人，则在委托方持有很多股份而只是将其中一部分表决权进行了委托同时保留剩余股份及其表决权的情况下，从收购人角度看，在计算其权益比例时，除了其通过协议转让或其他方式所收购的股份比例以及通过表决权委托所控制的表决权比例以外，还需要合并计算表决权委托方（作为收购人的一致行动人）所持剩余股权比例。

从近期的监管实践来看，尽管2018年4月发布的上述信披指引仍处于意见稿状态，但在大部分交易中，交易所通常会推定认为存在表决权委托关系的双方之间构成一致行动人；或者，交易当事方在相关信息披露文件中根据监管精神直接将双方视同互为一致行动人。（见图10.48）

图 10.48　表决权委托场景下的“一致行动”关系推定——市场案例

无论如何，一旦被推定为一致行动人，作为表决权委托之受托方的收购人，除了计算其持有的股份+受托表决权以外，还要合并计算表决权委托方（被推定为一致行动人）所持有的剩余股份/表决权，从而更有可能触发要约收购义务。因此，此类交易中，哪些人适合表决权委托以及委托方可以保留多少剩余股份/表决权，都需要综合考虑审慎安排。否则，触发了全面要约义务而不知，可能导致后续因监管关注而打乱了整个交易安排或需要进行再调整以避免违规风险。

当然，存在表决权委托关系的双方构成一致行动人，这是一种"推定"认定。实务中，的确也有个别案例当事方通过提供反证而促使交易所采信了不构成一致行动人的主张。比如，在 2019 年年初万力投资及其下设基金恒翼投资收购山河智能（002097. SZ）的交易中，收购人通过协议转让 + 表决权委托合计持有 28.43% 的权益，而转让方在交易后仍然持有剩余有表决权的 10.5898% 的股份。①该等交易中，当事方主张，转让方为自然人而收购人万力投资为广州市人民政府控制的企业，其相互之间不存在任何关联关系，也并未签署一致行动协议。当事方还提供了其他分析支持。最终，交易所未将表决权委托双方推定为一致行动人，收购人也未因存在表决权委托而触发全面要约义务。有关安排的主要内容如图 10.49 所示：

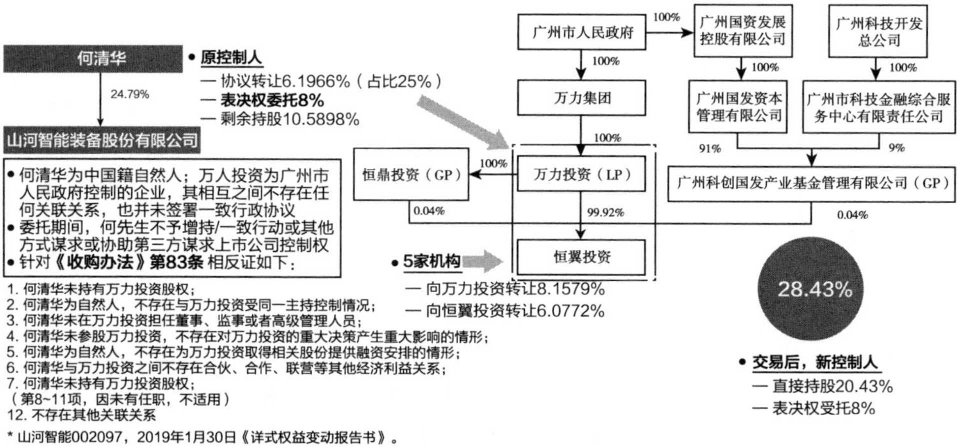

图 10.49 [案例]表决权委托不构成一致行动推定——山河智能（002097. SZ）

类似地，在广州市政府旗下万宝集团通过先协议转让 + 后表决权委托收购金明精机（300281. SZ）的案例中，表决权委托双方也未被推定为一致行动人。②该笔

---

① 参见山河智能（002097. SZ）：《详式权益变动报告书》，载深圳证券交易所官网 2019 年 1 月 30 日，http://www.szse.cn/disclosure/listed/bulletinDetail/index.html? 9d9fcd61 - 9654 - 4f26 - 9ea6 - 260bb44628fc。

② 参见金明精机（300281. SZ）：《详式权益变动报告书》，载深圳证券交易所 2019 年 3 月 29 日，http://www.szse.cn/disclosure/listed/bulletinDetail/index.html? 0a772ba8 - 81d2 - 4857 - 8a1f - c597d6d4b52a。

交易的相关安排如图 10.50 所示:

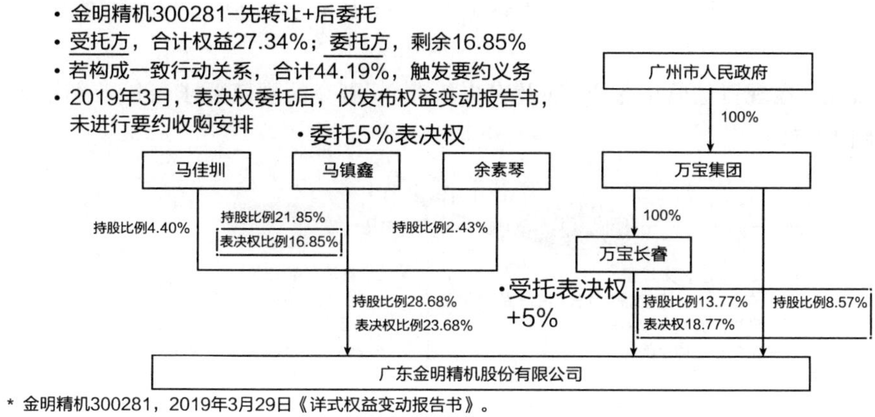

图 10.50 [案例]表决权委托不构成一致行动推定——金明精机(300281.SZ)

尽管上述从 2019 年以来涉及表决权委托的大部分案例来看,基本都会被交易所要求视同一致行动人安排。为了避免被推定为一致行动人从而可能触发全面要约义务的尴尬,部分案例中出现了转让方放弃所持剩余股份中的部分表决权的相关安排。下文将进一步分析。

10.3.4 控制权交易中的表决权放弃

10.3.4.1 现行监管框架下的表决权放弃/剥夺规则

在现行《证券法》《收购办法》及交易所信披指引框架下,对于上市公司的股东放弃表决权缺乏明确的监管规范。截至目前,关于表决权放弃,《收购办法》仅有第 17 条针对须披露《详式权益变动报告书》的相关交易(20% ~30% 或成为第一大股东时)要求聘请财务顾问时,其第 2 款明确规定了一个例外情形——“*投资者及其一致行动人承诺至少3 年放弃行使相关股份表决权的*”,可免于聘请财务顾问和提供《收购办法》第 50 条规定的文件(后续发展计划、同业竞争/关联交易信息、收购人核心关联企业等信息)。沪深交易所 2018 年 4 月发布的权益变动信息披露指引(意见稿)也有类似要求。另外,科创板规范运作指引(2022 年 1 月修订)第7.7.4 条有针对承诺放弃表决权的股东参加网络投票时的技术指引。除此以外,其他现行监管框架对于表决权放弃的相关事项均缺乏明确的规范指引。

另外,针对权益变动中的信披违规, 2020 年 3 月生效的新《证券法》第 63 条则明显强化了表决权剥夺的违规处罚后果:“*违反第一款、第二款规定买入上市公司*

有表决权的股份的,在买入后的三十六个月内,对该超过规定比例部分的股份不得行使表决权。”有关该等信披违规项下的36个月表决权剥夺,更多分析请见第5章。

总之,在现行监管框架下,涉及表决权放弃/剥夺的规范要求可简要图示如下:(见图10.51)

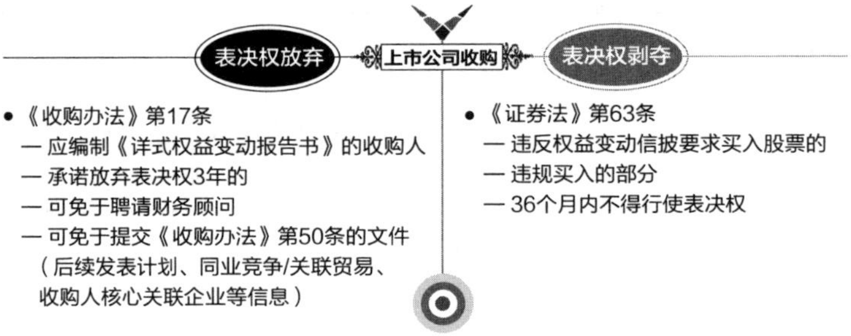

图10.51　现行监管框架下表决权放弃/剥夺的规则

10.3.4.2　控制权交易中的表决权放弃安排

尽管相关规则指引尚不清晰,近年来的控制权交易中,一个比较突出的问题就是表决权放弃的身影日渐频繁。以2019～2021年的控制权交易为例,有57家(非全部)上市公司的控制权变更中涉及表决权放弃安排:(见图10.52)

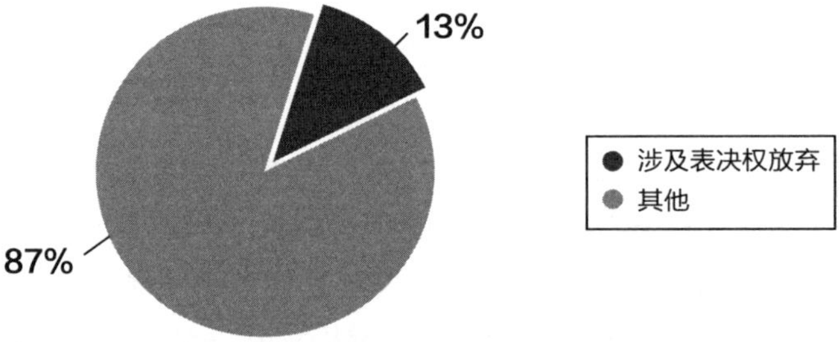

* 分析样本，2019~2021年，A股发生控制权变动（含第一大股东变动）共计**439家**。

** 涉及表决权放弃（+协议转让；+间接收购；+认购定增；+要约收购；+委托；+其他协议安排或纯放弃）的，**57家**。

图10.52　控制权交易中的表决权放弃安排(2019～2021年)

比如,在浙江绿脉怡城于2020年收购星光农机(603789.SH)时,综合运用了协议转让+表决权放弃以及后续认购定增等多种方式:(见图10.53)

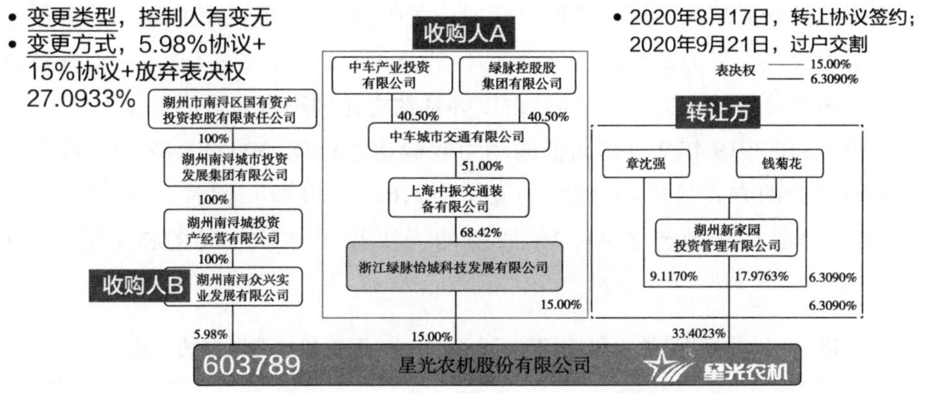

* 星光农机603789，2020年8月18日控制权变更提示公告；2020年8月20日《详试权益变动报告书》；2020年9月22日过户公告。

图 10.53 [案例]星光农机(603789.SH)——协议转让+表决权放弃

在上述案例中，弃权股东(作为协议转让之转让方的湖州新家园、章沈强)合计放弃其持有的占上市公司总股本的 27.09% 的股份对应的表决权。该等弃权安排自《股份转让协议》项下的全部转让价款支付之日起生效。同时，《表决权放弃协议》还约定了两种场景下的表决权恢复机制：①

◎弃权股东转让，弃权股东在向非关联方或非一致行动人转让部分或全部弃权股份后，被转让的部分或全部弃权股份自转让时起自动恢复弃权权利所涉的全部股东权利及义务；

◎收购人丧失第一大或取得控制地位，收购人不再为表决权第一大股东时，或者收购人持股比例超过 30%(不含本数)时。

10.3.4.3 表决权放弃场景下的权益比例计算/全面要约义务触发

如果涉及表决权放弃，一个首要的问题就是如何计算权益比例并进一步确定全面要约义务是否已触发。尤其是，在计算权益比例的“分母”——上市公司发行的全部有表决权股份时，是否需要注意将被放弃的表决权剔除(如放弃了 3% 的表决权，则分母不再是 100，而是 97)？由于这方面缺乏明确的规范指引，实际操作也各有差异。

比如，在上述购星光农机(603789.SH)中，《表决权放弃协议》在约定弃权股份自动恢复表决权之触发事件——收购人不再为表决权第一大股东时，明确将放弃

① 参见星光农机(603789.SH)：《详式权益变动报告书》，载巨潮资讯网，http://static.cninfo.com.cn/finalpage/2020-08-20/1208206965.PDF。

的表决权从计算基数中剔除,“即以标的公司股份总数扣除弃权股份数后的股份所对应的表决权数量为基数,乙方持有的标的公司股份之表决权(含乙方受托持有的标的公司部分股份表决权等情形)占该等基数之比例不再为第一大时”。①

再如,在2019年9月湖南衡帕动力收购达志科技(300530. SZ)时,收购人通过协议转让的方式受让16.68%的股份(17,615,700股);同时,转让方在其剩余50.04%的股份中放弃了41.2%股份的表决权。②本次交易的相关情况(见表10.1):

表10.1 [案例]达志科技(300530. SZ)——表决权放弃时要约义务的触发

主体	本次权益变动前		本次权益变动后	
	持有股份比例	拥有表决权比例	持有股份比例	拥有表决权比例
蔡志华	60.05%	60.05%	45.04%	8.84%
刘红霞	6.67%	6.67%	5.00%	0
合计	66.72%	66.72%	50.04%	8.84%
衡帕动力	—	—	16.68%	16.68%

在上述交易中,表决权放弃后,上市公司剩余有表决权的股份为上市公司总股本的58.8%(62,093,832股)。经计算,收购人所持权益(17,615,700股)占该等有表决权总股数的28.37%,未触发30%的全面要约义务节点。由此可以推测,相关当事方在交易过程中计算相关权益比例(并从而确定是否触发全面要约义务)时秉持了相对审慎的态度,已放弃表决权的股份未被纳入计算基数(分母)。

实际上,交易所在审核相关交易时可能也会关注此类表决权放弃是否涉嫌刻意规避要约义务。比如,在2019年4月中植系收购*ST中南(002445. SZ)的交易中,同时涉及表决权委托及表决权放弃安排,交易所便发函关注有关安排是否涉嫌刻意规避要约义务。③该笔交易的相关安排如图10.54所示:

---

① 参见星光农机(603789. SH):《详式权益变动报告书》,载巨潮资讯网,http://static.cninfo.com.cn/finalpage/2020-08-20/1208206965.PDF。

② 达志科技300530:《详式权益变动报告书》,载深圳证券交易所官网2019年9月17日,http://www.szse.cn/disclosure/listed/bulletinDetail/index.html?24ac49e3-d29e-4205-905e-5daabf77550b。

③ 参见ST中南(002445. SZ):《中南红文化集团股份有限公司关于对深圳证券交易所〔2019〕第226号关注函的回复公告》,载深圳证券交易所官网2019年5月10日,http://www.szse.cn/disclosure/listed/bulletinDetail/index.html?8caf2352-7a3a-4b6f-b851-24615d54648e。

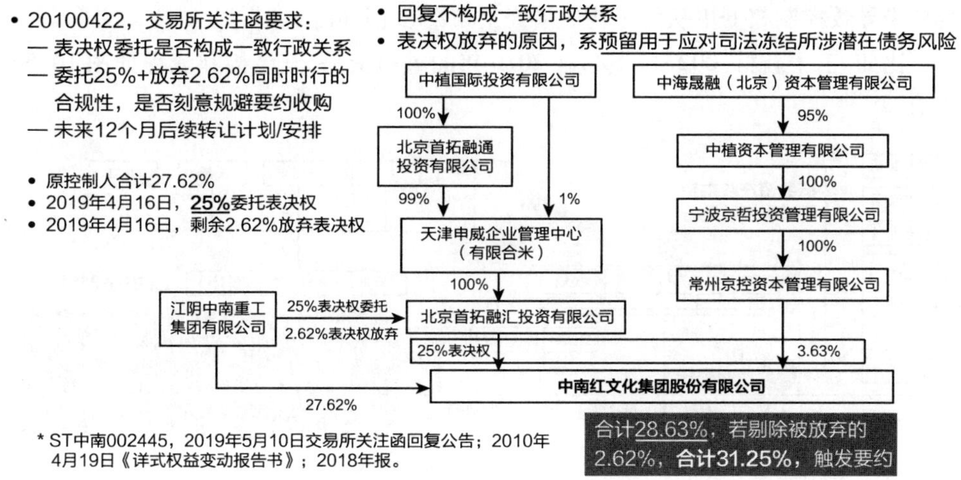

图 10.54 [案例]ST 中南(002445. SZ)——表决权放弃不构成规避要约

然而,从 2019 ~ 2021 年控制权交易中所涉及的表决权放弃安排来看,在大部分交易中并没有将放弃的部分从分母中剔除。从此类案例的很多公告中可以测算,若是将放弃的部分从分母中剔除,实际上很多交易中收购人的持有比例已经超过了 30% 触发了要约义务。这个问题可能已经引起了监管的关注。需要结合《证券法》《收购办法》的立法本意及监管逻辑(计算权益比例时均是指有表决权的部分,包括分子——收购人持有的有表决权股份及分母——上市公司发行的全部有表决权股份),进一步探讨涉及表决权放弃时的监管要求及交易架构考虑。

就此而言,笔者理解,对于该等被放弃表决权的股份,从上市公司(发行人)的角度来看,在股份发行时其类别是属于有表决权的股份(而非无表决权的优先股或其他股份),只不过是股东自己行使其民事权利而自行放弃了相关表决权。但股东自身的权利放弃行为,并不导致相关股份的从法律属性角度变成了无表决权的类别股份。因此,在计算相关权益比例时包括确定全面要约义务是否已触发时,对于股东自行放弃表决权的股份,不应从计算公式之分母——上市公司已发行的有表决权的总股本——中剔除。

10.3.5 表决权安排在实务中的其他交易场景

10.3.5.1 收购人/认购方在交易后反向委托

早在 2016 年 9 月《重组办法》修订(收紧借壳上市监管)前后,市场上即有不少案例尝试通过表决权安排——收购人认购股份后反向委托给原大股东,试图论证交易未导致控制权变更从而不构成借壳上市/重组上市。

比如,王子新材(002735. SZ)在2016年的重组交易,其结构和流程如图10.55所示:①

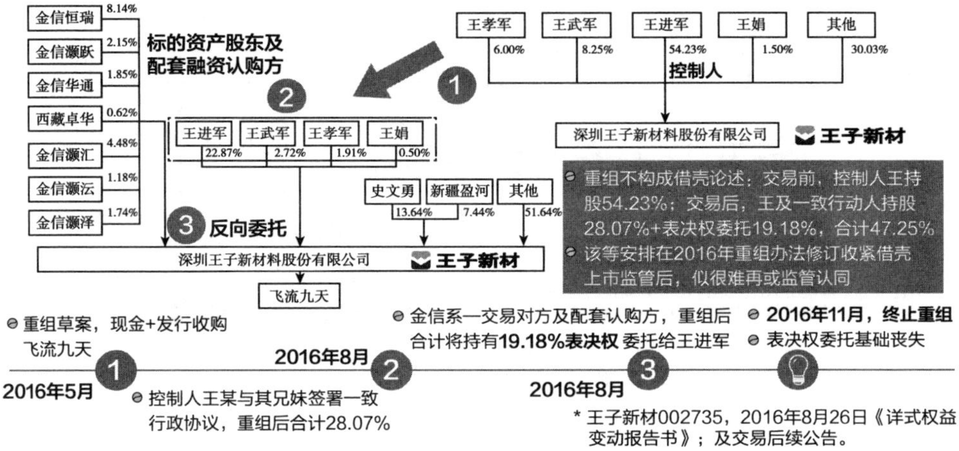

图10.55 [案例]王子新材(002735. SZ)——收购人认购股份后反向委托

类似地,2016年绿景控股(000502. SZ)的定向发行交易中,认购方则是结合了表决权反向委托及表决权放弃的方式:②(见图10.56)

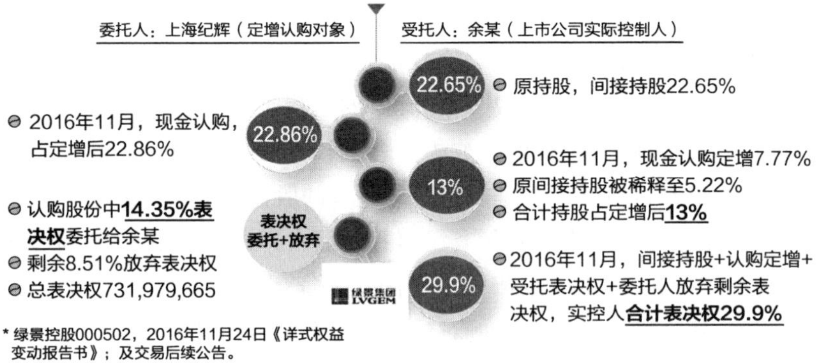

图10.56 [案例]绿景控股(000502. SZ)——认购方反向委托+表决权放弃

① 参见王子新材(002735. SZ):《详式权益变动报告书》,载巨潮资讯网,http://static.cninfo.com.cn/finalpage/2016-08-26/1202620583.PDF;以及交易后续相关公告。

② 参见绿景控股(000502. SZ):《详式权益变动报告书》,载巨潮资讯网,http://static.cninfo.com.cn/finalpage/2016-11-24/1202842095.PDF;以及交易后续相关公告。

不过,就近几年市场案例来看,虽然转让方的表决权放弃安排依然活跃且有增无减,但是收购人或认购方在交易后将所收购/认购的股份的表决权再反向委托给原控制人的安排基本已在市场上绝迹。该等反向委托的商业逻辑合理性及证券监管合规性都面临比较大的挑战。

10.3.5.2 财务并表/出表/长期权益确认考虑下的表决权安排

实务中,在不进行股权变动交易或尚不具备股权变动条件的情形下,通过表决权的委托或让渡也可实现财务报表方面的一些考虑。

财务并表考虑

比如,亨通光电(600487.SH)的实际控制人曾将其直接持股的表决权委托给其所控制的集团公司,以实现后者对上市公司的财务并表:①(见图10.57)

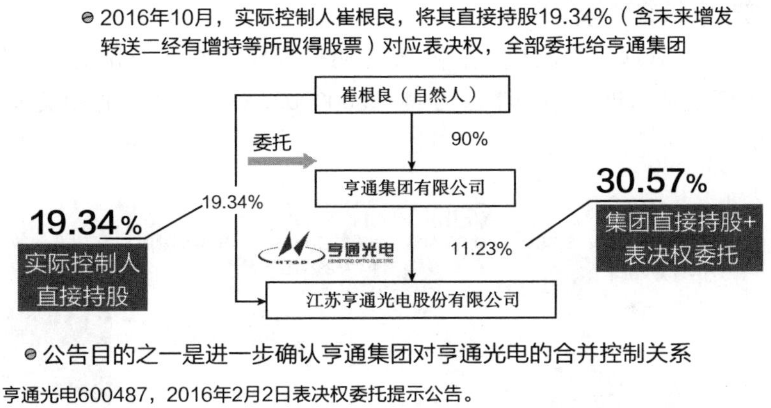

图10.57 [案例]亨通光电(000502.SZ)——表决权受托后实现财务并表

财务出表考虑

反过来,对于暂时亏损不想继续并表的,通过将所持亏损公司股份的表决权委托出去,也可实现财务出表的目的。比如,绵石投资(000609.SZ)曾将其控股子公司的表决权委托给该子公司的合资方:②(见图10.58)

---

① 参见亨通光电(600487.SH):《表决权委托提示公告》,载巨潮资讯网,http://static.cninfo.com.cn/finalpage/2016-10-22/1202776412.PDF。

② 参见绵石投资(000609.SZ):《表决权授予公告》,载巨潮资讯网,http://static.cninfo.com.cn/finalpage/2016-07-19/1202485715.PDF。

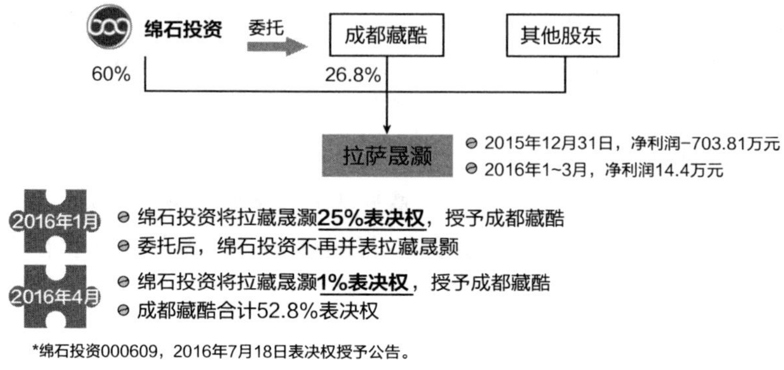

图 10.58 [案例]绵石投资(000609. SZ)——表决权委托后实现财务出表

长期投资权益确认考虑

实务中,也有通过表决权委托实现长期投资权益确认安排的。市场影响比较大的案例就是当年钜盛华举牌万科 A(000002. SZ)交易中的相关安排:①(见图 10.59)

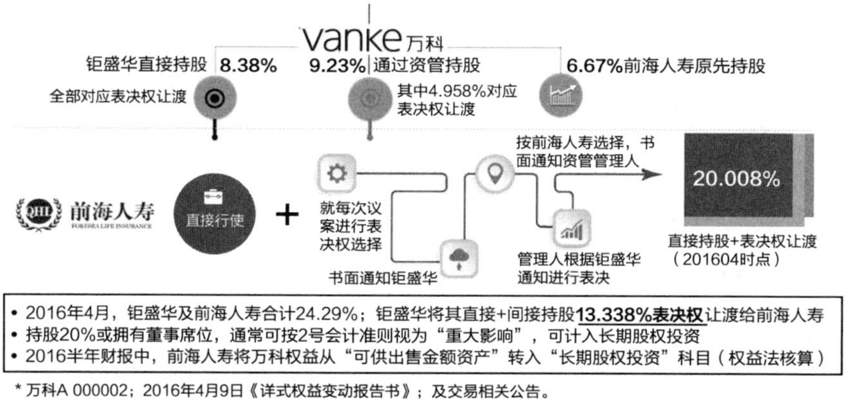

图 10.59 [案例]万科 A(000002. SZ)——表决权让渡后确认长期权益

10.3.5.3 司法冻结及其他情形下的表决权安排

相关股东因债务困境或纠纷,其所持上市公司股票可能会被法院采取司法冻结措施。而处于司法冻结状态的股票,其权属处置受到实质性限制,但该等股票上所载部分股东权利比如表决权等则未被剥夺(除非因行为保全等而受到限制)。因

① 参见万科 A (000002. SZ):《详式权益变动报告书》,载巨潮资讯网,http://static.cninfo.com.cn/finalpage/2016-04-09/1202157534.PDF;以及交易相关公告。

此，相关股东为解决债务事项寻求投资人时，依然可以考虑将其所持股票的表决权委托给第三方投资人。

比如，江泉实业(600212.SH)的某股东便曾将其处于司法冻结状态股票的表决权委托于东方资本：[①](见图10.60)

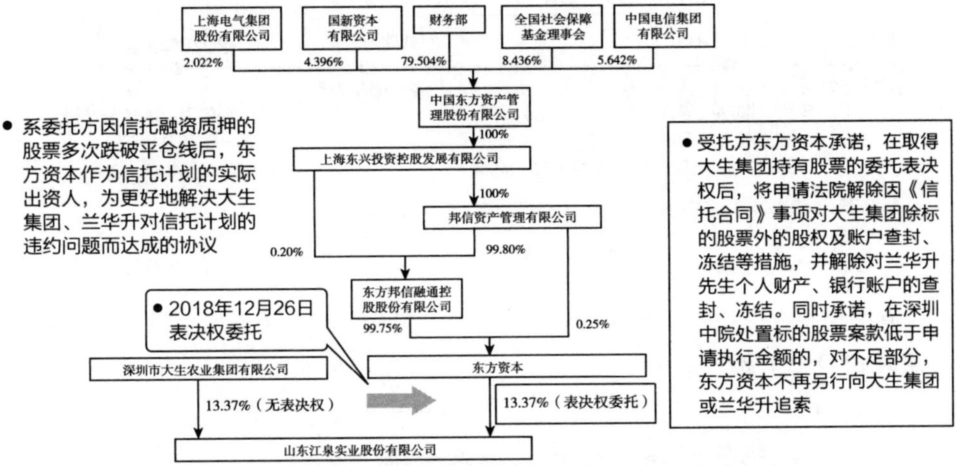

* 江泉实业600212，2018年12月28日《详式权益变动报告书》。

图10.60 [案例]江泉实业(600212.SH)——司法冻结状态下的表决权委托

另外，有时也可能因原实际控制人去世或其他家庭变故出现需要将股份予以继承或进行分割的情形。此等情形下，为尽量维持控制权的稳定性，也需要在对相关股份所载财产权益进行依法分割的同时达成必要的表决权安排。比如，凤形股份(002760.SZ)便曾发生该等情形：[②](见图10.61)

---

① 参见江泉实业(600212.SH)：《详式权益变动报告书》，载巨潮资讯网，http://static.cninfo.com.cn/finalpage/2018-12-28/1205696087.PDF。

② 参见凤形股份(002760.SZ)：《控制人变更提示公告》，载巨潮资讯网，http://static.cninfo.com.cn/finalpage/2016-08-05/1202539669.PDF；以及后续相关公告。

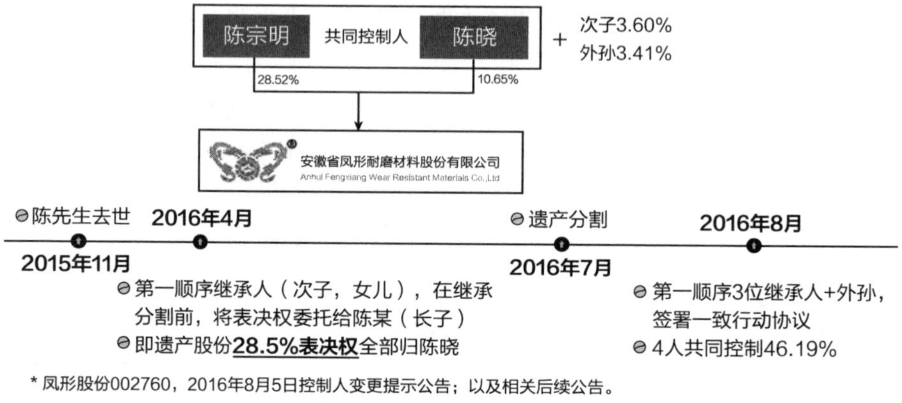

图 10.61 ［案例］凤形股份(002760.SZ)——遗产分割前继承人内部委托

有关控制权交易中涉及的司法冻结或其他特殊情形的更多案例见下述第 10.8 节及第 10.9 节分析。

10.4 控制权交易中的其他协议安排

10.4.1 控制权交易中的协议安排(2019～2021 年)

控制权交易中,除了配合传统的协议转让或间接收购或新兴的认购定增等收购方式外,也有因特殊原因(通常是由于股份处于冻结暂时无法转让或“一揽子”债务安排等特殊情形)仅仅通过协议安排(而无股权交易同步)进行的控制权变更。而在该等“协议安排”中,又以表决权委托或放弃为主:(见图 10.62)

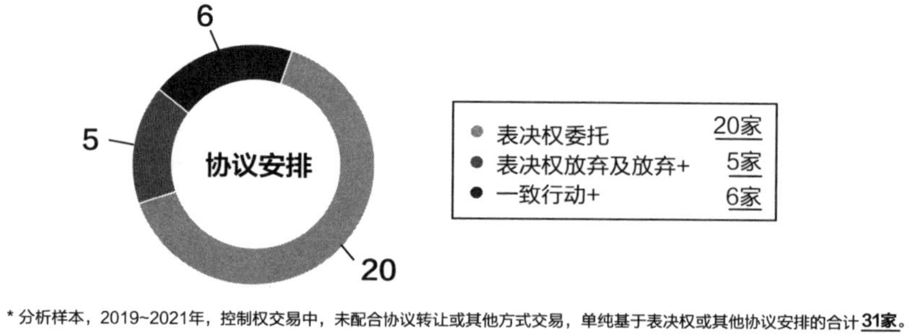

图 10.62 控制权交易中的协议安排(2019～2021 年)

关于表决权安排,上文已有详细分析。在此,对于其他类型的一些协议安排再进行简要介绍,包括一致行动、支持取得控制权或不谋求控制权承诺等。

10.4.2 控制权交易中的一致行动协议

关于一致行动,《收购办法》第 83 条采用了原则规定加列举式推定的立法模式。一方面,《收购办法》第 83 条第 1 款作出了原则性规定:“*本办法所称一致行动,是指投资者通过协议、其他安排,与其他投资者共同扩大其所能够支配的一个上市公司股份表决权数量的行为或者事实。*”另一方面,根据《收购办法》第 83 条第 2 款的规定,如无相反证据,投资者有下列情形之一的,互为一致行动人:(见图 10.63)

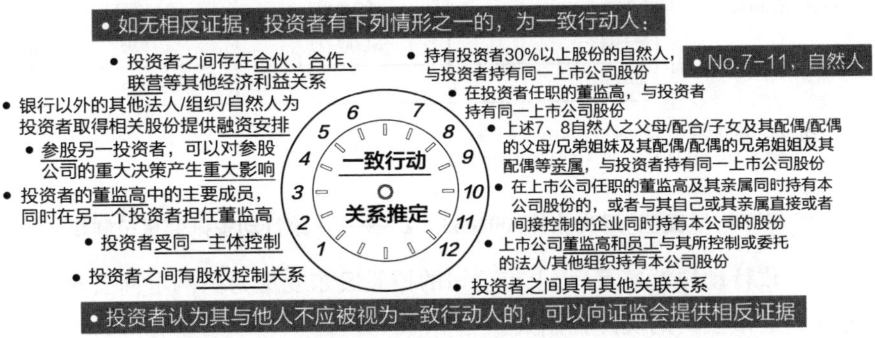

图 10.63 《收购办法》框架下的“一致行动”关系认定

如上文提及,对于存在表决权委托安排的,委托双方通常会被监管认定为构成一致行动关系,并基于该一致行动关系存在的推定进一步判断相关安排是否触发了要约义务。不过,基于表决权委托而认定存在一致行动关系,这毕竟是基于表面证据(*prima facie*)的一种“推定”,并不构成必然存在一致行动的直接证据。比如,上文(第 10.3.3.2 节)提及的山河智能(002097. SZ)及金明精机(300281. SZ)交易中的表决权安排,当事方均通过反证确认委托双方并非一致行动人。再如,在山东墨龙(002490. SZ)的表决权委托中,交易当事方在委托协议中明确申明,“甲乙双方同意其无意一致行动,并各自向上市公司确认及保证其无意与其一致行动人获得或以任何方式控制上市公司的 30% 或以上的投票权”。[①]当然,对于该等不构成一致行动的推定或合同明示能否获得证券监管机构的认可(其尤其关注相关安排是否在刻意规避要约义务)则另当别论。

不过,如果交易当事方有明确的一致行动意向,或者从强化控制权稳定并打消监

---

① 参见山东墨龙(002490):《控制权变更提示公告》,载巨潮资讯网,http://static.cninfo.com.cn/finalpage/2020-09-29/1208506785.PDF。

管疑虑等角度,交易双方则可以单独签署一致行动协议或者与表决权委托协议同时签署。比如,原先并无控股股东及实际控制人的远光软件(002063. SZ),其第一大股东国网电商公司与其二股东及一名董事股东于2019年11月13日签署了《一致行动协议》。一致行动协议项下的权益比例累计达到20.73%:[1](见图10.64)

- 变更类型,控制人无变有
- 变更方式,一致行动协议
- 国资收民营

002063 远光软件

- 2019年11月13日,一致行动协议

股东名称	持股数量(股)	持股比例(%)
国网电商公司	90,275,039	10.63
陈利浩	84,487,711	9.95
黄笑华	1,287,034	0.15

* 远光软件002063,2019年11月14日控制权变更。
提示公告;2019年11月15日《详式权益变动报告书》。

图10.64 [案例]远光软件(002063. SZ)——一致行动安排变更控制权

上述一致行动协议签署后,上市公司的控股股东变更为国网电商公司,国务院国资委成为上市公司的实际控制人。

实务中,除了单独签署《一致行动协议》外,有时交易双方会在进行表决权委托安排的同时一并签署《一致行动协议》,以进一步巩固或强化表决权受托人取得控制权的意图。比如,在ST中基(000972. SZ)[2]、红宇新材(300345. SZ)[3]以及安控科技(300370. SZ)[4]等交易中,均是表决权委托与一致行动安排同步进行的。

在通过一致行动变更控制权的交易中,一个核心事项是明确A和B到底谁是谁的一致行动人,还是大家是"共同控制"的概念。关键的一点就是A和B出现意见分歧时,应按谁的意思表示进行决策。比如,上述远光软件(002063. SZ)的《一致行动协议》中明确规定:"乙方一和乙方二都各自同意成为甲方的一致行动人,在远光软件股东大会及董事会会议中行使表决权时采取相同的意思表示,以确立并

---

① 参见远光软件(002063. SZ):《控制权变更提示公告》,载巨潮资讯网,http://static. cninfo. com. cn/finalpage/2019 - 11 - 14/1207087856. PDF。

② 参见ST中基(000972. SZ):《控制权变更提示公告》,载巨潮资讯网,http://static. cninfo. com. cn/finalpage/2019 - 11 - 08/1207073329. PDF。

③ 参见红宇新材(300345. SZ):《控制权变更提示公告》,载巨潮资讯网,http://static. cninfo. com. cn/finalpage/2019 - 03 - 07/1205881650. PDF。

④ 参见安控科技(300370. SZ):《控制权变更提示公告》,载巨潮资讯网,http://static. cninfo. com. cn/finalpage/2019 - 11 - 29/1207126086. PDF。

稳固甲方在远光软件的控制地位……如果甲乙双方意见不一致,在不违反法律法规、监管规定、公司章程并不损害中小股东和远光软件合法权益的前提下,乙方应充分尊重甲方的意愿,按甲方的意见进行表决。"[①]

就一致行动安排而言,与表决权委托事项类似,一致行动本身通常无需支付交易对价。比如,在上文提及的 ST 中基(000972. SZ)[②]以及红宇新材(300345. SZ)[③]等交易中,一致行动安排均未涉及现金对价的支付。

10.4.3 原大股东二股东支持收购人取得控制权

在控制权交易中,尤其当股权相对分散、大股东二股东股比差距较小时,从控制权稳定的角度看,除了协议转让或其他收购安排外,有时还需要额外增加一些保障。为此,在一些案例的相关交易文件中明确约定或者由某一股东出具声明或承诺,明确申明股东 A 支持股东 B 或收购人或新大股东取得控制权。

10.4.3.1 原大股东二股东支持收购人取得控制权

比如,在红日药业(300026. SZ)的控制权交易中,收购人成都兴城集团先行通过协议转让收购了16.195%的股份,并于2019年1月10日完成过户。继而,2019年1月21日,收购人接受转让方所持剩余股票的部分表决权委托(6%);同时,原大股东及二股东(交易后的二股东三股东)还签署了《支持取得实际控制权的协议》,约定在该协议生效且通过国家市场监督管理总局反垄断局对兴城集团控股红日药业相关事项涉及的经营者集中审查后,在兴城集团持有上市公司股份大于或等于15%时(因上市公司总股本增加导致兴城集团的持股比例低于15%时,姚小青、大通集团依然遵守本条约定),姚小青、大通集团不谋求上市公司实际控制人地位、认可并支持兴城集团作为上市公司控股股东并对上市公司实施实际控制,除姚小青与孙长海2018年6月22日已签署的《一致行动人协议》外,不与任何其他第三方达成或签署一致行动协议。[④](见图10.65)

---

① 远光软件(002063. SZ):《详式权益变动报告书》,载巨潮资讯网,http://static.cninfo.com.cn/finalpage/2019-11-15/1207091787.PDF。

② 参见 ST 中基(000972. SZ):《详式权益变动报告书》,载巨潮资讯网,http://static.cninfo.com.cn/finalpage/2019-11-09/1207077431.PDF。

③ 参见红宇新材(300345. SZ):《详式权益变动报告书》,载巨潮资讯网,http://static.cninfo.com.cn/finalpage/2019-03-07/1205881646.PDF。

④ 参见红日药业(300026. SZ):《详式权益变动报告书》,载巨潮资讯网,http://static.cninfo.com.cn/finalpage/2019-01-24/1205796238.PDF。

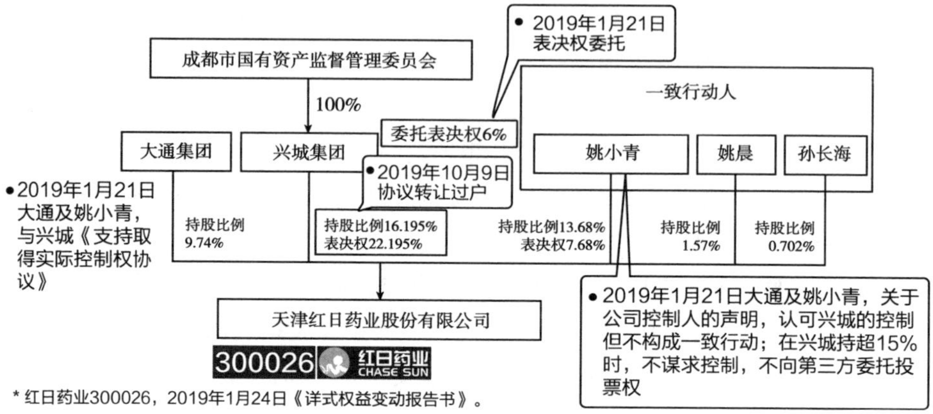

图 10.65 [案例]红日药业(300026.SZ)——原大股东等支持收购人取得控制权

对于上述通过一系列安排(协议转让 + 表决权委托 + 原大股东二股东支持)取得控制权的交易,上市公司聘请了法律顾问出具了专项分析意见。①

10.4.3.2 大股东支持二股东取得控制权

有趣的是,在*ST 索菱(002766.SZ)的控制权变更交易中,则是由大股东支持二股东成为新的控制人,采用了包括放弃表决权 + 改选董事会 + 大股东支持的方式。具体而言,根据相关公告,交易前,上市公司大股东持股 33.99%(与其一致行动人合计持股 34.73%);二股东中山乐兴持股 11.33%(与其一致行动人合计持股 12.18%)。交易后,二股东中山乐兴及其一致行动人持股未变(仍为 12.18%),但是通过《控股权变更框架协议》项下的一系列安排使中山乐兴成为上市公司控股股东:②(见图 10.66)

---

① 参见红日药业(300026.SZ):《控制权变更专项法律意见》,载巨潮资讯网,http://static.cninfo.com.cn/finalpage/2019-01-22/1205786514.PDF。

② 参见*ST 索菱(002766.SZ):《详式权益变动报告书》,载巨潮资讯网,http://static.cninfo.com.cn/finalpage/2020-01-07/1207229235.PDF。

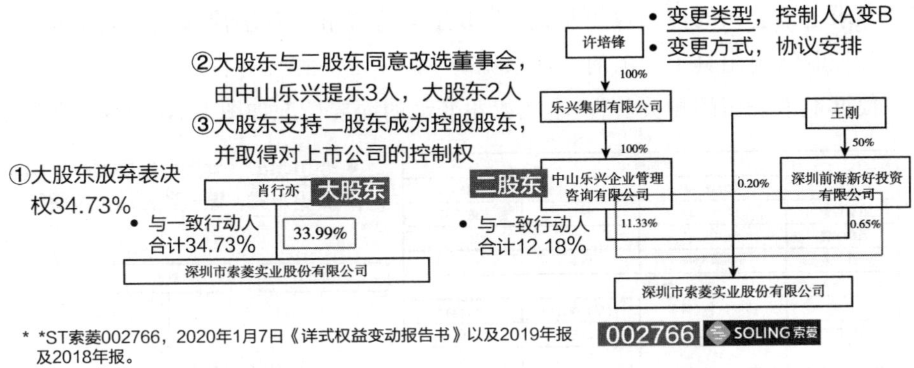

图 10.66 [案例] * ST 索菱(002766. SZ)——大股东支持二股东取得控制权

对于上述通过一系列安排(表决权放弃 + 董事会改选 + 大股东支持)而由二股东取得控制权的交易,上市公司聘请了法律顾问出具了专项分析意见。[①] 上述安排的特殊背景是,上市公司陷入债务纠纷,为进一步纾解困难局面,集中优势资源支持上市公司健康发展,大股东、二股东双方就上市公司控制权变更达成协议。

10.4.4 控制权交易中的不谋求控制权承诺

除了上述明确支持收购人或特定股东取得控制权外,还有一些控制权交易中由交易前原大股东或者二股东、三股东等明确承诺"不谋求控制权"的情况,或是在表决权安排或相关交易文件中作出相应约定。

10.4.4.1 原共同控股股东不谋求控制权

比如,在上市公司百傲化学(603360. SH)案中,由于2014年6月签署的原一致行动协议到期解除,公司由共同控制变为单一控制。但是,由于公司并列第一大股东通运投资及三鑫投资(原共同控股股东)所持比例不分伯仲,均为29%,因此,在上述一致行动解除后,就为何能确定公司的控股股东变更为通运投资这一点而言,还需要一定的强化措施。为此,很可能是应交易所的监管要求,原共同控股股东三鑫投资出具了关于不谋求上市公司控制权的承诺函,确认充分尊重通运投资对上市公司的控制地位,并申明,在实际控制人(通运投资的控股股东刘某)控制上市公司期间,三鑫投资作为上市公司的财务投资人,不以任何方式直接或间接、单独或

---

① 参见 * ST 索菱(002766. SZ):《控制权变更专项法律意见》,载巨潮资讯网,http://static. cninfo. com. cn/finalpage/2020 - 01 - 15/1207249942. PDF。

联合谋求上市公司的控制权。[1]同时,上市公司的董事会及法律顾问也就上市公司的实际控制情况出具了专项的确认意见。[2]

根据上市公司的相关公告,本次权益变动的简要情况如图 10.67 所示:[3]

变动前			
股东	持股数量(股)	占总股本比例	一致行动人
通运投资	54,133,334	29%	三鑫投资
三鑫投资	54,133,334	29%	通运投资
合并计算	108,266,668	58%	—
变动后			
股东	持股数量(股)	占总股本比例	一致行动人
通运投资	54,133,334	29%	无
三鑫投资	54,133,334	29%	无
解除一致行动关系后,通运投资和三鑫投资所持上市公司股份数量不再合并计算			

- 变更类型,共同控制变单一控制
- 变更方式,原一致行动协议解除

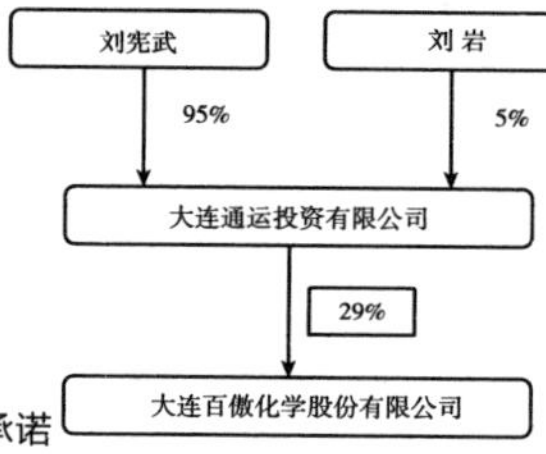

- 2014年6月10日,原一致行动协议;期限IPO后36个月
- 2020年2月6日,一致行动协议到期解除;不再续签
- 2020年2月7日,三鑫投资及其控制人出具不谋求控制权承诺

* 百傲化学603360,2020年2月8日《控制人变更提示公告》。

百傲化学 Bio Chemical 603360

图 10.67 [案例]百傲化学(603360.SH)——原共同控股股东不谋求控制权

类似地,在科信技术(300565.SZ)、[4] ST 尤夫(002427.SZ)[5]等相关控制权交易中,相关股东也曾出具过不谋求控制权承诺。而在 ST 安通(600179.SH)的控制权变更交易中,则是在上市公司股东的间接层面采用了表决权委托 + 不谋求控制权承诺的方式。[6]

笔者理解,有关案例中相关股东之所以愿意采用单方声明或协议确认不谋求控制权,而不是采用"一致行动"或表决权委托等主动安排,其中一个重要原因可能

---

① 参见百傲化学(603360.SH):《三鑫投资不谋求控制权承诺函》,载巨潮资讯网,http://static.cninfo.com.cn/finalpage/2020-02-08/1207298390.PDF。

② 参见百傲化学(603360.SH):《董事会关于控制人变更的意见》,载巨潮资讯网,http://static.cninfo.com.cn/finalpage/2020-02-08/1207298391.PDF;百傲化学(603360.SH):《律师关于实际控制人认定的法律意见》,载巨潮资讯网,http://static.cninfo.com.cn/finalpage/2020-02-08/1207298392.PDF。

③ 参见百傲化学(603360.SH):《控制人变更提示公告》,载巨潮资讯网,http://static.cninfo.com.cn/finalpage/2020-02-08/1207298393.PDF。

④ 参见科信技术(300565.SZ):《不谋求控制权承诺》,载巨潮资讯网,http://static.cninfo.com.cn/finalpage/2020-06-16/1207932119.PDF。

⑤ 参见 ST 尤夫(002427.SZ):《不谋求控制权承诺》,载巨潮资讯网,http://static.cninfo.com.cn/finalpage/2019-10-09/1206967243.PDF。

⑥ 参见 ST 安通(600179.SH):《不谋求控制权承诺》,载巨潮资讯网,http://static.cninfo.com.cn/finalpage/2020-12-01/1208820905.PDF。

是"一致行动人"需要共享减持额度(详见第7章)。因而其需要通过主动声明不谋求控制权等措施,避免被视为新控制人或第一大股东的一致行动人从而可能将会影响该等股东的后续减持安排。

10.4.4.2　收购人不谋求控制权

基于特定项目背景,可能并非原大股东或二股东、三股东承诺不谋求控制权,反而是收购人承诺收购交易不以谋其控制权为目的。比如,在石大胜华(603026.SH)的控制权变更(有变无)案中,采用的协议转让+收购人不谋求控制权的变更方式:[①](见图10.68)

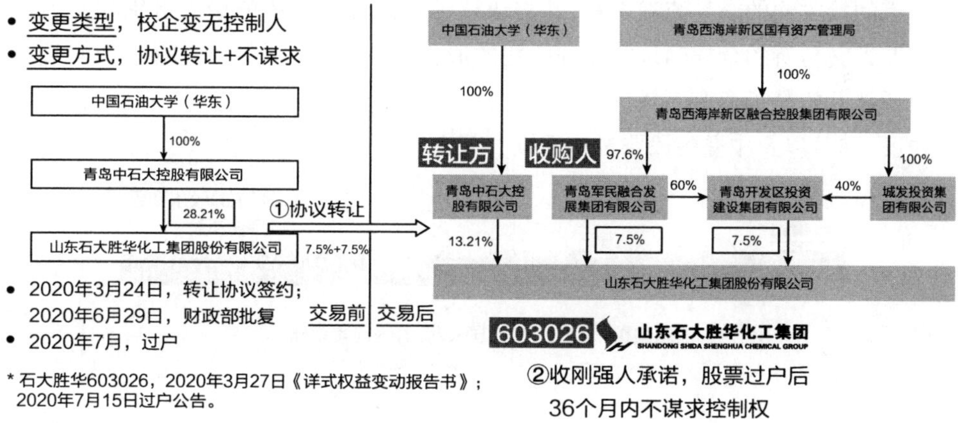

图10.68　[案例]石大胜华(603026.SH)——收购人不谋求控制权

类似地,在ST宜化(000422.SZ)交易中,原合计持股5.12%(2018年12月至2019年1月通过二级市场取得)的两名股东于2019年1月继续通过二级市场增持至10%之后出具承诺函,声明自本承诺函出具之日起12个自然月内,未经上市公司第一大股东湖北宜化集团同意,不谋求上市公司第一大股东地位及实际控制权。[②]其承诺的背景可能是由于投资人的增持行为逐步接近原第一大股东(当时持股17.08%),从而引起了交易所关于上市公司控制权稳定的关注。后续,大股东湖北宜化集团通过定增进一步巩固了控制权。

---

① 参见石大胜华(603026.SH):《控制权变更公告》,载巨潮资讯网,http://static.cninfo.com.cn/finalpage/2020-03-25/1207399281.PDF;石大胜华(603026.SH):《详式权益变动报告书》,载巨潮资讯网,http://static.cninfo.com.cn/finalpage/2020-03-27/1207410866.PDF。

② 参见ST宜化(000422.SZ):《不谋求控制权承诺》,载巨潮资讯网,http://static.cninfo.com.cn/finalpage/2019-01-31/1205814313.PDF;《简式权益变动报告书》,载巨潮资讯网,http://static.cninfo.com.cn/finalpage/2019-01-29/1205806222.PDF。

10.5 间接收购及间接收购+其他方式

10.5.1 控制权交易中的间接收购(2019~2021年)

根据《收购办法》第56条、第57条的规定,上市公司的间接收购主要有两大类型:

◎通过“*投资关系*”进行的股权类收购;

◎通过“*协议、其他安排*”等协议安排实现的间接持有。

就间接收购的交易流程来看,其与协议转让的交易流程的最大区别就是后者需要取得交易所的合规确认并办理中登的股份过户手续(详见第1章),而间接收购主要涉及的是工商变更登记,不涉及交易所的合规确认(交易所主要是从信息披露角度审核)以及中登的股票过户手续:(见图10.69)

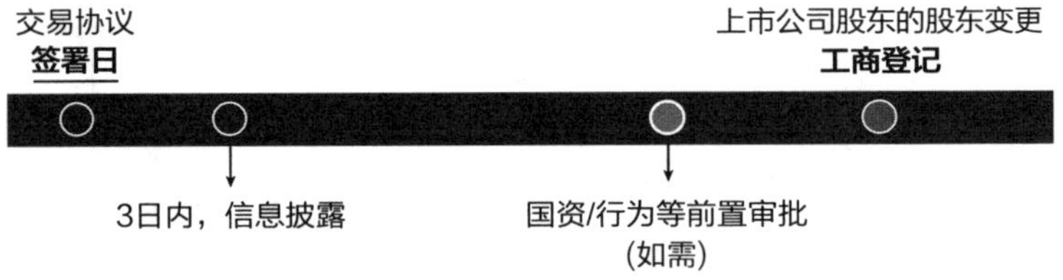

图10.69 间接收购的交易流程

如下文案例显示,间接收购由于不涉及交易所合规确认程序而仅涉及工商变更手续,因此整体交易流程来看,间接收购的交割通常更迅捷。不过,涉及国资、反垄断等前置批复的则除外。有关间接收购的详细分析已在第2章进行,本章对控制权交易中涉及的一些间接收购事项再作一下补充介绍。以2019~2021年的控制权交易为例,涉及间接收购或间接收购与其他方式相结合的案例情况大致如图10.70所示:

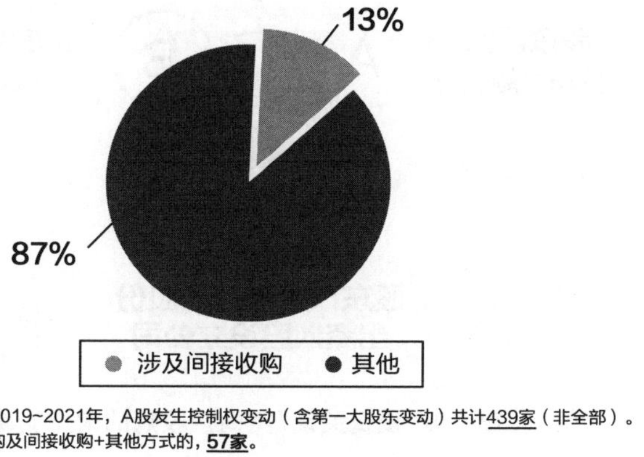

图 10.70　控制权交易中的间接收购(2019 ~ 2021 年)

实务中,从间接收购的具体方式来看,由于通过间接控制上市公司大股东本身也能实现对所控制的该大股东所持上市公司股份的支配(《收购办法》第 57 条规定情形),因此,往往单一的间接收购方式也能实现控制权交易的目的。尽管如此,有时间接收购也需要配合部分表决权委托或一致行动或者配合协议转让等其他交易方式,以实现收购人对控制权的强化或稳固。(见图 10.71)

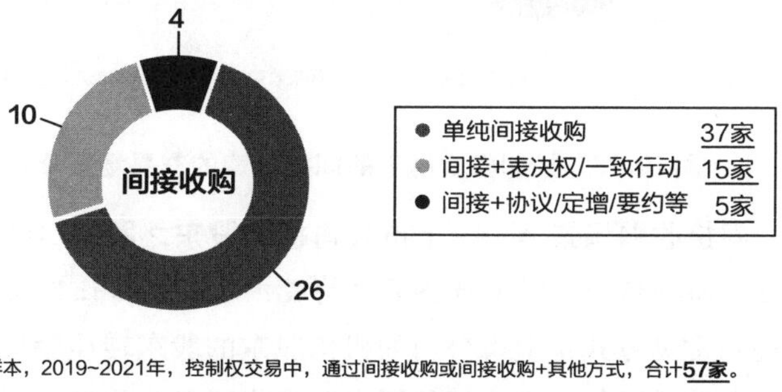

图 10.71　控制权交易中的间接收购及间接 + 其他方式

有关表决权或其他协议安排的交易方式,上文已有详细分析。下文将重点分析通过“*投资关系*”进行的上市公司间接收购。就涉及投资关系的间接收购而言,如第 2 章介绍,主要有如下三种交易场景:(见图 10.72)

图 10.72 涉"投资关系"类间接收购的常见交易场景

以 2019～2020 年的 40 家涉及控制权变更的间接收购为例，其涉及的交易场景分布如下图所示：（见图 10.73）

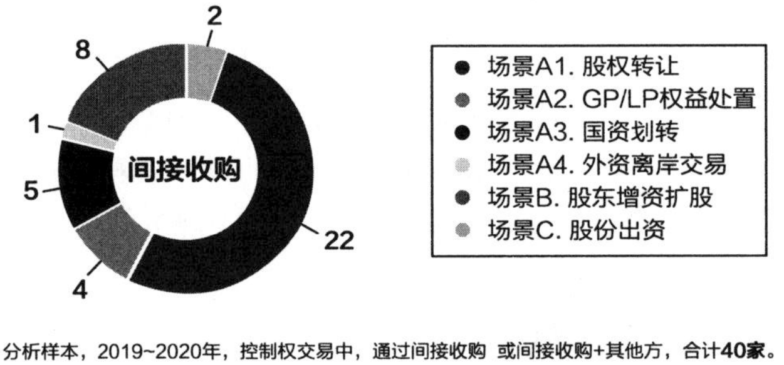

图 10.73 控制权交易中的间接收购的交易场景分布

10.5.2 间接收购场景 A——上市公司机构股东之股东/合伙人变动

10.5.2.1 间接场景 A1：上市公司机构股东之股东转让股权

间接收购的常见方式是上市公司的机构股东的股东转让股权或该机构股东自身增资扩股。尤其是近年上市公司的国有股东集团母公司进行国企混改引进战略投资人时，也包含国有股东层面发生国有股权转让的情形。

比如，2020 年，A 股上市公司 TCL 科技（000100. SZ）通过参与天津中环电子信息集团混改（以公开征集方式摘牌受让老股）的方式，实现了对天津普林（002134. SZ）的间接收购：①（见图 10.74）

① 参见天津普林（002134. SZ）：《详式权益变动报告书》，载巨潮资讯网，http://static. cninfo. com. cn/finalpage/2020－07－22/1208056854. PDF；天津普林（002134. SZ）：《控制权变更完成提示公告》，载巨潮资讯网，http://static. cninfo. com. cn/finalpage/2020－09－29/1208506949. PDF。

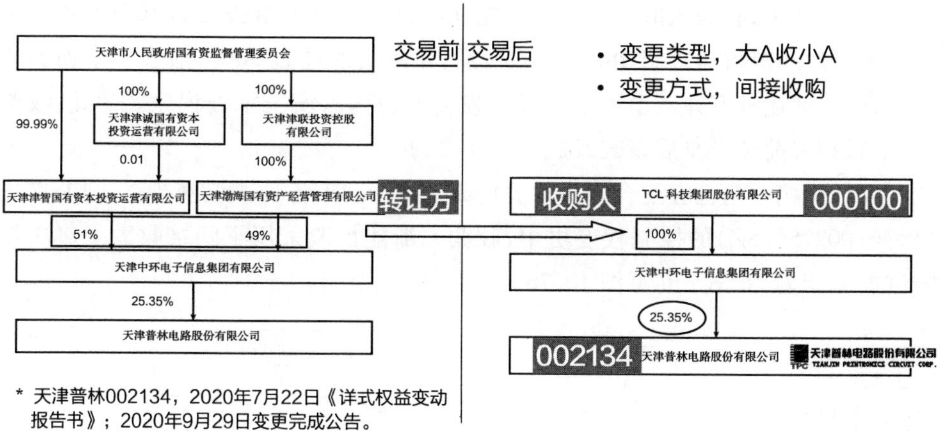

图 10.74 [案例]天津普林(002134. SZ)——TCL 科技参与国有股东混改

而在 2020 年博汇纸业(600966. SH)的控制权变动交易中,则是由外资纸业巨头金光纸业通过间接收购的方式所进行的,并触发了全面要约:①(见图 10.75)

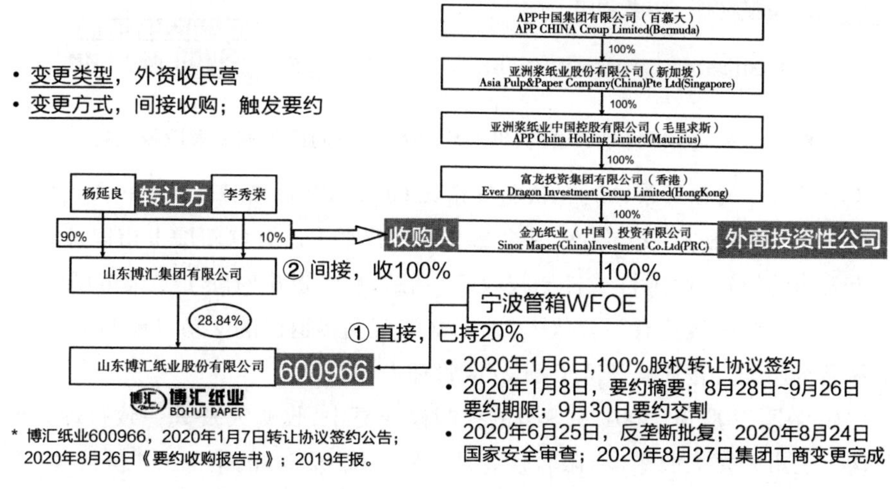

图 10.75 [案例]博汇纸业(600966. SH)——外资金光纸业间接收购

---

① 参见博汇纸业(600966. SH):《答复交易所关于控制权变更问询函公告》,载巨潮资讯网,http://static. cninfo. com. cn/finalpage/2020 - 01 - 13/1207242772. PDF;博汇纸业(600966. SH):《转让协议签约公告》,载巨潮资讯网,http://static. cninfo. com. cn/finalpage/2020 - 01 - 07/1207229400. PDF;博汇纸业(600966. SH):《转让方〈简式权益变动报告书〉》,载巨潮资讯网,http://static. cninfo. com. cn/finalpage/2020 - 01 - 08/1207232871. PDF;博汇纸业(600966. SH):《收购人〈要约收购报告书〉》,载巨潮资讯网,http://static. cninfo. com. cn/finalpage/2020 - 08 - 26/1208249212. PDF。

上述交易中,收购人的一致行动人先前已直接持有上市公司的10%股份。因此,本次通过间接收购控制28.84%股份后,累计持股超过30%,触发了全面要约义务;而且,前述外资并购事项还触发了发垄断及国家安全审查程序。为此,收购人在取得相关前置批复后正式发起了全面要约。

有时,间接收购也会配合表决权委托或一致行动等各种协议安排。比如,在华通医药(002758.SZ)的控制权变更中,收购人浙能控股采用了间接收购+表决权委托的"双保险"模式:①(见图10.76)

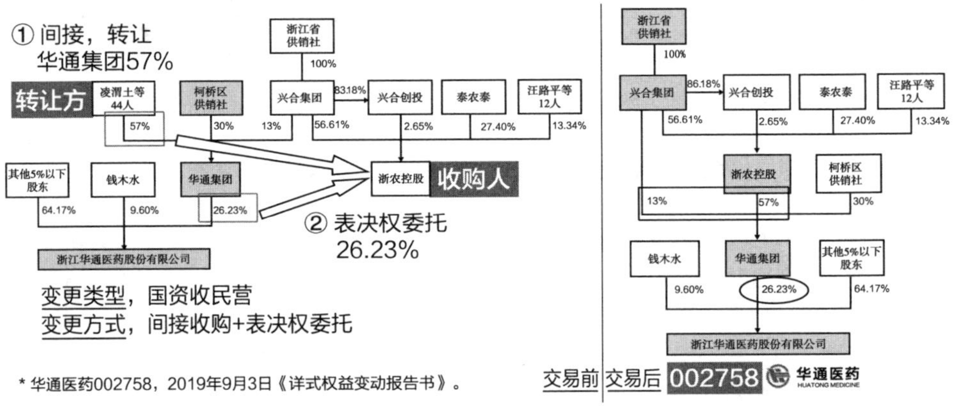

图10.76 [案例]华通医药(002758.SZ)——间接收购+表决权委托

10.5.2.2 间接场景A2:合伙制股东之GP及LP份额转让或GP决策安排

近年来,随着私募PE或VC基金参与的项目很多已IPO新增上市以及PE/VC对上市公司的投资(财务性或控制权收购)活跃,后续退出时除了二级市场减持,通过合伙制基金层面转让有限合伙人LP份额实现间接退出的交易日趋多见,而且该等交易通常还配合普通合伙人GP及/或管理人的更换。

比如,在聆达股份(300125.SZ)的控制权变更中,收购人及其一致行动人便分别收购了上市公司大股东(有限合伙企业,持股22.02%)的全部GP份额及LP份额:②(见图10.77)

① 参见华通集团(002758.SZ):《详式权益变动报告书》,载巨潮资讯网,http://static.cninfo.com.cn/finalpage/2019-09-03/1206873059.PDF。

② 参见聆达股份(300125.SZ):《详式权益变动报告书》,载巨潮资讯网,http://static.cninfo.com.cn/finalpage/2020-07-13/1208028661.PDF。

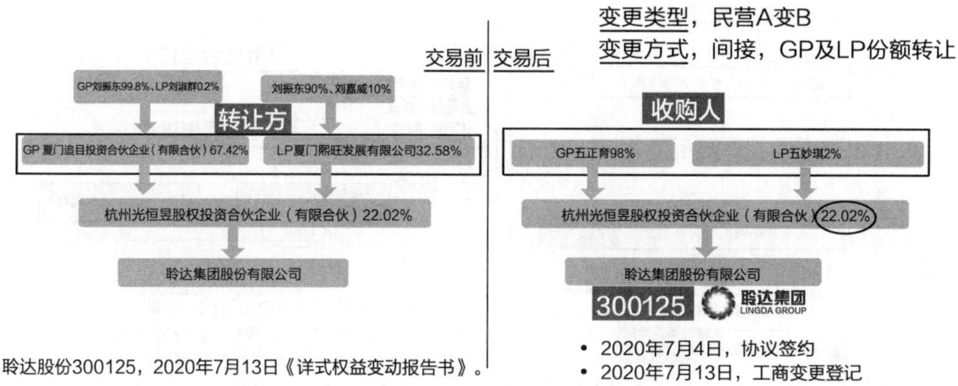

* 聆达股份300125，2020年7月13日《详式权益变动报告书》。

图 10.77 [案例]聆达股份(300125.SZ)——机构股东之 GP 变更及 LP 份额转让

再如，在赛轮轮胎(601058.SH)的控制权变更中，收购人除了采用了协议转让(5.4%)+表决权委托(7.08%)的收购安排外，还替换了原控制人，成为上市公司一家合伙制股东(员工持股平台)的普通合伙人 GP 及执行事务合伙人：①(见图 10.78)

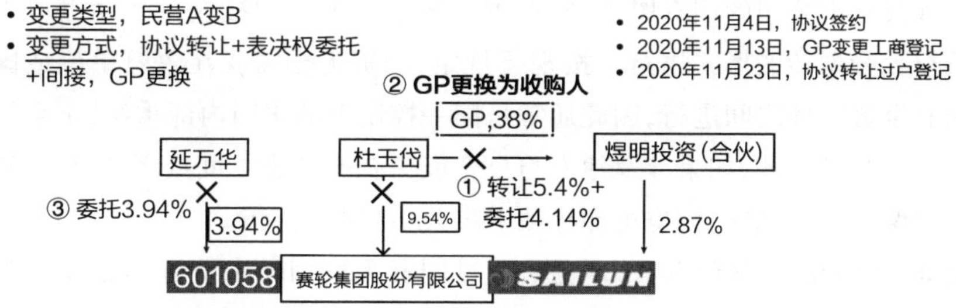

* 赛轮轮胎601058，2020年11月5日《详式权益变动报告书》；2020年11月14日变更公告；2020年11月25日过户公告。

图 10.78 [案例]赛轮轮胎(601058.SH)——协议转让 + 表决权委托 + GP 变更

另外，对于上市公司的合伙制机构股东，间接层面的权益变动除了上述 GP 变更及 LP 合伙份额的转让以外，也有通过就 GP 对合伙本身的投资决策进行类似于表决权委托模式的协议安排而进行控制权变更的。比如，融钰集团(002622.SZ)便通过其合伙制机构股东层面的 GP 决策安排，实现了由无控制人到有控制人的控制权变更事项：②(见图 10.79)

---

① 参见赛轮轮胎(601058.SH)：《详式权益变动报告书》，载上海证券交易所官网 2020 年 11 月 5 日，http://www.sse.com.cn/assortment/stock/list/info/announcement/index.shtml? productId = 601058。

② 参见融钰集团(002622.SZ)：《详式权益变动报告书》，载巨潮资讯网，http://static.cninfo.com.cn/finalpage/2020-02-13/1207303715.PDF。

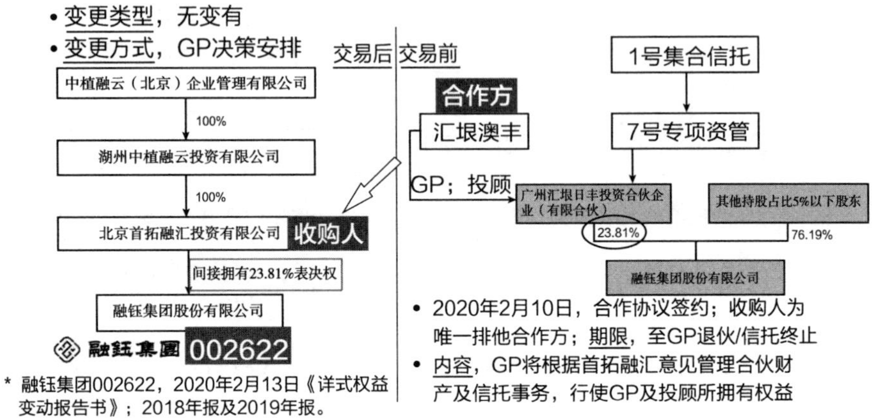

图 10.79 [案例]融钰集团(002622. SZ)——合伙制股东GP 决策机制安排

10.5.2.3 间接场景 A3:上市公司国资股东之国资股权无偿划转

若涉及上市公司的国有股东,则该国有股东层面的间接权益变动也可以通过国有股权无偿划转的形式进行。按现行规定,国资无偿需要在政府单位或国有独资或国有全资主体之间进行,因此通常是同一控制下的集团内部重组,不会导致控制权变更。尽管如此,如果涉及地方与央企或央企与地方之间或者 A 省与 B 省国资主体之间的无偿划转,则也可能导致上市公司控制权变更。

比如,鲁西化工(000830. SZ)也是通过国资无偿划转由地方国企变更为央企下属上市公司:[1](见图 10.80)

---

① 参见鲁西化工(000830. SZ):《控制人变更提示公告》,载巨潮资讯网,http://static. cninfo. com. cn/finalpage/2019 - 12 - 21/1207183085. PDF。

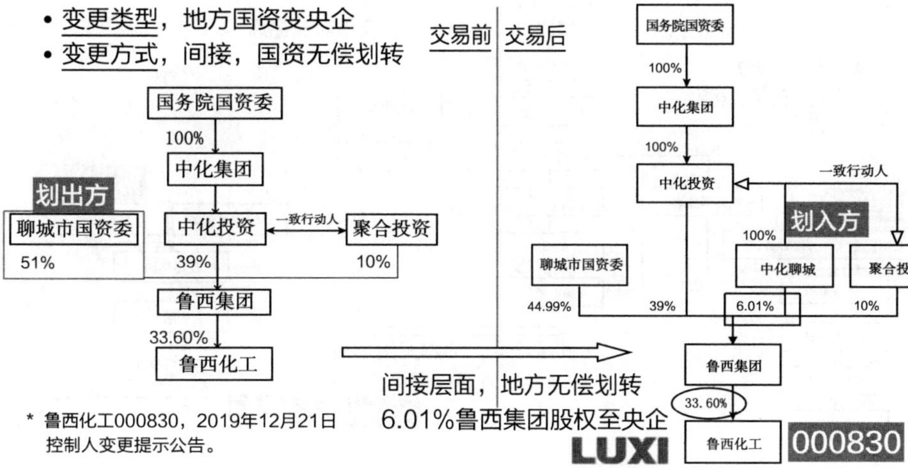

图 10.80 [案例]鲁西化工(000830.SZ)——国资股东股权无偿划转

上述间接收购中,因集团所持上市公司权益超过30%,无偿划转触发了全面要约义务。不过,国资无偿划转属于《收购办法》第 63 条所明确规定的可豁免要约情形。有关国资划转及要约豁免的更多分析请见第 3 章。

类似地,锦州港(600190.SH)(原无实际控制人)第一大股东层面在 2019 年发生的国资划转,便是由于辽宁省国资委(原持股 51%)将其所持有的辽港集团 1.1%的股权无偿划转给央企招商局集团旗下企业(原持股 49.9%股东,划转后持股 50.1%),导致上市公司间接权益发生变动,并由地方国企变更为央企下属企业(虽然仍是无实际控制人):[①](见图 10.81)

① 参见锦州港(600190.SH):《详式权益变动报告书》,载巨潮资讯网,http://static.cninfo.com.cn/finalpage/2019-06-05/1206333441.PDF。

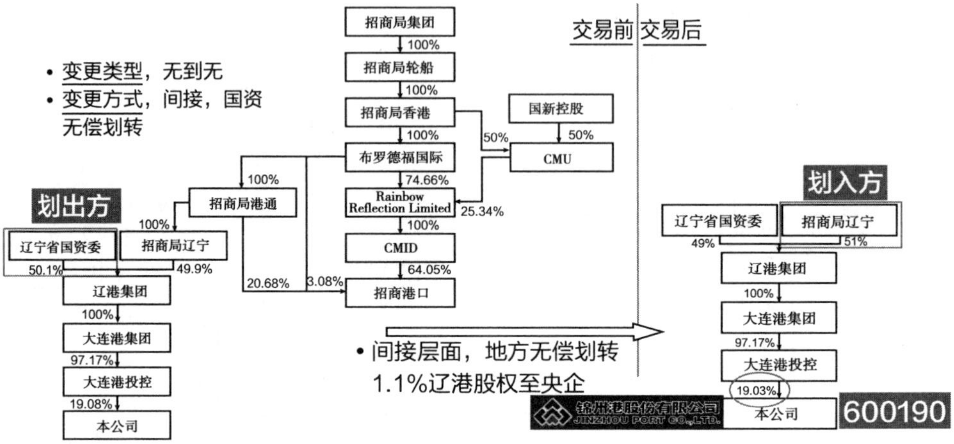

* 锦州港600190，2019年6月5日《详式权益变动报告书》。

图 10.81 [案例]锦州港(600190. SH)——国资股东股权无偿划转

10.5.2.4 间接场景 A4:上市公司外资股东之境外离岸交易

在上市公司的机构股东属于外资股东的情形下,间接收购也可能发生在境外离岸层面。比如,上文提及的外资于 2020 年退出的阳光股份(000608. SZ)(见图 10.19),外资股东于 2015 年入主上市公司时,采用的便是境外离岸交易的间接收购方式(见第 2 章分析)。

再如,平潭发展(000592. SZ)于 2019 年发生的控制权变动,则是因其外资股东的香港母公司之股东之间在境外所进行的表决权委托所致:①(见图 10.82)

① 参见平潭发展(000592. SZ):《详式权益变动报告书》,载巨潮资讯网,http://static. cninfo. com. cn/finalpage/2019 - 04 - 13/1206015331. PDF。

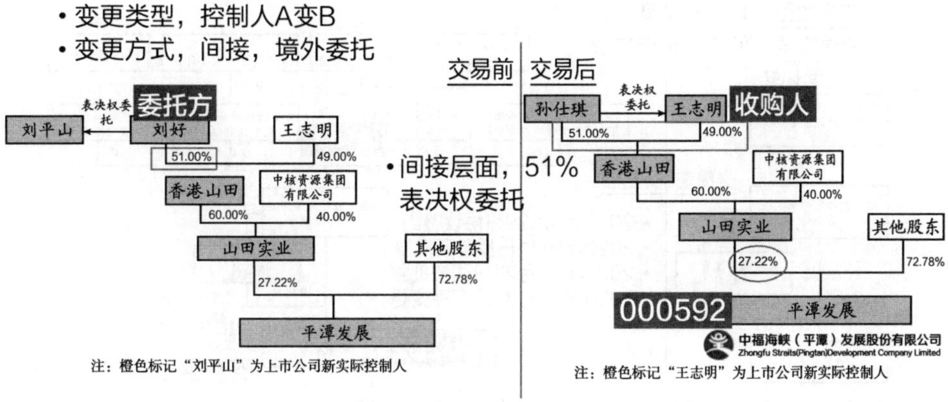

* 平潭发展000592，2019年4月13日《详式权益变动报告书》。

图 10.82 [案例]平潭发展(000592.SZ)——外资股东之股东境外表决权委托

10.5.3 间接收购场景 B——上市公司机构股东增资扩股

除了股东层面的股权转让外，另一种常见的间接收购方式是上市公司的机构股东增资扩股引进外部投资人。近年来，上市公司的国有股东集团母公司进行国企混改引进战略投资人时，通常也会引起对上市公司的间接收购或权益变动。尤其是，就国企混改而言，由国有股东增资扩股引入增量资金相比较上面介绍的转让存量老股的方式要更为常见。

比如，西藏矿业(000762.SZ)的大股东于 2020 年进行改制重组，通过增资扩股引进央企宝武集团：①(见图 10.83)

---

① 参见西藏矿业(000762.SZ)：《详式权益变动报告书》，载巨潮资讯网，http://static.cninfo.com.cn/finalpage/2020-06-30/1207967476.PDF。

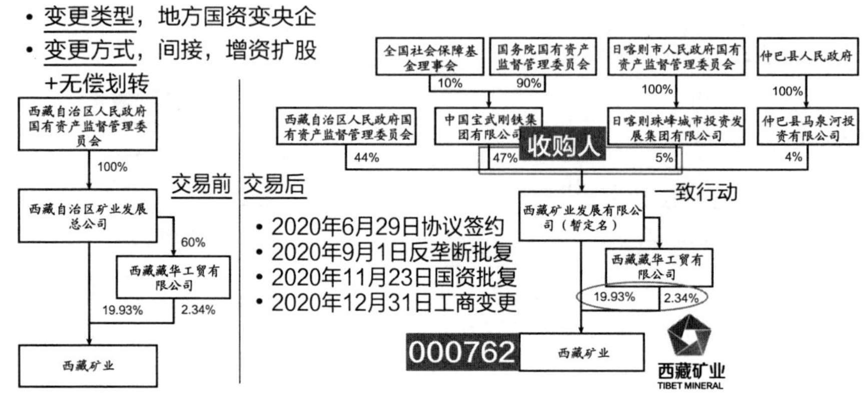

* 西藏矿业000762，2020年6月30日《详式权益变动报告书》。

图 10.83 [案例]西藏矿业(000762. SZ)——国资股东增资扩股引进投资人

类似地，六国化工(600470)2019 年的控制权变更也是由于其大股东增资扩股引进投资人所致：①(见图 10.84)

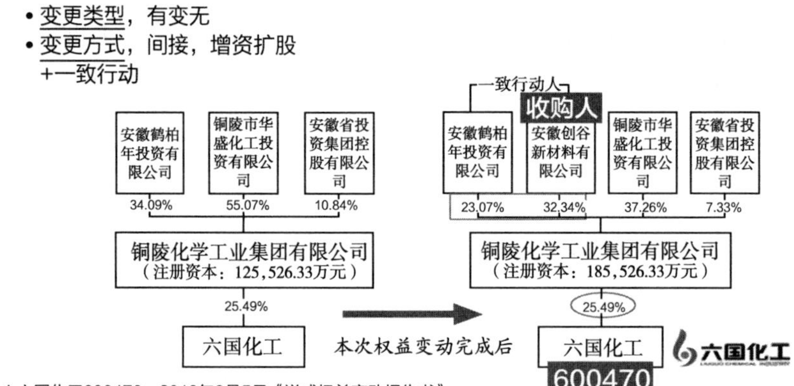

* 六国化工600470，2019年9月5日《详式权益变动报告书》。

图 10.84 [案例]六国化工(600470. SZ)——国资股东增资扩股 + 一致行动

近期，因机构股东增资扩股而导致上市公司控制权变更的案例还包括长城动漫(000835. SZ)、长城影视(002071. SZ)、鸿特科技(300176. SZ)以及正业科技(300410. SZ)等。

---

① 参见六国化工(600470. SH)：《详式权益变动报告书》，载巨潮资讯网，http://static. cninfo. com. cn/finalpage/2019 - 09 - 05/1206888981. PDF。

就机构股东增资扩股类型的间接收购而言，有一个值得一提的案例是天山生物(300313. SZ)2020 年的控制权变更。在该笔交易中，收购人湖州皓辉的关联方润兴租赁委托厦门国际信托向上市公司的大股东天山农牧业发放贷款 5 亿元。由于天山农牧业未能在约定的期限内还本付息，经协商一致，润兴租赁拟将转股债权进行原状分配。原状分配完成后，湖州皓辉有意自润兴租赁处受让转股债权，并自行向标的公司行使债权追索权。后经上海智本(本次增资前上海智本持有天山农牧业 100% 的股权)、湖州皓辉及天山农牧业协商一致，以上述 5 亿债权认购天山农牧业新增的 2 亿元注册资本，超出部分均计入天山农牧业资本公积金。①（见图 10.85)

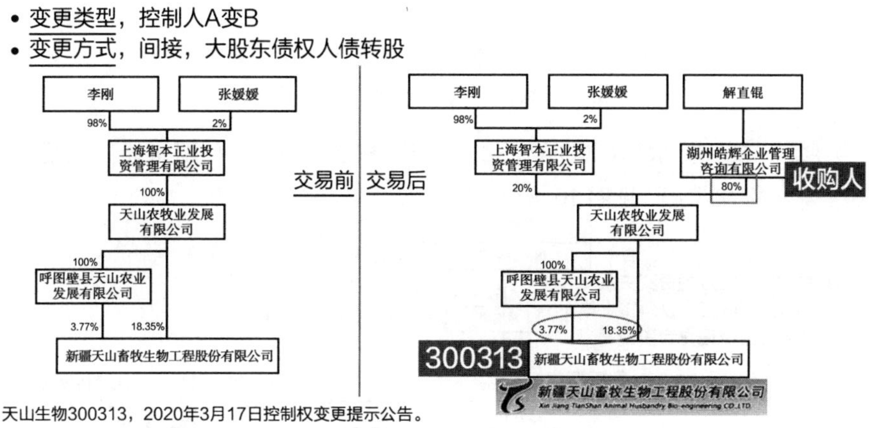

图 10.85 [案例]天山生物(300313. SZ)——股东之债权人债转股增资

10.5.4 间接收购场景 C——股东以上市公司股份出资

实务中，除了现金交易外，有时上市公司的股东也会以所持上市公司股份用于出资设立合资公司，而如果交易后以上市公司股份出资的控股股东在该合资公司中不控股，则同样可能会导致上市公司控制权发生变更。

比如，2018 年 11 月，紫鑫药业(002118. SZ)的股东敦化康平曾计划用所持上市公司 20% 的股份与合作方峰领大健康成立合资公司，而前者仅占该合资公司 30% 的股权并不控股：②(见图 10.86)

---

① 参见天山生物(300313. SZ)：《控制权变更提示公告》，载巨潮资讯网，http://static.cninfo.com.cn/finalpage/2020-03-17/1207377363.PDF。

② 参见紫鑫药业(002118. SZ)：《控股股东变更提示公告》，载巨潮资讯网，http://static.cninfo.com.cn/finalpage/2018-11-13/1205592580.PDF。

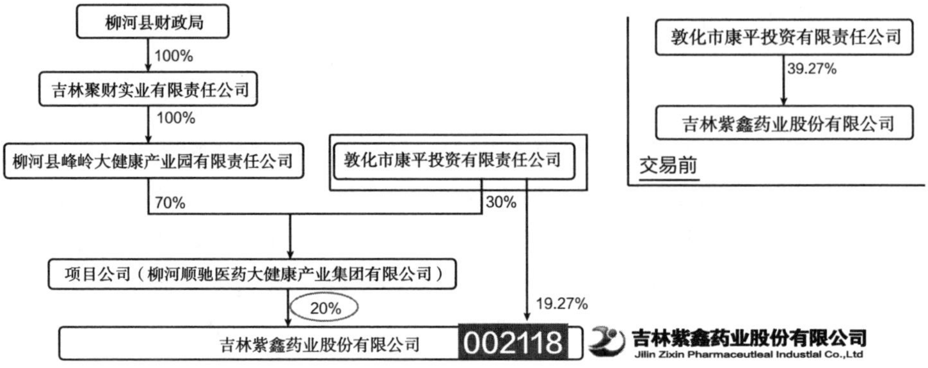

* 紫鑫药业002118，2018年11月13日控股股东变更提示公告。

图 10.86 [案例]紫鑫药业(002118. SZ)——以上市公司股份出资设立合资公司

类似地，在*ST 永林(000633. SZ)的控制权变更交易中，则是通过股份出资+表决权委托的方式：①(见图 10.87)

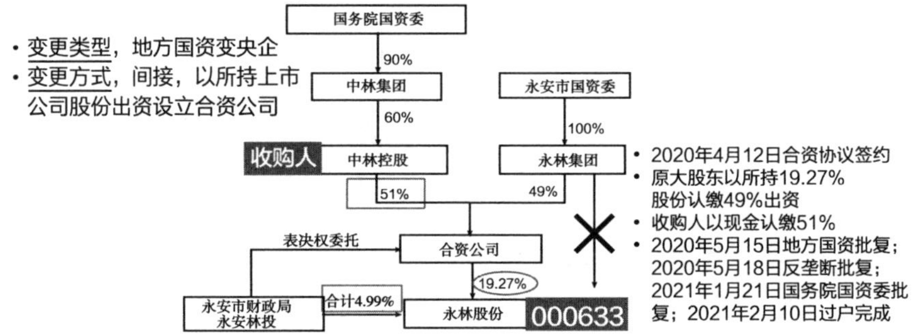

* *ST永林000663，2020年4月25日《详式权益变动报告书》。

图 10.87 [案例]*ST 永林(000633. SZ)——以上市公司股份出资设立合资公司

对于上述案例，值得一提的是，对于国有股转让，按照国资 36 号令的规定，通常应通过公开征集的方式寻求潜在买家(详见第 8 章分析)。而国资 36 号令第 29 条规定了一些可以豁免公开征集而直接非公开协议转让的例外，其中一项例外情

① 参见*ST 永林(000633. SZ)：《详式权益变动报告书》，载巨潮资讯网，http://static.cninfo.com.cn/finalpage/2020-04-25/1207604250.PDF。

形就是“*（七）国有股东以所持上市公司股份出资的*”。而在上述* ST 永林（000633. SZ）交易中，正是依据这一条而经国资委批复进而以非公开协议方式进行了 19.27% 国有股的转让。另外，股份出资（属于非货币出资）从税收等角度看也有一定的优势。尽管如此，具体项目究竟是否适合以股份出资的形式进行交易，还要综合考虑商业条款等多种因素。

另外，在海南海药（000566. SZ）的控制权交易中，结构则更为复杂，涉及纾困安排的一系列交易——间接收购（原大股东 15.2% 及项下质押负债注入 SPV + 收购人收购 SPV）+ 收购大股东先前发行的 EB 可交换债（对应可换股 7.03%）+ 表决权安排（7.76% 表决权让渡 + 原大股东放弃表决权）+ 增资 SPV 还债。①（见图 10.88）

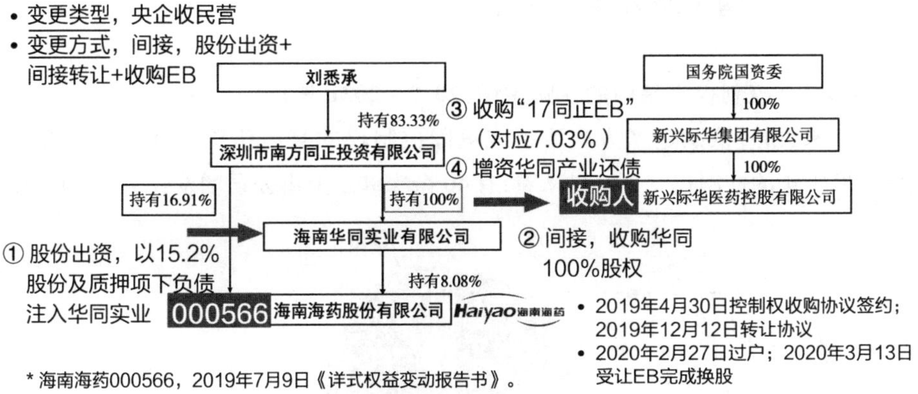

图 10.88 ［案例］海南海药（000566. SZ）——大股东以股份出资注入二股东 + 间接收购二股东 + 收购 EB 换股

10.5.5 间接收购中所触发的全面要约的程序衔接

控制权交易中，若间接收购导致权益超过 30%，根据《收购办法》第 56 条第 2 款的规定，也将触发全面要约义务。

在此，需要再次提及的一点是，对于因收购所触发的全面要约，如果是因协议转让所触发，则要约完成是向交易所进行协议转让申报的前提条件，交易所协议转让的申请文件中需包含要约结果公告（除非属于可豁免情形）；然而，如果是由间接收购触发，则并非需要等到要约完成才能办理上市公司机构股东层面的间接变更。

---

① 参见海南海药（000566. SZ）：《详式权益变动报告书》，载巨潮资讯网，http://static.cninfo.com.cn/finalpage/2019－07－09/1206432050.PDF。

实务中,通常是在间接收购协议签署后法定期限内(3 个交易日)先发布要约摘要提示公告,然后在收购协议经批复生效后(如需批复,比如国资、反垄断等前置批复),即可启动间接层面变更的工商登记程序。比如,在上文提及的博汇纸业(600966.SH)交易中,在 2020 年 8 月 24 日完成国家安全审查程序后,发生股权变更的集团层面的工商变更于 2020 年 8 月 27 日完成工商变更,而要约期限则是在 2020 年 8 月 28 日才正式启动。也就是说,在间接收购中,间接层面的工商登记变更可以在该等交易所触发的全面要约完成之前先行完成,而无需如同协议转让那样必须先完成全面要约(如触发)然后才能进行协议转让的申报。

有关协议转让与间接收购更多分析,请见第 1 章及第 2 章。

10.6 认购定增及定增+其他方式

10.6.1 控制权交易中的认购定增(2019~2021 年)

近年来,通过认购定增方式取得或巩固控制权的交易相比以往明显增多。以 2019~2021 年的控制权变更交易来看,有 40 余家涉及上市公司增发:(见图 10.89)

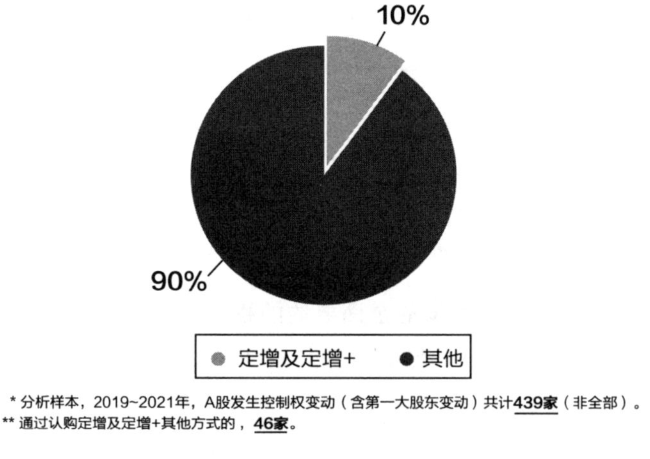

图 10.89 控制权交易中的认购定增(2019~2021 年)

而从上述涉及上市公司定增的控制权案例来看,大部分交易中,通常都是定增和协议转让、间接收购、表决权委托/放弃或一致行动等其他交易方式相结合。有的是"一揽子"交易安排同步签约,也有部分案例是先前通过协议转让等其他方式成为大股东的,后续再通过认购定增进一步巩固控制权:(见图 10.90)

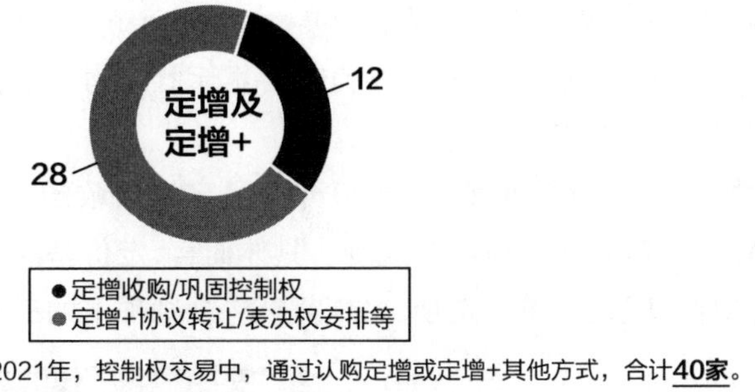

图 10.90　控制权交易中涉及定增的交易场景分布

10.6.2　认购定增相较其他收购方式的主要政策差异

认购定增这种收购方式之所以在近两年的控制权交易中日趋活跃，原因可能是多方面的，而其中一个重要因素就包括相关的监管政策调整，尤其是 2020 年 2 月证监会修订了上市公司增发的相关政策（《上市公司证券发行管理办法》《上市公司非公开发行股票实施细则》等），而 2023 年 2 月全面注册制以后，证监会在沪深各板块统一执行新颁布的《上市公司证券发行注册管理办法》。

首先，关于定价机制。先前讨论的各种主要收购方式中，除了间接收购没有明确的定价机制要求（国资除外），其他几种主要的收购方式都有明确的定价基准要求，具体简要图示如下：（见图 10.91）

图 10.91　上市公司收购方式的定价基准比较

单从定价基准的折扣空间直观来看，定增的折扣空间的确更大一些。不过，这也不能得出定增相比较其他收购方式就一定有价格优势的结论。这是因为，不同的交易方式，除了交易时间窗口的选择这些商业考虑，即便规则要求上不同交易方式的定价基准日本身也不同：

◎协议转让，定价基准日是签约日，考察区间是前1交易日（见第1章）；

◎要约收购，定价基准日是要约摘要提示性公告日，考察区间是前30交易日及前6个月（见第4章）。

而对于上市公司定增而言，2020年2月定增新政的一个重要调整就是恢复了2017年增发政策收紧之前的老规则。具体而言，定价基准日由2017年政策所要求的“发行期首日”这个单一选项，又恢复至老规则项下的三选一：（见图10.92）

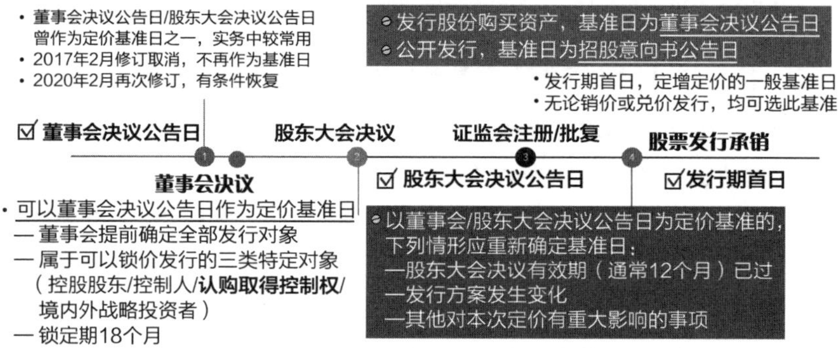

图10.92　上市公司非公开发行的定价基准日

实际上，2020年定增新政之所以引起市场积极反应的一个客观原因是，上述定增新政（实际上与2017年定增政策之前的老规则相同）项下的锁价发行（董事会决议日前20交易日均价的80%）给投资者留下了合适的价格空间，而2023年2月起全面注册制框架下沪深各板块统一适用的《上市公司证券发行注册管理办法》承继了前述定价规则。

其次，关于锁定期。除上述定价机制外，2020年定增新政的另一个重要调整便是将定增认购对象的锁定期相较老规则（包括2017年定增政策之前的老规则）缩短一半，锁价发行的认购对象锁定期为18个月（原规则为36个月），其他常规认购对象锁定期为6个月（原规则为12个月）：（见图10.93）

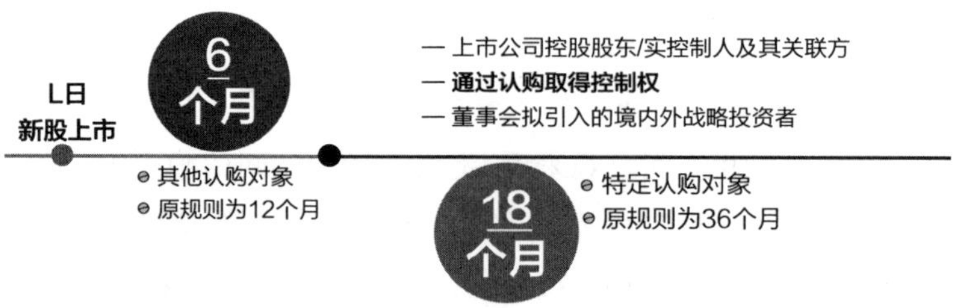

图10.93　上市公司非公开发行认购对象的锁定期

就控制权交易而言,《证券法》第75条对于取得控制权的"上市公司收购"之收购人的一般要求也是锁定18个月(包括收购人持有的存量老股及新收购股份)。而对于通过定增取得的新股,收购人(定增认购对象)的锁定期也由原来的36个月缩短至18个月,而2023年2月起全面注册制框架下沪深各板块统一适用的《上市公司证券发行注册管理办法》承继了前述锁定期规则。就此而言,定增收购不再有锁定期方面的劣势。尽管如此,在监管实践中,定增认购对象,尤其是通过定增取得控制权的认购对象,存在实际锁定承诺超过18个月的情况,部分案例中依然承诺要锁定36个月(见下述第10.6.3节)。

再次,关于要约豁免。就控制权交易而言,锁定期可能并非定增这两年在控制权交易中出现频率增高的一个主要动因,因为按照《证券法》第75条的规定控制权收购人本身也要锁定18个月,定增在这方面并无任何优势。然而,定增的明显优势(除了价格因素以外)是,尤其与协议转让相比,定增属于《收购办法》明确允许的要约豁免情形之一。根据《收购办法》第62条的规定,可以豁免要约的是同一控制下的转让。这也就意味着,若导致了控制权变更,转让交易通常是无法取得豁免的[除非属于《收购办法》第62(2)条规定的挽救上市公司严重财务困难的情形]。

然而,《收购办法》第63(3)条则明确规定了,因认购上市公司增发新股而超越30%的,可以豁免要约。由此,也不难理解,近几年的控制权交易中,在不少案例中,收购人采用了协议转让(控制在30%以下,比如29%或更低)+认购定增的方式,老股新股结合,达到预期的控制权地位。该等安排下,协议转让本身因低于30%并未触发全面要约义务,而导致跨越30%要约线的收购方式为认购定增,该等方式根据《收购办法》第63条的明确规定可以豁免全面要约。当然了,若想适用前述要约豁免,也需要满足相应的条件:(见图10.94)

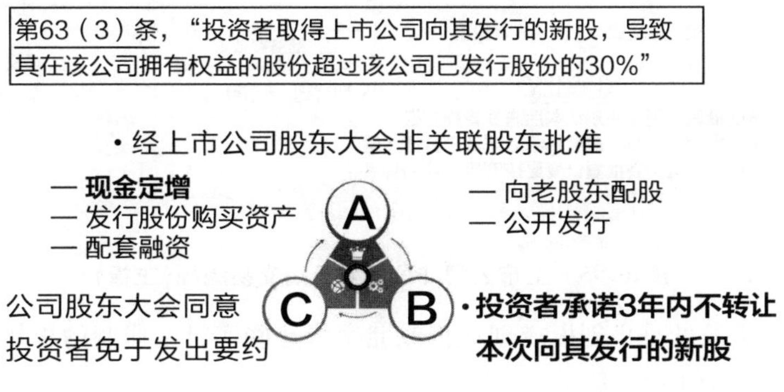

图10.94 协议+定增交易安排的政策动因——要约豁免及其条件

就上述条件而言，除了需经股东大会无关联股东批准外，一个突出条件是需要承诺3年锁定期。也就是说，如果只是参与认购而不触发要约义务或者无需考虑要约豁免因素，则收购人认购定增的锁定期是18个月；但是，如果想要享受要约豁免待遇，则需承诺36个月锁定作为代价。不过，对于大部分收购人来讲，取得控制权以后通过不会急于退出，在法定要求基础上为了获得要约豁免而自愿承诺36个月的锁定期，通常也在可承受范围内。

而且，定增的另一个好处是向上市公司输入增量资金，而不是由原大股东收取转让价款，这对于交易之后的上市公司持续良好发展也有好处。因此，多方面因素叠加，导致认购定增这种方式在这几年的控制权交易中明显活跃。

最后，关于定增的程序。尽管上述，与老股收购（协议转让、间接收购、表决权安排或要约收购等）相比，认购定增的一个重要程序差异是，现有监管框架下，前者不再涉及证监会前置行政许可程序，涉及的主要是交易所层面的合规确认及信息披露审核；而认购定增则需要在交易所审核之后继续履行证监会的核准或注册程序，拿到证监会批复之后才能启动发行。因此，整体而言，定增的审核周期要更为漫长，通常需要至少3到6个月左右的时间（且不考虑国资反垄断等因素）。

若涉及的上市公司是上交所主板或深交所主板，则在全面注册制执行之前，定增通常需要履行如下审核程序（而在2023年2月沪深主板执行注册制之后，其定增程序与下述科创板/创业板的程序已无实质差异）：（见图10.95）

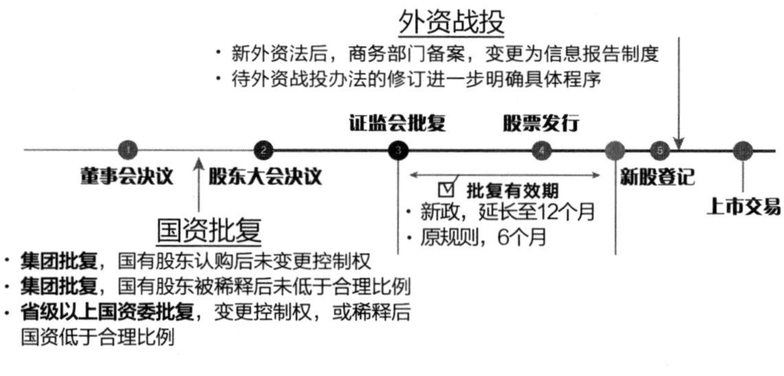

图10.95　上市公司非公开发行的交易流程（主板）

而如果涉及的是科创板或创业板或北交所这些实行注册制的板块，定增的审核程序则可如图10.96所示：

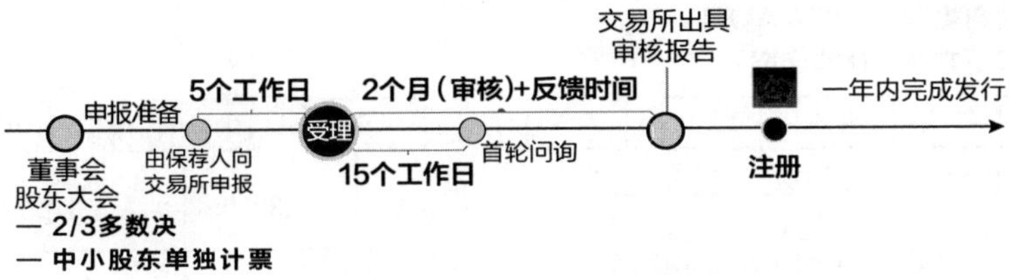

图 10.96　上市公司非公开发行的交易流程(注册制)

10.6.3　控制权交易中的认购定增实务场景

实务中,控制权交易中涉及的认购定增有如下几种交易场景:(见图10.97)

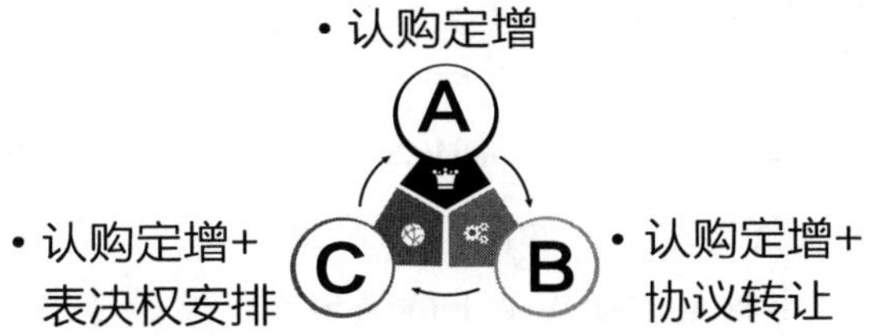

图 10.97　控制权交易中认购定增的实务场景

10.6.3.1　定增场景A:通过认购定增取得/巩固控制权

一些案例中,收购人采取了单纯通过认购定增取得控制权的模式。比如,在*ST九有(600462.SH)的交易中,收购人原先并未持股,通过现金认购定增取得21.51%的股份。定增后,原控股股东稀释至13.68%。定增认购对象取得上市公司控制权。[①](见图10.98)

---

① 参见*ST九有(600462.SH):定增预案,载巨潮资讯网,http://static.cninfo.com.cn/finalpage/2020-11-27/1208805204.PDF;*ST九有(600462.SH):《详式权益变动报告书》,载巨潮资讯网,http://static.cninfo.com.cn/finalpage/2020-11-27/1208805198.PDF。

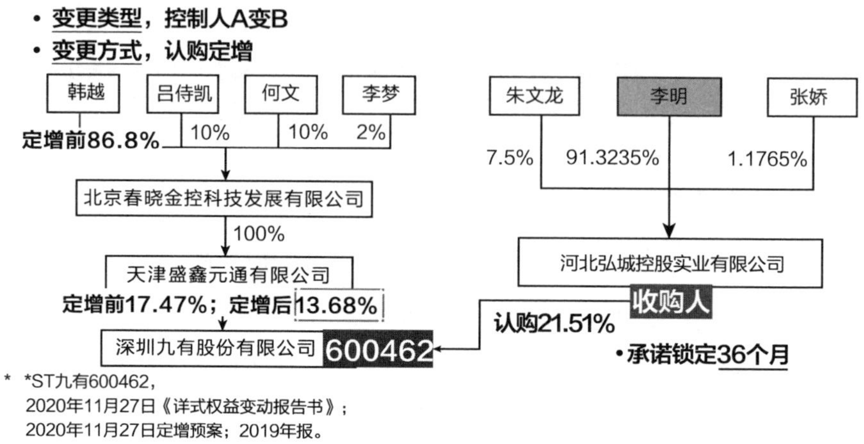

图 10.98 [案例]*ST 九有(600462.SH)——认购定增取得控制权

值得注意的是,上述定增的认购协议于 2020 年 4 月签署、2020 年 2 月新修订的定增新规已生效。尽管定增新规项下的锁定期已缩短至 18 个月,但该等交易中,收购人在 2020 年 4 月签署的认购协议中约定的锁定期为 24 个月,而在 2020 年 11 月签订的补充协议中则进一步调整为 36 个月锁定的承诺,而且该等承诺并非为了取得要约豁免(定增后持股 21.51% 尚未触发要约义务)。

但是,在*ST 敦种(600354.SH)的定增中,甘肃省国企酒钢集团通过现金定增取得 23.08%,原大股东被稀释至 9.94%,认购对象成为新的控股股东。该等交易的认购协议于 2020 年 8 月签署,约定的锁定期为定增新规所要求的 18 个月,并没有承诺额外锁定。①而在同期进行的*ST 中昌(600242.SH)的定增交易中,认购协议于 2020 年 10 月签署,收购人是自然人组成的有限合伙,其约定锁定期也是法定的 18 个月,没有再承诺额外锁定。②其他仅承诺了 18 个月锁定的定增交易中,收购人既有国资背景也有民营背景。相反,在新天绿能(600956.SH)的定增中,于 2021 年 3 月,作为认购对象的国有股东河北建设投资集团则将初始方案中的 18 个月锁定期延长至 36 个月。③

---

① 参见*ST 敦种(600354.SH):定增预案,载巨潮资讯网,http://static.cninfo.com.cn/finalpage/2020-09-01/1208358814.PDF。

② 参见*ST 中昌(600242.SH):定增预案,载巨潮资讯网,http://static.cninfo.com.cn/finalpage/2020-10-27/1208616744.PDF。

③ 参见新天绿能(600956.SH):定增预案修订情况说明,载上海证券交易所官网 2021 年 3 月 8 日,http://www.sse.com.cn/assortment/stock/list/info/announcement/index.shtml? productId=600956。

也就是说,对于通过定增取得控制权的交易,在18个月的法定锁定期基础上,究竟是否需要再进行额外锁定承诺,可能是由于个案情况与监管及中小投资者等多方沟通多种因素考量而作的最终衡量,而和收购人/认购对象是否国资或民营并无必然联系。

10.6.3.2 定增场景B:认购定增+协议转让

如上文提及,近年来协议转让+认购定增相结合的控制权变更方式日趋活跃的一个动因在于,通过这种结合安排,既可以实现控制权收购目的,还可以豁免全面要约,另外还可为交易后上市公司提供增量资金。

比如,在ST罗普(002333.SZ)的控制权交易中,便采用了协议转让(29.84%)+认购定增(合计45.97%)的方式:①(见图10.99)

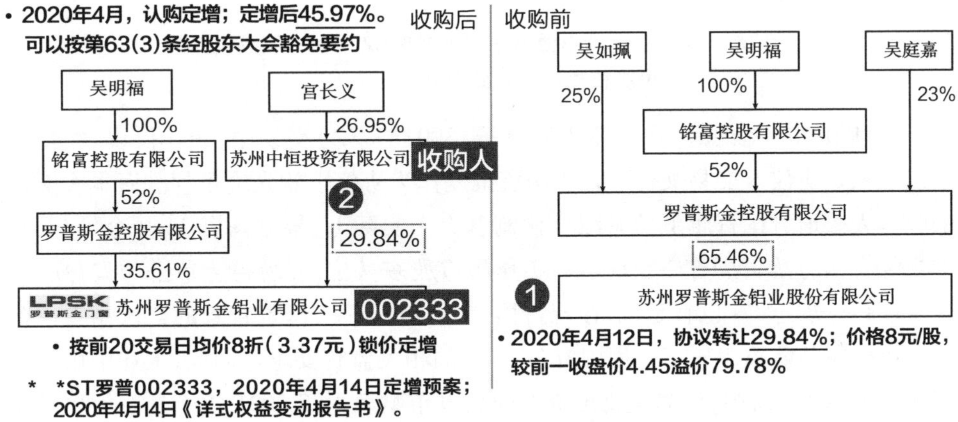

图10.99 [案例]ST罗普(002333.SZ)——协议转让+认购定增

10.6.3.3 定增场景C:认购定增+协议转让+表决权委托

实务中,除了与协议转让配合以外,有时定增还会配合表决权委托/放弃或一致行动等"一揽子"协议安排。比如,在中微电子(300270.SZ)的交易中,收购人通过通过协议转让(8%)+表决权委托(14%,限售期满后转让)+定增(30%)的方式,合计取得定增后40%权益获得控制权。②(见图10.100)

---

① 参见ST罗普(002333.SZ):《详式权益变动报告书》,载巨潮资讯网,http://static.cninfo.com.cn/finalpage/2020-04-14/1207490578.PDF。

② 参见中微电子(300270.SZ):定增预案,载巨潮资讯网,http://static.cninfo.com.cn/finalpage/2020-08-31/1208323893.PDF;中微电子(300270.SZ):《收购报告书》,载巨潮资讯网,http://static.cninfo.com.cn/finalpage/2020-09-01/1208357684.PDF。

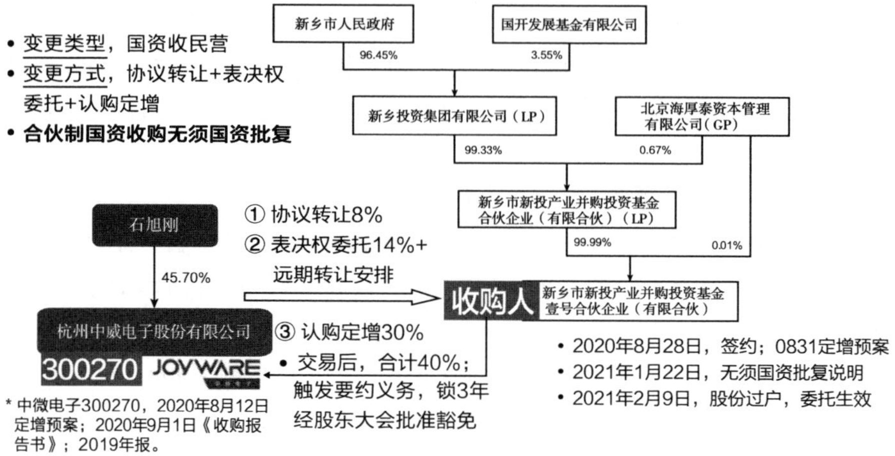

图 10.100 ［案例］中微电子（300270.SZ）——协议转让＋表决权委托＋认购定增

特别值得一提的是，在上述中微电子（300270.SZ）交易中，转让协议、委托协议以及认购协议等交易文件中曾将国资批复作为协议生效先决条件。而本次交易的收购人是地方国资旗下的有限合伙制基金。实际上，根据国资 36 号令第 78 条的规定，"*国有出资的有限合伙企业不作国有股东认定，其所持上市公司股份的监督管理另行规定*"。也就是说，在现行国资监管框架下，国资背景的合伙制主体参与上市公司并购重组暂不适用国资 36 号令的相关监管要求。因此，上述中微电子（300270.SZ）交易中，作为主要出资方的新乡市财政局于 2021 年 1 月专门出具说明，经咨询省国资委，根据国资 36 号令精神，由于本次收购主体属于有限合伙企业，因此无需经国资审批，仅需按当地国资要求履行内部决策程序即可。①

10.6.4 认购定增所涉及要约豁免路径的适用

在上述 ST 罗普（002333.SZ）及中微电子（300270.SZ）等交易中，"一揽子"安排后收购人持有权益均超越了 30% 的要约义务触发线，但由于认购定增属于《收购办法》第 63 条所明确允许的要约豁免情形，所以收购人无需向全体股东发出全面要约，而只需要按照证监会第 16 号格式准则编制《上市公司收购报告书》，并承诺 3 年锁定期以及取得上市公司股东大会批准豁免要约。

在此需要特别一提的是，就要约豁免而言，《收购办法》第 62 条、第 63 条项下

① 参见中微电子（300270.SZ）：《控制权变更进展公告》，载巨潮资讯网，http://static.cninfo.com.cn/finalpage/2021-01-26/1209186196.PDF。

有多种路径选择(详见第3章分析)。而在同一交易可以满足多项豁免情形的情况下,不同的路径选择可能会有不同的法律后果。尤其是,就涉及定增的控制权交易而言,如果仅仅是认购定增而不考虑要约豁免事项,那么按照2020年定增新政,锁定期只需要18个月;而如果希望获得要约豁免,则按照《收购办法》第63(3)条需要承诺36个月的锁定期。那么,有没有一种路径既可以豁免要约又可以避免36个月的锁定呢?这里值得思考的就是《收购办法》第63(4)条项下的爬行增持豁免是否可以适用于定增的交易。(见图10.101)

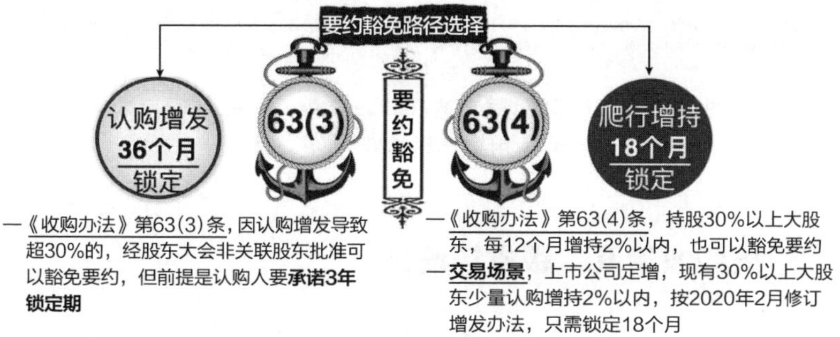

图10.101 要约豁免的路径选择——第63(3)条增发 vs. 第63(4)条爬行

有关爬行增持的详细分析请见第3章。根据2020年3月《收购办法》的修订,第63(4)条爬行增持的适用已经不再仅仅限于二级市场竞价交易。修订后的《收购办法》未将爬行增持的适用限定于任何交易方式。也就是说,认购定增也是有可能适用爬行增持条款的。当然了,第63(4)条爬行增持的适用主体对象仅针对持股"*达到或者超过*"30%的股东且在其达到/超过30%持股这一"*事实发生之日起一年后*"才适用,而且受限于年度增持不超过2%的额度限制。

实务中,尽管控制权交易中尚未见到利用爬行增持适用豁免的案例,但在现有大股东认购定增的同兴达(002845.SZ)交易中援引年度2%爬行增持条款适用豁免的相关安排值得思考:①(见图10.102)

---

① 参见同兴达(002845.SZ):《关于股东免于以要约方式增持公司股份(二次修订稿)的公告(更新后)》,载深圳证券交易所官网2020年3月18日,http://www.szse.cn/disclosure/listed/bulletinDetail/index.html?fdb3c17a-32ba-4343-b00b-24b625d2edbe;同兴达(002845.SZ):《非公开发行预案(五次修订稿)》,载深圳证券交易所官网2020年7月22日,http://www.szse.cn/disclosure/listed/bulletinDetail/index.html?54eea4b8-5e4c-4c4f-905f-6d3626cf20da。

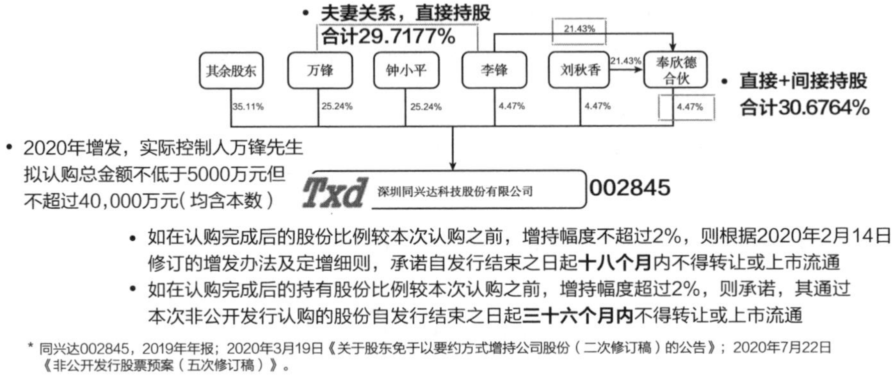

图 10.102　[案例]同兴达(002285.SZ)——2%额度内定增适用爬行增持豁免

10.7　要约收购及二级市场增持

10.7.1　控制权交易中的要约收购(2019～2021 年)

A 股市场上,要约收购一直不瘟不火。自 2015 年以来,每年(除了 2018 年)的要约收购数量均未超过 20 单(包括自愿发起的部分要约以及因其他交易超过 30%而触发的全面要约)。(见图 10.103)

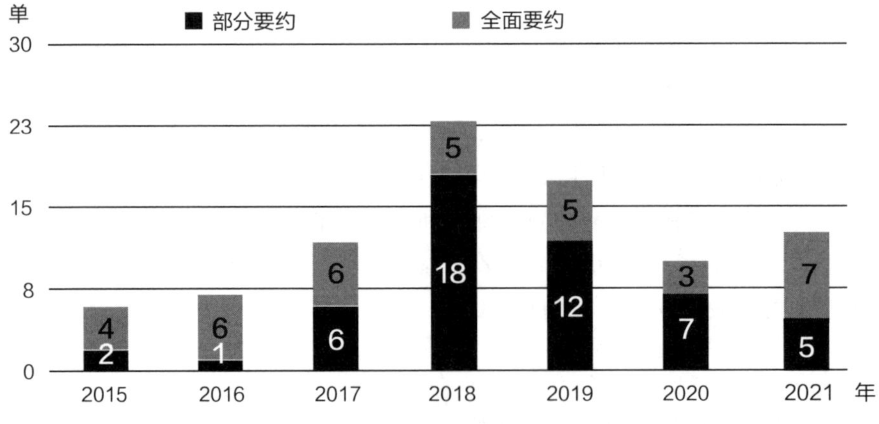

图 10.103　要约收购市场概况(2015～2021 年)

前文第 4 章已对要约收购的相关要求进行了详细分析。就要约收购的交易流程来看,简要图示如下(具体分析见第 4 章):(见图 10.104)

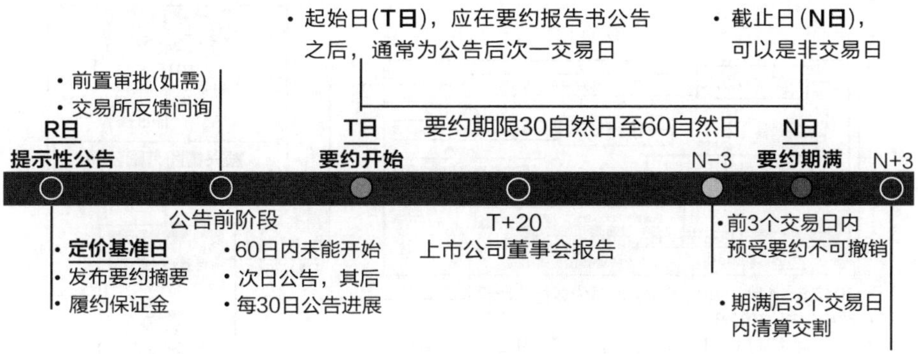

图 10.104 要约收购的交易流程

而就 2019～2021 年控制权交易中涉及的要约收购来看,除了因其他交易(协议转让、间接收购等方式)而触发的全面要约外,也出现过几例直接通过要约收购取得控制权的案例。另外,也有部分案例是通过协议转让(控制在 30% 以下,比如 29.99%)+部分要约的方式收购控制权。(见图 10.105)

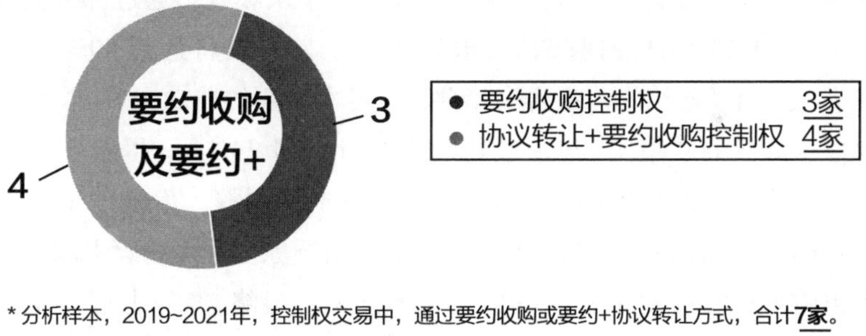

图 10.105 控制权交易中的要约收购(2019～2021 年)

10.7.2 直接通过部分要约收购控制权

直接通过发起要约收购上市公开控制权的典型案例是 2017 年完成的振兴生化(000403.SZ),这是一宗典型的直接通过要约收购控制权的案例。收购人浙民投发起部分要约收购 27.49%,收购后与其一致行动人合计持股 29.99%;①(见图 10.106)

① 参见振兴生化(000403.SZ):《要约收购报告书》,载巨潮资讯网,http://static.cninfo.com.cn/finalpage/2017-11-02/1204106498.PDF。

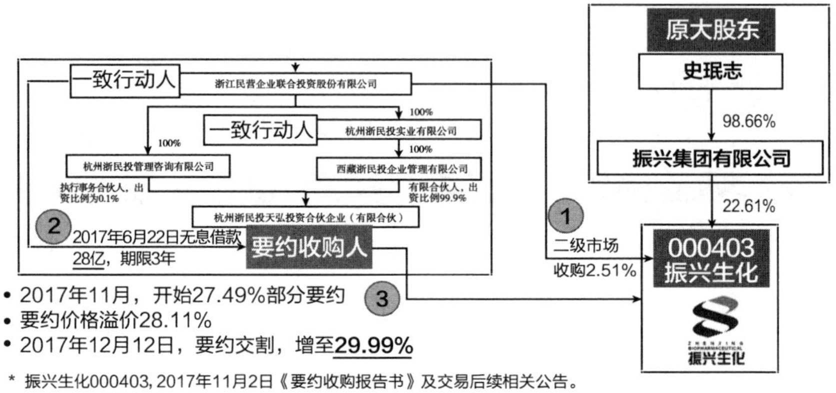

* 振兴生化000403，2017年11月2日《要约收购报告书》及交易后续相关公告。

图 10.106 [案例]振兴生化(000403.SZ)——浙民投通过部分要约收购控制权

而以 2019～2021 年的控制权交易来看，上市公司永辉超市(601933.SH)曾于 2019 年 4 月向另一家上市公司中百集团(000759.SZ)发起了要约。收购前，永辉超市及其一致行动人累计持有中百集团 29.86%；本次收购拟通过部分要约的形式收购中百集团 10.14% 股份，收购后，永辉超市累计持股将达到 40%。收购人于 2019 年 4 月发布了《要约收购报告书摘要》。①若本次要约成功完成，收购人持股将超越原大股东武汉商联集团(与一致行动人合计持股 34%)。尽管收购人在要约摘要中披露的收购目的是战略投资合作，而非谋求控制权。后续由于其他主要股东因素以及国家市场监督管理总局相关程序包括国家安全审查等因素，收购人迟迟未能取得前置批复而发布要约收购报告书全文。最终，经与中百集团实际控制人武汉国有资产经营有限公司友好协商，收购人于 2019 年 12 月宣布取消本次要计划，并承诺未来 12 个月内不再次对上市公司进行收购。②

另一个值得关注的要约收购控制权的案例是格兰仕于 2020 年 8 月发布《要约收购报告书摘要》，发起自愿要约收购惠而浦(600983.SH)的 61% 股份的部分要约，并将预受达到 51% 的控股门槛作为要约生效的先决条件。③截至 2021 年 5 月，

---

① 参见中百集团(000759.SZ)：《要约收购报告书摘要》，载巨潮资讯网，http://static.cninfo.com.cn/finalpage/2019-04-12/1206009344.PDF。

② 参见中百集团(000759.SZ)：《关于永辉超市取消部分要约收购中百集团股份计划的公告》，载巨潮资讯网，http://static.cninfo.com.cn/finalpage/2019-12-17/1207171220.PDF。

③ 惠而浦(600983.SH)：《要约收购报告书摘要》，载巨潮资讯网，http://static.cninfo.com.cn/finalpage/2020-08-26/1208249558.PDF。

该项交易结构如图 10.107 所示：

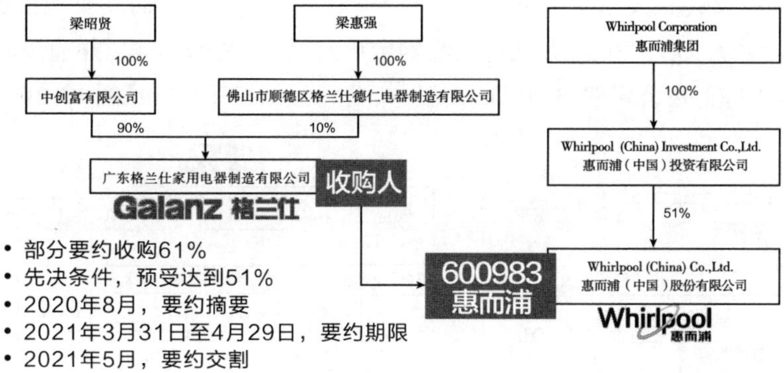

图 10.107 ［案例］惠而浦(600983.SH)——格兰仕通过部分要约收购控制权

10.7.3 协议转让 + 部分要约收购控制权

除了一步到位直接通过要约收购控制权的交易外，也有部分要约与协议转让等其他方式相结合的安排。比如，复兴旗下 A 股上市公司豫园股份(600655.SH)收购另一家 A 股上市公司金徽酒(603919.SH)的控制权时，采用的方式便是协议转让(29.99998%) + 部分要约(8%)“一揽子”安排：①(见图 10.108)

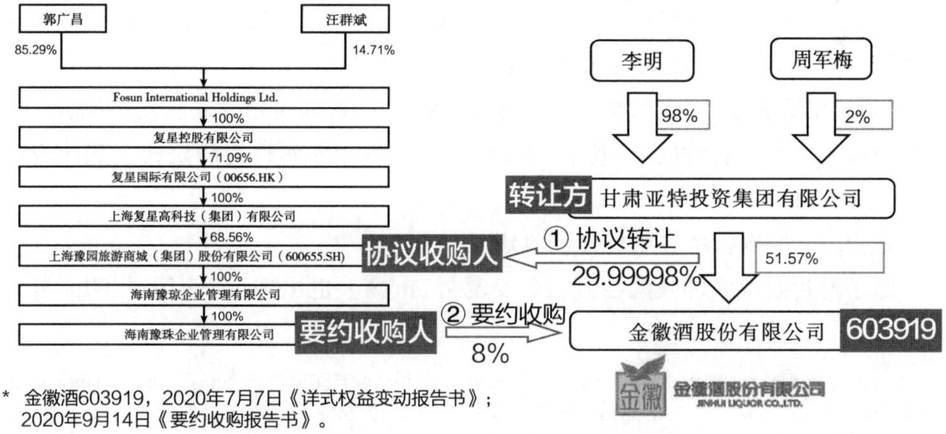

图 10.108 ［案例］金徽酒(603919.SH)——豫园股份协议转让 + 部分要约收购

---

① 参见金徽酒(603919.SH)：《详式权益变动报告书》，载巨潮资讯网，http://static.cninfo.com.cn/finalpage/2020-07-07/1208008369.PDF；金徽酒(603919.SH)：《要约收购报告书》，载巨潮资讯网，http://static.cninfo.com.cn/finalpage/2020-09-14/1208431220.PDF。

而在宝鼎科技(002552. SZ)的控制权交易中,收购人先通过协议转让收购了29.9%,后续又择机发起了部分要约收购8%以巩固控制权。而其要约报告书所披露的要约目的,即为"通过协议转让收购宝鼎科技29.90%股权,并通过本次部分要约收购增持上市公司股份,从而获得上市公司控制权"。① (见图10.109)

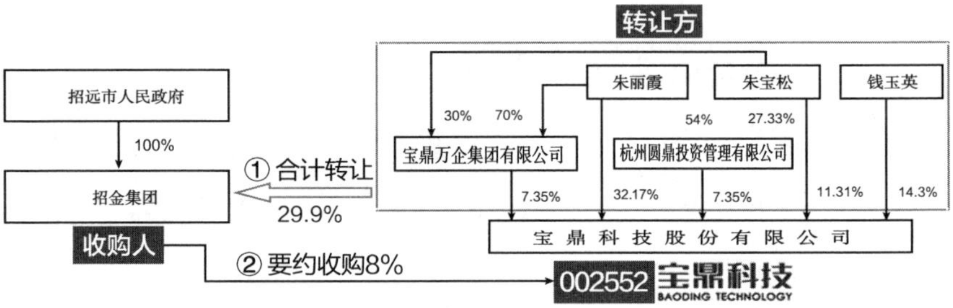

* 宝鼎科技002552,2019年9月20日《详式权益变动报告书》;2019年11月29日《要约收购报告书》;2018年报。

图10.109 [案例]宝鼎科技(002552. SZ)——招金集团协议转让+部分要约收购

类似地,在聚隆科技(300475. SZ)的控制权交易中,收购人于2019年5月先是通过协议转让收购了26.43%,并于2019年7月完成过户;后续,收购人于2019年7月发起了部分要约(拟收购13%),并于2019年8月完成要约(最终8.1%预受交割);其后,收购人又通过二级市场竞价增持1%。最终,收购人合计收购了35.53%,并于2019年11月完成了董事会改选。②

另外,在易事特(300376. SZ)的控制权交易中,收购人也曾计划采用协议转让+表决权放弃+要约收购的"一揽子"安排,但后来将计划调整为协议转+表决权放弃的交易安排。③

10.7.4 控制权争夺中的要约收购

除了通过要约收购收购控制权的交易外,市场上也出现过不同的收购人针对

① 参见宝鼎科技(002552. SZ):《详式权益变动报告书》,载巨潮资讯网,http://static.cninfo.com.cn/finalpage/2019-09-20/1206936161.PDF;宝鼎科技(002552. SZ):《要约收购报告书》,载巨潮资讯网,http://static.cninfo.com.cn/finalpage/2019-11-29/1207121872.PDF。

② 参见聚隆科技(300475. SZ):《控制权变更公告》,载巨潮资讯网,http://static.cninfo.com.cn/finalpage/2019-11-16/1207095231.PDF。

③ 参见易事特(300376. SZ):《控制权变更提示公告》,载巨潮资讯网,http://static.cninfo.com.cn/finalpage/2019-12-20/1207183722.PDF;易事特(300376. SZ):《过户完成公告》,载巨潮资讯网,http://static.cninfo.com.cn/finalpage/2020-08-19/1208204742.PDF。

同一家上市公司先后两次发出了不同的要约,争夺控制权。最典型的就是 2017 年年底由原国资大股东以及 2018 年年底由原民营二股东针对汉商集团(600774. SH)发出的两次高溢价要约。该等要约的简要情况如图 10. 110 所示:①

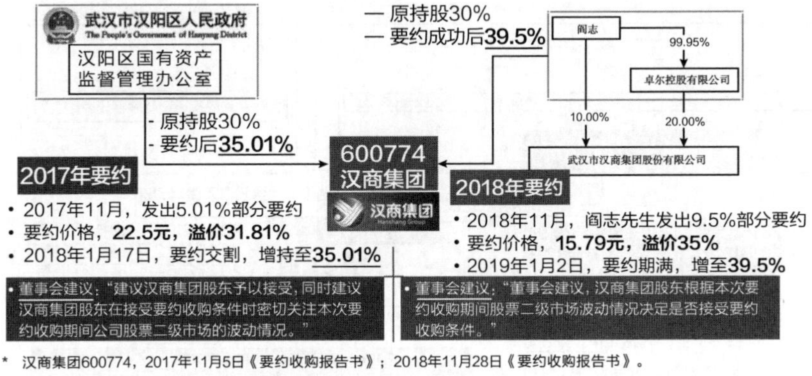

图 10. 110 [案例]汉商集团(600774. SH)——通过要约收购争夺控制权

另一个通过要约争夺控制权的典型案例是京基集团对康达尔(000048. SZ)的收购,其交易结构如图 10. 111 所示:②

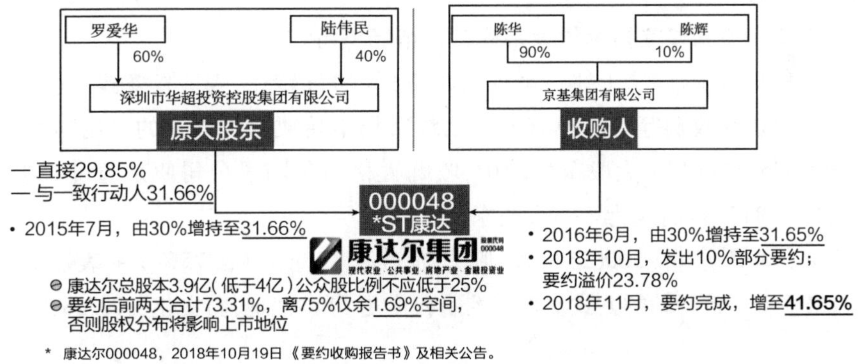

图 10. 111 [案例]康达尔(000048. SZ)——通过要约收购争夺控制权

---

① 参见汉商集团(600774. SZ):《要约收购报告书》,载巨潮资讯网,http://static. cninfo. com. cn/finalpage/2017 - 11 - 15/1204139558. PDF;汉商集团(600774. SZ):《要约收购报告书》,载巨潮资讯网,http://static. cninfo. com. cn/finalpage/2018 - 11 - 28/1205634468. PDF。

② 参见康达尔(000048. SZ):《要约收购报告书》,载巨潮资讯网,http://static. cninfo. com. cn/finalpage/2018 - 10 - 19/1205513795. PDF。

而在康达尔案例差不多同一时间的另一个典型的控制权争夺案例——新华百货(600785. SH)中,收购人及原大股东则综合运用了要约收购及二级市场爬行增持(详见第3章分析)等多种手段:①(见图10.112)

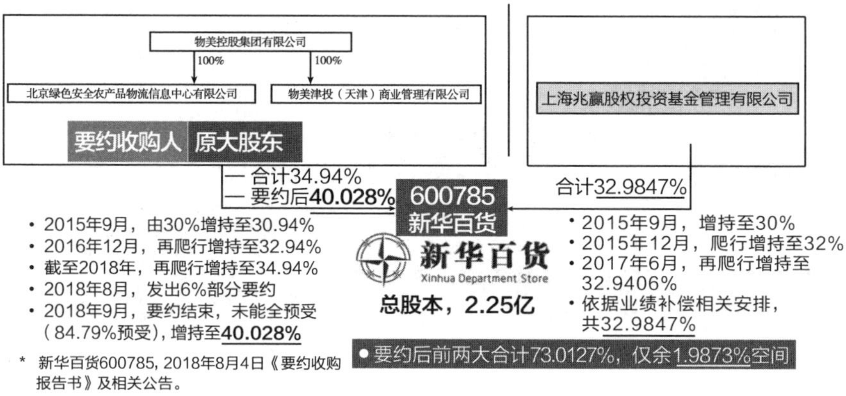

图 10.112 [案例]新华百货(600785. SH)——要约收购 + 爬行增持争夺控制权

总之,实务中,要约收购有多种应用场景。除了一般的财务性投资外,其既可以作为现有大股东巩固控制权的增持手段,也可以成为外部收购人收购甚至争夺控制权的有力武器。

10.7.5 控制权交易中的大宗等二级市场增持

控制权交易中,除了上述一系列收购方式(协议转让、表决权安排、间接收购、认购定增及要约收购等)外,也有通过二级市场增持成为大股东的。比如,在长园集团(600525. SH)第一大股东变动中,收购人格力集团子公司便是通过二级市场竞价增持2.8135%而成为第一大股东。②

再如,华星创业(300025. SZ)则是通过大宗交易(3.75%)+表决权委托(11.88%)+一致行动的方式实现了控制权变更。③类似地,新文化(300336. SZ)④以

---

① 参见新华百货(600785. SH):《要约收购报告书》,载巨潮资讯网,http://static.cninfo.com.cn/finalpage/2018-08-04/1205258279.PDF。

② 参见长园集团(600525. SH):《第一大股东变动公告》,载巨潮资讯网,http://static.cninfo.com.cn/finalpage/2019-09-25/1206947088.PDF。

③ 参见华星创业(300025. SZ):《控制权变更进展公告》,载巨潮资讯网,http://static.cninfo.com.cn/finalpage/2020-09-29/1208505450.PDF。

④ 参见新文化(300336. SZ):《控制权变更进展公告》,载巨潮资讯网,http://static.cninfo.com.cn/finalpage/2020-09-04/1208400663.PDF。

及迅游科技(300467. SZ)①等也都是通过大宗 + 表决权委托完成了控制权的变更。

由于二级市场竞价或大宗增持本身不涉及复杂的交易结构设计,主要涉及的是相关信息披露义务的履行以及交易敏感期规则的规制等(详见第 5 章),本文不再赘述。

10.8 破产重整及债务重组

近年来,因外部宏观环境及业务转型等因素,不少上市公司或其大股东进入了破产拍卖或重整程序或面临债务重组的困境,并因而导致了控制权变更。(见图 10.113)

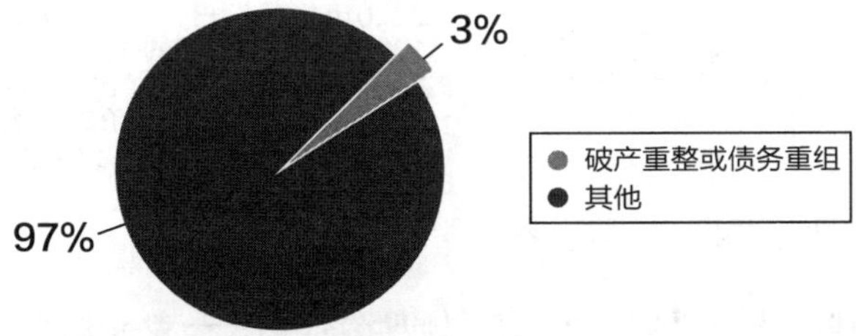

* 分析样本,2019~2021年,A股发生控制权变动(含第一大股东变动)共计439家(非全部)。
** 因破产拍卖或进入破产重整或债务重组导致的控制权变更,**14家**。

图 10.113 破产重整 & 债务重组导致的控制权变更(2019 ~ 2021 年)

10.8.1 因破产重整导致的控制权变更

有关公司破产或破产重整的相关监管及实务是一个非常复杂的事项,涉及上市公司、大股东、公众股东、债权人、重整投资人等多方面利益诉求以及法院破产程序和证券监管衔接等方方面面,值得专文深入分析。本文在此暂不作详细解读,仅选取几个相关案例加以简要介绍。

比如,在*ST 宝实(000595. SZ)的破产重整中,投资人宁夏国有资本运营集团有限责任公司以竞价方式竞得上市公司处置的部分资本公积金转增所得股票 3.34 亿股(占转增后总股本 29.08%)。该项安排是基于银川中院于 2020 年 11 月 (2020)宁 01 破 7 - 2 号《民事裁定书》所批准的《重整计划》;并且,经银川中院 (2020)宁 01 破 7 - 4 号民事裁定书裁定,该等转增股份由宝塔实业管理人账户(宝塔

---

① 参见迅游科技(300467. SZ):《控制权变更公告》,载巨潮资讯网,http://static.cninfo.com.cn/finalpage/2020 - 09 - 07/1208406753. PDF。

实业股份有限公司破产企业财产处置专用账户）划转至宁夏国有资本运营集团有限责任公司的证券账户。前述股份于2020年12月8日完成中登公司的过户登记手续。另外，原大股东宝塔实业集团放弃所持全部股份的表决权，有效期自重整投资人所取得转增股份登记日起生效并至36个月期满或承诺人减持至持股低于10%之日终止。①（见图10.114）

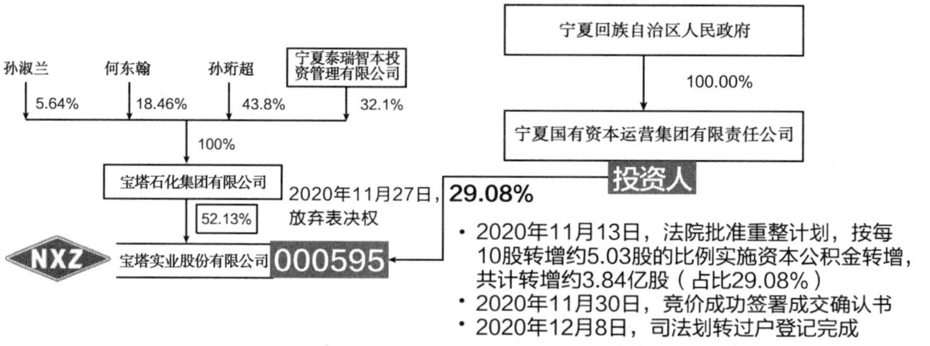

* *ST宝实000595，2020年12月3日《详式权益变动报告书》；2019年报。

图10.114 [案例]*ST宝实(000595.SZ)——参与破产重整竞价公积金转增股份

上述案例中采用的通过资本公积金转增股份的方式对各方权益进行调整，是近几年破产案例比较常用的一种重整思路。类似的操作还有*ST沈机(000410.SZ)、*ST中绒(000982.SZ)、坚瑞沃能(300116.SZ)等。此类操作中一般包含如下几个要点：大股东通过捐赠现金或债权人放弃债权的方式增加上市公司资本公积金；然后，上市公司进行资本公积金转增股本的操作；而且，公积金转增所形成的新股，并非向原股东进行分配，而是用于分配给债权人，或者转让给投资人以引入资金用于偿付债务或公司生产经营所需资金。

另外，如果破产的是上市公司的大股东而非上市公司本身，那么无需上市公司自身进行公积金转增并调整相关主体之间的权益，而是由进入破产程序的大股东本身考虑相关处置。比如，在*ST高升(000971.SZ)案中，上市公司大股东进入了

---

① 参见*ST宝实(000595.SZ)：《详式权益变动报告书》，载巨潮资讯网，http://static.cninfo.com.cn/finalpage/2020-12-03/1208843528.PDF；*ST宝实(000595.SZ)：《过户完成公告》，载巨潮资讯网，http://www.cninfo.com.cn/new/commonUrl/pageOfSearch?url=disclosure/list/search&lastPage=index。

破产程序，投资人天津百若克通过网络竞拍，成功购得已进入破产程序的大股东宇驰瑞德之破产管理人所拍卖的15.02%上市公司股份。①（见图10.115）

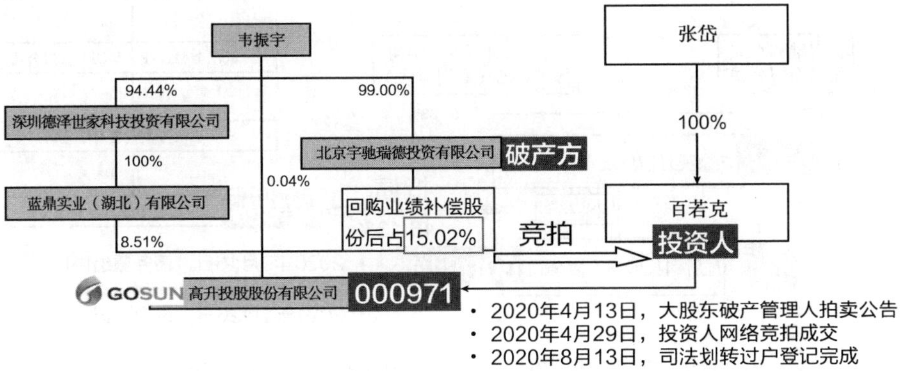

* *ST高升000971，2020年5月13日《详式权益变动报告书》；2019年报。

图10.115 ［案例］*ST高升（000971.SZ）——投资人竞拍破产大股东所持股份

10.8.2 因债务重组安排导致的控制权变更

对于尚未进入破产程序的上市公司大股东，也可能因债务原因而将所持上市公司股份转让给债权人以股抵债。上文曾提及，在天山生物（300313.SZ）控制权变更交易中，系因大股东的债权人将相关确认债权转为对大股东的增资而构成对上市公司的间接收购（见上述第10.5.3节）。

类似地，在航锦科技（000818.SZ）案例中，则是大股东将其所持上市公司股份16.13%转让给债权人，以冲抵相关债务。根据《债务重组协议书》，系将双方确认的债权总额转为上市公司股份，由大股东（债务人）通过协议转让的方式过户给债权人所有。每股转股价格为本协议签署之日前60个交易日航锦科技收盘平均价与前一交易日航锦科技收盘价的90%（孰高），计24.79元。暨大股东将其持有的航锦科技113,363,924股股份作价2,810,291,666.67元通过协议转让的方式转让给债权人；债权人以其对大股东的前述债权总额全额抵销债权人应就前述股份转让向大股东支付的对价。上述债务重组完成后，债权人持有航锦科技的16.43%，

① 参见*ST高升（000971.SZ）：《详式权益变动报告书》，载巨潮资讯网，http://static.cninfo.com.cn/finalpage/2020-05-13/1207784566.PDF；*ST高升（000971.SZ）：《过户完成公告》，载巨潮资讯网，http://static.cninfo.com.cn/finalpage/2020-08-14/1208170041.PDF。

原大股东尚有剩余持股 12.31%。[①]（见图 10.116）

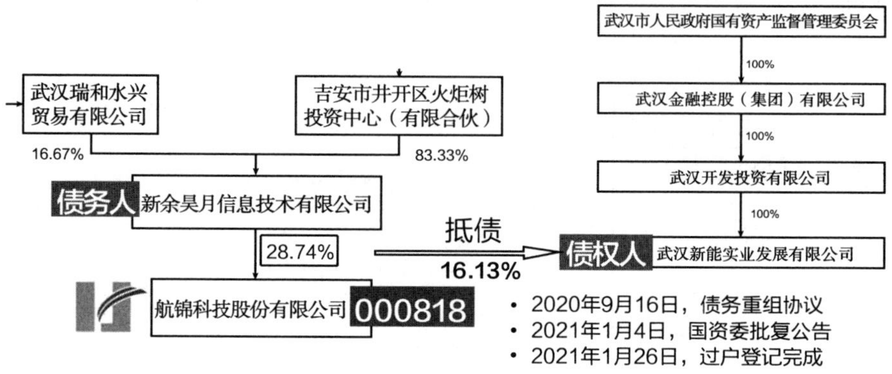

* 航锦科技000818，2020年9月18日《详式权益变动报告书》；2019年报。

图 10.116 ［案例］航锦科技（000818.SZ）——大股东债务重组转让股份以股抵债

另外，在上述航锦科技（000818.SZ）交易中，以股抵债安排后，收购人（债权人）与原大股东（债务人）之间的持股差距相对不大（4.12%）。但《债务重组协议书》也同时约定，债务人将无条件配合收购人（债权人）取得上市公司董事会 2/3 席位（含独立董事），原大股东保留剩余 1/3 席位。由此，收购人通过协议转让方式受让用于抵债的标的股份，并综合上市公司董事会席位安排的相关约定，取得了上市公司的控制权。

10.9 司法处置及其他非交易过户方式

除了“交易”类型或破产程序外，非交易类型的司法处置（拍卖或执行）或其他方式也可能导致上市公司的控制权（或第一大股东）发生变化。（见图 10.117）

① 参见航锦科技（000818.SZ）：《详式权益变动报告书》，载巨潮资讯网，http://static.cninfo.com.cn/finalpage/2020-09-18/1208455645.PDF；航锦科技（000818.SZ）：《过户公告》，http://static.cninfo.com.cn/finalpage/2021-01-28/1209201480.PDF。

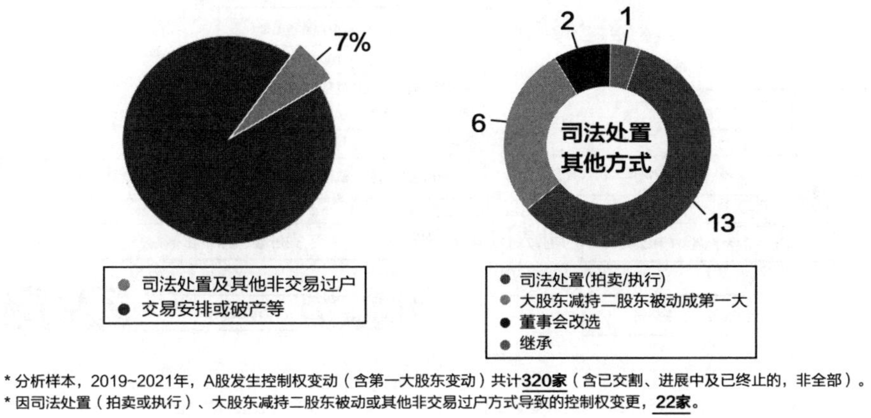

图 10.117　司法处置 & 其他非交易过户导致的控制权变更(2019 ~ 2020 年)

10.9.1　司法处置所导致的控制权变更

尤其近几年,因外部宏观环境及资金链债务压力等因素,上市公司股东所持上市公司股份被司法处置强制执行的案例并不少见,部分标的较大的司法处置同样可能导致上市公司控制权发生变更。

除了部分破产重整案例中可能涉及司法拍卖处置上市公司股份外,比如上述提及的*ST 高升(000971. SZ),其他尚未进入破产程序的上市公司大股东也可能因为债务纠纷裁决而导致该股东所持上市公司股份被司法拍卖。比如,市场关注较多的复兴旗下 A 股上市公司豫园股份(600655. SH)于 2020 年 12 月 31 日通过参与司法拍卖,并已于 2021 年 1 月经执行法院《执行裁定书》[(2020)川 0921 执 866 号之二]裁定确认,由豫园股份成功竞得 A 股上市公司 ST 舍得(600702. SH)之大股东沱牌舍得集团的 70% 股权,从而间接取得了 ST 舍得(600702. SH)的控制权[同期,豫园股份还通过协议转让 + 部分要约的方式收购了另一家 A 股上市公司金徽酒(603919. SH)的控制权,见上述第 10.7.3 节]。

对于豫园股份(600655. SH)通过司法拍卖竞得 ST 舍得(600702. SH)之控制权的案例,该等司法处置前后上市公司 ST 舍得(600702. SH)的控制权结构变化如下:①(见图 1.118)

---

① 参见 ST 舍得(600702. SH):《控制人变更公告》,载巨潮资讯网,http://static. cninfo. com. cn/finalpage/2021 -01 -06/1209049136. PDF;ST 舍得(600702. SH):《详式权益变动报告书》,载巨潮资讯网,http://static. cninfo. com. cn/finalpage/2021 -01 -08/1209065510. PDF。

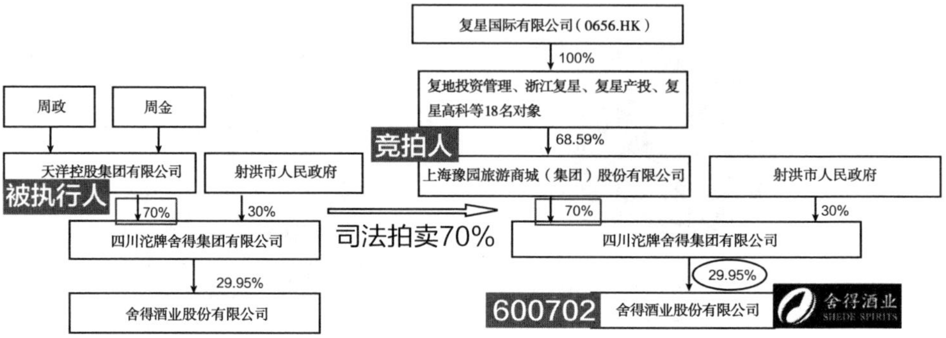

* ST舍得600702，2021年1月6日控制人变更公告；2021年1月8日《详式权益变动报告书》。

图 10.118 [案例]ST 舍得(600702. SH)——参与司法拍卖竞得大股东控股权

除了上述竞拍大股东之股权所引致的间接权益变动外，在上市公司大股东自身作为被执行人的情况下，司法处置还将会导致上市公司直接股东层面发生变化。比如，在 ST 昌鱼(600275. SH)2020 年控制权变更案例中，系由债权人中融信托(代表其作为受托人管理的“中融—融雅 35 号集合资金信托计划”)申请法院强制执行纠纷项下的债权所引致。本次司法处置系因中融信托作为受托人管理的“中融—融雅 35 号集合资金信托计划”项下债务人华普集团违约，中融信托向法院申请强制执行信托计划项下已质押和冻结的 ST 昌鱼股票。执行前，原控股股东华普集团持有公司股份 20.77%。在根据 2020 年 10 月北京市第四中级人民法院出具的《执行裁定书》[(2020)京 04 执 155 号之一]办理完毕相关股份过户登记手续后，华普集团持有的公司股份将减至 5.05%，中融信托(代表其作为受托人管理的“中融—融雅 35 号集合资金信托计划”)将持有 15.72%，成为公司第一大股东。另外，在此次申请执行案件中，申请执行人中融信托合计申请执行的股份为 17.39%。剩余 1.67% 于 2020 年 11 月获得北京市第二中级人民法院(2020)京 02 执恢 303 号《执行裁定书》裁定执行。①

类似地，因司法拍卖导致控制权或第一大股东发生变更的近期案例还包括 *ST目药(600671. SH)、ST 天业(600807. SH)以及 ST 威龙(603779. SH)等。

---

① 参见 ST 昌鱼(600275. SH)：《详式权益变动报告书》，载巨潮资讯网，http://static. cninfo. com. cn/finalpage/2020-10-23/1208603058. PDF；ST 昌鱼(600275. SH)：《法院执行裁定公告》，载巨潮资讯网，http://static. cninfo. com. cn/finalpage/2020-11-14/1208744295. PDF。

10.9.2 其他非交易过户方式

除了常规的协议转让、表决权等协议安排、间接收购、认购定增或要约收购等交易安排以外,还有部分案例是因为原第一大股东通过二级市场或其他交易方式减持,导致原第二大股东被动成为第一大,如智度股份(000676.SZ)、二三四五(002195.SZ)、首航高科(002665.SZ)、青松股份(300132.SZ)、沃森生物(300142.SZ)以及梅雁吉祥(600868.SH)等。

另外,还有个别案例,可能是由于原控制人去世后的家产继承,如荣丰控股(000668.SZ);或者由于离婚财产分割等家事原因所导致的非交易过户。

总之,导致上市公司控制权变更的原因可能多种多样,有商业交易类型的,也有司法执行或其他非交易过户引致的。实务中,相关当事方需要结合不同的背景及涉及的相关监管规则和要求进行通盘考虑。

10.10 控制权交易中的特别事项

10.10.1 大A收小A——上市公司之间的收购

10.10.1.1 大A收小A的市场概况(2019~2021年)

近年来,控制权市场上,由A上市公司作为收购方("大A")去收购另一家上市公司("小A")的交易("大A收小A")并不少见。随着注册制以来有大量的新增上市公司,无论是新增上市公司通过新募集资金进行产业整合还是存量上市公司面临增长或退市压力等角度,以及监管机构提升上市公司质量的通盘考虑,内外因素都有望促使此类大A收小A的交易会更加活跃。(见图10.119)

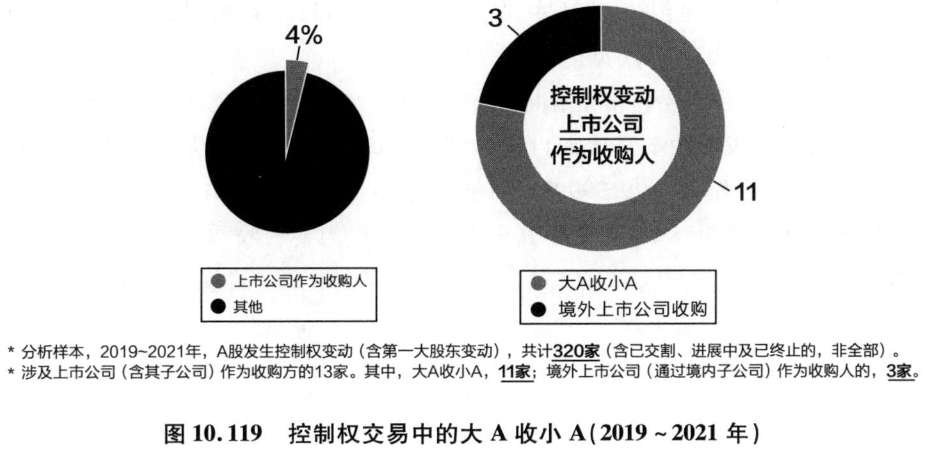

图10.119 控制权交易中的大A收小A(2019~2021年)

而从2021年的控制权交易市场来看,大A收小A的交易持续活跃。就2019~2021年的大A收小A案例来看,整体上,作为被并购标的上市公司的"小A"在上海主板、深圳主板及创业板均有分布,以创业板标的居多;而从作为收购方的上市公司"大A"角度,基本均是沪深主板公司,暂未出现创业板公司作为收购方的"小吃大"现象。(见图10.120)

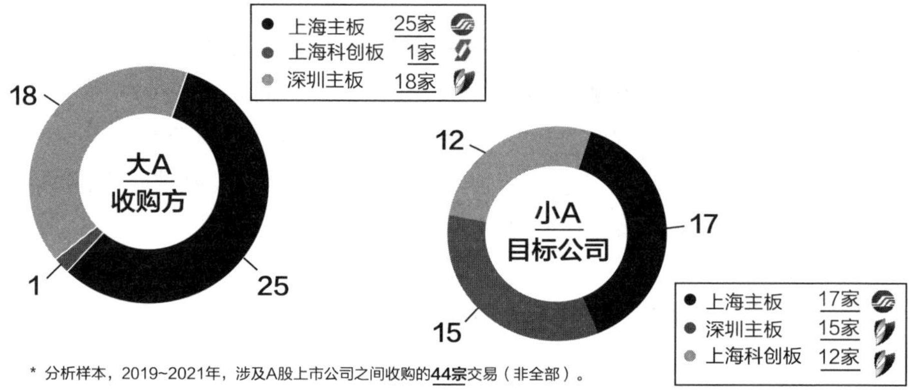

图10.120 大A收小A的市场板块分布(2019~2021年)

另外,可以预期的是,有大量新募资金在手的科创板上市公司,未来势必也将成为并购重组的新生力量,沪深主板或创业板上市公司都可能成为并购标的。

10.10.1.2 大A收小A交易中的收购主体

对于上市公司之间的收购,通常都是上市公司(大A)直接作为收购方发起收购,比如上文提及的永辉超市(601933.SH)收购中百集团(000759.SZ)、TCL科技(000100.SZ)收购天津普林(002134.SZ)(见上图10.75)以及豫园股份(600655.SH)竞拍ST舍得(600702.SH)(见上图10.118)等。

当然,根据项目需要和相关情况,上市公司也可以通过其全资或控股子公司对另一家上市公司发起收购。比如,在豫园股份(600655.SH)收购金徽酒(603919.SH)的交易中,协议转让(29.99998%)的部分由上市公司直接作为收购人,而转让之后发起的部分要约(8%)则是由其全资孙公司作为要约收购人(见图10.109)。类似地,在美的集团(000333.SZ)对合康新能(300048.SZ)的收购中,则是由大A

的全资子公司美的暖通执行的收购。① (见图 10.121)

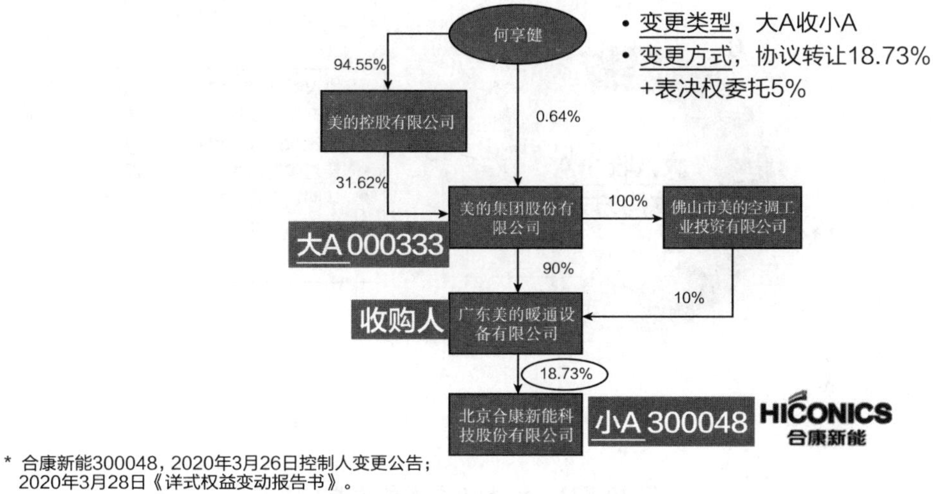

图 10.121 [案例]大 A 美的集团收购小 A 合康新能(300048. SZ)

另外,大 A 建发股份(600153. SH)于 2020 年也曾计划通过其下属五级子公司厦门联发投资有限公司对小 A 合诚股份(603909. SH)进行收购,收购方式包括协议转让 + 表决权委托 + 表决权放弃 + 认购定增等“一揽子”安排。本次交易于 2020 年 9 月签约,后续也公布了相应的权益变动报告书。但是,由于上市公司股东大会未能批准豁免原控制人曾作出的关于维持控制权地位的相关承诺,导致协议转让生效先决条件未能达成,相关交易方于 2020 年 11 月解除了交易安排。②

10.10.1.3 大 A 收小 A 交易中的收购方式

从收购方式来看,与其他主体收购上市公司相比,大 A 收小 A 也并无特别之处。收购方式除了常见的协议转让及表决权安排以外,也包括间接收购、认购定

① 参见合康新能(300048. SZ):《控制人变更提示公告》,载巨潮资讯网,http://static. cninfo. com. cn/finalpage/2020 - 03 - 26/1207403486. PDF;合康新能(300048. SZ):《详式权益变动报告书》,载巨潮资讯网,http://static. cninfo. com. cn/finalpage/2020 - 03 - 28/1207418795. PDF。

② 参见合诚股份(603909. SH):《控制人变更提示公告》,载巨潮资讯网,http://static. cninfo. com. cn/finalpage/2020 - 09 - 08/1208406879. PDF;合诚股份(603909. SH):《详式权益变动报告书》,载巨潮资讯网,http://static. cninfo. com. cn/finalpage/2020 - 10 - 24/1208606860. PDF;合诚股份(603909. SH):《终止公告》,载巨潮资讯网,http://static. cninfo. com. cn/finalpage/2020 - 11 - 21/1208772659. PDF。

增、要约收购等。(见图 10.122)

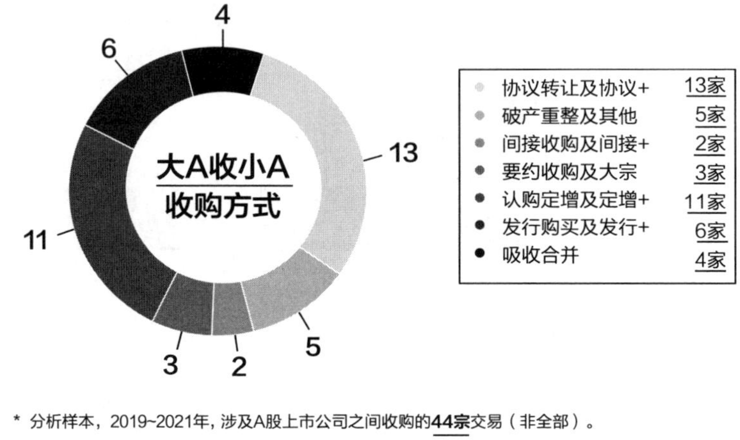

图 10.122 大 A 收小 A 的收购方式

比如,在大 A 江西铜业(600362. SH)于 2019 年收购小 A 恒邦股份(002237. SZ)时,便采用了传统的协议转让方式。① (见图 10.123)

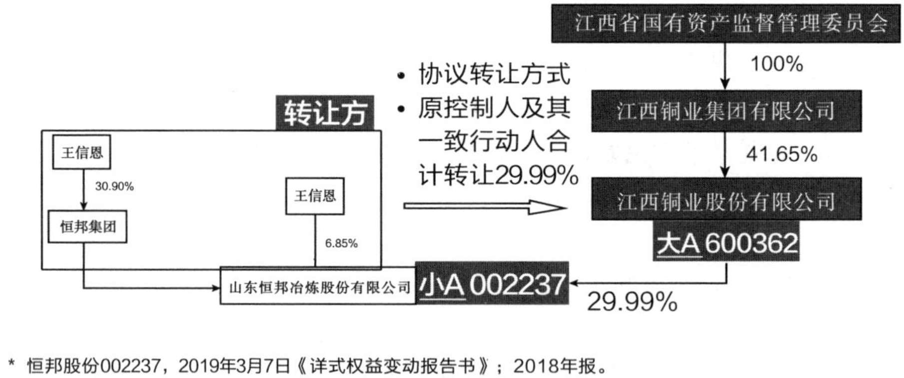

图 10.123 [案例]大 A 江西铜业收购小 A 恒邦股份(002237. SZ)

而在另一些案例中,则多是采用协议转让 + 表决权安排或其他"一揽子"交易安排。比如,已于 2020 年 12 月完成过户的大 A 工业富联(601138. SH)收购小 A

---

① 参见恒邦股份(002237. SZ):《详式权益变动报告书》,载巨潮资讯网,http://static. cninfo. com. cn/finalpage/2019 - 03 - 07/1205881413. PDF。

鼎捷软件(300378. SZ)的交易中,采用了协议转让+一致行动的安排。①再如,2019年大A云内动力(000903. SZ)收购小A蓝海华腾(300484. SZ)时,则使用了协议转让+原控制人解除一致行动且不谋求控制权承诺及放弃表决权等“一揽子”安排。②(见图10.124)

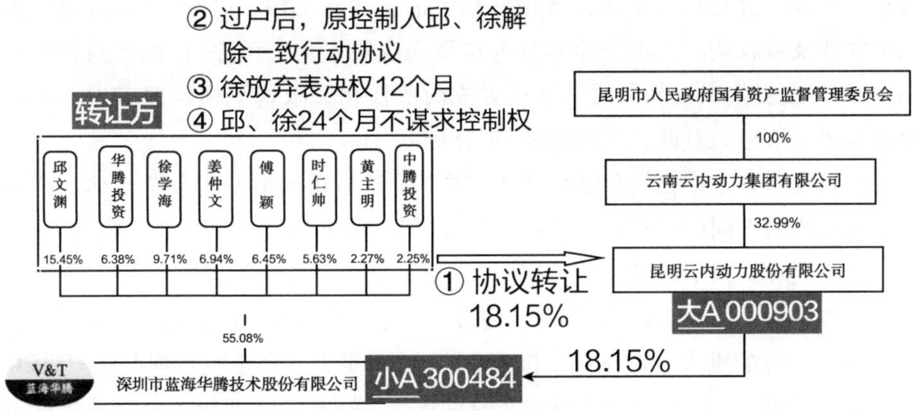

* 蓝海华腾300484，2019年10月23日《详式权益变动报告书》；2018年报。

图10.124 [案例]大A云内动力收购小A蓝海华腾(300484. SZ)

类似地,在大A中国中铁(601390. SH)于2019年初收购小A恒通科技(300374. SZ)的交易中,采用了协议转让+表决权放弃的安排;③而在大A上海电气(601727. SH)于2019年底收购小A赢合科技(300457. SZ)时,同样采用了协议转让+表决权放弃等“一揽子”安排。④

10.10.1.4 大A收小A的交易流程

就交易流程而言,从转让方角度看,与其他常规的上市公司收购交易相比,大A收小A的交易中没有特别要求,转让方满足相应的锁定期限制或承诺(若涉及豁免的应提交被并购上市公司股东大会批准)且符合相应的转让限制及减持规范

---

① 参见鼎捷软件(300378. SZ):《详式权益变动报告书》,载巨潮资讯网,http://static.cninfo.com.cn/finalpage/2020-07-08/1208012856.PDF;鼎捷软件(300378. SZ):《过户公告》,载巨潮资讯网,http://static.cninfo.com.cn/finalpage/2020-12-15/1208901561.PDF。

② 参见蓝海华腾(300484. SZ):《详式权益变动报告书》,载巨潮资讯网,http://static.cninfo.com.cn/finalpage/2019-10-23/1207003337.PDF。

③ 参见恒通科技(300374. SZ):《详式权益变动报告书》,载巨潮资讯网,http://static.cninfo.com.cn/finalpage/2019-05-27/1206305049.PDF。

④ 参见赢合科技(300457. SZ):《详式权益变动报告书》,载巨潮资讯网,http://static.cninfo.com.cn/finalpage/2020-02-17/1207309890.PDF。

要求(比如董监高年度25%额度等)以及履行相应的信息披露义务即可(详见第5章至第7章分析)。

就被并购的上市公司(小A)而言,除非是通过认购定增方式进行的并购,否则通常不涉及被并购上市公司的相关程序。小A主要是按照上市规则及信息披露规范相关要求配合收购人及转让方做好相关信息披露工作。尽管如此,特定情形下也可能涉及被收购的上市公司本身的董事会或股东大会程序,比如涉及管理层收购(MBO)或者本次交易需要以转让方先前所作相关限售承诺经股东大会批准豁免或变更等情形。对此,下文将进一步分析。

而就收购方上市公司(大A)来看,除了需要与其他类型的收购主体一样而依据交易方式的不同(协议转让、表决权安排、间接收购、认购定增、要约收购等)履行相应的合规确认或信息披露等程序(详见第1章至第4章)以外,针对上市公司这一特定类型的主体作为收购方而言,还涉及一个特定程序,即本次收购是否构成上市公司(大A)的重大资产重组。按照《上市公司重大资产重组管理办法》(2020年3月修订)的规定,若本次交易所涉及的总资产、净资产、营业收入等三项指标占比超过作为收购方的大A本身相应指标的50%,或者涉及大A发行对价股份收购小A,则需要按照重大重组的相关要求履行相应程序并按照证监会第26号格式准则的要求进行信息披露。

有关重大重组的分析需另行专文分析,在此不再展开。简言之,大A收小A的交易流程要点可以简要图示如下:(见图10.125)

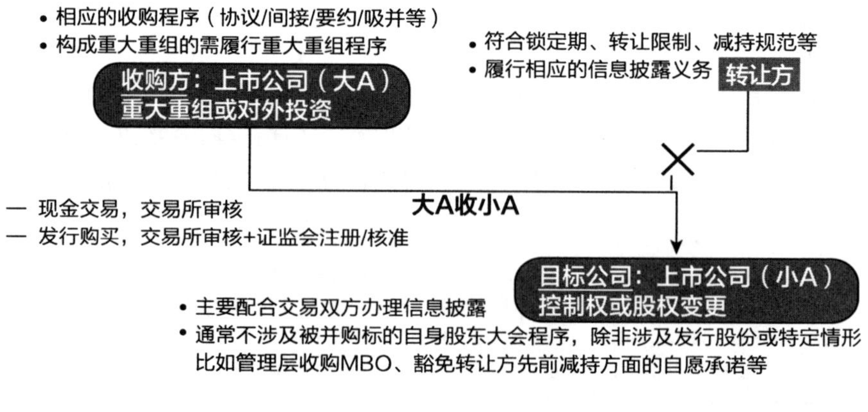

图10.125 大A收小A的交易流程要点

10.10.2 管理层收购MBO的监管及案例

10.10.2.1 《收购办法》及格式准则针对MBO的特别要求

关于管理层收购(Management Buy - out,MBO),《收购办法》第51条规定了特别的要求:

"第五十一条上市公司董事、监事、高级管理人员、员工或者其所控制或者委托的法人或者其他组织,拟对本公司进行收购或者通过本办法第五章规定的方式取得本公司控制权(以下简称管理层收购)的,该上市公司应当具备健全且运行良好的组织机构以及有效的内部控制制度,公司董事会成员中独立董事的比例应当达到或者超过1/2。公司应当聘请符合《证券法》规定的资产评估机构提供公司资产评估报告,本次收购应当经董事会非关联董事作出决议,且取得2/3以上的独立董事同意后,提交公司股东大会审议,经出席股东大会的非关联股东所持表决权过半数通过。独立董事发表意见前,应当聘请独立财务顾问就本次收购出具专业意见,独立董事及独立财务顾问的意见应当一并予以公告。

上市公司董事、监事、高级管理人员存在《公司法》第一百四十八条规定情形,或者最近3年有证券市场不良诚信记录的,不得收购本公司。"

首先,从MBO的收购主体来看,并不仅局限于上市公司董监高,其范围还延展到了上市公司的"*员工*",也并未进一步区分是普通员工还是核心员工。比如,在顺络电子(002138.SZ;定增+一致行动)的MBO中,便是由22名核心员工通过认购定增发起的管理层收购。

笔者理解,针对MBO监管的一个核心监管逻辑就是关注由上市公司的利益相关方发起的针对上市公司的收购的相关交易安排是否公允,是否有不当侵害上市公司或公众投资者利益的潜在风险。因此,不论是上市公司董监高,还是与上市公司有其他关系进而有可能影响交易公允的其他主体(比如员工),只要是由其发起的针对其所任职或受聘的上市公司的收购,都将被视为管理层收购,应遵循有关管理层收购的特别要求。另外,除前述相关主体(上市公司董监高及员工)外,由该等主体"*所控制或者委托的法人或者其他组织*"所发起的收购,也被纳入MBO的特别监管范畴。但是,如果上市公司董监高存在《公司法》第148条所规定的擅自挪用公司资金或其他违反忠实义务的情形,"*或者最近3年有证券市场不良诚信记录的*",不得进行管理层收购。

其次,关于可以进行MBO的前提条件。基于MBO的特殊性,并非所有的上市公司都可以进行管理层收购。可以进行MBO的一个关键前提目标上市公司要具有完善的上市公司治理体系,以确保可以针对由利益相关方发起的收购有相对独立公允的决策判断。根据《收购办法》第51条的规定,管理层拟收购的目标上市公司"*应当具备健全且运行良好的组织机构以及有效的内部控制制度,公司董事会成员中独立董事的比例应当达到或者超过1/2*"。不过,需要澄清的是,前述公司治理及独董过半数要求,并非只要涉及管理层收购上市公司权益的就都要适用,该等特别要求针对的是"*拟对本公司进行收购或者通过本办法第五章规定的方式取得本公司控制权*",也就是涉及"上市公司收购"(取得或巩固控制权)或者通过间接收购取得上市公司控制权的交易。这一点理解从证监会第15号格式准则第31条与第16号格式准则第31条之间有关信息披露要求的差异中也可以得到验证(详见下文)。

而就目前市场的实际情况来看,大部分上市公司仅是按照监管最低要求维持了1/3的独董席位,董事会组成中独董过半数的上市公司并不多。因此,实务中,进行MBO的上市公司数量并不多。以2019~2021年发生的300余宗控制权权交易为例,仅有4例MBO。(见图10.126)

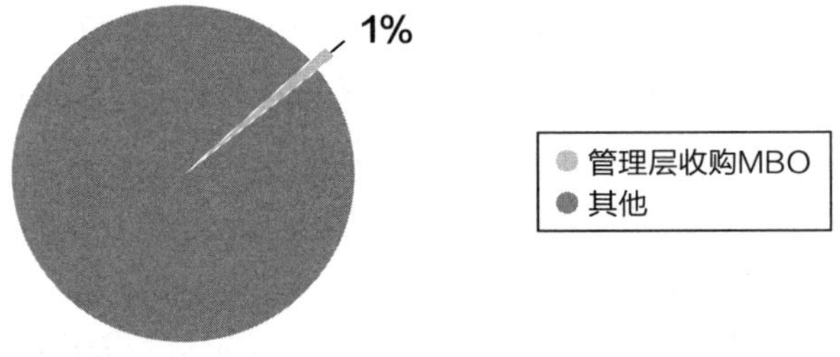

* 分析样本,2019~2021年,A股发生控制权变动(含第一大股东变动)共计439家(非全部)。
** 构成管理层收MBO的,5家。

图10.126 控制权交易中的管理层收购MBO(2019~2021年)

再次,关于MBO的特别程序要求。就常规的上市公司收购而言,通常不涉及目标上市公司自身的决策程序(认购定增的除外)。而一旦构成管理层收购MBO,即便是从现有股东手中收购存量老股(直接或间接),该等收购也需要履行目标上市公司的特别程序。具体而言,对于构成MBO的上市公司收购,需要履行上市公司的如下特别程序:

◎上市公司董事会,应当经董事会非关联董事作出决议,且取得2/3以上的独立董事同意;

◎上市公司股东大会,应经出席股东大会的非关联股东所持表决权过半数通过。

又次,针对 MBO 的公允性保障。涉及上市公司收购的,无论是协议转让还是认购定增或要约收购等方式,通常都会参考一定时间区间的二级市场公开交易价格为基准进行定价。但涉及 MBO 交易时,除了二级市场股票价格外,《收购办法》第 51 条还明确要求上市公司“*应当聘请符合《证券法》规定的资产评估机构提供公司资产评估报告*”。实务中,涉及资产评估要求的交易通常是涉及国有资产或者向上市公司注入资产等重大重组交易。而《收购办法》第 51 条项下的资产评估报告要求则是针对 MBO 的特别要求,即便不涉及国有资产或者资产注入安排。该等评估的范围是上市公司,相关评估机构应由上市公司聘请。另外,作为交易公允性保障措施,构成 MBO 的,一方面,上市公司独立董事发表意见前,还“*应当聘请独立财务顾问就本次收购出具专业意见*”;另一方面,从实务来看,类似要约收购制度,在 MBO 交易中,上市公司董事会还需要披露《致全体股东报告书》(详见下文第 10.2.2.5 节)。

简言之,针对管理层收购 MBO 的上述特别要求可以简要图示如下:(见图 10.127)

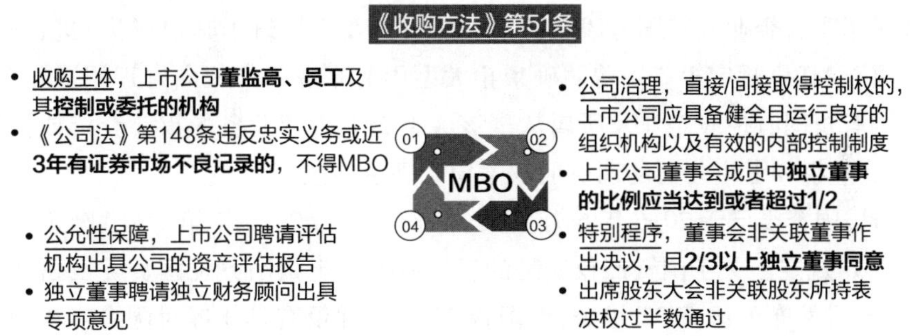

图 10.127 《收购办法》针对管理层收购 MBO 的特别要求

最后,除了上述特别要求外,对于涉及 MBO 的信息披露事项,证监会第 15 号格式准则(针对 30%及以下的权益变动)第 31 条以及第 16 号格式准则(针对超过 30%的上市公司收购)第 31 条作了特别规定,要求相关信息披露义务人(作为收购主体的上市公司董监高/员工及其控制/委托的机构)应额外披露如下事项:(见图 10.128)

图 10.128　格式准则针对管理层收购 MBO 的披露要求

10.10.2.2　国资规则针对 MBO 的监管

关于国有企业的管理层收购（MBO），国务院国资委及财政部曾于 2005 年 4 月发布《企业国有产权向管理层转让暂行规定》（国资发产权〔2005〕78 号，以下简称国资 MBO 规定），该规定允许企业国有产权按照国资产权转让的相关规定向管理层（是指国有企业及其国有股东的单位负责人及领导班子其他成员）进行转让。其中，国资 MBO 规定第 3 条曾明确禁止大型国有企业的产权向管理层进行转让："大型国有及国有控股企业及所属从事该大型企业主营业务的重要全资或控股企业的国有产权和上市公司的国有股权不向管理层转让。"

但是，国资委已于 2016 年 6 月发文（国资委公告 2016 年第 1 号）废止了前述国资 MBO 规定。关于国资产权交易的现行有效规定是国务院国资委及财政部于 2016 年 6 月发布的国资 32 号令，而国资 32 号令并没有具体针对国有产权向管理层转让的直接规定，也没任何规定明确禁止国有企业或大型国有企业的产权向管理层进行转让。尤其是，国资 32 号令第 15 条针对国有产权转让方进场挂牌交易时应披露的项目信息进行规定时，其中第（七）项明确要求披露的内容应包含"企业管理层是否参与受让"。另外，针对上市公司国有产权变动的国资 36 号令也无针对管理层收购的具体要求。

10.10.2.3　管理层收购 MBO 的收购方式及交易流程

就 2019 ~ 2021 年控制权交易中涉及的 5 例管理层收购 MBO 来看，其中澳洋顺昌（002245. SZ）是通过协议转让的方式进行，其他四例则均是通过认购定增或定增 + 一致行动的方式。（见图 10.129）

图 10.129 管理层收购 MBO 的交易场景(2019 ~ 2021 年)

比如,在已于 2020 年 9 月成功交割完成的澳洋顺昌(002245. SZ)的管理层收购 MBO 中,直接收购人是董事长及总经理 CHEN KAI 控制的主体。本次 MBO 的交易结构及交易流程如图 10.130 所示:

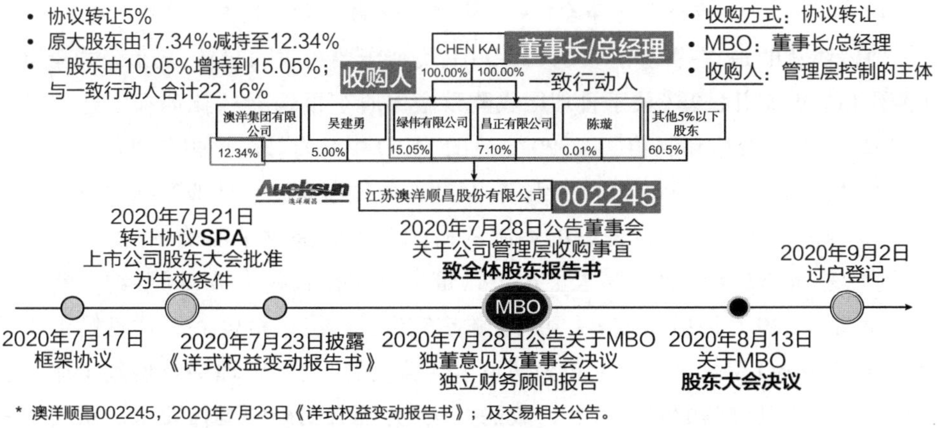

图 10.130 [案例]澳洋顺昌(002245. SZ)——协议转让 MBO 的交易结构与流程

再如,在信邦制药(002390. SZ)的管理层收购 MBO 中,上市公司董事长安某略通过其控制的合伙企业平台认购定增对上市公司发起管理层收购,并已于 2021 年 2 月获得证监会批复。本次 MBO 的交易结构及交易流程如图 10.131 所示:

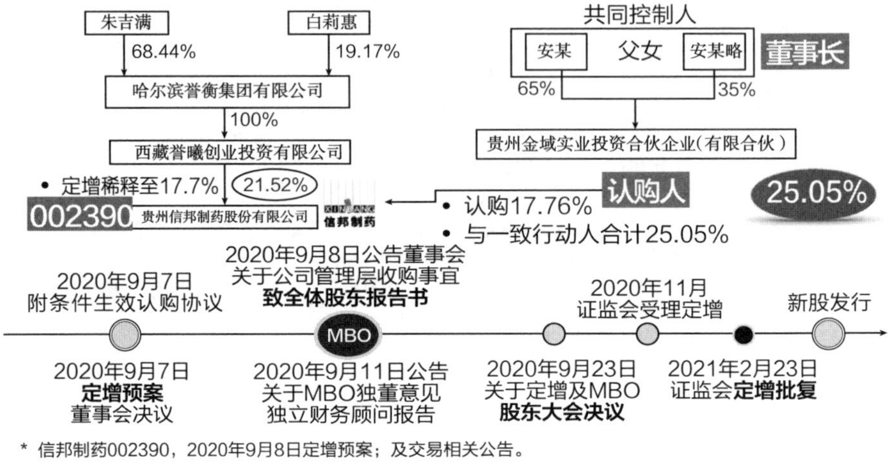

图 10.131 ［案例］信邦制药(002390. SZ)——认购定增 MBO 的交易结构与流程

10.10.2.4 上市公司董事会《关于管理层收购致全体股东报告书》

值得注意的是,在管理层收购 MBO 中,类似于要约收购交易,上市公司董事会还需要相应编制并披露《关于管理层收购致全体股东报告书》,比如在上述澳洋顺昌(002245. SZ)及信邦制药(002390. SZ)的 MBO 中都有披露该报告书。

不过,针对上市公司董事会所编制的《要约收购事宜致全体股东报告书》,证监会第 18 号格式准则就该报告书的编制的格式及内容提供了明确的规范指引,而《收购办法》第 32 条也明确要求上市公司董事会应在收购人披露《要约收购报告书》(全文)后 20 日内披露该等《要约收购事宜致全体股东报告书》(详见第 4 章)。但是,对于 MBO 交易中需由上市公司董事会编制的《关于管理层收购致全体股东报告书》,对于其披露的时间节点,《收购办法》并没有明确的具体要求。从实践来看,通常是在上市公司独立董事及董事会通过关于 MBO 的决议后,与独立财顾问报告一起披露董事会《关于管理层收购致全体股东报告书》。

而就该等报告书的格式及应包含的内容来看,与针对要约收购证监会有第 18 号格式准则的明确指引不一样,针对《关于管理层收购致全体股东报告书》,证监会目前并没有具体的格式准则指引。从上述澳洋顺昌(002245. SZ)及信邦制药(002390. SZ)的 MBO 中所披露的该等报告书来看,其内容通常应包含如下内容:(见图 10.132)

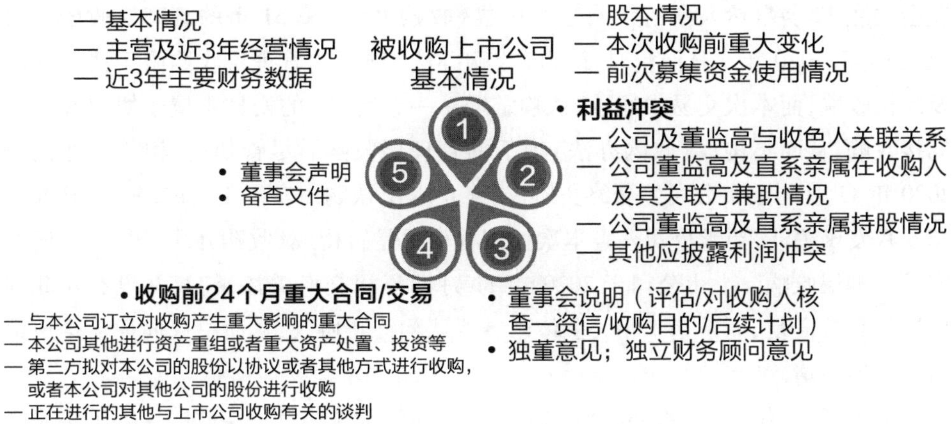

图 10.132　管理层收购 MBO 中的董事会致全体股东报告书

对于上述提及的应披露的其他利益冲突，主要涉及如下事项：（见图 10.133）

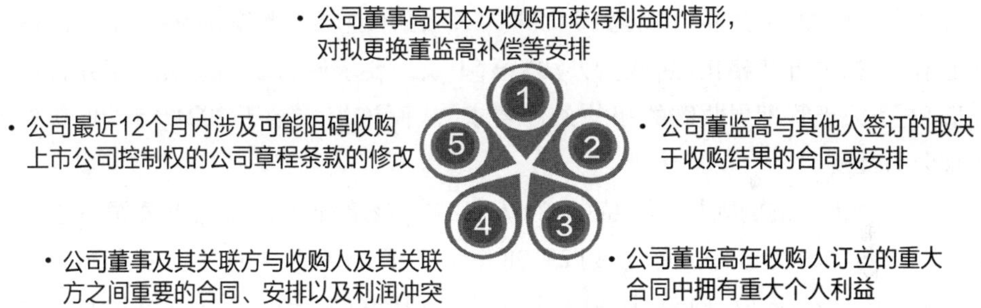

图 10.133　管理层收购 MBO 中应披露的其他利益冲突事项

10.10.2.5　*不构成管理层收购 MBO 的解释*

除了上述两个典型 MBO 案例外，还有另外几个相关案例值得一提。一是顺络电子（002138.SZ）的控制权变更交易。该交易中，由上市公司 22 名核心员工（包括 3 名现任董事、5 名现任高管及其他核心员工）通过认购定增（由 23.93% 增持至 25.47%）的方式发起。2020 年 5 月 27 日，22 名核心员工签署附条件生效的认购协议及一致行动协议，交易后，将构成共同控制人。

在上述顺络电子（002138.SZ）交易中，相关认购对象于 2020 年 5 月 30 日披露了《详式权益变动报告书》；上市公司于 2020 年 6 月 12 日召开股东大会批准了定增相关议案，但未涉及关于是否构成管理层收购 MBO 的相关议案。本次定增于 2020 年 8 月获得证监会受理，并收到了第一次反馈回复。在第一次反馈回复中，证监会关注22名自然人参与认购是否构成《收购办法》第51条的管理层收购。对此,公司于2020年9月回复时,认为《收购办法》项下的管理层收购限于协议收购及间接收购,而本次交易中通过"认购定增+一致行动"的安排不属于协议收购及间接收购,从而不构成《收购办法》项下的管理层收购。尽管如此,相关自然人于2020年11月同上市公司签署终止协议,终止本次认购。实际上,深交所也于2020年6月发函关注,要求公司核查本次控制权变更是否构成《收购办法》第51条所规定的管理层收购。上市公司于2020年11月回复深交所关注函时,并没有对此问题进行直接回复,而是基于相关主体已签署认购终止协议,从而决议向证监会申请撤回定增申请。①

笔者理解,仅从《收购办法》第51条的字面解读认为管理层收购仅限于协议收购及间接收购的交易方式,从而认为定增不会构成管理层收购的解读似乎有些牵强,也难获得监管认可。管理层收购MBO的核心点在于特定主体(上市公司董监高及员工)通过收购取得了上市公司的权益,其交易实质并不因收购形式的差异而有所区别。比如,上述信邦制药(002390.SZ)的管理层收购案的交易方式也是认购定增,但相关方严格按照《收购办法》第51条的要求履行了相应的程序并且也符合第51条关于管理层收购的相关条件要求,从而该笔定增于2021年2月获得了证监会的批复。

再一个相关案例则是雪莱特(002076.SZ)。该笔交易是由上市公司董事长施某通过认购定增发起的收购(认购23.08%),已于2020年4月签约并发布定增预案。本次定增已于2020年4月30日经上市公司股东大会批准,而该次股东大会并未审议关于是否构成管理层收购的专项议案。后续,2020年9月,董事长(本次定增的唯一认购对象)因个人原因辞去董事长及相关职务。另外,2020年9月11日,深交所曾发函关注,前述定增的认购对象施某是否发生变化,并要求说明其辞职的具体原因。对此,上市公司及认购对象回复,认购对象并未发生变化,截至2020年9月尚未向证监会提交定增申请,定增增持计划时间(6个月内)过半尚未实施的原

---

① 参见顺络电子(002138.SZ):《详式权益变动报告书》,载巨潮资讯网,http://static.cninfo.com.cn/finalpage/2020-05-30/1207876360.PDF;顺络电子(002138.SZ):《股东大会决议公告》,载巨潮资讯网,http://static.cninfo.com.cn/finalpage/2020-06-13/1207923440.PDF;顺络电子(002138.SZ):《证监会受理公告》,载巨潮资讯网,http://www.cninfo.com.cn/new/commonUrl/pageOfSearch?url=disclosure/list/search&lastPage=index;顺络电子(002138.SZ):《第一次反馈回复》,载巨潮资讯网,http://static.cninfo.com.cn/finalpage/2020-09-19/1208460294.PDF;顺络电子(002138.SZ):《深交所关注函回复》,载巨潮资讯网,http://static.cninfo.com.cn/finalpage/2020-11-26/1208800986.PDF。

因主要是期间半年报披露等窗口期所致。①不过,截至 2021 年 3 月,尚无前述定增是否已向证监会提交申请的信息。该次交易引发的一个问题思考是,假如曾经的管理层已经辞职,后续相关收购是否仍属于管理层收购 MBO?或者,如果辞职,需要达到多长时间,才不会被继续视为 MBO?对此,目前的《收购办法》缺乏明确的规则指引,监管如何对待尚需实务观察。

另一个市场关注较多的则是高瓴资本对格力电器(000651. SZ)的混改交易中所涉及的管理层相关安排。(见图 10. 134)

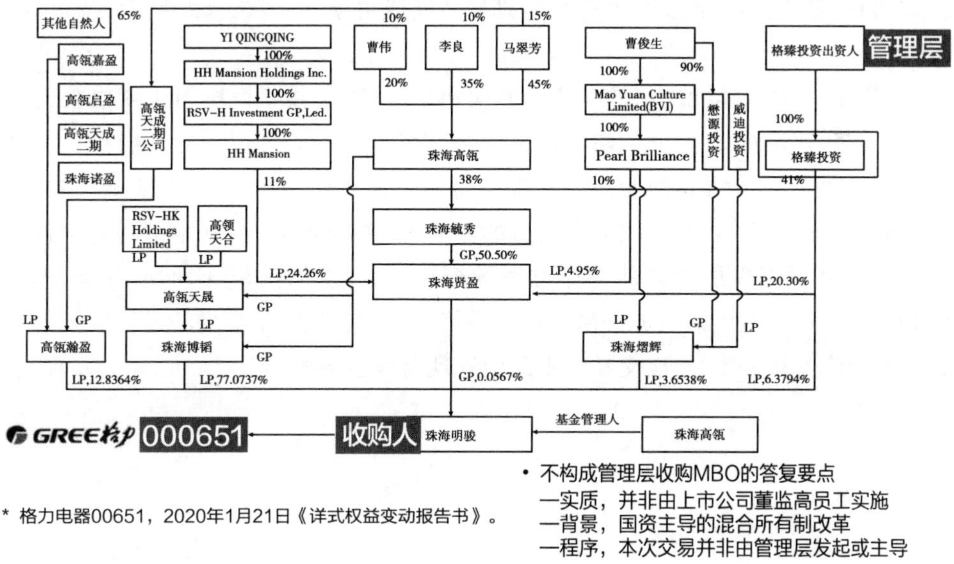

图 10. 134 [案例]格力电器(000651. SZ)——不构成 MBO 的合理解释

在上述混改案例中,收购人的 GP 及 LP 合伙人向上穿透的投资人之一"格臻投资",董明珠担任格臻投资的普通合伙人,认缴出资比例为 95. 482%,黄辉、庄培等董监高为格臻投资的有限合伙人。对此,深交所曾发函关注"本次交易对于管理层给予的特殊安排,说明本次交易是否需履行《办法》第五十一条规定的管理层收购审议程序、信息披露义务及理由"。对此,上市公司认为,"本次交易并非由上市

① 参见 * 雪莱(002076. SZ):《股东大会决议公告》,载巨潮资讯网,http://static. cninfo. com. cn/finalpage/2020 - 05 - 06/1207703060. PDF; * 雪莱(002076. SZ):《董事长辞职公告》,载巨潮资讯网,http://static. cninfo. com. cn/finalpage/2020 - 09 - 10/1208420226. PDF; * 雪莱(002076. SZ):《深交所关注函回复》,载巨潮资讯网,http://static. cninfo. com. cn/finalpage/2020 - 09 - 17/1208449556. PDF。

公司董事、监事、高级管理人员、员工或者其所控制或者委托的法人或者其他组织实施”,并不构成管理层收购 MBO,具体答复要点包括如下内容:①

“(1)从实质上看:本次交易并非由上市公司董事、监事、高级管理人员、员工或者其所控制或者委托的法人或者其他组织实施

……

(2)启动背景:本次权益变动是国资主导的混合所有制改革

……

(3)交易程序:本次交易并非由管理层发起或主导

……

基于前述有关本次交易的程序和相关事实,本次交易系由格力集团以公开征集受让方的方式发起,并非由格力电器管理层发起或由管理层主导的收购。管理层参与本次交易,系在珠海明骏已经提交意向受让文件、缴纳缔约保证金,并被确定为最终受让方之后,为落实征集公告的要求,在珠海明骏在受让申请材料中提出的与上市公司管理层拟议的合作方案的框架下,经珠海高瓴/HH Mansion、Pearl Brilliance 与格臻投资进行充分协商后方最终达成的。从整个交易的过程以及最后达成的合作安排来看,本次交易均不是由管理层来主导的。”

① 参见格力电器(000651. SZ):《深交所关注函回复》,载巨潮资讯网,http://static. cninfo. com. cn/finalpage/2020 - 01 - 18/1207264600. PDF;格力电器(000651. SZ):《详式权益变动报告书》,载巨潮资讯网,http://static. cninfo. com. cn/finalpage/2020 - 01 - 21/1207269827. PDF。